ENJEUX DU MONDE

sous la direction de **J. Généreux**

panorama économique mondial

HACHETTE

AVANT-PROPOS

Enjeux du monde s'adresse à tous ceux qui, en raison de leurs études, de leur activité professionnelle ou de leur curiosité personnelle souhaitent comprendre les grands problèmes économiques contemporains. L'essentiel de cet ouvrage est donc consacré aux principaux débats de politique économique et sociale qui dominent la fin des années 1980, tant à l'échelle mondiale qu'au niveau national.

Cette orientation n'implique aucun oubli des considérations politiques (une place est d'ailleurs réservée aux institutions politiques). Mais elle s'appuie sur un constat. À travers les années de crise, les responsables politiques ont mesuré à quel point leur marge de manœuvre est limitée et combien leurs choix sont contraints par l'économie.

Le recul des idéologies reflète en partie cette prise de conscience, qui ôte aux doctrines un peu de leur arrogance et rend aux faits leur poids véritable. Cette tendance paraît saine, tant qu'elle révèle les progrès de l'esprit scientifique dans un public de plus en plus large. Mais le désarroi des doctrines traditionnelles ne doit pas se muer en aversion pour l'analyse. Plus que jamais, dans une période de mutations rapides, le recul et l'expérience du spécialiste sont nécessaires, pour éviter que l'empire des faits ne dégénère en anarchie du discours.

C'est pourquoi cet ouvrage fait appel, pour l'essentiel, à des professionnels de l'économie, universitaires, chercheurs, ou économistes d'entreprise. Mais le souci d'une analyse sérieuse va de pair avec un langage simple destiné à un public de non-spécialistes, et avec l'emploi d'outils pédagogiques adaptés à ce public. Ainsi, le texte est illustré par de nombreux tableaux et graphiques, les contributions sont suivies de brèves références bibliographiques, pour ceux qui souhaitent en savoir plus. Les termes techniques ou étrangers sont définis dans un lexique en fin de volume. Un manuel statistique définit les principaux indicateurs et explique les calculs les plus courants.

À l'inverse du principe de l'atlas, qui s'efforce de traiter tous les sujets et tous les pays et reste, par nature, superficiel, *Enjeux du monde* réserve la place nécessaire aux questions essentielles. La sélection des thèmes et des pays les plus importants pour comprendre le monde contemporain implique sans doute quelques oublis, mais il crée l'espace indispensable pour développer une analyse de fond là où un « atlas » n'a que le temps d'évoquer les problèmes, au risque de privilégier l'anecdote sur les enjeux fondamentaux.

Nous pensons qu'un tel outil de travail et de culture sur l'économie mondiale répond à un besoin réel, tant dans le public scolaire et universitaire que dans le grand public, et nous restons ouverts à toute suggestion qui permettrait d'y répondre mieux encore.

Jacques Généreux.

ISBN 2.01.01 2471.5

LES AUTEURS

Denise Artaud : directeur de recherche au Centre National de la Recherche Scientifique, maître de conférences à l'Institut d'Études Politiques de Paris.

Jean-Charles Asselain : professeur à l'Université de Bordeaux I.

Caroline Benoist-Lucy : diplômée de l'Institut d'Études Politiques de Paris, assistante d'édition aux éditions Hachette.

Élie Cohen : chargé de recherche au Centre National de la Recherche Scientifique, maître de conférences à l'Institut d'Études Politiques de Paris.

Michel Develle : directeur des études économiques et financières, Paribas.

Michel Dietsch : professeur à l'Institut d'Études Politiques de Strasbourg.

Monique Fouet : responsable de la division environnement international à l'Observatoire Français des Conjonctures Économiques.

Jacques Généreux : maître de conférences à l'Institut d'Études Politiques de Paris, directeur de collection aux éditions Hachette.

W. Van Ginneken : Bureau International du Travail.

Gérard Grellet : professeur à l'Université de Paris I, directeur de l'Institut d'Étude du Développement Économique et Social.

André Grjebine : chargé de recherche à la Fondation Nationale des Sciences Politiques, maître de conférences à l'Institut d'Études Politiques de Paris.

Marc Guillaume : diplômé de l'Institut d'Études Politiques de Paris, élève à l'École Nationale d'Administration.

Pierre Jacquet : adjoint au Directeur, responsable des études économiques à l'Institut Français des Relations Internationales.

Françoise Lemoine : chargée de mission au Centre d'Études Prospectives et d'Informations Internationales, département « Économie des pays socialistes ».

Jacques Leruez : directeur de recherche au Centre National de la Recherche Scientifique, professeur à l'Institut d'Études Politiques de Paris.

Michel-Louis Lévy : chef du service diffusion à l'Institut National d'Études Démographiques, rédacteur en chef de « Population et sociétés ».

Jean-Louis Mucchielli : professeur à l'Université de Toulon, co-directeur de la Bibliothèque d'Économie Internationale (Economica).

Anthony Rowley : maître de conférences à l'Institut d'Études Politiques de Paris.

François Seurot : professeur à l'Université de Nancy.

Thierry Schwob : économiste à la direction des grandes entreprises et du développement, à la Banque Nationale de Paris.

Christian Stoffaës : directeur à la direction générale d'Électricité de France, professeur à l'Institut d'Études Politiques de Paris.

TABLE DES MATIÈRES

Les fiches ont été rédigées par Caroline Benoist-Lucy, sauf pour la partie « Pays d'Europe de l'Est à économie planifiée » dont la rédaction intégrale a été assurée par François Seurot. Marc Guillaume a collaboré à la documentation des fiches pour les pays industriels à économie de marché, les pays de l'OPEP et les pays à faible revenu.

Couverture et maquette intérieure : Georges Amalric.
Préparation et mise en page : Denise Gaillard.
Cartographie et dessins : Pierre Constantinoff et Studio Bérad.

PRÉSENTATION

Le livre comprend deux grandes parties, l'une mondiale, l'autre consacrée aux économies nationales.

I. ENJEUX MONDIAUX

Dix tableaux présentant les principaux indicateurs statistiques sur la production, la population et les échanges dans 128 pays dont la population est d'au moins un million d'habitants, et quelques indicateurs de base pour 35 pays membres des Nations Unies et de la Banque mondiale dont la population est inférieure à un million d'habitants.

Une série d'articles rédigés par des spécialistes, qui analysent les questions dominant les débats de politique économique dans les années 1980.

II. ÉCONOMIES NATIONALES

Le classement

On a écarté l'ordre alphabétique qui est commode, mais parfaitement arbitraire, au profit d'un classement économique assez répandu :
- Pays industriels à économie de marché ;
- Pays d'Europe de l'Est à économie planifiée ;
- Nouveaux pays industriels ;
- Pays exportateurs de pétrole ;
- Pays en développement à faible revenu.

Ce découpage ne va pas, lui aussi, sans quelque arbitraire, mais il a le mérite d'être signifiant. La catégorie « Pays exportateurs de pétrole » ne comprend que des pays non traités dans les trois groupes précédents. Quelques pays sont impossibles à classer sans ambiguïté. Certains mettront le Portugal dans le troisième groupe et non dans le premier. Quelques études situent l'Inde dans les NPI, alors que nous la présentons dans le dernier groupe. Notons simplement que nous n'attachons à ces catégories et à notre classement aucune vertu particulière, si ce n'est de commodité.

Deux niveaux de traitement

Pour chacune des parties ci-dessus, quelques pays particulièrement importants et/ou significatifs des problèmes spécifiques à leur groupe font l'objet d'un chapitre détaillé, en trois temps :
- Institutions et vie politique : présentation rapide ;
- Croissance : étude des principales étapes historiques du développement ;
- Enjeux : principaux problèmes contemporains de politique économique.

Les autres pays font l'objet d'une fiche courte. Pour le dernier groupe, on se limite aux pays ayant plus d'un million d'habitants.

Tous les pays sont accompagnés d'une fiche statistique succincte et homogène.

MANUEL STATISTIQUE

On y trouve les définitions et les sources des indicateurs présentés dans le « Tableau de bord de l'économie mondiale ». Il comprend en outre une présentation des calculs statistiques les plus fréquents, avec exercices corrigés : pourcentages, taux de croissance, coefficient de variation, relation valeur-quantité-prix, indice élémentaire, moyenne pondérée, taux de croissance moyen, indice synthétique.

LEXIQUE

Définition des termes techniques ou étrangers.

ENJEUX MONDIAUX

TABLEAU DE BORD DE L'ÉCONOMIE MONDIALE

Notes et symboles :

Chiffre en italique : chiffre se rapportant à une année ou une période différente de celle qui est indiquée.

- - : chiffre non disponible.
(.) : chiffre inférieur à la moitié de l'unité utilisée.
w : moyenne pondérée.
m : valeur médiane.
t : total.

1. Indicateurs de base

	Population (millions d'habitants) Milieu de 1985	Superficie (milliers de km²)	PNB par habitant		Taux annuel moyen d'inflation (%)		Espérance de vie à la naissance (années) 1985
			Dollars 1985	Croissance annuelle moyenne (%) 1965-85	1965-80	1980-85	
Pays à faible revenu	**2.439,4 *t***	**32.547 *t***	**270 *w***	**2,9 *w***	**4,5 *w***	**7,5 *w***	**60 *w***
Chine et Inde	**1.805,5 *t***	**12.849 *t***	**290 *w***	**3,5 *w***	**2,7 *w***	**4,4 *w***	**63 *w***
Autres pays à faible revenu	**633,9 *t***	**19.698 *t***	**200 *w***	**0,4 *w***	**11,4 *w***	**18,9 *w***	**52 *w***
1 Éthiopie	42,3	1.222	110	0,2	3,3	2,6	45
2 Bangladesh	100,6	144	150	0,4	14,9	11,5	51
3 Burkina Faso	7,9	274	150	1,3	6,5	7,2	45
4 Mali	7,5	1.240	150	1,4	..	7,4	46
5 Bhoutan	1,2	47	160	..	..	..	44
6 Mozambique	13,8	802	160	..	..	25,8	47
7 Népal	16,5	141	160	0,1	7,8	8,4	47
8 Malawi	7,0	118	170	1,5	7,3	11,4	45
9 Zaïre	30,6	2.345	170	– 2,1	24,5	55,3	51
10 Birmanie	36,9	677	190	2,4	8,7	2,6	59
11 Burundi	4,7	28	230	1,9	8,4	6,6	48
12 Togo	3,0	57	230	0,3	7,1	6,9	51
13 Madagascar	10,2	587	240	– 1,9	7,7	19,4	52
14 Niger	6,4	1.267	250	– 2,1	7,5	8,5	44
15 Bénin	4,0	113	260	0,2	7,4	9,7	49
16 Rép. centrafricaine	2,6	623	260	– 0,2	8,4	10,8	49
17 Inde	765,1	3.288	270	1,7	7,4	7,8	56
18 Rwanda	6,0	26	280	1,8	12,5	7,6	48
19 Somalie	5,4	638	280	– 0,7	10,1	45,4	46
20 Kenya	20,4	583	290	1,9	7,3	10,0	54
21 Tanzanie	22,2	945	290	(.)	9,6	19,6	52
22 Soudan	21,9	2.506	300	(.)	11,5	31,7	48
23 Chine	1.040,3	9.561	310	4,8	(.)	2,4	69
24 Haïti	5,9	28	310	0,7	7,3	7,0	54
25 Guinée	6,2	246	320	0,8	2,8	8,3	40
26 Sierra Leone	3,7	72	350	1,1	7,8	25,0	40
27 Sénégal	6,6	196	370	– 0,6	6,5	9,7	47
28 Ghana	12,7	239	380	– 2,2	22,8	57,0	53
29 Pakistan	96,2	804	380	2,6	10,2	8,1	51
30 Sri Lanka	15,8	66	380	2,9	9,5	14,7	70
31 Zambie	6,7	753	390	– 1,6	6,4	14,7	
32 *Afghanistan*	..	648	..	..	4,9	..	
33 *Tchad*	5,0	1.284	..	*– 2,3*	6,2	..	
34 *Kampuchea dém.*	..	181	..	..	..	..	
35 *RDP lao*	3,6	237	..	..	..	..	
36 *Ouganda*	14,7	236	..	*– 2,6*	23,8	..	49
37 *Viêt-Nam*	61,7	330	..	..	..	..	65
Pays à revenu intermédiaire	**1.242,1 *t***	**38.071 *t***	**1.290 *w***	**3,0 *w***	**21,1 *w***	**57,4 *w***	**62 *w***
Tranche inférieure	**674,6 *t***	**16.090 *t***	**820 *w***	**2,6 *w***	**22,2 *w***	**22,3 *w***	**58 *w***
38 Mauritanie	1,7	1.031	420	0,1	7,5	8,1	47
39 Bolivie	6,4	1.099	470	– 0,2	15,7	569,1	53
40 Lesotho	1,5	30	470	6,5	8,6	11,4	54
41 Libéria	2,2	111	470	– 1,4	6,5	1,6	50
42 Indonésie	162,2	1.919	530	4,8	34,3	10,7	55
43 Yémen, RDP	2,1	333	530	..	..	5,7	46
44 Yémen, Rép. arabe du	8,0	195	550	*5,3*	..	9,7	45
45 Maroc	21,9	447	560	2,2	5,8	7,8	59
46 Philippines	54,7	300	580	2,3	11,8	19,3	63
47 Égypte, Rép. arabe d'	48,5	1.001	610	3,1	7,5	11,0	61
48 Côte d'Ivoire	10,1	322	660	0,9	9,2	10,0	53
49 Papouasie-Nouvelle-Guinée	3,5	462	680	0,4	8,1	5,5	52
50 Zimbabwe	8,4	391	680	1,6	5,7	13,2	57
51 Honduras	4,4	112	720	0,4	6,3	5,4	62
52 Nicaragua	3,3	130	770	– 2,1	8,9	33,8	59
53 Rép. dominicaine	6,4	49	790	2,9	6,6	14,6	64
54 Nigéria	99,7	924	800	2,2	14,5	11,4	50
55 Thaïlande	51,7	514	800	4,0	6,8	3,2	64
56 Cameroun	10,2	475	810	3,6	9,0	11,8	55
57 El Salvador	4,8	21	820	– 0,2	7,0	11,6	64
58 Botswana	1,1	600	840	8,3	8,0	5,2	57
59 Paraguay	3,7	407	860	3,9	9,2	15,8	66
60 Jamaïque	2,2	11	940	– 0,7	12,6	18,3	73
61 Pérou	18,6	1.285	1.010	0,2	20,5	98,6	59
62 Turquie	50,2	781	1.080	2,6	20,8	37,1	64
63 Maurice	1,0	2	1.090	2,7	11,8	8,5	66
64 Congo, Rép. populaire du	1,9	342	1.110	3,8	7,1	12,6	58
65 Équateur	9,4	284	1.160	3,5	11,3	29,7	66
66 Tunisie	7,1	164	1.190	4,0	6,7	10,0	63
67 Guatemala	8,0	109	1.250	1,7	7,1	7,4	60
68 Costa Rica	2,6	51	1.300	1,4	11,2	36,4	74

	Population (millions d'habitants) Milieu de 1985	Superficie (milliers de km²)	PNB par habitant: Dollars 1985	PNB par habitant: Croissance annuelle moyenne (%) 1965-85	Taux annuel moyen d'inflation (%): 1965-80	Taux annuel moyen d'inflation (%): 1980-85	Espérance de vie à la naissance (années) 1985
69 Colombie	28,4	1.139	1.320	2,9	17,5	22,5	65
70 Chili	12,1	757	1.420	– 0,2	129,9	19,3	70
71 Jordanie	3,5	98	1.560	*5,8*	..	3,9	65
72 Rép. arabe syrienne	10,5	185	1.570	4,0	8,4	6,1	64
73 *Liban*		10	..	..	9,3	..	..
Tranche supérieure	**567,4 *t***	**21.981 *t***	**1.850 *w***	**3,3 *w***	**20,5 *w***	**74,7 *w***	**66 *w***
74 Brésil	135,6	8.512	1.640	4,3	31,6	147,7	65
75 Uruguay	3,0	176	1.650	1,4	57,7	44,6	72
76 Hongrie	10,6	93	1.950	5,8	2,7	5,6	71
77 Portugal	10,2	92	1.970	3,3	11,7	22,7	74
78 Malaisie	15,6	330	2.000	4,4	4,9	3,1	68
79 Afrique du Sud	32,4	1.221	2.010	1,1	9,9	13,0	55
80 Pologne	37,2	313	2.050	..	..	35,2	72
81 Yougoslavie	23,1	256	2.070	4,1	15,2	45,1	72
82 Mexique	78,8	1.973	2.080	2,7	13,2	62,2	67
83 Panama	2,2	77	2.100	2,5	5,5	3,7	72
84 Argentine	30,5	2.767	2.130	0,2	78,5	342,8	70
85 Corée, Rép. de	41,1	98	2.150	6,6	18,7	6,0	69
86 Algérie	21,9	2.382	2.550	3,6	9,9	6,9	61
87 Venezuela	17,3	912	3.080	0,5	8,7	9,2	70
88 Grèce	9,9	132	3.550	3,6	10,3	20,6	68
89 Israël	4,2	21	4.990	2,5	25,2	196,3	75
90 Trinité-et-Tobago	1,2	5	6.020	2,3	14,2	7,6	69
91 Hong Kong	5,4	1	6.230	6,1	8,1	7,9	76
92 Oman	1,2	300	6.730	5,7	20,5	*4,9*	54
93 Singapour	2,6	1	7.420	7,6	4,8	3,1	73
94 *Iran, Rép. islamique d'*	*44,6*	1.648	..	..	15,2	..	60
95 *Iraq*	15,9	435	..	..	..	..	61
96 *Roumanie*	22,7	238	..	..	..	..	72
Pays en développement	**3.681,5 *t***	**70.618 *t***	**610 *w***	**3,0 *w***	**16,8 *w***	**44,2 *w***	**61 *w***
Exportateurs de pétrole	**523,3 *t***	**12.785 *t***	**1.060 *w***	**3,1 *w***	**15,3 *w***	**28,9 *w***	**58 *w***
Exportateurs de produits manufacturés	**2.098,3 *t***	**22.473 *t***	**520 *w***	**4,0 *w***	**13,3 *w***	**47,7 *w***	**64 *w***
Pays fortement endettés	**554,5 *t***	**21.213 *t***	**1.410 *w***	**2,5 *w***	**26,6 *w***	**89,0 *w***	**62 *w***
Afrique subsaharienne	**418,0 *t***	**21.874 *t***	**400 *w***	**1,0 *w***	**12,7 *w***	**16,7 *w***	**50 *w***
Exportateurs de pétrole à revenu élevé	**18,4 *t***	**4.012 *t***	**9.800 *w***	**2,7 *w***	**16,6 *w***	**– 2,5 *w***	**63 *w***
97 Libye	3,8	1.760	7.170	– 1,3	15,4	– *0,3*	60
98 Arabie saoudite	11,5	2.150	8.850	5,3	17,6	– 3,2	62
99 Koweït	1,7	18	14.480	– 0,3	14,1	– *3,6*	72
100 Emirats arabes unis	1,4	84	19.270	..	..	– 1,4	70
Pays industriels à économie de marché	**737,3 *t***	**30.935 *t***	**11.810 *w***	**2,4 *w***	**7,6 *w***	**5,8 *w***	**76 *w***
101 Espagne	38,6	505	4.290	2,6	12,2	12,6	77
102 Irlande	3,6	70	4.850	2,2	11,9	10,8	74
103 Italie	57,1	301	6.520	2,6	11,2	14,2	77
104 Nouvelle-Zélande	3,3	269	7.010	1,4	10,1	9,8	74
105 Belgique	9,9	31	8.280	2,8	6,5	5,9	75
106 Royaume-Uni	56,5	245	8.460	1,6	11,2	6,4	75
107 Autriche	7,6	84	9.120	3,5	5,7	4,9	74
108 Pays-Bas	14,5	41	9.290	2,0	7,5	3,5	77
109 France	55,2	547	9.540	2,8	8,0	9,5	78
110 Australie	15,8	7.687	10.830	2,0	8,8	9,1	78
111 Finlande	4,9	337	10.890	3,3	10,5	8,6	76
112 Allemagne, Rép. féd. d'	61,0	249	10.940	2,7	5,1	3,2	75
113 Danemark	5,1	43	11.200	1,8	9,2	8,1	75
114 Japon	120,8	372	11.300	4,7	7,5	1,2	77
115 Suède	8,4	450	11.890	1,8	8,0	8,6	77
116 Canada	25,4	9.976	13.680	2,4	7,4	6,3	76
117 Norvège	4,2	324	14.370	3,3	7,7	8,5	77
118 Suisse	6,5	41	16.370	1,4	5,3	4,5	77
119 Etats-Unis	239,3	9.363	16.690	1,7	6,1	5,3	76
Pays non membres non déclarants	**362,6 *t***	**25.826 *t***	..	..	..	..	**69 *w***
120 *Albanie*	3,0	29	..	..	..	..	70
121 *Angola*	8,8	1.247	..	..	..	..	44
122 *Bulgarie*	9,0	111	..	..	..	..	71
123 *Cuba*	10,1	115	..	..	..	..	77
124 *Tchécoslovaquie*	15,5	128	..	..	..	..	70
125 *Allemagne, Rép. dém. d'*	16,6	108	..	..	..	..	59
126 *Corée, Rép. dém. de.*	20,4	121	..	..	..	..	68
127 *Mongolie*	1,9	1.565	..	..	..	..	63
128 *URSS*	277,4	22.402	..	..	..	..	70

2. Croissance de la production

	Taux annuel moyen de croissance (%)									
	PIB[a]		Agriculture		Industrie		(Secteur manufacturier)[b]		Services	
	1965-80	1980-85	1965-80	1980-85	1965-80	1980-85	1965-80	1980-85	1965-80	1980-85
Pays à faible revenu	**4,8 *w***	**7,3 *w***	**2,7 *w***	**6,0 *w***	**7,6 *w***	**9,3 *w***	**7,8 *w***	**10,8 *w***	**5,0 *w***	**6,3 *w***
Chine et Inde	**5,3 *w***	**8,3 *w***	**2,9 *w***	**7,1 *w***	**8,2 *w***	**10,0 *w***	**8,1 *w***	**11,2 *w***	**5,5 *w***	**7,5 *w***
Autres pays à faible revenu	**3,2 *w***	**2,8 *w***	**2,0 *w***	**1,9 *w***	**4,4 *w***	**3,7 *w***	**5,3 *w***	**5,5 *w***	**4,0 *w***	**3,0 *w***
1 Ethiopie	2,8	0,3	1,2	– 3,4	3,2	2,8	5,0	..	5,3	3,2
2 Bangladesh	2,4	3,6	1,5	2,8	3,8	4,7	6,8	2,0	3,4	4,3
3 Burkina Faso	3,2	2,4	..	2,7	..	2,1	..	..	..	2,4
4 Mali	4,1	– 0,5	2,8	– 4,1	4,2	3,8	..	..	7,0	4,0
5 Bhoutan	..	..	..	..	..	..	..	..	..	..
6 Mozambique	..	– 9,6	..	– 16,5	..	– 13,9	..	..	..	0,1
7 Népal	2,3	3,4	..	..	..	..	..	..	..	..
8 Malawi	5,8	2,0	..	2,7	..	1,3	..	..	..	1,8
9 Zaïre	1,4	1,0	..	2,5	..	2,0	..	– 1,4	..	– 0,8
10 Birmanie	3,9	5,5	3,7	5,4	4,4	7,0	3,9	6,0	4,0	5,1
11 Burundi	3,6	1,9	3,3	0,8	7,8	4,8	5,9	6,8	2,7	3,3
12 Togo	4,4	– 1,8	1,9	0,9	6,8	– 2,8	..	– 3,4	5,4	– 3,2
13 Madagascar	1,8	– 0,8	..	2,4	..	– 6,8	..	..	..	– 0,6
14 Niger	0,3	– 3,6	– 3,4	(.)	11,4	– 3,6	..	..	3,4	– 7,4
15 Bénin	2,3	3,4	..	0,9	..	13,5	..	7,2	..	2,4
16 Rép. centrafricaine	2,6	0,6	2,1	2,2	5,3	1,0	..	– 1,8	2,0	– 1,4
17 Inde	3,8	5,2	2,8	2,7	4,1	5,4	4,4	5,6	4,8	7,5
18 Rwanda	4,9	1,8	..	2,6	..	4,9	..	4,8	..	– 0,4
19 Somalie	2,8	4,9	..	7,9	..	– 5,1	..	– 3,4	..	3,6
20 Kenya	6,4	3,1	4,9	2,8	9,8	2,0	10,5	3,8	6,4	3,9
21 Tanzanie	3,9	0,8	1,7	0,7	4,2	– 4,5	5,6	– 4,6	6,7	2,8
22 Soudan	3,8	– 0,7	2,9	– 5,5	3,1	4,3	..	..	4,9	0,6
23 Chine	6,4	9,8	3,0	9,4	10,0	11,1	9,5[b]	12,4[b]	7,0	7,5
24 Haïti	2,9	– 0,8	1,0	– 1,3	7,1	– 2,4	6,2	– 2,6	2,7	0,5
25 Guinée	3,9	0,9	..	0,3	..	0,1	..	1,5	..	2,1
26 Sierra Leone	2,8	2,1	2,3	1,1	– 1,1	– 2,5	4,0	5,2	5,8	4,3
27 Sénégal	2,0	3,3	1,4	1,8	4,8	4,5	3,4	4,9	1,3	3,3
28 Ghana	1,4	– 0,7	1,6	– 1,3	1,4	– 5,5	2,5	– 5,6	1,1	2,2
29 Pakistan	5,2	6,0	3,3	2,1	6,2	8,8	5,3	10,1	6,1	6,8
30 Sri Lanka	4,0	5,1	2,7	4,0	5,1	4,2	3,2	5,5	4,3	6,1
31 Zambie	1,8	0,1	2,2	2,9	2,1	– 0,5	5,3	0,4	1,5	– 0,4
32 *Afghanistan*	*3,0*	..	..	..	..	..	..	..	..	..
33 *Tchad*	0,1	..	..	..	..	..	..	..	..	..
34 *Kampuchea dém.*	..	..	..	..	..	..	..	..	..	..
35 *RDP lao*	..	..	..	..	..	..	..	..	..	..
36 *Ouganda*	0,6	4,9	1,2	6,5	– 4,1	1,8	– 3,7	2,3	1,1	3,0
37 *Viêt-Nam*	..	..	..	..	..	..	..	..	..	..
Pays à revenu intermédiaire	**6,5 *w***	**1,7 *w***	**3,5 *w***	**2,1 *w***	**7,6 *w***	**1,2 *w***	..	..	**6,7 *w***	**1,9 *w***
Tranche inférieure	**6,3 *w***	**1,6 *w***	**3,3 *w***	**1,9 *w***	**8,5 *w***	**0,6 *w***	**7,3 *w***	**3,2 *w***	**6,4 *w***	**2,3 *w***
38 Mauritanie	2,1	0,2	– 2,0	1,6	2,2	4,2	..	..	6,5	– 3,2
39 Bolivie	4,5	– 4,5	3,8	– 3,7	3,7	– 7,3	5,4	– 10,6	5,6	– 2,9
40 Lesotho	6,7	0,5	..	..	..	..	..	..	..	..
41 Libéria	3,2	– 1,9	5,5	1,1	2,2	– 6,7	10,0	– 5,1	2,4	– 0,2
42 Indonésie	7,9	3,5	4,3	3,1	11,9	1,0	12,0	6,4	7,3	6,3
43 Yémen, RDP	..	1,6	..	..	..	..	..	..	..	..
44 Yémen, Rép. arabe du	..	4,5	..	0,2	..	8,3	..	16,5	..	5,2
45 Maroc	5,7	3,0	2,2	1,0	6,1	1,3	5,9	0,7	6,5	4,3
46 Philippines	5,9	– 0,5	4,6	1,7	8,0	– 2,8	7,5	– 1,2	5,2	0,1
47 Egypte, Rép. arabe d'	6,7	5,2	2,8	1,9	7,0	7,0	..	..	9,5	5,1
48 Côte d'Ivoire	6,8	– 1,7	3,3	– 1,1	10,4	– 1,5	9,1	..	9,4	– 2,5
49 Papouasie-Nouvelle-Guinée	4,1	1,3	..	..	..	..	..	..	..	..
50 Zimbabwe	4,9	2,5	..	3,7	..	0,4	..	0,9	..	3,8
51 Honduras	4,1	0,6	1,6	2,2	5,7	– 0,8	6,0	– 2,1	5,4	0,3
52 Nicaragua	2,6	0,2	3,3	1,4	4,2	0,3	5,2	0,8	1,4	– 0,4
53 Rép. dominicaine	7,3	*2,2*	3,8	*3,3*	10,9	*2,1*	8,9	*2,0*	7,0	*2,0*
54 Nigéria	7,9	– 3,4	1,7	1,0	13,4	– 5,8	14,6	3,0	8,8	– 3,5
55 Thaïlande	7,4	5,1	4,9	3,4	9,5	5,1	10,9	5,3	8,0	6,0
56 Cameroun	4,9	8,6	4,2	1,3	8,1	17,8	7,0	18,4	4,4	7,1
57 El Salvador	4,4	– 1,8	3,6	– 2,9	5,3	– 1,7	4,6	– 2,1	4,3	– 1,3
58 Botswana	14,3	12,1	9,3	– 8,1	23,2	21,1	12,5	5,8	12,2	6,0
59 Paraguay	7,0	1,4	4,9	2,8	8,8	0,4	7,0	0,3	7,5	1,2
60 Jamaïque	1,5	0,5	0,5	1,9	– 0,1	– 1,6	0,4	0,8	2,7	1,3
61 Pérou	3,9	– 1,6	1,0	1,9	4,4	– 3,0	3,8	– 3,8	4,3	– 1,2
62 Turquie	6,3	4,5	3,2	2,6	7,2	6,0	7,5	7,9	7,6	4,5
63 Maurice	4,9	3,9	..	5,2	..	4,3	..	6,1	..	3,5
64 Congo, Rép. populaire du	5,9	7,8	3,1	– 1,5	10,3	11,3	..	6,2	4,7	7,0
65 Equateur	8,4	1,5	3,4	0,2	13,7	4,0	11,5	0,5	7,6	0,2
66 Tunisie	6,6	4,1	5,5	4,2	7,4	3,8	9,9	6,7	6,5	4,3
67 Guatemala	5,9	– 1,4	5,1	– 0,6	7,3	– 3,8	6,5	– 2,2	5,7	– 0,8
68 Costa Rica	6,3	0,5	4,2	2,1	8,7	– 0,1	..	..	6,0	0,2
69 Colombie	5,6	1,9	4,3	1,8	5,5	2,9	6,2	..	6,4	1,6

	Taux annuel moyen de croissance (%)									
	PIB[a]		Agriculture		Industrie		(Secteur manufacturier)[b]		Services	
	1965-80	1980-85	1965-80	1980-85	1965-80	1980-85	1965-80	1980-85	1965-80	1980-85
70 Chili	1,9	– 1,1	1,6	2,1	0,8	– 0,5	0,6	– 1,9	2,7	– 2,1
71 Jordanie	..	4,1	..	6,4	..	4,0	..	5,6	..	3,8
72 Rép. arabe syrienne	8,7	1,5	4,8	– 1,4	12,2	0,6	..	..	9,0	2,9
73 *Liban*	– 1,2	..	..	..	..	..	..	..	..	..
Tranche supérieure	**6,6 *w***	**1,7 *w***	**3,7 *w***	**2,3 *w***	**7,2 *w***	**1,4 *w***	..	..	**6,9 *w***	**1,7 *w***
74 Brésil	9,0	1,3	4,7	3,0	10,0	0,3	9,8	..	9,4	1,8
75 Uruguay	2,4	– 3,9	1,0	– 1,3	3,1	– 7,2	..	..	2,3	– 2,9
76 Hongrie	5,5	1,8	2,7	3,5	6,4	2,0	..	..	6,2	0,9
77 Portugal	5,3	0,9	..	– 0,7	..	0,9	..	..	..	1,3
78 Malaisie	7,3	5,5	..	3,0	..	6,7	..	6,1	..	5,9
79 Afrique du Sud	4,0	0,8	..	..	..	..	..	..	..	..
80 Pologne	..	0,5	..	..	..	..	..	..	..	..
81 Yougoslavie	6,1	0,8	3,1	1,3	7,8	0,6	..	..	5,5	0,9
82 Mexique	6,5	0,8	3,2	2,3	7,6	0,3	7,4	..	6,6	0,8
83 Panama	5,5	2,4	2,4	2,7	5,9	– 2,2	4,7	– 0,3	6,0	3,6
84 Argentine	3,3	– 1,4	1,4	2,8	3,3	– 2,5	2,7	– 1,6	3,9	– 1,8
85 Corée, Rép. de	9,5	7,9	3,0	6,3	16,6	9,6	18,8	9,0	9,4	6,7
86 Algérie	7,5	4,9	5,8	2,1	8,1	5,3	9,5	9,0	7,1	4,9
87 Venezuela	5,2	– 1,6	4,0	1,5	3,5	– 1,8	5,9	1,4	6,6	– 1,9
88 Grèce	5,8	1,0	2,3	– 0,7	7,1	– 0,6	8,4	– 0,9	6,2	2,4
89 Israël	6,7	1,7	..	..	..	..	..	..	..	..
90 Trinité-et-Tobago	*4,8*	– 4,1	*0,1*	1,4	*3,8*	– 4,0	..	– 4,8	*5,7*	– 4,5
91 Hong Kong	8,5	5,9	..	..	..	..	..	..	..	..
92 Oman	12,5	*4,0*	..	..	..	..	..	..	..	..
93 Singapour	10,2	6,5	3,1	– 1,8	12,2	5,9	13,3	2,1	9,7	6,9
94 *Iran, Rép. islamique d'*	6,2	..	4,5	..	2,4	..	10,0	..	13,3	..
95 *Iraq*	..	..	..	..	..	..	..	..	..	..
96 *Roumanie*	..	..	..	..	..	..	..	..	..	..
Pays en développement	**6,0 *w***	**3,3 *w***	**3,1 *w***	**4,0 *w***	**7,6 *w***	**3,5 *w***	..	..	**6,4 *w***	**2,8 *w***
Exportateurs de pétrole	**6,8 *w***	**1,0 *w***	**3,2 *w***	**1,9 *w***	**8,3 *w***	**0,2 *w***	**8,5 *w***	**1,8 *w***	**6,9 *w***	**1,4 *w***
Exportateurs de produits manufacturés	**6,7 *w***	**5,5 *w***	**3,2 *w***	**6,1 *w***	**8,8 *w***	**6,6 *w***	..	..	**7,4 *w***	**4,3 *w***
Pays fortement endettés	**6,4 *w***	**0,1 *w***	**3,2 *w***	**1,9 *w***	**7,3 *w***	**– 0,9 *w***	**7,3 *w***	**– 0,3 *w***	**6,8 *w***	**0,3 *w***
Afrique subsaharienne	**5,3 *w***	**– 0,7 *w***	**1,9 *w***	**0,9 *w***	**9,7 *w***	**– 2,4 *w***	**9,8 *w***	**3,5 *w***	**5,4 *w***	**– 0,4 *w***
Exportateurs de pétrole à revenu élevé	**7,5 *w***	**– 2,2 *w***	..	**7,8 *w***	..	**– 8,3 *w***	..	**9,2 *w***	..	**5,1 *w***
97 Libye	4,2	*– 6,1*	10,7	*7,3*	1,2	*– 8,8*	13,7	*11,5*	15,5	*– 3,7*
98 Arabie saoudite	10,9	– 2,1	4,1	8,0	11,6	– 9,7	8,1	7,7	10,5	7,3
99 Koweït	3,1	*0,3*	..	..	..	..	..	..	..	..
100 Emirats arabes unis	..	*– 2,8*	..	*13,3*	..	*– 6,1*	..	*20,2*	..	*5,9*
Pays industriels à économie de marché	**3,7 *w***	**2,3 *w***	**1,2 *w***	**1,5 *w***	**3,6 *w***	**2,5 *w***	**4,0 *w***	**3,0 *w***	**3,9 *w***	**2,0 *w***
101 Espagne	4,8	1,6	2,7	2,5	5,8	0,6	6,7	0,3	4,6	2,2
102 Irlande	4,7	1,5	..	..	..	..	..	..	..	..
103 Italie	3,8	0,8	0,9	0,5	4,2	– 0,3	..	..	4,1	1,8
104 Nouvelle-Zélande	3,0	3,1	..	..	..	..	..	..	..	..
105 Belgique	3,8	0,7	1,1	3,4	4,5	0,6	4,8	1,6	3,4	0,6
106 Royaume-Uni	2,2	2,0	1,7	*3,2*	1,2	*0,6*	1,1	*0,1*	2,9	*2,1*
107 Autriche	4,4	1,7	1,9	1,5	4,6	1,4	4,8	2,1	4,6	2,1
108 Pays-Bas	3,9	0,7	*4,3*	7,8	*3,6*	0,4	*4,3*	1,4	*4,0*	0,2
109 France	4,3	1,1	0,8	*3,1*	4,6	*0,3*	5,3	*0,4*	4,6	*1,4*
110 Australie	4,2	2,5	2,6	3,9	2,9	1,0	1,2	– 0,4	5,4	3,3
111 Finlande	4,1	2,7	0,4	(.)	4,8	2,7	5,2	3,0	4,4	3,2
112 Allemagne, Rép. féd. d'	3,4	1,3	1,6	*4,0*	3,1	*– 0,5*	3,4	*– 0,2*	3,8	*2,0*
113 Danemark	2,8	2,4	0,3	5,1	2,2	2,2	3,4	2,9	3,3	2,2
114 Japon	6,3	3,8	0,8	1,6	8,5	5,9	9,4	7,8	5,2	1,6
115 Suède	2,7	2,0	– 0,2	3,1	2,2	2,8	2,3	2,9	3,3	1,4
116 Canada	4,8	2,4	1,6	*0,5*	4,0	*– 0,6*	4,2	*– 0,2*	5,4	*2,7*
117 Norvège	4,4	3,3	1,1	– 1,3	5,0	2,4	2,8	– 0,1	4,4	4,1
118 Suisse	2,0	1,2	..	..	..	..	..	..	..	..
119 États-Unis	2,9	2,5	1,3	1,8	2,3	2,4	2,7	3,3	3,4	2,6
Pays non membres non déclarants	..	..	..	..	..	..	..	..	..	..
120 *Albanie*	..	..	..	..	..	..	..	..	..	..
121 *Angola*	..	..	..	..	..	..	..	..	..	..
122 *Bulgarie*	..	..	..	..	..	..	..	..	..	..
123 *Cuba*	..	..	..	..	..	..	..	..	..	..
124 *Tchécoslovaquie*	..	..	..	..	..	..	..	..	..	..
125 *Allemagne, Rép. dém. d'*	..	..	..	..	..	..	..	..	..	..
126 *Corée, Rép. dém. de.*	..	..	..	..	..	..	..	..	..	..
127 *Mongolie*	..	..	..	..	..	..	..	..	..	..
128 *URSS*	..	..	..	..	..	..	..	..	..	..

a) Estimation de la Banque mondiale. b) L'industrie manufacturière étant généralement la branche la plus dynamique du secteur industriel, son taux de croissance est indiqué séparément.

3. Structure de la production

	PIB[a] (millions de dollars)		Répartition du produit intérieur brut (%) Agriculture		Industrie		(Secteur manufacturier)[b]		Services	
	1965	1985	1965	1985	1965	1985	1965	1985	1965	1985
Pays à faible revenu	**147.330 *t***	**587.020 *t***	**41 *w***	**32 *w***	**28 *w***	**33 *w***	**21 *w***	**26 *w***	**32 *w***	**35 *w***
Chine et Inde	**111.850 *t***	**441.240 *t***	**41 *w***	**31 *w***	**30 *w***	**37 *w***	**24 *w***	**29 *w***	**29 *w***	**32 *w***
Autres pays à faible revenu	**35.480 *t***	**145.780 *t***	**41 *w***	**36 *w***	**17 *w***	**19 *w***	**10 *w***	**12 *w***	**42 *w***	**45 *w***
1 Ethiopie	1.180	4.230	58	44	14	16	7	..	28	39
2 Bangladesh	4.380	16.110	53	50	11	14	5	8	36	36
3 Burkina Faso	260	930	53	45	20	22	..	..	27	33
4 Mali	..	1.100	..	50	..	13	..	7	..	37
5 Bhoutan	..	*180*	..	*50*	..	*18*	..	*4*	..	*32*
6 Mozambique	..	3.230	..	35	..	11	..	..	..	53
7 Népal	730	*2.340*	65	*62*	11	*12*	3	*5*	23	*26*
8 Malawi	220	970	50	38	13	19	..	..	37	44
9 Zaïre	3.140	4.810	21	31	26	34	16	1	53	36
10 Birmanie	1.600	7.070	35	48	13	13	9	10	52	39
11 Burundi	160	970	..	61	..	15	..	9	..	24
12 Togo	190	700	45	30	21	24	10	7	34	47
13 Madagascar	*730*	2.340	*31*	42	*16*	16	*11*	..	*53*	42
14 Niger	670	1.580	68	47	3	16	2	4	29	37
15 Bénin	220	960	59	48	8	16	..	4	33	36
16 Rép. centrafricaine	140	610	46	39	16	20	4	8	38	41
17 Inde	46.260	175.710	47	31	22	27	15	17	31	41
18 Rwanda	150	1.710	75	45	7	21	2	16	18	34
19 Somalie	220	2.320	71	58	6	9	3	6	24	34
20 Kenya	920	5.020	35	31	18	20	11	13	47	49
21 Tanzanie	790	5.600	46	58	14	8	8	5	40	33
22 Soudan	1.330	6.930	54	26	9	18	4	9	37	57
23 Chine	65.590	265.530	39	33	38	47	30[c]	37[c]	23	20
24 Haïti	350	1.930	..	..	..	..	..	..	..	..
25 Guinée	520	1.980	..	40	..	22	..	2	..	38
26 Sierra Leone	320	1.190	34	44	28	14	6	6	38	42
27 Sénégal	810	2.560	25	19	18	29	14	18	56	52
28 Ghana	2.050	4.860	44	41	19	15	10	11	38	43
29 Pakistan	5.450	28.240	40	25	20	28	14	20	40	47
30 Sri Lanka	1.770	5.500	28	27	21	26	17	15	51	46
31 Zambie	1.060	2.330	14	14	54	39	6	22	32	46
32 *Afghanistan*	620	..	..	..	..	..	..	..	..	..
33 *Tchad*	290	..	42	..	15	..	12	..	43	..
34 *Kampuchea dém.*	870	..	..	..	..	..	..	..	..	..
35 *RDP lao*	..	..	..	..	..	..	..	..	..	..
36 *Ouganda*	1.100	..	52	..	13	..	8	..	35	..
37 *Viêt-Nam*	..	..	..	..	..	..	..	..	..	..
Pays à revenu intermédiaire	**186.300 *t***	**1.439.960 *t***	**20 *w***	**14 *w***	**30 *w***	**34 *w***	**..**	**..**	**50 *w***	**52 *w***
Tranche inférieure	**66.800 *t***	**509.630 *t***	**29 *w***	**22 *w***	**24 *w***	**32 *w***	**16 *w***	**17 *w***	**47 *w***	**47 *w***
38 Mauritanie	160	600	32	29	36	25	4	..	32	47
39 Bolivie	730	2.980	23	27	31	30	15	19	46	42
40 Lesotho	50	260	65	..	5	..	1	..	30	..
41 Libéria	270	1.000	27	37	40	28	3	5	34	36
42 Indonésie	3.830	86.470	56	24	13	36	8	14	31	41
43 Yémen, RDP	..	900	..	..	..	..	..	..	..	..
44 Yémen, Rép. arabe du	..	3.700	..	34	..	16	..	7	..	50
45 Maroc	2.950	11.850	23	18	28	32	16	17	49	50
46 Philippines	6.010	32.590	26	27	28	32	20	25	46	41
47 Egypte, Rép. arabe d'	4.550	30.550	29	20	27	31	..	..	44	49
48 Côte d'Ivoire	760	5.220	47	36	19	26	11	17	33	38
49 Papouasie-Nouvelle-Guinée	340	2.270	42	..	18	..	..	..	41	..
50 Zimbabwe	960	4.530	18	13	35	43	20	29	47	44
51 Honduras	460	2.960	40	27	19	25	12	14	41	48
52 Nicaragua	570	2.860	25	23	24	33	18	27	51	44
53 Rép. dominicaine	960	*4.910*	26	*15*	20	*31*	14	*19*	53	*53*
54 Nigéria	4.190	75.300	53	36	19	32	7	9	29	32
55 Thaïlande	4.050	38.240	35	17	23	30	14	20	42	53
56 Cameroun	750	7.940	32	21	17	37	10	12	50	42
57 El Salvador	800	3.820	29	19	22	22	18	16	49	60
58 Botswana	50	830	34	6	19	49	12	8	47	46
59 Paraguay	440	5.810	37	29	19	25	16	16	45	46
60 Jamaïque	870	1.980	10	6	37	36	17	20	53	58
61 Pérou	5.030	16.850	18	11	29	38	17	20	53	51
62 Turquie	7.660	48.820	34	19	25	35	16	25	41	46
63 Maurice	190	890	16	15	23	29	14	20	61	56
64 Congo, Rép. populaire du	200	2.160	19	8	19	54	..	6	62	38
65 Equateur	1.150	12.550	27	14	22	42	18	19	50	45
66 Tunisie	880	7.240	22	17	24	34	9	14	54	49
67 Guatemala	1.330	11.020	..	..	..	..	..	..	..	..
68 Costa Rica	590	3.810	24	20	23	29	..	..	53	51

	Répartition du produit intérieur brut (%)									
	PIB[a] (millions de dollars)		Agriculture		Industrie		(Secteur manufacturier)[b]		Services	
	1965	1985	1965	1985	1965	1985	1965	1985	1965	1985
69 Colombie	5.570	*34.400*	30	*20*	25	*30*	18	*18*	46	*50*
70 Chili	5.940	16.000	9	..	40	..	24	..	52	..
71 Jordanie	..	3.450	..	8	..	28	..	12	..	64
72 Rép. arabe syrienne	1.470	16.370	29	22	22	21	..	..	49	57
73 *Liban*	1.150	..	12	..	21	..	..	..	67	..
Tranche supérieure	**119.500 *t***	**930.330 *t***	**15 *w***	**10 *w***	**34 *w***	**35 *w***	..	..	**51 *w***	**54 *w***
74 Brésil	19.260	*188.250*	19	*13*	33	*33*	26	..	48	*54*
75 Uruguay	930	4.380	15	11	32	33	..	..	53	56
76 Hongrie[d]	..	20.560	..	16	..	41	..	..	..	43
77 Portugal	3.740	20.430	..	9	..	40	..	..	..	51
78 Malaisie	3.130	31.270	28	..	25	..	9	..	47	..
79 Afrique du Sud	10.540	*67.710*	10	*5*	42	*45*	23	*23*	48	*50*
80 Pologne	..	70.439	..	..	..	..	..	..	..	..
81 Yougoslavie	11.190	44.370	23	12	42	46	..	..	35	42
82 Mexique	20.160	177.360	14	11	31	35	21	..	54	54
83 Panama	660	4.880	18	9	19	18	12	9	63	73
84 Argentine	16.500	65.920	17	..	42	..	33	..	42	..
85 Corée, Rép. de	3.000	86.180	39	14	26	41	19	28	35	45
86 Algérie	3.170	58.180	15	8	34	48	11	11	51	43
87 Venezuela	8.290	49.600	7	8	41	42	..	21	52	50
88 Grèce	5.270	29.150	24	17	26	29	16	18	50	54
89 Israël	3.590	20.270	..	..	..	..	..	..	..	..
90 Trinité-et-Tobago	660	7.770	5	3	38	44	19	7	57	53
91 Hong Kong	2.150	*30.730*	2	*1*	40	*31*	24	*24*	58	*68*
92 Oman	60	*8.820*	61	*3*	23	*59*	(.)	*3*	16	*38*
93 Singapour	970	17.470	3	1	24	37	15	24	73	62
94 *Iran, Rép. islamique d'*	6.170	..	26	..	36	..	12	..	38	..
95 *Iraq*	2.430	..	18	..	46	..	8	..	36	..
96 *Roumanie*	..	..	..	..	..	..	..	..	..	..
Pays en développement	**333.630 *t***	**2.026.970 *t***	**29 *w***	**20 *w***	**29 *w***	**34 *w***	..	..	**42 *w***	**47 *w***
Exportateurs de pétrole	**57.090 *t***	**533.070 *t***	**22 *w***	**17 *w***	**29 *w***	**36 *w***	**15 *w***	**13 *w***	**50 *w***	**47 *w***
Exportateurs de produits manufacturés	**163.420 *t***	**907.600 *t***	**34 *w***	**21 *w***	**31 *w***	**35 *w***	..	..	**36 *w***	**44 *w***
Pays fortement endettés	**115.530 *t***	**779.100 *t***	**18 *w***	**15 *w***	**32 *w***	**33 *w***	**23 *w***	**17 *w***	**49 *w***	**52 *w***
Afrique subsaharienne	**24.620 *t***	**160.660 *t***	**39 *w***	**34 *w***	**19 *w***	**27 *w***	**10 *w***	**10 *w***	**42 *w***	**40 *w***
Exportateurs de pétrole à revenu élevé	**6.960 *t***	**170.300 *t***	**5 *w***	**2 *w***	**65 *w***	**58 *w***	**5 *w***	**8 *w***	**30 *w***	**39 *w***
97 Libye	1.500	*25.420*	5	*4*	63	*57*	3	*5*	32	*39*
98 Arabie saoudite	2.300	95.050	8	3	60	56	9	8	32	41
99 Koweït	2.100	*21.710*	(.)	*1*	73	*58*	3	*8*	27	*41*
100 Emirats arabes unis	..	*28.120*	..	*1*	..	*67*	..	*10*	..	*32*
Pays industriels à économie de marché	**1.367.050 *t***	**8.568.920 *t***	**5 *w***	**3 *w***	**40 *w***	**36 *w***	**30 *w***	**23 *w***	**55 *w***	**61 *w***
101 Espagne	23.320	164.250	15	..	36	..	25	..	49	..
102 Irlande	2.690	18.430	..	..	..	..	..	..	..	..
103 Italie	62.600	358.670	11	5	41	39	..	..	48	56
104 Nouvelle-Zélande	5.580	22.140	..	*11*	..	*33*	..	*24*	..	*56*
105 Belgique	16.840	79.080	5	2	41	33	30	23	53	64
106 Royaume-Uni	99.530	454.300	3	*2*	41	*36*	30	*22*	56	*62*
107 Autriche	9.470	66.050	9	3	46	38	33	28	45	59
108 Pays-Bas	19.700	124.970	..	4	..	34	..	..	..	62
109 France	97.930	510.320	8	*4*	39	*34*	29	*25*	52	*62*
110 Australie	22.140	162.490	11	4	40	33	28	17	48	63
111 Finlande	8.190	54.030	15	7	33	33	21	23	52	60
112 Allemagne, Rép. féd. d'	114.800	624.970	4	*2*	53	*40*	40	*31*	43	*58*
113 Danemark	10.180	57.840	8	5	32	24	20	17	60	71
114 Japon	90.970	1.327.900	9	3	43	41	32	30	48	56
115 Suède	21.670	100.250	6	3	40	31	28	21	53	66
116 Canada	51.840	346.030	5	*3*	34	*30*	23	*16*	61	*67*
117 Norvège	7.080	57.910	8	4	33	43	21	14	59	54
118 Suisse	13.920	92.690	..	..	..	..	..	..	..	..
119 Etats-Unis	688.600	3.946.600	3	2	38	31	29	20	59	67
Pays non membres non déclarants	..	..	..	..	..	..	..	..	..	..
120 *Albanie*	..	..	..	..	..	..	..	..	..	..
121 *Angola*	..	..	..	..	..	..	..	..	..	..
122 *Bulgarie*	..	..	..	..	..	..	..	..	..	..
123 *Cuba*	..	..	..	..	..	..	..	..	..	..
124 *Tchécoslovaquie*	..	..	..	..	..	..	..	..	..	..
125 *Allemagne, Rép. dém. d'*	..	..	..	..	..	..	..	..	..	..
126 *Corée, Rép. dém. de*	..	..	..	..	..	..	..	..	..	..
127 *Mongolie*	..	..	..	..	..	..	..	..	..	..
128 *URSS*	..	..	..	..	..	..	..	..	..	..

a) Voir le manuel statistique. b) L'industrie manufacturière étant généralement la branche la plus dynamique du secteur industriel, sa part dans le PIB est indiquée séparément. c) Estimation de la Banque mondiale. d) Les services comprennent la part non imputée du PIB.

4. Accroissement passé et projeté de la population

	Taux annuel moyen d'accroissement (%)			Population (millions d'habitants)			Population stationnaire hypothétique (millions d'habitants)	Année où, par hypothèse, le taux net de reproduction atteindra 1	Elan démographique 1985
	1965-80	1980-85	1985-2000	1985	1990 [a]	2000 [a]			
Pays à faible revenu	**2,3 *w***	**1,9 *w***	**1,9 *w***	**2.439 *t***	**2.662 *t***	**3.177 *t***			
Chine et Inde	**2,2 *w***	**1,6 *w***	**1,5 *w***	**1.805 *t***	**1.959 *t***	**2.270 *t***			
Autres pays à faible revenu	**2,7 *w***	**2,7 *w***	**2,7 *w***	**634 *t***	**730 *t***	**945 *t***			
1 Ethiopie	2,7	2,5	2,9	42	49	65	204	2040	1,9
2 Bangladesh	2,7	2,6	2,3	101	114	141	305	2030	1,9
3 Burkina Faso	2,0	2,6	2,9	8	9	12	42	2040	1,9
4 Mali	2,6	2,3	2,7	8	9	11	36	2035	1,8
5 Bhoutan	1,5	2,2	2,3	1	1	2	4	2035	1,7
6 Mozambique	2,5	2,6	3,1	14	16	21	68	2035	1,8
7 Népal	2,4	2,4	2,7	17	19	24	73	2040	1,8
8 Malawi	2,9	3,1	3,3	7	8	11	38	2040	1,9
9 Zaïre	2,8	3,0	3,0	31	36	47	130	2030	1,9
10 Birmanie	2,2	2,0	1,9	37	41	49	87	2020	1,7
11 Burundi	1,9	2,7	3,1	5	5	7	24	2035	1,8
12 Togo	3,0	3,3	3,2	3	4	5	15	2045	2,0
13 Madagascar	2,5	3,2	3,0	10	12	16	48	2035	1,9
14 Niger	2,7	3,0	3,2	6	7	10	36	2040	1,9
15 Bénin	2,7	3,1	3,2	4	5	6	20	2035	2,0
16 Rép. centrafricaine	1,8	2,5	2,9	3	3	4	12	2035	1,8
17 Inde	2,3	2,2	1,8	765	843	996	1.678	2010	1,7
18 Rwanda	3,3	3,2	3,7	6	7	10	40	2040	1,8
19 Somalie	3,3	2,9	3,1	5	6	8	30	2040	1,9
20 Kenya	3,9	4,1	4,0	20	25	36	121	2030	2,0
21 Tanzanie	3,3	3,5	3,5	22	27	37	123	2035	1,9
22 Soudan	3,0	2,7	2,9	22	25	34	101	2035	1,8
23 Chine	2,2	1,2	1,3	1.040	1.116	1.274	1.683	2000	1,6
24 Haïti	2,0	1,8	1,9	6	7	8	16	2025	1,7
25 Guinée	1,9	2,4	1,9	6	7	8	21	2045	1,3
26 Sierra Leone	1,7	2,2	2,6	4	4	5	18	2045	1,8
27 Sénégal	2,5	2,9	3,1	7	8	10	31	2035	1,9
28 Ghana	2,2	3,3	3,0	13	15	20	53	2030	1,9
29 Pakistan	3,1	3,1	2,7	96	112	146	395	2035	1,8
30 Sri Lanka	1,8	1,4	1,6	16	17	20	31	2005	1,7
31 Zambie	3,1	3,5	3,5	7	8	11	37	2035	2,0
32 *Afghanistan*	2,4	..	..	..	..	..	..	..	..
33 *Tchad*	2,0	2,3	2,5	5	6	7	22	2040	1,8
34 *Kampuchea dém.*	0,3	..	..	..	..	..	..	..	..
35 *RDP lao*	1,4	2,0	2,8	4	4	5	17	2040	1,8
36 *Ouganda*	2,9	3,0	3,2	15	17	23	74	2035	1,9
37 *Viêt-Nam*	..	2,6	2,4	62	70	88	167	2015	1,8
Pays à revenu intermédiaire	**2,4 *w***	**2,3 *w***	**2,1 *w***	**1.242 *t***	**1.365 *t***	**1.663 *t***			
Tranche inférieure	**2,5 *w***	**2,5 *w***	**2,3 *w***	**675 *t***	**761 *t***	**947 *t***			
38 Mauritanie	2,2	2,1	2,8	2	2	3	8	2035	1,8
39 Bolivie	2,5	2,8	2,5	6	7	9	22	2030	1,8
40 Lesotho	2,3	2,7	2,7	2	2	2	6	2030	1,8
41 Libéria	3,0	3,4	3,2	2	3	4	11	2035	1,9
42 Indonésie	2,3	2,1	1,8	162	179	212	363	2010	1,8
43 Yémen, RDP	2,0	2,6	2,3	2	2	3	7	2035	1,9
44 Yémen, Rép. arabe du	2,8	2,5	3,0	8	9	12	39	2040	1,9
45 Maroc	2,5	2,5	2,4	22	25	31	66	2025	1,8
46 Philippines	2,8	2,5	2,2	55	62	75	140	2015	1,8
47 Egypte, Rép. arabe d'	2,4	2,8	2,2	49	55	67	132	2020	1,8
48 Côte d'Ivoire	5,0	3,8	3,1	10	12	16	42	2035	1,9
49 Papouasie-Nouvelle-Guinée	2,4	2,6	2,2	4	4	5	11	2030	1,7
50 Zimbabwe	3,1	3,7	3,1	8	10	13	33	2025	2,0
51 Honduras	3,2	3,5	3,0	4	5	7	15	2020	1,9
52 Nicaragua	3,1	3,4	2,9	3	4	5	12	2025	2,0
53 Rép. dominicaine	2,7	2,4	2,0	6	7	9	15	2010	1,8
54 Nigéria	2,5	3,3	3,4	100	118	163	529	2035	1,9
55 Thaïlande	2,7	2,1	1,6	52	57	66	99	2000	1,7
56 Cameroun	2,7	3,2	3,4	10	12	17	51	2030	1,9
57 El Salvador	2,7	1,0	2,0	5	5	6	13	2015	1,7
58 Botswana	4,2	3,5	3,2	1	1	2	5	2025	2,0
59 Paraguay	2,9	3,3	2,5	4	4	5	10	2020	1,8
60 Jamaïque	1,1	1,6	1,5	2	2	3	4	2005	1,7
61 Pérou	2,7	2,3	2,0	19	21	25	45	2015	1,8
62 Turquie	2,4	2,5	1,9	50	56	67	111	2010	1,7
63 Maurice	1,7	1,3	1,2	1	1	1	2	2000	1,7
64 Congo, Rép. populaire du	2,7	3,1	3,6	2	2	3	9	2025	1,9
65 Equateur	3,1	2,9	2,5	9	11	14	26	2015	1,8
66 Tunisie	2,1	2,3	2,2	7	8	10	18	2015	1,8
67 Guatemala	2,8	2,9	2,5	8	9	12	26	2020	1,8
68 Costa Rica	2,8	2,7	1,9	3	3	3	5	2005	1,8
69 Colombie	2,2	1,9	1,7	28	31	37	59	2010	1,7
70 Chili	1,8	1,7	1,2	12	13	15	20	2000	1,6
71 Jordanie	2,6	3,7	3,1	4	4	6	12	2020	1,9

	Taux annuel moyen d'accroissement (%)			Population (millions d'habitants)			Population stationnaire hypothétique (millions d'habitants)	Année où, par hypothèse, le taux net de reproduction atteindra 1	Elan démographique 1985
	1965-80	1980-85	1985-2000	1985	1990[a]	2000[a]			
72 Rép. arabe syrienne	3,4	3,6	3,1	11	12	17	39	2020	1,9
73 *Liban*	1,6	..	..	..	..	..	..	..	..
Tranche supérieure	**2,2 *w***	**2,0 *w***	**1,8 *w***	**567 *t***	**604 *t***	**716 *t***			
74 Brésil	2,5	2,3	1,8	136	150	178	292	2010	1,7
75 Uruguay	0,4	0,7	0,7	3	3	3	4	2000	1,3
76 Hongrie	0,4	– 0,1	– 0,1	11	11	11	10	2020	1,1
77 Portugal	0,6	0,7	0,5	10	11	11	12	2020	1,3
78 Malaisie	2,5	2,5	1,9	16	17	21	33	2005	1,8
79 Afrique du Sud	2,3	2,5	2,2	32	37	45	95	2025	1,8
80 Pologne	0,8	0,9	0,6	37	38	41	48	2020	1,3
81 Yougoslavie	0,9	0,7	0,5	23	24	25	26	2020	1,3
82 Mexique	3,2	2,6	2,2	79	89	110	197	2010	1,8
83 Panama	2,6	2,2	1,6	2	2	3	4	2000	1,8
84 Argentine	1,6	1,6	1,2	31	33	37	53	2010	1,5
85 Corée, Rép. de	1,9	1,5	1,2	41	44	49	65	2000	1,6
86 Algérie	3,0	3,3	2,9	22	26	34	81	2025	1,8
87 Venezuela	3,5	2,9	2,6	17	20	24	39	2005	1,8
88 Grèce	0,7	0,6	0,3	10	10	10	11	2020	1,2
89 Israël	2,8	1,8	1,4	4	5	5	7	2005	1,6
90 Trinité-et-Tobago	1,3	1,6	1,5	1	1	1	2	2005	1,7
91 Hong Kong	2,2	1,4	1,0	5	6	6	7	2010	1,4
92 Oman	3,6	4,8	3,1	1	1	2	5	2030	1,9
93 Singapour	1,6	1,2	0,9	3	3	3	3	2010	1,4
94 *Iran, Rép. islamique d'*	3,2	2,9	3,0	45	52	69	157	2020	1,8
95 *Iraq*	3,4	3,6	3,7	16	19	27	75	2025	1,9
96 *Roumanie*	1,1	0,5	0,6	23	23	25	28	2020	1,3
Pays en développement	**2,3 *w***	**2,0 *w***	**1,9 *w***	**3.681 *t***	**4.027 *t***	**4.840 *t***			
Exportateurs de pétrole	**2,7 *w***	**2,7 *w***	**2,5 *w***	**523 *t***	**578 *t***	**736 *t***			
Exportateurs de produits manufacturés	**2,2 *w***	**1,6 *w***	**1,4 *w***	**2.098 *t***	**2.272 *t***	**2.624 *t***			
Pays fortement endettés	**2,5 *w***	**2,4 *w***	**2,2 *w***	**554 *t***	**603 *t***	**745 *t***			
Afrique subsaharienne	**2,7 *w***	**3,3 *w***	**3,3 *w***	**418 *t***	**491 *t***	**666 *t***			
Exportateurs de pétrole à revenu élevé	**5,2 *w***	**4,3 *w***	**3,7 *w***	**18 *t***	**22 *t***	**31 *t***			
97 Libye	4,5	3,9	3,8	4	5	7	18	2025	1,9
98 Arabie saoudite	4,6	4,2	3,8	12	14	20	61	2030	1,8
99 Koweït	7,0	4,5	2,9	2	2	3	4	2010	1,8
100 Emirats arabes unis	15,9	6,2	2,8	1	2	2	3	2010	1,4
Pays industriels à économie de marché	**0,9 *w***	**0,6 *w***	**0,4 *w***	**737 *t***	**755 *t***	**781 *t***			
101 Espagne	1,0	0,7	0,6	39	40	42	46	2020	1,3
102 Irlande	1,4	0,9	0,8	4	4	4	5	2020	1,4
103 Italie	0,6	0,3	0,1	57	57	58	50	2020	1,1
104 Nouvelle-Zélande	1,3	0,9	0,6	3	3	4	4	2020	1,3
105 Belgique	0,3	0,1	0,1	10	10	10	9	2020	1,1
106 Royaume-Uni	0,2	0,1	0,1	57	57	57	55	2020	1,1
107 Autriche	0,3	0,0	0,1	8	8	8	8	2020	1,1
108 Pays-Bas	0,9	0,4	0,3	14	15	15	14	2020	1,2
109 France	0,7	0,6	0,4	55	56	59	60	2020	1,2
110 Australie	1,8	1,4	0,9	16	17	18	20	2020	1,4
111 Finlande	0,3	0,5	0,3	5	5	5	5	2020	1,1
112 Allemagne, Rép. féd. d'	0,3	– 0,2	– 0,2	61	60	59	44	2020	1,0
113 Danemark	0,5	0,1	– 0,1	5	5	5	4	2020	1,1
114 Japon	1,2	0,7	0,4	121	124	129	124	2020	1,1
115 Suède	0,5	0,1	0,0	8	8	8	7	2020	1,0
116 Canada	1,3	1,1	0,7	25	27	28	29	2020	1,3
117 Norvège	0,6	0,3	0,2	4	4	4	4	2020	1,2
118 Suisse	0,5	0,2	0,1	6	6	7	6	2020	1,1
119 Etats-Unis	1,0	1,0	0,6	239	249	262	277	2020	1,3
Pays non membres non déclarants	**1,0 *w***	**0,9 *w***	**0,8 *w***	**363 *t***	**379 *t***	**409 *t***			
120 *Albanie*	2,5	2,1	1,8	3	3	4	6	2005	1,7
121 *Angola*	2,8	2,5	2,9	9	10	13	43	2040	1,9
122 *Bulgarie*	0,5	0,2	0,2	9	9	9	10	2020	1,1
123 *Cuba*	1,5	0,8	1,1	10	11	12	14	2010	1,5
124 *Tchécoslovaquie*	0,5	0,3	0,4	15	16	16	18	2020	1,2
125 *Allemagne, Rép. dém. d'*	– 0,2	– 0,1	0,0	17	17	17	16	2020	1,1
126 *Corée, Rép. dém. de*	2,7	2,5	2,0	20	23	28	46	2010	1,8
127 *Mongolie*	3,0	2,6	2,5	2	2	3	5	2020	1,8
128 *URSS*	0,9	0,9	0,7	277	289	308	384	2020	1,3

a) Voir dans le manuel statistique les hypothèses utilisées pour ces projections.

5. Démographie et fécondité

	Taux brut de natalité pour mille habitants		Taux brut de mortalité pour mille habitants		Variation en pourcentage :		Indice synthétique de fécondité		Pourcentage de femmes mariées en âge de procréer et utilisant des moyens de contraception[a]	
					du taux brut de natalité	du taux brut de mortalité				
	1965	1985	1965	1985	1965-85	1965-85	1985	2000	1970	1984
Pays à faible revenu	**43 *w***	**29 *w***	**17 *w***	**10 *w***	**– 35,0 *w***	**– 41,8 *w***	**3,9 *w***	**3,2 *w***		
Chine et Inde	**42 *w***	**24 *w***	**16 *w***	**9 *w***	**– 43,3 *w***	**– 46,4 *w***	**3,2 *w***	**2,5 *w***		
Autres pays à faible revenu	**46 *w***	**43 *w***	**21 *w***	**15 *w***	**– 8,3 *w***	**– 28,6 *w***	**5,9 *w***	**4,7 *w***		
1 Ethiopie	43	46	20	19	5,1	– 4,0	6,2	5,5	..	*2*
2 Bangladesh	47	40	21	15	– 14,6	– 29,0	5,7	3,7	..	25
3 Burkina Faso	46	49	24	21	5,6	– 13,9	6,5	6,0	..	*1*
4 Mali	56	48	26	20	– 14,6	– 25,5	6,5	5,9	..	*1*
5 Bhoutan	43	43	31	21	– 0,7	– 34,7	6,2	5,3	..	..
6 Mozambique	49	45	27	18	– 6,8	– 33,0	6,3	5,8	..	..
7 Népal	46	43	24	18	– 5,5	– 25,3	6,3	5,4	..	7
8 Malawi	56	54	29	22	– 4,3	– 23,7	7,6	6,4	..	*1*
9 Zaïre	47	45	21	15	– 4,2	– 28,3	6,1	5,0	..	*1*
10 Birmanie	40	30	18	11	– 24,7	– 40,1	3,9	3,0	..	*5*
11 Burundi	47	47	24	18	0,4	– 24,0	6,5	5,9	..	*1*
12 Togo	50	49	22	16	– 1,8	– 26,3	6,5	5,4	..	..
13 Madagascar	44	47	21	15	7,1	– 29,2	6,5	4,8	..	..
14 Niger	48	51	29	21	7,2	– 26,5	7,0	6,4	..	*1*
15 Bénin	49	49	24	17	0,4	– 29,5	6,5	5,4	..	*6*
16 Rép. centrafricaine	34	42	24	16	22,4	– 32,8	5,6	5,5	..	..
17 Inde	45	33	20	12	– 27,2	– 41,0	4,5	3,0	12	35
18 Rwanda	52	52	17	19	1,0	8,1	8,0	6,7	..	*1*
19 Somalie	50	49	26	20	– 1,4	– 23,5	6,8	6,2	..	(.)
20 Kenya	51	54	21	13	4,7	– 37,7	7,8	6,1	*6*	17
21 Tanzanie	49	50	22	15	2,5	– 30,3	7,0	5,8	..	*1*
22 Soudan	47	45	24	17	– 3,8	– 28,3	6,6	5,5	..	*5*
23 Chine	39	18	13	7	– 53,8	– 61,1	2,3	2,1	..	*69*
24 Haïti	43	35	20	13	– 16,3	– 36,6	4,7	3,6	..	*7*
25 Guinée	46	50	29	24	8,5	– 17,2	6,0	5,6	..	*1*
26 Sierra Leone	48	48	33	25	0,8	– 23,0	6,5	6,1	..	*4*
27 Sénégal	47	46	23	19	– 1,5	– 18,9	6,7	5,6	..	12
28 Ghana	49	46	20	14	– 5,8	– 29,0	6,4	4,5	..	*10*
29 Pakistan	48	44	21	15	– 12,5	– 30,1	6,1	4,6	6	8
30 Sri Lanka	33	25	8	6	– 21,7	– 26,8	3,2	2,3	6	*57*
31 Zambie	49	49	20	15	– 0,8	– 26,5	6,8	5,6	..	*1*
32 *Afghanistan*	54	..	29	..	..	..	..	..	*2*	..
33 *Tchad*	45	44	28	21	– 4,0	– 25,8	5,7	5,5	..	*1*
34 *Kampuchea dém.*	44	..	20	..	..	..	..	..	..	..
35 *RDP lao*	..	42	..	19	..	..	6,4	5,5	..	..
36 *Ouganda*	49	50	19	17	3,0	– 11,7	6,9	5,7	..	*1*
37 *Viêt-Nam*	44	34	17	8	– 22,6	– 54,2	4,6	3,1	..	..
Pays à revenu intermédiaire	**40 *w***	**32 *w***	**15 *w***	**10 *w***	**– 22,2 *w***	**– 30,6 *w***	**4,3 *w***	**3,3 *w***		
Tranche inférieure	**44 *w***	**36 *w***	**17 *w***	**11 *w***	**– 20,6 *w***	**– 36,7 *w***	**4,8 *w***	**3,6 *w***		
38 Mauritanie	44	45	25	19	2,0	– 25,1	6,3	5,9	..	*1*
39 Bolivie	46	42	21	15	– 8,1	– 29,9	5,9	4,2	..	*26*
40 Lesotho	42	41	18	14	– 2,4	– 22,2	5,8	4,8	..	*5*
41 Libéria	46	49	22	16	6,6	– 25,0	6,9	5,7	..	*1*
42 Indonésie	43	32	20	12	– 24,4	– 39,5	4,1	2,8	0	40
43 Yémen, RDP	50	46	26	19	– 7,5	– 29,4	6,0	4,4	..	..
44 Yémen, Rép. arabe du	49	48	27	21	– 1,4	– 23,5	6,8	5,8	..	*1*
45 Maroc	49	36	18	11	– 27,1	– 41,5	4,9	3,6	1	*27*
46 Philippines	42	33	12	8	– 21,3	– 34,0	4,3	3,0	2	*32*
47 Egypte, Rép. arabe d'	43	36	19	10	– 17,7	– 47,2	4,7	3,3	10	32
48 Côte d'Ivoire	44	45	22	14	2,0	– 36,3	6,5	5,2	..	*3*
49 Papouasie-Nouvelle-Guinée	43	37	20	13	– 13,3	– 34,9	5,4	4,0	..	*4*
50 Zimbabwe	55	47	17	12	– 15,1	– 31,6	6,2	4,2	..	40
51 Honduras	50	42	17	9	– 16,6	– 45,8	6,0	3,8	..	35
52 Nicaragua	49	43	16	10	– 13,5	– 34,2	5,6	3,9	..	*9*
53 Rép. dominicaine	46	32	14	7	– 30,1	– 48,6	4,0	2,7	..	50
54 Nigéria	51	50	23	16	– 3,3	– 28,4	6,9	5,7	..	*5*
55 Thaïlande	41	26	10	8	– 37,4	– 24,2	3,2	2,2	15	65
56 Cameroun	40	47	20	14	18,1	– 29,5	6,8	5,6	..	*3*
57 El Salvador	46	38	13	10	– 17,7	– 23,1	5,2	3,3	..	48
58 Botswana	53	46	19	12	– 14,2	– 33,7	6,7	4,8	..	29
59 Paraguay	41	35	8	7	– 17,1	– 13,8	4,4	3,0	..	*39*
60 Jamaïque	38	25	8	6	– 34,2	– 32,5	2,8	2,2	..	*52*
61 Pérou	45	33	16	11	– 26,1	34,8	4,3	3,0	..	*43*
62 Turquie	41	30	14	8	– 26,7	– 40,9	3,9	2,7	*32*	*62*
63 Maurice	36	20	8	7	– 44,4	– 14,7	2,5	2,1	..	78
64 Congo, Rép. populaire du	42	45	18	12	7,7	– 32,0	6,3	5,7	..	..
65 Equateur	45	35	13	7	– 21,9	– 48,5	4,7	3,1	..	*40*
66 Tunisie	44	32	16	9	– 27,0	– 45,3	4,6	3,1	10	*42*
67 Guatemala	46	40	17	10	– 13,1	– 43,7	5,7	3,7	..	*25*
68 Costa Rica	45	29	8	4	– 36,5	– 47,4	3,3	2,3	..	66
69 Colombie	45	27	14	7	– 38,7	– 48,5	3,3	2,5	34	55
70 Chili	32	22	11	7	– 33,1	– 38,0	2,5	2,1	..	*43*

	Taux brut de natalité pour mille habitants		Taux brut de mortalité pour mille habitants		Variation en pourcentage :		Indice synthétique de fécondité		Pourcentage de femmes mariées en âge de procréer et utilisant des moyens de contraception[a]	
					du taux brut de natalité	du taux brut de mortalité				
	1965	1985	1965	1985	1965-85	1965-85	1985	2000	1970	1984
71 Jordanie	..	39	17	7	..	– 57,1	6,2	3,9	*22*	*26*
72 Rép. arabe syrienne	48	44	16	8	– 7,2	– 49,4	6,7	4,1	..	*30*
73 *Liban*	40	..	12	..	..	..	..	..	*55*	..
Tranche supérieure	**36 w**	**28 w**	**11 w**	**8 w**	**– 24,0 w**	**– 23,3 w**	**3,7 w**	**2,9 w**		
74 Brésil	39	29	11	8	– 24,3	– 30,5	3,6	2,6	..	65
75 Uruguay	21	19	10	10	– 12,1	3,2	2,6	2,1	..	..
76 Hongrie	13	12	11	14	– 12,2	27,2	1,7	1,8	*67*	*74*
77 Portugal	23	14	10	9	– 39,1	– 13,5	2,0	1,9	..	*70*
78 Malaisie	40	30	12	6	– 26,2	– 45,5	3,7	2,4	*33*	51
79 Afrique du Sud	41	37	19	13	– 9,9	– 32,1	4,9	3,6	..	..
80 Pologne	42	19	7	10	– 54,8	28,4	2,3	2,1	*60*	*75*
81 Yougoslavie	21	16	9	9	– 23,8	(.)	2,1	2,1	59	*55*
82 Mexique	44	33	11	7	– 26,0	– 39,0	4,3	2,8	..	*48*
83 Panama	40	26	9	5	– 33,3	– 41,4	3,2	2,2	..	61
84 Argentine	22	23	9	9	7,8	(.)	3,3	2,5	..	*74*
85 Corée, Rép. de	35	21	11	6	– 40,0	– 44,8	2,4	2,1	32	70
86 Algérie	50	41	18	10	– 18,1	– 45,1	6,3	4,2	..	*7*
87 Venezuela	42	31	8	5	– 26,0	– 37,0	3,9	2,4	..	*49*
88 Grèce	18	13	8	9	– 27,8	12,5	2,0	1,9	..	..
89 Israël	26	23	6	7	– 12,8	7,9	2,9	2,3	..	..
90 Trinité-et-Tobago	33	25	7	7	– 18,2	(.)	2,8	2,2	*44*	*55*
91 Hong Kong	27	14	6	5	– 48,1	– 16,7	1,8	2,0	50	72
92 Oman	50	44	24	13	– 12,5	– 45,8	6,7	4,6	..	..
93 Singapour	31	17	6	5	– 44,0	– 16,7	1,7	1,9	45	*74*
94 *Iran, Rép. islamique d'*	50	41	17	11	– 18,8	– 35,2	5,6	4,3	3	*23*
95 *Iraq*	49	44	18	8	– 9,4	– 55,5	6,7	5,2	*14*	..
96 *Roumanie*	15	14	9	10	– 6,7	11,1	2,1	2,0	..	*58*
Pays en développement	**42 w**	**30 w**	**16 w**	**10 w**	**– 30,8 w**	**– 38,0 w**	**4,0 w**	**3,2 w**		
Exportateurs de pétrole	**46 w**	**38 w**	**18 w**	**11 w**	**– 17,7 w**	**– 38,6 w**	**5,1 w**	**3,9 w**		
Exportateurs de produits manufacturés	**40 w**	**24 w**	**15 w**	**9 w**	**– 41,3 w**	**– 42,0 w**	**3,1 w**	**2,5 w**		
Pays fortement endettés	**41 w**	**34 w**	**14 w**	**9 w**	**– 19,2 w**	**– 32,8 w**	**4,4 w**	**3,4 w**		
Afrique subsaharienne	**48 w**	**48 w**	**22 w**	**17 w**	**– 0,4 w**	**– 24,8 w**	**6,7 w**	**5,6 w**		
Exportateurs de pétrole à revenu élevé	**48 w**	**41 w**	**18 w**	**8 w**	**– 12,7 w**	**– 56,6 w**	**6,9 w**	**5,3 w**		
97 Libye	49	45	17	10	– 7,9	– 45,4	7,2	5,5	..	..
98 Arabie saoudite	48	42	20	8	– 12,4	– 58,1	7,1	5,7	..	..
99 Koweït	48	34	7	3	– 28,5	– 56,6	5,2	3,0	..	..
100 Emirats arabes unis	41	30	14	4	– 25,9	– 74,8	5,9	3,7	..	..
Pays industriels à économie de marché	**20 w**	**13 w**	**9 w**	**9 w**	**– 33,8 w**	**– 7,0 w**	**1,8 w**	**1,9 w**		
101 Espagne	21	13	8	7	– 38,1	– 12,5	2,0	1,9	..	*51*
102 Irlande	22	19	12	9	– 13,6	– 21,7	2,6	2,0	*60*	..
103 Italie	19	10	10	9	– 47,4	– 10,0	1,5	1,7	..	*78*
104 Nouvelle-Zélande	23	16	9	8	– 30,4	– 4,6	2,1	2,0	..	..
105 Belgique	17	12	12	11	– 27,9	– 7,4	1,6	1,7	..	*85*
106 Royaume-Uni	18	13	12	12	– 29,3	3,4	1,8	1,8	*69*	*77*
107 Autriche	18	12	13	12	– 31,8	– 4,6	2,1	1,7	..	..
108 Pays-Bas	20	12	8	8	– 40,2	(.)	1,5	1,7	..	*78*
109 France	18	14	11	10	– 22,2	– 9,1	2,0	2,1	*64*	*79*
110 Australie	20	15	9	7	– 25,0	– 22,2	2,0	2,1	*67*	..
111 Finlande	17	13	10	9	– 22,8	– 5,2	1,7	1,8	*77*	*80*
112 Allemagne, Rép. féd. d'	18	10	12	11	– 45,2	– 8,3	1,3	1,5	..	..
113 Danemark	18	10	10	11	– 42,2	– 11,9	1,4	1,6	*67*	..
114 Japon	19	13	7	6	– 33,2	– 14,3	1,8	1,9	56	57
115 Suède	16	11	10	11	– 28,9	10,0	1,7	1,8	..	78
116 Canada	23	15	8	7	– 37,2	– 12,5	1,7	1,8	..	73
117 Norvège	18	12	10	10	– 31,5	(.)	1,7	1,8	..	*71*
118 Suisse	19	11	10	9	– 40,3	– 10,0	1,5	1,7	..	*70*
119 Etats-Unis	22	16	9	9	– 27,3	– 3,6	1,8	1,9	65	*68*
Pays non membres non déclarants	**20 w**	**19 w**	**8 w**	**10 w**	**– 3,4 w**	**25,1 w**	**2,5 w**	**2,3 w**		
120 Albanie	35	27	9	6	– 23,0	– 34,8	3,4	2,4	..	..
121 *Angola*	49	48	29	22	– 3,5	– 25,7	6,4	5,9	..	*1*
122 *Bulgarie*	15	14	8	11	– 9,2	39,0	2,0	2,0	..	*76*
123 *Cuba*	34	17	8	5	– 50,0	– 37,5	2,0	2,0	..	*60*
124 *Tchécoslovaquie*	16	15	10	12	– 10,4	18,0	2,1	2,0	..	*95*
125 *Allemagne, Rép. dém. d'*	17	14	14	13	– 17,0	– 7,1	1,8	1,9	..	..
126 *Corée, Rép. dém. de*	39	30	12	6	– 24,5	– 47,4	3,8	2,7	..	..
127 *Mongolie*	42	35	12	8	– 16,4	– 34,6	4,9	3,4	..	..
128 *URSS*	18	19	7	10	1,1	37,0	2,3	2,2	..	..

a) Les chiffres comprennent les femmes dont le mari utilise des moyens de contraception.

6. Population active

	Pourcentage de la population en âge de travailler (15 à 64 ans)		Pourcentage de la population active travaillant dans :						Taux annuel moyen d'accroissement de la population active (%)		
			l'agriculture		l'industrie		les services				
	1965	1985	1965	1980	1965	1980	1965	1980	1965-80	1980-85	85-2000
Pays à faible revenu	**54 w**	**59 w**	**77 w**	**72 w**	**9 w**	**13 w**	**14 w**	**15 w**	**2,1 w**	**2,3 w**	**1,9 w**
Chine et Inde	**55 w**	**61 w**	**77 w**	**72 w**	**9 w**	**14 w**	**14 w**	**14 w**	**2,1 w**	**2,3 w**	**1,6 w**
Autres pays à faible revenu	**52 w**	**52 w**	**79 w**	**71 w**	**8 w**	**10 w**	**13 w**	**19 w**	**2,2 w**	**2,5 w**	**2,6 w**
1 Ethiopie	52	51	86	80	5	8	9	12	2,1	1,7	2,2
2 Bangladesh	51	53	84	75	5	6	11	19	1,9	2,8	3,0
3 Burkina Faso	48	44	89	87	3	4	7	9	1,6	1,9	2,2
4 Mali	53	50	90	86	1	2	8	13	1,7	2,5	2,7
5 Bhoutan	55	55	95	92	2	3	4	5	1,8	1,9	1,9
6 Mozambique	55	51	87	85	6	7	7	8	3,2	..	..
7 Népal	56	54	94	93	2	1	4	7	1,6	2,3	2,3
8 Malawi	51	47	92	83	3	7	5	9	2,2	2,6	2,6
9 Zaïre	52	51	82	72	9	13	9	16	1,7	2,3	2,5
10 Birmanie	57	54	64	53	14	19	23	28	2,2	1,9	1,8
11 Burundi	53	52	94	93	2	2	4	5	1,2	2,0	2,4
12 Togo	52	50	78	73	9	10	13	17	2,7	2,3	2,5
13 Madagascar	54	51	85	81	4	6	11	13	2,1	1,9	2,3
14 Niger	51	51	95	91	1	2	4	7	1,8	2,3	2,6
15 Bénin	52	49	83	70	5	7	12	23	1,9	2,0	2,5
16 Rép. centrafricaine	57	55	88	72	3	6	9	21	1,2	1,3	1,8
17 Inde	54	56	73	70	12	13	15	17	1,7	2,0	1,8
18 Rwanda	51	49	94	93	2	3	3	4	2,9	2,8	2,9
19 Somalie	49	53	81	76	6	8	13	16	3,1	2,0	1,7
20 Kenya	48	45	86	81	5	7	9	12	3,6	3,5	3,7
21 Tanzanie	53	50	92	86	3	5	6	10	2,8	2,8	3,0
22 Soudan	53	52	82	71	5	8	14	21	2,4	2,8	3,1
23 Chine	55	65	81	74	8	14	11	12	2,4	2,5	1,4
24 Haïti	52	51	77	70	7	8	16	22	1,0	2,0	2,2
25 Guinée	55	52	87	81	6	9	7	10	1,7	1,6	1,8
26 Sierra Leone	54	55	78	70	11	14	11	16	0,9	1,1	1,4
27 Sénégal	53	52	83	81	6	6	11	13	3,1	1,9	2,1
28 Ghana	52	48	61	56	15	18	24	26	1,9	2,7	2,9
29 Pakistan	50	53	60	55	18	16	22	30	2,6	3,2	2,8
30 Sri Lanka	54	62	56	53	14	14	30	33	2,2	1,6	1,6
31 Zambie	51	48	79	73	8	10	13	17	2,7	3,2	3,5
32 *Afghanistan*	55	..	69	..	11	..	20	..	1,7	..	..
33 *Tchad*	55	55	92	83	3	5	5	12	1,6	1,8	2,1
34 *Kampuchea dém.*	52	..	80	..	4	..	16	..	1,2	..	..
35 *RDP lao*	56	53	81	76	5	7	15	17	1,6	1,8	2,2
36 *Ouganda*	52	52	91	86	3	4	6	10	3,0	2,7	3,0
37 *Viêt-Nam*	..	55	79	68	6	12	15	21	1,8	..	..
Pays à revenu intermédiaire	**54 w**	**57 w**	**56 w**	**43 w**	**17 w**	**23 w**	**27 w**	**34 w**	**2,5 w**	**2,5 w**	**2,4 w**
Tranche inférieure	**52 w**	**55 w**	**65 w**	**55 w**	**12 w**	**16 w**	**23 w**	**29 w**	**2,4 w**	**2,6 w**	**2,5 w**
38 Mauritanie	52	53	89	69	3	9	8	22	1,8	2,7	3,1
39 Bolivie	53	53	54	46	20	20	26	34	2,0	2,7	2,7
40 Lesotho	56	52	92	86	3	4	6	10	1,8	2,0	2,1
41 Libéria	51	52	79	74	10	9	11	16	2,6	2,2	2,7
42 Indonésie	53	56	71	57	9	13	21	30	2,1	2,4	2,2
43 Yémen, RDP	52	51	54	41	12	18	33	41	1,6	2,8	3,1
44 Yémen, Rép. arabe du	54	51	79	69	7	9	14	22	0,7	2,6	3,4
45 Maroc	50	52	61	46	15	25	24	29	2,9	3,3	3,1
46 Philippines	52	56	58	52	16	16	26	33	2,5	2,5	2,4
47 Egypte, Rép. arabe d'	54	55	55	46	15	20	30	34	2,2	2,6	2,7
47 Egypte, Rép. arabe d'	54	55	55	46	15	20	30	34	2,2	2,6	2,7
48 Côte d'Ivoire	54	54	81	65	5	8	15	27	2,7	2,7	2,6
49 Papouasie-Nouvelle-Guinée	55	54	87	76	6	10	7	14	1,9	2,2	2,0
50 Zimbabwe	51	45	79	73	8	11	13	17	3,0	2,7	3,0
51 Honduras	50	50	68	61	12	16	20	23	2,8	3,9	3,9
52 Nicaragua	48	50	57	47	16	16	28	38	2,9	3,8	3,9
53 Rép. dominicaine	47	53	59	46	14	15	27	39	2,8	3,5	2,9
54 Nigéria	51	49	72	68	10	12	18	20	3,0	2,6	2,9
55 Thaïlande	51	59	82	71	5	10	13	19	2,8	2,5	1,7
56 Cameroun	55	50	86	70	4	8	9	22	1,7	1,8	2,2
57 El Salvador	50	60	59	43	16	19	26	37	3,3	2,9	3,3
58 Botswana	50	48	89	70	4	13	8	17	2,4	3,5	3,4
59 Paraguay	49	51	55	49	20	21	26	31	3,2	3,1	2,8
60 Jamaïque	51	56	37	31	20	16	43	52	2,0	2,9	2,4
61 Pérou	51	56	50	40	19	18	32	42	2,9	2,9	2,8
62 Turquie	53	57	75	58	11	17	14	25	1,7	2,3	2,0
63 Maurice	52	63	37	28	25	24	38	48	2,6	3,3	2,1
64 Congo, Rép. populaire du	55	51	66	62	11	12	23	26	2,0	1,8	2,2
65 Equateur	50	53	55	39	19	20	26	42	2,7	3,1	2,9
66 Tunisie	50	56	49	35	21	36	29	29	2,8	3,1	2,8
67 Guatemala	50	53	64	57	15	17	21	26	2,3	2,8	3,3

	Pourcentage de la population en âge de travailler (15 à 64 ans)		Pourcentage de la population active travaillant dans :						Taux annuel moyen d'accroissement de la population active (%)		
			l'agriculture		l'industrie		les services				
	1965	1985	1965	1980	1965	1980	1965	1980	1965-80	1980-85	85-2000
68 Costa Rica	49	59	47	31	19	23	34	46	3,8	3,1	2,4
69 Colombie	49	59	45	34	21	24	34	42	2,6	2,8	2,3
70 Chili	56	63	27	17	29	25	44	58	2,2	2,6	1,7
71 Jordanie	27	49	37	10	26	26	37	64	1,7	4,4	4,2
72 Rép. arabe syrienne	46	48	52	32	20	32	28	36	3,3	3,5	4,0
73 *Liban*	51	..	29	..	24	..	47	..	1,7	..	..
Tranche supérieure	**56** *w*	**59** *w*	**45** *w*	**29** *w*	**23** *w*	**31** *w*	**32** *w*	**40** *w*	**2,6** *w*	**2,3** *w*	**2,3** *w*
74 Brésil	53	59	49	31	20	27	31	42	3,3	2,3	2,1
75 Uruguay	63	63	20	16	29	29	51	55	0,4	0,6	0,9
76 Hongrie	66	66	32	18	40	44	29	38	0,1	0,0	0,3
77 Portugal	62	64	38	26	30	37	32	38	1,2	1,0	0,8
78 Malaisie	50	59	59	42	13	19	29	39	3,4	2,9	2,6
79 Afrique du Sud	54	55	32	17	30	35	39	49	1,8	2,8	2,8
80 Pologne	62	66	44	29	32	39	25	33	1,1	0,7	0,7
81 Yougoslavie	63	68	57	32	26	33	17	34	0,9	1,0	0,7
82 Mexique	49	54	50	37	22	29	29	35	3,9	3,2	3,0
83 Panama	51	58	46	32	16	18	38	50	2,7	3,0	2,6
84 Argentine	63	60	18	13	34	34	48	53	1,1	1,1	1,5
85 Corée, Rép. de	53	64	55	36	15	27	30	37	2,8	2,7	1,9
86 Algérie	50	49	57	31	17	27	26	42	2,2	3,6	3,7
87 Venezuela	49	56	30	16	24	28	47	56	4,2	3,5	3,0
88 Grèce	65	65	47	31	24	29	29	40	0,5	0,6	0,3
89 Israël	59	60	12	6	35	32	53	62	3,0	2,2	2,1
90 Trinité-et-Tobago	53	61	20	10	35	39	45	51	1,9	2,5	2,1
91 Hong Kong	56	68	6	2	53	51	41	47	3,9	2,5	1,4
92 Oman	53	50	62	50	15	22	23	28	3,8	5,2	2,7
93 Singapour	53	67	6	2	27	38	68	61	4,2	1,9	0,8
94 *Iran, Rép. islamique d'*	50	53	49	36	26	33	25	31	3,2	3,3	3,2
95 *Iraq*	51	50	50	30	20	22	30	48	3,6	3,7	4,0
96 *Roumanie*	65	66	57	31	26	44	18	26	0,2	0,7	0,7
Pays en développement	**54** *w*	**58** *w*	**70** *w*	**62** *w*	**12** *w*	**16** *w*	**18** *w*	**22** *w*	**2,3** *w*	**2,4** *w*	**2,1** *w*
Exportateurs de pétrole	**52** *w*	**53** *w*	**61** *w*	**49** *w*	**15** *w*	**19** *w*	**24** *w*	**31** *w*	**2,8** *w*	**2,8** *w*	**2,8** *w*
Exportateurs de produits manufacturés	**55** *w*	**61** *w*	**71** *w*	**66** *w*	**11** *w*	**16** *w*	**16** *w*	**17** *w*	**2,2** *w*	**2,2** *w*	**1,6** *w*
Pays fortement endettés	**53** *w*	**56** *w*	**51** *w*	**40** *w*	**18** *w*	**23** *w*	**31** *w*	**37** *w*	**2,9** *w*	**2,5** *w*	**2,5** *w*
Afrique subsaharienne	**52** *w*	**50** *w*	**79** *w*	**75** *w*	**8** *w*	**9** *w*	**13** *w*	**16** *w*	**2,5** *w*	**2,4** *w*	**2,7** *w*
Exportateurs de pétrole à revenu élevé	**53** *w*	**54** *w*	**58** *w*	**35** *w*	**15** *w*	**21** *w*	**28** *w*	**44** *w*	**5,6** *w*	**4,4** *w*	**3,4** *w*
97 Libye	53	50	41	18	21	29	38	53	3,6	3,7	3,5
98 Arabie saoudite	53	54	68	48	11	14	21	37	4,9	4,4	3,5
99 Koweït	60	58	2	2	34	32	64	67	6,9	6,2	3,5
100 Emirats arabes unis	..	67	21	5	32	38	47	57	..	5,2	2,1
Pays industriels à économie de marché	**63** *w*	**67** *w*	**14** *w*	**7** *w*	**38** *w*	**35** *w*	**48** *w*	**58** *w*	**1,3** *w*	**1,0** *w*	**0,5** *w*
101 Espagne	64	65	34	17	35	37	32	46	0,6	1,3	0,8
102 Irlande	57	60	31	19	28	34	41	48	0,8	1,6	1,6
103 Italie	66	67	25	12	42	41	34	48	0,3	0,7	0,2
104 Nouvelle-Zélande	59	65	13	11	36	33	51	56	1,9	1,8	1,2
105 Belgique	63	68	6	3	46	36	48	61	0,7	0,7	0,1
106 Royaume-Uni	65	65	3	3	47	38	50	59	0,3	0,5	0,2
107 Autriche	63	67	19	9	45	41	36	50	0,2	0,8	0,1
108 Pays-Bas	62	69	9	6	41	32	51	63	1,4	1,4	0,5
109 France	62	66	18	9	39	35	43	56	0,8	0,9	0,5
110 Australie	62	66	10	7	38	32	52	61	2,4	1,8	1,3
111 Finlande	65	67	24	12	35	35	41	53	0,7	0,9	0,3
112 Allemagne, Rép. féd. d'	65	70	11	6	48	44	41	50	0,3	0,7	– 0,5
113 Danemark	65	66	14	7	37	32	49	61	1,2	0,6	0,2
114 Japon	67	68	26	11	32	34	42	55	1,0	0,9	0,5
115 Suède	66	65	11	6	43	33	46	62	1,1	0,3	0,3
116 Canada	59	68	10	5	33	29	57	65	3,2	1,4	0,9
117 Norvège	63	64	16	8	37	29	48	62	1,8	0,8	0,7
118 Suisse	65	67	9	6	49	39	41	55	0,8	0,7	– 0,1
119 États-Unis	60	66	5	4	35	31	60	66	2,2	1,2	0,8
Pays non membres non déclarants	**61** *w*	**65** *w*	**34** *w*	**22** *w*	**34** *w*	**39** *w*	**32** *w*	**39** *w*	**1,3** *w*	**1,1** *w*	**0,8** *w*
120 *Albanie*	52	59	69	56	19	26	12	18	2,8	2,9	2,4
121 *Angola*	54	52	79	74	8	10	13	17	2,2	1,7	2,1
122 *Bulgarie*	67	67	46	18	31	45	23	37	0,2	0,0	0,2
123 *Cuba*	59	66	33	24	25	29	41	48	2,3	2,3	1,7
124 *Tchécoslovaquie*	65	64	21	13	47	49	31	37	0,9	0,4	0,7
125 *Allemagne, Rép. dém. d'*	61	67	15	11	49	50	36	39	0,5	0,9	0,2
126 *Corée, Rép. dém. de*	52	58	57	43	23	30	20	27	2,7	3,0	2,8
127 *Mongolie*	54	56	54	40	20	21	26	39	2,7	3,0	2,8
128 *URSS*	62	66	34	20	33	39	33	41	1,2	0,9	0,5

7. Croissance du commerce de marchandises

	Commerce de marchandises (millions de dollars)		Taux annuel moyen de croissance[a] (%)				Termes de l'échange (1980 = 100)	
	Exportations	Importations	Exportations		Importations			
	1985	1985	1965-80	1980-85	1965-80	1980-85	1983	1985
Pays à faible revenu	**52.704 *t***	**82.554 *t***	**2,7 *w***	**5,0 *w***	**2,4 *w***	**7,3 *w***	**93 *m***	**94 *m***
Chine et Inde	**37.587 *t***	**57.134 *t***	**4,8 *w***	**7,6 *w***	**4,5 *w***	**12,1 *w***	**105 *m***	**107 *m***
Autres pays à faible revenu	**15.117 *t***	**25.420 *t***	**0,2 *w***	**0,1 *w***	**0,3 *w***	**– 0,5 *w***	**93 *m***	**94 *m***
1 Ethiopie	338	989	– 0,5	– 0,8	– 0,9	6,8	92	100
2 Bangladesh	999	2.772	..	7,1	..	3,1	102	113
3 Burkina Faso	68	261	4,0	0,8	5,7	– 5,2	95	81
4 Mali	172	363	10,2	4,2	5,3	– 1,0	93	82
5 Bhoutan	..	..	..	..	..	..	..	..
6 Mozambique	174	547	..	..	..	..	..	..
7 Népal	161	459	– 2,3	8,4	3,0	7,8	89	94
8 Malawi	251	287	4,3	2,9	3,3	– 6,4	113	101
9 Zaïre	1.568	1.178	4,4	– 2,9	– 1,9	– 0,2	84	83
10 Birmanie	303	283	– 2,1	0,2	– 5,8	– 6,7	77	70
11 Burundi	110	194	3,0	12,5	2,1	5,1	90	99
12 Togo	242	321	5,4	– 4,2	8,4	– 12,5	90	86
13 Madagascar	311	323	0,7	– 2,8	– 0,4	– 11,6	95	103
14 Niger	250	353	12,8	– 17,4	6,6	– 8,1	107	107
15 Bénin	152	437	– 2,3	– 1,3	9,4	– 2,3	93	89
16 Rép. centrafricaine	*115*	*140*	– 1,4	*6,5*	– 4,8	*3,7*	90	95
17 Inde	10.260[b]	14.608	3,7	4,6	1,6	2,2	111	115
18 Rwanda	75	235	5,9	– 0,9	7,3	2,1	91	102
19 Somalie	91	380	4,4	– 7,4	4,4	9,2	97	90
20 Kenya	976	1.436	(.)	– 3,9	1,7	– 9,0	94	94
21 Tanzanie	255	1.017	– 4,0	– 11,1	1,6	– 3,9	91	90
22 Soudan	374	771	– 0,3	6,1	2,4	– 8,9	99	87
23 Chine	27.327	42.526	5,5	8,8	8,0	17,6	100	100
24 Haïti	*455*	*512*	2,5	*1,3*	5,5	*1,9*	93	*95*
25 Guinée	465	370	..	..	..	..	..	..
26 Sierra Leone	137	166	– 3,9	– 3,5	– 2,7	– 16,7	95	96
27 Sénégal	526	862	2,4	5,2	4,1	– 0,1	99	98
28 Ghana	617	727	– 1,8	– 7,9	– 1,4	– 8,6	88	91
29 Pakistan	2.740	5.890	*4,3*	2,4	0,5	3,9	96	95
30 Sri Lanka	1.333	1.832	0,5	7,3	– 1,1	1,5	101	97
31 Zambie	829[b]	654	1,7	– 0,3	– 5,5	– 7,7	78	72
32 *Afghanistan*	566	999	..	..	..	..	..	..
33 *Tchad*	113	218	..	..	..	..	..	..
34 *Kampuchea dém.*	..	..	..	..	..	..	..	..
35 *RDP lao*	19	64	..	..	..	..	..	..
36 *Ouganda*	332	380	– 3,9	4,7	– 5,3	6,0	89	96
37 *Viet-Nam*	..	..	..	..	..	..	..	..
Pays à revenu intermédiaire	**379.877 *t***	**360.816 *t***	**3,2 *w***	**3,7 *w***	**6,0 *w***	**– 1,0 *w***	**96 *m***	**94 *m***
Tranche inférieure	**91.343 *t***	**101.265 *t***	**6,8 *w***	**1,1 *w***	**5,9 *w***	**– 1,3 *w***	**95 *m***	**93 *m***
38 Mauritanie	374	234	2,7	14,9	6,6	– 3,6	99	96
39 Bolivie	662	550	2,5	– 2,4	5,0	– 4,3	90	86
40 Lesotho[c]	..	..	..	..	..	..	..	..
41 Libéria	452	293	4,5	– 1,4	1,5	– 7,1	95	91
42 Indonésie	18.590	12.069	9,7	1,1	13,0	4,9	97	97
43 Yémen, RDP	*645*	*1.543*	– 13,6	*1,3*	– 7,3	*3,7*	96	*100*
44 Yémen, Rép. arabe du	10	1.360	– 0,3	1,8	25,2	– 3,0	95	96
45 Maroc	2.156	3.885	3,6	3,5	6,6	0,3	86	86
46 Philippines	4.629	5.459	4,7	– 2,1	2,9	– 5,9	99	96
47 Egypte, Rép. arabe d'	4.150[b]	11.200[b]	2,0	3,9	6,0	8,0	99	93
48 Côte d'Ivoire	2.972	1.749	5,6	1,8	8,0	– 10,7	92	94
49 Papouasie-Nouvelle-Guinée	920	1.077	12,8	1,5	1,7	0,3	95	94
50 Zimbabwe	1.061	854	3,4	– 2,7	– 2,0	– 7,7	95	89
51 Honduras	406	585	3,1	– 7,2	2,6	– 5,2	99	95
52 Nicaragua	303	849	2,4	– 2,9	1,3	– 0,1	95	89
53 Rép. dominicaine	735	1.276	3,7	– 1,5	5,0	– 0,3	87	83
54 Nigéria	12.567	8.877	11,5	– 9,9	15,1	– 11,5	97	95
55 Thaïlande	7.100	9.231	8,5	8,4	4,1	2,8	84	77
56 Cameroun	2.322[b]	1.132[b]	5,2	12,2	5,6	– 4,6	94	93
57 El Salvador	705	999	2,4	– 5,3	2,7	1,8	92	98
58 Botswana[c]	..	..	..	..	..	..	..	..
59 Paraguay	304	502	6,5	4,0	3,6	– 1,7	96	83
60 Jamaïque	538	1.124	– 0,2	– 7,3	– 1,8	(.)	95	95
61 Pérou	2.966	1.835	2,3	1,4	– 0,2	– 10,3	84	81
62 Turquie	8.255	11.035	5,5	25,3	7,8	10,1	94	92
63 Maurice	414	522	3,4	7,4	6,4	– 1,1	86	78
64 Congo, Rép. populaire du	1.097	716	12,5	6,5	1,0	6,3	97	95
65 Equateur	2.905	1.606	15,2	6,3	6,9	– 4,3	97	94
66 Tunisie	1.738	2.757	8,5	– 1,8	10,4	– 2,8	91	91
67 Guatemala	1.060	1.175	4,9	– 1,3	4,6	– 6,1	93	91
68 Costa Rica	957	1.108	7,1	0,4	5,8	– 4,4	98	97
69 Colombie	3.696	4.113	1,5	1,6	5,3	– 1,4	92	97

	Commerce de marchandises (millions de dollars)		Taux annuel moyen de croissance[a] (%)				Termes de l'échange (1980 = 100)	
	Exportations	Importations	Exportations		Importations			
	1985	1985	1965-80	1980-85	1965-80	1980-85	1983	1985
70 Chili	3.743	2.743	7,9	2,3	1,5	– 12,5	84	79
71 Jordanie	789	2.733	13,5	8,3	9,8	3,1	92	93
72 Rép. arabe syrienne	1.640	3.844	11,4	0,4	8,6	– 0,9	99	94
73 *Liban*	482	2.230	..	..	..	..	..	..
Tranche supérieure	**288.534 *t***	**259.551 *t***	**1,6 *w***	**5,0 *w***	**6,0 *w***	**– 0,8 *w***	**97 *m***	**94 *m***
74 Brésil	25.637	14.346	9,4	6,6	8,3	– 9,1	87	87
75 Uruguay	855	666	4,6	(.)	1,2	– 16,5	88	85
76 Hongrie	8.513	8.224	..	..	..	..	..	..
77 Portugal	5.680	7.652	3,4	10,0	3,8	– 2,4	87	90
78 Malaisie	15.282	12.302	4,4	10,7	2,2	6,4	88	85
79 Afrique du Sud[c]	16.523	11.469	7,9	– 3,0	0,1	– 8,8	86	85
80 Pologne	11.447	10.761	..	..	..	..	..	..
81 Yougoslavie	10.700	12.207	5,6	2,1	6,6	– 3,3	110	111
82 Mexique	21.866	13.459	7,7	10,1	5,7	– 11,3	98	98
83 Panama	1.949	2.603	..	– 3,6	..	– 1,5	105	94
84 Argentine	8.396	3.814	4,7	3,2	1,8	– 17,2	96	88
85 Corée, Rép. de	30.283	31.129	27,3	13,0	15,2	9,8	101	105
86 Algérie	13.034	9.061	1,6	0,9	13,1	– 0,2	97	94
87 Venezuela	12.272	8.178	– 9,4	– 5,8	8,7	– 9,1	96	94
88 Grèce	4.539	10.134	12,0	2,5	5,3	1,8	96	91
89 Israël	6.601	10.163	8,9	5,0	6,2	3,8	94	95
90 Trinité-et-Tobago	2.196	1.586	– 5,5	– 9,9	– 5,7	– 11,8	97	97
91 Hong Kong	30.184	29.705	9,5	9,4	8,3	7,7	109	110
92 Oman	4.962	3.153	..	..	..	..	..	..
93 Singapour	22.812	26.285	4,8	5,9	7,0	4,2	101	101
94 *Iran, Rép. islamique d'*	13.186	11.658	..	..	..	..	..	..
95 *Iraq*	9.050	9.780	..	..	..	..	..	..
96 *Roumanie*	12.167	10.969	..	..	..	..	..	..
Pays en développement	**432.581 *t***	**443.370 *t***	**3,1 *w***	**3,9 *w***	**5,3 *w***	**0,4 *w***	**95 *m***	**94 *m***
Exportateurs de pétrole	**119.837 *t***	**96.319 *t***	**– 0,2 *w***	**– 0,3 *w***	**7,9 *w***	**– 4,2 *w***	**97 *m***	**94 *m***
Exportateurs de produits manufacturés	**202.011 *t***	**218.822 *t***	**7,9 *w***	**7,9 *w***	**7,5 *w***	**5,3 *w***	**102 *m***	**103 *m***
Pays fortement endettés	**117.517 *t***	**85.719 *t***	**0,5 *w***	**1,1 *w***	**6,3 *w***	**– 8,6 *w***	**96 *m***	**94 *m***
Afrique subsaharienne	**31.861 *t***	**28.004 *t***	**9,6 *w***	**– 5,0 *w***	**9,8 *w***	**– 9,4 *w***	**95 *m***	**94 *m***
Exportateurs de pétrole à revenu élevé	**63.573 *t***	**44.087 *t***	**4,4 *w***	**– 17,1 *w***	**19,3 *w***	**– 1,1 *w***	**105 *m***	**107 *m***
97 Libye	10.841	6.186	– 2,1	– 9,1	15,0	– 8,9	96	97
98 Arabie saoudite	27.403	23.697	8,8	– 24,0	25,9	– 0,1	106	107
99 Koweït	10.992	6.614	– 1,9	– 9,2	11,8	3,8	110	108
100 Emirats arabes unis	14.337	7.590	10,9	– 3,9	20,2	– 0,1	104	103
Pays industriels à économie de marché	**1.089.810 *t***	**1.227.022 *t***	**7,5 *w***	**3,7 *w***	**6,7 *w***	**3,9 *w***	**100 *m***	**100 *m***
101 Espagne	24.307	30.066	18,6	8,3	11,3	0,6	88	93
102 Irlande	10.399	10.049	9,2	9,7	7,5	3,2	105	104
103 Italie	78.943	91.123	8,1	4,7	6,3	3,2	98	97
104 Nouvelle-Zélande	5.731	5.982	4,5	4,8	3,3	4,8	107	94
105 Belgique[d]	53.316	56.147	7,6	3,4	7,7	1,1	95	95
106 Royaume-Uni	101.096	109.110	5,5	2,6	4,2	4,3	100	100
107 Autriche	17.102	20.803	8,4	5,7	8,7	3,4	101	99
108 Pays-Bas	68.283	65.212	8,3	3,4	6,3	2,6	101	104
109 France	97.457	107.588	8,9	2,2	8,9	1,1	99	103
110 Australie	22.760	25.890	6,1	5,7	2,1	4,2	97	90
111 Finlande	13.609	13.226	5,6	3,2	5,0	1,0	101	102
112 Allemagne, Rép. féd. d'	25.684	25.268	7,9	4,6	7,2	2,6	99	98
113 Danemark	17.082	18.246	5,3	6,0	4,4	3,8	99	100
114 Japon	175.858	130.488	11,5	7,3	8,7	2,4	106	113
115 Suède	30.403	28.538	5,0	6,4	4,5	3,8	100	104
116 Canada	87.502	81.477	6,0	8,8	7,0	5,4	97	92
117 Norvège	19.853	15.556	7,2	5,8	5,5	4,2	109	115
118 Suisse	27.281	30.626	5,9	3,5	5,4	3,6	112	107
119 Etats-Unis	213.144	361.627	6,7	– 2,8	6,6	8,4	112	114
Pays non membres non déclarants	..	..	..	..	..	..	..	..
120 *Albanie*	..	..	..	..	..	..	..	..
121 *Angola*	*2.061*	*1.018*	..	..	..	..	..	..
122 *Bulgarie*	13.341	13.647	..	..	..	..	..	..
123 *Cuba*	..	..	..	..	..	..	..	..
124 *Tchécoslovaquie*	17.554	17.548	..	..	..	..	..	..
125 *Allemagne, Rép. dém. d'*	25.684	25.268	..	..	..	..	..	..
126 *Corée, Rép. dém. de.*	..	..	..	..	..	..	..	..
127 *Mongolie*	..	..	..	..	..	..	..	..
128 *URSS*	87.201	82.596	..	..	..	..	..	..

a) Voir le manuel statistique. b) Estimation de la Banque mondiale. c) Ces chiffres concernent l'Union douanière de l'Afrique australe, comprenant l'Afrique du Sud, la Namibie, le Lesotho, le Botswana et le Swaziland. Le commerce entre ces pays n'est pas compris dans les chiffres. d) Y compris le Luxembourg.

8. Structure des exportations de marchandises

	Pourcentage des exportations de marchandises									
	Combustibles, minéraux et métaux		Autres produits primaires		Machines et matériel de transport		Autres biens manufacturés		(Textiles et habillement)[a]	
	1965	1985	1965	1985	1965	1985	1965	1985	1965	1985
Pays à faible revenu	..	25 w	..	31 w	..	4 w	..	41 w	..	20 w
Chine et Inde	..	25 w	..	22 w	..	5 w	..	47 w	..	23 w
Autres pays à faible revenu	24 w	23 w	67 w	53 w	1 w	1 w	9 w	23 w	4 w	13 w
1 Ethiopie	(.)	10	100	89	0	(.)	(.)	1	(.)	(.)
2 Bangladesh	..	3	..	32	..	(.)	..	65	..	55
3 Burkina Faso	1	(.)	94	89	1	4	4	6	2	2
4 Mali	1	2	96	81	1	1	2	16	1	3
5 Bhoutan	..	..	..	..	..	..	..	..	..	..
6 Mozambique	14	12	84	64	(.)	1	2	24	1	(.)
7 Népal	..	(.)	..	56	..	1	..	43	..	34
8 Malawi	(.)	(.)	99	94	(.)	1	1	4	(.)	3
9 Zaïre	72	74	20	17	(.)	(.)	8	10	(.)	(.)
10 Birmanie	5	15	94	79	(.)	1	(.)	5	(.)	(.)
11 Burundi	(.)	2	94	82	(.)	(.)	6	16	1	(.)
12 Togo	33	52	62	35	1	(.)	4	13	(.)	(.)
13 Madagascar	4	5	90	86	1	1	4	8	1	4
14 Niger	(.)	..	95	..	1	..	4	..	1	..
15 Bénin	1	45	94	39	2	13	3	3	(.)	1
16 Rép. centrafricaine	1	3	45	64	(.)	(.)	54	33	(.)	(.)
17 Inde	10	25	41	26	1	4	48	45	36	18
18 Rwanda	40	5	60	94	0	(.)	1	1	..	..
19 Somalie	(.)	(.)	86	98	4	1	10	1	..	..
20 Kenya	13	22	77	65	(.)	2	10	11	(.)	(.)
21 Tanzanie	1	17	86	76	0	(.)	13	7	(.)	4
22 Soudan	1	2	98	94	1	1	(.)	3	(.)	1
23 Chine	..	25	..	21	..	6	..	48	..	24
24 Haïti	..	..	..	..	..	..	..	..	..	..
25 Guinée	..	..	..	..	..	..	..	..	..	..
26 Sierra Leone	25	34	14	33	(.)	(.)	60	32	(.)	(.)
27 Sénégal	9	18	88	72	1	1	2	9	1	2
28 Ghana	13	30	85	65	1	(.)	2	5	(.)	(.)
29 Pakistan	2	2	62	35	1	2	35	61	29	45
30 Sri Lanka	2	10	97	63	(.)	1	1	26	(.)	21
31 Zambie	97	94	3	4	(.)	(.)	(.)	2	(.)	(.)
32 *Afghanistan*	(.)	..	87	..	..	..	13	..	13	..
33 *Tchad*	5	..	92	..	..	..	..	..	..	..
34 *Kampuchea dém.*	(.)	..	99	..	(.)	..	(.)	..	(.)	..
35 *RDP lao*	62	..	32	..	(.)	..	6	..	(.)	..
36 *Ouganda*	13	(.)	86	99	(.)	(.)	1	(.)	(.)	(.)
37 *Viet-Nam*	..	..	..	..	..	..	..	..	..	..
Pays a revenu intermédiaire	34 w	40 w	46 w	19 w	4 w	14 w	15 w	27 w	5 w	9 w
Tranche inférieure	28 w	51 w	63 w	29 w	1 w	3 w	7 w	17 w	2 w	7 w
38 Mauritanie	94	58	5	41	1	(.)	(.)	1	(.)	(.)
39 Bolivie	93	82	3	12	0	1	4	6	(.)	1
40 Lesotho[b]	..	..	..	..	..	..	..	..	..	..
41 Libéria	72	65	25	34	1	(.)	3	1	(.)	0
42 Indonésie	43	75	53	14	3	1	1	10	(.)	2
43 Yémen, RDP	79	94	15	4	2	1	4	1	2	(.)
44 Yémen, Rép. arabe du	..	..	..	..	..	..	..	..	..	..
45 Maroc	40	32	55	28	(.)	1	5	39	1	14
46 Philippines	11	13	84	36	(.)	5	6	46	1	7
47 Egypte, Rép. arabe d'	8	72	71	18	(.)	(.)	20	10	15	8
48 Côte d'Ivoire	2	10	93	80	1	2	4	8	1	2
49 Papouasie-Nouvelle-Guinée	(.)	51	90	46	0	(.)	10	2	0	(.)
50 Zimbabwe	24	25	47	51	6	1	23	24	6	1
51 Honduras	6	7	90	84	(.)	(.)	4	9	1	1
52 Nicaragua	4	2	90	85	(.)	(.)	6	13	(.)	1
53 Rép. dominicaine	10	(.)	88	76	(.)	4	2	19	(.)	(.)
54 Nigéria	32	96	65	3	0	(.)	2	(.)	(.)	(.)
55 Thaïlande	11	5	84	60	(.)	7	4	28	(.)	13
56 Cameroun	17	63	77	34	3	(.)	2	2	(.)	(.)
57 El Salvador	2	2	81	70	1	10	16	17	6	7
58 Botswana[b]	..	..	..	..	..	..	..	..	..	..
59 Paraguay	(.)	(.)	92	93	(.)	(.)	8	7	(.)	(.)
60 Jamaïque	28	67	41	21	(.)	2	31	10	4	2
61 Pérou	45	70	54	18	(.)	1	1	10	(.)	6
62 Turquie	9	10	89	36	(.)	5	2	49	1	32
63 Maurice	0	(.)	100	69	(.)	1	(.)	30	(.)	23
64 Congo, Rép. populaire du	4	89	45	6	2	(.)	49	5	(.)	(.)
65 Equateur	2	74	96	25	(.)	(.)	2	1	1	(.)
66 Tunisie	31	47	51	11	(.)	5	19	37	2	18
67 Guatemala	(.)	6	86	69	1	1	13	24	4	4
68 Costa Rica	(.)	(.)	84	70	1	5	15	25	2	8
69 Colombie	18	15	75	67	(.)	1	6	17	2	3
70 Chili	89	64	7	29	1	1	4	6	(.)	(.)
71 Jordanie	27	32	54	16	11	14	7	38	1	7
72 Rép. arabe syrienne	1	65	89	22	1	1	9	12	7	8
73 *Liban*	14	..	52	..	14	..	19	..	2	..

	Pourcentage des exportations de marchandises									
	Combustibles, minéraux et métaux		Autres produits primaires		Machines et matériel de transport		Autres biens manufacturés		(Textiles et habillement)[a]	
	1965	1985	1965	1985	1965	1985	1965	1985	1965	1985
Tranche supérieure	**37 w**	**37 w**	**38 w**	**16 w**	**6 w**	**18 w**	**20 w**	**30 w**	**6 w**	**9 w**
74 Brésil	9	15	83	44	2	14	7	27	1	3
75 Uruguay	(.)	(.)	95	62	0	1	5	36	2	16
76 Hongrie	5	8	25	24	32	33	37	35	9	6
77 Portugal	4	5	34	17	3	16	58	62	24	29
78 Malaisie	35	34	59	39	2	19	4	8	(.)	3
79 Afrique du Sud[b]	24	39	44	20	3	2	29	39	1	2
80 Pologne	..	..	..	..	..	..	..	..	..	..
81 Yougoslavie	10	8	33	12	24	33	33	46	8	9
82 Mexique	22	64	62	9	1	16	15	12	3	1
83 Panama	35	3	63	83	(.)	(.)	2	13	1	4
84 Argentine	1	5	93	77	1	5	5	13	(.)	1
85 Corée, Rép. de	15	4	25	5	3	36	56	55	27	23
86 Algérie	57	98	39	(.)	2	(.)	2	2	(.)	(.)
87 Venezuela	97	94	1	1	(.)	(.)	2	5	(.)	(.)
88 Grèce	8	19	78	31	2	3	11	46	3	23
89 Israël	6	3	28	14	2	21	63	63	9	6
90 Trinité-et-Tobago	84	84	9	2	(.)	3	7	11	(.)	(.)
91 Hong Kong	2	2	11	6	6	24	81	68	43	32
92 Oman	..	92	..	1	..	5	..	2	..	(.)
93 Singapour	21	29	44	12	10	32	24	26	6	4
94 *Iran, Rép. islamique d'*	88	98	8	1	(.)	(.)	4	1	4	1
95 *Iraq*	95	99	4	1	(.)	(.)	1	(.)	(.)	(.)
96 *Roumanie*	..	..	..	..	..	..	..	..	..	..
Pays en développement	**32 w**	**39 w**	**48 w**	**21 w**	**4 w**	**13 w**	**16 w**	**28 w**	**6 w**	**10 w**
Exportateurs de pétrole	**66 w**	**84 w**	**29 w**	**7 w**	**1 w**	**4 w**	**5 w**	**6 w**	**2 w**	**1 w**
Exportateurs de produits manufacturés	**9 w**	**13 w**	**40 w**	**17 w**	**11 w**	**23 w**	**40 w**	**47 w**	**18 w**	**17 w**
Pays fortement endettés	**38 w**	**46 w**	**51 w**	**26 w**	**3 w**	**11 w**	**8 w**	**18 w**	**1 w**	**3 w**
Afrique subsaharienne	**32 w**	**63 w**	**60 w**	**31 w**	**1 w**	**1 w**	**7 w**	**5 w**	**1 w**	**1 w**
Exportateurs de pétrole à revenu élevé	**98 w**	**98 w**	**1 w**	**(.) w**	**1 w**	**1 w**	**(.) w**	**1 w**	**(.) w**	**(.) w**
97 Libye	99	98	1	(.)	1	1	(.)	1	(.)	(.)
98 Arabie saoudite	98	98	1	(.)	1	1	1	1	(.)	(.)
99 Koweït	98	95	1	(.)	1	1	(.)	3	(.)	(.)
100 Emirats arabes unis	99	95	1	1	0	1	0	(.)	0	(.)
Pays industriels à économie de marché	**9 w**	**11 w**	**21 w**	**13 w**	**31 w**	**40 w**	**38 w**	**37 w**	**7 w**	**4 w**
101 Espagne	9	12	51	17	10	27	29	44	6	4
102 Irlande	3	3	63	27	5	30	29	39	7	5
103 Italie	8	6	14	9	30	32	47	53	15	13
104 Nouvelle-Zélande	1	7	94	67	(.)	5	5	21	(.)	3
105 Belgique[c]	13	11	11	12	20	23	55	53	12	7
106 Royaume-Uni	7	24	10	8	41	32	41	35	7	4
107 Autriche	8	6	17	9	20	31	55	55	12	9
108 Pays-Bas	12	25	32	23	21	16	35	35	9	4
109 France	8	7	21	19	26	34	45	41	10	5
110 Australie	13	44	73	36	5	5	10	15	1	1
111 Finlande	3	8	40	15	12	26	45	51	2	5
112 Allemagne, Rép. féd. d'	7	5	5	7	46	47	42	41	5	5
113 Danemark	2	7	55	35	22	25	21	33	4	5
114 Japon	2	1	7	1	31	62	60	36	17	3
115 Suède	9	9	23	11	35	42	33	38	2	2
116 Canada	28	22	35	17	15	40	22	21	1	1
117 Norvège	21	62	28	7	17	14	34	16	2	1
118 Suisse	3	3	7	4	30	33	60	59	10	6
119 Etats-Unis	8	8	27	17	37	48	28	27	3	2
Pays non membres non déclarants	..	..	..	..	..	..	..	..	..	..
120 *Albanie*	..	..	..	..	..	..	..	..	..	..
121 *Angola*	6	97	76	3	1	(.)	17	(.)	(.)	(.)
122 *Bulgarie*	..	..	..	..	..	..	..	..	..	..
123 *Cuba*	4	..	92	..	(.)	..	4	..	(.)	..
124 *Tchécoslovaquie*	..	..	..	..	..	..	..	..	..	..
125 *Allemagne, Rép. dém. d'*	..	..	..	..	..	..	..	..	..	..
126 *Corée, Rép. dém. de.*	..	..	..	..	..	..	..	..	..	..
127 *Mongolie*	..	..	..	..	..	..	..	..	..	..
128 *URSS*	..	..	..	..	..	..	..	..	..	..

a) Les *textiles et l'habillement* sont une sous-catégorie des *autres biens manufacturés.* b) Ces chiffres concernent l'Union douanière de l'Afrique australe, comprenant l'Afrique du Sud, la Namibie, le Lesotho, le Botswana et le Swaziland. Le commerce entre ces pays n'est pas compris dans les chiffres. c) Y compris le Luxembourg.

9. Structure des importations de marchandises

	Pourcentage des importations de marchandises									
	Produits alimentaires		Combustibles		Autres produits primaires		Machines et matériel de transport		Autres biens manufacturés	
	1965	1985	1965	1985	1965	1985	1965	1985	1965	1985
Pays à faible revenu	**20 w**	**10 w**	**5 w**	**11 w**	**8 w**	**9 w**	**31 w**	**27 w**	**35 w**	**40 w**
Chine et Inde	..	**11 w**	..	**7 w**	..	**11 w**	..	**27 w**	..	**45 w**
Autres pays à faible revenu	**19 w**	**17 w**	**6 w**	**21 w**	**4 w**	**4 w**	**28 w**	**28 w**	**43 w**	**30 w**
1 Ethiopie	6	29	6	15	6	4	37	29	44	23
2 Bangladesh	..	24	..	17	..	8	..	18	..	33
3 Burkina Faso	23	23	4	17	14	6	19	24	40	30
4 Mali	20	14	6	18	5	3	23	26	47	40
5 Bhoutan	..	..	..	..	..	..	..	..	..	..
6 Mozambique	17	20	8	18	7	4	24	33	45	26
7 Népal	..	13	..	11	..	5	..	20	..	51
8 Malawi	15	8	5	18	3	3	21	25	57	47
9 Zaïre	18	11	7	20	5	2	33	36	37	31
10 Birmanie	15	5	4	3	5	3	18	53	58	37
11 Burundi	16	9	6	15	8	6	15	37	55	33
12 Togo	14	15	4	44	5	3	32	11	45	27
13 Madagascar	19	12	5	28	2	4	25	27	48	30
14 Niger	12	15	6	4	6	7	21	25	55	49
15 Bénin	18	12	6	5	7	5	17	17	53	60
16 Rép. centrafricaine	13	17	7	2	2	4	29	36	49	41
17 Inde	22	13	5	21	14	6	37	25	22	34
18 Rwanda	12	9	7	16	5	6	28	35	50	35
19 Somalie	31	22	5	18	8	4	24	32	33	24
20 Kenya	..	9	..	36	..	4	..	23	..	28
21 Tanzanie	..	..	..	..	..	..	..	..	..	..
22 Soudan	23	11	5	21	4	3	21	31	47	33
23 Chine	..	10	..	(.)	..	13	..	27	..	50
24 Haïti	..	..	..	..	..	..	..	..	..	..
25 Guinée	..	..	..	..	..	..	..	..	..	..
26 Sierra Leone	17	27	9	35	3	2	29	15	41	21
27 Sénégal	36	26	6	10	4	4	15	28	38	32
28 Ghana	12	15	4	8	3	9	33	40	48	28
29 Pakistan	20	19	3	24	5	6	38	27	34	24
30 Sri Lanka	41	15	8	26	4	3	12	24	34	32
31 Zambie	9	5	10	43	3	1	33	29	45	22
32 *Afghanistan*	17	..	4	..	1	..	8	..	69	..
33 *Tchad*	13	..	20	..	4	..	21	..	42	..
34 *Kampuchea dém.*	6	..	7	..	2	..	26	..	58	..
35 *RDP lao*	27	..	14	..	6	..	19	..	34	..
36 *Ouganda*	..	..	..	..	..	..	..	..	..	..
37 *Viêt-Nam*	..	..	..	..	..	..	..	..	..	..
Pays à revenu intermédiaire	**15 w**	**11 w**	**8 w**	**18 w**	**11 w**	**7 w**	**30 w**	**21 w**	**37 w**	**33 w**
Tranche inférieure	**16 w**	**13 w**	**7 w**	**19 w**	**6 w**	**6 w**	**31 w**	**28 w**	**40 w**	**34 w**
38 Mauritanie	9	25	4	19	1	2	56	35	30	20
39 Bolivie	19	23	1	2	3	3	34	25	42	48
40 Lesotho [a]	..	..	..	..	..	..	..	..	..	..
41 Libéria	17	24	8	20	3	3	33	27	39	27
42 Indonésie	6	6	3	20	2	7	39	36	50	31
43 Yémen, RDP	19	23	39	37	5	3	10	19	26	17
44 Yémen, Rép. arabe du	..	..	..	..	..	..	..	..	..	..
45 Maroc	36	17	5	28	10	13	18	18	31	24
46 Philippines	20	8	10	27	7	5	33	21	30	39
47 Egypte, Rép. arabe d'	26	25	7	4	12	10	23	25	31	36
48 Côte d'Ivoire	18	16	6	22	3	4	28	22	46	36
49 Papouasie-Nouvelle-Guinée	23	15	4	21	3	2	25	29	45	33
50 Zimbabwe	7	5	(.)	1	4	3	41	65	47	26
51 Honduras	11	10	6	22	1	2	26	18	56	47
52 Nicaragua	12	13	5	19	2	1	30	21	51	46
53 Rép. dominicaine	24	14	10	36	4	3	23	17	40	29
54 Nigéria	9	21	6	5	3	3	34	35	48	37
55 Thaïlande	6	5	9	23	6	8	31	29	49	34
56 Cameroun	11	17	5	2	4	2	28	38	51	41
57 El Salvador	15	20	5	9	4	4	28	21	48	46
58 Botswana [a]	..	..	..	..	..	..	..	..	..	..
59 Paraguay	14	8	14	27	2	3	37	33	33	29
60 Jamaïque	21	19	9	23	5	3	23	22	42	32
61 Pérou	17	25	3	3	5	3	41	38	34	31
62 Turquie	6	5	10	36	10	7	37	25	37	26
63 Maurice	35	25	5	19	5	5	15	12	42	39
64 Congo, Rép. populaire du	15	12	6	2	1	2	34	48	44	36
65 Equateur	10	10	9	2	4	5	33	36	44	47
66 Tunisie	16	15	6	11	7	10	31	31	41	33
67 Guatemala	11	9	7	17	2	4	29	18	50	53

	Pourcentage des importations de marchandises									
	Produits alimentaires		Combustibles		Autres produits primaires		Machines et matériel de transport		Autres biens manufacturés	
	1965	1985	1965	1985	1965	1985	1965	1985	1965	1985
68 Costa Rica	9	10	5	17	2	3	29	18	54	52
69 Colombie	8	10	1	11	10	7	45	35	35	37
70 Chili	20	18	6	21	10	5	35	22	30	33
71 Jordanie	28	19	6	22	6	4	18	20	42	35
72 Rép. arabe syrienne	22	18	10	34	9	4	16	19	43	24
73 *Liban*	28	..	9	..	9	..	17	..	36	..
Tranche supérieure	**15 w**	**10 w**	**8 w**	**17 w**	**13 w**	**7 w**	**29 w**	**32 w**	**35 w**	**33 w**
74 Brésil	20	9	21	53	9	5	22	15	28	17
75 Uruguay	7	8	17	36	16	8	24	19	36	30
76 Hongrie	12	7	11	22	22	10	27	27	28	34
77 Portugal	16	15	8	26	19	11	27	22	30	26
78 Malaisie	25	11	12	10	10	5	22	46	32	28
79 Afrique du Sud [a]	5	6	5	1	11	5	42	55	37	34
80 Pologne	..	..	..	..	..	..	..	..	..	..
81 Yougoslavie	16	5	6	27	19	14	28	25	32	30
82 Mexique	5	17	2	3	10	6	50	45	33	29
83 Panama	11	10	21	26	2	1	21	22	45	40
84 Argentine	6	4	10	10	21	11	25	32	38	43
85 Corée, Rép. de	15	6	7	24	26	13	13	34	38	23
86 Algérie	27	19	(.)	2	6	6	15	32	52	41
87 Venezuela	12	19	1	1	5	6	44	43	39	31
88 Grèce	15	13	8	30	11	7	35	23	30	28
89 Israël	16	9	6	16	12	6	28	27	38	42
90 Trinité-et-Tobago	12	17	49	3	2	5	16	37	21	38
91 Hong Kong	25	10	3	5	13	7	13	24	46	55
92 Oman	..	14	..	2	..	2	..	41	..	41
93 Singapour	23	9	13	29	19	5	14	31	30	26
94 *Iran, Rép. islamique d'*	16	12	(.)	5	6	6	36	39	42	38
95 *Iraq*	24	15	(.)	1	7	2	25	45	44	37
96 *Roumanie*	..	..	..	..	..	..	..	..	..	..
Pays en développement	**16 w**	**11 w**	**7 w**	**17 w**	**10 w**	**7 w**	**30 w**	**30 w**	**36 w**	**34 w**
Exportateurs de pétrole	**14 w**	**16 w**	**6 w**	**7 w**	**6 w**	**6 w**	**34 w**	**37 w**	**40 w**	**35 w**
Exportateurs de produits manufacturés	**19 w**	**9 w**	**8 w**	**20 w**	**16 w**	**9 w**	**25 w**	**27 w**	**31 w**	**35 w**
Pays fortement endettés	**14 w**	**12 w**	**7 w**	**21 w**	**10 w**	**7 w**	**34 w**	**29 w**	**35 w**	**31 w**
Afrique subsaharienne	**15 w**	**18 w**	**6 w**	**13 w**	**4 w**	**3 w**	**30 w**	**32 w**	**45 w**	**34 w**
Exportateurs de pétrole à revenu élevé	**22 w**	**10 w**	**2 w**	**3 w**	**5 w**	**3 w**	**32 w**	**44 w**	**40 w**	**40 w**
97 Libye	13	10	4	10	3	3	36	36	43	40
98 Arabie saoudite	30	10	1	1	5	3	27	45	37	41
99 Koweït	22	10	1	5	7	3	32	44	39	38
100 Emirats arabes unis	..	..	..	..	..	..	..	..	..	..
Pays industriels à économie de marché	**19 w**	**10 w**	**11 w**	**20 w**	**20 w**	**8 w**	**19 w**	**29 w**	**31 w**	**33 w**
101 Espagne	19	10	10	36	16	12	27	22	28	21
102 Irlande	18	12	8	12	10	5	25	31	39	40
103 Italie	24	14	16	27	24	12	15	21	21	27
104 Nouvelle-Zélande	7	6	7	13	10	5	33	36	43	41
105 Belgique [b]	14	11	9	17	21	10	24	23	32	39
106 Royaume-Uni	30	11	11	13	25	8	11	32	23	36
107 Autriche	14	6	15	15	13	9	31	30	35	40
108 Pays-Bas	15	14	10	22	13	6	25	23	37	35
109 France	19	10	15	22	18	8	20	25	27	35
110 Australie	5	5	8	7	10	4	37	42	41	42
111 Finlande	10	5	10	24	12	8	35	30	34	33
112 Allemagne, Rép. féd. d'	22	12	8	20	21	9	13	23	35	37
113 Danemark	14	11	11	17	11	6	25	26	39	40
114 Japon	22	14	20	44	38	16	9	9	11	18
115 Suède	12	6	11	19	12	7	30	33	36	35
116 Canada	10	6	7	6	9	5	40	56	34	28
117 Norvège	10	6	7	9	12	7	38	38	32	40
118 Suisse	16	8	6	10	11	6	24	26	43	50
119 Etats-Unis	19	7	10	16	20	5	14	38	36	35
Pays non membres non déclarants	..	..	..	..	..	..	..	..	..	..
120 *Albanie*	..	..	..	..	..	..	..	..	..	..
121 *Angola*	17	26	2	3	3	2	24	36	54	33
122 *Bulgarie*	..	..	..	..	..	..	..	..	..	..
123 *Cuba*	29	..	10	..	3	..	15	..	43	..
124 *Tchécoslovaquie*	..	..	..	..	..	..	..	..	..	..
125 *Allemagne, Rép. dém. d'*	..	..	..	..	..	..	..	..	..	..
126 *Corée, Rép. dém. de*	..	..	..	..	..	..	..	..	..	..
127 *Mongolie*	..	..	..	..	..	..	..	..	..	..
128 *URSS*	..	..	..	..	..	..	..	..	..	..

a) Ces chiffres concernent l'Union douanière de l'Afrique australe, comprenant l'Afrique du Sud, la Namibie, le Lesotho, le Botswana et le Swaziland. Le commerce entre ces pays n'est pas compris dans les chiffres. b) Y compris le Luxembourg.

10. Indicateurs de base pour les pays membres des Nations-Unies et de la Banque mondiale qui ont moins de 1 million d'habitants

	Population (milliers d'habitants) milieu de 1985	Superficie (milliers de km²)	PNB par habitant		Taux annuel moyen d'inflation (%)		Espérance de vie à la naissance (années) 1985
			Dollars 1985	Croissance annuelle moyenne (%) 1965-85	1965-80	1980-85	
Guinée-Bissau	886	36	180	*– 1,5*	..	30,4	39
Gambie	748	11	230	1,1	8,3	8,8	43
Comores	454	2	240	– 0,3	..	..	55
Maldives	182	(.)	290	1,9	..	..	53
Sao-Tomé-et-Principe	108	1	320	*0,8*	..	5,8	65
Cap-Vert	325	4	430	*5,0*	..	17,6	63
Guyana	790	215	500	– 0,2	8,0	9,4	65
Iles Salomon	267	28	510	*3,5*	7,1	10,9	58
Samoa-Occidental	163	3	660	..	..	15,9	65
Swaziland	757	17	670	2,7	9,1	9,6	54
Tonga	97	1	730	..	..	..	64
Saint-Vincent-et-Grenadines	119	(.)	850	1,2	10,8	5,9	69
Vanuatu	134	15	880	..	..	..	56
Grenade	96	(.)	970	– 0,1	11,2	6,6	68
Dominique	78	1	1 150	0,4	12,7	4,8	75
Belize	159	23	1 190	2,7	7,2	1,2	66
Sainte-Lucie	136	1	1 240	2,8	9,3	3,8	70
Saint-Kitts-et-Nevis	43	(.)	1 550	2,4	9,8	5,0	64
Fidji	696	18	1 710	2,9	10,4	5,2	65
Antigua-et-Barbade	79	(.)	2 020	0,2	9,1	4,0	73
Suriname	393	163	2 580	3,4	11,8	4,2	66
Malte	358	(.)	3 310	8,1	3,5	1,7	73
Gabon	997	268	3 670	1,5	12,7	10,1	51
Chypre	665	9	3 790	..	– 2,1	8,1	74
Barbade	254	(.)	4 630	2,3	11,3	8,4	73
Bahamas	231	14	7 070	– 0,5	6,4	5,2	70
Bahreïn	417	1	9 420	..	..	0,2	69
Islande	241	103	10 710	2,4	27,1	49,2	77
Luxembourg	366	3	14 260	4,0	6,3	10,0	74
Qatar	315	11	16 270	– 7,0	..	..	72
Brunéi	224	6	17 570	*– 1,2*	..	– 2,7	74
Djibouti	362	22	..	..	..	..	48
Guinée équatoriale	373	28	..	..	..	..	45
Kiribati	64	1	..	..	..	6,9	53
Seychelles	65	(.)	..	..	12,1	..	69

Note : Les pays dont le nom est écrit en italique sont ceux pour lesquels on ne peut calculer le PNB par habitant.

Sortir de la crise

A. Grjebine

La plupart des pays occidentaux ont connu une croissance rapide dans les années 1950 et 1960. Cette croissance a peu à peu sécrété les maux qui devaient la ronger. L'expansion continue de la production s'est répercutée sur la demande de facteurs de production stimulant les revendications salariales, la hausse des taux d'intérêt, la spéculation sur les matières premières. Des tensions sont alors apparues sur chacun de ces marchés favorisant des hausses des coûts.

Du choc salarial...

A partir de la fin des années 1960, plusieurs facteurs convergent pour provoquer une croissance des salaires plus rapide que celle de la productivité :
– Afin de répondre à une demande croissante, les entreprises ont dû embaucher toujours davantage ; la concurrence qui s'est alors exercée entre elles les a amenées à accorder des salaires de plus en plus élevés.
– Bon nombre d'entreprises ont également pratiqué une stratégie de progression rapide des salaires pour éviter les conflits sociaux. Dans une période d'expansion, le risque d'une paralysie même temporaire de la production paraît beaucoup plus grand que celui d'un accroissement des coûts de production qu'on espère contrebalancer en vendant davantage et éventuellement à des prix plus élevés.

Les augmentations de salaires ont été particulièrement importantes dans les pays caractérisés par un faible consensus social. Elles ont permis d'« acheter la paix sociale » qui, en Allemagne fédérale ou dans les pays scandinaves, a été obtenue par une coopération étroite des syndicats, du patronat et des pouvoirs publics. En France, les « Accords de Grenelle » signés en 1968 ont inauguré une longue période – qui a duré pratiquement jusqu'en 1983 – pendant laquelle le patronat et les gouvernements successifs ont généralement préféré accorder des hausses de salaires sans rapport avec les progrès de productivité, à seule fin de s'opposer à toute revendication portant sur le partage du pouvoir au sein des entreprises.
– La coexistence de secteurs ouverts à la concurrence et de secteurs protégés explique que les hausses de salaires obtenues dans les premiers, à la suite de gains de productivité, ont été imitées dans les seconds d'autant plus aisément que le marché du travail était plus organisé et la tendance à l'homogénéisation des conditions de vie plus marquée.
– Au fur et à mesure que la crise s'amplifie et que le chômage s'aggrave, le financement de diverses formules d'assistance aux chômeurs augmente. Cette évolution se répercute sur les cotisations sociales qui jouent un rôle croissant dans l'augmentation du coût salarial. Dans le rapport publié en 1985 sur la France, l'OCDE note ainsi que « la montée des coûts nominaux de main-d'œuvre de 1973 à 1983 s'explique par l'indexation salariale et pour une part importante par le quasi-quintuplement des cotisations sociales des employeurs alors que les salaires et traitements bruts versés étaient multipliés par 3,7. Sur la période, les cotisations sociales employeurs sont passées de 25 à 32 % de la masse des salaires et traitements bruts (y compris cotisations sociales des employés) effectivement versés ». C'est ce qui permet de comprendre que, dans certains pays, le coût salarial total a même continué à croître malgré une stabilisation des salaires versés aux travailleurs.

... Aux chocs pétroliers

L'engrenage inflationniste a ainsi été amorcé : toute hausse des prix, même si elle avait une origine extérieure comme le renchérissement du prix du pétrole, était rapidement répercutée sur la progression des rémunérations. A son tour, celle-ci provoquait une accélération de l'inflation qui suscitait de nouvelles revendications.

Croissance du PIB réel au prix du marché dans la zone de l'OCDE (Pourcentages de variation)

	1970	1971	1972	1973	1974	1975	1976	1977	1978	1979	1980	1981	1982	1983	1984	1985	1986	1987
États-Unis	– 0,3	2,7	4,9	5,0	– 0,7	– 1,0	4,7	4,5	5,1	2,0	0,0	2,1	– 2,5	3,4	6,6	2,9	2,9	2,9
Japon	9,4	4,2	8,4	7,9	– 1,2	2,6	4,8	5,3	5,1	5,2	4,4	3,9	2,8	3,2	5,0	4,5	2,4	4,2
Allemagne	5,1	2,9	4,2	4,7	0,3	– 1,6	5,4	3,0	2,9	4,2	1,4	0,2	– 0,6	1,5	2,7	2,6	2,5	1,7
France	5,7	5,4	5,9	5,4	3,2	0,2	5,2	3,1	3,8	3,3	1,1	0,5	1,8	0,7	1,5	1,1	2,1	1,9
Royaume-Uni	2,3	2,7	2,3	7,7	– 1,0	– 0,6	3,8	1.1	3,5	2,2	– 2,3	– 1,2	1,0	3,8	2,2	3,7	3,3	4,5
Italie	5,3	1,6	3,2	7,0	4,1	– 3,6	5,9	1,9	2,7	4,9	3,9	0,2	– 0,5	– 0,2	2,8	2,3	2,9	3,1
Canada	2,6	7,0	5,8	7,5	3,5	1,1	6,1	2,2	3,9	3,4	1,0	4,0	– 4,3	2,8	5,4	4,0	3,3	3,9
Total des pays ci-dessus	2,6	3,2	5,1	5,8	0,0	– 0,4	4,9	3,8	4,5	3,0	1,0	1,8	– 0,9	2,8	5,0	3,1	2,8	3,1
Autriche	7,1	5,1	6,2	4,9	3,9	– 0,4	4,6	4,4	0,5	4,7	3,0	– 0,1	1,1	2,1	2,0	3,0	1,7	1,3
Belgique	6,4	3,7	5,3	5,9	4,1	– 1,5	5,3	0,4	3,0	2,1	4,1	– 1,5	1,9	– 0,3	1,7	1,5	2,4	1,8
Danemark	2,0	2,7	5,3	3,6	– 0,9	– 0,7	6.5	1,6	1,5	3,5	– 0,4	– 0,9	3,0	2,0	3,4	3,8	3,5	– 0,9
Finlande	7,5	2,1	7,6	6,7	3,0	1,2	0,3	0,2	2,6	7,4	5,6	1,8	3,0	2,9	2,8	2,8	2,4	3,6
Grèce	8,0	7,1	8,9	7,3	– 3,6	6,1	6,4	3,4	6,7	3,7	1,8	– 0,3	– 0,2	0,4	2,8	2,1	1,3	– 0,5
Islande	7,8	12,7	6,6	4,7	5,8	1,7	5,3	9,1	6,7	5,5	5,7	2,6	– 0,3	– 5,0	3,4	3,1	6,3	6,5
Irlande	3,5	3,4	6,4	4,7	4,3	3,7	1,4	8,2	7,2	3,1	3,1	3,4	1,4	– 1,9	4,2	2,0	– 1,6	3,1
Luxembourg	1,7	3,1	6,6	8,8	4,1	– 5,7	2,4	1,8	3,7	3,1	1,5	– 1,4	0,8	2,8	4,9	1,9	2,9	2,0
Pays-Bas	5,7	4,2	3,3	4,7	4,0	– 0,1	5,1	2,3	2,5	2,4	0,9	– 0,7	– 1,4	1,4	2,4	1,7	2,4	2,5
Norvège	2,0	4,6	5,2	4,1	5,2	4,2	6,8	3,6	4,5	5,1	4,2	0,9	0,3	4,5	5,6	4,2	4,4	1,6
Portugal	9,1	6,6	8,0	11,2	1,1	– 4,3	6,9	5,6	3,4	6,1	4,8	0,5	3,2	– 0,3	– 1,6	3,3	4,3	5,0
Espagne	4,1	5,0	8,1	7,9	5,7	1,1	3,0	3,3	1,8	0,2	1,5	– 0,2	1,2	1,8	1,9	2,2	3,3	5,2
Suède	6,5	0,9	2,3	4,0	3,2	2,6	1,1	– 1,6	1,8	3,8	1,7	– 0,3	0,8	2,4	4,0	2,2	1,2	2,8
Suisse	6,4	4,1	3,2	3,0	1,5	– 7,3	– 1,4	2,4	0,4	2,5	4,6	1,5	– 1,1	0,7	1,8	4,0	2,7	2,5
Turquie	4,9	9,1	6,6	2,0	12,5	10,1	10,8	5,1	3,2	– 1,7	– 0,3	4,5	5,8	3,7	5,8	5,1	7,9	7,4
Total des petits pays européens	5,4	4,1	5,3	5,3	3,7	0,3	3,8	2,4	2,4	2,6	2,3	0,2	1,0	1,7	2,7	2,7	2,9	2,9
Australie	6,0	5,9	4,0	5,5	1,8	2,8	3,4	1,0	2,8	4,6	1,7	3,3	– 0,1	0,7	7,1	4,2	1,8	4,4
Nouvelle-Zélande	1,5	4,1	3,8	7,9	6,6	– 1,4	2,9	– 5,1	– 1,5	0,0	0,9	5,2	– 0,1	5,2	5,1	1,2	1,3	0,2
Total des petits pays	5,4	4,4	5,1	5,3	3,5	0,6	3,7	2,0	2,3	2,9	2,2	0,7	0,8	1,6	3,4	2,9	2,7	3,1
Total de l'OCDE	3,0	3,4	5,1	5,7	0,6	– 0,3	4,7	3,5	4,1	3,0	1,2	1,6	– 0,6	2,6	4,7	3,0	2,8	3,1
Quatre grands pays européens	4,6	3,2	4,0	6,0	1,3	– 1,2	5,0	2,3	3,2	3,6	0,8	– 0,1	0,4	1,5	2,3	2,4	2,6	2,7
OCDE Europe	4,8	3,5	4,4	5,8	2,1	– 0,7	4,6	2,3	3,0	3,3	1,3	0,0	0,6	1,6	2,4	2,5	2,7	2,8
CEE	4,7	3,5	4,4	6,0	1,8	– 0,9	4,9	2,4	3,1	3,2	1,0	– 0,2	0,5	1,4	2,3	2,4	2,6	2,7
Total de l'OCDE *moins* les États-Unis	5,6	4,0	5,3	6,3	1,5	0,2	4,7	2,9	3,5	3,7	2,0	1,3	0,7	2,0	3,4	3,2	2,6	3,3

Taux d'accroissement des groupes de pays : ces taux sont obtenus en appliquant pour chaque pays les taux de croissance en volume au PIB de 1982, évalué en dollars de 1982.
Source : Perspectives économiques de l'OCDE, n° 40, décembre 1986 pour les années 1970 à 1985 et n° 43, juin 1988 pour les années 1986 et 1987.

Cet engrenage s'est considérablement accéléré avec l'envolée des cours des matières premières, notamment du pétrole, au début des années 1970. Celle-ci aggrave considérablement les maux dont commencent déjà à souffrir les économies occidentales :

– En 1973-74, le premier choc pétrolier provoque un véritable emballement de l'inflation. Les dépenses des entreprises s'élèvent d'autant plus que leurs besoins en énergie sont peu compressibles à court terme.

– L'accroissement des importations (en valeur) qui s'ensuit équivaut à un détournement au profit de l'étranger d'une part de la demande qui se serait autrement principalement adressée à des entreprises locales. Un effet récessionniste en découle.

– Cet effet récessionniste est d'autant plus fort que la détérioration de la balance commerciale résultant de l'augmentation des importations amène les gouvernements à mettre en œuvre des politiques d'austérité visant à freiner la demande pour réduire les importations.

Un endettement croissant

Ces hausses des coûts de production ont d'abord provoqué une accélération de l'inflation. Mais, dans la mesure où l'ouverture croissante des économies interdit le report systématique de l'augmentation des coûts de production sur les prix, les entreprises des secteurs soumis à la concurrence étrangère ont dû faire face à la progression de leurs coûts d'abord en s'endettant, ensuite en diminuant leurs profits et souvent, par voie de conséquence, leurs investissements, enfin en réduisant les emplois.

Cette détérioration a été d'autant plus rapide que, s'inspirant des préceptes monétaristes, la plupart des gouvernements ont lutté contre l'inflation par une politique d'argent cher. Cette politique a largement contribué à la montée des taux d'intérêt. Celle-ci a eu pour première conséquence d'alourdir les frais financiers. En 1969, les charges d'intérêt représentaient 4,1 % de la valeur ajoutée des entreprises françaises. En 1984, ce pourcentage s'élevait à 10,2 %.

L'endettement des entreprises a été à la fois un facteur d'inflation et de récession : d'inflation parce que les entreprises répercutent des frais financiers de plus en plus élevés sur leurs prix, mais aussi de récession parce que plus les entreprises sont endettées, plus elles ont de difficultés pour investir. Au fur et à mesure que l'endettement des entreprises s'accroît, leur capacité d'investissement se réduit. Les charges financières qui pèsent sur les entreprises limitent leur liberté d'action. Leurs dirigeants adoptent progressivement un comportement timoré qui les empêche de prendre des initiatives un tant soit peu risquées, pourtant indispensables pour assurer l'expansion de l'entreprise. Du reste, même si les dirigeants d'une entreprise lourdement endettée sont tentés de garder un esprit offensif, dans la plupart des cas, les banques vont les acculer à la prudence en réduisant leurs possibilités de crédit ou simplement en les menaçant de le faire. L'entreprise se sclérose alors progressivement, compromettant sa survie. Le taux d'investissement baisse. Le chômage augmente. En même temps, l'endettement croissant des entreprises généralise l'intéressement à l'inflation. En effet, celle-ci permet de réduire, voire d'annihiler, le coût réel du crédit qui serait exorbitant en son absence pour peu que les taux d'intérêt commencent à monter. Les ménages endettés se contentent de bénéficier des remises de dettes obtenues grâce à l'inflation. Les entreprises, elles, l'encouragent activement en répercutant le coût des crédits qu'elles contractent sur leurs prix. Les fluctuations des taux d'intérêt, qui ont un effet relativement réduit sur la hausse des prix tant que l'endettement des agents économiques est limité, deviennent un moteur essentiel de l'inflation au fur et à mesure que cet endettement joue un rôle de plus en plus important dans la création monétaire. On est ainsi passé de la croissance à la stagflation c'est-à-dire à l'aggravation conjointe de l'inflation et du chômage.

Une crise de l'offre et de la demande

Les gouvernements ont appris à combattre l'inflation au prix d'une aggravation du chômage et réciproquement. Ils ont donc été quelque peu désemparés devant la montée conjointe de ces deux maux. Ils ont alors réagi en appliquant malgré tout d'anciennes recettes classiques ou keynésiennes à cette situation inédite. Il est vrai que peu d'économistes ont proposé des voies nouvelles et que ceux qui l'ont fait n'ont guère été entendus.

Prix à la consommation (Pourcentages de variation par rapport à l'année précédente)

	1970	1971	1972	1973	1974	1975	1976	1977	1978	1979	1980	1981	1982	1983	1984	1985	1986	1987
États-Unis	5,9	4,3	3,3	6,2	11,0	9,1	5,8	6,5	7,7	11,3	13,5	10.4	6,1	3,2	4,3	3,5	1,9	3,7
Japon	7,7	6,1	4,5	11,7	24,5	11,8	9,3	8,1	3,8	3,6	8,0	4,9	2,7	1,9	2,2	2,1	0,4	– 0,2
Allemagne	3,4	5,3	5,5	6,9	7,0	6,0	4,5	3,7	2,7	4,1	5,5	6,3	5,3	3,3	2,4	2,2	– 0,2	0,2
France	5,2	5,5	6,2	7,3	13,7	11,8	9,6	9,4	9,1	10,8	13,6	13,4	11,8	9,6	7,4	5,8	2,7	3,1
Royaume-Uni	6,4	9,4	7,1	9,2	16,0	24,2	16,5	15,8	8,3	13,4	18,0	11,9	8,6	4,6	5,0	6,1	3,4	4,2
Italie	5,0	4,8	5,7	10,8	19,1	17,0	16,8	17,0	12,1	14,8	21,2	17,8	16,5	14,6	10,8	9,2	6,1	4,6
Canada	3,4	2,8	4,8	7,6	10,9	10,8	7,5	8,0	8,9	9,2	10,2	12,5	10,8	5,9	4,3	4,0	4,2	4,4
Total des pays ci-dessus	5,7	5,0	4,3	7,5	13,3	11,0	8,0	8,0	7,0	9,3	12,2	10,0	7,0	4,4	4,5	3,8	2,0	2,8
Autriche	4,4	4,7	6,3	7,6	9,5	8,4	7,3	5,5	3,6	3,7	6,4	6,8	5,4	3,3	5,6	3,2	1,7	1,4
Belgique	3,9	4,3	5,5	7,0	12,7	12,8	9,2	7,1	4,5	4,5	6,6	7,6	8,7	7,7	6,3	4,9	1,3	1,6
Danemark	5,8	5,8	6,6	9,3	15,3	9,6	9,0	11,1	10,0	9,6	12,3	11,7	10,1	6,9	6,3	4,7	3,6	4,0
Finlande	2,8	6,5	7,1	10,7	16,9	17,9	14,4	12,6	7,8	7,5	11,6	12,0	9,6	8,3	7,1	5,9	2,9	4,1
Grèce	3,2	3,0	4,3	15,5	26,9	13,4	13,3	12,1	12,6	19,0	24,9	24,5	21,0	20,2	18,5	19,3	23,0	16,4
Islande	13,6	6,6	9,7	20,6	42,9	49,1	33,0	29,9	44,9	44,1	57,5	51,6	49,1	86,5	30,9	31,9	22,2	18,3
Irlande	8,2	8,9	8,7	11,4	17,0	20,9	18,0	13,6	7,6	13,3	18,2	20,4	17,1	10,5	8,6	5,4	3,8	3,2
Luxembourg	4,6	4,7	5,2	6,1	9,5	10,7	9,8	6,7	3,1	4,5	6,3	8,1	9,4	8,7	4,6	4,1	0,3	– 0,1
Pays-Bas	3,6	7,5	7,8	8,0	9,6	10,2	8,8	6,4	4,1	4,2	6,5	6,7	6,0	2,8	3,3	2,3	0,2	– 0,5
Norvège	10,6	6,2	7,2	7,5	9,4	11,8	9,1	9,1	8,1	4,8	10,9	13,7	11,3	8,4	6,2	5,7	7,2	8,7
Portugal	6,3	8,3	8,9	11,5	29,2	20,4	19,3	27,2	22,5	23,9	16,6	20,0	22,4	25,5	29,3	19,3	11,7	9,4
Espagne	5,7	8,3	8,3	11,4	15,7	16,9	17,7	24,5	19,8	15,7	15,5	14,6	14,4	12,2	11,3	8,8	8,8	5,3
Suède	7,0	7,4	6,0	6,7	9,9	9,8	10,3	11,4	10,0	7,2	13,7	12,1	8,6	8,9	8,0	7,4	4,3	4,2
Suisse	3,6	6,6	6,7	8,7	9,8	6,7	1,7	1,3	1,1	3,6	4,0	6,5	5,6	3,0	3,0	3,4	0,7	1,5
Turquie	7,9	19,0	15,4	14,0	23,9	21,2	17,4	26,0	61,9	63,5	94,3	37,6	32,7	28,8	45,6	45,0	34,6	38,9
Total des petits pays européens	5,3	7,3	7,5	9,6	14,0	13,0	11,7	12,7	13,1	12,4	17,1	13,3	11,9	9,9	10,5	9,1	6,8	6,0
Australie	3,9	6,1	5,8	9,5	15,1	15,1	13,5	12,3	7,9	9,1	10,2	9,6	11,1	10,1	3,9	6,8	9,1	8,5
Nouvelle-Zélande	6,5	10,4	6,9	8,2	11,1	14,7	16,9	14,3	11,9	13,8	17,1	15,4	16,1	7,4	6,2	15,4	13,2	15,7
Total des petits pays	5,2	7,2	7,3	9,6	14,1	13,3	12,1	12,7	12,5	12,0	16,3	13,0	11,9	9,8	9,5	8,9	7,3	6,9
Total de l'OCDE	5,6	5,3	4,7	7,8	13,4	11,3	8,7	8,8	7,9	9,8	12,9	10,5	7,8	5,2	5,2	4,5	2,6	3,2
Quatre grands pays européens	5,0	6,2	6,1	8,2	12,9	13,3	10,6	10,2	7,3	9,6	12,8	11,6	9,8	7,4	6,0	5,4	2,7	2,9
OCDE Europe	5,1	6,6	6,5	8,6	13,3	13,2	10,9	11,1	9,3	10,6	14,3	12,2	10,5	8,2	7,4	6,6	4,0	3,8
CEE	5,0	6,3	6,3	8,6	13,3	13,4	11,2	11,1	8,2	9,7	12,6	11,6	10,3	7,9	6,7	6,4	3,3	3,1
Total de l'OCDE *moins* les États-Unis	5,4	6,2	6,0	9,2	15,3	12,9	10,6	10,4	8,1	8,8	12,5	10,6	8,8	6,6	5,9	5,2	3,3	3,0

Groupes de pays : Les pondérations utilisées pour obtenir les indices des agrégats sont basées sur la consommation privée et les taux de change de l'année précédente.
Source : Perspectives économiques de l'OCDE, n° 40, décembre 1986 pour les années 1970 à 1985 et n° 43, juin 1988 pour les années 1986 et 1987.

Depuis près de cinquante ans, la pensée économique s'est développée autour de l'opposition entre les approches classiques et keynésiennes, les unes mettant l'accent sur l'offre – sur les producteurs – et la rentabilité des entreprises, les autres sur la demande c'est-à-dire sur les consommateurs. Suivant que l'une ou l'autre école a eu le vent en poupe, ce sont des politiques privilégiant tantôt l'offre, tantôt la demande qui ont prévalu.

Très schématiquement, on peut dire que pour les classiques, la crise s'explique par des coûts de production trop élevés qui réduisent la rentabilité des entreprises. Dès lors, celles-ci ne sont plus incitées à accroître leur production, à investir et à augmenter leurs effectifs. Il suffirait donc de réduire les coûts pour obtenir une relance de l'activité. C'est pourquoi les économistes d'inspiration classique attribuent le chômage à des salaires trop élevés et considèrent que la réduction du chômage passe par une diminution des salaires.

Les économistes keynésiens insistent, au contraire, sur la demande. Ils expliquent que celle-ci constitue la principale motivation qui détermine le comportement des entreprises. Faute d'une demande suffisante, c'est-à-dire d'une possibilité d'écouler leur production, les entreprises réduisent leurs investissements et l'économie s'enfonce dans la récession. D'où la nécessité pour l'État de soutenir la demande par des réductions d'impôts ou un accroissement des dépenses publiques, c'est-à-dire par un déficit budgétaire.

Or, la crise actuelle se caractérise par la conjonction de deux types de problèmes : une augmentation des coûts de production et une insuffisance de la demande. L'expérience montre que ces deux phénomènes sont trop étroitement imbriqués pour qu'il soit possible de les combattre tour à tour.

A cet égard, il convient de noter que le principe énoncé par l'ancien Chancelier allemand Helmut Schmidt et qui a largement inspiré nos gouvernements successifs selon lequel « les profits d'aujourd'hui sont les investissements de demain et les emplois d'après-demain » est une source de confusion. En effet, il ne dit rien de l'origine des profits et ouvre ainsi la voie à l'interprétation erronée consistant à croire qu'il serait possible de rétablir les profits des entreprises en réduisant le revenu des ménages et donc la demande qui s'adresse à elles. En réalité, les profits sont certes fonction de l'évolution des coûts de production, mais également de la demande c'est-à-dire en fin de compte des revenus des ménages. On ne saurait donc négliger un de ces deux termes sans compromettre la rentabilité des entreprises.

Les politiques keynésiennes hypothéquées

Un processus pervers s'est développé qui n'existait pas à l'époque de Keynes, ni même dans les années 1950 et 1960. Auparavant, la demande supplémentaire résultant de la politique de relance bénéficiait principalement aux entreprises locales. Maintenant la conjonction d'une ouverture croissante des économies et de coûts de production excessifs par rapport aux concurrents étrangers fait que toute relance de la demande accroît la pénétration des produits étrangers. En France, l'élasticité des importations au PIB est passée de 1,9 en 1973-1979 à 3,3 en 1979-1985, c'est-à-dire que chaque fois que la production nationale a augmenté d'un point, les importations ont augmenté de 3,3 points. La détérioration de la situation financière des entreprises a largement contribué à cette évolution en réduisant leur capacité de répondre de manière compétitive à une expansion de la demande. D'où la remise en question des politiques de relance d'inspiration keynésienne. Cette remise en question est d'autant plus prononcée que le plus souvent les gouvernements répugnent à recourir à la dévaluation pour rétablir une compétitivité compromise.

La menace des déflations compétitives

Dans ce contexte, la plupart des pays comptent sur la demande mondiale pour soutenir leur croissance sans porter atteinte à leur balance commerciale. Tout progrès dans l'ouverture des économies est généralement salué comme devant stimuler leur modernisation et donc favoriser le progrès économique. Le problème, c'est qu'à l'heure actuelle la concurrence internationale pousse les entreprises à s'automatiser pour accroître leur productivité mais aussi à comprimer autant que possible les salaires et à réduire les avantages sociaux. La conjonc-

Taux de chômage standardisés dans seize pays de l'OCDE (En pourcentage de la population active totale)

	1970	1971	1972	1973	1974	1975	1976	1977	1978	1979	1980	1981	1982	1983	1984	1985
États-Unis	4,8	5,8	5,5	4,8	5,5	8,3	7,6	6,9	6,0	5,8	7,0	7,5	9,5	9,5	7,4	7,1
Japon	1,1	1,2	1,4	1,3	1,4	1,9	2,0	2,0	2,2	2,1	2,0	2,2	2,4	2,6	2,7	2,6
Allemagne	0,8	0,9	0,8 *	0,8 *	1,6 *	3,6 *	3,7 *	3,6 *	3,5 *	3,2 *	3,0 *	4,4 *	6,1 *	8,0 *	8,5 *	8,6 *
France	2,4	2,6	2,7	2,6	2,8	4,0	4,4	4,9	5,2	5,9	6,3	7,4 *	8,1 *	8,3 *	9,7 *	10,1 *
Royaume-Uni	3,0	3,6	4,0	3,0	2,9	4,3	5,6	6,1 *	5,9 *	5,0 *	6,4 *	9,8 *	11,3 *	12,5 *	12,8 *	13,0 *
Italie	5,3	5,3	6,3	6,2	5,3	5,8	6,6	7,0	7,1	7,6	7,5	8,3	9,0	9,8	10,2	10,5
Canada	5,6	6,1	6,2	5,5	5,3	6,9	7,1	8,0	8,3	7,4	7,4	7,5	10.9	11,8	11,2	10,4
Sept principaux pays	3,2	3,7	3,8 *	3,4 *	3,7 *	5,4 *	5,4 *	5,4 *	5,1 *	4,9 *	5,5 *	6,4 *	7,8 *	8,2 *	7,6 *	7,5 *
Australie	1,6	1,9	2,6	2,3	2,6	4,8	4,7	5,6	6,2	6,2	6,0	5,7	7,1	9,9	8,9	8,2
Autriche	1,4	1,3	1,2	1,1	1,4	1,7	1,8	1,6	2,1	2,1	1,9	2,5	3,5	4,1	3,8	3,6
Belgique	2,1	2,1	2,7	2,7	3,0	5,0	6,4	7,4	7,9	8,2	8,8	10,8	12,6	13,9	14,0	13,1 *
Finlande	1,9	2,2	2,5	2,3	1,7	2,2	3,8	5,8	7,2	5,9	4,6	5,1	5,8	6,1	6,1	6,2
Pays-Bas	1,0 *	1,3 *	2,2 *	2,2 *	2,7 *	5,2	5,5	5,3	5,3	5,4	6,0	8,5	11,4	13,7	14,0	13,0 *
Norvège	1,6 *	1,5 *	1,7	1,5	1,5	2,3	1,8	1,5	1,8	2,0	1,7	2,0	2,6	3,3	3,0	2,5
Espagne (R)	2,4 *	3,1 *	3,1 *	2,5	2,6	3,6	4,6	5,2	6,9	8,5	11,2	13,9	15,8	17,2	20,0	21,4
Suède	1,5	2,5	2,7	2,5	2,0	1,6	1,6	1,8	2,2	2,1	2,0	2,5	3,1	3,5	3,1	2,8
Suisse	–	–	–	–	–	0,4	0,7	0,4	0,3	0,3	0,2	0,2	0,4	0,9	1,1	1,0
Total des pays ci-dessus	3,0 *	3,5 *	3,6 *	3,2 *	3,5 *	5,1 *	5,2 *	5,2 *	5,1 *	5,0 *	5,7 *	6,6 *	8,0 *	8,6 *	8,2 *	8,1 *
Pour mémoire CEE[a]	2,6 *	2,9 *	3,2 *	2,9 *	3,0 *	4,3 *	5,0 *	5,4 *	5,6 *	5,7 *	6,4 *	8,3 *	9,6 *	10,8 *	11,7 *	11,9 *

a) CEE : uniquement les pays ci-dessus : Allemagne, France, Royaume-Uni, Italie, Belgique, Pays-Bas et Espagne.

Note : Les données ont été corrigées (dans la mesure du possible) de manière à être, d'une part comparables dans le temps, d'autre part conformes aux définitions de l'Organisation Internationale du Travail. Les corrections concernent principalement les pays dans lesquels les statistiques de chômage sont fondées sur les listes d'inscription tenues par les agences pour l'emploi. Quand cela était nécessaire, l'OCDE a essayé d'ajuster ce chômage « enregistré » afin d'inclure les chômeurs non inscrits et d'exclure les personnes ayant trouvé un emploi mais non encore radiées des listes. Pour plusieurs pays la procédure d'ajustement utilisée est semblable à celle du ministère du Travail des États-Unis. De légères différences peuvent néanmoins apparaître essentiellement parce que les taux publiés par le ministère du Travail des États-Unis se rapportent à la population active *civile* et non à la population active totale. Les chiffres corrigés par l'OCDE sont suivis d'un astérisque (*). Une rupture dans la série est marquée par (1). Une révision de la série est marquée par (R).

Les données ci-dessus sont des moyennes de données trimestrielles ou mensuelles.

Pour une description plus détaillée des sources et méthodes utilisées, consulter la brochure *Taux de chômage standardisés, Sources et Méthodes* (OCDE, 1985).

A noter que les taux de chômage standardisés des pays membres de la CEE font l'objet d'un réexamen sur la base d'informations nouvelles en provenance d'enquêtes effectuées par la Communauté dans le domaine de la Population active. Ceci pourrait conduire, en temps voulu, à des révisions de données pour un certain nombre de pays de la CEE.

Source : Perspectives économiques de l'OCDE, n° 40, décembre 1986.

tion de ces deux phénomènes ne peut que conduire à un nouvel essor du chômage.

Par définition, les progrès de la productivité amènent à produire une même quantité de biens ou de services avec une main-d'œuvre moins abondante. Seul un rapide accroissement des quantités produites peut donc permettre d'éviter que la modernisation des économies ne débouche sur une aggravation constante du chômage. Or, la concurrence par la compression des coûts salariaux favorise les tendances récessionnistes qui se développent au sein des économies. Les salaires constituent en effet la principale source de la demande qui s'adresse aux entreprises. Il est possible de concilier la modération des salaires avec une progression du pouvoir d'achat des ménages – et donc de la demande – en réduisant massivement les impôts. Mais, à l'exception des États-Unis, les autres pays occidentaux ne paraissent pas disposés à suivre cette voie. Dès lors, faute d'une demande suffisante, les entreprises ralentissent leur production et leurs investissements.

Les experts de l'OCDE considèrent ainsi que l'augmentation de la productivité combinée avec une faible croissance explique, pour une bonne part, l'aggravation du chômage. Sur la période 1960-1982, la productivité a progressé de 3,8 % par an en France contre 3,3 % dans la CEE. Une croissance économique plus rapide (4,3 % par an en France contre 3,4 % dans la CEE) a permis de ralentir la progression du chômage. Par contre, en 1983-1984, l'écart de croissance devenant négatif, l'emploi a davantage baissé en France que dans la moyenne de la CEE, ce contraste s'affirmant depuis lors même si la progression de la productivité est retombée en France au cours de ces années au niveau européen. Cette aggravation du chômage a été d'autant plus forte qu'en raison d'une rentabilité insuffisante bon nombre d'entreprises ont été incapables de procéder à ces investissements de productivité et ont été purement et simplement éliminées.

Dans ce contexte, chaque pays est tenté de compter sur l'exportation pour réduire l'écart croissant entre des capacités de production que les progrès de la productivité ne cessent d'accroître et une demande domestique affaiblie. Mais la conjonction de politiques nationales recherchant la compétitivité par l'austérité ne peut que déboucher sur une croissance mondiale faible ou nulle. L'accroissement des exportations des uns ne peut être obtenu qu'au détriment des autres. C'est ce qu'on appelait jadis « exporter le chômage ».

L'OCDE a ainsi testé les effets sur l'emploi d'une diminution de 2 % de la masse salariale dans chaque pays pris isolément d'une part, de façon simultanée dans l'ensemble des pays de l'OCDE d'autre part. Les résultats sont clairs. Une détérioration de l'emploi à court terme (un an) et moyen terme (deux ans), mais une légère amélioration due au renforcement de la compétitivité à long terme (5 ans), dans la première hypothèse. En revanche, une aggravation du chômage aussi bien à court qu'à moyen ou long terme dans la seconde hypothèse.

La course à l'investissement devient ainsi à la fois indispensable pour se maintenir dans la compétition internationale et dangereuse dans la mesure où la substitution accélérée du capital au travail favorise d'autant plus le chômage que la croissance économique est plus faible.

Le risque d'une récession mondiale

L'Allemagne et le Japon ont joué un rôle pilote dans l'adoption de cette stratégie de déflation compétitive c'est-à-dire de recherche de la compétitivité par la baisse des salaires réels. Une stratégie d'autant plus redoutable que davantage de pays tenteront de les imiter. Le risque d'un engrenage récessionniste mondial est réel.

Les effets conjugués de la faible croissance industrielle des pays européens – principaux importateurs de matières premières – et le développement de produits de substitution expliquent le fléchissement des prix des matières premières. Pour maintenir malgré tout leurs revenus, les pays qui voient le prix de leurs productions s'effondrer cherchent à vendre toujours davantage, ce qui ne fait qu'aggraver la chute. Ce marasme n'atteint pas seulement des PVD, mais aussi des régions pétrolières des pays occidentaux comme le Texas ou des catégories sociales comme les agriculteurs américains.

Pour les pays importateurs, la baisse du prix du pétrole équivaut à une augmentation de leur pouvoir d'achat. Mais, à l'échelle mondiale, cet effet favorable est compensé par la baisse des revenus

Solde des opérations courantes avec le reste du monde en pourcentage du PIB

	1970	1971	1972	1973	1974	1975	1976	1977	1978	1979	1980	1981	1982	1983	1984	1985
États-Unis	0,4	0,0	– 0,3	0,7	0,5	1,4	0,5	– 0,4	– 0,5	0,1	0,4	0,3	0,0	– 1,0	– 2,4	– 2,9
Japon	1,0	2,5	2,2	0,0	– 1,0	– 0,1	0,7	1,5	1,7	– 0,9	– 1,0	0,5	0,7	1,8	2,8	3,7
Allemagne	0,6	0,4	0,4	1,3	2,7	1,1	0,9	0,8	1,4	– 0,8	– 1,8	– 0,8	0,5	0,6	1,0	2,2
France	0,1	0,6	0,5	– 0,2	– 2,3	0,0	– 1,5	– 0,7	0,6	0,0	– 1,4	– 1,4	– 3,0	– 1,7	– 0,8	– 0,8
Royaume-Uni	1,2	1,7	0,1	– 2,0	– 4,6	– 2,1	– 1,7	– 0,1	0,4	0,0	1,5	2,3	1,2	0,7	– 0,3	1,0
Italie	1,2	1,8	1,6	– 1,7	– 4,6	– 0,2	– 1,5	1,2	2,4	1,7	– 2,5	– 2,3	– 1,6	0,2	– 0,9	– 1,2
Canada	1,1	0,2	– 0,6	– 0,2	– 1,3	– 3,1	– 2,4	– 2,2	– 2,2	– 2,0	– 0,6	– 2,0	0,4	0,2	0,3	– 0,5
Total des pays ci-dessus	0,6	0,6	0,3	0,2	– 0,4	0,4	0,0	0,0	0,4	– 0,2	– 0,4	0,0	– 0,1	– 0,2	– 0,8	– 0,8
Autriche	0,6	0,5	0,1	– 0,3	– 1,0	– 0,1	– 2,3	– 3,6	– 0,7	– 1,0	– 2,7	– 2,0	1,1	0,6	– 0,3	– 0,1
Belgique	2,8	2,1	3,6	2,0	0,4	– 0,1	0,1	– 1,3	– 1,4	– 2,7	– 4,5	– 4,6	– 3,3	– 0,5	– 0,4	0,5
Danemark	– 3,9	– 2,4	– 0,4	– 1,7	– 3,1	– 1,5	– 4,9	– 4,0	– 2,7	– 4,7	– 3,7	– 3,0	– 4,2	– 2,6	– 3,3	– 4,4
Finlande	– 2,2	– 2,8	– 0,9	– 1,9	– 4,9	– 7,5	– 3,7	– 0,3	1,9	– 0,3	– 2,7	– 0,8	– 1,6	– 1,9	– 0,0	– 1,4
Grèce	– 3,1	– 1,5	– 1,2	– 3,8	– 2,8	– 3,7	– 1,9	– 1,9	– 1,3	– 1,9	– 0,5	– 0,7	– 4,4	– 5,1	– 4,1	– 8,3
Islande	1,4	– 7,0	– 2,6	– 2,8	– 11,0	– 10,6	– 1,6	– 2,4	1,2	– 0,7	– 2,1	– 4,3	– 8,5	– 2,1	– 5,1	– 4,4
Irlande	– 4,0	– 3,8	– 2,2	– 3,5	– 9,9	– 1,5	– 5,3	– 5,4	– 6,8	– 13,4	– 11,8	– 14,7	– 10,6	– 7,0	– 6,1	– 3,8
Luxembourg	14,6	6,2	9,9	15,2	25,2	– 15,4	– 20,0	19,9	18,8	21,7	20,0	20,5	26,7	29,1	32,1	...
Pays-Bas	– 1,4	– 0,3	2,8	3,8	3,1	2,5	2,9	0,8	– 0,9	– 1,2	– 1,5	2,2	3,2	3,1	4,1	4,3
Norvège	– 2,2	– 4,1	– 0,4	– 1,8	– 4,8	– 8,5	– 11,9	– 14,0	– 5,2	– 2,2	1,9	3,8	1,1	3,6	5,4	5,1
Portugal	1,9	2,6	5,6	3,1	– 6,3	– 5,6	– 8,2	– 9,4	– 5,7	– 1,7	– 5,9	– 11,8	– 12,7	– 6,3	– 1,9	3,0
Espagne	0,2	2,2	1,2	0,6	– 3,5	– 3,0	– 3,5	– 1,8	0,9	0,3	– 2,4	– 2,7	– 2,5	– 1,5	1,3	1,7
Suède	– 0,8	1,0	1,3	2,8	– 1,0	– 0,5	– 2,1	– 2,6	0,0	– 2,2	– 3,6	– 2,5	– 3,6	– 1,0	0,4	– 1,2
Suisse	0,4	0,4	0,8	0,8	0,5	4,9	6,0	5,8	5,3	2,7	– 0,5	2,9	4,1	4,0	4,8	5,6
Turquie	– 0,6	– 0,2	0,0	2,3	– 2,4	– 5,2	– 5,5	– 7,0	– 2,7	– 2,2	– 5,6	– 3,6	– 1,6	– 3,6	– 2,8	...
Total des petit pays européens	– 0,5	0,2	1,3	1,1	– 1,3	– 1,2	– 1,7	– 2,1	– 0,4	– 1,2	– 2,5	– 1,5	– 1,2	– 0,1	1,0	1,0
Australie	– 1,5	– 1,4	1,5	1,2	– 2,9	– 0,7	– 1,4	– 2,6	– 3,4	– 1,5	– 2,3	– 4,8	– 5,3	– 3,9	– 4,7	– 5,5
Nouvelle-Zélande	– 3,6	0,6	2,9	0,2	– 13,0	– 8,0	– 4,4	– 3,9	– 2,4	– 3,6	– 3,2	– 5,5	– 6,3	– 3,8	– 7,0	– 6,4
Total des petits pays	– 0,7	0,0	1,3	1,1	– 1,8	– 1,3	– 1,7	– 2,2	– 0,7	– 1,3	– 2,5	– 2,0	– 1,9	– 0,7	0,0	– 0,1
Total de l'OCDE	0,4	0,5	0,4	0,4	– 0,6	0,1	– 0,3	– 0,3	0,2	– 0,4	– 0,8	– 0,3	– 0,3	– 0,2	– 0,7	– 0,7
Quatre grands pays européens	0,7	1,0	0,6	– 0,2	– 1,3	– 0,1	– 0,6	0,3	1,1	0,0	– 1,1	– 0,5	– 0,6	0,0	– 0,1	0,5
OCDE Europe	0,3	0,7	0,8	0,2	– 1,3	– 0,5	– 1,0	– 0,6	0,6	– 0,4	– 1,5	– 0,8	– 0,8	0,0	– 0,3	0,7
CEE	0,5	0,9	0,8	0,1	– 1,2	– 0,3	– 0,8	– 0,1	0,7	– 0,4	– 1,4	– 0,9	– 0,9	0,2	0,1	0,6
Total de l'OCDE *moins* les États-Unis	0,4	0,9	1,0	0,2	– 1,4	– 0,6	– 0,8	– 0,3	0,6	0,6	– 1,4	– 0,7	– 0,6	0,3	0,8	1,2

Pourcentages des groupes de pays : les pourcentages pour chaque groupe de pays ont été obtenus à partir des totaux du PIB et du solde des opérations courantes de tous les pays du groupe, après conversion en dollars des États-Unis aux taux de change de l'année courante. Les pourcentages des groupes de pays ne couvrent que les pays pour lesquels des données sont montrées dans le tableau. **Les opérations avec le reste du monde** comprennent le commerce des marchandises, les services de transport, d'assurance de tourisme et ceux fournis aux entreprises, le revenu de la propriété à payer et à recevoir et les autres transferts courants. Le solde de ces opérations apparaît à la ligne 13 du tableau 1 (opérations en capital de la nation) des *Comptes Nationaux*, Volume II, Tableaux détaillés.

Source : Perspectives économiques de l'OCDE, n° 40, décembre 1986.

des pays producteurs de matières premières. Même en ne considérant que la seule baisse du prix du pétrole, l'économie réalisée par les PVD importateurs est loin de compenser la perte de revenus des producteurs : selon les estimations de Paribas, 1 $ de baisse par baril représente une réduction de 7,3 milliards de $ des exportations des producteurs, mais seulement 1,8 milliard d'économie pour les PVD importateurs. Dès lors, si les pays industrialisés tirent prétexte du supplément de pouvoir d'achat qu'ils obtiennent grâce à la baisse des cours des matières premières pour renforcer leur politique de rigueur, la résultante de ces deux évolutions de sens contraire ne peut être que négative.

Depuis 1981, le déficit budgétaire croissant des États-Unis contrebalançait dans une certaine mesure les politiques restrictives des autres grands pays industrialisés. Or, on observe actuellement un retour en force de l'orthodoxie budgétaire et un durcissement des politiques monétaires.

Le développement au cours des dernières années d'une « économie d'endettement », tant au niveau mondial qu'au sein de certains pays comme la France, pourrait servir de détonateur à la récession. Alors que l'inflation allégeait le poids des dettes, son ralentissement rend la situation des débiteurs d'autant plus précaire que les taux d'intérêt réels restent élevés. Dans ce contexte, un durcissement des politiques économiques des grands pays industrialisés peut déclencher l'engrenage récessionniste tel qu'il a été décrit en 1933 par Irving Fisher. Les défauts de paiement et les faillites se multiplieront transmettant les difficultés des débiteurs à leurs créanciers. Devant la détérioration de leurs fonds propres, les entreprises débitrices donneront la priorité à la restauration de leur structure financière sur l'investissement réel, aggravant ainsi la récession. On verra alors réapparaître un phénomène typique des années 1930 et quelque peu oublié depuis lors : les ménages attendront pour consommer que les prix baissent davantage, précipitant ainsi la récession.

En 1944, lors des négociations de Bretton Woods, Keynes avait défendu un mécanisme international d'ajustement visant à pénaliser les pays structurellement excédentaires. Non seulement, il n'a toujours pas été entendu, mais ces pays tendent à être considérés comme des exemples à imiter. Une nouvelle récession mondiale sera-t-elle nécessaire pour convaincre les dirigeants occidentaux de la menace que de tels comportements font peser sur l'économie mondiale ?

La France dans le cercle vicieux de l'austérité

Cette concurrence internationale fondée sur l'abaissement des coûts de production explique que tant de pays se soient enlisés dans ce que l'on pourrait appeler le cercle vicieux de l'austérité.

L'exemple de la France est, à cet égard, significatif. Depuis 1976, celle-ci n'est guère sortie d'une austérité plus ou moins accentuée, sauf pendant la parenthèse qu'a constituée la timide relance de 1981-1982. On a ainsi atteint un point où, après dix ans d'application de cette politique, il aura suffit d'une faible reprise de l'économie française pour que notre solde commercial soit à peine équilibré en 1986, et de nouveau déficitaire en 1987 et 1988, malgré la baisse conjointe du prix du pétrole et du dollar. Quand on sait que la seule facture énergétique a diminué d'environ 90 milliards de francs en 1986 par rapport à 1985, on imagine ce qu'il en aurait été si cet allégement n'était pas intervenu. Ce formidable coup de pouce extérieur ne doit donc pas voiler la dégradation de notre solde industriel qui s'est encore accélérée au cours des dernières années. Dans ses *Perspectives à l'horizon 1991,* l'INSEE prévoit « une dégradation importante sur la période 86-91 des échanges de la quasi-totalité des produits, qu'ils soient actuellement des points forts ou des points faibles de notre commerce extérieur ».

La contrainte extérieure qui s'est brutalement resserrée en 1973 avec le premier choc pétrolier subsiste alors même que le prix du pétrole est presque redescendu à son niveau d'avant 1973. Ce resserrement s'explique principalement par une alternance de politiques qui ont toutes porté atteinte à l'investissement, soit en privilégiant la demande au détriment de l'offre et en réduisant ainsi les capacités financières des entreprises, soit au contraire en favorisant l'offre au détriment de la demande et en portant ainsi atteinte à la principale incitation à investir.

En 1974 comme en 1981, les gouvernements ont fait supporter aux entreprises le poids des chocs pétroliers. Il en a résulté non seulement une baisse de la rentabilité, mais aussi un endettement croissant des entreprises. Progressivement, cet endettement a réduit la capacité d'initiative des dirigeants et des firmes les plus endettées. En même temps, l'accroissement des frais financiers favorisait l'inflation.

Les deux fois, l'erreur initiale a été suivie par une erreur de sens contraire. Raymond Barre de 1976 à 1981 et les gouvernements qui se sont succédé depuis 1983 ont tenté de rétablir la rentabilité des entreprises en limitant les coûts salariaux par une politique de restriction de la demande, faute de vouloir – ou de pouvoir – instaurer une politique des revenus efficace.

Les entreprises ont été ainsi prises en tenailles entre des coûts de production croissants (hausse du prix des matières premières, indexation des salaires jusqu'en 1983-1984, frais financiers de plus en plus élevés) et une demande en baisse. Une réduction des investissements était alors inévitable.

Quand le capital fait défaut

C'est ce qui explique le retard pris par la France en matière d'investissement industriel depuis 1976. En 1986, le niveau des investissements (exprimés en francs constants c'est-à-dire abstraction faite de l'inflation) était encore inférieur à son niveau de 1980 et à peine supérieur à celui de 1973. Dans l'industrie des biens de consommation, le niveau des investissements en 1986 n'avait pas rattrapé la pointe des années 72-73. Selon une évaluation de la Fédération des industries mécaniques, « depuis 1976, la France a investi l'équivalent de deux années de moins que ses cinq principaux partenaires ». Malgré la reprise de l'investissement industriel depuis 1985, l'écart continue à croître.

Cette faiblesse durable des investissements – ce que l'INSEE appelle les classes creuses dans la pyramide d'âge des équipements – a une double conséquence :

– Des capacités de production insuffisantes. Le taux de croissance annuel des capacités de production pour les biens d'équipement est passé de 8 % dans les années 1967-1973, à 4,9 % de 1973 à 1979 et à seulement 1,1 % de 1979 à 1985. Pour les biens de consommation, ce taux a baissé de 4,8 % pendant la première période à 1,6 % au cours de la deuxième et 1,2 % durant la troisième.

– Un vieillissement de l'appareil de production qui compromet la compétitivité des entreprises. Dans l'industrie, alors que l'âge moyen du matériel s'était situé à 6,68 ans dans les années 1970-1973, il n'a cessé de s'élever depuis lors : 7,15 en 1974-1979 ; 7,93 en 1980-1984 pour atteindre 8,19 ans à la fin de cette dernière période.

Cette situation est d'autant plus préoccupante que les entreprises françaises n'interviennent que rarement dans des secteurs où elles pourraient déterminer les normes de production et fixer les prix mondiaux comme le font, par exemple, bon nombre d'entreprises allemandes de biens d'équipement professionnels ou des entreprises japonaises d'électronique grand public. Nos entreprises doivent donc s'aligner sur les prix pratiqués par leurs concurrentes étrangères, quels que soient par ailleurs leurs coûts de production et sans avoir la possibilité d'accroître leurs marges bénéficiaires pour développer leurs investissements. Faute d'une rentabilité suffisante, elles sont alors souvent amenées à abandonner des marchés.

La conjonction de ces éléments explique aussi bien la faible progression des exportations que la flambée des importations à chaque reprise même légère de la demande. Toute augmentation de la demande intérieure accroît la pénétration des produits étrangers sur notre marché. L'étude déjà citée de l'INSEE note que « les entreprises ne pourraient aborder la reprise sans l'apparition de tensions sur les capacités de productions ». Au contraire, « nos principaux partenaires, et notamment la RFA, parviennent à contenir leur demande d'importations grâce aux efforts d'investissement réalisés dans le passé récent ».

Dans une compétition fondée sur la baisse des coûts de production, les pays dont les monnaies s'apprécient (RFA, Japon) disposent d'un avantage décisif. Ce constat ne signifie évidemment pas qu'il ne faille jamais dévaluer, mais bien qu'une stratégie fondée sur la baisse des coûts de production est infiniment plus difficile à mettre en œuvre en France que dans les pays à monnaie forte.

De plus, quelles que soient les régressions sociales que nous accepterons, les pays du Tiers Monde feront, si l'on peut dire, « toujours mieux ». La concurrence des NPI d'Asie devrait encore se renforcer dans la mesure où ces pays bénéficient simultanément de la baisse du prix du pétrole et de la dévaluation de leurs monnaies qui suivent le dollar.

Enfin, l'expérience de 1981-82 a montré le danger qu'il y avait à limiter excessivement le crédit quand la demande intérieure reprend. Alors que la baisse conjointe du dollar et du prix du pétrole accroît le pouvoir d'achat des ménages, si le gouvernement maintient des taux d'intérêt réels élevés, il empêchera les entreprises de financer les investissements nécessaires pour faire face à cette demande supplémentaire... qui s'adresse alors principalement aux importations.

La difficulté de sortir du cercle vicieux de l'austérité – qui favorise le sous-investissement – et de la contrainte extérieure – qui en résulte – est d'autant plus grande que pour les biens d'équipement le taux de pénétration (pourcentage du marché intérieur satisfait par des importations) atteint déjà 42 % ; et que leur élasticité – c'est-à-dire l'augmentation des importations consécutive à une augmentation du revenu national – est particulièrement forte. L'INSEE note qu'« une reprise de la demande de biens d'équipement profiterait en grande partie aux producteurs étrangers : les importations croîtraient deux fois plus vite que la production nationale ».

De surcroît, faute de parvenir à pénétrer les marchés des pays industrialisés, de nombreuses entreprises recherchent des marchés pour lesquels le soutien de l'État a parfois autant d'importance que des considérations exclusivement économiques ou techniques. Ainsi, en 1986, les pays en développement et ceux de l'OPEP représentaient 23,1 % de nos débouchés contre 13,9 % pour les exportateurs ouest-allemands. Mais surtout ces deux zones procuraient à la France l'essentiel de ses excédents de produits manufacturés. Or, non seulement il s'agit souvent d'exportations coûteuses (en termes de crédits à l'exportation et d'autres avantages accordés aux acheteurs), mais de plus, l'endettement des pays en développement et la baisse du prix du pétrole ont réduit la demande en provenance de ces pays.

Le chômage n'est pas un fléau inévitable

En fin de compte l'alternance de politiques de relance qui butent sur la contrainte extérieure, et de politiques d'austérité qui favorisent le chômage et la réduction des investissements, met clairement en évidence l'échec des politiques unidimensionnelles qu'elles soient classique ou keynésienne.

Selon nos gouvernements successifs, la montée du chômage serait un fléau inévitable auquel nous condamneraient la crise mondiale et la mutation technologique. Le quasi-plein-emploi obtenu au Japon et dans plusieurs pays européens dément ce fatalisme. En 1986, le chômage n'a atteint que 1 % de la population active en Suisse, 2 % en Norvège, 2,5 % en Suède, 4 % en Autriche contre près de 8 % en Allemagne et 10,5 % en France. Mais, nous dira-t-on, ces pays sont trop petits pour constituer des exemples significatifs. L'objection n'est guère recevable. En effet, sauf exception, plus un pays est petit, plus sa dépendance à l'égard du reste du monde est grande et plus, logiquement, il devrait être sensible à une crise mondiale. Il est de fait que l'ouverture de ces pays est très supérieure à celle des grands pays européens : l'Autriche a exporté en 1985 27 % de sa production nationale, la Suisse 30 %, la Suède 32 %, la Norvège 36 %... et la France 22 %.

Les salaires sont à la fois le principal coût de production et la principale composante de la demande qui s'adresse aux entreprises. Le problème est donc de modérer la hausse des salaires tout en soutenant la demande par une expansion du pouvoir d'achat des ménages.

Plusieurs pays ont réussi à concilier ces deux exigences en apparence contradictoires, notamment les États-Unis et la Suède, les premiers en mettant en œuvre une politique d'inspiration libérale, la seconde par une stratégie fondée sur la solidarité sociale.

La politique économique menée aux États-Unis ces dernières années a consisté à modérer les coûts de production, notamment les salaires, tout en relançant la demande par une réduction massive des prélèvements obligatoires. Les ménages qui en ont bénéficié ont vu leur pouvoir d'achat – et donc leur demande – augmenter malgré une progression ralentie des coûts salariaux. En même temps, la réduction des charges pesant sur les entreprises leur a permis de développer les investissements ou de réduire les prix pour vendre davantage. Cette politique a permis une création d'emplois importante. Toutefois, le financement du déficit budgétaire par l'emprunt a conduit à une hausse des taux d'intérêt qui a provoqué une surévaluation du dollar de 1981 à 1985 et, par voie de conséquence, un déficit extérieur de plus en plus important.

L'alternative suédoise

L'expérience suédoise paraît donc autrement plus séduisante. Dans ce pays, le chômage n'atteignait que 2,6 % de la population active en 1986 alors que l'industrie suédoise est – avec l'industrie suisse – celle qui en Europe s'adapte le mieux à la mutation technologique et où la diffusion des nouvelles technologies est la plus avancée. La Suède est ainsi le pays – de loin – le plus « robotisé » du monde en même temps que le troisième producteur mondial de robots après le Japon et les États-Unis.

Ces résultats spectaculaires ont été obtenus par une politique conciliant une politique salariale rigoureuse et une politique budgétaire expansionniste qui a permis de créer de nombreux emplois, avec en toile de fond une politique du marché du travail traditionnellement très développée.

Le budget, excédentaire jusqu'en 1977, a été présenté avec un déficit croissant de 1978 à 1982. Afin d'éviter que cette politique contracyclique ne bute sur la contrainte extérieure, comme cela est arrivé en France, la couronne a été dévaluée de près de 44 % en six ans (3 % en 1976, 5 et 10 % en 1977, 10 % en 1981, 16 % en 1982). Ces dévaluations n'ont pas seulement favorisé le rééquilibrage de la balance commerciale, elles ont aussi provoqué une baisse de plus de 10 % des salaires réels beaucoup plus *indolore* que si elle avait été obtenue par une pression directe sur les salaires.

Malgré ces dévaluations, l'inflation en Suède n'a pas été sensiblement supérieure à ce qu'elle est chez nous : légèrement plus faible de 1974 à 1983 (10,2 % en moyenne annuelle en Suède contre 11 % en France) et un peu plus élevée depuis lors.

Le redéploiement a été d'autant mieux accepté que les pertes d'emplois industriels ont été plus que compensées par des créations d'emplois tertiaires, principalement dans le secteur public. De 1970 à 1983, l'industrie a perdu 358 000 emplois dont 165 000 dans l'industrie manufacturière, mais 568 000 emplois ont été créés dans le secteur public et près de 100 000 dans les services privés. Le nombre de salariés du tertiaire communal a presque doublé depuis 1970. Il est maintenant supérieur à celui des travailleurs de l'industrie et près de trois fois plus important que celui des employés de l'État, dont le nombre a été réduit ces dernières années. Les principales affectations des salariés communaux sont la santé, l'éducation et les services sociaux. Le secteur privé largement revigoré devrait être le principal pourvoyeur d'emplois dans les années à venir. C'est surtout dans les activités de services que des emplois seront créés, encore que les effectifs des industries manufacturières augmentent à nouveau. Sur les 40 000 emplois nets créés pendant l'année budgétaire 1985/1986, 14 000 l'ont été dans l'industrie et l'on s'attend à ce que cette tendance se poursuive.

Le revers de cette politique réside évidemment en une progression des prélèvements obligatoires qui place la Suède au premier rang mondial : 50,5 % du PIB en 1984 contre 45,5 % en France. Sans même parler de l'effet dissuasif qu'une telle pression fiscale peut exercer sur les revenus les plus élevés, on imagine les critiques qu'elle provoque.

Revenus au pouvoir en 1982, les sociaux-démocrates ont tenté de freiner, sinon de renverser cette évolution. De 1982 à 1986, le déficit budgétaire a ainsi été ramené de 13,1 à 4,1 % du PNB (3,6 % en 1987). En même temps, les aides à l'industrie ont été réduites des deux tiers en deux ans, les subsides de sauvetage-restructuration faisant plus particulièrement les frais de ces compressions budgétaires.

La multiplication des emplois publics a certes réduit la productivité moyenne de l'économie suédoise ; mais, pour établir des comparaisons valables avec d'autres pays, il faut tenir compte non seulement de la productivité des travailleurs pourvus d'un emploi, mais également de la productivité – nulle – des chômeurs. La comparaison tourne alors nettement à l'avantage de la Suède.

De plus, si la productivité d'un grand nombre d'emplois publics est sans doute insuffisante, cela ne signifie pas qu'il faille négliger pour autant les besoins réels qu'ils permettent de satisfaire. Dans tous les pays, les besoins d'éducation, de recherche, de santé, de transports, d'audiovisuel sont appelés à croître. Il est probable que la satisfaction de ces besoins sera la principale source de création d'emplois dans l'avenir.

En multipliant les emplois dans les services, l'État suédois et plus encore les collectivités locales ont en quelque sorte pris en charge la transition entre une période où la demande de biens était dominante et celle où la demande de services permettra de créer – sans intervention publique – suffisamment d'emplois pour compenser la réduction des emplois industriels. Ce faisant, ils ont évité que cette phase de transition ne s'accompagne d'un chômage important comme dans la plupart des autres pays. Le problème auquel ils sont maintenant confrontés est de rendre ces services plus concurrentiels, voire de remettre progressivement certains d'entre eux au secteur marchand.

Contrairement à une idée répandue, le chômage n'est pas une conséquence inévitable du redéploiement industriel, mais au contraire un frein à celui-ci. La modernisation de l'économie est d'autant plus aisée qu'elle présente moins de risques pour les salariés. Les réticences au changement sont au contraire plus vives quand la menace du chômage est forte. Encore faudrait-il que les gouvernements aient l'imagination et le courage de recourir aux remèdes novateurs qui permettraient de sortir du cercle vicieux de la crise.

Pour en savoir plus

Pour une étude plus détaillée des principales explications de la crise mondiale et des politiques envisageables pour en sortir, on se reportera à : A. Grjebine (sous la direction de), *Théories de la crise et politiques économiques,* Coll. Points-économie, Éditions du Seuil, Paris, 1986.

Chômage : le plein-emploi est-il possible ?

W. van Ginneken

Le plein-emploi est depuis toujours un grand objectif de la politique socio-économique des pays de l'Organisation de coopération et de développement économiques (OCDE). Entre 1955 et 1975, pratiquement tous ces pays avaient atteint ce but, mais, ainsi que nous le savons, la situation s'est rapidement détériorée par la suite. Ces vingt années dorées étaient-elles donc un accident de l'histoire ou bien étaient-elles le fruit d'une politique délibérée des gouvernements et d'un comportement constructif des travailleurs et des employeurs ? La thèse que nous soutiendrons ici est que la seconde hypothèse est la bonne, et nous nous efforcerons de montrer que le plein-emploi pourrait être rétabli si les gouvernements suivaient une politique appropriée et si les partenaires sociaux agissaient avec une pleine conscience de leurs responsabilités.

Pour commencer, nous examinerons les grandes tendances de l'emploi dans un certain nombre de pays de l'OCDE. Puis la majeure partie de notre article sera consacrée à l'analyse des principaux facteurs qui déterminent les perspectives de l'emploi dans ces pays : nous y rechercherons notamment pourquoi dans les petits pays européens non membres de la Communauté économique européenne (CEE) le taux de chômage est beaucoup plus bas qu'ailleurs. Nous terminerons en tentant de dégager les conclusions auxquelles mène cette analyse.

Les tendances de l'emploi et du chômage

Le chômage a considérablement empiré depuis les premières années qui ont suivi 1970 et il a atteint des pointes particulièrement graves dans la foulée des deux crises du pétrole. Entre 1973 et 1975, le taux moyen pour les pays de l'OCDE a bondi de 3,5 pour cent à 5,2 pour cent et il a presque doublé entre 1979 et 1983, passant de 5 pour cent à près de 9 pour cent. En 1985, on a estimé à 8,2 pour cent le taux moyen du chômage dans l'ensemble des mêmes pays ; en d'autres termes, il y avait plus de 31 millions de chômeurs.

Le taux de chômage est le plus faible (entre 1 et 4 pour cent) et s'est aggravé le moins au Japon, en Norvège, en Suisse, en Autriche et en Suède. Il est le plus fort (entre 13 et 20 pour cent) et a grossi de plus de 10 pour cent depuis 1973 en Belgique, aux Pays-Bas, en Irlande, au Royaume-Uni, en Espagne et en Turquie. Dans les autres pays de l'OCDE, le taux se situe entre ces deux extrêmes : plutôt bas aux États-Unis, il est assez élevé en République fédérale d'Allemagne, en France et en Italie.

Tous ces pourcentages ne tiennent pas compte autant qu'il le faudrait de l'étendue de la sous-utilisation de la main-d'œuvre. Tout d'abord, le chômage « occulte » est fort répandu (c'est-à-dire celui des personnes que la sécurité sociale prend en charge en raison de la gravité du chômage), comme par exemple aux Pays-Bas et en Italie. D'autre part, de nombreux travailleurs (des jeunes gens pour la plupart) ont trouvé à s'occuper grâce à des plans spéciaux destinés à créer des emplois (en Suède, notamment) ou à des programmes de formation (en France et au Royaume-Uni en particulier). Ces deux dernières catégories représentent fréquemment de 2 à 4 pour cent de la population active. Faut-il les compter parmi les chômeurs ? La chose n'est pas claire, car on pourrait soutenir que ces personnes ne sont pas disponibles pour l'emploi. Mais, si elles sont ainsi placées grâce à des plans et des programmes, c'est souvent uniquement parce que, autrement, elles seraient en chômage. En outre, beaucoup d'autres personnes ont renoncé à chercher du travail, en particulier des femmes, soit parce qu'il n'y en a pas (notamment aux Pays-Bas, où le taux d'activité des femmes est faible), soit parce que, dans les mœurs du pays, il est mal vu qu'une femme cherche du travail quand les affaires vont mal (Japon). Cette catégorie peut représenter de 0,5 à 2 pour cent de la population active. Enfin, nombreux sont ceux (ici encore, entre 0,5 et 2 pour cent de la population active) qui travaillent à temps partiel alors qu'ils préféreraient le faire à temps complet (notamment aux États-Unis), ou qui souhaiteraient trouver du travail d'une durée inférieure à vingt-cinq heures par semaine et n'en trouvent pas, et, dans les deux cas, ils ne sont pas comptés comme chômeurs inscrits. En revanche, les statistiques du chômage surestiment parfois la sous-utilisation de la main-d'œuvre – par exemple lorsque quelqu'un reçoit des allocations de chômage et occupe en réalité un emploi (clandestin). Cette dernière catégorie est nettement moins nombreuse que les trois autres. Il n'est probablement pas exagéré de dire que, dans de nombreux pays, le taux officiel sous-estime l'étendue réelle du chômage dans la proportion de 5 à 6 pour cent.

D'une manière générale, quatre facteurs peuvent exprimer la recrudescence du chômage[1] (les deux premiers sont « extérieurs » au pays, tandis que les deux autres sont « internes ») :

1. Le climat d'incertitude croissant des années 1970, qui a rendu risqué l'investissement. Il était dû à l'inflation croissante, aux fluctuations prononcées des taux de change et aux variations correspondantes des taux d'intérêt réels.

2. Les profonds changements survenus dans le commerce international, la concurrence toujours plus forte du Japon et des nouveaux pays industriels (NPI), et la croissance rapide de la productivité du travail ont concouru à faire disparaître de nombreux emplois dans les industries traditionnelles – aux États-Unis comme en Europe.

3. Dans de nombreux pays – notamment en Europe – les secteurs sont nombreux dans lesquels les coûts de main-d'œuvre ont grandi plus vite que la productivité, ce qui a entraîné des compressions de personnel dans l'industrie et la création de moins d'emplois qu'il eût été possible d'en créer dans le secteur privé des services.

4. Pour pallier les effets de la première crise du pétrole, de nombreux gouvernements se sont efforcés de virer de bord en se lançant dans une politique d'expansion, qui a entraîné un accroissement de l'emploi dans le secteur public jusqu'aux approches de 1980. Cela a également fini par provoquer de gros déficits de l'État, parce que la relance de la production qu'on espérait n'a pas eu lieu. Simultanément, l'inflation a monté en flèche, de sorte qu'aux abords de 1980 de nombreux gouvernements se sont vus contraints de recourir à une politique monétaire restrictive. La stagnation (ou même le déclin) de la demande intérieure (et du commerce international) qui en est résultée explique la nette aggravation du chômage entre 1979 et 1982. Depuis lors, le chômage a continué de croître en Europe (quoique moins vite), les gouvernements ayant maintenu pour la plupart leurs consignes restrictives en matière monétaire.

Le tableau 1 montre de façon schématique l'évolution de quelques variables essentielles – la population active civile en emploi, la population active, le produit intérieur brut (PIB) et la productivité dans un certain nombre de pays de l'OCDE entre 1973 et 1983. Des différences frappantes entre les pays s'en dégagent. Dans certains d'entre eux, comme l'Australie, le Canada, les Pays-Bas, la Norvège et les États-Unis, l'offre de main-d'œuvre a augmenté de 20 pour cent au moins, tandis que dans d'autres, comme la République fédérale d'Allemagne, l'Autriche, l'Espagne et la Suisse, l'accroissement a été inférieur à 3 pour cent. Le taux de croissance du PIB a été très élevé au Japon et en Norvège (plus de 40 pour cent) au cours de cette période, alors qu'il a été le plus faible en Suisse (3,3 pour cent seulement). La création d'emplois a été la plus forte en Amérique du Nord et en Norvège, cependant qu'elle a décru de 15 pour cent en Espagne. La quatrième colonne, où l'on voit l'augmentation annuelle de la productivité, montre aussi des différences considérables entre les pays du point de vue de la génération d'emplois attribuable à la croissance économique. En Amérique du Nord, un taux de croissance de 1 pour cent entraîne un accroissement d'environ 1 pour cent de l'emploi tandis que dans de nombreux pays européens et au Japon il faut un taux de croissance de 2 à 3 pour cent pour obtenir le même résultat. La cinquième et la sixième colonne montrent que ces rapports n'ont guère changé en 1984 et en 1985. L'augmentation de la productivité en Amérique du Nord s'explique en partie par les influences cycliques.

Certes, les statistiques du tableau 1 sont grossières : par exemple, elles ne tiennent pas compte de la réduction de la durée moyenne du travail ni de l'augmentation du travail à temps partiel. Toutefois, elles nous permettent de tirer au moins une conclusion : pour beaucoup de pays (surtout en Europe), la croissance économique escomptée (2 à 3 pour cent par an) ne suffira pas à résorber sensiblement le chômage. Pour y parvenir, il faudra une croissance axée davantage sur la création d'emplois. Cela nous amène à la politique de l'emploi.

Tableau 1 :
Augmentation en pourcentage de l'emploi, de la population active, du produit intérieur brut et de la productivité entre 1973 et 1983 et données complémentaires sur la productivité pour les années 1984 et 1985

Pays	Population active civile en emploi	Population active	Produit intérieur brut	Accroissement annuel de la productivité de la main-d'œuvre		
				1973-1983	1984	1985
	(1)	(2)	(3)	(4)	(5)	(6)
Canada	22,5	31,0	26,1	0,3	2,1[1]	1,5[1]
États-Unis	18,5	23,4	20,1	0,1	2,6[1]	1,0[1]
Japon	9,0	10,6	43,9	2,9	5,2[1]	3,7[1]
Allemagne (RFA)	−6,5	1,1	17,5	2,3	2,8	2,3
France	1,6	7,8	25,4	2,3	2,7	2,0
Italie	6,8	10,8	19,4	1,1	2,1	2,0
Royaume-Uni	−5,0	4,5	11,0	1,6	0,9	2,0
Australie	9,1	18,1	27,9	1,6	–	–
Autriche	−0,9	2,4	26,2	2,4	2,1	2,2
Belgique	−3,9	7,4	18,2	2,1	–	–
Danemark	2,1	11,5	17,0	1,4	–	–
Espagne	−15,0	1,9	21,9	3,7	–	–
Norvège	18,3	20,5	45,8	2,1	3,6	0,7
Pays-Bas	6,5	18,5	14,7	0,7	–	–
Suède	8,9	10,0	16,5	0,7	2,2	1,8
Suisse	−6,5	−5,7	3,3	1,0	2,7	2,2

1) Produit intérieur brut.
Sources : Statistiques de la population active et *Comptes nationaux* (Paris, OCDE), diverses années. Les données concernant la Belgique, le Danemark et les Pays-Bas proviennent de Eurostat (Luxembourg) ; celles de 1984 et 1985 sont tirées de *Perspectives économiques de l'OCDE* (Paris, OCDE), juin 1985.

La politique de l'emploi

Nous examinerons à présent quatre variables essentielles dont dépendent les perspectives d'emploi dans les économies de marché industrialisées : l'offre de main-d'œuvre, l'évolution des structures et des techniques, le fonctionnement du marché du travail et la politique macroéconomique.

L'offre de main-d'œuvre

Ces dix prochaines années, l'offre de main-d'œuvre croîtra beaucoup moins rapidement qu'au cours des dix dernières années, car ceux qui sont nés durant la poussée de la natalité des années 1950 et 1960 ont maintenant été absorbés par le marché du travail. Les prévisions démographiques pour le groupe de quinze à soixante-quatre ans annoncent que la pression démographique sera inférieure à la moitié de ce qu'elle fut au cours des dix dernières années (voir les deux dernières colonnes du tableau 2). Il est probable aussi que le déclin des migrations internationales, amorcé pendant la même période, va se poursuivre.

Il n'est pas facile de prévoir l'évolution du taux d'activité des hommes et des femmes. Ces dix dernières années, le taux a baissé pour les hommes, alors qu'il a fortement augmenté pour les femmes dans la plupart des pays, malgré le repli de l'activité économique.

De nombreux hommes, surtout en Europe, saisissent l'occasion qui leur est offerte de quitter le marché du travail avant l'âge de soixante-cinq ans, parfois pour des raisons de santé, parfois parce qu'on les encourage vivement à prendre une retraite anticipée. Cette tendance est particulièrement évidente en République fédérale d'Allemagne, en Autriche, en Belgique, en Espagne, en France, en Italie et en Suisse. En revanche, le nombre des femmes (mariées) en quête d'emploi a augmenté énormément. Le taux d'activité des femmes est en hausse sensible au Canada, au Danemark, aux États-Unis, en Norvège et en Suède en particulier. Du fait qu'un plus grand nombre de femmes se joignent à la population active, le pourcentage d'emplois à temps partiel augmente aussi dans de nombreux pays (voir la cinquième et la sixième colonne du tableau 2). Le taux d'activité des femmes demeure faible en Espagne, en Grèce, en Irlande et aux Pays-Bas mais, même dans le cas de ces pays (sauf l'Espagne), il augmente maintenant rapidement. Il semble probable que le taux d'activité des femmes va continuer de croître, bien que peut-être pas aussi rapidement que pendant les dix dernières années. La retraite anticipée poursuivra sa tendance actuelle et deviendra sans doute de plus en plus fréquente (malgré ce que cela coûte à la collectivité), de sorte que le taux d'activité des hommes continuera de baisser. Quant à savoir si l'extension du travail à temps partiel va se poursuivre au même rythme, cela dépendra en partie de la manière dont on le définira, puisqu'il est tout à fait possible que, dans une dizaine d'années, la semaine normale de travail soit inférieure à trente-cinq heures.

Tableau 2 :
Taux d'activité, emploi à temps partiel et accroissement de la population active
(en pourcentage)

Pays	Taux d'activité				Proportion de l'emploi à temps partiel dans l'emploi total		Augmentation de la population âgée de 15 à 64 ans sans les migrations	
	Hommes		Femmes					
	1975	1984	1975	1984	1973	1983[1]	1975-1985	1985-1995
Canada	86,2	84,5	50,0	61,2	20,3[2]	26,2	17,6	9,2
États-Unis	85,4	84,9	53,2	62,8	23,8[3]	23,3[3]	14,1	7,2
Japon	89,7	88,3	51,7	57,2	14,7	21,1	8,9	6,0
Allemagne (RFA)	87,0	79,3	49,6	49,4	24,4	30,0	8,6	−3,7
France	84,3	77,4	51,2	54,7	14,7	20,1	10,4	2,8
Italie	84,2	79,7	34,6	41,1	14,0	9,4	6,4	1,0
Royaume-Uni	92,1	87,6	55,1	59,0	39,1	42,4	4,5	0,5
Australie	89,3	85,6	49,6	52,7	27,3	35,9	19,6	13,4
Autriche	86,8	79,9	53,3	53,0	15,6	19,8	8,9	−1,0
Belgique	83,5	77,8[4]	44,0	49,6[4]	10,2	19,7	7,4	−0,5
Danemark	89,8	87,6[4]	63,5	74,2[4]	45,1[2]	44,7	5,4	2,7
Espagne	92,5	78,6	32,4	32,7	–	–	13,0	7,6
Norvège	85,9	86,3	53,3	66,1	47,6[2]	54,8	6,7	4,4
Pays-Bas	83,2	80,1[4]	31,0	39,8[4]	26,2[5]	50,3[5]	13,8	4,0
Suède	89,2	85,5	67,6	77,4	38,8	46,2	2,6	0,6
Suisse[6]	97,5	89,9[4]	49,6	48,8[4]	–	–	3,6	−3,3

1) Le nombre de personnes non déclarées comprises dans les données de 1983 pour les pays de la CEE est réparti proportionnellement entre emploi à plein temps et emploi à temps partiel. 2) 1975. 3) Les travailleurs contraints au temps partiel pour des raisons économiques sont exclus à la fois de l'emploi à temps partiel et de l'emploi total. 4) 1983. 5) Les données de 1983 ne sont pas comparables aux années précédentes en raison d'un changement de définition. 6) Les données démographiques n'englobent pas certains travailleurs saisonniers étrangers qui sont compris dans la population active.

Sources : Perspectives de l'emploi, 1985 (Paris, OCDE), et Nations Unies : *World population prospects: Estimates and projections as assessed in 1982* (New York, 1985).

Le changement des structures et des techniques

L'effet des nouvelles techniques sur l'emploi est fort controversé actuellement. Normalement, elles entraînent une augmentation de la productivité et, partant, raréfient les occasions d'emploi à brève échéance ou à moyen terme. Cependant, les techniques nouvelles peuvent aussi ouvrir des débouchés à des produits et services meilleur marché ou de meilleure qualité et donner ainsi de l'impulsion aux dépenses de biens de consommation et renforcer la résistance du pays ou de l'entreprise à la concurrence. À la longue, par conséquent, les nouvelles techniques stimulent tant la croissance économique que l'emploi.

Pendant un certain temps, les entreprises et les gouvernements européens ont sous-estimé les changements d'ordre structurel et technologique qui surviennent dans l'économie mondiale. Il s'ensuit que, souvent, les entreprises européennes n'ont pas encore rattrapé la technologie de pointe de l'Amérique du Nord et du Japon. En outre, il semblerait que ni les entreprises européennes ni celles de l'Amérique du Nord ne soient à la hauteur du Japon en ce qui concerne les techniques de commercialisation et de gestion[2]. La Communauté européenne s'efforce de combler son retard technologique au moyen de ses programmes « Esprit » et « Eureka ».

Les exportations industrielles européennes dans leur ensemble et, dans une moindre mesure, celles de l'Amérique du Nord ressemblent de plus en plus à celles des NPI. Ainsi que le montre la figure, la balance commerciale de l'Europe dans le domaine des biens et services de basse technologie s'améliore, de même que sa balance commerciale en matière de denrées alimentaires et de matières premières. Par conséquent, l'Europe exporte sur le marché international des produits industriels et des matières premières, où elle est appelée à se heurter à une concurrence de plus en plus rude de la part des NPI. À moins que les pays européens ne parviennent à moderniser leurs techniques de production, le niveau des salaires s'y rapprochera immanquablement de celui des NPI. À la différence, la balance commerciale du Japon présente un excédent qui se situe de plus en plus dans le secteur de la technologie moyenne et de la technologie de pointe, si bien que ce pays est moins vulnérable à la même concurrence.

Entre 1950 et 1975, le pourcentage de travailleurs indépendants au sein de l'ensemble de la population active des pays de l'OCDE est tombé d'environ 30 pour cent auparavant à 20 pour cent maintenant, tandis que celui des salariés s'est accru proportionnellement en raison surtout de l'expansion de l'emploi dans les grandes entreprises et dans les services de l'État. Depuis 1975, cependant, la situation a quelque peu changé. Le grand essor de l'emploi dans la fonction publique a cessé et, dans plusieurs pays, le pourcentage de travailleurs employés dans les petites et moyennes entreprises s'est accru. Cela est probablement dû à la plus grande facilité avec laquelle les petites entreprises s'adaptent à une conjoncture économique changeante et au fait que beaucoup de chômeurs s'efforcent de se créer eux-mêmes du travail. Aux États-Unis, par exemple, 36 pour cent de l'emploi en 1976 était cantonné dans les entreprises de moins de cent travailleurs, mais plus de la moitié de l'accroissement de l'emploi qui a eu lieu entre 1976 et 1980 s'est produit dans ces entreprises-là. Durant la récession de 1980-1982, c'est seulement dans les petites entreprises de moins de vingt salariés qu'on a constaté un progrès de l'emploi (environ un million de postes de travail en plus). Une évolution semblable a été observée au Royaume-Uni et en France. Depuis le début des années 1980, les pertes d'emplois dans les grandes entreprises françaises ont été plus que compensées par la création d'emplois dans les petites entreprises. Dans certains pays, en particulier aux Pays-Bas, l'érosion de l'emploi dans les petites et moyennes entreprises s'est poursuivie à cause de la contraction des marchés provoquée par le marasme de la demande intérieure.

De nombreux pays sont toujours plus conscients que les petites entreprises sont à même de créer beaucoup plus d'emplois qu'elles ne l'ont fait jusqu'à présent. L'État pourrait les y aider au moyen de mesures telles que le crédit et les facilités fiscales, la réorientation de l'enseignement dispensé dans certaines écoles, des incitations à l'esprit d'entreprise et autres comportements créatifs et l'assouplissement des formalités qui font obstacle à la fondation de nouvelles entreprises, cependant que les pouvoirs publics décentralisés (régions et collectivités locales) pourraient les assister au moyen d'initiatives (gérées directement ou appuyées par eux) visant à promouvoir l'emploi.

Le fonctionnement du marché du travail [3]

La manière dont fonctionne le marché du travail est incontestablement l'une des causes du chômage actuel. On considère en général que la flexibilité d'un marché du travail est conditionnée par trois facteurs : la mobilité de la main-d'œuvre, la flexibilité des coûts de la main-d'œuvre et la flexibilité de l'apport de main-d'œuvre. Dans cet article, nous soutiendrons la thèse que le mauvais fonctionnement du marché du travail est dû principalement au défaut de flexibilité des coûts de main-d'œuvre. Nous verrons aussi quelles conditions doivent être remplies pour qu'une réduction de la durée du travail apporte une meilleure répartition de l'emploi (et des revenus).

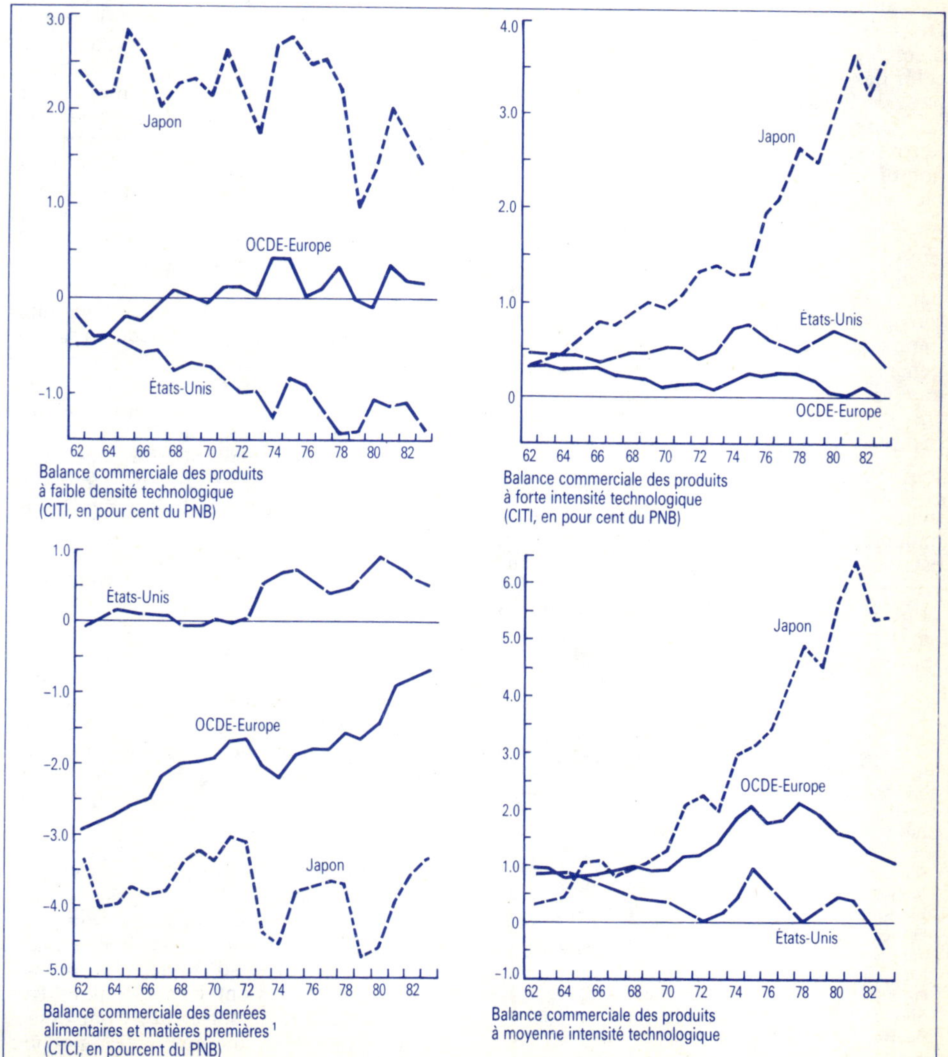

1) Non compris les produits énergétiques.

Source : Perspectives économiques de l'OCDE (Paris,OCDE),juin 1985,p.25

La mobilité de la main-d'œuvre

Le peu d'empressement des gens à changer de résidence ou d'emploi est l'une des explications du mauvais fonctionnement du marché du travail. Quand la conjoncture économique est mauvaise, les travailleurs sont enclins à s'accrocher à leur emploi et se montrent peu disposés à courir le risque d'un changement. On a constaté aussi que les familles dans lesquelles deux personnes sont salariées sont moins prêtes à changer de résidence que celles où il n'y en a qu'un, car il est plus difficile de trouver deux emplois dans une autre ville que d'en trouver un seul. Dans le tableau 3, le nombre des offres d'emploi est exprimé en pourcentage de celui des chômeurs inscrits pour plusieurs pays de l'OCDE. Ces chiffres ne donnent pas une image entièrement exacte de l'étroitesse du marché du travail, car le nombre des offres d'emploi y est probablement sous-estimé. L'une des raisons de cette sous-estimation est qu'en période de chômage grave certains employeurs ne déclarent pas tous les emplois vacants, en partie pour ne pas être poussés par les bureaux de placement à engager des chômeurs qui ne répondent pas à leurs exigences. Même ainsi, dans la plupart des pays de fort chômage, le nombre des offres d'emploi par rapport à celui des chômeurs est très faible et, par conséquent, il n'est pas raisonnable de supposer que, si la mobilité géographique et professionnelle était plus grande, cela entamerait le chômage d'une manière appréciable. Il est vrai, cependant, qu'il existe une pénurie de main-d'œuvre qualifiée dans certains segments du marché du travail, en particulier là où l'on emploie les nouvelles techniques.

Tableau 3 :
Offres d'emploi en pourcentage du nombre des chômeurs inscrits
(1981-1984)

Pays	1981	1982	1983	1984
Allemagne (RFA)	16,3	5,7	3,4	3,9
Belgique	1,1	0,9	1,2	1,6
Espagne	0,7	0,7	0,8	0,9
France	3,9	4,2	3,9	2,0
Japon	50,9	43,3	42,0	46,8
Norvège	22,9	12,1	5,2	6,5
Pays-Bas	4,4	1,7	1,2	1,9
Suède	51,0	24,8	22,7	31,6
Suisse	201,7	47,7	19,4	19,6

Source : Principaux indicateurs économiques (Paris, OCDE), diverses années.

La flexibilité des coûts de main-d'œuvre

Plusieurs auteurs[4] ont démontré que, de 1970 à 1980, les coûts de main-d'œuvre dans de nombreux secteurs (notamment en Europe) ont augmenté plus vite que la productivité du travail. Les cotisations à la sécurité sociale et aux caisses privées de pensions sont l'élément des charges salariales qui a augmenté le plus rapidement[5]. La situation a quelque peu changé après 1980 en raison du coup de frein donné aux salaires (voir tableau 4), quoique jusqu'à présent cela n'ait amené aucune croissance réelle de l'emploi, étant donné que l'investissement se maintient à un niveau relativement bas. Le tableau 4 montre également qu'il existe un rapport entre le freinage des salaires aux États-Unis – tendance qui remonte aussi loin que les années 1960 – et la création d'emplois. On ne constate pas le même rapport au Japon, parce que les coûts de main-d'œuvre y ont augmenté considérablement plus vite, ces dix dernières années, que le PIB. L'emploi s'est néanmoins étendu du fait que l'accumulation de capital a été beaucoup plus rapide que dans les autres pays de l'OCDE[6]. En Europe, il semble qu'il existe une relation inverse entre charges salariales et emploi. De 1973 à 1983, l'Europe a été incapable de créer plus d'emplois, bien que le taux de croissance y ait été sensiblement le même qu'aux États-Unis.

Si nous considérons les petits pays européens qui sont parvenus à contenir le chômage, nous constatons que les coûts de main-d'œuvre ont augmenté très vite en Autriche et en Suisse (en comparaison du PIB). S'il est vrai que cela a causé une compression de l'emploi, cela n'a pas beaucoup aggravé le chômage, parce que l'offre de main-d'œuvre a diminué ou n'a crû que légèrement (voir tableau 1). Dans les autres pays qui ont su se prémunir contre le chômage (la Norvège et la Suède), le freinage des salaires a donné des résultats positifs. Il en est allé de même aux Pays-Bas, où, toutefois, le chômage a rapidement empiré à cause d'une accélération assez prononcée de l'offre de main-d'œuvre. La plupart des autres pays n'ont rien fait pour freiner les salaires, de sorte qu'ils ont essuyé de lourdes pertes d'emplois (en particulier l'Espagne).

Ainsi donc, il est possible de discerner

Tableau 4 :
Produit intérieur brut, coûts de la main-d'œuvre et population active civile en emploi (1973 = 100)

Pays	Produit intérieur brut			Coûts réels de la main-d'œuvre par personne en emploi			Population active civile en emploi		
	1973	1981	1983	1973	1981	1983	1973	1981	1983
États-Unis	100,0	120,2	120,1	100,0	101,2	101,5	100,0	118,0	118,5
Japon	100,0	135,6	143,9	100,0	146,0	155,4	100,0	106,1	109,0
Europe occidentale[1]	100,0	117,7	119,9	100,0	122,9	124,0	100,0	104,9	99,0
Allemagne (RFA)	100,0	117,5	117,5	100,0	124,3	123,9	100,0	96,9	93,5
Autriche	100,0	122,4	126,2	100,0	133,5	136,8	100,0	102,8	99,1
Belgique	100,0	116,4	118,2	100,0	133,5	134,4	100,0	98,5	96,1
Danemark	100,0	111,4	117,0	100,0	116,2	117,2	100,0	101,2	102,1
Espagne	100,0	118,3	121,9	100,0	142,3	142,7	100,0	86,0	85,0
France	100,0	121,7	125,4	100,0	134,6	136,5	100,0	100,7	101,6
Italie	100,0	121,4	119,4	100,0	120,1	120,9	100,0	108,2	106,8
Norvège[1]	100,0	140,0	145,8	100,0	107,7	109,2	100,0	116,8	118,3
Pays-Bas	100,0	116,1	114,7	100,0	108,0	105,6	100,0	108,0	106,5
Royaume-Uni	100,0	105,4	111,0	100,0	107,2	111,0	100,0	96,4	95,0
Suède[1]	100,0	112,7	116,5	100,0	113,8	107,3	100,0	108,9	108,9
Suisse[1]	100,0	103,8	103,3	100,0	116,5	120,5	100,0	95,3	93,5

1) Emploi total au lieu de la population active civile en emploi.

Sources : Comptes nationaux et *Statistiques de la population active* (Paris, OCDE), diverses années.

Tableau 5 :
Production, coûts de la main-d'œuvre, emploi et productivité dans les industries manufacturières et les services, 1973-1982
(variation cumulée en pourcentage)

Secteur	Production	Coûts réels de la main-d'œuvre[1]	Emploi	Productivité
INDUSTRIES MANUFACTURIÈRES :				
États-Unis	10,3	15,9	1,5	8,7
Japon	59,5	84,1	−3,3	65,3
Europe occidentale	8,5[2]	35,4[3]	−11,4[2]	22,5[2]
SERVICES :				
États-Unis	28,7	−2,8[5]	28,4	0,2
Japon	36,3	44,5[5]	19,5	14,1
Europe occidentale	29,1	18,6[5]	10,5	16,8

1) Rémunération des salariés par personne en emploi divisée par l'indice implicite du prix de la production. 2) République fédérale d'Allemagne, France, Italie et Royaume-Uni. 3) République fédérale d'Allemagne, France et Royaume-Uni. 4) Commerce, transports, entrepôts, communications, banques, assurances, affaires immobilières ; services fournis à la collectivité, services sociaux et services personnels. 5) Économie totale (à l'exclusion des industries manufacturières).

Source : Perspectives économiques de l'OCDE (Paris, OCDE), juillet 1984, p. 47.

dans la plupart des cas une relation à long terme entre les coûts de main-d'œuvre et la productivité au niveau macro-économique. Mais il est essentiel aussi d'ajuster rapidement ces coûts aux changements à court terme de la conjoncture macro-économique, tels que les variations des termes de l'échange.

Il serait possible de parvenir à une plus grande flexibilité en matière de coûts de main-d'œuvre en versant une plus large part des rémunérations sous la forme de primes, lesquelles peuvent être réduites en temps de difficultés économiques. Il faudrait aussi adapter ces coûts à l'évolution de la productivité dans les différents secteurs. Dans certains secteurs manufacturiers, notamment la chimie et le pétrole, la productivité augmente rapidement, tandis que dans d'autres – où le coefficient de main-d'œuvre est plus fort – ce n'est pas le cas. Si les négociations de salaires se déroulent au niveau national ou sont conditionnées par ce qui se passe dans certains secteurs clés, il est difficile de tenir compte de ces différences. La conclusion à tirer est qu'il y a avantage à décentraliser la négociation collective, afin de faire entrer en ligne de compte les différences de productivité.

Enfin, l'évolution de la productivité dans les industries manufacturières diffère grandement de celle des services. Si les résultats obtenus par les États-Unis dans le domaine de l'emploi divergent autant de ceux de l'Europe, cela est dû au secteur privé des services. Le tableau 5 montre que les frais de personnel ont même baissé dans les services aux États-Unis entre 1973 et 1981. Aussi l'emploi s'y est-il accru de près de 30 pour cent, contre 10 pour cent en Europe, quand bien même l'accroissement de la production ait été le même grosso modo (30 pour cent). La flexibilité des coûts de main-d'œuvre dans le secteur des services aux États-Unis s'explique par un certain nombre de facteurs reliés entre eux : une offre de main-d'œuvre non qualifiée en rapide expansion (surtout des jeunes gens et des femmes), une forte demande de main-d'œuvre chez les petites et moyennes entreprises, les restrictions au droit aux allocations de chômage et un faible taux de syndicalisation. En Europe, ce sont les travailleurs qualifiés du secteur public et de la finance qui ont bénéficié d'un accroissement de l'emploi.

Tableau 6 :
Durée annuelle moyenne du travail par personne en emploi
(variation en pourcentage par an)

Pays	1973-1975	1975-1979	1979-1983
Allemagne (RFA)	−1,9	−0,5	−0,3
Belgique	−3,1[1]	−0,8[2]	+2,0[3]
Canada	–	−0,6	−0,9
États-Unis	–	−0,1	−0,2
Finlande	−0,8	−0,5	−0,9
France	−1,4	−0,5	−1,8
Italie	−1,6	−0,7	−0,4
Japon	–	+0,6	−0,2
Norvège	−0,6	−1,7	−0,5
Pays-Bas	−2,8	−1,4	+0,4
Royaume-Uni	−1,1	−0,9	−1,4
Suède	−1,3	−1,1	+0,0

1) 1973-1976. 2) 1976-1979. 3) 1979-1981.
Source : Perspectives de l'emploi (Paris, OCDE) pour les années 1983, 1984 et 1985.

La réduction de la durée du travail et la flexibilité de l'apport de main-d'œuvre

En général, trois facteurs principaux ont contribué à réduire la durée réelle annuelle du travail (voir tableau 6) : la semaine de travail fixée par contrat est devenue plus courte (en particulier au cours des années 1960), les congés payés se sont allongés (spécialement au cours des années 1970) et le nombre des travailleurs à temps partiel (notamment les femmes) s'est accru.

Dès 1975 environ, on a proposé dans de nombreux milieux – et en particulier dans les milieux syndicaux – de réduire la semaine de travail pour lutter contre le chômage. Il ne semble pas cependant (voir tableau 6) que, depuis lors, la durée du travail ait été réduite de manière appréciable, surtout si l'on considère que la réduction constatée a été due pour l'essentiel à l'augmentation du travail à temps partiel. La France fait exception : en 1981, le gouvernement a fait adopter des lois réduisant la durée réglementaire du travail. Même ainsi – comme nous le verrons plus loin –, cette mesure n'a pas eu beaucoup d'effet sur l'emploi.

Il est frappant que, aussitôt après 1980 (entre 1979 et 1982), les travailleurs néerlandais et belges ont effectué un nombre d'heures supérieur à celui de la période précédente. Aux Pays-Bas, cela peut s'expliquer par la baisse de l'absentéisme[7] et par une diminution temporaire du travail à temps partiel. Depuis 1982, cependant, le nombre des heures réellement ouvrées a fléchi de nouveau en raison d'un accord général conclu cette année-là, par lequel les syndicats ont accepté de renoncer à un ajustement au coût de la vie en échange d'une diminution proportionnelle de la durée du travail. Il est difficile de dire jusqu'à quel point cet accord, qui embrassait presque tous les secteurs de l'économie, a contribué à créer des emplois. Il se peut qu'il ait stoppé le déclin rapide de l'emploi survenu entre 1980 et 1982, lorsque de 80 000 à 100 000 places de travail ont été perdues chaque année. En tout cas, il est indéniable qu'il a rétabli la rentabilité des entreprises néerlandaises, car les employeurs ont su tirer tout le parti possible de l'amélioration de la productivité qui a eu lieu dans la plupart des secteurs au début des années 1980. Cette amélioration fut en partie la conséquence directe des modalités de la réduction de la durée du travail. De nombreux employeurs se sont appliqués à assouplir leur apport de main-d'œuvre (par exemple en constituant leurs équipes en fonction de leurs besoins) de manière à prolonger la durée normale d'utilisation des machines et autres installations. Autre caractéristique notable de l'accord général : il ne tenait guère compte des différences de productivité entre secteurs. Une condition plus réaliste dont pourrait dépendre la réduction de la durée du travail serait qu'elle ne devrait entraîner aucune augmentation des prix de revient par unité de production. Les travailleurs seraient appelés eux aussi, de la sorte, à bénéficier des augmentations de la productivité, laquelle peut évidemment varier beaucoup d'un secteur à un autre ou d'une entreprise à une autre.

Les effets que la réduction de la durée annuelle du travail aura sur l'emploi ne sont pas clairs. À court terme, une part de la réduction a certainement amené une augmentation de la productivité et évité peut-être aussi des licenciements. À long terme, à mesure que l'économie se rétablira, elle devrait apporter une meilleure répartition de l'emploi existant.

D'autres pays ont suivi une politique différente à l'égard de la réduction de la durée du travail. Dans certains, tels le Danemark, la Norvège et la Suède, il y avait déjà un fort pourcentage d'emplois à temps partiel dans les années 1970 ; la même chose se produisit après 1980 aux Pays-Bas, ainsi que le montre le tableau 2.

En France, où des mesures législatives ont ramené de quarante à trente-neuf heures la durée réglementaire de la semaine de travail en 1981, cela n'a guère entraîné de résorption du chômage, quand bien même pratiquement toutes les entreprises de presque tous les secteurs s'y fussent conformées. En particulier, comme le pouvoir d'achat des salaires est demeuré intact, le prix de revient par unité de production a augmenté. Le gouvernement belge s'est lui aussi efforcé de créer des emplois par décret. En 1983 et 1984, en contrepartie d'une réduction de 5 pour cent par an de la durée du travail et de la concession d'une diminution de salaire de 3 pour cent, les entreprises étaient censées employer 3 pour cent de main-d'œuvre en plus. Si elles ne s'y pliaient pas, elles étaient passibles de devoir verser à une caisse spéciale de chômage jusqu'à 2,5 pour cent de la masse salariale. En 1984, un grave conflit a éclaté en matière de durée du travail dans la métallurgie et quelques autres secteurs de la République fédérale d'Allemagne. Le conflit s'est soldé par une modeste victoire des travailleurs, qui avaient réclamé la semaine de trente-cinq heures et auxquels les employeurs ont finalement concédé celle de trente-huit heures et demie. La tendance à la perte d'emplois en a probablement reçu un coup d'arrêt, mais c'est surtout l'évolution des coûts de main-d'œuvre par unité de production qui montrera si ce règlement conduit à une création d'emplois.

L'enthousiasme que provoquaient au début les réductions de la durée du travail commence à s'émousser. Les employeurs ne peuvent escompter que peu d'avantages économiques de nouvelles réductions, car leur surcapacité en biens d'équipement et en main-d'œuvre a déjà été résorbée. En outre, un nouveau problème social qui a surgi dans l'entreprise pourrait entraver de futures réductions de la durée du travail. Il se peut en effet que les directions d'entreprise acceptent de la réduire pour les échelons inférieurs et moyens de la hiérarchie de leur personnel (qui sont au bénéfice de conventions collectives), mais pas pour les échelons supérieurs et les cadres de direction (qui ne sont que partiellement, sinon aucunement couverts par des conventions). La tendance est déjà à une différenciation plus marquée des salaires (dans l'entreprise et aussi entre entreprises) et, si les écarts dans la durée du travail s'accentuaient, cela devrait la renforcer et, partant, entraîner une plus forte polarisation entre direction et personnel.

La plupart des salariés sont encore en faveur d'une durée du travail plus courte, mais le freinage des salaires, qui se poursuit, commence à faire perdre patience à beaucoup d'entre eux ; de plus en plus, les travailleurs de divers secteurs préfèrent les augmentations de salaire à la réduction de la durée du travail. En fait, seul le gouvernement semble demeurer le champion d'une durée plus courte du travail (même si, en général, il renonce à l'imposer par la loi).

Les employeurs ont injecté un élément nouveau dans les négociations sur la durée du travail en insistant sur la nécessité de la flexibilité de la main-d'œuvre. Selon eux, les travailleurs devraient accepter plus volontiers de travailler par équipes ou selon des horaires irréguliers. Certains employeurs réclament aussi une plus grande liberté dans l'embauchage et le congédiement de manière à pouvoir adapter le volume de leur production à une conjoncture économique en rapide évolution.

À première vue, ce sont surtout les petites et moyennes entreprises, où le volume de la production peut varier rapidement, qui auraient avantage à recourir à une telle flexibilité. Et il semble peu douteux qu'elles y recourront, principalement en ce qui concerne les travailleurs directement employés à la production de biens et de services.

Cependant, cette manière de concevoir la flexibilité de la main-d'œuvre en termes quantitatifs (qui, il faut le noter, vient appuyer le principe de la réduction de la durée du travail) a le défaut de ne pas s'attaquer au problème fondamental de l'emploi et de la croissance économique tel qu'il se présente aujourd'hui, problème qui tient à ce que de nombreuses entreprises et de nombreux pouvoirs publics n'ont pas trouvé autre chose que des palliatifs face à une conjoncture internationale mouvante.

Le premier réflexe d'une entreprise – comme d'ailleurs de tout corps social – est l'instinct de conservation. Au cours des deux récessions récentes, cela s'est traduit par une baisse de la production et de plus nombreuses mises à pied. Il n'est pas exclu que le caractère restrictif de la législation du travail ait eu pour effet de freiner l'ajustement, d'où des pertes financières supplémentaires pour certaines entreprises. Toutefois, la revitalisation des entreprises pose un problème majeur dont la solution ne saurait se trouver simplement dans l'assouplissement de la rigidité excessive de la législation du travail et de l'offre de main-d'œuvre.

La véritable flexibilité devra procéder d'un comportement économique constructif de la part de tous les salariés et rendra nécessaire par conséquent une bonne dose de formation (spécialement dans l'entreprise), ainsi qu'un système de récompenses à l'innovation et à l'efficacité économique, propre aussi à encourager les travailleurs à faire leurs les objectifs de l'entreprise. Le seul moyen d'y parvenir est d'atténuer la polarisation de la direction et du personnel dans l'entreprise.

La réduction de la durée du travail demeure une importante politique d'appoint. Pour qu'elle donne des résultats, cependant, plusieurs conditions sont à remplir : le coût total par unité de production ne devrait pas augmenter ; des négociations visant à déterminer les modalités et l'étalement dans le temps des réductions de la durée du travail devraient se dérouler dans l'entreprise et dans chaque secteur ; les gouvernements devraient s'attacher à procurer des incitations et à donner l'exemple en procédant à des réductions de la durée du travail dans le secteur public.

Tableau 7 :
Déficit (–) ou excédent (+)
du budget de l'État
(en pourcentage du produit intérieur brut)

Pays	1979	1982	1985[1]
Canada	−1,8	−5,0	−6,0
États-Unis	+0,6	−3,8	−3,7
Japon	−4,8	−3,6	−1,4
Allemagne (RFA)	−2,7	−3,4	−1,5
France	−0,7	−2,7	−3,2
Italie	−9,5	−12,6	−13,1
Royaume-Uni	−3,2	−2,3	−3,6
Australie	−1,5	−0,4	−2,9
Autriche	−2,4	−3,1	−1,7
Belgique	−7,0	−12,6	−10,3
Danemark	−1,9	−9,3	−3,0
Espagne	−1,7	−6,3	−4,5
Pays-Bas	−4,0	−7,0	−5,6
Suède	−3,0	−4,8	−3,0

1) Estimations.
Source : Perspectives économiques de l'OCDE (Paris, OCDE), juin 1985.

La politique macro-économique

La conjoncture actuelle étant ce qu'elle est, il est malaisé pour nombre de pays de l'OCDE de suivre – chacun chez soi – une politique keynésienne traditionnelle de déficit budgétaire. Étant donné le taux élevé de l'intérêt, une telle politique entraînerait une nouvelle aggravation de la charge du remboursement des intérêts, alors que, dans bien des pays de l'OCDE, ces remboursements représentent déjà plus de 10 pour cent du budget national. Le tableau 7 montre que, d'une manière générale, le déficit public s'est accru rapidement entre 1979 et 1982, mais qu'il a commencé à baisser ou à se stabiliser depuis lors. De petits pays ne faisant pas partie de la CEE, notamment l'Autriche, la Norvège et la Suisse, sont mieux parvenus à équilibrer leurs finances publiques que les États membres de la CEE. Dans beaucoup de petits pays de la CEE, la part du revenu national qui est absorbée par les dépenses de l'État a crû plus vite que dans les autres petits pays de l'Europe occidentale.

En 1982, cette part oscillait entre 55 et 65 pour cent du PIB en Belgique, au Danemark et aux Pays-Bas, tandis qu'elle était inférieure à 50 pour cent en Autriche et en Norvège. Les extrêmes se situent en Suisse et en Suède : 30 pour cent et plus de 65 pour cent, respectivement.

Fait intéressant, deux petits pays, la Norvège et les Pays-Bas, qui exportent tous les deux de l'énergie, ont connu un sort fort différent. La Norvège a l'un des taux de chômage les plus bas et le budget de l'État y est excédentaire. L'une des principales raisons de cette différence est que, depuis 1973, les dépenses de sécurité sociale et autres dépenses publiques, exprimées en pourcentage du PIB, ont crû beaucoup plus lentement en Norvège qu'aux Pays-Bas. En outre, les coûts de main-d'œuvre ont augmenté plus lentement, en Norvège, que le PIB. Enfin, l'État norvégien a dépensé relativement plus en termes de mesures protectionnistes. Dans beaucoup de villes et régions de Norvège, l'emploi est tributaire d'une ou de quelques grandes sociétés ; non seulement celles-ci sont appuyées par des subventions spéciales, mais encore elles sont quelquefois protégées par des barrières tarifaires. Cela fait ressortir incidemment une différence fondamentale entre les petits pays européens selon qu'ils sont ou non dans la CEE. Ceux qui n'en sont pas membres, tout en ayant accès relativement facilement au Marché commun, jouissent d'une plus grande liberté pour mener la politique économique de leur choix. Ils ont une plus grande latitude pour adapter leurs taux de change et ils peuvent imposer des droits d'importation et subventionner les entreprises sans se voir rappeler à l'ordre par une institution supranationale. À longue échéance pourtant on peut se demander si des pays comme la Norvège seront en mesure de poursuivre une politique de l'emploi aussi coûteuse, étant donné la chute des prix du pétrole.

Pour la plupart des pays, la résorption du chômage dépend dans une large mesure de ce qui se passe à l'étranger. Pour une bonne part, le succès actuel des exportations de l'Europe, du Japon et des NPI est le fruit de la politique expansionniste des États-Unis, où les dépenses de l'État ont augmenté plus vite que les revenus jusque vers 1985. En 1981, la France s'est lancée dans une politique analogue, mais elle a dû y renoncer, parce que les autres pays européens ne l'imitaient pas. Dans les circonstances actuelles, la CEE et les autres pays de l'Europe occidentale auraient certainement avantage à adopter une politique expansionniste concertée. L'effet inflationniste d'une pareille politique serait moindre que dans le passé, car les prix de produits de base sont en baisse et les coûts de main-d'œuvre sont mieux contenus que précédemment.

Si les pays de faible déficit budgétaire, tels que la République fédérale d'Allemagne, le Royaume-Uni, la Norvège, l'Autriche et la Suisse se lançaient dans une politique concertée d'expansion, cela créerait beaucoup plus d'emplois en Europe, parce que l'Europe, dans son ensemble, forme une économie plutôt fermée. En dehors de l'Europe, le Japon est aussi en mesure de suivre une politique plus expansionniste. Une semblable politique ne sera guère réalisable dans le monde entier, semble-t-il, jusqu'à ce que les taux d'intérêt réels aient sensiblement baissé.

Tout gouvernement a le choix entre deux démarches, même si son déficit budgétaire est important. Tout d'abord, il peut modifier la composition des dépenses publiques. Le gros de ces dépenses consiste en dépenses de consommation (salaires de la fonction publique, dépenses sociales et dépenses courantes). Depuis 1975 environ, l'*investissement* public est tombé dans la plupart des pays. Il est tout à fait possible que cette évolution soit responsable de la faible croissance économique constatée depuis lors.

Deuxièmement, en redistribuant les activités entre secteur public et secteur privé, il peut accélérer la croissance et, par voie de conséquence, l'emploi. Un exemple serait de confier la production de certains services de l'État au secteur privé, là où celui-ci est à même de les fournir plus efficacement sans que la collectivité dans son ensemble en souffre. L'État peut aussi alléger les impôts de manière à diriger une plus large part du revenu national vers les biens et les services produits par le marché.

Un dernier problème qui mérite que nous lui consacrions quelques mots est celui de l'insuffisance de l'investissement privé. Une étude récente de la CEE[8] a démontré qu'il sera impossible de résoudre le problème du chômage en Europe dans l'avenir proche en raison de la pénurie de biens d'équipement productifs. Tant que cette pénurie persistera, et quel que soit le niveau des salaires réels, l'économie ne parviendra pas à réaliser le plein-emploi.

De 1980 à 1984, alors que l'investissement privé, aux États-Unis, augmentait de plus de 20 pour cent, en Europe il a même légèrement diminué. Deux facteurs l'expliquent : les taux d'intérêt réels élevés et la faible rentabilité des entreprises. Depuis lors, la rentabilité s'est améliorée sous l'effet du freinage des salaires, des compressions de personnel forcées par les événements et de la reprise des exportations (notamment vers le marché américain). Toutefois, les taux d'intérêt réels (bien qu'ils soient en baisse pour l'instant) sont toujours élevés d'après les critères d'autrefois et, à moins qu'une stimulation de l'économie européenne ne vienne combler le vide laissé par la contraction du marché américain d'importation et que les entreprises européennes ne trouvent en elles-mêmes la confiance nécessaire pour investir, l'emploi en Europe va connaître des temps difficiles.

Pourtant, il est incontestablement possible de réaliser le plein-emploi dans les pays de l'OCDE d'ici la fin du siècle, autrement dit de fournir un emploi à quiconque est capable et désireux de travailler. Une évolution favorable, à cet égard, est que les jeunes gens seront moins nombreux à se présenter sur le marché du travail vu le tour qu'a pris la croissance démographique. Cependant, la question principale est de savoir si les changements nécessaires vont intervenir dans les entreprises. Seront-elles capables de lancer de nouveaux produits sur le marché et d'inventer de nouvelles techniques ? Auront-elles suffisamment de confiance en elles-mêmes pour investir en prévision de l'avenir ? Et les travailleurs feront-ils montre d'assez de souplesse dans leurs revendications de salaire pour laisser le champ libre à la création d'emplois ? En ce qui concerne les conditions qu'il faudra nécessairement remplir au niveau macro-économique figurent une politique internationale d'expansion, la réduction des taux d'intérêt réels et une certaine stabilité dans les taux de change et l'inflation.

Malgré l'aggravation rapide du chômage, plusieurs événements positifs ont marqué l'évolution des dix dernières années. Les gens ont pris davantage conscience de ce que la croissance économique et l'emploi ne sont pas une manne tombée du ciel, mais sont le fruit d'un comportement économique constructif à la fois dans les entreprises et de la part du gouvernement, du freinage des salaires, d'une plus grande rentabilité, de la flexibilité de la main-d'œuvre et d'une intervention de l'État d'un nouveau style. Les syndicats ont témoigné leur solidarité envers les chômeurs en réclamant de nouvelles réductions de la durée du travail. Les gouvernements se sont efforcés de mettre de l'ordre dans leurs affaires, notamment en comprimant le déficit budgétaire et en équilibrant les comptes de la sécurité sociale ; s'ils réussissent dans cette entreprise, les taux d'intérêt réels vont nécessairement baisser.

Néanmoins, même si nous soutenons ici que le plein-emploi est réalisable, nous ne pouvons manquer de nous demander s'il sera effectivement atteint. Nous pensons que c'est peu probable, du moins pendant un certain temps. Alors que les gens, sous le choc du marasme du début des années 1980, étaient prêts à accepter des changements, cette disposition d'esprit est en voie de disparaître. L'investissement massif dont l'Europe a tant besoin se fait toujours attendre. Certains syndicats commencent à se lasser du freinage des salaires, qui n'en finit pas. Les gouvernements prétendent qu'en dépit de temps difficiles ils ne s'en sont pas si mal sortis après tout. Ils font valoir que le chômage croît moins vite dans la plupart des pays, que la sécurité sociale a joué son rôle et que personne n'est descendu dans la rue pour manifester. Il est possible, somme toute, que les choses n'aillent pas aussi mal qu'il semble. Peut-être devrions-nous simplement nous accommoder en permanence d'un taux « naturel » de chômage de 10 pour cent. Autrement dit, on constate chez les partenaires sociaux et chez les dirigeants un certain sentiment de résignation et un manque évident d'empressement à courir des risques ou à faire de nouveaux sacrifices.

Est-il possible de transformer cette attitude ? Oui, mais à plusieurs conditions. Premièrement, il faut faire comprendre à tous ceux que cela concerne que le chômage entraîne de graves conséquences. Certains groupes d'âge – notamment les jeunes gens – se voient privés pendant longtemps de la possibilité de gagner leur vie. Beaucoup de femmes souhaiteraient travailler, mais ne parviennent pas à trouver un emploi ou ont déjà renoncé à en chercher. Le rapport numérique entre ceux qui travaillent et ceux qui ne travaillent pas continue de baisser et, à la longue, cette tendance pourrait provoquer de graves tensions sociales. Enfin, un taux élevé et persistant de chômage pourrait compromettre les perspectives de croissance à long terme.

Il importe aussi de relever que le public en général, et les partenaires sociaux de l'État en particulier, ou bien ne sont pas suffisamment au courant de ce qu'ils sont en mesure d'accomplir pour promouvoir l'emploi, ou bien, sachant ce qu'ils savent, préfèrent s'abstenir d'intervenir. Les politiques macro-économiques sont toutes nécessaires, nous l'avons vu, mais elles ne suffisent pas. Ce dont on a besoin en plus – et c'est là la deuxième condition –, c'est que les gouvernements s'engagent sans équivoque à créer davantage d'emplois au niveau local et que les travailleurs et les employeurs s'engagent sans équivoque non plus à maximiser l'emploi dans l'entreprise.

Une telle détermination des partenaires sociaux deviendra de plus en plus importante à mesure que la négociation collective sera décentralisée et que l'État confiera des tâches accrues au secteur privé. Beaucoup de questions attendent une réponse à cet égard. Pratiquement tout le monde est d'accord, semble-t-il, pour reconnaître (et les employeurs les premiers) qu'une forte croissance économique est nécessaire et qu'elle pourrait finalement relever le niveau de l'emploi. Cependant, nous avons vu que, même avec un taux de croissance de 3 pour cent par an, le chômage demeurera très important en Europe. Ce qu'il faut, c'est une croissance qui fasse surtout appel à l'emploi. Une condition essentielle est que le freinage des salaires se poursuive de façon que le coût de la main-d'œuvre soit inférieur à celui du capital. Il faudrait aussi que les employeurs fassent preuve de plus de souplesse et acceptent de réduire la durée du travail et de prendre d'autres mesures tendant à créer de l'emploi.

Étant donné que la négociation collective exerce des effets particulièrement décisifs sur l'emploi, l'État devrait être représenté d'une manière ou d'une autre lors des négociations. Un moyen d'y parvenir serait de prévoir des consultations tripartites au niveau, ou aux niveaux, où sont prises les véritables décisions négociées. Ainsi informé dans le détail, à la source, l'État pourrait adapter sa politique sans tarder et appuyer les effets positifs pour l'emploi des conventions collectives nouvellement conclues, ou encore contrecarrer d'éventuelles tendances négatives, et également alerter l'opinion publique, le pouvoir législatif et les partis politiques pour les rendre conscients des répercussions fâcheuses, quelles qu'elles soient, qu'il pourrait prévoir. Ainsi conscients de la situation, les partenaires sociaux et l'État surveilleraient d'autant plus attentivement les effets concrets prévisibles de leurs décisions dans le domaine de l'emploi et agiraient en conséquence.

Source : Revue internationale du travail, volume 125, n° 1, Janvier-Février 1986.

1) Voir BIT : *Le travail dans le monde 1* (Genève, 1984), chap. 2.

2) R. Hayes et W. J. Abernathy : « Managing our way to economic decline », *Harvard Business Review* (Boston), juillet-août 1980, pp. 67-77 ; K. Ohmae : « Foresighted management decision making : See the options before planning strategy », *Management Review* (New York), mai 1982, pp. 46-55.

3) Il n'est pas question dans le présent article des vices du marché des capitaux, ni de celui des produits. Cependant, il est clair que les accrocs du marché des capitaux et des changes ont provoqué une grande instabilité internationale et influencé fâcheusement l'investissement productif et l'emploi.

4) Voir, par exemple, J. Artus : « The disequilibrium real wage hypothesis : An empirical evaluation », *IMF Staff Pappers* (Washington, DC), juin 1984.

5) *Perspectives économiques de l'O.C.D.E.* (Paris, OCDE), déc. 1984, p. 60.

6) L. Lipshitz et S. Schadler : « Relative prices, real wages and macro-economic policies », *IMF Staff Papers* (Washington, DC), juin 1984.

7) Ministerie van Sociale Zaken en Werkgelegenheid : *Rapportage arbeidsmarkt 1984* (La Haye, 1984).

8) O. Blanchard et collaborateurs : *Emploi et croissance en Europe : une approche double*, rapport du Groupe de politique macro-économique (Bruxelles, Commission des Communautés européennes, Direction générale des affaires économiques et financières), *Economic papers*, n° 36, juin 1985, doc. polycopié.

La flexibilité du travail

J. Généreux

Le terme de flexibilité semble faire irruption dans le discours politique, au début des années 1980. Il recouvre pourtant un débat déjà ancien. Ainsi, les effets des rigidités salariales occupent une place considérable dans la littérature économique des années 1930. Durant les trois décennies suivantes, cependant, la question perdra de son intérêt, après la victoire apparente et complémentaire des logiques fordienne et keynésienne. En effet, l'extension du modèle américain de production de masse (le « fordisme ») nécessite une organisation du travail assez rigide. Elle est par ailleurs impossible sans une progression régulière des débouchés, et donc, du pouvoir d'achat des salariés. Emplois et salaires rigides apparaissent alors comme des facteurs de prospérité. Enfin, le plein-emploi relatif de la main-d'œuvre dans la plupart des grands pays industriels semble attester un fonctionnement efficace du marché du travail.

Mais, dans les années 1970, l'épuisement du fordisme et la montée du chômage condamnent l'organisation et la gestion de la main-d'œuvre mise en place durant les « trente glorieuses ». Le désarroi des politiques économiques face à la dégradation de la situation sur le marché du travail explique alors l'influence croissante du discours libéral. Le droit du travail et les salaires « excessifs » sont mis en cause. Le retour vers un marché du travail plus concurrentiel est présenté comme une stratégie de lutte contre le chômage structurel.

Mais cette approche soulève de nombreux problèmes, qu'elle évite le plus souvent de poser clairement. En particulier, elle repose sur un concept de flexibilité particulièrement abstrait, impossible à mesurer, et, qui plus est, périmé au regard de l'analyse économique moderne. Cette dernière montre en effet que le fonctionnement « idéal » du marché du travail n'implique en rien une flexibilité infinie des salaires et de la main-d'œuvre. Les rigidités constatées sont souvent rationnelles et efficaces. En outre, l'assouplissement des réglementations du travail et la modération salariale peuvent sans doute améliorer la compétitivité des entreprises, mais n'ont que très peu d'effets sur l'emploi et le chômage. Le discours libéral risque ainsi de se tromper d'enjeu. Il oublie aussi que le mode de fonctionnement du marché du travail ne se décrète pas en Conseil des ministres, mais reflète un équilibre contractuel complexe auquel le discours politique s'adapte peut-être davantage qu'il ne l'influence.

L'épuisement du fordisme

La production de masse nécessite un investissement considérable dans des équipements à usage très spécialisé et une main-d'œuvre à qualification très étroite et limitée à quelques tâches élémentaires. Le travail et le capital utilisés ne sont donc adaptés qu'à un produit particulier. En cas de récession, les facteurs de production sont fixes et n'ont pas, à court terme, d'emploi alternatif. Ce mode d'organisation de la production permet des gains de productivité élevés, mais il suppose des volumes de production très importants. Le talon d'Achille de la production de masse, c'est la taille et la stabilité du marché.

Jusqu'aux années 1930, cette difficulté sera surmontée par la concentration et le paternalisme. Une très grande entreprise peut stabiliser sa production en jouant sur les stocks. Elle peut aussi se réserver une partie stable de la production, utiliser des sous-traitants en cas de boom, et satisfaire l'essentiel de la demande résiduelle en cas de récession. L'organisation du travail est également adaptée aux exigences de la production à grande échelle. La division et la spécialisation des tâches supposent une forte coordination managériale des activités et supportent très mal toute immixtion des travailleurs dans l'organisation de la production. Le compromis fordien s'installe peu à peu : les employeurs gèrent librement l'emploi et la production, mais acceptent une forte progression du pouvoir d'achat ouvrier et améliorent la sécurité de l'emploi.

Certes, la dépression des années 1930 montre que ces mécanismes de régulation sont insuffisants pour assurer la stabilité des marchés. Mais le keynésianisme et une série de transformations institutionnelles viennent alors au secours du fordisme. En matière de fixation des salaires, un nouveau standard s'impose peu à peu : la progression des rémunérations égale celle de la productivité plus l'inflation ; les salaires sont attachés à des postes de travail étroitement définis et hiérarchisés et non à des individus ; l'attribution des postes, et donc la rémunération, est le plus souvent liée à l'ancienneté. Au plan macro-économique, la généralisation de ce système implique un grand mérite : le pouvoir d'achat des salariés (et donc la demande) progresse au même rythme que les capacités de production. Par ailleurs, les prestations sociales, les dépenses publiques, la politique monétaire exercent une influence stabilisatrice, automatique ou délibérée, de la demande globale. Le développement d'institutions internationales telles que le FMI ou le GATT contribue aussi à réduire l'incertitude et favorise la stabilité de l'activité mondiale. Ainsi sont rétablies les conditions nécessaires et suffisantes à une nouvelle extension de la production en grande série.

Mais la saturation progressive des marchés industriels et l'incertitude accrue des années 1970 sapent les bases de cette croissance rapide, et par là même remettent en cause l'organisation rigide du travail qui y était associée. Les Européens rattrapent le niveau de consommation des ménages américains et la production de masse ne peut s'étendre sans l'ouverture de nouveaux marchés dans le Tiers Monde. Mais les nouveaux pays industriels, grâce à des stratégies de développement efficaces, remontent très vite les filières industrielles, des produits primaires aux produits les plus sophistiqués à technologie avancée. Ainsi, de vastes marchés potentiels (Brésil, Corée, Mexique) sont largement approvisionnés par des producteurs nationaux. En outre, la concurrence des NPI d'Asie vient s'exercer directement sur le marché intérieur des vieux pays industriels. Enfin, des incertitudes nouvelles amplifient les effets de la saturation des marchés : fluctuations inattendues de la demande dans un contexte de crise mondiale ; incertitude sur les prix des matières premières (chocs et contre-chocs pétroliers) ; instabilité des taux de change après l'effondrement du système monétaire international de Bretton-Woods ; volatilité des taux d'intérêt et risques d'insolvabilité de certains pays ; hésitations des politiques économiques. Désormais, on peut difficilement compter sur un marché large, stable et croissant sur une période assez longue pour amortir les investissements particulièrement lourds associés à la production de masse. Bien des entreprises doivent adapter rapidement leurs produits à une demande fluctuante, et atteindre le seuil de rentabilité pour des volumes de production plus limités. Cela amène à reconsidérer le rôle du facteur travail dans l'entreprise.

Les vertus de l'artisanat

Dans les années 1970, on redécouvre les vertus d'une organisation de la production et du travail qui rappelle un peu la tradition artisanale du XIXe siècle. Ce monde de production « artisanal » connaît un renouveau dans les activités naturellement en marge de la production de masse (mode, construction, marchés régionaux...) mais il s'étend aussi aux industries textiles, chimiques et sidérurgiques. Ainsi, aux États-Unis, en Italie, en RFA, des mini-usines sidérurgiques produisant des aciers spéciaux se révèlent rentables pour des volumes de production largement inférieurs aux seuils de rentabilité des installations sidérurgiques traditionnelles, et occupent une part croissante du marché. Dans la région textile du Prato (province de Florence) l'emploi s'est maintenu de 1966 à 1976. Durant la même période, l'emploi textile baissait de 25 % en France et en RFA et de 35 % au Royaume-Uni. Dans la machine-outil, le succès du Japon (3,6 % du marché mondial en 1970 et 12,4 % en 1980) illustre aussi l'efficacité de cette nouvelle organisation de la production.

Dans tous ces cas, on retrouve quelques constantes. La flexibilité constitue le principe fondamental de ce nouveau système industriel. L'usage des équipements peut être rapidement redéfini : par exemple, les machines à commandes numériques permettent de modifier le type de produit en reprogrammant l'ordinateur intégré aux équipements. Les entreprises n'ont plus besoin d'anticiper une demande stable en longue période pour un produit donné, puisqu'elles peuvent rapidement adapter leur activité à de nouveaux produits. Du point de vue de la compétitivité, les avantages de la flexibilité sont largement reconnus. Cette souplesse serait impossible sans une grande faculté d'adaptation de la force de travail. Les travailleurs ont une formation théorique et pratique de haut niveau, très souvent polyvalente ; ils sont en mesure de participer à la conception du produit comme à l'adaptation des méthodes de travail ; on peut les assimiler à des artisans maîtrisant un véritable métier. L'employeur n'est plus indifférent à l'identité, à la formation, et à la motivation de ses employés. Cela remet aussi en cause un système de rémunération impersonnel et sans lien avec les résultats.

Ainsi, bien avant que le terme de « flexibilité » ne soit entré dans le débat politique, l'organisation du travail est remise en question par une mutation radicale de l'environnement économique et technologique.

Le travail pénalisé

Il faut attendre les années 1980 pour que s'ouvre le débat de politique économique. En effet, la question ne devient vraiment politique qu'à partir du moment où l'on perçoit l'incidence possible de la flexibilité du travail sur le dynamisme de l'emploi et le chômage. Or, durant la première décennie de crise mondiale, les pays réputés les plus flexibles (États-Unis et Japon) ont créé plus de 20 millions d'emplois tandis que l'Europe en détruisait (voir tableau 1).

Tableau 1 :
Variation moyenne annuelle de l'emploi (%)

Années	60/68	68/73	73/79	79/83
États-Unis	1,8	2,3	2,5	0,5
Japon	1,5	0,9	0,7	1,1
Allemagne	– 0,2	0,7	– 0,6	– 0,8
France	**0,7**	**1,1**	**0,2**	**– 0,3**
Royaume-Uni	0,4	0,2	0,2	– 1,6
Italie	– 0,6	– 0,2	1	0,1
Canada	2,9	2,9	2,9	0,8
Total des 7 pays	1	1,3	1,3	0,2
CEE	0,1	0,5	0,2	– 0,6

Source : OCDE, *Historical statistics,* 1960/1983.

Durant cette même période les pays européens ont d'abord tenté de stimuler l'emploi par des politiques keynésiennes de relance par la demande. Constatant que le soutien de l'activité était désormais impuissant à résorber le chômage, ils ont mis ensuite beaucoup d'espoir dans la réduction du temps de travail. Mais au début des années 1980, on réalise que cette dernière stratégie a des effets très limités. Le désarroi des politiques économiques explique l'intérêt suscité alors par le discours libéral. Pour celui-ci, la persistance et l'augmentation du chômage manifestent des rigidités qui gênent la libre gestion de la main-d'œuvre et empêchent ou retardent une baisse des salaires qui stimulerait l'emploi. Ce diagnostic a en partie reçu l'aval de bien des rapports publiés au début des années 1980 par les grandes organisations internationales (FMI, Banque Mondiale, GATT et OCDE). Ces dernières ont largement diffusé l'idée selon laquelle, depuis 1974, la contre-performance européenne en matière d'emploi, comparée à celle des États-Unis et du Japon, s'expliquerait par une moindre flexibilité du marché du travail. Selon l'OCDE, ce diagnostic serait particulièrement adapté à la France où « La montée du chômage au cours des années 70 trouve son origine dans le ralentissement de la croissance, mais s'explique également par une grande rigidité des salaires réels qui a réduit la profitabilité et a incité les entrepreneurs à substituer le capital au travail »[1].

On peut dresser rapidement l'acte d'accusation du marché du travail, selon cette optique libérale. En premier lieu les entreprises manquent de souplesse dans l'adaptation du volume de travail aux fluctuations de l'activité. Les réglementations sur les licenciements, les contrats à durée déterminée, les horaires de travail, la représentation des salariés au-delà de certains seuils d'effectifs seraient responsables d'une rigidité excessive dans la gestion de la main-d'œuvre. Celle-ci limite la création d'emplois dans les périodes de reprise et, à moyen terme, favorise le remplacement du facteur travail par le facteur capital échappant aux contraintes imposées par le droit du travail. Des études de l'OCDE semblent confirmer une meilleure adaptabilité de

1) OCDE, Études Économiques de l'OCDE, France, juillet 1985.

l'emploi face à la conjoncture, dans les pays où l'utilisation du travail est, semble-t-il, moins contrainte qu'en Europe (voir tableau 2). En Amérique du Nord et au Japon il n'y a pratiquement pas de décalage entre les fluctuations de l'emploi et celles du PIB. En Europe on constate un délai d'ajustement qui s'étend de 2 à 4 mois.

Tableau 2 :
Retard moyen du cycle de l'emploi (1969-1983) (en mois)

	sur le PIB	sur la production industrielle
France	**3**	**9**
Allemagne	3	7
Italie	2	11
Royaume-Uni	4	7
États-Unis	1	1
Canada	0	0
Japon	0	6
4 pays européens	2	8

Source : OCDE, *Perspectives de l'emploi,* 1984.

Tableau 3 :
Coûts unitaires de la main-d'œuvre dans les industries manufacturières
(variation moyenne annuelle en %)

Périodes	1960 à 1970	1970 à 1984
États-Unis	1,9	5,1
Japon	3,1	4,4
Allemagne	3,8	4,4
France	**2,4**	**9,2**
Royaume-Uni	3,7	11,8
Italie	4,6	14,1
Canada	1,2	7,3
Ensemble des 7 pays	2,6	6,3

Source : Perspectives économiques de l'OCDE.

Mais ce sont avant tout les rigidités salariales qui seraient responsables de la dégradation du marché du travail dans les pays européens. La croissance des coûts de la main-d'œuvre s'est accélérée après 1970, en dépit de la montée du chômage (voir tableau 3). Ce mouvement affecte l'ensemble des pays industriels mais il est nettement plus marqué dans les pays européens où la progression du chômage est la plus forte. Dans ces pays les coûts réels de main-d'œuvre ont alors progressé bien plus vite que la productivité du travail. Or, dans le même temps, le coût du capital n'a pas suivi une évolution semblable. Ainsi le prix relatif du capital/travail a continué à baisser durant la crise malgré l'abondance de la force de travail inemployée (voir tableau 4). Les employeurs ont donc été fortement incités à substituer du capital au travail (voir tableau 5).

Tableau 4 :
Rapport coût réel du capital/ coût réel du travail
(Indice, base 100 en 1975)

Années	1961	1973	1978	1981
France	**223,5**	**110**	**86,2**	**81,3**
Royaume-Uni	157,7	107,1	101,4	92,8
Allemagne	229,4	115,1	94,1	95,1
États-Unis	119,6	93,7	83,6	75,2

Source : Économie Européenne N° 20, juillet 1984.

Tableau 5 :
Substitution capital/travail 1960/1983
(variation moyenne annuelle en %)

Pays	France	CEE	États-Unis	Japon
1960-1973 :				
Emploi	1,24	0,2	1,9	1,3
Stock de capital	5,34	4	2,9	3,5
Capital/Emploi	4,1	3,8	1	2,2
1973-1983 :				
Emploi	0	− 0,3	1,4	0,9
Stock de capital	3,8	2,7	1,7	4,2
Capital/Emploi	5,2	3	0,3	3,3

Source : Économie Européenne N° 20, juillet 1984.

La nécessité d'un assouplissement du droit du travail et d'une réduction des coûts réels de main-d'œuvre semble découler directement de ce constat. Nous évaluerons plus loin la portée de cet « acte d'accusation ». Mais avant de débattre des mesures de politique économique, il importe de définir l'objectif à atteindre. Qu'est-ce que la flexibilité ? Est-elle mesurable ? Quel est le « bon » mode de fonctionnement du marché du travail ? Ces questions sont hélas ! trop rarement posées de façon explicite. Pour cette raison, comme nous allons le montrer, le discours libéral s'appuie implicitement sur un concept de flexibilité ambigu, impossible à mesurer et qui, et c'est le plus grave, correspond rarement à un fonctionnement « optimal » du marché du travail.

Qu'est-ce que la flexibilité ?

L'étalon de référence implicite ou explicite de l'approche libérale est la mécanique idéale d'un marché du travail parfaitement concurrentiel, conforme à la loi de l'offre et de la demande.

Supposons en effet que le marché du travail fonctionne comme une bourse. Le taux de salaire joue alors un rôle analogue au prix d'une action ou d'une matière première. Une flexibilité infinie des prix (ici les salaires) garantit un ajustement permanent, instantané et sans coûts des offres et des demandes de travail. À l'équilibre, le taux de salaire réel est égal à la productivité marginale du travail, c'est-à-dire au gain de productivité associé à une unité supplémentaire de travail. En effet, des employeurs rationnels, cherchant le maximum de profit, augmenteront l'emploi tant que la productivité supplémentaire dépasse le coût additionnel du travail, mais jamais au-delà. Dans ces conditions, un recul inattendu de la demande finale (par exemple) réduit la productivité (marginale) et donc la demande de travail. Au taux de salaire ancien, en effet, la productivité est inférieure au coût du travail et les profits diminuent. Par conséquent, les employeurs demandent moins de travail, et l'offre de travail devient supérieure à la demande. Le taux de salaire doit donc baisser tant qu'il existe une offre de travail excédentaire. Dans ce modèle théorique, la « flexibilité » a un sens précis : c'est la propriété qu'ont les variations du taux de salaire de réduire le déséquilibre sur le marché du travail. Les « rigidités » sont donc tous les obstacles à ce mouvement vers l'équilibre. Dans l'approche libérale, elles proviennent des réglementations ou des institutions (les syndicats par exemple) qui entravent la libre négociation des salaires. En effet, pourquoi, en l'absence d'indemnisation, des individus rationnels préféreraient-ils le chômage à un salaire réduit ? Et qui aurait intérêt à imposer des salaires trop élevés, au détriment de l'emploi ? La réponse libérale à ces questions est d'une remarquable constance. Ainsi, en 1931, Jacques Rueff écrit : « Assurément, en immobilisant les salaires, on peut maintenir aux ouvriers qui travaillent une rémunération quelque peu supérieure à celle qu'ils recevraient en régime de libre concurrence ; mais on en condamne d'autres au chômage et on expose ceux-ci à des maux que l'assurance-chômage n'atténue que bien faiblement [2]. » Un demi-siècle plus tard un argument identique est soutenu par Jean-Jacques Rosa : « Seul un déséquilibre durable du marché du travail résultant d'un prix de cartel peut expliquer la persistance et l'accroissement du chômage... Certes, la situation est acceptée en raison du système d'indemnisation du chômage qui reste généreux... Mais le sur-salaire des uns a pour contrepartie le sous-salaire des autres [3]. »

Nous discuterons plus loin de cette interprétation du chômage. Mais auparavant, revenons sur la définition de la flexibilité. Le modèle théorique évoqué ici est sans doute fort éloigné de la réalité. Mais du moins pourrait-il servir comme norme de référence pour évaluer le degré d'efficacité du marché du travail réel. Cette démarche serait particulièrement justifiée si l'on pouvait définir un concept opérationnel de « flexibilité », sans ambiguïté et facile à mesurer. Hélas ! on ne peut en déduire qu'un concept ambigu et jusqu'à présent impossible à mesurer.

Problèmes de mesure

Faute d'une réflexion préalable sur le concept utilisé, les études sur la flexibilité du marché du travail, qui se sont multipliées dans les années 1980, ont développé une série de mesures statistiques inadaptées au phénomène.

Un premier type de mesures repose sur une confusion entre variabilité et flexibilité. Reprenons notre définition : le marché est flexible si les fluctuations de salaires contribuent à réduire l'écart entre l'offre et la demande de travail. Il faut bien comprendre que l'ampleur des fluctuations n'a aucun rapport avec la flexibilité. Un salaire parfaitement fixe n'est pas nécessairement rigide. Il peut s'expliquer par la stabilité des variables qui sont censées influencer le salaire. Il faut donc identifier ces variables et leurs fluctuations, d'une part, et mesurer l'intensité des réactions des salaires à ces fluctuations, d'autre part. Pour être simple, un salaire flexible n'est pas un salaire qui « bouge », mais un salaire qui

2) J. Rueff, *L'assurance-chômage : cause du chômage permanent*, Revue d'Économie Politique, mars-avril 1931.
3) J.-J. Rosa, *La fin des rentes*, Politique Économique N° 4, juillet-août 1986.

bouge en réaction à un déséquilibre sur la marché du travail et de façon à résorber ce déséquilibre. Pourtant, nombre d'études comparatives dans les pays industrialisés s'appuient uniquement sur des indicateurs de variabilité des salaires ou de l'emploi. Le plus souvent il s'agit de l'écart-type des salaires ou du taux de variation des salaires (l'écart-type correspondant à un écart moyen par rapport à la moyenne).

À l'origine on a aussi proposé de mesurer la corrélation entre les salaires et un indicateur de l'activité économique (le taux de croissance du Produit intérieur brut, par exemple). Mais en l'absence d'une équation de salaire complète, le coefficient obtenu peut refléter l'influence d'une multitude de variables non identifiées.

La critique des premières études a finalement suscité l'élaboration de mesures moins simplistes de la flexibilité. Ainsi, plusieurs auteurs calculent un « écart de salaire réel ». En simplifiant, leur méthode revient à évaluer la différence entre l'évolution des taux de salaire réel et celle de la productivité. Le point de départ est donc l'hypothèse théorique selon laquelle les variations du salaire doivent refléter celles de la productivité marginale du travail. Cet « écart de salaire réel » est ensuite utilisé comme une variable explicative du chômage. Ces modèles ne mesurent pas davantage la flexibilité telle que nous l'avons définie plus haut. Leur objectif est différent : ils ne se demandent pas si les salaires réagissent au déséquilibre du marché du travail de façon à réduire ce déséquilibre ; ils tentent d'expliquer le chômage par l'écart salaire – productivité. Ils considèrent le salaire comme une donnée exogène. Mesurer la flexibilité suppose au contraire qu'on fasse passer les salaires du côté des variables endogènes, c'est-à-dire dont l'évolution est expliquée par le modèle.

C'est précisément la direction adoptée par les publications de l'OCDE qui proposent la mesure de la flexibilité sans doute la plus aboutie à ce jour, mais également inadéquate. On commence par identifier deux manifestations essentielles de la rigidité. D'une part les entreprises ne peuvent ajuster le coût réel du travail en agissant sur les prix si les salaires sont indexés sur l'inflation. D'autre part le marché du travail est inefficace si le chômage, et donc l'abondance de main-d'œuvre, n'entraîne pas de réductions des salaires nominaux (tout comme le prix d'une action baisse si les ordres de ventes dépassent les ordres d'achat). Ainsi, le salaire réel est supposé d'autant plus rigide que l'indexation des salaires nominaux sur le prix est forte et que leur sensibilité au chômage est faible. Les techniques habituelles de l'estimation statistique permettent de calculer un coefficient de réaction des salaires aux variations de prix et un coefficient de réaction aux fluctuations du taux du chômage. Le rapport de ces deux coefficients constitue alors un indicateur synthétique de rigidité (ou de flexibilité). Selon cet indicateur la rigidité des salaires serait la plus forte au Royaume-Uni et en France, et la plus faible au Japon (voir graphique). Si on le rapproche de la hausse du taux de chômage entre 1975 et 1982, la montée du chômage semble corrélée avec la rigidité des salaires.

Rigidité des salaires réels et chômage

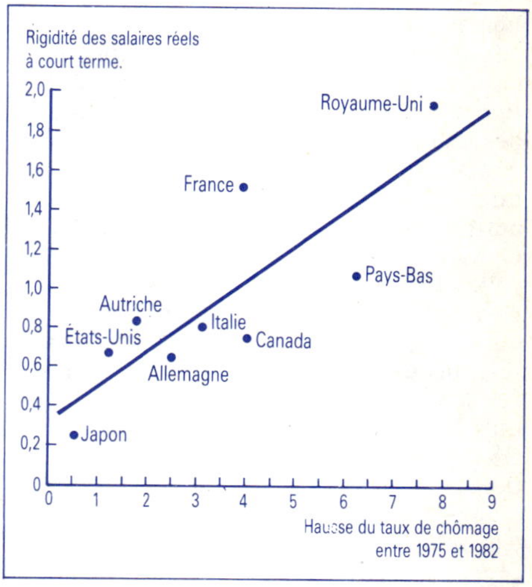

Source : Études Économiques de l'OCDE, France, juillet 1985.

Cette mesure, quoique très élaborée, reste inadaptée. Sans doute l'indexation n'est-elle pas un facteur de souplesse, mais, répétons-le, la stabilité ou même la fixité du salaire réel ne donnent aucune information sur ses liens avec le déséquilibre que ses mouvements sont censés éliminer. Le deuxième coefficient semble meilleur puisqu'il relie les variations du salaire à un indicateur du déséquilibre sur le marché du travail : le chômage. Mais c'est encore insuffisant. Le chômage ne mesure pas le choc initial, l'écart originel entre offre et demande de travail qui a provoqué le mouvement des salaires ; il masque le processus d'ajustement des salaires et de l'emploi dont il est, en fait, la résultante. On ne peut décrire le mécanisme d'adaptation du marché du travail en expliquant les variations de salaires par le seul résultat final de cette adaptation. Il faut relier les mouvements des salaires aux pressions initiales subies par l'offre et la demande.

On comprend qu'en fait une mesure correcte de la flexibilité est quasi impossible. Il faudrait estimer la liaison entre les fluctuations observées des salaires et le déséquilibre initial du marché. Mais pour mesurer ce déséquilibre il faudrait comparer le niveau effectif de l'emploi à son niveau d'équilibre qui, lui, est inobservable. Des travaux en cours s'efforcent de proposer une méthode d'estimation de ce niveau d'équilibre, mais leurs résultats sont encore trop incomplets pour en tirer une conclusion quelconque.

En ce qui nous concerne ici, nous voulions simplement montrer ceci : si l'on admet la référence théorique implicite de l'approche libérale, il existe une définition claire de la flexibilité. Mais aucune des études qui ont jusqu'ici alimenté le débat de politique économique n'utilise une mesure correcte de la flexibilité ainsi définie. De plus, on peut difficilement envisager la présentation rapide de nouvelles mesures correctes et convaincantes. Par conséquent, il faut bien reconnaître qu'en l'état actuel de la connaissance scientifique on ne sait pas grand-chose sur le degré réel de flexibilité du marché du travail dans les différents pays industriels. On discute, sans grandes précautions, des effets d'un phénomène dont on ignore l'ampleur exacte.

Les rigidités sont parfois efficaces

Il serait donc dangereux de procéder à des choix de politique économique en se référant à un concept si délicat à mesurer. Supposons cependant que l'on dispose enfin de la mesure idéale du phénomène. Les choix politiques n'en seraient pas pour autant particulièrement simplifiés. En effet, une autre erreur du libéralisme « naïf » est de considérer toute rigidité de l'emploi ou des salaires comme un mal en soi que la politique économique a le pouvoir de corriger. Or l'analyse économique moderne, d'ailleurs le plus souvent d'inspiration libérale, a largement démontré la rationalité d'une certaine « rigidité » dans les conditions d'emploi et de rémunération. Si cette rigidité reflète en partie un fonctionnement efficace du marché du travail, elle ne condamne plus des comportements non conformes à l'idéal concurrentiel ; elle condamne le modèle de la concurrence pure et parfaite pour son incapacité à rendre compte des effets de la rationalité dans le monde réel.

L'irréalisme de « l'idéal » libéral

Soulignons tout d'abord l'irréalisme fondamental du modèle théorique du marché parfaitement concurrentiel. Sur un tel marché, il n'existe en fait aucun mécanisme d'ajustement. On suppose un processus de tâtonnement vers l'équilibre particulièrement abstrait. Le marché du travail fonctionne comme une bourse où une renégociation continuelle est possible, sans coûts, avant la réalisation des échanges. Personne ne prend de décision concernant le taux de salaire, pas même « l'agent de change » qui est seulement chargé de trouver le prix qui égalise offres et demandes. Aucun employeur n'a à licencier et aucun salarié n'a à démissionner : les contrats sont simplement renégociés, au jour le jour (et, à la limite, à chaque seconde). On ne prend que des décisions d'embauche et d'entrée en activité.

Le modèle qui fonde le concept de flexibilité des salaires n'a donc rien à dire sur les mécanismes concrets qui mettent cette flexibilité en œuvre. En particulier, la variable d'ajustement utilisée par les entreprises peut être indifféremment le taux de salaire ou l'emploi. Les spécialistes savent bien qu'en situation de certitude et d'information parfaite il y a équivalence totale entre un ajustement par les prix et un ajustement par les quantités. On pourrait donc aussi bien définir la flexibilité comme la capacité qu'ont les fluctuations de l'emploi de réduire le déséquilibre des salaires.

Le monde réel n'a rien à voir avec cette abstraction théorique. Dès qu'on tient compte de l'incertitude, des coûts d'information et de transactions, l'ajustement par les quantités est souvent le plus rationnel à court terme. Le « tâtonnement » sur le marché du travail réel se fait par des décisions sur les salaires, des licenciements, des réductions d'horaires, des démissions. Ce marché n'a aucune chance d'approcher un jour du fonctionnement supposé par la simple loi de l'offre et de la demande.

Soyons clair. Nous ne voulons pas ici critiquer en soi l'irréalisme du modèle. En effet il ne le condamne pas en tant qu'outil d'analyse théorique. L'intérêt d'une hypothèse scientifique ne se mesure pas à son degré de réalisme, mais à sa performance, c'est-à-dire sa capacité à expliquer mieux qu'une autre une série de phénomènes. Et c'est précisément le cas du modèle dont nous discutons à présent. Mais la politique économique a d'autres exigences que l'analyse positive des phénomènes. En particulier, elle doit définir un optimum duquel il est concrètement possible de se rapprocher. En acceptant l'abstraction de la concurrence pure et parfaite comme référence implicite pour une politique économique, on commet une erreur méthodologique : on ne peut adopter comme idéal à atteindre une hypothèse de raisonnement abstraite, qui n'a jamais existé et n'existera jamais dans l'économie réelle. La référence à une flexibilité concurrentielle n'a donc guère de sens si celle-ci est de toute façon hors d'atteinte. Elle en a encore moins si elle n'est, en outre, pas souhaitable. Or, précisément, la théorie moderne de la relation de travail a bien établi qu'il est rationnel et efficace de ne pas ajuster les salaires instantanément et complètement aux mouvements de la productivité.

L'investissement en capital humain

Pour l'employeur, le facteur travail est profondément hétérogène par les qualifications, l'expérience professionnelle, l'effort, la qualité des relations, l'honnêteté, etc. Deux travailleurs, même occupés à un poste identique, ne sont pas équivalents pour l'employeur. La productivité des salariés est, pour une part non négligeable, spécifique à l'entreprise, acquise sur le tas, par accoutumance à des équipements, des méthodes de production, des équipes de travail, un réseau de communication interne, une clientèle, etc., qui lui sont propres. Pour toutes ces raisons employeurs et employés ont intérêt à établir des relations de longue durée qui s'écartent du paradigme concurrentiel.

La théorie des investissements spécifiques en capital humain montre en effet que le salaire est le plus souvent différent de la productivité marginale. Les salariés récemment embauchés n'ayant pas encore acquis les qualifications spécifiques à l'entreprise ont un salaire supérieur à leur productivité car l'entreprise est obligée, pour les attirer, de leur payer le taux de salaire du marché avant qu'ils ne soient vraiment opérationnels. Elle investit donc dans leur formation. En revanche, plus les salariés ont acquis d'expérience dans l'entreprise, plus leur productivité spécifique est élevée. Mais l'entreprise peut continuer de leur verser le taux de salaire du marché, équivalent à leur productivité réelle dans l'entreprise. L'employeur récupère alors le rendement de son investissement. Le plus souvent, pour s'attacher plus durablement les employés, les entreprises partageront avec eux une partie des coûts et des rendements de cet investissement.

Dans ce contexte un ralentissement inattendu de l'activité n'incite pas l'entreprise à réduire les salaires des travailleurs expérimentés, tant que leur productivité reste supérieure au salaire. Si la récession est assez grave pour abaisser la productivité en deçà du salaire, l'entreprise ne réagit pas tant que le coût subi reste inférieur au rendement futur anticipé de son investissement en capital humain. La remise en cause des salaires n'interviendra que si la récession a suffisamment duré pour convaincre les employeurs qu'ils sont confrontés à une réduction permanente de leur activité.

L'assurance implicite

Les entreprises peuvent aussi stabiliser la relation d'emploi si les salariés, en échange d'une plus grande sécurité, sont disposés à accepter un salaire moyen inférieur. C'est l'idée simple de la théorie dite « des contrats implicites ». Les salariés pouvant plus difficilement que les entreprises diversifier leur capital, on peut faire l'hypothèse que leur aversion pour le risque est plus importante. Dans ce cas, l'employeur peut offrir un service d'assurance contre les fluctuations de l'activité économique : en période de récession il continue de payer le même salaire, devenu inférieur à la productivité (il verse une indemnité d'assurance) ; en période d'expansion la productivité dépasse le salaire (il perçoit la prime d'assurance). Cette attitude maximise le profit, parce que les salariés acceptent un salaire moyen inférieur à celui qu'il faudrait leur verser en l'absence d'assurance. Cet arrangement, quoique implicite, est contraignant dans la mesure où chaque partie a intérêt à préserver sa réputation de fiabilité pour continuer à conclure des contrats avantageux. Là encore la rupture de ce type de contrat n'est envisageable que dans le long terme, par exemple face à une réduction définitive de l'activité, telle que l'employeur n'espère plus récupérer un jour les primes compensant les indemnités d'assurance qu'il verse durant la récession. La théorie des contrats implicites apporte un fondement supplémentaire à la stabilité des conditions d'emploi et de rémunération face aux fluctuations de l'activité.

Le « salaire efficient »

On regroupe sous cette étiquette une série d'hypothèses indépendantes mais qui ont un résultat commun essentiel pour la dynamique des salaires : la productivité serait une fonction croissante du salaire. Cette idée est d'abord apparue dans la théorie du développement : dans les situations de déficience alimentaire, la productivité des individus dépend de leur alimentation qui dépend elle-même de leur salaire. Mais dans une économie développée, le taux de salaire peut aussi influencer la productivité de diverses manières. Dans la mesure où la mobilité des travailleurs représente des pertes en capital humain, et donc de productivité, des salaires élevés peuvent améliorer l'efficience du travail en limitant l'incitation à la mobilité. Ils constituent aussi un moyen d'attirer et de sélectionner une main-d'œuvre de meilleure qualité. Les coûts de surveillance de la force de travail peuvent amener les employeurs à élever les salaires relatifs de leurs employés pour stimuler une coopération efficace de leur part. Ce sursalaire renforce le coût individuel d'un licenciement éventuel et stimule le zèle des salariés. On peut enfin supposer l'existence d'un lien entre la productivité des travailleurs et le sentiment qu'ils ont ou non d'être traités de façon juste et honnête par leur employeur. La politique salariale de l'entreprise est, en effet, l'un des éléments d'appréciation subjective de ce traitement.

Quelle que soit l'hypothèse de départ, tous les travaux se rattachant à cette littérature partagent une conclusion : la productivité d'un individu dépend de son salaire, du salaire payé par les autres entreprises et du taux de chômage. On rejoint ici l'idée de Keynes selon laquelle la résistance des individus à la baisse des salaires nominaux vient de ce qu'ils l'interprètent comme une diminution de leur salaire relatif. Ce qu'ajoutent les théories du salaire efficient est qu'il est également rationnel pour les entreprises de ne pas forcer cette résistance : les démissions, le découragement, la diminution de l'effort qui résulteraient d'une réduction des salaires pourraient bien abaisser la productivité au point que le coût unitaire du travail augmente au lieu de baisser. Pour éviter ces effets pervers, il faudrait que toutes les entreprises baissent leurs salaires en même temps et que ce mouvement général soit reconnu par les salariés. L'absence d'une coordination et d'une information parfaites font qu'à court et moyen terme les salaires ne s'ajustent pratiquement pas. À long terme, cependant, les salaires réels peuvent baisser si la récession a suffisamment duré et le chômage assez augmenté pour convaincre les salariés qu'une baisse des salaires n'est pas une « ruse » de l'employeur pour altérer à son profit la nature de la relation de travail, mais un mouvement général, imposé par les circonstances, et nécessaire pour préserver l'emploi.

Vive les rigidités flexibles

En résumé, l'analyse économique moderne prévoit un mode de fonctionnement global du marché du travail assez proche de la réalité.

1) Les employeurs, comme les employés, ont intérêt à stabiliser la relation d'emploi face aux fluctuations de l'activité.

2) À court terme, une réduction de la productivité marginale n'affecte pas forcément la demande de travail.

3) Si la récession est cependant assez importante ou durable pour réduire la demande de travail, l'ajustement de l'emploi sera le plus souvent préférable à celui des salaires. En effet le nouveau taux de salaire optimal, celui qui ajusterait à nouveau l'offre et la demande, est inconnu des entrepreneurs. Ceux-ci n'ont qu'une information imparfaite sur l'offre de travail de chaque salarié à l'intérieur

de l'entreprise. Ils ignorent donc les réactions de leurs employés face à une modification des rémunérations. Si l'employeur fixe le nouveau prix du travail à un niveau trop élevé, l'offre de travail et donc l'emploi resteront trop importants. Il faudra négocier une nouvelle baisse des salaires. Mais si cette dernière est trop forte, des démissions imprévues laisseront l'entreprise avec un volume de travail inférieur à l'optimum, et elle devra réembaucher en élevant les rémunérations. Un tel tâtonnement autour du prix du travail implique des coûts de gestion, de négociation et de désorganisation de la production considérables. L'employeur préfère éviter ces coûts en ajustant l'emploi pour des salaires inchangés. Ainsi il peut choisir avec certitude le volume de la force de travail, sa composition, et son coût global.

4) Enfin, à long terme, une mutation durable de l'environnement des entreprises peut remettre en cause les contrats implicites qui les lient à leur force de travail. Des baisses de salaire peuvent alors devenir rationnelles.

Cette vision du marché du travail rend assurément mieux compte de la réalité que le modèle du marché de concurrence parfaite. Mais, dans ce cadre plus réaliste, on peut s'interroger sur l'utilité résiduelle du concept de flexibilité. La flexibilité salariale infinie du marché parfaitement concurrentiel est une norme abusive, on l'a montré. Elle n'est ni réalisable, ni souhaitable puisque la rationalité économique s'y oppose. En outre, il est clair que le degré de flexibilité à un moment donné n'est pas une variable de politique économique à la discrétion des pouvoirs publics. Elle reflète un équilibre contractuel dans les entreprises et dans l'économie. La flexibilité ne se décrète pas.

Peut-on cependant définir un nouveau concept de flexibilité (rigidité) qui soit pertinent à la fois pour l'analyse et pour la politique économique. Dans le cadre de la théorie moderne de la relation de travail, certaines des rigidités dénoncées par les libéraux seraient efficaces à condition d'être adaptables (flexibles !) dans le long terme. La flexibilité pourrait être la capacité des contrats stabilisant cette relation à court terme de s'adapter à des mutations profondes et durables de l'environnement ; elle se confondrait en fait avec la liberté de renégocier ces contrats. On serait alors tenté de dénoncer comme rigidité toute entrave à la liberté contractuelle. Une telle démarche se heurte à l'impossibilité de définir clairement ce qu'est la liberté contractuelle. Une convention collective limite la liberté contractuelle au niveau de l'entreprise, mais elle reflète un équilibre contractuel à un autre niveau. Toutes les réglementations ou institutions qui limitent la libre négociation des conditions d'emploi ne peuvent être considérées par l'économiste comme des données exogènes au système économique et abandonnées à la discrétion du souverain. Les lois peuvent aussi bien refléter un équilibre économique et social difficilement contournable et qu'il n'est peut-être pas souhaitable de contourner.

Le concept de flexibilité paraît en définitive bien trop complexe, surtout quand on rapporte cette complexité à son utilité pratique pour la politique économique. La question de savoir si l'emploi et les salaires sont rigides est finalement la moins urgente. Il importe avant tout de mieux comprendre le mode de fonctionnement réel du marché du travail et son incidence sur le chômage.

Flexibilité de l'emploi et chômage

Une façon particulière d'aborder ce dernier problème consiste à s'interroger sur les effets potentiels du programme libéral de flexibilité sur le chômage. Nous commencerons par la remise en cause des règles associées au volume de l'emploi et aborderons ensuite les effets d'une plus grande flexibilité salariale.

Le contrôle administratif des licenciements, et en particulier les mécanismes d'autorisation préalable, sont parmi les règles du droit du travail les plus critiquées par le patronat. Celles-ci auraient deux effets pervers sur l'emploi. En premier lieu elles dissuaderaient l'embauche et favoriseraient des formes d'emplois précaires (contrats à durée déterminée, notamment). La libre rupture du contrat par l'employeur étant complexe et coûteuse, ils hésiteront à augmenter le volume de l'emploi s'ils n'ont pas la certitude que la main-d'œuvre supplémentaire sera toujours indispensable dans les années à venir. Ensuite, même si les licenciements sont possibles, les délais associés aux procédures administratives élèveraient le coût global de la main-d'œuvre.

Pour évaluer la portée pratique de ces arguments nous analyserons le cas français qui est exemplaire. En France, l'autorisation administrative est supprimée en juillet 1986 pour les licenciements de plus de 10 salariés, et pour l'ensemble des licenciements en décembre 1986. En 1984, une étude du CNPF annonçait un effet considérable de cette mesure : 367 000 emplois supplémentaires. Il est encore trop tôt pour mesurer ses effets réels. Cependant, l'optimisme du patronat paraît illusoire, si l'on considère la situation réelle des licenciements avant juillet 1986.

Rappelons pour commencer que les licenciements liés à des règlements judiciaires ou pour motif personnel n'étaient pas soumis à autorisation. En cas de licenciements pour motif économique, la procédure légale se déroulait en moins de quinze jours si elle concernait moins de 10 personnes. Le problème réel ne semblait donc porter que sur les licenciements économiques de plus de dix salariés qui représentent moins de la moitié de l'ensemble des licenciements.

De plus, 90 % des autorisations demandées étaient accordées. Une enquête réalisée en 1983 montre que 73 % des réponses positives étaient données dans un délai inférieur à quinze jours. Le délai légal (de 30 jours seulement) n'était en fait pleinement utilisé qu'en cas de refus (10 % des demandes). Certes, les délais effectifs pour la mise en œuvre des licenciements étaient bien plus longs, mais en raison d'accords collectifs, signés par le patronat, et non de la réglementation.

On a aussi soutenu que la procédure avait un effet dissuasif limitant le nombre des demandes d'autorisation. Mais, en fait, les employeurs pouvaient licencier en se passant de l'autorisation, la loi n'ayant prévu aucune sanction particulière pour cette infraction. Et d'ailleurs, le nombre de licenciements illégaux n'était pas négligeable. Ainsi en 1985, on comptait à l'ANPE près de 130 000 licenciements économiques en plus du nombre d'autorisations accordées. Paradoxalement, cette procédure constituait peut-être la meilleure des protections contre les recours des salariés. Ceux-ci devaient en effet obtenir l'annulation de la décision administrative (plusieurs années de procédure) avant d'attaquer leur employeur en justice. En somme, rien ne permet d'affirmer que la réglementation constituait une entrave sérieuse à la libre rupture du contrat de travail.

Le patronat français incrimine aussi les « seuils d'effectifs ». En effet, certaines obligations légales sont associées à l'embauche des dixième, onzième et cinquantième salariés : charges supplémentaires et représentants du personnel. Les entreprises dont les effectifs sont voisins de ces seuils pourraient donc hésiter à développer leur main-d'œuvre. Une étude de l'INSEE a en effet montré l'existence d'un effet de cette nature, mais d'une ampleur modérée. Si l'on observe la distribution des établissements selon leur effectif salarié, on constate une décroissance régulière du nombre d'établissements au fur et à mesure que la taille augmente. Mais cette relation régulière est interrompue par une chute plus marquée entre 9 et 12, puis entre 48 et 52 salariés. L'INSEE estime qu'en gommant ces deux ruptures dans la distribution des établissements l'emploi total serait augmenté de 15 000 à 50 000 salariés. Ce chiffre paraît très modeste, d'autant qu'il indique un effet unique, une fois pour toutes, lors de la suppression des seuils.

Plus récemment encore, le débat entre partenaires sociaux sur la flexibilité s'est concentré sur « l'aménagement du temps de travail ». Pour résumer, il s'agit d'un ensemble d'assouplissements des réglementations permettant un développement du travail en continu, du travail la nuit ou le week-end, et réduisant les contraintes et les coûts associés aux heures supplémentaires.

Mais, qu'on ne s'y trompe pas, ce type de mesure n'a guère de lien avec la situation du marché du travail et le chômage ; elle vise surtout une meilleure utilisation des équipements en allongeant leur durée d'utilisation, et un ajustement plus rapide et moins coûteux de la durée du travail aux fluctuations de l'activité. Ces mesures n'ont pas vraiment d'effets directs sur l'emploi et le chômage. On peut seulement s'attendre à ce qu'elles améliorent la productivité et la compétitivité des entreprises (ce qui peut, indirectement et à long terme, être favorable à l'emploi). L'aménagement du temps de travail n'a d'effet direct sur l'emploi que lorsqu'il s'accompagne d'une réduction globale de la durée du travail et encore sans compensation salariale intégrale. Mais la réduction du temps de travail pour partager l'emploi n'a rien à voir avec la flexibilité du travail.

Ainsi, une plus grande souplesse dans l'utilisation de la main-d'œuvre est peut-être une condition de l'adaptation efficace des entreprises à la concurrence internationale et à l'instabilité accrue des marchés ; elle ne constitue certainement pas un remède au chômage. De toute façon, si l'on s'intéresse au problème de l'emploi, le débat sur l'adaptabilité de la main-d'œuvre ne peut être séparé du mode de formation des salaires. D'ailleurs, les salaires réels trop élevés sont aussi souvent accusés de maintenir à l'écart de l'emploi une part importante de la population active.

Modération salariale et chômage

Sur le plan empirique, la responsabilité dominante du coût du travail dans la montée du chômage en Europe est loin d'être établie. Passant en revue les travaux économétriques sur ce sujet, Edmond Malinvaud conclut : « Je reste convaincu qu'une évolution inadéquate des prix relatifs et des coûts réels (du travail) depuis 1973 est une explication subsidiaire de la faible croissance de la demande de travail » (article cité en bibliographie). Nombre d'études statistiques laissent apparaître un effet relativement faible du coût du travail sur l'emploi. Il semble que le principal déterminant de la demande de travail reste la demande finale de biens et services.

Nous avons déjà fait la critique des mesures de la rigidité des salaires. Outre les objections de principe que nous avons développées plus haut, on peut noter que ces études donnent souvent des résultats contradictoires. Ainsi, la méthode retenue par l'OCDE donne, selon les auteurs, un classement différent des pays industriels. L'une de ces études, en particulier, présente la France comme relativement flexible et les États-Unis comme relativement rigides !

Le cas du Japon montre combien il est simpliste de rapprocher trop hâtivement le coût du travail et le chômage. C'est en effet au Japon, considéré comme le champion de la flexibilité, que les coûts réels de la main-d'œuvre progressent le plus vite et que l'avance des salaires sur la productivité est la plus nette.

Si les effets passés des salaires sur l'emploi et le chômage restent ambigus, peut-on estimer quels seraient les effets d'une nouvelle modération salariale ? Pour tous ceux qui diagnostiquent la présence d'un chômage lié à des salaires trop élevés, cette modération déclenche un cercle vertueux. Une baisse des salaires réels favorise l'emploi de nouveaux salariés et réduit le chômage. En même temps elle facilite une désinflation qui améliore la compétitivité internationale et les exportations d'une part, et soutient le pouvoir d'achat des ménages d'autre part. Enfin, la part des profits dans la valeur ajoutée augmente, ce qui permet une reprise de l'investissement. Il existe donc un nouvel équilibre macro-économique caractérisé par un salaire réel plus faible mais un emploi plus fort.

Malheureusement, ce cercle vertueux de la flexibilité pourrait bien se transformer en cercle vicieux de la récession. Depuis Irving Fischer et John Maynard Keynes on connaît bien les risques attachés à la déflation salariale. Dans l'immédiat, la baisse des salaires commence par réduire la demande et l'activité. Cet effet dépressif est inévitable en l'absence d'une forte désinflation rétablissant le pouvoir d'achat des ménages. Mais la désinflation a des effets pervers. Elle alourdit le poids réel des dettes. Certains débiteurs ont alors de sérieux problèmes de solvabilité. Ceux qui échappent à la faillite restructurent leurs bilans et utilisent l'augmentation des profits pour se désendetter et non pour investir. Le recul rapide de l'inflation peut aussi amener les consommateurs à différer des dépenses en attendant des baisses de prix. Par ailleurs Keynes a montré que si les individus anticipent une inflation plus faible, le taux d'intérêt réel s'élève, ce qui déprime la consommation et l'investissement. Enfin, l'effet favorable de la désinflation sur le commerce extérieur ne joue que si un pays est le seul à s'engager sur la voie de la déflation salariale.

Ces réserves théoriques sont en partie confirmées par certains travaux empiriques. Plusieurs études ont tenté d'estimer les effets d'une baisse générale des salaires de 5 % par rapport à leur tendance, en Europe. Robert Boyer, dans l'ouvrage cité en bibliographie, en présente une synthèse assez complète. On retiendra simplement ici que les effets prévus sur l'emploi sont le plus souvent négatifs à court terme. L'effet dépressif sur la demande de bien dépasse l'effet stimulant sur la demande de travail. À moyen et long terme, l'effet peut être positif, mais rarement considérable. Dans le meilleur des cas, en RFA, la baisse de 5 % améliore l'emploi de 2,7 %. Le résultat est nettement inférieur dans les autres pays. Et le long terme peut être vraiment long ! En France, par exemple, quatre ans après la baisse des salaires, l'emploi est toujours inférieur à son niveau initial.

En fait, une seule source de rigidité salariale a des effets clairs sur l'emploi : il s'agit des législations sur le salaire minimum. Il ne fait guère de doute, en théorie comme en pratique, que le SMIC déprime l'emploi des jeunes. Certains proposent son remplacement par un système de revenu minimum garanti. Des subventions directes complétant un salaire librement négocié atteindraient l'objectif social du SMIC sans dissuader les employeurs d'embaucher et de former des jeunes sans qualifications. D'ailleurs, c'est en partie la solution adoptée par le « traitement social du chômage ».

La mauvaise flexibilité chasse la bonne

Ainsi la flexibilité de l'emploi et des salaires n'est en rien un remède au chômage massif. Ce débat permet de délimiter une frontière assez nette entre un libéralisme « naïf » et un libéralisme intelligent. Le premier se réfère à une vision simpliste du marché, souvent utile pour l'analyse théorique, mais sans intérêt pour la mise en œuvre concrète des politiques. Le second reconnaît que les règles et institutions qui déterminent la relation de travail peuvent aussi refléter un équilibre contractuel conforme aux intérêts des employeurs et des employés.

Le premier risque aussi de déboucher sur une flexibilité régressive dont on perçoit quelques signes dans différents pays industriels : baisse du pouvoir d'achat, emplois précaires, attitude agressive à l'égard des syndicats. Certes, la crise met les employeurs en position de force face à des travailleurs menacés par la persistance du chômage. Mais, dans le long terme, les entreprises n'ont pas grand-chose à gagner à une stratégie du travail précaire et bon marché. La compétitivité exige une plus grande flexibilité du travail, on l'a vu, mais celle-ci ne passe pas forcément par les licenciements et les réductions de salaires. Plus que de salaires ou d'emplois flexibles, l'entreprise de demain a besoin de travailleurs flexibles, c'est-à-dire qualifiés, polyvalents, mobiles et motivés. Le succès majeur de certaines grandes entreprises japonaises vient de leur capacité à assurer une flexibilité interne à l'entreprise, sans remettre en cause la sécurité de l'emploi et la forte progression du pouvoir d'achat des salariés. Cela suppose un effort considérable de formation interne et externe, une coopération étendue entre employeurs et employés, des rémunérations en rapport avec les efforts productifs et la souplesse d'adaptation exigés des individus. Les entreprises les plus dynamiques ont bien compris que la coopération avec les salariés est plus payante à long terme qu'une opposition agressive pour le partage de la valeur ajoutée. Mieux vaut lutter ensemble pour accroître la valeur ajoutée.

Ainsi, la désindexation des salaires, amorcée en Europe dans les années 1980, et la remise en cause de certaines règles du droit du travail ne constituent pas en soi une victoire pour le patronat. Les travailleurs n'ont pu constater en contrepartie aucune amélioration sensible de la situation du marché du travail. Cette forme de flexibilité, menaçante pour les salaires et l'emploi, n'est pas de nature à créer le climat de confiance et de collaboration indispensable à la mise en place d'une nouvelle organisation du travail, à la fois plus souple et plus performante. Prenons garde que la « mauvaise » flexibilité ne chasse la « bonne ».

■ Pour en savoir plus

J. Généreux, *La rigidité des salaires : un concept ambigu ou inutile ?* Revue Française d'Économie, N° 1, Vol. 2, hiver 1987.

J. Généreux, *La flexibilité du travail en France,* Politique Économique N° 3, juin 1986.

J. Généreux, *Le retour des artisans.* Politique Économique N° 7, novembre 1986.

Flexibilité et marché du travail, OCDE, Paris, 1986.

R. Boyer, *La flexibilité du travail en Europe,* La Découverte, Paris, 1986.

E. Malinvaud, *La montée du chômage en France,* Revue Française d'Économie N° 1, septembre 1986.

Déclin ou renouveau de l'industrie européenne ?

E. Cohen

Introduction

Le débat sur l'avenir de l'industrie européenne n'obéit que fort peu à la stricte discipline des données de l'économie. Il épouse plus volontiers les humeurs et les passions collectives du moment. En témoignent notamment les joutes sans fin entre « europessimistes » et « europtimistes ». Ainsi se trouvent mêlés d'emblée des considérations positives et normatives, des données économiques objectives et des regrets politiques. À mesurer ainsi à l'aune de l'idéal, des réalisations imparfaites, on ne peut que s'exposer à de nécessaires déceptions. Mais un débat ainsi formulé a des effets infiniment plus pernicieux : il occulte la dimension temporelle de la construction européenne, il en oblitère les enjeux, il rend ininterprétables les évolutions, il mêle les niveaux.

On connaît la thèse des europessimistes : l'Europe telle une vieille dame indigne met ses derniers joyaux à l'encan pour assurer l'ordinaire. Les causes du mal remontent à loin : une adaptation tardive à la nouvelle donne économique mondiale, le coût de la « non-Europe », une révolution technologique manquée et au total une dramatique perte de compétitivité. Et, de fait, nos europessimistes trouvent facilement à illustrer leur sombre diagnostic : l'Europe a les plus hauts niveaux de chômage, sa croissance est moindre que la japonaise et même que l'américaine, son industrie est vieillissante et mal adaptée à la demande en forte croissance des secteurs porteurs, ses marchés sont largement pénétrés par l'étranger.

Pourtant les « europtimistes » avec des arguments aussi convaincants peuvent soutenir que l'Europe est la première puissance commerciale mondiale, que son redressement actuel est remarquable et plus durable que le redressement américain et que la coopération européenne se développe de manière spectaculaire (programmes RACE, ESPRIT, EUREKA...) et sur des bases réalistes. Arrêtons là ce débat entre « europessimistes » et « europtimistes » qui a déjà suscité ses modérateurs : les « euroréalistes » ou « europragmatiques ». L'enjeu de la construction européenne est autrement plus sérieux et peut être fondé sur des données de fait peu contestables.

La compétitivité de l'industrie européenne : problèmes de définition

L'industrie européenne est une catégorie statistique, c'est aussi une réalité économique en voie de formation. S'il est incontestable que le développement des échanges intracommunautaires et les formes de spécialisation de fait qui en découlent sont des indicateurs de l'interpénétration des économies, il n'en reste pas moins, qu'en l'absence d'une réelle intégration, les phénomènes décrits le sont à partir d'une agrégation de données nationales.

La construction européenne elle-même n'a pas progressé de manière linéaire, elle a connu ses phases d'accélération et ses pannes, il est important, dès lors, d'essayer de confronter les dynamiques économiques, les politiques macro-économiques nationales et la nature des réponses institutionnelles communautaires.

De plus, la nature des outils statistiques disponibles interdit de distinguer industrie européenne et industrie en Europe. Il faut savoir que les médiocres performances dans des secteurs comme l'informatique et l'électronique grand public sont obtenues grâce à une forte présence américaine et japonaise en Europe, c'est-à-dire en situation de dépendance technologique et de forte pénétration.

La notion même de compétitivité qui est à l'origine de notre débat est peu éclairante, il n'est guère facile de transposer un concept micro-économique sur le plan macro-économique.

Peut-on alors parler, sans abus de langage, de compétitivité d'une économie nationale ou à fortiori de l'industrie européenne ? On sait mesurer la compétitivité d'une firme ou d'un secteur, la mesure la plus simple étant la part de marché extérieur détenue. On sait apprécier la spécialisation et la pénétration d'une industrie nationale mais la notion de compétitivité nationale est plus discutée. On peut, par extension, estimer que « la compétitivité d'un pays repose sur sa capacité à accroître ses parts de marchés extérieurs et à préserver son marché intérieur en produisant aux prix établis par la compétition internationale[1] ». Mais cette définition soulève deux objections.

– Celle des libéraux pour qui il n'y a guère de sens à distinguer dans la balance des paiements les bons excédents (industriels et services marchands) des mauvais (mouvements de capitaux). En effet, le coût d'opportunité de la production de biens en substitution d'importation peut être négatif, il vaut alors mieux réserver les ressources dégagées par l'importation pour d'autres usages.

– Celle des analystes de la division internationale des processus productifs pour qui il est des déficits vertueux car générateurs d'excédents dans d'autres secteurs (le meilleur exemple nous est fourni par l'aéronautique française). Cette définition méconnaît de surcroît la distinction devenue classique entre compétitivité structurelle et compétitivité-prix laquelle est fonction de la position de change et de l'arbitrage opéré par les industriels européens entre marge et part de marché. Or en situation de faible spécialisation (le cas français) la volatilité des taux de change suffit à inverser les soldes.

Faut-il pour autant renoncer à une analyse de la compétitivité de l'industrie européenne ? Non, pour autant qu'on en connaît les limites et dès lors que ce qui importe n'est pas tant le bilan chiffré que le raisonnement sur les facteurs et les ressorts de la compétitivité et sur l'évolution de ceux-ci dans le temps.

Enfin, si l'on prend au sérieux l'idée d'intégration européenne et de construction d'une zone économique homogène, autonome, mais aussi ouverte, il nous faut tenter d'en retrouver la trace marquante au niveau micro-économique en appréciant les tentatives de constitution de groupes industriels européens ou à base européenne. Si on ne peut repérer d'acteurs industriels européens, on peut légitimement interroger la notion de base industrielle européenne. En d'autres termes, il est parfaitement envisageable que le marché unique voit le jour en 1992 sans que pour autant des groupes à base européenne se constituent.

Pour traiter du déclin ou du renouveau de l'industrie européenne, on ne peut donc faire l'économie d'un détour par l'évolution macro-économique, l'évolution institutionnelle avant d'envisager la nature de la spécialisation, son degré d'adaptation aux évolutions actuelles, et l'éventuelle émergence d'acteurs industriels européens.

Dynamique macro-économique et création institutionnelle

Construction européenne et reconstruction des bases industrielles nationales ont d'abord évolué de concert.

Au sortir de la guerre, l'Europe va bénéficier d'un fantastique transfert de savoirs et de ressources financières, technologiques et gestionnaires de la part des États-Unis. La consolidation du pilier européen du monde occidental est alors un objectif politique central du gouvernement américain, lequel presse de surcroît les Européens de s'entendre pour ne pas gaspiller l'aide américaine.

Les dynamiques de l'Offre et de la Demande sont en phase et produisent un cercle vertueux de croissance auto-entretenue. Du côté de l'Offre, le transfert technologique américain, l'abondance de matières premières, la disponibilité d'une main-d'œuvre à faible coût et la stabilité du système monétaire de Bretton Woods stimulent puissamment l'élargissement de la base manufacturière européenne et sa compétitivité. Du côté de la Demande, une consommation privée rendue prévisible et solvable par la mise en place des dispositifs de l'État-providence et une politique d'équipements publics rendue nécessaire par les besoins de la reconstruction constituent des facteurs entraînants

1) J. Vignon, sept ans pour construire le vrai Marché commun in *Economie Prospective internationale.*

pour une croissance régulière. Ces éléments sont à l'origine d'une position compétitive favorable au cours des années 1960. L'industrie européenne va se hisser progressivement au rang de challenger de l'industrie américaine. La structure productive est modernisée dans les domaines de compétence traditionnels de l'Europe (industries de biens d'équipement) et complétée dans les nouveaux secteurs de la chimie et de l'électronique.

L'Europe qui bénéficie, de surcroît, d'un courant continu de transfert de technologie américain constitue la zone privilégiée d'investissement américain à la recherche d'une valorisation de ses innovations.

Le modèle du cycle du produit s'applique parfaitement [2]. La prévisibilité d'une demande intérieure en forte croissance alimente un courant continu d'investissement pendant que, du fait de la compétitivité intrinsèque de l'industrie européenne et de la stratégie de reconquête des marchés traditionnels européens, l'effort à l'exportation est stimulé (l'exemple de la chimie allemande est probant).

C'est dans ce contexte que le rêve des grands précurseurs de l'idée européenne commence à se réaliser : la suppression des contingentements entre pays européens puis la suppression des droits de douane vont constituer de puissants facteurs de développement des échanges intracommunautaires. Ceux-ci progressent très sensiblement de 1958 à 1970 : de 28,6 % à 54,8 % dans le cas de la France, de 35,8 % à 47,4 % dans le cas de la RFA.

Une demande intérieure soutenue, un effort d'investissement intense, le développement des échanges intracommunautaires et la redécouverte du grand large conjuguent leurs effets pour pousser les économies nationales et le développement de la Communauté.

Mais les éléments favorables de la compétitivité européenne vont être remis en cause, un à un, sans que la Communauté et les États-Nation trouvent des réponses appropriées et unitaires. L'économie européenne et la construction communautaire entrent en crise.

Les déficits américains consécutifs à l'effort de guerre au Viêt-nam et à la reconstruction de l'économie européenne vont avoir pour effet de limiter la convertibilité-or du dollar à la fin des années 1960. L'ère des replâtrages du SMI commence. Arrivés à maturité les appareils productifs européens dégagent des gains de productivité moindres.

Avec les chocs, monétaire de 71, et énergétique de 73, les facteurs clés de la compétitivité européenne vont se trouver renversés. La dépendance énergétique de l'Europe – beaucoup plus forte que l'américaine – et l'affaiblissement du dollar vont peser sur la capacité compétitive de l'Europe.

Tableau 1 :
Le poids des échanges intracommunautaires dans le commerce extérieur des États-membres (en %)

	1958	1960	1965	1970	1975	1980	1985
Belgique-Luxembourg	53,6	59,2	69,1	73,9	71,2	71,8	67,9
Danemark	58,2	56,6	50,5	43,2	45,5	50,5	43,9
RFA	35,8	38,5	43,8	47,4	44,8	49,1	47,3
Grèce	50,5	42,8	45,5	52,1	49,7	47,3	55,0
France	28,6	36,5	47,8	54,8	49,9	51,9	48,7
Irlande	81,6	80,4	83,0	73,7	79,5	74,9	67,1
Italie	33,1	38,6	48,0	49,3	46,6	49,0	45,3
Pays-Bas	57,1	60,3	67,2	71,3	71,6	72,2	71,9
Royaume-Uni	20,3	21,5	27,0	30,1	32,9	42,7	44,5
CEE à 10	35,3	39,0	46,7	51,2	50,3	53,6	51,6

Source : Office statistique des Communautés européennes.

$$\text{Poids des échanges} = \frac{\text{Exportations vers la CEE}}{\text{Exportations totales}}$$

2) L'innovation naît dans la métropole du capitalisme, l'importance d'un marché national solvable explique que la fabrication et la commercialisation s'opèrent d'abord sur le territoire américain, les multinationales commencent par exporter puis par délocaliser la production en Europe avant que les producteurs indigènes ne prennent le relais.

Dans un contexte de croissance économique déprimée depuis 1973, affectée par deux chocs pétroliers successifs, deux chocs monétaires et une profonde mutation techno-industrielle, la croissance de la demande s'est globalement ralentie, elle s'est aussi fortement différenciée. C'est au moment où la demande se contracte, se déplace, et où la concurrence internationale devient plus vive que les pays européens doivent accélérer leur adaptation. En fait, comme l'établit l'étude Goybet, les industriels européens ont été confrontés à un triple défi, celui de la réduction d'activité dans les domaines où ils étaient forts, celui de la rapide croissance des secteurs dans lesquels ils n'avaient pas suffisamment investi et dont ils maîtrisaient mal les technologies et celui de la mondialisation de la compétition. Abandonnant ses positions de force obtenues à la fin des années 1960, l'industrie européenne se replie progressivement sur des produits moins élaborés, moins concurrencés par les États-Unis, le Japon et les NPI du Sud-Est asiatique mais qui souffrent d'une faible croissance de la demande.

Tableau 2 :
Structure et ventilation géographique des exportations industrielles en 1983 (en %)

EUR des 10 [1]	Exportations DF	Exportations DM	Exportations Df	Exportations Total industrie
OCDE	14,5	19,8	14,3	48,5
États-Unis	3,6	6,9	4,4	14,9
Japon	0,9	0,9	0,7	2,4
Reste OCDE	10,0	12,0	9,2	31,2
Pays en voie développement	12,5	20,1	10,8	43,4
Asie Sud-Est	1,2	1,4	0,9	3,5
Afrique	1,5	2,7	0,9	5,1
Total Est	1,7	2,6	2,0	6,3
Total OPEP	4,7	8,5	4,5	17,8
Am. latine	1,6	2,2	0,8	4,6
Reste PVD	1,8	2,7	1,7	6,1
Reste monde	3,1	3,2	1,7	8,1
Total	30,1	43,1	26,8	100

États-Unis	Exportations DF	Exportations DM	Exportations Df	Exportations Total industrie
OCDE	22,9	28,1	8,2	59,2
Japon	3,5	3,2	1,6	8,3
EUR. 10	10,9	8,9	2,7	22,5
Reste OCDE	8,5	16,0	3,9	28,4
Pays en voie développement	13,2	15,8	4,3	33,2
Asie Sud-Est	4,2	2,7	0,9	7,8
Afrique	0,6	1,1	0,2	1,8
Total Est	0,3	0,4	0,1	0,7
Total OPEP	2,4	5,1	1,2	8,7
Am. latine	5,1	5,6	1,9	12,6
Reste PVD	0,6	0,9	0,0	1,6
Reste monde	1,8	5,0	0,7	7,6
Total	37,9	48,9	13,2	100

Japon	Exportations DF	Exportations DM	Exportations Df	Exportations Total industrie
OCDE	21,6	23,1	6,8	51,4
États-Unis	11,5	13,8	4,2	29,5
EUR. 10	6,6	4,8	1,2	12,6
Reste OCDE	3,5	4,5	1,4	9,3
Pays en voie développement	12,5	16,6	11,5	40,6
Asie Sud-Est	5,7	4,1	3,8	13,7
Afrique	0,5	1,4	0,3	2,1
Total Est	0,5	0,8	1,0	2,4
Total OPEP	3,4	6,5	4,0	13,8
Am. latine	1,0	2,5	0,5	4,0
Reste PVD	1,4	1,3	1,9	4,6
Reste monde	2,8	3,0	2,1	8,0
Total	36,9	42,7	20,4	100

(1) Commerce extracommunautaire pour la Communauté à Dix.
Source : Volimex DG II.

NB : DF = Demande forte ; DM = Demande moyenne ; Df = Demande faible.

Taux de couverture aux prix courants des importations par les exportations

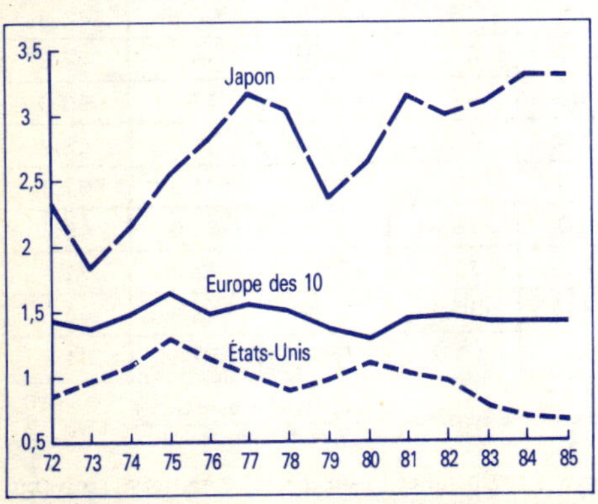

Les documents ci-dessus illustrent de manière incontestable : un taux de pénétration en hausse et des pertes de part de marché à l'exportation surtout pour les produits les plus consommés par les pays industriels.

Comment expliquer un tel phénomène et quelle a été la réponse de la Communauté à ces nouveaux défis ? Les États-Nation européens vont de fait privilégier la redistribution par souci de paix sociale par rapport à l'investissement productif et à la rentabilité des entreprises ; ce faisant ils amplifient la crise. La panne de la construction européenne qu'explique le désarroi des gouvernements nationaux face à la crise et la tentation des solutions individuelles vont conjuguer leurs effets pour affaiblir les nations européennes incapables dans quelque domaine que ce soit de trouver des réponses communes. Or, dans ce contexte de profonde dégradation des facteurs de la compétitivité (coûts salariaux directs et indirects, coût des matières importées, vieillissement du capital, baisse de la productivité, inflation exacerbée) le Japon, qui connaît au départ les mêmes difficultés objectives, accélère la mutation techno-industrielle et, dans une démarche volontariste exceptionnelle, investit les nouveaux secteurs et balaie progressivement la concurrence européenne. La menace porte d'abord sur les marchés extérieurs : le retard européen sera sanctionné par des pertes de marché. Sur les marchés intérieurs, les différents pays européens s'inventent des protections dérisoires (quotas français dans les TV couleur, l'automobile...) qui font un moment illusion jusqu'à ce que, la pression devenue irrésistible, les pays européens, un à un, renoncent (disparition de l'électronique grand public allemande). Mais l'effet de ces protections nationales a affaibli aussi la construction européenne. On est arrivé ainsi, par souci de défense des bases industrielles nationales, à faire de l'Europe une mosaïque de pays compartimentés mais ouverts sur l'extérieur ! Le Code du GATT devenait plus important que la patiente construction de Monnet. Ainsi la Communauté européenne qui, dans une première étape, avait permis la suppression des obstacles tarifaires s'est-elle trouvée en panne par déficit de volonté politique. La protection des normes, des marchés publics, des régimes fiscaux a constitué une efficace barrière pour la défense des prés carrés nationaux au mépris des exigences de la constitution d'un marché intégré (objectif déclaré du Traité de Rome).

Mais cette renationalisation des politiques a eu des effets sur la spécialisation industrielle. Les États-Nation de la Communauté ont su, à un très fort coût et avec lenteur, organiser la régression planifiée des secteurs traditionnels les plus touchés par la nouvelle donne économique mondiale (produits de base, textile et habillement, construction navale par exemple) et limiter l'effritement des parts du marché européen détenues par l'étranger dans les industries en situation médiane (automobile mécanique). En revanche, dans les secteurs bénéficiant d'une demande mondiale en forte croissance (électronique), les industries européennes ont été privées de l'effet dimension qui constitue un facteur crucial de compétitivité. C'est ainsi que les taux de pénétration ont crû. Le résultat en a été que l'Europe, qui globalement a autant sinon davantage investi en R-D dans les nouvelles technologies que le Japon, a été réduite à un rôle marginal sur le marché international des biens à fort contenu technologique.

Cet enchaînement prend son origine dans la dégradation de la position compétitive de l'industrie européenne laquelle suscite, à son tour, des réponses frileuses des États-Nation ; qui conduisent pour finir à une dégradation supplémentaire de la compétitivité européenne dans les nouveaux secteurs qu'illustre la thèse de M. Albert sur les effets de la non-Europe comme facteur explicatif de l'aggravation de la crise.

Tableau 3 :
Les parts de marché à l'exportation en 1983 pour les produits industriels

	Europe		États-Unis		Japon	
	Évolution* 1973/1983	1983 %	Évolution* 1973/1983	1983 %	Évolution* 1973/1983	1983 %
Secteurs à forte demande	− 2,5	25,6	+ 2,7	20,4	+ 5,6	18,8
– Matériel électrique et électronique	− 1,8	23,7	+ 2,4	20,2	+ 11,4	29,1
– Informatique, bureautique, matériel de contrôle	− 5	17	+ 5	27,4	+ 8	23
– Chimie, pharmacie	− 1	30,8	+ 1,9	17,6	+ 0,5	7,8
Secteurs à moyenne demande	− 1,2	25,8	− 0,3	18,5	+ 6,1	15,3
Secteurs à faible demande	+ 4,1	29,4	+ 1	9,2	+ 1,4	13,4
TOTAL INDUSTRIE		26,6		16,9		15,9

* Évolution : différence des parts de marché entre 1973 et 1983.
Source : Eurostat, services de la Commission.

Tableau 3 bis
Les taux de pénétration* sur le marché industriel pour les produits industriels en 1982

	Europe		États-Unis		Japon	
	Évolution 1973/1982	1982 %	Évolution 1973/1982	1982 %	Évolution 1973/1982	1982 %
Secteurs à forte demande	+ 7,9	17,3	+ 5,9	11,5	+ 1,6	5,3
– Matériel électrique et électronique	+ 10,9	19,1	+ 6,7	15,5	+ 1,7	3,8
– Informatique, bureautique, matériel de contrôle	+ 14,7	33,6	+ 4,5	14,1	+ 1,3	7,8
– Chimie, pharmacie	+ 3,6	11,8	+ 2,9	6,8	+ 1,5	5,9
Secteurs à moyenne demande	+ 1,8	8,5	+ 2,3	8,0	+ 0,2	4,1
Secteurs à faible demande	+ 3,8	12,8	+ 4,2	11,2	+ 1,4	6,2
TOTAL INDUSTRIE	+ 3,6	11,6	+ 3,4	9,5	+ 1	5,2

* Taux de pénétration = importations/demande intérieure.
Source : Eurostat, services de la Commission.

Dynamiques de l'offre et spécialisation européenne

Mais essayons d'aller plus loin dans l'explication des facteurs clés de la position compétitive de l'Europe.

Une spécialisation à l'importation et à l'exportation mal adaptée et une orientation des flux d'échanges peu favorables justifient quelque peu ces résultats, mais n'expliquent pas les raisons profondes de la dégradation de la compétitivité industrielle de la communauté. Certes, en économie ouverte concurrencée, les performances à l'exportation déterminent les niveaux de croissance, d'investissement et d'emploi et une mauvaise spécialisation provoque un appel d'air dans lequel s'engouffrent les importations.

Mais il reste à expliquer le pourquoi de ce repli frileux sur une base industrielle rétrécie et inadaptée.

La base industrielle communautaire consacrée à la production de biens de haute technologie est à la fois étroite et fragmentée. Par rapport aux concurrents américains et japonais, la part de valeur ajoutée de ces industries de pointe dans l'ensemble de l'industrie est faible. Facteur aggravant : si l'on assiste à une substitution capital/travail importante, les gains de productivité demeurent modérés et sont insuffisants pour compenser la hausse des coûts salariaux, ce qui affecte la compétitivité du coût des produits européens. Dès lors, en dépit de marchés potentiels en expansion, les investissements de ces industries ont stagné et leur stock de capital a peu progressé.

Formation brute de capital fixe aux prix de 1975 (indice : 1972 = 100)

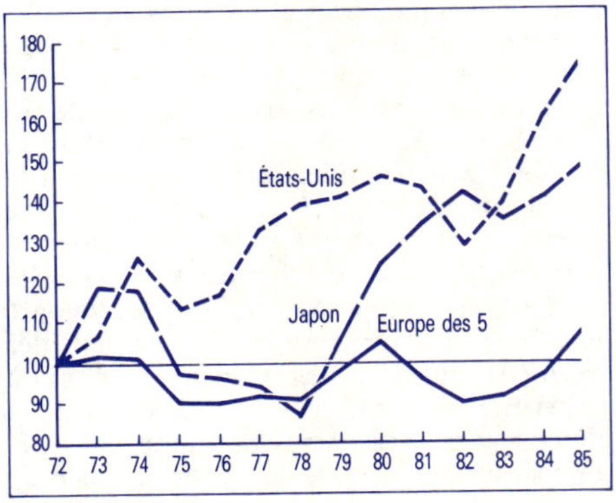

Du fait d'une moindre spécialisation, d'une plus forte pénétration, d'un investissement insuffisant et mal orienté, l'Europe n'a connu qu'une très faible croissance industrielle, il en a découlé une forte régression du nombre de postes de travail offerts aux salariés européens et parallèlement une forte hausse des coûts de production industrielle qui ont évolué à peine moins vite que le taux général d'inflation de l'économie. Faudrait-il alors incriminer le manque de flexibilité salariale et l'adaptation tardive des effectifs à la nouvelle donne de la répartition des marchés ?

En fait, plus que de rigidité il faudrait plutôt parler d'uniformité sectorielle dans la distribution des salaires. La dispersion entre les coûts salariaux à la production dans les secteurs industriels est sensiblement plus forte aux États-Unis et au Japon que dans la Communauté. Dans certains pays membres, l'existence de mécanismes d'indexation uniforme sur tous les secteurs tend même à réduire cette dispersion. La mobilité intersectorielle de la main-d'œuvre est aussi plus grande dans ces pays que dans l'industrie communautaire. L'évolution des coûts salariaux réels unitaires est d'autant plus défavorable que la croissance de la demande adressée à ce secteur est faible. Sur les secteurs à haute technologie, grâce à des performances remarquables de productivité, le Japon connaît de spectaculaires baisses de coûts salariaux réels par unité produite.

C'est par l'investissement que s'opère l'approfondissement de la crise. Le niveau des investissements industriels en Europe est non seulement insuffisant pour régénérer le tissu industriel, mais l'allocation sectorielle des investissements réalisés pose aussi un problème. Ainsi sur la période 73/82 la croissance annuelle moyenne de la FBCF au niveau de l'ensemble de l'industrie en volume de la communauté était en pourcentage inférieure de 3,9 points à celle des États-Unis et de 3,5 points par rapport au Japon ; pour les secteurs à forte demande l'écart est de 6,8 points avec les États-Unis et de 4,9 points avec le Japon. Ce retard considérable et cumulatif a un effet sur le stock de capital. Cette faiblesse de l'investissement industriel en Europe s'explique en partie par la dégradation des performances de rentabilité du stock de capital en particulier sur les secteurs à haute technologie.

Cette dégradation résulte aussi d'une part de la moindre productivité du capital due à la baisse de la durée du travail et à une moindre utilisation des équipements, d'autre part à l'accroissement des salaires réels sensiblement plus fort dans les pays de la Communauté. La faiblesse relative de la rentabilité brute du capital investi dans les secteurs producteurs de biens de haute technologie pourrait bien expliquer, selon l'étude Goybet, l'inadéquation de l'allocation des capitaux existant entre les différents types de placement disponibles.

Consciemment ou inconsciemment tout s'est passé comme si les différents pays européens séparément avaient choisi, face à leurs opinions publiques, la même stratégie qui consistait à privilégier le consommateur sur le producteur, le salarié des vieux secteurs par rapport aux salariés potentiels des nouveaux secteurs et le détenteur d'un emploi par rapport au chômeur, et ce dans le cadre d'une économie ouverte et d'une Communauté en panne.

Groupes européens : Le cimetière des occasions perdues

La profonde récession consécutive au 2e choc pétrolier va être à l'origine d'une réorientation radicale des politiques macro-économiques. La priorité est alors à la désinflation et à l'accélération des programmes de modernisation industrielle. Cette réorientation ne sera pas synchrone, les alternances politiques en Allemagne, en France, et en Grande-Bretagne accélèrent ou ralentissent la mutation. Mais à compter de 1983 les politiques sont en phase et les conditions sont à nouveau réunies pour un nouveau départ. En 1985 la construction européenne semble dynamisée par la perspective du grand marché unique européen. Le démantèlement des barrières réglementaires, fiscales et l'ouverture des marchés publics semblent indiquer que la volonté politique est à nouveau présente. Et certains se prennent à rêver d'une relance communautaire qui permettrait de faire reculer le chômage et de faire repartir l'investissement pour la reconquête des marchés. Le début de redéploiement du budget communautaire en faveur des politiques d'innovation en serait un indice supplémentaire.

Mais de quelle Europe s'agira-t-il ? La question qui se pose, en effet, est de savoir si l'on va assister à l'émergence d'une base manufacturière européenne, à la constitution d'un marché unique sans protection extérieure, ou simplement à la poursuite des évolutions passées. De ce point de vue l'appréciation qu'on peut porter sur les chances de constitution de firmes européennes est de première importance. En effet, une construction économique intégrée, prélude à la constitution d'une base manufacturière européenne, ne peut se concevoir sans des acteurs économiques décidés, travaillant concrètement à cette réalisation. Il n'y aura pas d'industrie européenne si un capitalisme européen ne se constitue pas.

Car s'il est un domaine où la volonté politique est désarmée, c'est dans sa capacité à susciter des alliances entre acteurs privés. Ceux-ci, en effet, poursuivent légitimement leurs projets, ils conçoivent leurs alliances en fonction de leurs besoins et ils ont de surcroît la mémoire des échecs passés. Or l'histoire de la constitution de firmes européennes est l'histoire des occasions perdues. L'hypothétique constitution de firmes européennes renvoie donc davantage à la nécessité éventuelle éprouvée par les industriels européens pour de telles alliances. De ce point de vue on peut se demander s'il n'est pas trop tard.

Quelle que soit la période considérée les exemples abondent de tentatives de constitution de champions européens qui ont été des échecs.

Dans les années 1960, le mariage de Citroën et de Fiat échoue, la tentative de prise de contrôle de Veba par Elf échoue également. Au début des années 1970 le projet Unidata a fait espérer un moment une alliance européenne dans l'informatique : les moyens de CII de Siemens et de Philips devaient être réunis, ce fut un échec. La lente agonie de British Leyland n'a suscité aucune vocation européenne ; c'est Honda qui, aujourd'hui, tient entre ses mains l'avenir technologique d'un groupe anglais considérablement amaigri.

Mais ce sont les échecs dans le domaine de l'électronique qui ont coûté le plus cher. L'incapacité dans laquelle s'est trouvée la CGE de valoriser sa compétence dans la commutation temporelle du fait des réticences de Philips, de Plessey et de bien d'autres, a ouvert la voie à la construction de la joint-venture Philips-ATT et à la prise de contrôle d'ITT Europe par la CGE sans que les problèmes des téléphonistes anglais ou italiens aient été réglés. Pis encore, la privatisation de British Telecom et le choix d'Ericson pour la reprise de la CGCT éloignent davantage la perspective d'ouverture des marchés publics de Télécom aux firmes européennes. De même, le mariage avorté de Grundig et Thomson a entraîné la mort du standard V 2 000 dans le magnétoscope au profit du standard japonais VHS. Thomson affaibli et Philips solitaire risquent fort d'être pris en sandwich par des Japonais innovateurs et des Coréens hyper compétitifs sauf à acheter des parts de marché et à investir massivement dans la R-D. Et pour tant d'échecs européens, quel maigre lot de réussites. Pour un Airbus ou une Ariane (nés de la volonté des États et non des industriels) combien d'alliances transatlantiques dans les Télécom, l'informatique, les composants, combien d'abandons en faveur des Japonais, Yamazaki et Toyoda dans la machine-outil, Sumitomo dans le pneumatique. On pourrait ainsi multiplier les exemples de ratages européens : Saint-Gobain et Olivetti, Westland cédé à Scikorsky, Dunlop à Sumitomo...

Pourquoi donc tous ces échecs ? On invoque habituellement toute une série d'arguments : le patriotisme sourcilleux de certains pays et notamment de la France, l'importation de technologies et l'accès au marché international, l'absence de partenaires européens possibles, le fait aussi que la menace de contrôle est perçue de manière d'autant plus intense que le partenaire est puissant et qu'il s'agit du voisin. Il est des freins, enfin, qui tiennent à l'indépendance nationale et aux différences de rythme dans les politiques de libéralisation.

Tous ces arguments recèlent une part de vérité, mais pris ensemble ils constituent de puissants facteurs d'immobilisme.

Il est vrai que dans les années 1960 et au début des années 1970, dans un contexte de forte croissance les différents pays européens ont eu tendance à privilégier leurs champions nationaux. Il était alors inconcevable qu'une entreprise de taille significative passe sous contrôle européen c'est-à-dire allemand ou français. C'est l'époque où il n'est question que de l'entreprise de droit européen, car c'est le moyen qu'on croit avoir trouvé pour exorciser le contrôle extérieur. Les années de crise sont celles, on l'a vu, du repli frileux où l'on pense trouver le salut par l'alliance américaine ou japonaise. Les raisons alors invoquées sont au mieux le transfert de technologie et au pire le désengagement pour l'État de secteurs « budgétivores » (Unidata).

Le résultat est là : aujourd'hui, l'idée de base manufacturière européenne n'a guère progressé et l'on peut se demander si elle n'est pas dépassée, pour des raisons qui tiennent à la mondialisation des marchés et à l'orientation libérale des gouvernements européens qui interdiraient d'envisager une politique industrielle à l'échelle européenne.

Kenji Ohmae, suivi par Carlo de Benedetti, a même fait la théorie de ce mouvement. Selon lui le modèle du cycle de produit ne peut plus avoir cours car la rapidité de la diffusion de l'innovation (quelques mois dans la micro-informatique) et le coût croissant de la R-D font obligation à l'entreprise compétitive d'être simultanément présente dans les trois grandes zones économiques mondiales : Europe/États-Unis/Japon. On verrait donc apparaître une nouvelle race de groupes industriels ou des réseaux d'alliances triangulaires nommés « TRIADES ». Si cette hypothèse se trouvait confirmée – les indices de cette évolution sont concordants –, on pourrait assister à l'émergence de triades à base allemande ou française mais pas européenne. Des triades à base européenne ne pourraient voir le jour que si les multinationales continentales y trouvaient un intérêt ou si une communauté vraiment intégrée mettait à l'ordre du jour un néo-mercantilisme européen. En effet, les domaines dans lesquels le retard européen est manifeste sont nombreux, un soutien massif à la R-D, des commandes publiques, une forme provisoire de protection communautaire pourraient permettre de refaire le retard et de créér à nouveau des emplois.

On n'échappe donc pas à la lancinante question de l'Identité européenne et de la capacité qu'ont ou que n'ont pas les politiques et les eurocrates à en favoriser l'émergence.

Pour l'heure l'engouement pour la réalisation du Grand Marché intérieur constitue un facteur objectif de dynamisation des systèmes industriels nationaux. Il peut certes déboucher sur la constitution de réseaux de partenariat entre PME. Mais les concentrations entre grandes firmes restent soumises au strict respect des particularismes nationaux. Lorsqu'elles se réalisent, elles sont paritaires et les états majors veillent à ménager les susceptibilités nationales (Alliance Thomson/SGS dans les composants électroniques). Sans doute ne s'agit-il que d'une étape vers une intégration plus complète du capital et du management et la constitution d'une société de droit européen peut y aider. Mais l'exemple récent de la bataille pour la Générale de Belgique est plus inquiétant. Non seulement la réaction nationale a été vive, ce qu'on peut comprendre, mais l'assaut de Carlo de Benedetti et son projet d'une holding européenne ont ouvert un débat sur le protectionnisme larvé du voisin en matière financière. La difficulté qu'il y a à réussir une OPA en RFA, compte tenu de la solidité du lien entre banques et entreprises, et au contraire la facilité qu'il y a à s'emparer d'une entreprise française, compte tenu de la faiblesse d'un capitalisme français sous-capitalisé et destabilisé par les vagues de nationalisation-privatisation, créent des distorsions qu'on invoque pour refuser l'intégration.

Conclusion

L'Europe a décroché depuis les crises des années 1970, la construction européenne a régressé. Dans un environnement compétitif plus dur, les solutions nationales ont prévalu. Les groupes industriels à base européenne ont reculé dans la hiérarchie mondiale. Depuis 1980, il semble qu'un nouveau départ ait été pris. Le grand marché unique offre un nouvel horizon, une nouvelle ambition.

Pourtant le scénario optimiste n'est pas le plus probable ; la construction européenne bute sur les stratégies nationales. L'Allemagne qui est aujourd'hui dans le club fermé des 3 grands de l'économie occidentale perçoit mal l'avantage qu'elle aurait à tirer d'une intégration plus poussée de l'Europe ; elle sait, en revanche, que le coût en serait élevé. La Grande-Bretagne continue à miser sur son insularité politique et sur les recettes d'un libéralisme dérégulateur qui s'accomode mal avec les disciplines librement consenties au sein de la Communauté.

La France est à la fois la plus zélée dans la promotion du Marché Unique et la plus inquiète du fait des retards pris dans la modernisation de son appareil productif et des réactions de rejet d'une fraction de sa population.

Le paradoxe aujourd'hui réside dans le fait que l'unanimité est à peu près faite sur la nécessité de la construction européenne et sur l'absence d'alternative à cette construction. Mais en même temps les modalités concrètes de cette Europe peuvent en faire un marché ouvert aux Japonais et aux Américains et sans cohésion interne.

Derrière l'objectif de 1992 se dessine le vrai pari : l'Europe parviendra-t-elle à se donner une identité, ce qui passe par la constitution sur le plan économique d'acteurs économiques européens et d'une base manufacturière européenne ou s'agira-t-il d'un espace d'expansion pour les firmes et les États dominants du moment.

Tiers Monde : crise ou blocage du développement

G. Grellet

En 1950, les pays non industrialisés comptaient 1,8 milliard d'habitants et apparaissaient dans leur extrême pauvreté relativement indifférenciés. C'est à cette époque qu'Alfred Sauvy regroupa ces pays sous le vocable « Tiers Monde ». Aujourd'hui, la population de ces pays a plus que doublé et leur évolution a connu une très grande diversité. Quelques-uns, comme l'Inde, la Chine, le Brésil ou la Corée, ont réussi à s'industrialiser, alors que d'autres, comme la plupart des pays du continent africain, ne sont pas parvenus à effectuer un démarrage économique. Enfin, dans de nombreux pays, la croissance s'est concentrée autour de certains pôles, laissant de côté des pans importants de l'économie.

Nous tenterons ici de répondre à deux questions. En premier lieu, pourquoi depuis le début des années 1960 certains pays ont-ils connu une croissance rapide, alors que d'autres se sont appauvris ? En second lieu : comment expliquer la généralisation de la crise à l'ensemble des pays du Tiers Monde pendant les années 1980 ?

Les quatre Tiers Monde

L'évolution des pays du Tiers Monde peut apparaître de prime abord paradoxale. Certains pays, pourtant riches en matières premières comme le Zaïre ou le Ghana, ont connu des banqueroutes récurrentes. En revanche, des pays sans ressources autres qu'humaines, comme Singapour ou la Corée du Sud, ont réussi à s'industrialiser et à conquérir de haute lutte une part significative des marchés mondiaux.

Cette évolution contredit de façon flagrante la théorie classique du développement économique selon laquelle la croissance du Produit National s'expliquerait par la plus ou moins grande dotation en certains facteurs de production comme le capital, le travail qualifié et les matières premières. L'échec récent des pays disposant d'une rente pétrolière montre qu'il ne suffit pas de disposer de ces facteurs pour connaître le développement.

L'abandon de la théorie classique du développement va conduire les économistes à raisonner en termes de processus de développement. Les facteurs ne sont plus considérés comme des données naturelles mais sont eux-mêmes produits. Les stratégies et les politiques adoptées sont alors au centre de l'explication de l'évolution économique et les blocages au développement apparaissent alors largement comme la conséquence même de ces stratégies.

Taux de croissance annuel du PIB et taux de croissance de la population

	Taux moyen de croissance annuel du PIB (en %)			Taux de croissance annuel de la population (en %)
	1965-1973	1973-1980	1980-1985	1980-1985
Pays en développement	6,6	5,4	3,4	2
Afrique subsaharienne	4,5	3,2	1,1	3
Pays du Moyen-Orient et de l'Afrique du Nord non exportateurs de pétrole	5,6	7,1	3,5	2,7
Amérique latine	7,1	5,4	1,2	2,2
Chine	7,8	5,8	9,8	1,2
Inde	4	4,1	5,2	2,2
Corée du Sud	10	9,1	7,9	1,5

L'ensemble très complexe des expériences de développement peut, semble-t-il, être divisé en quatre grands groupes, chacun obéissant à une logique différente.

Le premier groupe est constitué des économies essentiellement africaines et antillaises, qui ont connu une régression du niveau de leur population. Leur dénominateur commun est l'impossibilité de dégager un seuil d'investissement productif capable d'augmenter la production au fur et à mesure de la croissance démographique.

Le deuxième groupe est constitué des économies de l'Amérique latine, du Maghreb et du Maachrek en voie d'industrialisation. Ces économies restent très dépendantes de l'exportation des produits primaires, mais elles ont utilisé une partie de ces recettes à la formation d'un appareil productif capable de couvrir leurs besoins internes. Ces économies effectuent donc avec plus ou moins de succès une « substitution à l'importation ».

Le troisième groupe est représenté par les deux plus grands pays du Tiers Monde : la Chine et l'Inde. La dimension de leur marché interne leur a permis d'effectuer jusqu'à la fin des années 1970 une politique largement autarcique.

Enfin, dans un quatrième groupe, nous trouvons les pays qui ont fondé leur développement sur la conquête des marché externes. Nous qualifierons ces économies d'extraverties.

Régression de l'Afrique noire

La logique d'une économie régressive peut être définie de la façon suivante. À un moment donné de son histoire, un pays ne parvient pas à dégager les ressources nécessaires au développement de son appareil productif, soit parce que ses dirigeants optent pour des politiques de consommation, soit parce que les revenus extérieurs, seuls capables de financer l'investissement, s'effondrent, soit enfin parce que le revenu national est tout juste suffisant pour assurer une consommation de survie à la population. L'absence de développement de la capacité de production entraîne alors une stagnation du produit national. Dans un contexte de croissance démographique élevé, une telle stagnation de la production entraîne une baisse du revenu moyen et rend plus difficile l'obtention des ressources nécessaires à l'investissement productif.

Une telle logique régressive peut être illustrée par l'expérience de la majorité des pays de l'Afrique noire et des Caraïbes durant les vingt dernières années. Ces pays n'ont pas réussi à dégager des ressources significatives pour augmenter leur capacité productive. Par exemple, entre 1973 et 1983, le taux de croissance annuel moyen de l'investissement intérieur brut des pays de l'Afrique noire n'a été que de 1,3 % par an. Il en est résulté un taux de croissance moyen de 1,8 %, inférieur aux 2,6 % de croissance de la population. Le revenu moyen a donc régressé pendant cette période au rythme annuel de 0,8 %.

Comment expliquer la stagnation de l'investissement productif ? Deux raisons peuvent être avancées : la faiblesse du revenu et la préférence donnée par les administrations publiques à la consommation.

Dans des situations d'extrême pauvreté qui caractérisent par exemple la zone saharienne ou des îles surpeuplées comme Haïti, la quasi-totalité du revenu va à la consommation sans qu'il soit possible de couvrir les besoins essentiels des populations. Dans ces conditions, il n'est pas possible de dégager un financement interne de l'investissement productif : en 1985, dix pays africains ont ainsi consommé davantage que leur produit national, la différence étant couverte par l'aide. Certes, des pays africains ont reçu des rentes minières ou pétrolières importantes durant cette période, comme le Nigeria, le Zaïre ou le Gabon. Mais ces pays ont souvent préféré utiliser leurs recettes externes à l'entretien d'administrations pléthoriques afin de préserver une certaine unité politique. Quand ces recettes ont été utilisées à des programmes d'investissement, ceux-ci, mal préparés et souvent surdimensionnés, ont abouti à de coûteux gaspillages. Ajoutons enfin qu'à partir du début des années 1980, la quasi-totalité des pays africains a connu une forte détérioration des termes de l'échange du fait de l'effondrement du cours des matières premières.

La faiblesse de l'investissement productif n'est toutefois pas suffisante pour expliquer celle de la production. Dans des sociétés largement rurales et dans des zones qui restent souvent sous-peuplées (comme en Afrique centrale), l'on pourrait penser qu'il est possible de faire face à la croissance démographique par une augmentation des superficies cultivées, sans investissement supplémentaire. Le drame de l'Afrique est que l'agriculture ne joue plus ce rôle stabilisateur. Les ponctions systématiques de l'administration sur les cultures d'exportation et la différence croissante entre revenus urbains et ruraux ont conduit à une vaste hémorragie des éléments les plus actifs des campagnes vers les zones urbaines. Mais du fait de l'absence d'investissement, ces zones urbaines ne génèrent que peu d'emplois productifs et la plupart des migrants ruraux vont simplement gonfler un vaste secteur dit « informel » constitué des petits commerces, des artisans et de tous ceux qui n'ont que des services personnels à offrir, des gardiens de voitures aux prostituées. Or ce secteur, s'il dispose souvent de revenus supérieurs à ceux des zones rurales, ne contribue guère à la production de biens capables de satisfaire la demande nationale.

Ce constat d'échec global demande bien évidemment à être nuancé. En fixant des prix d'achat aux producteurs suffisamment incitatifs, certains pays d'Afrique noire, comme la Côte-d'Ivoire ou le Cameroun, ont réussi à développer considérablement leurs exportations et à augmenter le niveau de vie de leur population. Toutefois, ces pays ont souvent entrepris des programmes d'investissement inconsidérés pour lesquels ils se sont lourdement endettés. Nous verrons d'autre part qu'à partir des années 1980 ils ont été durement touchés par la baisse du prix des matières premières.

L'échec relatif des politiques de substitution à l'importation

Dans la stratégie de substitution à l'importation, le pays cherche à augmenter sa capacité de production pour répondre aux besoins de son propre marché. Une telle stratégie suppose donc, à la différence des économies précédentes, une capacité significative à investir.

Une telle stratégie a été celle de l'Amérique latine à partir des années 1930, puis des pays du Maghreb et du Maachrek une fois que ces pays ont pu acquérir une certaine indépendance économique.

Ces politiques de substitution à l'importation ont connu des résultats inégaux. Dans de nombreux cas, comme au Maroc ou dans les pays latino-américains de dimension moyenne, elles se sont trouvées rapidement bloquées, ne parvenant à mettre en place que des industries de biens de consommation. Dans d'autres cas, comme ceux du Brésil et du Mexique, la substitution à l'importation a permis la mise en place d'un appareil productif diversifié, des industries de biens de consommation en aval aux industries lourdes en amont, en passant par la production de certains biens d'équipement.

Deux raisons peuvent expliquer ces différences.

En premier lieu, le financement de l'industrialisation dépendant des recettes d'exportation, la brusque chute du cours des matières premières peut fortement réduire l'investissement industriel comme les grands pays pétroliers en ont fait l'expérience pendant les années 1980.

En second lieu, la continuité du processus d'industrialisation supposerait que la demande globale croisse parallèlement à l'offre globale. En d'autres termes, la production industrielle devrait permettre une distribution des revenus et donc une demande capable d'absorber la production et susciter une nouvelle augmentation de la production. S'il n'en va pas ainsi, l'appareil productif risque d'être fortement sous-utilisé, ce qui conduit à bloquer toute expansion de la capacité de production.

Cette exigence n'est toutefois que rarement remplie par le pays qui s'industrialise. En effet un tel pays a besoin de recourir à des importations de biens d'équipement et de produits semi-finis. Or ces importations qui rentrent dans le coût de l'offre globale ne contribuent pas à l'augmentation de la demande. Le risque est donc qu'existe un déséquilibre permanent entre l'augmentation de la production et celle de la demande.

De l'exigence d'une augmentation parallèle de l'offre et de la demande globale, il résulte que la substitution à l'importation n'a de chance de durer que si, d'une part, le pays possède une demande importante préalable à l'industrialisation, et si, d'autre part, il réussit à produire lui-même rapidement les inputs industriels. Ces exigences n'ont été réalisées historiquement que par les grands pays d'Amérique latine, Brésil et Argentine, des années 1930 aux années 1960. Le Mexique dont l'industrialisation a été plus tardive, a réussi à mettre en place une industrie lourde pendant les années 1970 grâce à la forte augmentation de ses recettes pétrolières.

Que se passe-t-il si le pays ne dispose pas d'un marché intérieur suffisant pour absorber sa production industrielle ? Le cas le plus fréquent est celui du blocage : l'industrialisation se limite à la production des biens de consommation les plus courants (textiles, produits alimentaires). Mais si le pays dispose de recettes externes suffisamment élevées, il peut poursuivre son effort d'industrialisation sans que celui-ci soit justifié par l'expansion de son marché intérieur.

Le premier cas peut être illustré par l'exemple du Maroc. Ce pays ne dispose pas de ressources minérales (à l'exception des phosphates) lui permettant de financer une industrialisation en profondeur. En outre, son marché interne est limité par la taille de sa population, la faiblesse de son pouvoir d'achat et par de très grandes inégalités de revenus. Il en résulte que seule une fraction de sa population achète des biens manufacturés. La faiblesse des débouchés internes explique la faiblesse de l'investissement industriel et donc l'absence d'effets redistributifs. L'industrie marocaine reste ainsi largement cantonnée dans la production de biens de consommation.

L'Algérie constitue un cas différent. Ce pays a disposé à partir des années 1960 de recettes pétrolières importantes et ses dirigeants ont eu la volonté de les utiliser afin d'effectuer une industrialisation en profondeur, l'industrie lourde devant garantir l'indépendance économique. Les taux d'investissement algérien ont ainsi atteint pendant les années 1970 des records mondiaux (plus de 40 % du PNB), permettant à l'Algérie d'acquérir des équipements et des usines « clés en main » dans l'industrie lourde. Mais cette industrialisation par l'amont a conduit rapidement à de grands déséquilibres. Les unités de production étant achetées à l'étranger et n'employant que peu de salariés, les redistributions de revenus liées à l'industrialisation ont été particulièrement faibles. La demande globale n'a donc pu suivre la croissance de l'offre globale, d'autant plus que les industries de biens de consommation finale* n'étaient guère développées jusqu'à la fin des années 1970. Il en est résulté une forte sous-utilisation des équipements productifs. Ce mode d'industrialisation a été remis en cause à la mort du président Boumediene, un rééquilibrage étant effectué au profit des industries de biens de consommation.

Les inégalités contre les débouchés

Nous avons vu que la taille du marché interne constitue le principal obstacle à la politique de substitution à l'importation et que la taille de ce marché est d'autant plus réduite que les inégalités sociales sont fortes. Au Brésil, les 40 % les plus pauvres ne disposent que de 7 % du revenu national, alors que les 10 % les plus riches en disposent de la moitié. Une large partie de la population est donc exclue de la consommation des produits manufacturés alors que les plus riches se tournent vers des biens de luxe, le plus souvent importés. Dans les conditions d'une telle inégalité, l'industrialisation se trouve bloquée par l'absence d'une consommation de masse permettant de produire certains biens en grande série.

Comment expliquer une telle inégalité dans la répartition des revenus ? Dans des pays où la majorité de la population vit en zone rurale, les inégalités prennent largement leurs racines dans la situation foncière. Or, à cet égard, les inégalités sont flagrantes. L'on estime qu'au Brésil, 1 % des exploitations disposent de plus de 40 % des terres alors que la moitié des exploitations les plus petites n'en possèdent que moins de 3 %. Une telle inégalité peut être également observée avec des modalités différentes en Colombie, au Mexique et au Maroc. Elle conduit au rejet d'une partie de la population rurale vers les zones urbaines ou vers des zones difficilement exploitables (forêt amazonienne, hautes vallées andines). Pour comprendre le rôle des inégalités foncières, il est instructif de comparer la situation brésilienne avec celle des États-Unis. Au XIXe siècle, ceux-ci ont offert de la terre à tous ceux qui s'engageaient à la cultiver. Il en est résulté à la fois la création d'une classe de propriétaires ruraux offrant des débouchés à l'industrie naissante et un relèvement des salaires, ceux-ci devant être suffisamment incitatifs pour que les salariés ne cherchent pas à s'établir comme travailleurs indépendants. Ce relèvement des salaires a permis une mécanisation de la production tout en relevant la demande globale. À l'inverse, au Brésil, l'inégalité foncière a conduit à un dualisme dans le mode de consommation, les grands propriétaires achetant des produits de luxe importés et les *minifundarios* ne pouvant acheter aucun bien manufacturé. De plus, l'expulsion des *sans terres* du monde rural a pesé fortement sur le niveau des salaires et donc sur le niveau de la demande globale.

Quand son marché apparaît bloqué, le pays en voie d'industrialisation peut rechercher à l'extérieur les débouchés qu'il ne trouve pas à l'intérieur. Une telle politique d'extraversion peut être également imposée au pays qui connaît des crises financières externes récurrentes, une situation devenue la règle à partir du début des années 1980.

Ces politiques d'ouverture vers le marché externe dans des économies semi-industrialisées, qui jusqu'alors avaient poursuivi une politique de substitution à l'importation, ont rarement été probantes. En effet, la faible productivité de ces pays, due en partie aux pratiques protectionnistes antérieures, les prépare mal à affronter la concurrence extérieure. Quant à l'abandon des politiques fortement protectionnistes, elle conduit le plus souvent à l'élimination de larges pans de l'économie nationale.

Les grands pays à développement introverti

Malgré la différence de leurs options politiques, l'Inde et la Chine ont connu une évolution économique somme toute comparable. Ces pays qui ne disposaient au début des années 1950 d'aucune réelle structure industrielle ont réussi dès les années 1970 à construire un appareil productif très diversifié, allant de l'industrie lourde à la production des biens de consommation. De plus ces deux pays ont échappé presque totalement à la domination économique étrangère.

Croissance de la production en Inde et en Chine

	PIB		Agriculture		Industrie	
	1965-73	1973-84	1965-73	1973-84	1965-73	1973-84
Chine [1]	7,8	6,6	2,8	4,9	12,1	8,7
Inde	3,9	4,1	3,7	2,3	3,7	4,4

1) Les données statistiques chinoises doivent être considérées avec précaution.

Source : Banque Mondiale.

Une telle réussite n'a été possible que par la conjonction de quatre facteurs : l'existence d'un marché interne préalable, la disponibilité de ressources suffisantes sur le territoire national, la prise en charge par l'État des grands secteurs porteurs de développement et la protection douanière.

L'existence d'un marché préalable s'explique pour la taille de la population qui permet de compenser la faiblesse des revenus industriels. Les débouchés internes permettent d'envisager la mise en place d'un appareil productif d'emblée très diversifié et pouvant travailler à pleine capacité.

L'Inde comme la Chine ont pu tirer de leur sous-sol des ressources minières leur assurant une réelle autonomie. L'Inde, importatrice de pétrole, a fondé son développement sur l'énergie tirée du charbon. Dans ces deux pays l'agriculture a permis d'assurer le financement de l'industrialisation soit par des prélèvements directs, soit par la fiscalité, soit par le jeu des prix d'achat au producteur.

La prise en charge par l'État d'une large partie des secteurs de l'industrie en Inde et de la quasi-totalité de la vie économique en Chine jusqu'à la fin des années 1970 a permis d'imposer des stratégies industrielles à long terme fondées sur l'industrie lourde.

Enfin, la protection douanière a garanti un marché captif et des positions de monopole aux unités de productions nationales, ce qui certes a conduit à des faibles taux de productivité, mais a permis aux entreprises une planification à long terme de leurs investissements.

La réussite des grands pays à développement introverti s'explique donc en dernière analyse par l'internalisation de la dépense des revenus suscités par l'industrialisation : tous les revenus, tous les coûts créés par l'industrialisation ont permis de gonfler la demande globale permettant à celle-ci de croître parallèlement à la production.

Au début des années 1980, l'on constate toutefois en Inde comme en Chine une remise en cause générale de l'industrialisation planifiée et autarcique. C'est que ces pays doivent alors faire face à deux problèmes. D'une part, ils doivent acquérir à l'extérieur une technologie occidentale sophistiquée (électronique, matériel de transport, énergie) nécessaire à la poursuite de leur croissance, mais qu'ils sont incapables de produire par eux-mêmes. D'autre part, les prises de décision industrielles risquent d'être gênées par les procédures bureaucratiques. La planification par l'État se révèle beaucoup trop lourde pour gérer des systèmes économiques de plus en plus complexes demandant des réglages fins et instantanés.

Ces problèmes expliquent la nécessité pour ces pays de pratiquer une ouverture suffisante afin d'échanger des technologies de pointe contre des matières premières ou des produits peu sophistiqués comme les textiles. La Chine est ainsi devenue le premier exportateur parmi les pays en voie de développement bien que ses exportations ne dépassent pas 10 % de son PNB. Par ailleurs, l'Inde et surtout la Chine ont cherché à introduire une gestion plus décentralisée des entreprises publiques de façon à permettre une certaine régulation par le marché. Mais ce « marché » reste souvent illusoire, car, d'une part, les grandes entreprises étatiques conservent toujours une position de monopole et d'autre part l'administration continue à fixer les prix de base.

Les stratégies d'extraversion

La stratégie d'extraversion repose sur la conquête des marchés extérieurs et la sous-traitance internationale. Elle n'a été entreprise que pour un petit nombre de pays du Tiers Monde : la Corée du Sud, Singapour, Taïwan, Hong Kong et la Malaisie. Il s'agit donc de petits pays ne disposant souvent pas de marché interne justifiant une industrialisation introvertie.

Cette stratégie d'extraversion mérite une mention spéciale dans la mesure où les pays qui ont suivi une telle voie ont enregistré des records mondiaux en terme de croissance industrielle. La Corée du Sud et Taïwan ont ainsi réussi, en une vingtaine d'années, à effectuer une Révolution Industrielle en profondeur. Il serait toutefois naïf de croire, comme nous allons le voir, qu'il suffit d'opter pour une stratégie d'extraversion pour connaître des taux de croissance élevés.

Qu'est-ce qui conduit un pays à opter pour une stratégie d'extraversion ?

Taux de croissance annuel moyen de la production et des exportations des pays industriels extravertis

	PIB		Sect. manufact.		Exportation	
	1965-73	1973-84	1965-73	1973-84	1965-73	1973-84
Corée du Sud	10	7,2	21,1	11,5	31,7	15,1
Hong Kong	7,9	9,1	8,4	8	11,7	12,9
Singapour	13	8,2	17,6	8,6	11	7,1

Source : Banque Mondiale.

Les raisons en sont à la fois externes et internes.

La cause externe a été créée par la situation de l'emploi des grands pays industriels pendant les années 1960. Ces pays connaissaient alors une très forte tension sur leur marché du travail dont le résultat a été une progression rapide des coûts salariaux. Il était alors tentant de délocaliser une partie des opérations de productions demandant de larges quantités de main-d'œuvre non qualifiée vers des pays aux coûts salariaux réduits.

Cette délocalisation de la production ne s'est effectuée toutefois que vers un petit nombre de pays. C'est que la faiblesse des coûts salariaux ne constitue pas un critère suffisant de délocalisation. Aucune entreprise n'a jamais songé à monter des téléviseurs en Centrafrique alors que les salaires y sont dérisoires.

Au point de vue de l'entreprise qui cherche à se délocaliser trois critères apparaissent en effet essentiels : la position géographique, l'existence d'infrastructures et la législation envers le capital étranger.

La délocalisation économique suppose tout d'abord une position géographique permettant des coûts de transport réduits. Toutes les zones de délocalisation sont ainsi situées dans des grands ports : Singapour, Hong Kong ou Pusan.

En second lieu, l'installation d'unités productives n'est envisageable que si existent des infrastructures économiques de base : installations portuaires, ateliers de réparation, réseau de télécommunication, etc. L'on notera que les zones dans lesquelles la délocalisation a été effectuée sont soit d'anciens ports de la marine de guerre (Singapour ou Hong Kong) soit des pays où les Américains ont mis en place des infrastructures de base durant la guerre froide comme Taïwan ou la Corée du Sud.

Ces conditions ne sont toutefois pas suffisantes. Elles sont, par exemple, remplies par des ports comme Casablanca ou Dakar sans que ceux-ci aient connu une industrialisation impulsée de l'extérieur. Celle-ci suppose ce que nous appellerons une politique volontariste d'extraversion. En effet, à l'exception de Hong Kong, ce ne sont pas tant les initiatives privées que l'administration publique qui est à l'origine de la stratégie d'extraversion. Cette stratégie publique s'est effectuée à plusieurs niveaux. Tout d'abord, par des politiques d'encadrement salarial, de façon que la progression des salaires n'érode pas la compétitivité externe et les marges d'autofinancement des entreprises exportatrices. En deuxième lieu par une politique de soutien et de garantie au capital étranger par le jeu des dégrèvement fiscaux et des « joint ventures ». En troisième lieu par une politique de régulation des taux de change. De plus la politique d'investissement de l'État a eu un rôle stratégique pour la mise en place d'infrastructures et pour se substituer au capital privé défaillant dans des entreprises à risque élevé. Enfin les politiques d'extraversion se sont accompagnées de politiques de substitution à l'importation dans des pays qui, comme la Corée, disposent de marchés internes d'une certaine taille. En définitive la réussite industrielle de ces pays s'explique par leur capacité à substituer au marché national défaillant des marchés extérieurs en expansion.

L'aggravation de la crise du Tiers Monde depuis 1980

Malgré de forts taux de croissance démographique, la plupart des pays en voie de développement (à l'exception des pays d'Afrique noire) ont connu des taux de croissance positifs de leurs produits par tête pendant les années 1970. Les raisons en ont été l'augmentation du prix des matières premières entraînée par le pétrole et la possibilité d'obtenir des transferts des capitaux à de faibles taux d'intérêt. Mais cette conjoncture relativement favorable a pris fin au début des années 1980 pour des raisons à la fois internes et externes aux pays en voie de développement.

Évolution du produit par tête en %

	1981	1982	1983	1984	1985	1986
Afrique	– 1,3	– 2,4	– 4,9	– 1,5	– 0,9	– 1,4
Asie	3,4	2,6	4,6	6,0	4,3	2,6
Moyen-Orient	– 5,7	– 4,4	– 3,1	– 2,5	– 3,9	– 3,2
Amérique latine	1,2	3,2	5,3	0,8	1,5	0,5

Source : FMI.

Au niveau externe les pays en voie de développement ont dû subir une forte dégradation de leurs termes de l'échange, la montée du protectionnisme des pays du Nord et un alourdissement du poids de leur endettement. Au niveau interne ils n'ont pas pu ou pas su mettre en œuvre des politiques leur permettant de développer leur appareil productif et de couvrir les besoins essentiels de leur population. Bien évidemment il existe une grande interdépendance entre ces causes. D'une part la baisse des termes de l'échange et le poids de l'endettement ont réduit considérablement les possibilités de financement de l'investissement interne. D'autre part l'échec des politiques d'industrialisation n'a pas permis aux pays en voie de développement d'être compétitifs sur le marché mondial.

Baisse des cours et montée du protectionnisme

Les matières premières représentent les quatre cinquièmes des exportations du Tiers Monde. Or les prix réels de celles-ci ont connu une chute de 20 % entre 1984 et 1985 et de 15 % en 1986, les faisant tomber au niveau le plus bas de l'après-guerre. Certaines matières premières ont été particulièrement touchées. Depuis 1980 les cours du coton ont diminué de 45 %, ceux du coprah de 50 %, ceux du cuivre de 40 %, ceux de l'étain de 65 %, ceux du fer de 20 %, ceux du nickel de 45 %, ceux des phosphates de 25 % et ceux du sucre de 30 %. Or moins de 10 % de la baisse des recettes des pays exportateurs a été couvert par des financements compensatoires (Stabex et mécanisme de financement compensatoire du FMI).

La baisse des cours résulte d'un mécanisme de marché, l'offre augmentant et la demande diminuant.

L'augmentation de la production des produits agricoles tropicaux a été de 8 % en 1984-1985. Les raisons en sont l'augmentation des exploitations, augmentation due aux cours soutenus des années 1970, ainsi que les fortes augmentations de productivité obtenues par certains pays (Inde, Malaisie, Indonésie).

La diminution de la demande est due à la stagnation économique mondiale et, dans le cas des métaux, par l'apparition de matériaux nouveaux. Alors que la production industrielle mondiale a augmenté de 13 % depuis 1980, la consommation des métaux traditionnels a régressé de 1 %.

La baisse du cours des matières premières est responsable de la forte dégradation des termes de l'échange des pays du Sud. D'après le Fonds Monétaire International les termes de l'échange auraient baissé de 30 % pour l'ensemble des

PVD entre 1984 et 1986 (soit 17 % pour les pays importateurs de pétrole et 45 % pour les pays exportateurs de pétrole).

Depuis 1974 les mesures protectionnistes des pays du Nord se sont renforcées dans les secteurs menacés par les exportations du Sud comme l'acier, les chaussures et les textiles. La proportion des importations en provenance des pays du Sud et soumises à restriction a plus que doublé depuis 1980 aux États-Unis et elle a augmenté de 38 % dans les pays de la CEE.

D'autre part les exportations agricoles du Tiers Monde sont rendues difficiles par les subventions versées par les pays industriels à leurs propres producteurs.

La recrudescence des mesures protectionnistes représente pour les grands pays exportateurs du Tiers Monde un coût qui peut être équivalent au service de la dette. D'après certaines estimations la suppression des barrières tarifaires et non tarifaires permettrait aux pays en voie de développement d'augmenter leurs recettes d'exportation d'un montant de 35 milliards de $ par an soit plus que l'aide publique des grands pays industriels.

Il faut toutefois souligner que les mesures protectionnistes des pays du Nord touchent surtout les grands pays semi-industrialisés du Sud (Inde, Brésil, Corée) et non pas les pays les moins avancés.

Un ajustement financier compromis

Le montant de l'endettement des PVD est estimé au début 1988 à 900 milliards de $ (1 000 milliards de $ si l'on inclut certains pays de l'Europe du Sud) dont 147 milliards pour l'Afrique, 282 milliards pour l'Asie, 75,5 milliards pour le Moyen-Orient et 392 milliards pour l'Amérique latine.

En 1987 l'on estime que le service de la dette (versement des intérêts et amortissement du capital) a représenté 30 % des exportations de l'Afrique subsaharienne (contre 15 % en 1980) et 40 % des exportations des pays les plus endettés (contre 30 % en 1980). Le respect des engagements financiers nécessiterait une ponction nette de 132 milliards de $ en 1987 sur les revenus des PVD, alors que ces pays ne sont pas parvenus en 1986 à dégager un solde commercial positif et que leurs transactions courantes ont accusé un déficit de 72 milliards de $.

Malgré une baisse de 5 points des taux d'intérêt internationaux entre 1984 et 1987, baisse qui a permis aux pays débiteurs d'épargner 18 milliards de $, ces pays ne peuvent plus aujourd'hui augmenter leur endettement net, soit par manque de crédibilité financière, soit du fait d'importantes fuites vers les pays du Nord des capitaux empruntés. Les « transferts » de capitaux vers le Sud ont aujourd'hui surtout pour objectif de ne pas interrompre le service de la dette afin d'éviter la faillite des banques créancières et d'assurer la survie du système financier mondial.

Ces causes externes de la crise auront des effets d'autant plus catastrophiques que les pays n'ont pas su mettre en place les bases solides d'un développement interne. Alors que la crise mondiale ne touche guère les grands pays à développement introverti, Inde et Chine, dont le taux de croissance augmente, elle touche en revanche de plein fouet les pays les moins avancés, les pays exportateurs de matières premières et tous les pays qui cherchent à financer une politique de substitution à l'importation par leurs recettes d'exportation.

La situation des pays les moins avancés de l'Afrique noire ou des Caraïbes est à cet égard la plus préoccupante. Leur produit national se révèle de plus en plus insuffisant pour couvrir les besoins essentiels de leur population. Dans ces conditions le niveau de l'investissement ne peut que régresser rendant impossible toute augmentation future de la production. Ces pays risquent donc de connaître une nouvelle baisse de leur produit par tête. Stagnante dans son montant, inégale dans sa distribution, inefficace du fait de la faible capacité d'absorption de ces pays, l'aide internationale ne pourra compenser cette dégradation.

La situation des pays semi-industrialisés effectuant une substitution à l'importation est également inquiétante. Ces pays ont gaspillé une large partie des capitaux qu'ils ont pu obtenir pendant les années 1970 par la vente de matières premières ou grâce à l'endettement. À partir des années 1980 ces pays ont vu se réduire les transferts nets de capitaux à leur profit, ces transferts devenant même négatifs pour certains pays. Dans ces conditions les politiques d'ajustement financier se sont substituées aux stratégies d'industrialisation.

Ces politiques d'ajustement financier, le plus souvent mises en œuvre sous l'égide du Fonds Monétaire International sont fondées sur une réduction de la demande globale et une réallocation des ressources internes vers l'exportation. Or ces politiques se révèlent très dangereuses dans la mesure où elles conduisent à une réduction des investissements qui ne peut qu'entraîner une baisse de la production et rendre donc de plus en plus difficile l'ajustement financier. Plus fondamentalement ces pays semi-industrialisés ne possèdent pas de stratégie alternative à opposer aux exigences du FMI dans la mesure où leur stratégie d'industrialisation repose sur l'apport de capitaux extérieurs et non pas sur la dynamique de leur marché interne.

Quel avenir pour le Tiers Monde ?

En matière de développement les experts ont toujours eu une propension élevée à l'erreur. L'on peut toutefois avancer que l'avenir des pays en voie de développement jusqu'à la fin du siècle va dépendre de trois facteurs : le facteur démographique, le facteur technique et les politiques mises en œuvre.

L'évolution démographique est la plus facilement prévisible, car elle dépend de mouvements longs qui sont déjà inscrits dans la structure présente des populations. D'après la Banque Mondiale, le taux de croissance démographique des pays les plus pauvres devrait se ralentir jusqu'à l'an 2000. Le taux annuel d'accroissement atteindrait ainsi 1,8 % pour l'Inde (contre 2,3 %) pour la décennie précédente ; 1,2 % pour la Chine (contre 1,5 %), 1,9 % pour le Brésil (contre 2,3 %). Les raisons d'une telle évolution sont la diffusion des méthodes de planning familial et la progression de la part de la population urbanisée, celle-ci devant réduire la taille de la cellule familiale du fait des coûts élevés de logement et d'éducation. Toutefois, le taux de croissance des populations d'Afrique noire devrait connaître une légère progression, passant de 2,8 % à 3 % du fait de l'absence de politique de planning familial et de la probable réduction de certaines formes de mortalité, en particulier infantile. En l'an 2000, l'Inde comptera 1 milliard d'habitants, la Chine 1 milliard 250, le Brésil 300 millions et le Mexique 200 millions. Le Tiers Monde sera alors peuplé de 5,5 milliards d'habitants alors que les pays industriels n'en compteront qu'un peu plus d'un milliard.

Les conséquences d'une telle évolution démographique sont plus difficilement prévisibles. L'on peut penser sans risque d'erreur qu'elle accélérera la dégradation écologique d'une large partie de la zone sahélienne et intertropicale. La grande question est bien évidemment de savoir de quel poids le déséquilibre démographique entre pays du Nord et du Sud pèsera dans les négociations internationales, pour ne pas parler des conflits mondiaux. Par exemple, en l'an 2000, le Maghreb comptera près de 90 millions d'habitants dont les conditions de vie risquent de se détériorer, la France 60 millions. Sera-t-il toujours possible d'endiguer les flux de migrants ?

L'évolution des techniques constitue un paramètre essentiel pour les pays du Sud durant les deux prochaines décennies, mais les effets globaux de cette évolution restent incertains. Tout d'abord, l'on ne peut exclure que soient mises au point de nouvelles technologies favorisant le développement dans le domaine agricole, énergétique et industriel. Une évolution prometteuse est ainsi la miniaturisation des équipements dans certaines branches qui devrait permettre d'adapter l'appareil productif à des marchés de faible dimension. Toutefois, l'expérience passée montre que la technologie est impuissante à promouvoir le développement s'il n'existe pas au préalable des structures socio-économiques capables de l'absorber. Par exemple, malgré la mise au point de nouvelles techniques, les structures foncières de l'Afrique noire continueront sans doute à s'opposer à la mise en place de *Révolutions vertes.* Une caractéristique plus inquiétante de l'évolution des techniques mondiales est l'automatisation croissante des pays du Nord qui fait rapidement disparaître l'avantage comparatif autrefois conféré aux pays à faibles coûts salariaux. Nous avons également vu que l'apparition de matériaux nouveaux (plastiques, fibres synthétiques, fibres de verre...) réduit considérablement la demande de certaines matières premières produites par le Tiers Monde.

Les stratégies mises en œuvre constituent toutefois l'élément déterminant de l'avenir des pays en voie de développement. Il convient de distinguer la politique des pays du Nord envers ceux du Sud et la stratégie élaborée par les pays du Sud.

La politique des pays du Nord envers ceux du Sud est restée jusqu'à présent ambiguë, mais somme toute égoïste. Le montant de l'aide des pays de l'OCDE plafonne à 32 milliards de $ et plus de la moitié de cette aide revient aux pays donateurs sous forme d'une demande de biens d'équipement ou produits alimentaires. D'autre part, les pays créanciers pressent les pays débiteurs d'honorer leur dette sans que ceux-ci en aient les moyens du fait de la baisse du prix des matières premières et de la mise en œuvre des politiques protectionnistes dans les pays industriels. Nous avons vu que, dans ces conditions, la mise en œuvre de politiques d'ajustement ne peut qu'accentuer la crise des pays du Sud et donc multiplier les défauts de paiement. Ceux-ci ont jusqu'à présent été évités par le réaménagement des dettes et l'octroi systématique de nouveaux crédits permettant aux pays endettés d'honorer leurs créances. Mais une telle politique ne peut être indéfiniment reconduite puisqu'une partie de plus en plus importante des créances ne possède plus qu'une valeur fictive.

À quoi est due une telle pusillanimité des pays du Nord dans leurs relations avec les pays du Sud ? Une des raisons quelquefois avancées est que les contribuables sont mal préparés à accepter une augmentation massive de l'aide, mais cette thèse demanderait à être prouvée. Peut-être plus fondamentale est l'expérience de l'échec des différentes politiques en faveur des pays en voie de développement. Nous savons que l'aide possède de nombreux effets pervers comme celui de décourager les producteurs potentiels par la fourniture de biens gratuits, en particulier au titre de l'aide alimentaire. Le transfert massif de capitaux se heurte à la faible capacité d'absorption de nombreux pays : il ne sert pas à grand-chose d'offrir des usines si celles-ci ne disposent pas d'infrastructures préalables de communications ou de sous-traitance, ne possèdent pas de techniciens pour les faire fonctionner et n'ont pas de marché pour écouler leurs productions. Enfin, l'ouverture des frontières aux exportations des pays du Sud ne peut profiter en tout état de cause qu'à un petit nombre de pays semi-industrialisés comme le Brésil, l'Inde ou la Corée du Sud, et à l'intérieur de ceux-ci aux secteurs et aux groupes sociaux les plus dynamiques. Une telle ouverture, par ailleurs souhaitable, risque de rester sans effet sur les groupes les plus défavorisés qui n'ont rien à offrir sur le marché mondial.

Il est donc aujourd'hui clair que le problème du développement ne pourra être résolu à l'extérieur des pays du Tiers Monde et qu'il ne peut l'être que par ces pays eux-mêmes. Sans revenir sur les analyses antérieures, il semble que l'on puisse tirer quatre enseignements des trois dernières décennies.

En premier lieu, il n'existe pas de modèle unique de développement. Il serait bien évidemment absurde de demander à un petit pays sans ressources naturelles de suivre le même schéma de développement que celui d'un grand pays comme l'URSS ou la Chine. Il s'est révélé également absurde d'abandonner une politique protectionniste si l'industrie nationale ne peut prétendre être concurrentielle sur le marché mondial.

En deuxième lieu, les politiques de développement ne sont pas parvenues à satisfaire des besoins aussi essentiels que manger à sa faim, posséder un toit en dur, pouvoir être soigné ou avoir accès à l'éducation pour l'ensemble de la population. À cet égard, la Chine fait exception, les autres pays (sauf ceux à très fort taux de croissance comme la Corée du Sud) n'ayant pu empêcher le développement de larges zones de pauvreté. Il serait illusoire de croire que la croissance est capable en elle-même de faire disparaître de telles inégalités.

En troisième lieu, si le développement ne saurait se réduire à la croissance de la production, car il concerne des aspects aussi essentiels que la répartition du revenu national, la dépendance nationale et l'évolution de la culture, force est de constater que n'existe pas de développement sans croissance et que la croissance repose elle-même sur une double exigence : la possibilité de dégager un niveau suffisant d'investissements et l'existence d'un marché, interne ou externe, capable d'absorber le supplément de production.

La dernière question à poser est de savoir pourquoi les pays en voie de développement ont si peu tenu compte de telles leçons. La réponse à cette question est double : elle vient d'une part des structures mêmes des pays qui rendent par exemple impossible de dégager un seuil minimum d'investissement, et d'autre part des intérêts des classes dirigeantes qui peuvent différer des objectifs plus généraux du développement.

Le pouvoir économique peut être exercé par quatre types de groupes : celui des intérêts étrangers, celui des grands propriétaires fonciers, celui des industriels indigènes, et celui de l'administration. Il n'est guère besoin de démontrer que les trois premiers groupes d'intérêt ne correspondent généralement pas aux objectifs de développement que se donne l'ensemble d'une société, et en particulier les groupes les plus déshérités. Une des leçons des trente dernières années est qu'il peut en aller de même pour les pouvoirs dont la légitimation vient de l'État. L'expérience de l'Afrique noire montre que ces groupes peuvent avoir pour stratégie de maximiser leurs revenus propres à des fins de consommation, et cela au détriment du secteur productif (en l'occurrence l'agriculture). Dans d'autres cas, comme celui de l'Algérie, le pouvoir étatique peut être exercé par de petits groupes de technocrates, certes soucieux du bien public, mais qui, non contrôlés par des instances démocratiques, peuvent opter pour des stratégies inadaptées aux besoins exprimés par les populations. À ce cas peut toutefois être opposé celui de la Corée du Sud, où la technocratie au pouvoir à partir de 1961 a permis l'obtention d'une croissance forte.

Il convient également de noter que les années 1980 ont vu l'éclosion d'un processus de démocratisation en Amérique latine. Il est toutefois difficile d'en estimer les conséquences sur les stratégies économiques adoptées.

■ Pour en savoir plus

Banque Mondiale : *Rapport sur le développement dans le Monde* (annuel).
G. Grellet, *Structures et stratégies du développement économique,* Paris, Presses Universitaires de France, 1986.
P. Guillaumont, *Le développement économique,* Paris, P.U.F., 1985.
H. Rouille d'Orfeuil, *Le Tiers Monde,* La Découverte, 1987.
La Revue *Tiers Monde* (trimestrielle) publie des articles fondamentaux sur les problèmes du développement et les économies du Tiers Monde.

Explosion ou déclin démographique ?

M.-L. Lévy

Peu de questions ont été autant obscurcies par les passions et les préjugés que celle de la croissance démographique des peuples. Qu'on l'attribue à la providence divine, ou à la vigueur sexuelle, le phénomène touche aux fibres les plus intimes de la personnalité, ce qui ne prédispose pas à la rigueur scientifique.

Un des drames de l'histoire de la connaissance fut le divorce, prononcé après Malthus (1766-1834), entre l'économie et la démographie. Il explique l'aveuglement complet avec lequel le monde aborda la *deuxième transition démographique,* qu'on a appelé aussi l'*explosion démographique du Tiers Monde.*

Une des raisons de ce divorce est que les deux disciplines n'ont pas la même conception du temps : le court terme des démographes est un moyen terme pour les économistes. Pourtant certains phénomènes relèvent des deux : la succession des générations, l'accumulation de l'épargne, la consommation selon l'âge, les questions de retraite et d'héritage. Ces questions furent étudiées au XVIIIe siècle par les mêmes savants, qu'économistes et démographes considèrent à la fois comme les fondateurs de leur discipline.

L'un d'eux avait le génie suffisant pour faire la synthèse nécessaire, mais le destin voulut que le marquis Jean-Antoine de Condorcet (1743-1794) n'eut le temps d'écrire qu'une *Esquisse d'un tableau historique des progrès de l'esprit humain,* où il annonçait des progrès qui allaient mettre deux siècles à s'étendre à l'espèce humaine.

La première révolution démographique

Le principal de ces progrès était le recul de la mort, l'allongement de la vie humaine. Dans le temps où Condorcet rédigeait fébrilement le plan de l'ouvrage qu'il ne put écrire, un médecin anglais, Edward Jenner (1749-1823), remarquait que l'inoculation du *cow-pox,* maladie des vaches, conférait à l'homme l'immunité contre la variole, et qu'il n'était donc pas nécessaire, comme on le faisait depuis un demi-siècle, de lui inoculer la variole humaine. La *vaccine* était inventée, qui allait, mieux que toutes les philosophies, être un pas essentiel vers une utopie séculaire : écarter l'Ange exterminateur.

Mais le XIXe siècle ne retint pas la leçon que Condorcet lui avait donnée : raisonner aux dimensions de l'espèce humaine. Malthus, ses amis et ses adversaires, économistes classiques ou théoriciens socialistes, opposèrent la croissance démographique des riches, sage et lente, à celle des pauvres, effrénée et rapide. Les notables français, forts de ses leçons, se réjouirent que la France se situât du côté des riches : sa population, qui avait été de loin la plus élevée d'Europe, Russie exceptée, ce qui avait permis à Napoléon de tenir tête à toutes sortes de coalitions, augmentait lentement, tandis que les populations anglaise, allemande ou italienne, pour ne parler que d'elles, se multipliaient rapidement, faisant ainsi preuve, aux yeux des salons parisiens, de leur arriération et de leur analphabétisme.

À vrai dire, cette rapidité même nous paraît rétrospectivement toute relative. Aucune population d'Europe ne crût jamais durablement plus vite que 1 % par an, 1,5 % par an au grand maximum, atteint en Italie et en Allemagne à la fin du siècle, et réduit simultanément par l'émigration outre-Atlantique.

Il faut à ce stade faire de l'arithmétique élémentaire. Une population qui croît de 1 % par an double en 70 ans, une population qui croît de 2 % par an double en 35 ans et ainsi de suite : le produit des deux chiffres fait toujours 70. Le taux de croissance est, aux migrations extérieures près, la différence entre le taux de natalité et le taux de mortalité. Quant à la durée de doublement, elle se compare à celle qui sépare deux générations, c'est-à-dire la naissance des parents de celle des enfants, durée qui est de l'ordre de 30 ans. Autrement dit, à 1 % par an, doublement en 70 ans, si on imagine un écolier de dix ans apprenant quelle est la population de son pays, ce n'est que s'il atteint l'extrême vieillesse qu'il la saura doublée. Tandis qu'à 2 %, doublement en 35 ans, c'est au moment où il a lui-même ses propres enfants à l'école qu'il le constate avec surprise.

Raisonner à l'échelle du pays fut bientôt la spécialité des élites françaises. Mais, de malthusiennes qu'elles étaient sous Louis-Philippe, elles devinrent natalistes et populationnistes après le Second Empire, quand la « revanche » de la défaite de 1870 devint l'obsession nationale. Elles le devinrent d'autant plus, que le courant opposé, favorable à la régulation des naissances, dont le mot d'ordre était « la grève des ventres » contre la « chair à canon », s'identifia à la révolution anarchiste et à l'immoralité libertaire, ce qui ne pouvait que choquer les conformismes bien-pensants.

En fait, ce qui avait été successivement considéré comme un avantage, puis un handicap français, devint ce qu'il était : une simple avance. Avec un demi-siècle de retard, et tandis que les travaux de Pasteur (1822-1895) et de Koch (1843-1910) portaient des coups décisifs aux maladies infectieuses, l'Angleterre suivit la France dans la voie de la réduction de la fécondité, elle-même suivie dans les décennies suivantes, au début du XXe siècle, par l'Allemagne et l'Europe centrale, puis par l'Italie et l'Europe méridionale et orientale. Entre-temps, la France était devenue moins peuplée et plus vieillie que ses voisines, et il fallut l'aide, trois ans durant, des jeunes Russes, et la quatrième année des jeunes Américains, pour terrasser l'Empire allemand, dont la France avait laissé la population doubler à ses frontières.

Ce qu'on a coutume d'appeler l'inertie démographique résulte de simples constatations d'arithmétique, appliquées à des phénomènes qui ont l'échelle de la vie humaine. Quand la mortalité se réduit, à la suite de mesures d'hygiène ou de santé publique, cela ne réduit pas immédiatement la fécondité, qui résulte de phénomènes religieux ou culturels. Quand la fécondité, c'est-à-dire le nombre d'enfants par couple, se réduit enfin, cela ne réduit la natalité, c'est-à-dire la proportion d'enfants dans la population, qu'une génération plus tard. Entre-temps en effet, le nombre devenu plus grand de parents compense provisoirement la baisse de la fécondité. Quand les taux de natalité et de mortalité se réduisent ensemble, cela ne réduit pas forcément leur différence, le taux d'accroissement. Il faut que ces deux taux s'arrêtent de baisser, celui de mortalité au voisinage de l'inverse de l'espérance de vie (1/70 = 14,3 pour 1 000), celui de natalité à un niveau voisin, correspondant en général à une fécondité stationnaire, de l'ordre de deux enfants par couple de deux parents, pour qu'enfin la croissance démographique revienne à la vitesse modérée qu'elle avait eue pendant des millénaires, sous l'effet des quatre cavaliers de l'Apocalypse, famine, épidémies, cataclysmes, guerres.

Transition à l'occidentale

Ce processus a été désormais à peu près parcouru par l'ensemble des pays qu'on appelle « développés », de façon extraordinairement variée : grosso modo la période d'accroissement maximal, coïncidant avec celle d'émigration maximale, a été la fin du XVIIIe siècle pour la France, le milieu du XIXe siècle pour l'Angleterre et les pays protestants d'Europe du Nord, la fin du XIXe siècle pour les pays catholiques d'Europe centrale, puis le début du XXe siècle pour l'Europe méridionale et orientale. Ces décalages ont contribué à des turbulences politiques considérables, débouchant sur l'hécatombe de 1914-1918.

Cette première révolution démographique, moteur essentiel de la croissance de la population mondiale, passée de 1 milliard en 1830 à 2 milliards en 1930, a fait place aujourd'hui à la seconde, celle des pays en développement. Mais entre les deux, il y a celle de deux pays charnières, la Russie et le Japon.

À la veille de la guerre de 1914 et de la Révolution de 1917, la Russie s'apparentait aux autres pays d'Europe orientale. La croissance démographique considérable, contribua à une sorte de colonialisme interne, dirigé vers les terres vierges de Sibérie, mais fut stoppée net par une succession de cataclysmes démographiques unique au monde, guerre extérieure, guerre civile, massacres et famines, grande guerre patriotique. Du coup la population de l'URSS a relativement peu augmenté : à territoire constant, de 165 millions en 1913 à 191 millions en 1938, 173 millions en 1945. La croissance la plus vive a eu lieu depuis (284 millions en 1987).

Le cas du Japon est opposé : surpeuplé au XIXe siècle avec 26 millions d'habitants, son ouverture au commerce avec l'Occident et au monde moderne a permis d'accroître prodigieusement la population, dans une ambiance idéologique conservatrice et nationaliste, jusqu'à 73 millions en 1940. Mais après Hiroshima, le Japon est passé d'un extrême à l'autre, avec la loi « eugénique » de 1948. Sur la lancée, la population a continué à croître (122 millions en 1987), mais dans des conditions telles qu'un vieillissement considérable l'attend au début du XXIe siècle.

Taux d'accroissement annuel moyen par période et région

(En %)

	1950-1955	1960-1965	1970-1975	1980-1985
Pays développés	1,3	1,2	0,8	0,7
Pays en développement	2,0	2,3	2,3	2,0
Amérique latine	2,7	2,8	2,5	2,4
Afrique	2,1	2,5	2,7	3,0
Asie du Sud	1,9	2,4	2,4	2,2
Asie de l'Est	1,9	1,9	2,0	1,2
URSS	1,7	1,5	0,9	0,9
Europe	0,8	0,9	0,6	0,3
Amérique du Nord	1,8	1,5	0,9	1,0
Océanie	2,3	2,1	1,9	1,4

Source : Estimations de Jean Bourgeois-Pichat, 1983. Colloque organisé par l'INED et l'UIESP (Union internationale pour l'étude scientifique de la population) sur les politiques de santé, Paris, 1983.

L'explosion démographique contemporaine

Identique dans son principe, mais fort différente dans ses modalités, la seconde révolution démographique soumet les peuples concernés à des croissances bien plus fortes, souvent supérieures à 3 % par an (doublement en 23 ans), du fait de la baisse de la mortalité plus rapide, parce qu'importée. Et cette croissance survient sur une planète où il n'y a plus d'Amérique à peupler, et où les deux mondes développés interdisent au troisième – le Tiers Monde – d'avoir les comportements conquérants de l'Europe du XIXe siècle. Les tensions qu'elle engendre sont régionales, non mondiales : décolonisation, guerres locales, migrations volontaires ou forcées de moindre importance relative qu'à la charnière du XIXe et du XXe siècle. La conséquence la plus importante est économique, et non politique : ce sont la crise et le chômage, liés à une intense redistribution de la division internationale du travail, à la constitution de nouveaux réservoirs de main-d'œuvre et de nouveaux marchés.

La population mondiale a ainsi atteint 3 milliards en 1960, 4 milliards en 1975, 5 milliards en 1987. Mais le maximum du taux de croissance a été atteint il y a une quinzaine d'années, avec 2 % par an. Il est aujourd'hui estimé à 1,7 % par an (doublement en 40 ans), soit environ 70 millions de personnes en plus chaque année sur la terre. En fait, comme toute moyenne, celle-ci est trompeuse. Le monde développé, avec des fécondités inférieures à 2 enfants par femme, ne croît plus beaucoup. Et le monde peu développé, où la fécondité dépasse souvent 5 enfants par femme, croît nettement plus vite que 1,7 % par an. Mais le processus décrit plus haut, quoique lent et progressif dans ses effets, étend ses mécanismes à de nombreux pays : un ralentissement démographique important est en cours dans les pays les plus peuplés du monde, les seules exceptions notables parmi les pays de plus de 50 millions d'habitants étant jusqu'ici celles du Pakistan, du Bangladesh, du Nigeria et du Viêt-nam.

Masses asiatiques contrastes africains

Le ralentissement le plus connu est celui de la Chine, qui représente à elle seule plus du cinquième de l'humanité et dont l'évolution influe fortement sur celle de l'effectif total de l'humanité. Après les années noires centrées sur 1960 et génératrices de plusieurs classes creuses, comme la guerre de 1914-1918 en Europe, un *baby-boom* exubérant, culminant en 1963 avec 29 millions de naissances, se prolongea plusieurs années. Jusqu'en 1971, le taux d'accroissement reste supérieur à 2,5 %. C'est l'arrivée à l'âge de fécondité de ces générations très nombreuses qui explique la campagne pour l'enfant unique déclenchée en 1981. Justifiable dans son principe, mais choquante dans ses modalités, cette politique

La population en 2000

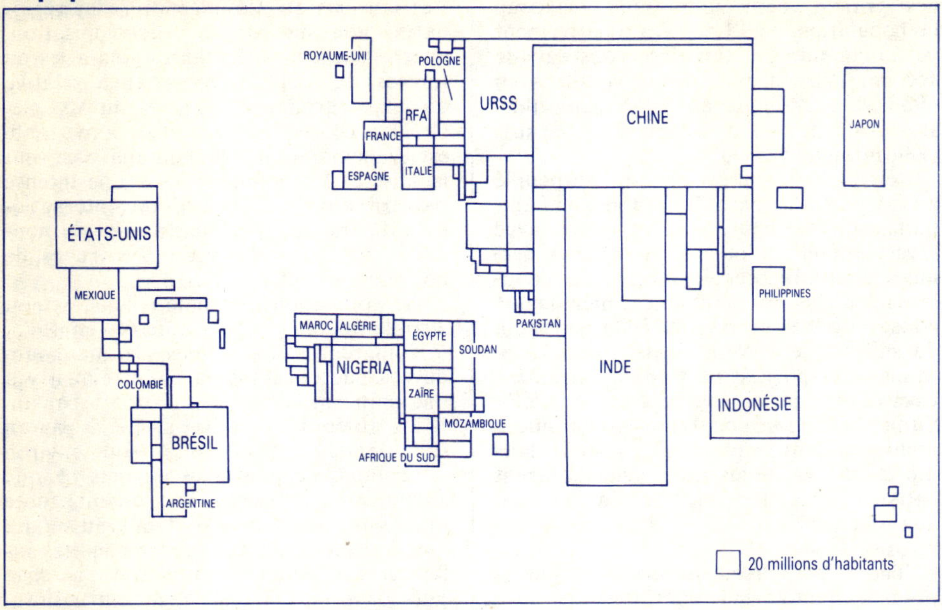

Source : World Population Data Sheet, 1984 ; Population Reference Bureau.

La population mondiale au moment de la stabilisation (XXIe siècle)[1]

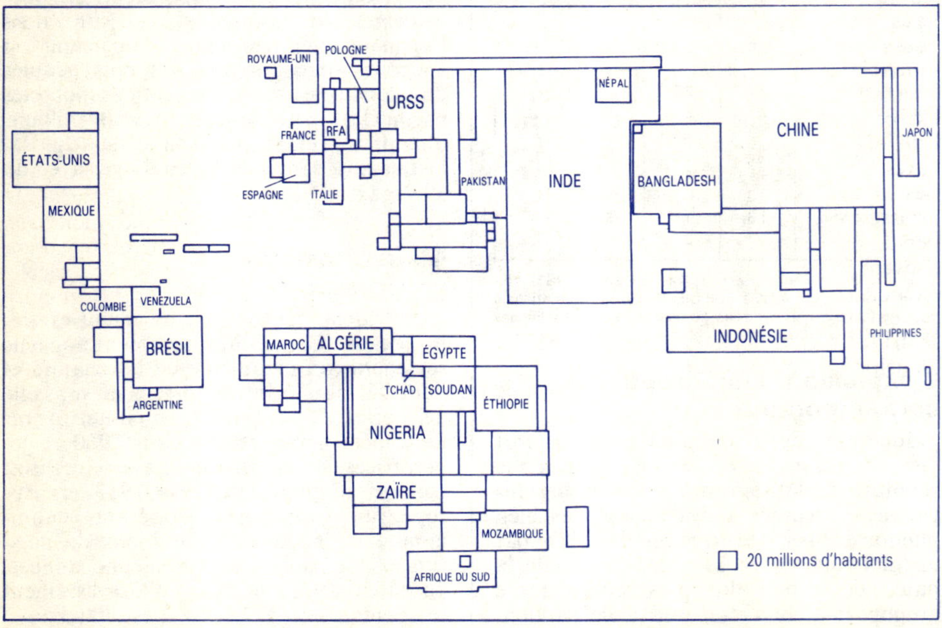

1) Les données, pour un certain nombre de pays notamment africains (Botswana, Guinée...), sont à l'heure actuelle trop fragmentaires pour faire l'objet d'hypothèses. Ce qui explique l'absence de ces pays dans cette carte.

Source : World Population Data Sheet, 1984 ; Population Reference Bureau.

Reproduit de « La population mondiale » (3e référence).

a abaissé la fécondité moyenne de 4,2 en 1970 à 2,3 enfants par femme en 1980, mais le taux d'accroissement naturel, du fait de la jeunesse de la population, reste supérieur à 1 % par an, si bien que l'objectif officiel de 1,2 milliard en 2000 sera certainement dépassé.

Tout autre est le cas de l'Inde dont la population a triplé en 80 ans et doublé depuis l'Indépendance. La baisse de mortalité, rapide jusque dans les années 1970 en raison de succès remportés contre les maladies épidémiques, notamment la variole, s'est ralentie et dépend aujourd'hui de la maîtrise des problèmes de l'eau, de la couverture médicale et de la malnutrition. Le problème alimentaire a été provisoirement atténué par la *révolution verte,* qui a multiplié les productions de blé et de riz. Les programmes de planification des naissances, qui ont conduit aux déplorables excès des stérilisations massives de 1975-77, ont réduit leur ambition, et la population indienne devrait atteindre le milliard vers la fin du siècle.

Dans le reste de l'Asie, plusieurs catégories de réponse au défi démographique s'affrontent : traditions culturelles combinant prouesses agricoles et pratiques antinatales (notamment en Indonésie où Java dépasse 570 habitants au km^2), recours à l'influence occidentale et aux contraceptifs modernes (Philippines, Thaïlande). Mais la question essentielle est celle de l'Islam, qui exalte la fécondité et la distinction des rôles des deux sexes. En général, les régions musulmanes ont une fécondité et un taux de croissance élevés, qui compliquent le processus de développement et conduisent souvent à des affrontements violents, par exemple aux confins de l'Inde (Assam) ou entre populations musulmanes (Irak-Iran). Au Pakistan et au Bangladesh, la transition démographique n'est pas amorcée et la mortalité, y compris infantile, reste très forte. Dans les pays arabes proprement dits, la fécondité dépasse souvent 6 enfants par femme, et ne se réduira que lorsqu'une proportion significative de femmes auront accès à l'enseignement. Dans deux pays musulmans à la forte individualité, l'Égypte et la Turquie, l'émancipation des femmes fait des progrès notables, mais heurte une vigoureuse opposition intégriste, et seule l'émigration atténue les tensions. En Algérie et au Maroc, où les populations ont doublé en 27 ans, la planification familiale, longtemps taboue, tend aujourd'hui à devenir partie intégrante des programmes publics de protection maternelle.

En Afrique noire, quelques zones très denses (villes de la côte nigérienne, bouches du Congo, petits États du Burundi et du Rwanda) font tache au milieu d'un continent sous-peuplé, au taux de croissance démographique très élevé : le Kenya bat tous les records, avec 4 % par an. Mais le principal problème de l'Afrique reste la mortalité : l'Afrique noire paye encore de lourds tributs aux maladies tropicales, à la malnutrition, et présente même des cas de sous-fécondité liés aux maladies vénériennes, auxquelles le développement du SIDA a fait une publicité de mauvais aloi.

En terminant ce rapide tour du monde par l'Amérique latine, on retrouve certains traits proches de l'Europe méditerranéenne. La coexistence de bourgeoisies de culture occidentale et de populations noires, indiennes et métissées, au catholicisme exigeant, conduit à une mortalité déjà basse, mais à une fécondité au déclin modéré, donc à des taux d'accroissement élevés. La caractéristique essentielle est l'importance d'immenses métropoles urbaines : il n'y a guère qu'à Mexico et São Paulo que le terme d'explosion démographique se justifie.

Augmenter la production alimentaire par tête en même temps que le niveau d'alphabétisation et de qualification professionnelle des garçons et des filles, quand la population double à chaque génération, pose des problèmes insolubles sans aide extérieure ni forte émigration. La croissance démographique mondiale, qui se ralentit déjà, devrait certes prendre fin d'ici environ trois quarts de siècle, quand la population mondiale atteindra 10 à 12 milliards. Mais il dépend des pays développés, responsables et solidaires, malgré eux, du *décollage* des pays pauvres, que ce ralentissement se fasse avec le minimum de turbulences politiques.

L'acceptation de la reconversion des productions les plus concurrencées, la mise au point d'un système monétaire propice au développement de tous, ne seraient douloureux que dans un premier temps, tant sont immenses les besoins et les appétits de consommation. Il est paradoxal que le principal succès de la modernité, celui qu'avait prévu Condorcet, l'exubérance de la vie, apparaisse insupportable aux nouveaux malthusiens que sont redevenus les pays riches.

Le déclin de l'Europe

De leur côté, en effet, c'est le problème inverse qui les assaille. Dans la plupart des pays développés, la fécondité moyenne est inférieure à 2 enfants par couple, ce qui fait que les générations actuellement en âge de procréer mettent au monde des générations d'enfants moins nombreuses qu'elles-mêmes. Il est vrai qu'elles sont en général nombreuses, parce qu'issues du *baby-boom* des années 1950 et 1960, si bien que le taux d'accroissement de la population reste encore faiblement positif. Cependant il est déjà quatre pays où la population décroît depuis 1980 : l'Allemagne fédérale, la RDA, la Hongrie, le Danemark. Dans les autres pays européens la croissance est très modérée, le plus souvent inférieure à 0,5 % par an. Il n'y a guère qu'en Pologne, en URSS et aux États-Unis que la population croît un peu plus vite, et dans ce dernier cas, le solde migratoire positif joue pour un peu plus d'un quart.

Les pays développés ont en commun une extension considérable du salariat, la généralisation de l'enseignement, primaire et secondaire, obligatoire et gratuit, celle de systèmes variés de Sécurité sociale, une forte croissance de la proportion de femmes engagées dans des carrières professionnelles, un degré de vieillissement élevé. Un effet imprévu de cette évolution est que le couple traditionnel, à un seul salaire, tend à devenir moins fréquent, au contraire du couple à deux salaires, ou du couple sans activité professionnelle et dont le revenu provient du statut de l'un et/ou l'autre conjoint, retraité ou chômeur. Cette situation débouche sur une crise du mariage, dont l'institution, héritée des siècles passés, paraît mal adaptée au monde moderne. L'observation des différents pays développés suggère cependant quels critères influent sur la fécondité. Il y a d'abord la densité atteinte : au centre de l'Europe, les pays à plus basse fécondité et les pays à plus forte densité coïncident assez bien, l'Italie du Nord appartenant de ce point de vue à l'Europe centrale. Cette corrélation est, il est vrai, influencée par les politiques familiales, d'orientation nataliste dans l'Europe périphérique, France et Europe de l'Est, malthusienne dans l'Europe centrale dense. L'efficacité de ces politiques n'est ni négligeable, ni considérable. La France, pays de faible fécondité relative tout au long du XIXe siècle et jusqu'à la Seconde Guerre mondiale, est devenue un pays de forte fécondité relative, à la suite de la mise en place, par le Code de la famille en 1939, et par les institutions de la Libération (Sécurité sociale et quotient familial), d'incitations natalistes assez puissantes pour relever la fécondité d'environ 0,3 enfant par femme.

Les autres explications des différences de comportement démographique sont délicates à démêler. L'essentiel reste à chercher dans le système fiscal, au sens large, incluant la fiscalité locale et les cotisations sociales, qui explique certainement la « stratégie » de fécondité des couples modernes, en particulier pour ce qui concerne l'accumulation d'épargne et de droits à la retraite.

De la réintégration des préoccupations démographiques dans les raisonnements économiques dépend en fin de compte, tant au plan international qu'au plan national, l'heureuse issue d'un faux problème : il n'y aura ni explosion, ni implosion démographique, tout simplement parce qu'il n'y a pas d'homme développé et d'homme en développement. Il n'y a qu'un seul Homme, né d'un père et d'une mère, vivant sur une Terre qui n'est malade que de ses progrès.

Pour en savoir plus

J.-Cl. Chesnais, *La transition démographique,* INED, Cahier n° 113, Diffusion PUF.

J. Vallin, *La population mondiale,* La Découverte, coll. Repères, 1986.

O. Belbeoch, Y. Charbit, C. Mata, *La population mondiale. Vers une stabilisation au XXIe siècle ?* Notes et études documentaires, n° 4806, 1986, La Documentation française.

M.-L. Lévy, *Rapport salarial et transition démographique,* Revue d'Économie politique, Sirey, n° 5, 1985, pp. 556-567.

Bulletin *Population et Sociétés,* INED, mensuel.

Transition démographique et mécanismes de la croissance actuelle de la population mondiale

L'étude de deux siècles de croissance démographique en Europe (région où celle-ci est désormais modérée) a permis d'élaborer un modèle explicatif d'évolution de la population : la transition démographique.

Ce modèle comporte plusieurs phases (voir figure) :

I. La phase pré-transitoire durant laquelle les taux bruts de mortalité et de natalité [1] sont élevés mais ont des niveaux voisins, induisant une croissance lente de la population.

II. La phase de transition démographique proprement dite qui se décompose en deux étapes :

II.1. une période durant laquelle la mortalité décroît et la natalité reste à un niveau élevé entraînant une importante croissance de la population ;

II.2. une période où la mortalité continue à décroître mais où la natalité diminue également ; l'accroissement de la population persiste mais dans des proportions moindres que lors de la période précédente.

II. La phase post-transitoire où les taux bruts de natalité et de mortalité sont désormais devenus peu élevés avec, tout comme durant la période prétransitoire, des niveaux voisins ayant à nouveau comme conséquence, après plusieurs décennies d'intervalle, une faible croissance de la population.

La transition démographique a débuté en Europe. Dès la fin du XVIIIe siècle, en Angleterre et en Scandinavie, la mortalité a commencé à décliner. C'est durant cette période que la population européenne a connu un important essor. Certaines régions ont atteint de telles densités rurales, que l'émigration, notamment vers le continent encore peu peuplé de l'Amérique – du Nord mais aussi du Sud –, s'est développée fortement. A partir de la fin du XIXe, voire le début du XXe siècle, ce fut au tour de la natalité de baisser (sauf en France où cette chute date du milieu du XVIIIe siècle dans certaines régions).

1) **Taux brut de mortalité** : rapport du nombre de décès sur la population moyenne d'une année, exprimé pour 1 000 individus.
Taux brut de natalité : rapport du nombre de naissances sur la population moyenne d'une année, exprimé pour 1 000 individus.

La théorie de la transition démographique

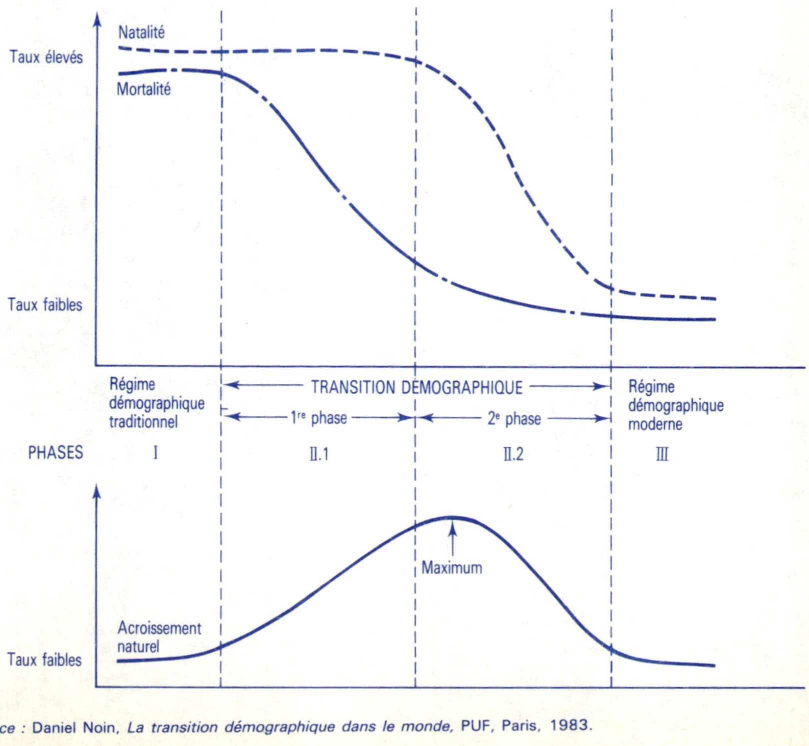

Source : Daniel Noin, *La transition démographique dans le monde*, PUF, Paris, 1983.

La situation aujourd'hui

D'une façon générale, à l'heure actuelle, la situation pré-transitoire (phase I), où mortalité et natalité élevées induisent un accroissement modéré de la population, n'est plus représentée nulle part si l'on considère globalement la population des pays du monde. La phase de transition démographique à proprement parler (phase II) a débuté, et a parfois été dépassée, pour l'ensemble du monde en développement. Toutefois, suivant les régions, les situations sont actuellement diverses. Ainsi :

– la première période du stade de la transition démographique (phase II.1) où seule la mortalité décline, entraînant un accroissement très important de la population, ne concerne plus que 11 % de l'humanité, localisée surtout en Afrique, au sud du Sahara ;

– la seconde période du stade de la transition démographique (phase II.2), où la mortalité et la natalité baissent, concerne 62 % de la population mondiale ; toutefois, suivant les régions, les rythmes d'accroissement des populations diffèrent sensiblement en fonction des niveaux de la natalité : ainsi 40 % de la population du monde s'accroît rapidement du fait du niveau élevé de la natalité (au Maghreb, au Moyen-Orient, En Amérique du Sud tropicale et en Asie du Sud, alors que 22 % de l'humanité en Amérique du Sud tempérée, aux Caraïbes, en Asie de l'Est et du Sud-Est a une croissance plus faible, la natalité y ayant fortement décru ;

– le stade post-transitoire (phase III) où la mortalité, la natalité et, par voie de conséquence, l'accroissement sont faibles – tout en connaissant certaines fluctuations – concerne 27 % de l'humanité surtout en Europe et dans les pays développés des autres continents.

Le modèle de la transition démographique a été fortement critiqué durant les années 1950 et 1960. On lui reprochait de tenter de s'imposer comme norme idéologique reflétant l'évolution type de la population, c'est-à-dire celle qu'ont connue les pays industrialisés. Cependant, depuis une quinzaine d'années, les faits semblent attester sa pertinence.

Source : O. Belbeoch, Y. Charbit, C. Mata ; *La population mondiale. Vers une stabilisation au XXIe siècle ?* Notes et études documentaires, n° 4806, 1986, La Documentation française.

La menace protectionniste

J.-L. Mucchielli

Les relations économiques internationales contemporaines ont connu deux évolutions contrastées depuis la Seconde Guerre mondiale.

La première est l'expansion sans précédent du commerce international entre 1945 et 1974. Les échanges internationaux augmentèrent alors de plus de 6 % par an en volume. Cette expansion fut largement soutenue et favorisée par le courant libre-échangiste qui dominait les politiques extérieures des gouvernements des pays à économies de marché.

La seconde est au contraire le ralentissement de ce commerce mondial consécutif à la récession que ces économies ont connue après les deux chocs pétroliers. Entre 1973 et 1983 la croissance annuelle en volume de ces échanges est inférieure à 3 % et connaît même des années à croissance négative. Ce ralentissement est lui-même accentué par un renouveau des tendances protectionnistes au sein des économies développées.

Le nouvel ordre commercial de l'après-guerre

À la fin de la Seconde Guerre mondiale, les Alliés décidèrent de mettre sur pied une organisation internationale capable d'assurer le renouveau des relations économiques internationales et d'établir les fondements de nouvelles règles de coopération internationale afin de faire redémarrer l'économie mondiale.

En 1944, les accords de Bretton Woods créent le Fonds Monétaire International et la Banque Internationale pour la Reconstruction et le Développement. Lors de la Charte de La Havane en 1948, le GATT (General Agreement on Trade and Tariffs) se voit attribuer la responsabilité d'organiser la coopération commerciale internationale et l'abaissement progressif des tarifs douaniers. Trente-trois nations signent les accords du GATT en 1947. À l'heure actuelle, 85 pays sont membres de cet accord qui a pris la forme d'une véritable organisation avec un secrétariat permanent à Genève.

On connaît plus facilement les arguments en faveur du protectionnisme que ceux favorables à la libéralisation des échanges. En faveur du protectionnisme sont mis en avant l'argument de l'industrie dans l'enfance ou en déclin, le dumping des pays exportateurs, la protection (illusoire) de l'emploi et de la production nationale et surtout la réduction du déséquilibre de la balance commerciale.

En faveur de la libéralisation des échanges, les principaux arguments qui peuvent être mis en avant pour un pays sont les suivants :

– L'effet sur la production : les producteurs nationaux inefficaces ne sont plus compétitifs lorsque la protection vis-à-vis des concurrents étrangers s'abaisse. Ils sont alors obligés de se tourner vers des activités plus efficaces, d'arrêter ou de réduire leurs productions non compétitives ou bien de les réorganiser.

– L'effet sur la consommation : le consommateur peut acheter des produits à moindres coûts après libéralisation des échanges. Il obtient alors une amélioration de son pouvoir d'achat ce qui lui permet d'acheter plus de biens nationaux ou étrangers.

– L'effet revenu : le revenu des consommateurs augmente, la consommation également. Le revenu de l'État peut augmenter ou tout au moins compenser la perte de recette due à l'abaissement du tarif douanier antérieur du fait de l'augmentation des recettes liées aux taxes sur la consommation...

– Les économies d'échelle : l'ouverture des marchés et l'accroissement de la spécialisation doivent entraîner des économies d'échelle.

– La plus grande efficience du système productif national : ce phénomène est lié au processus de spécialisation qui découle de l'ouverture de l'économie sur l'extérieur. Il consiste à produire plus ce que l'on sait le mieux faire et moins ce que l'on sait le moins bien fabriquer.

La participation croissante aux échanges de la plupart des pays doit pouvoir améliorer de façon globale l'efficacité des systèmes productifs et le pouvoir d'achat des populations. C'est d'ailleurs pour cela que les pays en voie de développement revendiquent une participation croissante aux échanges internationaux et en particulier aux échanges de produits manufacturés.

Au-delà de ces arguments en faveur de la libéralisation des échanges, un certain nombre d'auteurs a tenté d'évaluer le coût de la protection tarifaire en termes de perte de bien-être de la nation protégée, évaluée elle-même en % du PNB. Par exemple pour la Grande-Bretagne, Batchelor et Minford ont estimé que pour éliminer un déficit de la balance des paiements équivalent à 1 % du PNB il fallait élever les tarifs douaniers en Grande-Bretagne de 18 % et que les pertes en termes de revenu pour les consommateurs et d'inefficacité de la production se montaient alors à 20,2 % du PIB. Pour éliminer un déficit extérieur équivalent à 4 % du PIB il fallait élever de 196 % le tarif douanier et le coût pour la nation se montait à 31,7 % du PIB !

Le GATT : gendarme du commerce international

Les objectifs sont triples :
– 1) créer un cadre ordonné pour assurer les relations commerciales internationales ;
– 2) établir un code de règles de conduite qui rendrait plus difficile à une nation de prendre des actions unilatérales restreignant le commerce mondial ;
– 3) fournir une structure pour éliminer progressivement les barrières commerciales. Ces différents objectifs sont orientés vers une seule volonté : éviter à tout prix une répétition des années 1930 pendant lesquelles le commerce mondial s'était extraordinairement réduit aggravant ainsi la crise mondiale. Cette volonté peut se résumer en un mot d'ordre : organiser le retour au libre-échange.

Trois grands principes sont proclamés :
– La non-discrimination : l'article I du GATT établit la clause de la nation la plus favorisée. C'est le principe le plus important de l'accord. Il assure un traitement identique dans les négociations commerciales quel que soit le partenaire. Si les pays A et B se mettent d'accord pour réduire bilatéralement un tarif douanier ou une autre forme quelconque de protection, cette concession sera alors immédiatement applicable aux autres nations. De la même façon, si des mesures restrictives sont prises par un pays en vue de sauvegarder son industrie nationale, ces mesures sont applicables à tous les partenaires sans discrimination.
– La réciprocité : le principe de réciprocité stipule que le pays qui accepte une concession tarifaire doit également offrir une concession en retour. L'objectif est d'éviter que des pays profitent des réductions tarifaires et notamment de la clause de la nation la plus favorisée, sans eux-mêmes en effectuer. Cela doit permettre d'accélérer l'abaissement des entraves au commerce international.
– La transparence : l'article XI du GATT interdit l'utilisation du contrôle direct sur le commerce extérieur pouvant en particulier se présenter sous la forme de restrictions quantitatives, sauf sous certaines conditions comme une crise de la balance des paiements (article XII). Une restriction quantitative (quota) a, en effet, un impact économique plus pervers qu'un tarif douanier, en empêchant notamment le mécanisme des prix de jouer son rôle régulateur.
– Les exceptions aux principes généraux : des exceptions sont prévues pour chaque principe défini précédemment. En effet on reconnaît l'existence de contraintes de court terme pour les pays devant faire face à de profonds déséquilibres. Les difficultés temporaires de balance des paiements et la nécessité de protéger l'industrie domestique sont les deux exceptions notables. De même est reconnue la possibilité d'appliquer des taxes de compensation dans le cas où un partenaire effectuerait une action commerciale discriminante.

L'exception la plus importante à la règle de la nation la plus favorisée est contenue dans l'article XXIV qui indique les règles pour l'établissement d'une zone de libre-échange ou d'une union douanière à l'intérieur de laquelle un traitement préférentiel peut être accordé aux partenaires de l'union.

L'exception la plus importante à la règle de réciprocité concerne les pays en voie de développement. Les pays en voie de développement qui souscrivent aux accords du GATT peuvent bénéficier de la clause de la nation la plus favorisée sans pour autant être obligés de pratiquer le principe de réciprocité.

La libéralisation des échanges internationaux

Le GATT est devenu alors un lieu de conciliation recueillant les plaintes des différents pays sur les violations de la charte de La Havane. Par ailleurs il s'est activé à mettre sur pied des négociations générales périodiques afin d'accélérer la libéralisation des échanges. Quatre grandes négociations peuvent être discernées : les premières négociations (Geneva round, Torquay round (1951) et Dillon round (1960-1961), le Kennedy round (1964-67), le Tokyo round (1973-79) et à l'heure actuelle l'Uruguay round (1986-).

Les premières négociations ont porté sur environ 45 000 puis 58 000 produits représentant à peu près la moitié du commerce mondial. L'objectif est alors d'essayer d'harmoniser les protections douanières entre les participants. Finalement ceci s'est plutôt établi à l'intérieur de zones de libre-échange ou d'unions douanières comme la CEE (1957) et l'AELE (1959), qu'entre tous les pays.

Les négociations ont eu tendance à faire abaisser les tarifs douaniers sur les produits primaires et intermédiaires plus que sur les produits finis manufacturés.

Le Kennedy round (1964-1967) : de par le *Trade Expansion Act* de 1962, le président Kennedy obtient des pouvoirs de négociation élevés. Son but est alors d'effectuer une réduction linéaire de tous les tarifs douaniers d'au moins 50 %. Il propose également un tarif nul sur les produits pour lesquels les États-Unis et l'Europe sont les fournisseurs dominants.

Un accord intervient en 1967. La réduction des tarifs avoisine les 36-39 %. Cette réduction porte sur un commerce international d'environ 40 milliards de dollars soit 75 % du commerce mondial total. Une certaine harmonisation est également mise en place. Des produits sont cependant peu ou pas touchés par ces réductions. Ce sont les produits agricoles, fortement protégés par chaque pays producteur, et certains produits industriels comme le textile, secteur sensible par excellence.

Le Tokyo round (1973-1979) : la réduction tarifaire réalisée est d'environ 33 à 38 %. Mais de plus la volonté d'harmoniser et d'homogénéiser les protections entre les différents partenaires aboutit à des résultats tangibles. Les pays avec des tarifs en général plus élevés que les autres abaissent plus fortement leur protection. Les concessions tarifaires portent lors de ces négociations sur environ 112 milliards de dollars de commerce de produits industriels, soit 20 % du commerce mondial. Le tableau 1 indique l'importance de ces réductions tarifaires. Une fois encore les protections sur les produits agricoles et sur les produits sensibles : textiles, cuir, chaussures sont peu touchées par ces réductions.

La notion de protection effective fait aussi son apparition dans les négociations. En protégeant plus fortement un produit intermédiaire entrant dans la fabrication d'un produit final que le produit final lui-même, on s'aperçoit alors que cela contribue en fait à augmenter la protection effective sur ce produit final. Dans les négociations, les partenaires vont alors s'efforcer de ne pas trop « distordre » les protections tarifaires en ne favorisant pas la libéralisation sur les produits intermédiaires par rapport aux produits primaires.

L'attention des participants se porte également sur la croissance des barrières non tarifaires à l'échange qui croissent de façon importante. Rien ne semble pouvoir être fait vis-à-vis de ce problème.

**Tableau 1 :
Réductions tarifaires obtenues lors du Tokyo round, par pays et type de produits, moyenne pondérée.**

	Avant le Tokyo round	Après le Tokyo round	Pourcentage de réduction
PAYS			
États-Unis	6,2	4,4	30
CEE	6,6	4,8	27
Japon	5,2	2,6	49
PRODUITS			
Total produits	7,2	4,9	33
Matières premières	0,8	0,4	52
Semi-finis	5,8	4,1	30
Manufacturés	10,3	6,9	33

Source : Gatt *The Tokyo round of multilateral trade negociations,* Report by the Director general, Genève, 1979, p. 120 et H. Corbet, Importance of Being Earnest about Further Gatt Negociations, *The World Economy,* 1979, III, p. 319-42.

L'Uruguay round (1986-) : en septembre 1986 se met en place une nouvelle négociation internationale portant principalement sur les produits agricoles et sur les échanges internationaux de services. L'objectif est de libéraliser ces échanges qui prennent (pour les services) une place de plus en plus importante dans le commerce mondial et d'abaisser les barrières non tarifaires qui les protègent.

En marge du GATT, la CNUCED essaie de mettre en place un Système Généralisé des Préférences pour les produits exportés des pays en voie de développement vers les pays développés. En 1971 la CEE, le Japon et la Norvège adoptent un système de ce type. De nombreux pays développés suivent dans le courant des années 1970. La préférence peut prendre alors la forme d'entrée exemptée de taxe ou d'une nouvelle réduction spéciale sur les tarifs douaniers. Les produits sensibles comme le textile, les vêtements et le cuir sont exclus de ces accords.

La période 1945-1973 est caractérisée par une forte croissance économique et une évolution importante des échanges internationaux. Dans ce contexte, l'abaissement des tarifs douaniers était le vœu de la plupart des pays.

Les années 1970 sont toutes différentes. La récession internationale consécutive aux deux chocs pétroliers, la montée des nouveaux pays industrialisés et leur concurrence accrue sur les marchés internationaux de produits manufacturés, l'accroissement dramatique du chômage dans les vieux pays industriels sont autant de facteurs qui font monter les tensions internationales.

Face à ces déséquilibres, les pays développés ne sont plus protégés par des barrières douanières. Ils hésitent à remettre sur pied une nouvelle protection tarifaire dans la mesure où cela ne serait pas conforme à l'esprit du GATT. C'est alors qu'apparaissent de nouvelles formes de barrières non tarifaires qui vont caractériser le nouveau protectionnisme.

Les armes du nouveau protectionnisme

La différence entre le protectionnisme de 1930 et celui des années 1970 est que l'instauration du GATT empêche les pays de prendre des mesures unilatérales d'augmentation massive de la protection douanière. Cependant, comme on le sait, l'article XII du GATT prévoit l'instauration de contrôle des importations lors de déséquilibre temporaire de la balance des paiements. De même, l'article VI autorise l'utilisation des restrictions envers les marchandises qui font l'objet de dumping sur le marché d'origine.

L'article XIX permet quant à lui l'utilisation de contrôle des importations lors d'une protection liée à la sauvegarde d'une industrie domestique. Si une industrie domestique fabriquant des produits substituts aux importations doit faire face à de sérieuses difficultés dues à une croissance soudaine et importante de produits importés, alors des restrictions quantitatives peuvent être imposées à ces dernières. Mais si des mesures sont prises, selon le principe de réciprocité, elles ne doivent pas être discriminantes.

Tableau 2 :
Principales barrières non tarifaires en France

Secteur	Barrières non tarifaires
Poisson en boîte	Quota sur le thon et les sardines.
Textile	Quotas dans le cadre des accords multifibres de la CEE.
Vêtements	Quotas sur les fibres synthétiques.
Chimie industrielle (à l'exception des engrais)	Quotas bilatéraux.
Poterie et objets en terre Produits en argile	Quotas bilatéraux sur les tuiles.
Fer et acier	Quotas bilatéraux sur l'acier, licences discrétionnaires sur les alliages, système de prix minimum de la CEE pour le fer, limitation volontaire des exportations dans le cadre de la CEE.
Radio, télévision et télécommunications	Quotas bilatéraux, licences discriminatoires, prohibition pour les postes de radio de Taïwan, quotas sur les radios de Hong Kong.
Véhicules à moteur	Limitation volontaire des exportations pour le Japon, limité à 3 % du marché français.
Produits manufacturés divers	Quotas sur les parapluies et les jouets de Corée, licence d'importation pour les parapluies de Taïwan.

Source : Gatt, working group documents 4900 (1979), et 5090 (1981), et W. Cline, *Exports of Manufactures from Developing Countries,* The Brookings Institution, 1984, tableau 2-2, p. 57.

Ce principe gêne les pays importateurs, car la plupart du temps ils veulent se protéger plus particulièrement d'un groupe de pays et notamment des pays en voie de développement ou nouvellement industrialisés (NPI) dont les exportations de produits manufacturés sont perçues comme déstabilisantes. Par exemple, entre 1963 et 1977 la part des pays en développement dans les importations totales de l'OCDE passe de 18 % à 38 % pour les vêtements, de 7 % à 32 % pour les chaussures, cuir et articles de voyage et de 14 % à 25 % pour les ouvrages en bois et en liège. Les mesures de protection ont alors tendance à s'effectuer en dehors du GATT et en relative violation par rapport à ces principes.

On peut dénombrer une quinzaine de formes principales de protections non tarifaires. Elles peuvent se classer en deux grands groupes : les protections directes et les protections indirectes. Elles sont quantitatives, fiscales ou administratives.

Les protections quantitatives directes consistent à limiter en quantité les importations des produits étrangers. Les deux principaux instruments sont le quota et les restrictions volontaires aux exportations.

Le quota : il consiste à fixer en volume les quantités d'importations d'un produit qu'un pays importateur accepte sur son territoire. Cette mesure peut concerner un pays exportateur ou plusieurs. Les accords multifibres négociés entre la CEE et les pays d'Afrique-Caraïbes et Pacifique rentrent dans cette catégorie.

Une restriction volontaire à l'exportation : c'est le résultat d'une négociation entre deux gouvernements. Elle aboutit à la limitation des exportations du pays exportateur vers le pays importateur. Le pays exportateur est « fortement incité » à effectuer cette restriction, le pays importateur menaçant autrement d'appliquer d'autres mesures protectionnistes comme les quotas ou le tarif douanier. Le pays importateur définit alors une limite supérieure acceptable d'importation, en quantité ou en pourcentage du marché intérieur, pour une catégorie particulière de produit.

Une mesure protectionniste hybride existe entre le tarif douanier et le quota, c'est le quota tarifaire. Les importations sont sujettes à plusieurs tarifs. Le niveau du tarif augmente à chaque seuil d'importation fixé auparavant. Ainsi un volume initial d'importation contingentée va également subir un tarif douanier de X %. Les importations supérieures au quota fixé subiront pour leur part un tarif douanier plus élevé de X + Z %.

Les autres mesures protectionnistes directes et indirectes : directes, elles prennent la forme fiscale : subventions aux exportations, crédits, aides gouvernementales, ou bien la forme administrative comme les licences d'importation. Indirectes, elles sont également fiscales comme les subventions régionales ou versées aux entreprises publiques, et administratives comme les normes sanitaires, les normes de marque d'origine et les procédures de dédouanement.

Les effets du quota et des restrictions volontaires

Le quota et autres restrictions ont pour conséquence de réduire les importations. Cette réduction de l'offre extérieure contribue à faire augmenter les prix de vente sur le territoire national du pays importateur par rapport à une situation de libre-échange. Grâce à cette hausse des prix, l'offre nationale augmente, si toutefois les producteurs nationaux sont capables de fabriquer le produit. La consommation quant à elle, se réduit en fonction de l'augmentation des prix. Ce double effet contribue à diminuer à nouveau le volume des importations puisqu'une partie de la consommation restante se reporte sur l'offre nationale.

Cette hausse des prix défavorise le consommateur qui paie plus cher qu'avant. Elle favorise les producteurs nationaux qui peuvent fabriquer et vendre à des prix plus élevés. Les producteurs étrangers vendent moins de produits mais plus chers à l'unité. Ils augmentent ainsi leur marge de profit unitaire. Les restrictions volontaires aux exportations ont les mêmes effets si ce n'est bien sûr que c'est maintenant le pays exportateur qui est censé poser lui-même des limites à ses exportations.

D'autres effets sur les échanges sont à prendre en considération comme le détournement de trafic. Ainsi la CEE et l'AELE ont appliqué des restrictions volontaires aux exportations pour les pays extérieurs à leur zone, par exemple sur le textile. L'effet de ces restrictions a été d'encourager des importations de textile, à prix plus élevés, en provenance d'Italie ou de Finlande vers la CEE et l'AELE. De même les restrictions vis-à-vis du Japon ont encouragé des exportations de contournement en provenance des pays en développement non touchés par ces mesures.

Ainsi, les limitations des télévisions couleurs japonaises par les États-Unis en 1976 ont fortement encouragé les exportations de la Corée du Sud et de Taïwan, en permettant en outre des augmentations de prix.

Ces mesures ont alors tendance à se retourner contre les pays importateurs dans la mesure où elles accélèrent la dynamique des avantages comparatifs et la délocalisation des firmes multinationales. Les pays occidentaux font alors face à deux concurrences : celle de produits à bas prix en provenance des NPI et celle de produits technologiques en provenance du Japon. Toute nouvelle tentative de protection ne fera alors qu'accélérer le processus. Par exemple, après 1976, la baisse des exportations de téléviseurs du Japon vers les États-Unis et le relais pris par le Mexique, Taïwan et la Corée du Sud ont été très nets. En 1979 les accords de restrictions volontaires aux exportations s'appliquent également à la Corée et à Taïwan. Leurs exportations ont baissé, mais elles ont, en fait, été relayées par des implantations d'usines de montage de téléviseurs aux États-Unis même. Le Japon quant à lui devient alors de plus en plus exportateur de magnétoscopes.

Tableau 3 :
Protection non tarifaire
et effets sur la croissance des importations
pour quelques produits sélectionnés

Secteur	Pays exportateur	période	BNT	Croissance annuelle des importations %
C.E.E.				
Textiles	Hong Kong	1971-77	oui	10
	Corée, Taïwan	1978-80	renforcée	2,9
Vêtements	idem	1971-77	oui	16,9
		1978-80	renforcée	6
dont Royaume-Uni				
Chaussures	Taïwan	1971-77	non	45
		1977-80	oui	8,7
	Corée	1973-79	non	57,5
		1979-80	oui	− 19,1

Source : W. Cline, *Exports of Manufactures from Developing Countries*, The Brookings Institution, 1984, tableau 2-4, p. 64.

L'effet du renouveau protectionnisme sur la croissance des importations est particulièrement bien montré dans le tableau 3. La croissance des importations s'est fortement réduite pour la CEE après le renforcement des protections non tarifaires vis-à-vis des pays d'Asie du Sud-Est. Les analyses sur les États-Unis indiquent les mêmes tendances.

Une évaluation du nouveau protectionnisme

Certains économistes ont tenté de mesurer l'importance des barrières non tarifaires dans le commerce international. Deux méthodes d'évaluation peuvent être réalisées. Calculer le pourcentage de produits touchés par des barrières non tarifaires, ou bien évaluer en termes tarifaires le niveau de la protection. Les résultats du tableau 4 ont été élaborés en calculant une moyenne pondérée de la protection non tarifaire appréhendée aux niveaux les plus fins des nomenclatures statistiques du commerce international.

Tableau 4 :
Commerce international
faisant l'objet de protections non tarifaires
1974 et 1980 en %

Pays	Tous produits		Produits manufacturés	
	1974	1980	1974	1980
CEE (9)	35,8	44,8	0,1	16,1
France	32,8	42,7	0	16,2
RFA	37,3	47,3	0	18,3
Royaume-Uni	38,5	47,9	0,2	17,4
États-Unis	36,2	45,8	5,6	21
Japon	56,1	59,4	0	4,3
OCDE	36,2	45,8	5,6	21

Source : "The Revival of Protectionism and its Consequence for Europe", *Journal of Common Market Studies*, XX, 17-40, 1981.

Ainsi pour la CEE, 35,8 % de son commerce total était soumis à une protection non tarifaire en 1974. En 1980 ce pourcentage s'élève à 44,8 %. Pour les produits manufacturés, l'évolution est considérable. En 1974, 0,1 % des produits connaît ce type de protection, en 1980 le chiffre est de 16,1 %. Ce phénomène est général et il se retrouve aussi bien pour les États-Unis que pour l'ensemble des pays de l'OCDE.

Comme on peut le constater, les produits agricoles sont fortement protégés par des barrières non tarifaires et la protection des produits manufacturés monte en flèche après 1974. Celle-ci porte d'ailleurs principalement sur le textile, les vêtements, les chaussures, l'acier et les bateaux.

Un autre type d'évaluation peut être effectué en calculant un équivalent tarif douanier pour la protection non tarifaire et notamment pour les restrictions volontaires à l'échange. L'écart entre le prix mondial P_1 d'un produit et son prix national P_2 après protection peut s'exprimer comme étant égal à : P_1P_2/P_2 et il est appelé l'équivalent tarif *ad valorem.*

**Tableau 5 :
Barrières commerciales
vis-à-vis des vêtements importés
d'Hong Kong, 1981-1983**

Pays	Équivalent tarif douanier des restrictions volontaires à l'exportation %	Tarif douanier %	Pondération tarif douanier + équivalent tarif douanier %
France	13	17	32
RFA	14	17	33
Italie	7	17	25
Royaume-Uni	15	17	35
Moyenne pondérée			
CEE et AELE	15	17	35
États-Unis	17	23	44

Source ; C. Hamilton, *Economic Aspects of Voluntary Export Restraints,* chap. 7, p. 107, in D. Greenaway ed., *Current Issues in International Trade,* Theory and policy, Macmillan ed., Londres, 1985.

C. Hamilton a calculé ce que pouvait représenter cette protection non tarifaire combinée d'ailleurs avec un tarif douanier existant également, pour les importations de vêtements en provenance de Hong Kong.

Le tableau 5 indique l'importance de la combinaison barrières non tarifaires et tarif douanier qui dépasse la plupart du temps 30 %.

Pourquoi les protections non tarifaires ont-elles pris tant d'ampleur ? La réponse à cette question est simple. Tout d'abord cela permettait de détourner les principes du GATT si consciencieusement élaborés pendant la période de croissance. Ensuite tous les pays finalement y ont trouvé un intérêt. Les pays développés parce qu'ils ont réussi momentanément à endiguer les importations des nouveaux pays industrialisés ; et les NPI parce que pour eux il valait mieux un nouveau protectionnisme que des tarifs douaniers.

En effet, lors de restrictions quantitatives, les pays exportateurs touchés par cette mesure peuvent accroître leurs prix unitaires et compenser ainsi la perte en volume de leurs échanges. Ils n'ont pas surtout à payer de droits de douanes qui engendrent une recette fiscale pour le pays importateur et donc une perte pour les pays exportateurs.

Ainsi, bien que les restrictions quantitatives soient économiquement plus perverses que les tarifs douaniers (car elles ne laissent plus de place à l'ajustement par les prix sur les marchés) et la libéralisation des échanges, ce n'est pas le moindre des paradoxes dans les relations économiques internationales que de voir que ce sont elles qui se sont fortement développées depuis les années 1970.

■ Pour en savoir plus

H.-F. Henner, G. Lafay, B. Lassudrie-Duchêne, *La protection effective dans les pays industrialisés,* Economica, Paris, 1972.

J.-L. Mucchielli, *Investissements directs et protectionnisme, quelques propos préliminaires,* in B. Lassudrie-Duchêne et J.-L. Reiffers éditeurs, *Le protectionnisme,* Economica, Paris, 1985.

L'impossible réforme du système monétaire international

P. Jacquet

Longtemps domaine réservé, arcanes des seuls experts, le fonctionnement du système monétaire international fait maintenant souvent la « une » de l'actualité. Les soubresauts considérables qui l'ont caractérisé depuis le début des années 1980 ont ramené au premier plan les débats sur la réforme souhaitable de ce système et fait naître un consensus assez général visant à rétablir une certaine stabilité des taux de change. Cependant, les problèmes systémiques demeurent. Au-delà de l'éternel débat entre les partisans des taux de change fixes et ceux des taux fluctuants, il est urgent de prendre en compte une dimension nouvelle des relations financières et monétaires internationales, à savoir la mobilité accrue des capitaux privés, issue de l'intégration croissante des marchés financiers, et source d'une plus grande interdépendance entre les nations.

Les limites de la cogestion improvisée : vers un retour à la stabilité des taux ?

A partir du printemps 1985, se produit un remarquable retournement de la position américaine ; le nouveau secrétaire au Trésor américain, James Baker, se déclare partisan d'une stabilisation des taux de change. En avril 1985, la Réserve fédérale américaine participe à des interventions concertées pour faire baisser le dollar. Le 22 septembre, l'accord du Plaza entérine un remarquable consensus entre les cinq Grands sur la surévaluation de la monnaie américaine, sur la nécessité d'y remédier, et sur la mise en place, à cette fin, d'interventions coordonnées sur les marchés des changes. Enfin, le président Reagan, dans son discours sur l'état de l'Union en février 1986, semble se rallier aux thèses que les Français n'ont cessé de défendre, recommandant que soit soigneusement étudiée l'opportunité de tenir une conférence monétaire internationale. Trois années plus tôt, le président Mitterrand, avançant cette même idée, n'avait rencontré que l'indifférence polie de la plupart de ses partenaires. Le président américain avoue même candidement la raison de ce revirement : *« Nous ne devons plus jamais permettre à des fluctuations incontrôlées de nuire à nos fermiers et à nos exportateurs* [1]. » L'Administration américaine réalisait ainsi brusquement les coûts pour l'économie des États-Unis des politiques menées jusqu'alors, présentées en exemple au reste du monde, mais dont les retombées futures avaient été totalement méconnues. Cette nouvelle démonstration de « pragmatisme » marquait l'émergence d'un consensus international assez large, et de la mise en œuvre de quelques mesures coordonnées, visant à faire baisser de façon contrôlée le dollar et les taux d'intérêt. La coordination tant attendue des politiques économiques semblait soudain sur le point de se réaliser ; le sommet de Tokyo devait conduire à une nouvelle réflexion sur le système monétaire international. Force est de constater la maigreur des résultats alors obtenus, que n'a pu qu'imparfaitement dissimuler une vague et lénifiante déclaration d'intention sur une prétendue volonté commune de surveiller certains indicateurs cruciaux dont l'évolution devait guider des réponses coordonnées des participants.

1) Cité par Paul Fabra dans *Le Monde*, 6 février 1986.

En fait, il y a eu assez peu de coordination effective, même avant le sommet de Tokyo ; certes, les banques centrales ont réalisé quelques interventions coordonnées pour renforcer le mouvement de baisse du dollar, qui, en septembre 1985, était déjà bien amorcé ; mais les mesures de baisse des taux d'intérêt décidées par la suite ont plutôt fait penser à des décisions unilatérales. Il se trouve simplement qu'en l'occurrence des politiques coordonnées auraient conduit au même résultat, puisque la baisse des taux d'intérêt dans les économies principales était devenue un objectif éminemment souhaitable au niveau de chacune d'entre elles. Derrière les discours vantant les mérites de la coordination, c'est un véritable conflit qui s'est développé, chacun semblant rejeter sur les autres la responsabilité d'une conjoncture plutôt morose et de perspectives assez sombres. Dans le domaine des politiques macro-économiques, on attendait du Japon et de l'Allemagne un effort important de relance destiné à jouer un rôle moteur pour l'économie mondiale. L'Allemagne, comme le Japon, préféraient, malgré les pressions américaines, s'en tenir aux politiques internes précédemment annoncées et refusaient de se plier aux injonctions extérieures, d'autant plus inacceptables, dans le cas allemand, qu'elles rappelaient les pressions exercées en 1978, lorsque le gouvernement allemand avait finalement accepté de jouer le rôle de locomotive que l'on cherchait à lui imposer, et avait payé cette complaisance par un taux d'inflation élevé et un déficit de la balance des paiements courants. Dans le domaine des politiques commerciales, le ton montait entre les États-Unis d'une part, confrontés à un déficit considérable des paiements courants et à la situation difficile des fermiers et exportateurs, et le Japon d'autre part, dont l'excédent commercial ne cessait de croître, et se réalisait principalement à l'égard des États-Unis.

La valeur du dollar apparaissait centrale dans cette situation de conflit. Les Américains furent prompts à utiliser les menaces à la baisse pour obtenir des concessions de la part du Japon et de l'Allemagne. L'économie japonaise, dont la vigueur exemplaire devait en effet sa source essentielle au dynamisme des exportations nippones, apparaissait dès lors extrêmement vulnérable à la hausse du yen qui, par ailleurs, conduisait dans un premier temps à une augmentation en valeur de l'excédent commercial japonais (renforcée par la baisse des prix du pétrole) et accentuait ainsi le risque de confrontation commerciale avec les États-Unis.

Face à la stratégie américaine visant à manipuler les marchés en orientant à la baisse les anticipations de change des opérateurs par des déclarations savamment distillées, les ministres des Finances de la CEE décidèrent, lors de leur réunion du 20 septembre 1986 à Gleeneagles en Écosse, d'intervenir conjointement pour faire remonter le dollar. Le conflit semblait donc s'exacerber, ce qui confirma l'échec, fin septembre, de la réunion du groupe des cinq à Washington, constatant, un an après l'accord du Plaza, les divergences considérables des participants. Dès lors, James Baker entreprend des discussions bilatérales avec le Japon, laissant de côté l'Europe : « *Dans une partie à trois,* écrit Jean Denizet[2], *la solution est classique : il lui faut séduire un des deux adversaires, s'en faire un allié et se retourner ensuite contre le troisième partenaire désormais isolé.* »

On peut en effet interpréter ainsi l'accord américano-japonais passé entre le secrétaire au Trésor James Baker et le ministre des Finances Kiichi Miyazawa le 31 octobre 1986. Au terme de cet accord, les Japonais échangent une baisse d'un demi-point de leur taux d'escompte accompagnée d'une impulsion budgétaire limitée contre une reconnaissance américaine que le taux de change entre le dollar et le yen (aux alentours de 160 yens pour 1 dollar) est maintenant sensiblement cohérent avec les données économiques fondamentales. Bien que la détermination de stabiliser ce taux de change n'ait fait l'objet d'aucune déclaration plus précise (notamment quant à la valeur retenue et aux moyens décidés), on ne peut qu'observer la relative stabilité du rapport de change yen/dollar depuis lors, alors même que le taux de change mark/dollar à continué de s'apprécier. Bien entendu, cet accord, s'il fonctionne, crée pour les Européens une incitation importante à prendre également des mesures coordonnées visant à stabiliser le

2) Jean Denizet, « Grandes manœuvres monétaires », *L'Expansion*, 5-18 décembre 1986.

taux de change des monnaies européennes vis-à-vis du dollar. Les Allemands commencent à sentir les effets de la perte de compétitivité qu'a entraînée pour eux la hausse du mark allemand, tandis que le franc français subit des pressions à la baisse lorsque le dollar baisse lui-même, du fait des réallocations de portefeuilles qui tendent alors à s'effectuer en faveur du mark. Le ministre français de l'Économie et des Finances a d'ailleurs affirmé au début du mois de décembre 1986 que les parités des monnaies européennes vis-à-vis du dollar avaient maintenant rejoint des niveaux compatibles avec les paramètres « fondamentaux » des économies et qu'il serait bon de les stabiliser à ces niveaux. Le président de la Banque centrale allemande, M. Pœhl, a également jugé que le taux de change atteint, 2 marks pour 1 dollar environ, correspondait mieux à la réalité économique aux États-Unis et en RFA. Il est clair que l'Europe n'a aucun intérêt à ce que le taux de change de l'ÉCU par rapport au yen s'apprécie, ce qui se produirait si le taux effectif du dollar s'affaiblit, alors que le taux dollar/yen est stabilisé.

Il est donc possible que l'on assiste à une tentative réussie de stabilisation des taux de change aux niveaux actuels, dans la mesure où ces niveaux semblent être acceptés par les principaux pays industrialisés. Ce retour de taux stables représenterait incontestablement un progrès considérable dans la gestion des relations monétaires internationales, mais appellerait un certain nombre de remarques.

En premier lieu, se pose la question des instruments de gestion disponibles pour assurer cette stabilité. Tant que les marchés jugeront la détermination des gouvernements sérieuse et crédible, mais aussi le niveau des taux de change approprié compte tenu de l'évolution des économies, la stabilité pourra être obtenue par des interventions minimales sur les marchés, couplées avec des déclarations régulières visant à renforcer l'équilibre ainsi réalisé. Il serait toutefois peu réaliste de considérer cette situation comme très durable. Les gouvernements peuvent influencer les anticipations des principaux intervenants sur les marchés des changes, mais ils ne peuvent les contrôler.

Deuxièmement, le consensus qui semble se dégager paraît être avant tout de nature politique et fondamentalement fragile. Il permet à chaque gouvernement d'arbitrer correctement entre les exigences de sa politique intérieure et la contrainte externe. Cela étant, la stabilité des taux de change ne suffira pas à résorber les déséquilibres très importants qui se sont accumulés, concernant aussi bien les balances des paiements – notamment le déficit commercial américain et les excédents allemand et japonais – ou encore le niveau souvent très élevé de l'endettement, qu'il s'agisse de la dette publique ou privée des États-Unis, ou de la dette extérieure des pays en développement. Dans ces conditions, on ne saurait exclure qu'en fonction des évolutions économiques nationales, les gouvernements cherchent à utiliser les variations de taux de changes afin d'atteindre, parfois aux dépens des autres, certains de leurs objectifs, ou de calmer des pressions internes.

Troisièmement, il n'est pas sûr que les États-Unis aient intérêt à ce que l'Europe se joigne à un accord tripartite de stabilisation des taux de change. L'accord bilatéral nippo-américain a pour eux deux avantages : premièrement d'être plus souple et plus facilement dénonçable qu'un accord global, deuxièmement de permettre de faire une pression plus appuyée sur les Européens, en particulier l'Allemagne, pour obtenir un effort de relance économique. Ils souhaitent certainement la poursuite de la hausse du taux de change effectif du dollar. Ils font déjà pression sur les pays d'Asie (Corée, Taiwan, Hong Kong et Singapour), dont les monnaies ont suivi la baisse du dollar, pour qu'ils réévaluent afin de rééquilibrer leurs échanges avec les États-Unis. Mais, si le taux dollar/yen est stabilisé, ils chercheront à obtenir une dépréciation vis-à-vis de l'ÉCU avant d'accepter une stabilisation des taux.

Enfin, s'il est vrai qu'une stabilisation des taux de change ouvrirait une phase nouvelle dans les relations monétaires internationales des années 1980, il n'en reste pas moins qu'elle ne correspondrait aucunement à la mise en œuvre d'une réflexion systémique sur la nature de ces relations et la gestion de l'interdépendance, mais plutôt à une trêve improvisée, qui ne s'attaquerait pas aux racines des désordres récents, et donnerait au contraire l'impression que l'on peut très bien s'accommoder du système tel qu'il est. Le rôle du système monétaire international n'est pas à proprement parler de gérer l'interdépendance, mais il est en particulier d'offrir un cadre approprié à cette gestion, tâche dont le présent système paraît bien peu à même de s'acquitter. On peut alors se demander quelles pourraient être les conditions d'une réforme ou quelles pourraient être celles d'une amélioration progressive du système ; existe-t-il une possibilité d'apprentissage en continu, susceptible de remédier de façon durable et non seulement conjoncturelle aux défauts qui se font jour au fur et à mesure que nous découvrons les contraintes de l'interdépendance ?

A quoi sert le système monétaire international ?

Le système monétaire international est l'ensemble des règles ou conventions qui régissent les relations financières et monétaires entre les nations. Richard Cooper[3] préfère parler de *régime* plutôt que de *système* ou d'*ordre*, car il note à juste titre que cette régulation peut n'être ni ordonnée ni systématique. Depuis l'effondrement du système de Bretton Woods et plus spécialement encore dans la période récente, le système monétaire international est fréquemment qualifié de *non-système*, en raison des désordres de la régulation monétaire internationale actuelle. Mais, au-delà de cette querelle terminologique, il existe bien à tout moment, tout du moins dans un monde non autarcique, un ensemble de pratiques qui permettent l'interaction entre les différents systèmes monétaires internationaux. Suivant en cela la convention la plus répandue, nous continuerons de parler de système monétaire international pour représenter cet ensemble de pratiques.

L'ensemble des relations économiques d'un pays avec le reste du monde est comptabilisé dans sa balance des paiements. Une fonction essentielle du système monétaire international est donc de définir les règles, mécanismes et instruments de l'ajustement des balances des paiements, c'est-à-dire du financement et de la correction des déséquilibres qui peuvent se produire. Il convient tout d'abord de permettre l'échange des différentes monnaies. C'est la fonction principale du mécanisme de changes. Tout échange avec l'extérieur conduit à une offre et demande de monnaies étrangères contre la monnaie nationale. Si les taux de change varient de façon à équilibrer cette offre et cette demande, les balances des paiements seront par définition à l'équilibre ; on se trouvera alors dans un système de taux de change parfaitement flexibles. Si en revanche les mouvements de taux de change ne sont pas autorisés à jouer librement ce rôle d'ajustement, il subsistera en général des excédents et des déficits des balances des paiements. Ces déséquilibres doivent être évalués dans une unité qui rencontre l'agrément des parties impliquées, et feront l'objet, de la part du pays déficitaire, d'un paiement ou d'une dette envers le pays excédentaire, libellés dans une monnaie acceptable pour chacun. Il faut donc des moyens de financement acceptés internationalement, sous forme de réserves constituées par les gouvernements ou de mécanismes d'emprunts appropriés. Ces moyens de financement forment la liquidité internationale. Une fonction importante du système monétaire international est de pourvoir à la liquidité internationale. Le régime de changes retenu et l'accès d'un pays à la liquidité internationale conditionnent la capacité de ce pays à financer d'importants déficits des paiements courants, ou au contraire la nécessité de recourir à des mesures d'ajustement économique intérieur tendant à corriger ces déséquilibres.

La simple définition de ces fonctions ne suffit certes pas à indiquer quel type de système monétaire international sera le mieux à même de s'en acquitter. On peut envisager un système de taux de change fixes, ou stables mais ajustables, ou encore des parités glissantes, ou des taux flottants gérés, ou enfin des taux parfaitement flexibles. La liquidité internationale peut être définie à partir d'un étalon physique (par exemple l'étalon or, ou l'étalon argent), d'un panier de monnaies (comme les droits de tirage spéciaux – DTS – du Fonds monétaire international ou l'ÉCU européen), d'une monnaie nationale (le dollar américain), ou de plusieurs devises (dollar, yen, mark allemand...). En outre, une fois ces deux dimensions (régime de taux de change et liquidité internationale) fixées, les moda-

3) Richard N. Cooper, « Prolegomena to the Choice of an International Monetary System », *International Organization*, n° 29, hiver 1975.

lités de fonctionnement du système, en particulier le degré de mobilité des capitaux, conditionneront ses performances. Enfin, le système monétaire international peut lui-même – et cela a toujours été le cas – se composer en fait de sous-systèmes organisés de façon très différente les uns des autres, en interaction les uns avec les autres.

On peut ainsi définir un grand nombre de systèmes possibles. Le débat sur la réforme du système monétaire international porte sur le problème du choix collectif de l'un d'entre eux. Il faut au départ des critères de choix. On peut retenir un critère d'efficacité économique, à la fois macro-économique (effets sur la croissance, le chômage et l'inflation) et micro-économique (effet sur l'allocation des ressources) et un critère d'efficacité politique, portant à la fois sur les aspects distributionnels (qui bénéficie le plus de tel ou tel système monétaire, de tel ou tel mécanisme de changes ou d'émission de réserves ?), et sur la capacité à mettre en cohérence, au niveau international, les décisions de politique économique nationales.

Il est relativement aisé de s'entendre sur les critères généraux ; mais, au-delà de certains arguments d'ordre technique susceptibles d'éclairer les alternatives, le débat monétaire international bute sur trois séries de difficultés. La première a trait à l'ignorance objective des effets du fonctionnement de tel ou tel système, laissant libre cours à des interprétations, des conjectures, qui renvoient à des systèmes de pensée différents et qui conduisent à des prises de position divergentes, même lorsque les intérêts convergent. On en trouve des illustrations quotidiennes dans les débats publics ou les débats entre théoriciens de l'économie, sur l'efficacité relative et absolue des différents instruments de la politique économique. La deuxième vient de préférences nationales divergentes ; ces préférences seront déterminées par la tradition historique et culturelle, la nature de la société, la situation géographique, économique et politique propre à chaque pays. Elles affectent, bien entendu, la position de chaque gouvernement sur les aspects distributionnels, mais aussi sur les priorités relatives accordées aux différents objectifs économiques dont on sait bien qu'ils nécessitent un compromis : par exemple, si l'on ne peut atteindre simultanément le plein emploi, la stabilité des prix et l'équilibre des balances des paiements, certains privilégieront la lutte contre le chômage, d'autres la lutte contre l'inflation, d'autres enfin le rétablissement de l'équilibre extérieur. La troisième série de difficultés renvoie à la crédibilité des engagements pris et au contrôle de leur respect. C'est une question importante dans tout type de négociation internationale ; le fonctionnement du système monétaire international retenu dépendra de façon cruciale des comportements des acteurs nationaux.

Cette présentation est elle-même simplificatrice, dans la mesure où elle met l'accent sur la négociation internationale, alors que la recherche de compromis possède une dimension nationale également importante. Le débat national affecte de façon permanente l'attitude du pays vis-à-vis du système monétaire international, de ses propres préférences, de la façon dont il s'acquittera des engagements internationaux qu'il a pris. Il peut même être parfois amené à se retirer d'un accord monétaire international sous la pression interne. Les nombreuses mésaventures du serpent monétaire européen dans les années 1970, de même que le débat interne en France sur l'opportunité de rester dans le SME en 1983, illustrent cette autre dimension, même si, dans ce dernier cas, le gouvernement français a finalement accepté la contrainte du SME et entrepris d'importants ajustements. Le système monétaire international peut jouer le rôle d'incitation à la discipline au niveau de chaque politique économique nationale ; mais l'adhésion politique peut être remise en question facilement. Il est possible par ailleurs que certains pays définissent leur position dans les négociations monétaires internationales avec l'arrière-pensée d'obtenir des concessions dans d'autres domaines (par exemple commerciaux) des relations internationales.

Au total, engager un processus de réforme paraît extrêmement difficile, compte tenu à la fois des divergences de conception signalées, et du nombre des acteurs concernés par un tel processus. Cela n'empêche pas de réfléchir aux caractéristiques principales du système actuel, afin d'en discuter les forces et faiblesses essentielles et les perspectives d'évolution. Il est en effet très probable que, faute d'une réforme radicale que seule une crise majeure pourrait sans doute amener, les relations monétaires resteront faites d'une alternance de rapports conflictuels et coopératifs, d'une improvisation permanente et collective à partir du système existant.

Un système hybride et peu harmonieux

Le système monétaire international actuel est multiforme. La valeur de la plupart des monnaies qui le composent est fixée par rapport soit à d'autres monnaies (dollar américain et franc français principalement), soit à des paniers de monnaies (droits de tirage spéciaux du FMI ou autres) ; c'était ainsi, fin 1985, le cas de 94 pays[4]. Dans d'autres cas, les taux de change sont déterminés de façon similaire, mais une variation autour de la parité définie est autorisée : 5 pays ont adopté ce système vis-à-vis du dollar ou du DTS et, bien sûr, les pays européens membres du Système monétaire européen (SME) ont mis en place un mécanisme coopératif fondé sur cette formule. Enfin, un certain nombre de pays ont adopté des systèmes de taux plus flexibles, soit qu'il s'agisse de parités glissantes, rattachées aux variations d'un ensemble d'indicateurs (Brésil, Chili, Colombie, Portugal, Somalie), soit encore qu'il s'agisse d'un flottement « géré » par des interventions de la Banque centrale (21 pays), soit enfin que la détermination des taux soit principalement laissée au fonctionnement des marchés des changes (15 pays, dont le Japon et les États-Unis). Nous ne sommes donc pas à proprement parler dans un système de taux de change flexibles. Mais les principales puissances économiques du monde occidental, à savoir les États-Unis, le Japon, et les pays européens, maintiennent entre elles des taux de change fluctuants, et il est vrai que ces fluctuations parfois très importantes entre les principales monnaies constituent l'une des caractéristiques principales du présent système.

L'autre caractéristique majeure du système est l'évolution de la notion de liquidité internationale qui s'est progressivement produite. Cette évolution a démarré dès les années 1960 avec le développement des euromarchés, mais s'est accélérée dans les années 1970 sous l'impulsion d'une véritable « privatisation » du financement des balances des paiements, dorénavant assuré en majeure partie par les banques commerciales et les investisseurs privés, alors que, sous le régime de Bretton Woods, l'accès à la liquidité internationale était en principe contrôlé par les gouvernements. Le mouvement d'intégration financière dont les principaux pays industrialisés sont les témoins a considérablement accru la mobilité des capitaux privés, perturbant sensiblement le fonctionnement du marché des changes, et transformant radicalement le problème du financement des balances des paiements. Au total, le rôle des acteurs privés dans le fonctionnement du système monétaire international n'a cessé de croître, rendant ce fonctionnement plus opaque, plus difficile à maîtriser, et dans certains cas plus fragile.

Ce sont ces deux caractéristiques qui sont à la source des situations de crises financières et monétaires récentes, qui à la fois ont révélé les défauts du système monétaire international présent, mais aussi ont fortement pesé sur la conjoncture économique mondiale et sur l'harmonie des relations économiques internationales.

Les excès de la flexibilité des taux de change

Le principal attrait de la flexibilité des changes, pour ses partisans, était son pouvoir d'isoler les économies nationales : les taux de change flottants devaient permettre de restaurer l'autonomie des politiques économiques nationales, puisque les divergences internationales seraient dorénavant accommodées par des variations de taux de change. Il s'agissait là cependant d'un raisonnement théorique peu opérant dans la réalité. En fait, les variations de taux de change ne sont pas neutres. Elles ont une répercussion non seulement sur le niveau des prix, mais aussi sur les prix relatifs intérieurs. Une dévaluation, par exemple, aura non seulement des conséquences inflationnistes, mais entraînera aussi une réallocation des ressources au profit des secteurs de biens exportables. Interférant avec l'allocation des ressources, la flexibilité des taux de change peut entraîner des distorsions micro-économiques importantes.

4) D'après le Fonds monétaire international, *Report on Exchange Arrangements and Exchange Restrictions*, 1986.

Mais c'est l'accroissement de la mobilité des capitaux, dans un contexte de taux de change flexibles, qui a le plus posé problème. Lorsque les capitaux sont mobiles, la transmission des chocs monétaires entre les pays est très rapide et parfois paradoxale[5]. Dès lors, la mobilité des capitaux privés est un facteur très important d'accroissement de l'interdépendance, que les variations de taux de change ne peuvent pas accommoder complètement, car les gouvernements conservent de façon explicite ou implicite des objectifs de change les contraignant parfois à tenter de contrarier par des mesures de politique économique les tendances des mouvements de capitaux jugées néfastes.

En outre, les marchés des changes ont fait preuve d'une instabilité croissante, et ont été le théâtre de fluctuations très importantes des taux. Toutes les mesures de variabilité de court ou long terme, portant sur les taux nominaux ou réels, bilatéraux ou effectifs, convergent sur ce point. Ces fluctuations ont illustré l'importance du rôle que jouent dorénavant sur les marchés des changes, comme sur les autres marchés d'actifs financiers, les anticipations des intervenants. Ce rôle s'est trouvé renforcé par le mouvement d'intégration financière qui permet des réallocations de portefeuilles quasiment instantanées sur un éventail de monnaies et d'actifs de plus en plus large. Les fluctuations sur les marchés des changes ont notamment souvent traduit des phénomènes de sur-réaction[6] des taux aux variations des paramètres économiques fondamentaux.

Il n'est pas facile d'évaluer le coût de cette importante variabilité des taux sur le commerce international. On peut distinguer les effets directs et indirects. Les premiers sont liés aux coûts de l'instabilité sur les activités commerciales à proprement parler. Il n'est pas sûr que l'accroissement du risque de change ait fortement perturbé le volume du commerce international, car la majorité des opérateurs disposent de moyens de couverture à terme, d'ailleurs de plus en plus sophistiqués ; cette couverture a un coût, qui affectera à la marge la rentabilité de certaines opérations, mais qui ne paraît pas exorbitant. On ne peut toutefois pas dire que le commerce international s'en trouve encouragé.

Les effets indirects semblent beaucoup plus préoccupants ; ils proviennent des modifications dans la structure de la production et de l'investissement, qui elles-mêmes peuvent rejaillir sur le commerce international, ou des réactions suscitées par l'instabilité des taux en matière de politique commerciale. Ainsi, les fluctuations des taux de change réels qui se sont produites ont parfois dû entraîner des restructurations industrielles qui modifient durablement les structures de compétition et de production alors même que les conditions qu'elles créent peuvent n'être que transitoires. Les entreprises ne disposent d'aucun moyen de se protéger du risque de change à long terme. Au moment où se prennent les décisions d'investissement, elles doivent donc faire face à un risque accru, non maîtrisable, relatif aux parts de marchés qu'il leur sera possible de conquérir compte tenu

5) La littérature économique en donne un exemple classique, très schématique, mais qui illustre bien comment la mobilité du capital affecte la transmission des chocs en régime de taux de change flexibles : supposons que les taux d'intérêt internes soient en hausse sous l'effet d'une politique monétaire restrictive ; en l'absence de mouvements de capitaux, la diminution de la demande intérieure qui s'ensuivra conduira à une baisse de la croissance, et à une amélioration de la situation de la balance des paiements, par le biais d'une diminution de la demande d'importations ; en présence d'une forte mobilité internationale des capitaux privés, le différentiel de taux attirera les capitaux étrangers, conduisant à une appréciation de la monnaie nationale, donc à une détérioration de la compétitivité des biens nationaux, à un accroissement des importations et une baisse des exportations ; au total, les effets de la contraction monétaire initiale sur la croissance seront renforcés dans le pays où elle s'effectue, et transmis à l'extérieur négativement, sous forme de facteur expansionniste.

6) Le phénomène de sur-réaction des taux de change peut être illustré de la façon suivante : supposons qu'un pays décide de mener une politique monétaire restrictive ; pour rétablir l'équilibre entre l'offre et la demande d'encaisses réelles (lorsque les prix ne s'ajustent pas instantanément), il faudra une forte hausse du taux d'intérêt nominal (d'autant plus forte que la demande d'encaisses réelles est peu sensible au taux d'intérêt). Cette hausse s'accompagnera d'une entrée massive de capitaux et d'une appréciation du taux de change de la monnaie nationale comparable à la hausse du taux d'intérêt nominal, et potentiellement beaucoup plus importante que la contraction monétaire initiale. L'équilibre ne sera en effet atteint que lorsque le taux de change se sera suffisamment apprécié pour que les intervenants sur le marché des changes anticipent dorénavant une dépréciation de la monnaie, qui compense la hausse initiale du taux d'intérêt.

des conditions de taux qui prévaudront lorsqu'elles commercialiseront le produit de l'investissement projeté.

Ensuite, les fluctuations de taux de change réels créent des tensions économiques et politiques dans les principaux pays, comme en témoignent la montée des pressions protectionnistes au Congrès américain et la situation conflictuelle qui s'est développée entre les différents partenaires commerciaux, notamment les États-Unis, l'Europe, le Japon. Les fluctuations de moyen et long terme des taux de change réels présentent donc un risque important de dérapage vers des mesures protectionnistes qui pourraient porter atteinte au libre-échange ; elles créent une situation de conflit qui requiert des efforts importants, des concessions qui peuvent se révéler politiquement coûteuses, et imposent aussi un coût de gestion considérable aux relations économiques internationales.

Ces considérations expliquent l'intérêt que trouvent dans un mécanisme de changes stables les pays européens, pour lesquels le commerce représente une part importante du produit national brut, et qui sont de ce fait beaucoup plus sensibles aux contraintes de l'interdépendance. Les États-Unis, en revanche, y sont – ou y étaient jusqu'à une date récente – beaucoup moins attentifs, car leur taille aussi bien que la relative faiblesse de leur commerce extérieur par rapport au PNB retardent considérablement les perceptions de cette interdépendance.

À la recherche des équilibres perdus

A la lumière des déséquilibres considérables des balances des paiements courants, à la fois dans les pays industrialisés depuis le début des années 1980 et dans les pays en développement tout au long des années 1970, et surtout des difficultés que ces déséquilibres ont causées, il semble que le système monétaire international présent n'apporte pas de réponse satisfaisante au problème de l'ajustement des balances des paiements.

Pourtant, la flexibilité des taux de change, puis le desserrement de la contrainte de liquidité internationale lié à l'intermédiation financière privée auraient dû conférer au système une souplesse bénéfique. Il convient de rappeler que le régime de Bretton Woods présentait deux défauts importants : le premier était l'imprécision avec laquelle les déséquilibres de balance des paiements devaient faire l'objet d'une modification de parités. Cela devait se produire en cas de déséquilibre « fondamental ». Dans la pratique, cela soulevait deux problèmes, l'un d'interprétation de ce qui est fondamental, l'autre de spéculation dès qu'il devenait évident que les déséquilibres, notamment américains à la fin des années 1960, étaient durables. Le second défaut avait trait à la génération de la liquidité internationale. En principe définie à partir du stock d'or détenu par les gouvernements, et à priori dépendante, pour son accroissement, de la production d'or dans le monde, la liquidité internationale fut très vite constituée principalement de dollars américains et alimentée par les déficits croissants de la balance des paiements américaine. Clairement, la convertibilité du dollar en or ne pouvait être assurée alors que le stock de dollars en circulation s'accroissait beaucoup plus rapidement que le stock d'or détenu par les banques centrales. Dans le système mis en place en 1973, puis entériné par les accords de la Jamaïque en 1978 le développement de l'intermédiation financière internationale privée a permis un financement relativement aisé des balances des paiements.

Mais cette nouvelle aisance, permise par le développement des activités bancaires internationales et par l'intégration des marchés financiers, ne garantit pas une plus grande stabilité du système. Deux problèmes majeurs en illustrent en effet les dangers.

Premièrement, la crise de l'endettement a révélé que le financement des déficits courants des pays en développement par les banques privées pouvait faire courir un risque important au système financier international. Certes, le recyclage effectué par les banques après le premier choc pétrolier a permis d'en atténuer l'impact sur les pays en développement importateurs de pétrole et d'y financer une forte croissance. Mais la rançon en est, dans les années 1980 et peut-être au-delà, un assèchement des financements auxquels ces pays auront dorénavant accès. Les pays qui ont réussi leur ajustement pourront emprunter sur les marchés financiers. Mais les autres, en grand nombre, n'auront sans doute pas de sitôt retrouvé la cote de crédit nécessaire pour se voir ouvrir également cet accès. En tout état de cause, la correction de l'excès d'endettement, imputable d'ailleurs à la fois aux emprunteurs et aux prêteurs, nécessite un ajustement économiquement, socialement et politiquement extrêmement coûteux.

En outre, autant l'expansion de l'endettement en dollars dans les années 1970 a contribué à la faiblesse et à la crise du dollar vers la fin de la décennie, autant le retrait des banques depuis 1982 a contribué à la hausse de la monnaie américaine jusqu'en 1985 (car il s'est traduit par une diminution des sorties de capitaux américains).

Deuxièmement, la politique économique américaine du début des années 1980 a permis aux États-Unis de financer, grâce aux capitaux privés étrangers, la formidable croissance de 1984 et un déficit budgétaire très élevé dont la contrepartie, au niveau de la balance des paiements, est un déficit record du commerce extérieur et des paiements courants. Ces déséquilibres ne seront pas résorbés rapidement, même si les pays européens et le Japon en venaient à prendre des mesures expansionnistes vigoureuses. Pour en accélérer la correction, il faudrait que le dollar connût une dépréciation réelle encore substantiellement plus importante que celle qui a déjà eu lieu, accompagnée d'une rigueur budgétaire plus marquée aux États-Unis. L'ajustement, là aussi, sera coûteux. Cela suggère que la situation sur le marché des changes reste beaucoup plus fragile que ne semblent l'admettre les autorités monétaires en Europe, au Japon, aux États-Unis, et que l'accord politique qui s'est dessiné autour des taux de change atteints à l'automne 1985 pourrait être de courte durée.

Incertitudes d'avenir

En conclusion, l'interdépendance est devenue si évidente qu'elle suscite dans la plupart des pays des tentatives de repli sur soi. Ainsi, le mouvement d'intégration financière précédemment évoqué, qui affecte profondément le fonctionnement du système monétaire international, peut donner naissance à des pressions importantes, potentiellement irrésistibles, à la désintégration dans d'autres domaines, par exemple celui des relations commerciales internationales. L'enjeu considérable de l'évolution du système monétaire international est de permettre une gestion plus harmonieuse de l'interdépendance, de façon à éviter ces tentations de repli, peu propices au retour d'une croissance mondiale forte.

Or le temps presse ; l'accalmie qui s'est établie entre les États-Unis et le Japon et qui devrait normalement emporter l'adhésion européenne, visant à stabiliser les taux de change entre les monnaies principales, ni ne prend en compte les défauts de fonctionnement du système, ni ne paraît vraiment durable compte tenu, dans une conjoncture plutôt morose, de la tentation de chacun de financer ses déséquilibres ou sa croissance sur le dos des autres. En même temps, peut-être même à cause de l'accalmie signalée, aucune réforme n'est en vue. L'heure n'est pas à une conférence monétaire internationale dont naîtrait un nouveau système monétaire plus ordonné. A la différence de celle de 1944, qui est à l'origine des accords de Bretton Woods, et qui s'est déroulée dans un climat de reconstruction mobilisateur sous l'hégémonie américaine et entre un petit nombre de pays, une telle conférence aujourd'hui risquerait d'échouer faute de volonté politique suffisante, et en raison des considérations évoquées ci-dessus ; elle serait par ailleurs impraticable, compte tenu du nombre des participants, incluant les pays en développement.

La véritable question est donc de savoir si le système monétaire international tel qu'il est peut être amélioré par la mise en place empirique de pratiques négociées périodiquement au coup par coup : « *Dans le domaine monétaire international, une Constitution de type anglais, construite à travers toute une série de pratiques acceptables, peut s'avérer à la fois plus facile à mettre en place et même plus performante qu'une Constitution au sens américain négociée dans sa totalité*[7]. » Dans un monde où les forces de globalisation se heurtent de façon croissante aux forces d'atomisation politique en intérêts nationaux divergents, il est vrai que seule une improvisation constructive peut donner naissance à un processus informel de réforme progressive

7) Richard Cooper, *op. cit.*, cité dans Benjamin J. Cohen, *Organizing the World's Money*, Basic Books, New York, 1977, p. 272.

de l'organisation des relations internationales.

Faut-il encourager l'évolution vers un système de zones-cibles, extension à l'échelle internationale du Système monétaire européen, entre le dollar, le yen, et les monnaies européennes ? Pour souhaitable qu'apparaisse la stabilité des taux de change entre ces trois blocs, la viabilité d'un tel système semble sérieusement compromise.

En effet, le fonctionnement d'un système de taux de change stable à l'intérieur d'une zone de variations plus ou moins étroite paraît peu compatible avec l'accroissement de la mobilité des capitaux. Certes, le Système monétaire européen a jusqu'à présent remarquablement fonctionné, permettant de stabiliser les taux de change réels entre pays-membres. Mais cette performance peut être dans une assez large mesure imputable aux contrôles de capitaux qui viennent en majeure partie d'être levés. Il est probable que l'intégration financière en cours entre pays de la Communauté européenne constitue un test majeur du SME. Mais, à l'échelle internationale, il semble peu réaliste de vouloir stabiliser les taux de change alors que des mouvements de capitaux de grande ampleur font la loi sur le marché des changes. Si les pouvoirs publics parviennent à contrôler les anticipations des spéculateurs sur le marché des changes, la stabilité sera assurée. Mais c'est là une tâche quasiment impossible, dès lors que les gouvernements autorisent entre eux des divergences parfois très importantes dans les politiques économiques, et ne parviennent pas à une coordination effective de ces politiques (pas seulement au niveau de la politique monétaire). Que se serait-il passé au début des années 1980, dans un système de zones-cibles ? L'Administration Reagan n'aurait certainement pas renoncé à mettre en œuvre sa politique économique pour la simple raison qu'elle aurait paru incompatible avec le maintien du dollar dans la limite des variations autorisées. La Réserve fédérale et les autres Banques centrales auraient alors eu la responsabilité de ce maintien. Il est plus que probable que des mouvements spéculatifs de grande ampleur auraient contraint à une suite de modifications des zones-cibles, et il n'est pas sûr qu'au total l'effet déstabilisateur n'aurait pas été encore plus important.

Puisque c'est essentiellement la mobilité des capitaux privés qui peut contrecarrer le maintien par les autorités monétaires d'une stabilité souhaitable des taux de change, il semble que c'est à ce niveau que devraient porter les réflexions relatives à l'évolution du système monétaire international. Ce n'est certes pas d'actualité, puisque la tendance est aujourd'hui à la libéralisation croissante des mouvements financiers. Mais la remise en place de certains contrôles sera certainement envisagée à plus ou moins brève échéance. Un certain nombre de propositions ont été faites dans ce sens : le prix Nobel d'économie James Tobin a, par exemple, suggéré de taxer toutes les transactions spot sur les marchés des changes. L'objectif recherché, contraire à celui poursuivi aujourd'hui, était une segmentation des marchés financiers. On peut aussi envisager une taxe qui égalise les taux d'intérêt réels. Mais elle n'est ni facile à mesurer, ni facile à imposer. Enfin, et c'est peut-être une voie à approfondir, on pourrait songer à déconnecter les transactions commerciales, qui s'effectueraient à taux de change fixe, des transactions en capital qui, elles, s'effectueraient à taux de change flexible sur un marché des changes indépendant. Certains pays maintiennent d'ailleurs à l'heure actuelle un tel double marché des changes, notamment, en Europe, la Belgique et le Luxembourg.

Le débat entre taux de change fixes et taux de change flexibles semble aujourd'hui dépassé, devant l'ampleur qu'ont prise les mouvements de capitaux privés. Intégration financière mondiale et stabilité des taux de change ne seront des objectifs cohérents que si les politiques économiques des principaux pays restent en phase, ce qui ressemble à un vœu pieu. On n'a pas fini d'apprendre à gérer l'interdépendance.

« ... On voit venir le jour où, à force d'expériences fâcheuses, le monde entier sera d'accord pour établir un système monétaire impartial et raisonnable, mettant chaque pays, dès lors qu'il le méritera, à l'abri des mouvements subits et absurdes de la spéculation. » *(Général de Gaulle, président de la République, allocution radiodiffusée, 24 novembre 1968).*

Source : Politique Étrangère, n° 4, 1986.

La nouvelle économie internationale

J.-L. Mucchielli

Le poids des pays développés dans le commerce mondial est relativement stable puisqu'ils représentent 67,5 % des exportations mondiales en 1963 et 66,5 % en 1985. Toutefois, les années 1970 ont marqué une rupture dans la croissance de leur importance ; ceci est particulièrement dû à la hausse en valeur du commerce des produits pétroliers.

Tableau 1 :
Distribution du commerce mondial par zones géographiques 1963-1985

	Commerce total			Commerce non compris les combustibles		
	1963	1973	1985	1963	1973	1985
Pays développés						
Exportations	67,5	71	66,5	72	77	75
Importations	67,5	72	68,5	66,5	71	68
Pays en voie de développement						
Exportations	20,5	19	23	16	13	15,5
Importations	21	18	20,5	21,5	18,5	21
Pays de l'Est						
Exportations	12	10	10,5	12	10	9,5
Importations	11,5	10	11	12	10,5	11

Source : GATT, *Le commerce international en 85-86,* Genève, 1986.

En 1963, les exportations mondiales de produits manufacturés représentaient 52 % des échanges mondiaux, en 1985 elles en représentent 62,3 %, et ce malgré la forte croissance en valeur des exportations de pétrole.

Dans ces produits manufacturés, une part importante est obtenue par les automobiles (23,2 % des exportations mondiales de produits manufacturés), les autres machines et matériels de transport (13,8 %) et le matériel de bureau et de télécommunications (9,6 %).

Une expansion particulièrement forte entre 1980 et 1985 caractérise le commerce des produits électroniques (+ 57 %), de l'industrie automobile (+ 30 %) et des vêtements (+ 22 %).

L'interdépendance des nations

L'expansion du commerce international a été ces vingt dernières années en général plus forte que la croissance mondiale de la production.

Depuis 35 ans, le volume de la production et celui du commerce mondial connaissent des taux de croissance très élevés par rapport à ceux que l'on avait connus précédemment... Le commerce s'est accru en moyenne à un rythme plus rapide que la production (6,5 % contre 4,5 %) par an en termes réels.

« Le ratio croissant commerce / production observé pour un large échantillon de pays reflète un mouvement de spécialisation de plus en plus poussé dans l'économie mondiale, mouvement que l'expérience aussi bien que la théorie désignent comme l'un des facteurs les plus importants de l'élévation des niveaux de vie » (GATT, 1986).

Tableau 2 :
Taux de croissance en volume du commerce mondial et de la production (moyenne annuelle)

	1960-69	1970-79	1980-85
Exportations	8,5	5,5	3,5
Production	6	4	1,7

Malgré le ralentissement de la production et des échanges mondiaux après 1973, leur différence de croissance renforce le degré d'ouverture des économies et donc l'interdépendance générale.

Pour les pays européens environ le quart de leur production est concerné dorénavant par les échanges extérieurs.

L'augmentation du degré d'ouverture pour le Japon et les États-Unis est également remarquable.

Tableau 3 :
Degré d'ouverture des économies à l'échange international :
(X + M/2)/PIB

	1970	1980
États-Unis	5,5	10,6
Japon	10,1	14,4
France	16	23,3
Royaume-Uni	23,5	27,1
Italie	17,5	26,6
RFA	20	27,2

Source : Les Notes Bleues, 13/19 février 1984.

Parallèlement à cette ouverture croissante, on observe une baisse de la concentration des échanges internationaux. Les dix premiers pays effectuent en 1985 moins de 50 % des exportations mondiales contre 57 % en 1953. Sur trente ans il y a eu une baisse de huit points. Ceci s'effectue au profit des dix pays suivants qui réalisent 21 % du commerce en 1985 au lieu de 14,5 % en 1953.

En 1985, les États-Unis (avec 10,7 % des exportations mondiales en 1985), la RFA (9,6 %), la France (5,1 %), les Pays-Bas (3,6 %) et la Belgique (2,8 %) ont vu leur part diminuer, par rapport à 1973. En revanche, le Japon (9,1 %), l'URSS (4,5 %) et l'Italie (4,1 %) ont accru la leur. La Grande-Bretagne (5,3 %) et le Canada (4,5 %) ont à peu près maintenu leur part.

Parmi les dix pays suivants : Taïwan, Hong Kong, la Corée du Sud, l'Espagne, le Brésil et Singapour ont été les plus dynamiques. A eux six ils représentent 8,6 % des exportations mondiales en 1985 contre 3,8 en 1973. L'apport majeur vient des quatre pays d'Asie du Sud-Est qui représentent 6 % des exportations mondiales en 1985 contre 2,9 % en 1973.

La multinationalisation des entreprises

« Une part de plus en plus grande du commerce mondial s'effectue dans le cadre des multinationales. Ce type d'échanges, par exemple, représente approximativement 50 % des importations des États-Unis. » (GATT, 1986).

La distribution mondiale des filiales de multinationales ou bien des stocks et des flux d'investissements directs internationaux fait apparaître des similitudes avec les flux commerciaux. En 1980 72,2 % des filiales de multinationales étaient implantées dans les pays développés, 27,8 % l'étaient dans les pays en développement (ONU, 1983, annexes). Parmi les pays développés seules les firmes multinationales japonaises ont une répartition géographique des implantations de leurs filiales en faveur des pays en développement (55,2 %) par rapport aux pays développés (41,8 %).

Les pays en voie de développement ne sont pas un lieu privilégié d'implantation des multinationales contrairement à ce que l'on a souvent affirmé. Sur les 97 978 filiales de multinationales recensées en 1980 par l'ONU, 10,3 % étaient implantées en Asie du Sud et de l'Est, 11,8 % en Amérique centrale et latine, 4,9 % en Afrique et 0,8 % en Asie occidentale.

De plus, le poids de ces filiales de multinationales dans les pays en développement en 1980 ne joue à aucun moment un rôle prédominant dans l'économie d'accueil. L'ONU (1983) a calculé les investissements directs étrangers en pourcentage des investissements internes des pays d'accueil ainsi qu'en pourcentage du PNB. Sur les 120 pays en développement recensés, trois pays d'accueil connaissent un poids des investissements étrangers par rapport aux investissements nationaux supérieur à 10 %. Ce sont : Panama (44 %), le Liberia (23,7 %) et Singapour (10,1 %). Six pays ont un poids des investissements directs qui se situe entre 5 et 10 %. En termes de pourcentage par rapport au PNB, seuls les Bahamas et Panama connaissent des pourcentages supérieurs à 10 %.

La dérive des continents

En 1984, le commerce transpacifique dépasse le commerce transaltantique. Les échanges transatlantiques s'entendent de l'ensemble des échanges de l'Europe occidentale et de l'Afrique avec les Amériques. Les échanges transpacifiques s'effectuent entre les Amériques (du Nord, centrale et du Sud) d'une part et le Japon et les autres économies du Pacifique d'autre part. La troisième grande dimension du commerce interrégional est représenté par les flux Eurafrique-Pacifique constitués de l'ensemble des échanges de l'Europe occidentale et de l'Afrique avec le Japon et les autres économies du Pacifique.

En 1963, la valeur des échanges transpacifiques, de même que celle des échanges Eurafrique-Pacifique ne représentait qu'un tiers environ des échanges transatlantiques. En 1984 au contraire les échanges transpacifiques dépassent les échanges transatlantiques.

« Ce déplacement de l'activité commerciale n'est pas un phénomène de court terme » (GATT, 1985). Si la part des échanges transaltantiques dans le commerce mondial a baissé d'environ cinq points de pourcentage entre 1960 et 1980, celle des échanges transpacifiques a augmenté pratiquement dans la même proportion. Les échanges Eurafrique-Pacifique se sont accrus au même rythme que les échanges mondiaux, leur part est donc demeurée constante.

Le tableau 4 indique l'évolution du poids mondial des trois principales zones économiques du monde. La CEE et l'Amérique du Nord connaissent un déclin ; le poids du Japon et de l'Asie fait plus que doubler. Ce phénomène général revêt bien des aspects particuliers dont certains peuvent être mis en valeur.

Tableau 4 :
Part du commerce mondial (excepté le commerce intra-zone) de la CEE, de l'Amérique du Nord et de l'Asie

	1963	1973	1985
CEE	18,4	17,2	15,2
Amérique du Nord	14	11,1	9,4
Japon/Asie	6,4	9,2	14,7

Source : GATT, 1986.

Montée en puissance du Sud

Dix pays réalisent 93,4 % des exportations asiatiques en 1985. Ce sont le Japon (43,1 %), Taïwan (7,5 %), la Corée du Sud (7,4 %), Hong Kong (7,4 %), la Chine (6,7 %), Singapour (5,6 %), l'Australie (5,3 %), l'Indonésie (4,8 %), la Malaisie (3,7 %), et l'Inde (2,1 %). Ces pays effectuaient 13,5 % des exportations mondiales en 1973, et 20 % en 1985.

Ces bouleversements s'expriment également par la montée des échanges Sud-Sud, c'est-à-dire entre pays en voie de développement. Ces échanges représentent 4,3 % du commerce mondial en 1963, et 6 % en 1985. 45 % de ce commerce est assuré par les pays d'Asie du Sud-Est, 28 % par les pays du Moyen-Orient et 20 % par les pays d'Amérique latine. Notons que 32 % de ces échanges sont des échanges entre les pays d'Asie du Sud-Est eux-mêmes.

Ces deux derniers phénomènes soulignent le rôle joué par les Nouveaux Pays Industrialisés dans le commerce international contemporain et en particulier celui des NPI d'Asie du Sud-Est.

« Avec le recul du temps, l'expansion des exportations de produits manufacturés des pays en voie de développement apparaît comme un élément prometteur du commerce mondial » (GATT, 1986). Entre 1963 et 1985, leur part des exportations mondiales des produits manufacturés est passée de 4,3 à 1,25 %.

La nouvelle donne des investissements internationaux

Les évolutions de ces vingt dernières années dans les investissements internationaux au sein des pays industrialisés ont bouleversé la position de chacun des pays. Ce phénomène peut être appréhendé au travers d'un ratio d'investissements croisés égal à :

$$R = K_x - K_m/K_x + K_m$$

K_x représente les sorties d'investissements du pays d'origine vers les pays d'accueil et K_m les entrées d'investissements de l'extérieur dans le pays d'accueil.
Lorsque R est égal à 1 le pays est investisseur et ne reçoit aucun flux d'investissement de l'extérieur. Lorsque R est égal à 0 les flux entrants et sortants sont égaux et les investissements sont donc croisés. Enfin, lorsque R est égal à – 1 le pays étudié est un pays d'accueil recevant des investissements de l'extérieur mais n'en effectuant pas lui-même à l'étranger.

L'évolution de ce ratio, retracée dans le tableau 5, montre l'importante mutation des investissements croisés entre pays développés. Les États-Unis étaient un pays investisseur, leur ratio s'est renversé durant les années 1970, c'est maintenant un pays d'accueil, c'est-à-dire qu'il y a plus d'investissements étrangers qui rentrent aux États-Unis que d'investissements américains qui vont à l'étranger.

La CEE dans sa globalité apparaît comme un lieu privilégié d'investissements croisés. Les investissements rentrent et sortent en grandeur comparable. Parmi les pays de la CEE, l'Allemagne fédérale devient un pays investisseur et la France est un pays d'investissements croisés. Enfin le ratio du Japon met en très nette évidence son nouveau rôle de pays investisseur.

Tableau 5 :
Ratios d'investissements croisés, moyenne biannuelle 1970-1984 pour les principaux pays industrialisés

	1971/72	1977/78	1983/84
États-Unis	0,72	0,21	– 0,54
CEE 12	– 0,36	– 0,22	0,03
Japon	0,18	0,91	0,90
RFA	– 0,39	0,16	0,37
France	– 0,39	– 0,43	0,02
Royaume-Uni	– 0,09	– 0,13	0,26

Source : J.-L. Mucchielli, 1987.

En termes de firmes multinationales, les résultats précédents sont confirmés. De fortes évolutions apparaissent sur un échantillon comprenant les 483 plus grandes firmes industrielles mondiales entre 1962 et 1982. Le poids des firmes américaines décroît fortement pour ne représenter plus que 44 % des plus grandes firmes mondiales contre 60,4 % en 1962. Le poids des multinationales européennes ne connaissant qu'une très légère évolution, ce sont les multinationales japonaises et des autres pays qui obtiennent les progressions les plus importantes.

Tableau 6 :
Poids respectifs des pays d'origine dans les 483 plus grandes firmes mondiales

	Nombre		Pourcentage		Part dans les ventes	
	1962	1982	1962	1982	1962	1982
Firmes américaines	292	213	60,4	44	58	49
Firmes européennes	142	136	29,4	30,4	27	32
Firmes japonaises	29	79	6	16	4	12
Autres	20	44	4,1	9,1	–	–

Source : J.H. Dunning, et R.D. Pearce, *The World's Largest Industrial Enterprises 1962-1983,* Gower P.C. Ltd, 1985.

Après les multinationales américaines, puis celles des autres pays développés, une troisième vague de multinationales est apparue à la fin des années 1970 : les multinationales du Tiers Monde. Ces firmes sont originaires en général des Nouveaux Pays Industrialisés comme la Corée du Sud, Taïwan, Singapour, Hong Kong, le Brésil ou le Mexique ; elles peuvent également être originaires de pays moins développés comme l'Inde ou la Turquie. En 1980 on a pu estimer à deux mille le nombre de filiales détenues à l'étranger par près de neuf cent soixante firmes multinationales du Tiers Monde (voir Mucchielli 1984).

Depuis, un certain nombre d'entre elles a pris place parmi les cent premières firmes mondiales. C'est le cas en 1984 de quatre firmes coréennes (Samsung, Hyundai, Lucky Group et Daewoo), ainsi que des firmes pétrolières du Brésil (Petrobas), d'Inde (Indian Oil), du Venezuela (Petroleos de Venezuela et du Koweit (Kuwait Petroleum).

Ces firmes réalisent des investissements Sud-Sud dans les pays voisins également ou moins développés que le pays d'origine, mais elles peuvent aussi s'implanter dans les pays développés en Europe ou aux États-Unis par exemple les firmes coréennes investissent en Asie du Sud-Est mais aussi aux États-Unis. Notons que le développement de ces nouvelles multinationales a participé à l'apparition de nouvelles formes de coopération internationale entre firmes qui préfèrent souvent s'associer afin de partager les risques liés à la recherche fondamentale ou à l'élaboration de nouveaux produits plutôt que de se concurrencer sur tous les plans. Les stratégies de lutte-concours sont plus que jamais à l'ordre du jour !

Les sources de la spécialisation internationale

La théorie du commerce international enseigne que les pays échangent parce qu'ils sont différents. Ces différences se répercutent en général sur les coûts de production et donc sur les prix. Lorsqu'il peut être bénéfique pour un pays de se spécialiser dans des biens qu'il produit à un prix relatif plus faible que d'autres et d'acheter à l'étranger des biens qu'il pourrait produire chez lui à des prix relatifs plus élevés, alors il tire un avantage de l'échange international.

Les différences qui créent ce phénomène appelé avantage comparatif sont au nombre de cinq. Ce sont des différences : 1) de technologie, 2) de quantités de facteurs de production possédées sur son territoire, 3) d'économies d'échelle possible en effectuant des productions de grandes séries, 4) de goût et de demande pour les biens considérés et 5) de structure de marché des produits comme des moyens de production. Si une différence entre deux pays existe, il y aura incitation à l'échange, à fortiori si plusieurs différences sont réunies.

Technologie et quantité de moyens de production : On peut penser que les deux premières différences dominent l'explication des échanges contemporains. En effet les pays possédant des technologies de pointe dans des nouveaux produits de l'électronique, l'aérospatiale ou autre, comme les États-Unis le Japon ou la RFA vont se trouver exportateurs de ces produits. En revanche ils vont importer des produits intensifs en main-d'œuvre comme le textile et les petits produits manufacturés (jouets, chaussures, bagages) qui seront fabriqués à moindre coût dans des pays où la main-d'œuvre est abondante et bon marché comme le Portugal, le Mexique, ou l'Asie du Sud-Est.

La structure de marché : L'importance des échanges entre les pays développés et le fait qu'ils s'effectuent souvent entre des produits appartenant à des mêmes branches industrielles (échanges intra-branche) ont suscité des analyses théoriques en termes d'échange de produits différenciés et de concurrence oligopolistique ou monopolistique. Les pays de développement semblable avec des technologies et des dotations de facteurs relativement comparables s'échangent alors des produits qui vont être différents en termes de caractéristiques de consommation et qui vont correspondre aux différences de goût des différentes populations. Les structures oligopolistiques des marchés accentueraient ces phénomènes en incitant les firmes à se faire concurrence sur des produits très proches mais différenciés. La production de masse pourrait aussi engendrer des économies d'échelle.

Notons cependant que même si les produits échangés appartiennent souvent aux mêmes branches, la France exporte et importe des voitures ou des machines, les déficits ou excédents dans les produits révèlent des avantages comparatifs ou des manques de compétitivité dont les ressorts sont à nouveau liés à la technologie, au savoir-faire ou bien à la qualification du travail et à l'abondance d'investissements.

Aucun avantage comparatif n'est éternel

Il faut bien voir que les avantages de chacun des pays dans la fabrication de tel ou tel produit ne sont jamais acquis. La hiérarchie des avantages comparatifs est en perpétuel mouvement. Le Japon qui a investi en Recherche-Développement et en capital beaucoup plus qu'aucun autre pays industrialisé est devenu compétitif dans des produits hautement technologiques et capitalistiques après avoir été un gros exportateur de textile dans la première moitié du XXe siècle. La même chose est en train de se réaliser pour les Nouveaux Pays Industrialisés d'Asie du Sud-Est qui, autrefois abondant en main-d'œuvre, deviennent maintenant abondant en capital et en technologie tout en accentuant la qualification de leur main-d'œuvre. La spécialisation dans le textile est alors délaissée au profit de l'électronique.

Les pays, comme la France, qui occupent une position intermédiaire dans cette hiérarchie des avantages comparés vont se trouver en position de faiblesse ; non compétitifs dans les produits hautement technologiques et capitalistiques, ils sont déjà fortement concurrencés dans les biens intensifs en main-d'œuvre. La seule solution est alors d'investir, d'innover et d'accroître la qualification de sa main-d'œuvre. Or, ces dernières années, le taux d'investissement (en % du PIB) n'a été que de 18 % en France, contre 28 % au Japon et 20 % en RFA. Les taux de Recherche-Développement par rapport au PIB mettent en évidence le même retard : 2,2 % pour la France, 2,6 % pour le Japon et la RFA et 2,8 % pour les États-Unis.

Pourquoi les multinationales ?

Pourquoi les firmes se multinationalisent-elles ? S'implanter à l'étranger comporte des risques : méconnaissance des partenaires et des marchés locaux, incertitude des approvisionnements en produits intermédiaires et matières premières, etc. Les firmes auront tendance à préférer implanter des filiales plutôt qu'à traiter avec des partenaires inconnus afin de réduire ces risques. Entre les contacts susceptibles d'être établis sur les marchés et les relations au sein de sa propre organisation à travers son réseau de filiales, la multinationale choisit souvent la deuxième forme d'internationalisation. On dit qu'elle « internalise » ses échanges. Dans le cadre d'une concurrence oligopolistique, les grandes firmes se font concurrence entre elles ; elles s'attaquent et se défendent en tentant d'augmenter leur part de marché national et donc en s'implantant à l'étranger. Le leader qui entame les hostilités peut avoir un avantage technologique temporaire lui permettant de remettre en cause les parts de marchés antérieurement acquises. Les firmes « suiveuses » chercheront alors à rétablir la situation ancienne ou à prendre la position de leader. La troisième explication tient aux caractéristiques des pays d'origine, ceci aussi bien du côté de l'offre, (importance de la main-d'œuvre, capitaux disponibles, technologie accessible), que de la demande (taille et accessibilité du marché local, possibilité de toucher des marchés limitrophes d'accueil).

La main-d'œuvre abondante et peu chère permettra d'implanter des filiales de fabrication de produits intermédiaires ou d'assemblage (Renault en Belgique, Thomson au Maroc). La filiale sera insérée dans une logique de division internationale des processus productifs. Il peut en être de même lorsqu'il s'agira de se rapprocher des endroits les plus intensifs en technologie afin d'apprendre sur place les nouveaux modes de fabrication, Samsung, par exemple, s'implante dans la Silicon Valley pour acquérir la technologie de fabrication des microprocesseurs les plus sophistiqués. Bien sûr, le marché local, son importance attireront tout particulièrement les firmes étrangères qui voudront ainsi prendre pied sur leur propre lieu de vente.

Avantages comparatifs et avantages compétitifs

Les pays possèdent ainsi des avantages comparatifs conférés, à un moment donné, par leur niveau de développement technologique, la quantité et la qualification de leur main-d'œuvre, les investissements et le stock de capital déjà accumulé. La demande de leurs agents sur les marchés de consommation reflète également ces différences de niveaux de développement.

Les firmes, en revanche, possèdent ou recherchent des avantages compétitifs à travers leur organisation interne, leur savoir-faire, leur stratégie de Recherche-Développement, l'état de leur stock de machines et leur position au sein d'une structure de marché plus ou moins imparfaite. Pour conserver ses avantages compétitifs, la firme devra les mettre au maximum en concordance avec les avantages comparatifs du pays dans lequel elle produit.

Ainsi pour rester compétitive dans un produit intensif en travail et fortement demandé dans des pays moyennement développés, la firme devra délocaliser sa production dans ces pays. Pour devenir compétitive dans un produit intensif en technologie, la firme novice devra alors s'installer dans des pays où la technologie est très développée.

Plus les avantages comparatifs du pays d'origine et compétitifs de la firme seront discordants, plus la firme aura alors des potentialités à se multinationaliser, opportunité qu'elle ne saisira pas toujours. Les différences de comportement entre les firmes japonaises et les firmes françaises sont là pour nous le rappeler (Mucchielli, 1985).

Ainsi l'économie internationale change profondément de visage du fait de l'évolution parfois très rapide des avantages comparatifs des différents groupe de pays et également en raison des stratégies des firmes multinationales ou copartenaires dans des réseaux d'échanges mondiaux.

Toute étude de la mutation récente de l'économie mondiale ne peut méconnaître ces faits.

■ Pour en savoir plus

GATT, General Agreement on Trade and Tariffs, *Le commerce international en...*, Genève, 1985 et 1986.

J.-L., Mucchielli, *Les firmes multinationales, mutations et nouvelles perspectives,* Economica, Paris, 1985.

J.-L. Mucchielli, *Investissements internationaux et dynamique des avantages comparatifs des nouveaux pays industrialisés,* Revue Économique, mai 1984.

J.-L. Mucchielli, *Principes d'économie internationale,* Economica, Paris, 1987.

Le piège de la dette

M. Develle

L'endettement international des pays en voie de développement est un thème favori des grands médias. La presse reproduit à satiété les analyses des experts qui, pour la plupart, font preuve d'un pessimisme également noir. Depuis le début de la décennie 1980 l'abondance de la littérature publiée sur ce sujet aurait dû couvrir, dans le détail, cette question. Curieusement, ce n'est pas le cas. Cette question importante pour le devenir de l'économie mondiale est abordée le plus souvent de façon partielle et tronquée. Une première raison de cette relative opacité tient à l'aspect financier du problème. En effet pour beaucoup d'observateurs les phénomènes monétaires relèvent encore, à la fin du deuxième millénaire, d'une véritable alchimie à l'odeur sulfureuse. Une seconde raison tient à la volonté des principaux acteurs – les banques internationales et les autorités des pays endettés – de laisser un certain flou autour de cette question même s'il est dissipé de temps en temps par le recours à l'opinion publique internationale. Le système bancaire veut préserver sa profitabilité et la confiance des déposants ; quant aux gouvernements des PVD endettés ils préfèrent éviter, en général, un inventaire trop précis de leurs engagements susceptible de mettre en lumière les fuites massives de capitaux !

La genèse : un « surfinancement »

La dette totale des PVD s'élève à 967 milliards de dollars en 1986. Quels ont été les mécanismes à l'origine de cette accumulation de dettes, considérées aujourd'hui comme très excessives par rapport à la capacité financière des pays débiteurs ?

À partir des années 1965-1970 le monde industrialisé, engagé dans une course à la croissance que rien ne semblait pouvoir arrêter, s'est enfoncé pas à pas dans « la grande inflation[1] ». Des causes domestiques, que nous ne développerons pas, et internationales sont au point de départ de cette spirale inflationniste. Une forte demande de matières premières et de pétrole, exacerbée par les prévisions de rupture d'approvisionnement et de pénurie formulées par le « Club de Rome », a fait le lit de l'envolée des cours, rehaussée fortement par les deux chocs pétroliers. Ces événements, qui se sont étirés sur plus de dix ans, ont eu deux conséquences : les pays producteurs de matières premières ont été courtisés par les entreprises et les banques des pays industrialisés ; et la hausse des prix du pétrole a provoqué l'émergence de très importants surplus financiers que certains pays de l'OPEP à population faible ne pouvaient convertir en importations. Les ingrédients de l'endettement des PVD propriétaires de matières premières, source de tous les enjeux d'un monde industrialisé qui croyait bien sincèrement avoir trouvé la recette de la croissance continue, étaient réunis : une forte demande en produits de base et des capitaux oisifs dégagés par la rente pétrolière en quête d'emploi. Le recyclage par les banques vers certains PVD des liquidités créées par le choc inflationniste a été alors réalisé entre 1975 et 1981

Tableau 1

	Termes de l'échange PVD % variation annuelle	Flux nets milliards de $ des États-Unis	Flux nets réels milliards de $ 1980
1976	5,9	38	60
1977	3,7	64	97
1978	– 7,0	46	59
1979	10,9	46	51
1980	16,8	49	49
1981	3,0	33	34
1982	– 0,9	26	29
1983	– 3,8	– 22	– 25
1984	1,4	– 35	– 40
1985	– 2,2	– 7	– 8
1986	– 16,3	– 19	– 36

1) Voir J. Denizet. *La grande inflation.*

(70 % des flux de financement à la fin des années 1970). Il est de bon ton aujourd'hui de critiquer vertement cette action à la lumière de ses conséquences néfastes. C'est oublier la véritable panique qui, à l'époque, s'était emparée d'un monde économique où le chômage était considéré à la fois comme impossible et inacceptable. En réalité, grâce au recyclage des capitaux pétroliers vers les PVD la planète a gagné quelques répits même si elle a hérité par la suite du piège de la dette. Le déversement de la manne pétrolière accompagnée des prestations de savoir-faire des grands pays industrialisés a conduit à un *boom* des investissements dans les pays producteurs de matières premières. Il est clair que les choix faits par les pays receveurs, sur les conseils plus ou moins avisés des vendeurs d'équipement, n'ont pas toujours été – c'est un euphémisme – caractérisés par la sérénité du calcul économique. Le temps, il est vrai, manquait. Le déferlement des capitaux sur certains PVD a provoqué l'envolée de leur endettement international, racines de la crise de solvabilité que nous connaissons aujourd'hui.

Le piège se referme

Ce phénomène de « surfinancement » s'est accentué dans les années 1978-1981 au moment même où, contrairement aux prévisions, la croissance dans les pays industriels faiblissait, entraînant une baisse de la demande de produits primaires. On peut citer, à titre d'exemple, les développements du Brésil pour l'étain, du Chili pour le cuivre, de la Thaïlande pour le caoutchouc, de la Guinée pour la bauxite, de l'Indonésie pour le café, de la Malaisie pour le cacao, sans parler de la production de pétrole, dans les pays n'appartenant pas au cartel de l'OPEP, tirée par les prix très élevés de l'or noir. De 1975-1980 à 1980-1985 le taux de croissance moyen de la production industrielle de l'OCDE a chuté de 4,3 % à 1,9 %.

Les effets de cet excès d'offre de produits de base ont été multipliés par la mutation des pays consommateurs vers une économie où la production de services, peu exigeante en matières premières, s'est sensiblement accrue. De plus à l'intérieur du secteur industriel les processus de production sous contrainte de coût ont privilégié les économies d'énergie et de matières premières. Les plastiques, les céramiques, les matériaux composites et les fibres optiques en témoignent.

Ce déséquilibre entre les parts de marché et les investissements financés par l'endettement, compte tenu de la faiblesse des ressources d'épargne dans ces PVD, a été aggravé par l'orientation géographique du recyclage des capitaux pétroliers augmentés des ressources des euromarchés générées par une forte inflation mondiale. L'essentiel des prêts bancaires et une fraction non négligeable de l'aide publique ont été dirigés vers les

Tableau 2 : Dette extérieure des PVD en milliards de $

	1976	1978	1980	1982	1984	1986
Total dette	253	399	570	763	849	967
– Court terme	42	71	113	160	143	124
– Long terme	211	328	457	603	706	843
dont non garantie LT	45	58	82	116	105	102
garantie LT[1]	166	270	375	487	601	741
Dette garantie dont :						
– Créanciers officiels	87	131	174	220	265	335
– Institutions financières[2]	59	103	158	217	281	345
– Autres créanciers privés[2]	20	36	43	50	55	61
Variation dette totale	+ 50	+ 67	+ 94	+ 98	+ 40	+ 51
Intérêt de la dette (C. M. & LT)	12	21	45	72	75	70
Flux nets	+ 38	+ 46	+ 49	+ 26	– 35	– 19
Dette à long terme						
– Conditions libérales[3]	65	89	109	121		
– Conditions non libérales[4]	146	239	348	482		
Coût						
– Dette taux fixe	5,5	4,8	5,6	7,5	7	6,2
– Dette taux flottant[5]	7,9	9,7	12,6	12,3	11	8,7

Source : FMI

1) Garantie par les États emprunteurs. 2) Dette bancaire : crédits financiers et commerciaux non garantis. 3) Créanciers publics et privés à taux bonifiés. 4) Taux du marché. 5) Dette bancaire.

pays d'Amérique latine et d'Afrique alors que se développait en Asie un fort potentiel de production à coût compétitif et qui devait relativement peu à l'endettement, comme le montrent les chiffres ci-après. Entre 1975 et 1984, pour un dollar d'endettement supplémentaire, le PNB des pays d'Amérique latine a progressé de 1,9 $, pour l'Afrique la hausse est de 1,4 $ et pour l'Asie de 3,1 $.

La mise en œuvre de nouvelles capacités de production et les premières morsures de l'endettement ont conduit les pays débiteurs à produire de plus en plus et à vendre à n'importe quel prix pour se procurer les dollars nécessaires au service de leur dette internationale. Dès 1981 le ratio du service de la dette par rapport aux recettes d'exportation atteignait 50 % au Mexique et au Chili, 60 % pour le Brésil et 75 % pour l'Argentine. Les marchés des matières premières se sont alors effondrés en cours et en volume, refermant sur les pays débiteurs le piège de la dette internationale. Cet emprisonnement a été accentué en 1977-1982 par la faiblesse du dollar et de la livre sterling et à peine élargi en 1983 et 1984 par le mouvement temporairement haussier de la devise américaine.

Nature et contours de la dette internationale des PVD

Les 967 milliards de dette internationale des PVD doivent être décomposés pour juger de la profondeur de la crise d'insolvabilité des pays débiteurs. Il faut retirer la dette contractée auprès des gouvernements et des institutions internationales en charge des programmes d'aide humanitaire pour retenir la seule dette bancaire privée : 406 milliards de $ en 1986. En effet la gestion de cette « dette-don » n'obéit pas aux lois du marché et n'interfère pas sur les bilans des banques. Pour ces prêts contractés à long terme et à taux d'intérêt bonifiés, on s'achemine, négociations après négociations, vers une dette perpétuelle[2]. Les contribuables des pays riches n'ont d'ailleurs plus guère d'illusions à ce sujet. Les développements qui vont suivre ne concernent que la dette dite bancaire des PVD. Première conséquence de ce choix, le nombre des PVD concernés tombe à environ 20 sur un total estimé à 160 pays. Pour l'essentiel cette dette vis-à-vis des banques internationales est caractérisée en 1986 par les éléments suivants :
- elle est pour 75 % en dollar,
- elle est pour 90 % à taux variables,
- sa maturité moyenne est de 9 ans,
- indexée généralement sur le *Libor* ou le *Prime rate,* son taux d'intérêt a évolué de 7,9 % en 1976 à 13,9 % en 1981 pour retomber à 8,7 % en 1986,
- le ratio dette bancaire/recettes en biens et services est d'environ 70 %.

Cette dette bancaire est très concentrée. On observe que la zone Amérique latine compte pour 58 % du total, l'Afrique et l'Asie intervenant respectivement pour 12 % et pour 20 %.

Tableau 3 : Dette extérieure de l'Amérique latine en millions de $

	1976	1978	1980	1982	1984	1986
Total dette versée	98	156	231	333	359	383
– Court terme	16	28	56	81	57	42
– Long terme	82	128	175	252	302	341
dont non garantie LT	24	33	46	78	56	53
garantie LT[1]	58	95	129	174	246	288
Dette garantie dont :						
– Créanciers officiels	18	24	30	39	52	65
– Institutions financières[2]	34	64	93	128	186	212
– Autres créanciers privés[2]	6	7	6	7	8	8
Variation dette totale	+ 17	+ 32	+ 43	+ 45	+ 16	+ 14
Intérêt de la dette	7	10	29	40	38	36
Flux nets	+ 10	+ 22	+ 14	+ 5	– 22	– 22

Source : FMI

1) Garantie par les États emprunteurs.
2) Dette bancaire : crédits financiers et commerciaux non garantis.

2) Rééchelonnement au Club de Londres : 56 milliards de $ en 1986 contre 13 milliards de $ en 1985 et 100 milliards de $ en 1984.

Le piège de la dette bancaire ne concerne donc qu'un nombre très limité de pays si l'on considère que cinq pays (Brésil, Argentine, Mexique, Venezuela et Nigeria) comptent pour 70 % du total de la dette bancaire. Les véhicules de cette dette bancaire ont été des prêts massifs à la balance des paiements (« les Jumbo loans ») et des prêts financiers accompagnant les financements des opérations commerciales. D'abord limités à une faible fraction de la valeur des biens exportés, les prêts financiers ont gonflé pour atteindre quelquefois des montants supérieurs au contrat commercial. Poussés par la concurrence internationale et déresponsabilisés par le caractère syndical de ces financements, les banques et leurs clients, c'est-à-dire les entreprises exportatrices, se sont livrés à la surenchère. Aujourd'hui on peut estimer à plus d'un millier le nombre d'établissements bancaires plus ou moins pris au piège de la dette.

Évolution récente et désendettement

La crise mexicaine de 1982 a ouvert une nouvelle période dans la crise d'endettement bancaire des PVD. L'arrêt de la hausse puis la baisse des prix du pétrole et le marasme généralisé des marchés des matières premières ont entraîné des crises d'insolvabilité répétées. Les créanciers ont perdu confiance dans la capacité de leurs débiteurs à honorer leur dette. Pour maintenir un semblant d'ordre financier international et éviter dans certains pays le chaos politique et/ou social, les institutions multilatérales internationales comme le FMI et la Banque Mondiale ont apporté leur contribution avec détermination, courage et modération. Les Banques Centrales des pays industrialisés, au premier rang desquelles il faut citer le Fed, ont mis sous surveillance leur système bancaire tout en les incitant à répondre favorablement aux demandes d'argent frais. Les premiers plans de sauvetage des années 1982 et 1983 ont été ainsi caractérisés par une sorte de contribution de solidarité des différentes banques à hauteur de leurs engagements sur les débiteurs ; la présence du FMI et de la Banque Mondiale apportant une garantie et l'assurance d'une surveillance des programmes de redressement imposés par le Fonds aux pays débiteurs. Les Clubs, de Paris pour les restructurations de dettes publiques, et de Londres pour les dettes privées, n'ont pas chômé. Trente-cinq pays sont passés devant ces deux instances.

La baisse de l'inflation, puis des taux d'intérêt, l'élargissement du déficit commercial des États-Unis et plus généralement la reprise de la croissance économique dans la zone de l'OCDE ont pu faire croire un instant, avec l'allongement de la maturité moyenne de la dette et de nouveaux prêts utilisés pour payer les intérêts échus, qu'une solution était en vue.

Le ralentissement de la croissance américaine à la fin de 1984, la baisse du dollar après février 1985, le retrait progressif des banques de plus en plus réticentes à participer aux opérations d'argent frais devaient sonner le glas de ces espoirs démesurés. Face à la contrainte de plus en plus lourde du service de leur dette, les pays débiteurs, inquiets des effets des plans de redressement imposés par le FMI sur leur situation économique et sociale, ont commencé à accumuler des retards de paiement tout en agitant périodiquement la menace d'un cartel des débiteurs. Au cours des années 1985, 1986 et 1987 une série de pays ont interrompu ou sévèrement limité à un pourcentage de leurs exportations, fixé arbitrairement, le montant de leurs remboursements. Citons le Pérou, la Bolivie, le Venezuela et plus récemment le Brésil.

Ce durcissement s'explique, en dehors des considérations générales déjà évoquées, par deux facteurs : l'évolution des flux nets de financement à destination de ces PVD et l'effet d'éviction dont ils souffrent depuis plusieurs années. Jusqu'en 1982 le montant des capitaux reçus par les PVD débiteurs excédait le montant des intérêts versés aux créanciers. Depuis 1983 il s'agit de sorties nettes pour un total cumulé à fin 1986 de 83 milliards de $. De façon paradoxale, depuis cette date, les PVD débiteurs financent en quelque sorte les pays créanciers. La recrudescence de la crise d'insolvabilité des débiteurs, au premier rang desquels on trouve le Brésil, est alors facile à comprendre, surtout en observant la ligne flux nets des deux tableaux précédents. Ce phénomène, généralement méconnu, prend toute sa dimension si on l'éclaire par la nouvelle orientation des flux de capitaux internationaux ; une dette peut en cacher une autre.

Les États-Unis évincent le Tiers Monde

Les flux de capitaux internationaux sont fluides. Ils obéissent à des règles au demeurant simples, combinaison d'une triple analyse demande/profitabilité/risque. Les deux chocs pétroliers avaient amassé des excédents financiers oisifs que le système bancaire international avait recyclés sur un nombre d'ailleurs limité de pays débiteurs présumés en voie d'industrialisation. Il s'agissait des PVD réservoirs de matières premières, des producteurs de pétrole et enfin des nouveaux pays industriels. L'ouverture des « déficits jumeaux » américains, ceux du budget et de la balance commerciale, couplée avec l'attrait de la renaissance du Phénix américain (1982-1984), devait changer rapidement l'orientation des flux de capitaux d'autant que le gong de l'inévitable crise mexicaine (août 1982) venait de retentir. Les États-Unis n'ont pas suffisamment d'épargne domestique pour financer une forte expansion de leur économie. La perspective d'un dollar fort assurait, avec la forte croissance et la sophistication du marché financier américain, des espoirs de gains élevés. Enfin le succès anticipé de la « Reaganomie » rassurait les prêteurs sur la qualité du risque États-Unis. Il faut se rappeler que le maximum du flux de financement vers les PVD a coïncidé avec la perte de confiance dans l'économie américaine, le dollar et plus généralement la politique du président Carter.

Cette inversion croissante des flux de capitaux à partir des années 1983-1984 devait encore s'accélérer en 1985-1986 avec la plongée du déficit budgétaire américain (220 milliards de $ au cours de l'exercice octobre 1985-septembre 1986). Cette nouvelle orientation des flux internationaux de capitaux en faveur des pays industrialisés et tout particulièrement le captage de l'épargne internationale par les États-Unis, favorisé par des taux d'intérêt élevés, expliquent, avec la montée des risques sur les PVD, l'assèchement progressif des flux de financement à destination de ces pays. Dans le même temps les banques internationales, soucieuses de réorienter leurs emplois vers les pays capitalistes, exerçaient une forte pression pour obtenir en plus des paiements d'intérêts le remboursement d'une fraction des capitaux prêtés. C'est ainsi que d'une situation de financement net de la croissance des pays en voie d'industrialisation, on est passé à un état de flux nets en faveur des créanciers.

Les statistiques des marchés de capitaux, établies par l'OCDE, illustrent le phénomène d'éviction pour l'année 1986. 376 milliards de $ ont été empruntés en 1986 sur les marchés internationaux de capitaux. En un an la progression s'élève à 34 %, bonne illustration de la grande liquidité, d'une part, et, d'autre part, de la capacité du système à mobiliser une masse considérable de capitaux. Le flux 1986 représente 92,6 % de *l'encours* à fin 1986 de la dette bancaire des pays débiteurs en voie de développement. Malheureusement pour ces derniers, 338 milliards ont été levés au profit des seuls pays industrialisés, soit 90 % du total. Au-delà des facteurs de risque et de profitabilité qui orientent le choix des prêteurs, il faut savoir que ce montant recouvre pour l'essentiel des opérations de refinancement des dettes à taux fixes devenues coûteuses avec la désinflation et l'émission d'obligations convertibles en actions suscitée par le *boom* des marchés boursiers des pays industrialisés. Il est clair que ces occasions ne concernent pas, ou peu, les grands débiteurs du Tiers Monde.

Résultat, après l'édification d'une pyramide de dettes sur la tête de certains PVD, l'endettement international des États-Unis s'accroît à un rythme encore plus endiablé. On estime en 1987 que l'endettement international net des États-Unis s'élève à près de 400 milliards de $, soit plus de deux fois l'encours du Brésil. Beaucoup s'inquiètent que les États-Unis soient devenus, pour la première fois depuis 1917, débiteurs nets, et ils annoncent que le piège de la dette américaine est infiniment plus menaçant pour l'économie mondiale que l'endettement des PVD. En projetant, à l'horizon de la décennie 1990, les déficits anticipés de la balance des paiements courants on atteint des montants considérables qui remettent à sa juste place la dette de PVD.

Cependant, sans vouloir minimiser la crise d'endettement des États-Unis, il faut savoir la distinguer de celle des PVD. Les États-Unis règlent leurs dettes en dollars et pour le moment ils contrôlent encore leur taux de change. Le PNB des États-Unis représente 45,5 % de celui de l'OCDE et plus de sept fois celui du groupe des pays d'Amérique latine le plus endetté (Brésil, Mexique, Argentine, Venezuela). Le marché financier américain est large et diversifié et la puissance des États-Unis en termes militaire, politique et économique est sans commune mesure avec celle des pays débiteurs frappés d'insolvabilité. Pour ces raisons et d'autres il n'y a pas, pour le moment, de rejet du risque américain. Il est cependant exact que si l'accroissement de la dette extérieure se poursuivait, au rythme actuel, pendant plusieurs années, les États-Unis passeraient sous contrainte extérieure. Le processus d'endettement donne au début des degrés de liberté mais, avec le temps, il piège cruellement les pays naïfs au point de croire au « déficit sans pleurs » selon la formule bien vivante de J. Rueff.

L'économie financière mondiale doit faire face à deux défis redoutables mais de nature différente. Des pays débiteurs en voie d'industrialisation qui sont pratiquement, pour la plupart, incapables de payer aux conditions actuelles les intérêts de leur dette, encore moins de la rembourser de façon significative – la crise brésilienne en témoigne – et la création annuelle par les États-Unis d'un gros « Brésil de dettes ».

Typologie des endettements

L'insolvabilité quasi généralisée des pays débiteurs recouvre en fait deux situations financières radicalement différentes, chacune de ces situations impliquant un potentiel de risques et de solutions variées. Crise de liquidité et crise de structure sont en effet deux états bien opposés. Le Brésil traverse une grave crise de liquidité causée par l'application maladroite du plan Cruzado mais, en dépit de sa dette internationale considérable (108 milliards de $), il dispose d'un système productif diversifié et d'un réel potentiel de développement qui peut servir de base à une renégociation à long terme de sa dette internationale. À l'inverse, le Mexique est engagé dans une crise de structure et n'arrive pas à sortir de la ravageuse « pétrolisation » de son économie. Dans le cas des crises de structure, les risques politiques, économiques et financiers sont maximaux. Il faut en effet réorienter le développement, emprunter à nouveau tout en servant les intérêts de la dette existante qui, le plus souvent, n'a pas ou plus de contreparties productives. À l'inverse, dans le cas des crises de liquidité, même si elles sont graves comme au Brésil, la correction de trajectoire reste possible dans un délai acceptable pour les créanciers.

Les risques financiers

Sans évoquer les risques politiques, sociaux et économiques, l'insolvabilité des grands débiteurs peut-elle faire écrouler le « château de cartes » de la finance internationale comme les Cassandres l'annoncent depuis déjà près de dix ans ? La réponse est sans doute non. Des crises larvées et limitées à un pays ou à une zone sont probables mais un moratoire généralisé, décidé unilatéralement par un cartel des débiteurs, est hautement improbable.

Les intérêts des débiteurs sont trop divergents pour aboutir à une coalition alors que toutes les ententes de producteurs primaires s'effondrent les unes après les autres. La crise entre les débiteurs et les créanciers se joue selon un scénario maintenant bien rodé où chacun menace l'autre d'aller trop loin. Mais les banques doivent tenir compte de leurs autorités de tutelle et de leurs actionnaires tandis que les pays endettés savent que la répudiation totale des dettes signifierait pour eux la mort économique par le *boycott*, le gel des financements commerciaux, la saisie des avoirs à l'étranger, des mesures diverses de rétorsion, etc. Si le risque de moratoire généralisé est vraisemblablement très faible il reste l'état actuel caractérisé par le non-remboursement, ou à doses homéopathiques, du capital, la capitalisation de plus en plus souhaitée des intérêts et l'allongement des arriérés de paiement. Cette situation irrite les banques qui songent à d'autres emplois de leurs fonds, peut-être plus fructueux, et supportent mal de devoir immobiliser des ressources humaines dans des négociations longues, répétées et dont l'issue est sans surprise.

Les banques, astreintes à une sorte de contribution de solidarité financière internationale fixée au prorata de leurs engagements sur le pays débiteur en restructuration, tentent de réduire leur portefeuille de ce type de crédits. Elles deviennent de plus en plus sélectives, sinon franchement négatives, sur les nouvelles opérations proposées et essaient d'échapper au mécanisme pervers de l'argent frais. Les résultats de cette « mauvaise volonté » ne sont pas négligeables et attirent la sympathie silencieuse, sinon complice, des gouvernements et des déposants soucieux de voir leurs banques dans une passe délicate. En fait l'analyse globale des comptes des différents systèmes bancaires montre sur les ratios classiques une certaine amélioration par rapport à 1982. À cette époque les crédits sur cinq pays d'Amérique latine, (Argentine, Brésil, Mexique, Venezuela, Chili), représentaient 141 % des fonds propres de Morgan Guaranty, 154 % de Chase, 158 % de Bank of America, 170 % de Chemical Bank, 175 % de City Bank et 263 % de Manufacturers Hanover. Les banques se désengagent plus ou moins rapidement selon les pays, annulent une fraction du risque en augmentant leurs provisions pour créances douteuses. La montée en puissance des banques japonaises et la régression des prêts nouveaux, ceux non affectés aux opérations de restructuration, facilitent ce désengagement. Si les banques américaines sont sur la bonne voie, d'autres banques peuvent méditer à loisir sur le principe du banquier Fugger : « Ne pas prêter d'argent à plus puissant que soi. »

Tableau 4 : Engagements et capital des Banques américaines vis-à-vis des PVD en milliards de $

	Capital (1)	Actifs (2)	Ratio (1)/(2)	Créances sur PVD (3)	Ratio (1)/(3)
1980	70,3	1 302	5,4	130,8	53,7
1981	79,1	1 465	5,4	160,6	49,3
1982	88,4	1 579	5,6	173,4	51,0
1983	98,3	1 666	5,9	180,4	54,5
1984	118,2	1 818	6,5	175,3	67,4
1985	135,4	1 963	6,9	165,1	82,0
1986	145,7	2 081	7,0	154,3	94,4

Source : Lloyds Bank.

Sortir de la crise d'insolvabilité

L'histoire économique est pleine de crises d'endettement plus ou moins dramatiques. Cela n'a rien de surprenant si l'on considère que le développement passe souvent par la création de dettes ! Aujourd'hui la question est de résorber les déséquilibres excessifs entre les créanciers et certains débiteurs au premier rang desquels figurent les PVD qui n'ont pas « décollé ». La dette internationale de Taïwan s'élève à 2 ou 3 milliards de $, face à plus de 50 milliards de $ de réserves. La Corée du Sud est lourdement endettée (40 milliards de $) mais son très rapide développement économique lui permet d'honorer sa dette internationale et même de la réduire. Dans ces conditions le problème des débiteurs ne saurait être généralisé à tous les pays ayant contracté une dette bancaire même élevée.

Les sorties catastrophes

Il en existe trois : la guerre, l'hyper-inflation et le moratoire unilatéral et généralisé. Elles furent souvent dans le passé la solution aux excès d'endettement. Le premier moyen ne sera pas commenté et nous avons déjà dit que le troisième nous semblait improbable, reste le recours à l'inflation comme levier permettant de faire disparaître les créances. Pour certains le processus de baisse du dollar, entamé au début de 1985, avec ses inévitables implications inflationnistes indique que nous nous sommes déjà engagés dans cette voie. Cela n'est pas certain, au moins pour l'inflation. Les pays débiteurs en vendant à bas prix leurs ressources bloquent toute reprise de l'inflation dont l'origine serait internationale, tandis que la faiblesse de la croissance de l'OCDE, couplée avec un chômage élevé, bloque les anticipations inflationnistes dans les pays dits industrialisés. Résultat, les taux d'intérêt réels restent fortement positifs, rendant l'endettement pernicieux et modérant l'inflation.

Comme souvent en économie nous sommes confrontés à une causalité circulaire qui semble durable : endettement élevé – inflation faible – taux réels positifs – endettement persistant. De toute façon le recours à l'inflation ferait remonter les taux d'intérêt nominaux de la dette bancaire indexée à près de 100 % et apporterait rapidement d'autres inconvénients. La dette envers les banques des pays débiteurs est d'autant plus durable que l'on ne saurait l'annuler, comme ce fut le cas des emprunts russes, en la plaçant dans le public. Des solutions institutionnelles et internationales sont donc nécessaires.

Les sorties raisonnables

On ne retirera pas cette épine du pied de l'économie mondiale en quelques années. Il est en effet plus rapide et plus facile de s'endetter que de rembourser. Cependant un certain nombre de forces sont à l'œuvre. Sur le plan psychologique d'abord, la question est moins passionnée. L'annonce faite par le Brésil a plus agité les gazettes et les banques soucieuses de leurs comptes d'exploitation que les marchés financiers. Pas à pas on s'achemine vers l'allongement des maturités et la reconnaissance – pas encore comptable ni fiscale – que le capital emprunté ne sera sans doute jamais remboursé.

Mais les pratiques, les autorités de tutelle, les actionnaires et les déposants expriment des exigences que l'on ne peut espérer amoindrir en quelques mois. Il s'agit alors d'obtenir le paiement des intérêts sans devoir fournir de nouveaux prêts. La désinflation devrait permettre une réduction de la prime de taux réels. Mais il faudra aller plus loin et constituer une Caisse d'amortissement international de la dette des grands débiteurs dont la première action pourrait être de réduire le nombre de banques internationales détenant des créances sur les PVD en les échangeant contre des titres émis par cette nouvelle entité financière. Les opérations de restructuration, qui concernent aujourd'hui quelquefois plus de trois cents banques, seraient alors simplifiées. Les critères de sélection pourraient être la taille des établissements et l'importance relative des engagements sur le pays considéré. En répartissant les sacrifices entre les pays endettés et les contribuables des pays riches, une solution peut être trouvée.

Dans le sillage du *boom* des marchés financiers la transformation partielle de la dette bancaire en titres appuyés sur des valeurs d'actifs pourrait, avec la reprise des investissements directs plus ou moins cofinancés avec une grande institution internationale, donner des ressources supplémentaires et alléger le fardeau de la dette bancaire. Certains pays débiteurs pourraient améliorer leurs ressources en devises en récupérant la partie de leur dette investie dans les pays industrialisés. D'après certaines études, sur 100 de dettes, 33 auraient été consommés dans des programmes sociaux, 33 investis et 33 n'auraient jamais quitté les zones industrialisées ou y seraient revenus très vite. On vise ici les fuites de capitaux, véritable fléau de l'Amérique latine et de l'Afrique, zones où la crise d'insolvabilité est, comme par hasard, la plus dramatique.

Certains préconisent une négociation globale avec un véritable plan Marshall en faveur des pays débiteurs. D'une certaine façon le plan Baker s'inscrit dans cette logique. Ces idées sont séduisantes. Elles seraient sans doute une bonne réponse aux crises de structure. Mais le monde est aujourd'hui trop divisé et la sphère financière des pays développés absorbe trop de capitaux pour que l'on puisse y croire. Faire la liste des bénéficiaires, c'est-à-dire exclure un certain nombre de pays, est une tâche presque impossible. Dans ces conditions, il faut continuer la négociation au cas par cas, en mixant de la meilleure des façons la rigueur et les innovations financières.

Allonger la durée d'amortissement du capital à 25 ou 50 ans, réduire les taux d'intérêt réels à 2 % en échange de garanties octroyées par une Caisse d'amortissement, développer les investissements directs dans les pays débiteurs sont, sans doute, les meilleures orientations pour atténuer la gravité de la crise d'insolvabilité actuelle. La flexibilité est requise. Pourquoi ne pas penser à un marché de *Junk bond* comme aux États-Unis pour le montage de certaines opérations financières en faveur des PVD et à l'élargissement du marché des *swaps* de créances sur les débiteurs.

Certes ce ne sera pas facile, les intérêts politiques, commerciaux et financiers sont un terrain où l'égoïsme pousse mieux que la solidarité. Les perspectives de l'économie mondiale ne sont pas roses pour la plupart des PVD endettés : croissance faible, dollar fondant et montée du protectionnisme. Le commerce international est de plus en plus dominé par les pays industrialisés qui réalisent 70 % des exportations mondiales en 1986 contre 66 % en 1985 alors que la part des PVD est tombée de 23 à 19 % de 1985 à 1986. La seule note d'optimisme réside dans la forte augmentation des exportations de produits manufacturés par les PVD à 170 milliards de $ en 1986, chiffre qui excède pour la première fois le montant des ventes de combustibles (130 milliards de $) et de produits primaires (100 milliards de $).

La remise en ordre des affaires américaines reste de toute façon un préalable indispensable à l'amélioration de la situation financière des PVD. Pourtant, une fois que les pays développés auront reconstitué leurs forces vives, ils réapprendront que leur croissance économique passe nécessairement par celle des PVD. Le « Fordisme » a dynamisé la croissance dans les pays industrialisés, il faut aujourd'hui l'étendre aux rivages des « Nations prolétaires » selon la juste expression de P. Moussa, en faisant mentir une fois de plus, sur une note financière et optimiste, les sombres prévisions de Rosa Luxemburg.

Achevé de rédiger, été 1987.

■ Pour en savoir plus

H. Bourguinat, *L'économie mondiale à découvert,* Paris, Calmann-Lévy, 1985.
H. Bourguinat, *Les vertiges de la finance internationale,* Paris, Économica, 1987.
Banque Mondiale, *Rapport sur le développement dans le monde,* 1985, Paris, Économica (pour l'édition française), 1985.
J.-L., Mucchielli, *Les firmes multinatioM. Dehove et J. Mathis, Le système monétaire international,* Paris, Dunod, 1986.

La protection sociale face à la crise

A.I.S.S. (Association Internationale de la sécurité sociale)

Les temps que nous venons de traverser ont vu partiellement s'éclaircir, après des années de crise, l'horizon économique. Des signes de reprise sont apparus ici et là, encore qu'ils n'aient pas toujours tenu leurs promesses. Certains indices tels que le ralentissement de l'inflation apportent des raisons d'optimisme, tandis que d'autres – surtout ceux qui concernent l'emploi – restent stagnants. Enfin, les perspectives et les chances de redressement sont loin d'être les mêmes d'un pays ou d'une région du monde à l'autre.

Dans ce climat économique encore précaire, l'évolution de la sécurité sociale a marqué parfois un ralentissement dans le progrès de l'institution, voire un certain recul. D'autres réactions aux difficultés économiques ont manifesté un effort d'adaptation pour maintenir l'efficacité des programmes en dépit de circonstances contraignantes. D'autres encore ont représenté des avances réelles introduites sous l'aiguillon de nouveaux besoins. Dans l'ensemble, les systèmes nationaux de sécurité sociale ont résisté à l'épreuve ; ils ont continué de jouer leur rôle protecteur face à la crise en soulageant les détresses individuelles et en contribuant ainsi à éviter des bouleversements au niveau collectif.

Principalement dans les pays industrialisés à économie de marché, le chômage est devenu chaque année davantage, par son ampleur et ses effets, un aspect de la crise économique qui exige un tribut très lourd des travailleurs atteints, de leurs familles et de la société. C'est également – chacun en est maintenant bien conscient – une raison essentielle des difficultés éprouvées par la sécurité sociale, du fait que le chômage entraîne une augmentation des dépenses relatives à différents types de prestations tout en tarissant les ressources attendues des contributions assises sur les salaires des actifs. Même dans un climat de reprise économique, une incertitude demeure quant au redressement espéré de la situation des régimes de sécurité sociale face à un certain nombre de mouvements en matière de restructuration de l'emploi qui touchent de très près la question du financement des régimes.

Pour être moins dramatique, l'évolution sensible depuis plusieurs années des comportements, des mœurs et des valeurs dans des secteurs importants de la vie des sociétés n'en apparaît pas moins comme un phénomène affectant en profondeur l'ensemble des pays industrialisés par-delà leurs diversités politiques et culturelles. Composante majeure des sociétés modernes, les institutions de sécurité sociale ne pouvaient rester à l'écart de cette évolution ; en fait, la période écoulée a vu un grand nombre de changements destinés à accorder les dispositions de sécurité sociale aux transformations en cours au sein de nos sociétés, qu'il s'agisse en particulier du déclin de la fécondité et de ses conséquences sur la composition par âge des populations, des progrès vers l'égalité des sexes et vers de nouveaux partages des rôles et responsabilités entre les hommes et les femmes, ou encore des changements – parfois spectaculaires, comme la montée des divorces – dans les formes et les fonctions de la famille dans le monde contemporain.

Les épreuves auxquelles ont été soumis les programmes de sécurité sociale sous l'effet tant des contraintes économiques que de l'évolution de la société ont créé un climat propice à un réexamen des objectifs et des moyens de la protection sociale. Au temps de la prospérité et du plein-emploi, la satisfaction des besoins d'un groupe ou l'autre de la population s'opérait par un prélèvement sur les bénéfices de la croissance et ne soulevait guère d'inquiétudes ou de critiques ; dans l'époque bien différente que nous vivons, où il s'agit plutôt de revenir sur ce qui a été accordé antérieurement, la sécurité sociale est devenue un thème majeur des préoccupations publiquement exprimées et de débats d'opinion. Sans doute les réformes enregistrées récemment n'ont-elles eu le plus souvent qu'une portée limitée, affectant seulement telle branche ou tel aspect de la législation ou de l'administration de la sécurité sociale, mais on a pu déceler aussi pendant cette période les prémices d'une action politique susceptible de déboucher sur des réformes plus fondamentales dans l'avenir.

Dans les pays en développement, si les engagements des institutions de sécurité sociale ne concernent encore, dans la plupart des cas, que certains risques et certains groupes de la population, ces limitations mêmes impliquent un élargissement de leurs objectifs et le maintien d'une dynamique de progrès en dépit d'un environnement économique défavorable.

La persistance des déficiences sanitaires et nutritionnelles, l'aggravation des risques d'accidents accompagnant l'industrialisation, l'affaiblissement des solidarités traditionnelles entraîné par les processus de modernisation et d'urbanisation représentent autant d'incitations à atteindre dans les pays en développement des stades plus avancés de protection sociale. C'est pourquoi on a assisté ces dernières années, dans beaucoup de ces pays, à des efforts soutenus en vue d'améliorer les mesures existantes dans la perspective d'une gestion rationnelle et financièrement saine des régimes de sécurité sociale.

Pendant ces années de crise, les institutions de sécurité sociale auront dû faire face selon les pays et les régimes à des situations différentes, mais toujours complexes et mouvantes. Il a fallu souvent prendre des positions de repli ou d'attente, en s'efforçant toutefois de ne pas compromettre les objectifs essentiels de la protection sociale. D'autres décisions ont été dictées par le souci de tenir compte des facteurs d'évolution à l'œuvre dans nos sociétés et de se préparer aux transformations peut-être profondes qu'exigera la réalité de demain. Dans tous les cas, les institutions de sécurité sociale ont démontré qu'avec le soutien continu de la population, elles étaient capables de relever avec succès le défi du changement.

Les effets de la récession

Les effets de la récession économique mondiale amorcée au début des années 1970 ont continué de se faire sentir ces dernières années, encore que des raisons d'optimisme se soient fait jour avec une amélioration de la conjoncture. Cependant, la persistance d'un chômage massif et souvent de longue durée a posé aux gouvernements des pays industrialisés à économie de marché un problème d'une telle ampleur que, malgré l'augmentation considérable des dépenses d'aide aux chômeurs, on a pu observer qu'avec la récession, ce sont eux qu'on trouve désormais au bas de l'échelle des niveaux de vie, parmi les « exclus » de nos sociétés industrielles de la fin du XXe siècle.

Il n'est pas étonnant, dès lors, qu'on ait vu s'intensifier récemment la tendance déjà sensible antérieurement à associer la sécurité sociale à un ensemble de mesures visant, au-delà du soutien économique des chômeurs, à assainir la situation de l'emploi. C'est ainsi qu'en abaissant l'âge d'ouverture du droit aux pensions de retraite, en supprimant les réductions actuarielles applicables aux retraites anticipées ou en facilitant l'octroi des pensions d'invalidité, les régimes de sécurité sociale ont contribué à écarter des travailleurs vieillissants ou invalides du marché du travail. De nouvelles mesures, par exemple sous forme de pénalités destinées à dissuader les pensionnés de conserver une activité, ou de conditions d'assujettissement assouplies pour tenir compte des situations de travail à temps partiel ou de réductions d'horaires, font partie des mesures édictées pour encourager le partage du travail. L'incidence particulièrement inquiétante du chômage chez les jeunes a conduit à renforcer l'effet des précédentes mesures par des exemptions de cotisations liées à l'embauche de jeunes ou à leur accueil en apprentissage. Le recours concerté à ces diverses mesures en même temps qu'à d'autres incitations d'ordre économique a été tenté dans plusieurs pays en vue de favoriser certaines implantations industrielles dans des zones à fort chômage.

Dans certains cas, les régimes de sécurité sociale ont dû accepter des transferts de charges destinés à redresser la situation des finances publiques : diminution des subventions gouvernementales, appel accru aux ressources de la sécurité sociale pour des dépenses d'équipement hospitalier, transferts à la sécurité sociale de dépenses de protection sociale jusqu'alors supportées par l'État (versement de cotisations pour les personnes handicapées n'ayant jamais travaillé, par exemple) ou transfert de l'État à certains régimes de sécurité sociale du soin de couvrir le déficit d'autres régimes (en établissant des mécanismes de compensation entre régimes ou en fusionnant ceux-ci).

Ces missions supplémentaires, s'ajoutant à l'intensification des besoins de protection sociale en temps de crise, n'ont rendu que plus indispensables les mesures visant à maintenir l'équilibre financier de la sécurité sociale par le biais de réductions des dépenses ou d'augmentation des ressources. La lutte s'est intensifiée dans plusieurs pays pour la maîtrise des dépenses de santé, secteur où l'on se préoccupe de longue date d'une croissance des dépenses jugée excessive et incontrôlée. Non sans avoir soulevé des controverses ou des résistances parfois vives, les décisions prises ont porté sur l'augmentation de la part des frais médicaux et hospitaliers laissée à la charge des assurés, sur des restrictions au remboursement des médicaments et sur le renforcement des contrôles appliqués aux fournisseurs de soins médicaux : dépassant les limitations tarifaires, on s'est efforcé d'enfermer dans des limites budgétaires annuelles les paiements consentis tant aux hôpitaux qu'aux praticiens individuels. Un autre secteur où les mesures de réduction des dépenses ont été nombreuses est celui des pensions de vieillesse et d'invalidité : il s'est agi parfois d'une réduction directe des montants, plus souvent de mesures indirectes touchant au mode de calcul des pensions (par exemple, quant à la détermination des salaires d'activité de référence) ou à leurs conditions d'attribution (durée des cotisations, durée de résidence pour certaines prestations universelles). Une imposition spéciale sur les pensions d'un niveau élevé est un autre moyen auquel on a eu recours pour réduire en fait ces prestations.

Préserver l'équilibre financier

Plusieurs des réformes intervenues ne pourraient se ramener à la seule recherche d'économies et ont eu en même temps d'autres objectifs. Ainsi, les modifications en matière d'allocations de chômage ont souvent exprimé, avant même le souci de comprimer les dépenses, celui d'éviter la transformation des chômeurs de longue durée en « nouveaux pauvres ». On s'y est efforcé, entre autres, en ajustant soigneusement le montant et la durée des prestations aux situations définies par l'âge, le passé professionnel, etc., ou en aménageant des prises en charge éventuelles par l'assistance publique. Une préoccupation comparable de réduire des dépenses tout en les concentrant sur ceux qui ont les plus grands besoins s'est exprimée par le renforcement des conditions de ressources auxquelles est lié l'octroi de certaines prestations (par exemple, en ajoutant une évaluation de la fortune à l'évaluation des revenus en matière de pensions) ou même en introduisant de telles conditions pour l'attribution de prestations (notamment les prestations familiales) accordées antérieurement sans considération de revenu. Des réformes de ce genre peuvent aller en fait, sous couvert d'économie, considérablement au-delà d'un simple aménagement des dispositions existantes et tendre à changer la portée, sinon la nature du système ; il en est de même des décisions tendant à alléger les dépenses de la sécurité sociale en remplaçant certaines prestations existantes par des obligations légales mises directement à la charge des employeurs (paiement des salaires en cas d'absence pour cause de maladie, par exemple).

Même lorsque la nécessité est apparue de sauvegarder l'équilibre financier de la sécurité sociale en agissant sur les ressources, les pouvoirs publics ne se sont pas résolus sans hésitation à augmenter les charges sociales (en relevant le taux des contributions existantes ou en en créant de nouvelles) ou à faire un appel accru à l'impôt (y compris l'établissement de ressources spécialement affectées à la protection sociale telles que certaines taxes sur le tabac ou l'alcool). L'introduction dans le débat public de la notion de maximum supportable des prélèvements obligatoires explique la prudence manifestée à cet égard dans certains pays. Aussi a-t-on eu plus souvent recours à des mesures d'augmentation indirectes, bien qu'en général d'un rendement plus faible : déplafonnement des salaires soumis à cotisation, remise en cause de certaines exemptions (par exemple, les cotisations d'assurance-maladie des retraités), accélération des rentrées de cotisations ou encore lutte contre la fraude.

Du fait que le rapport entre actifs et inactifs est une composante essentielle de la situation financière de la sécurité sociale, la tendance des pays industrialisés au vieillissement de leur population n'a pas été sans peser sur les décisions prises en fonction de la crise économique. Encore que la plupart des pays soient entrés dans une période de stabilité relative avant la reprise du vieillissement attendue au tournant de ce siècle, ce sont des considérations démographiques qui ont conduit les pouvoirs publics à renoncer dans certains cas à des mesures bénéfiques à court terme – notamment pour contenir le chômage – mais susceptibles d'aggraver ensuite le poids des inactifs. Il est notable aussi qu'un surcroît d'intérêt se soit manifesté pour des formules tendant à rendre flexible l'âge de la retraite ou à ménager la transition entre activités et retraite (pensions partielles) ; les décisions prises pour adopter ou renforcer de telles mesures ont pu paraître s'écarter des exigences immédiates nées de la crise économique et du chômage, mais les pays concernés y ont vu le moyen de concilier dans l'avenir les intérêts individuels et l'intérêt collectif. D'autres pays, en particulier ceux où le vieillissement de la population est déjà accentué, ont préféré s'engager dès maintenant dans la formulation de plans à long terme – dans une perspective dépassant largement, parfois, l'horizon 2000 – afin d'ajuster l'évolution du montant des pensions et de l'âge de la retraite aux prévisions démographiques.

Dans les pays à économie centralement planifiée, l'effet conjugué de la tendance au vieillissement démographique et de la situation de l'emploi a conduit les gouvernements à élargir l'application des mesures – lancées antérieurement – d'encouragement des personnes âgées au travail. Les régimes de sécurité sociale ont contribué à cet aspect de la politique de l'emploi grâce à des modifications législatives destinées à faciliter les retraites différées ou les cumuls entre retraites et revenus d'activité. Sur ce dernier point, plusieurs pays ont sensiblement rallongé la liste des secteurs d'activité où il est possible de travailler en continuant à toucher une pension complète ou partielle, ou relevé le plafond des revenus d'activité cumulables avec une retraite. Par ailleurs, une détérioration relative de la situation de certains retraités a été constatée et a donné lieu à des mesures d'ajustement des pensions ; les ajustements ont porté tant sur les pensions anciennes que sur les pensions plus récentes d'un faible montant, et ont parfois été accompagnés de l'octroi aux pensionnés les plus modestes de prestations d'assistance sociale complémentaires. D'autres mesures prises dans les pays à économie planifiée ont eu pour objet de réduire les disparités dans les niveaux de protection sociale de différents groupes de population et ont abouti notamment à améliorer la situation des travailleurs dans l'agriculture.

La mutation de la famille

Le déclin de la fécondité est un de ces phénomènes de société de grande ampleur dont les conséquences – remplacement incomplet des générations, vieillissement démographique – sont devenues un sujet d'inquiétude et ont provoqué dans plusieurs pays l'apparition ou le renforcement de politiques natalistes. Les régimes de sécurité sociale ont été associés à ces politiques de diverses façons, en conjugaison avec d'autres moyens d'action de la politique sociale et notamment la législation du travail. C'est ainsi que des modalités destinées à encourager la natalité – en particulier la venue du troisième enfant –, à faciliter le maintien de la mère au foyer ou à permettre aux parents de jeunes enfants de travailler à temps partiel ont été introduites dans les régimes de prestations familiales, aboutissant parfois à renverser la tendance à la réduction de ces prestations constatée depuis le début de la crise économique. D'autres exemples de réformes nées du souci de créer un climat plus favorable à la fécondité, en particulier dans les pays à économie centralement planifiée, incluent l'adoption de modalités plus généreuses d'octroi des congés de maternité et la possibilité offerte de faire suivre ceux-ci de congés non payés mais avec garantie de réintégration dans l'emploi et assimilation à une période d'activité pour la détermination des pensions de retraite. D'autres dispositions – la réduction des durées minimales d'affiliation, par exemple – ont été édictées dans le même but de prendre en considération les obligations liées à la condition de mère dans le calcul des pensions.

Les aspirations vers une plus grande

égalité des sexes sont devenues un autre facteur majeur d'évolution sociale, lié dans une large mesure au facteur précédent. Ces aspirations se sont exprimées assez fortement pour avoir provoqué l'adoption d'une série d'instruments internationaux qui, à leur tour, ont conduit à des réformes législatives dont le rythme a tendu à s'accélérer ces dernières années. Dans le domaine de la sécurité sociale, les réformes intervenues concernent principalement la protection de la maternité et de l'enfance et les pensions.

L'extension aux deux parents des congés liés à la maternité ou au soin des enfants s'est poursuivie à une allure différente selon les pays – exemple instructif des rapports entre la sécurité sociale et l'état des mœurs. Dans plusieurs pays scandinaves, qui comptent parmi les promoteurs de ces mesures, les pères ont maintenant droit à un congé (de l'ordre de deux semaines) à l'occasion d'une naissance, et peuvent se substituer à la mère pour les dernières semaines du congé de maternité ; des pays d'Europe du Sud ont prévu cette substitution au cas seulement où la mère serait décédée ou incapable de s'occuper de son enfant. Les congés parentaux, ouverts à la mère ou au père et comportant des indemnités compensant en partie la perte de salaire, ont connu un succès certain dans nombre de pays industrialisés, aussi bien parmi les pays à économie de marché que parmi ceux à économie centralement planifiée. Ces mesures peuvent prolonger – jusqu'à deux années – les congés de maternité, mais l'octroi d'indemnités (d'un niveau modeste) est soumis à des conditions restrictives telles que la présence d'au moins trois enfants dans la famille. Les congés accordés en cas de maladie de l'enfant sont en règle générale indemnisés de façon plus généreuse et soumis à des conditions concernant seulement l'âge de l'enfant. En Scandinavie est apparue encore une autre forme de congé parental, accordé chaque année pour un jour ou deux afin de permettre aux parents de visiter l'école ou la crèche de leurs enfants.

Pour les pensions – y inclus les pensions de vieillesse, d'invalidité et aussi celles relevant des régimes d'accidents du travail et de maladies professionnelles –, les progrès vers l'égalité de traitement entre les sexes ont consisté à rendre neutres les références antérieures aux épouses ou aux veuves à propos notamment des suppléments de pension et des pensions de survivants. Il est d'ailleurs frappant qu'un mouvement d'idées suscité par les injustices de la condition féminine aboutisse en l'occurrence à des réformes largement favorables aux hommes. Le traitement des sexes à égalité a conduit de plus, dans plusieurs pays, à admettre un cumul au moins partiel de la pension qu'un homme ou une femme reçoit du chef de son propre travail et des prestations auxquelles il peut prétendre à titre de conjoint ; un point de départ semblable a suscité la mise au point de dispositions nouvelles visant à mettre en commun les revenus crédités à l'un ou l'autre membre d'un couple pendant les années de mariage pour le calcul des pensions. Un autre pas vers l'égalité des sexes, celui portant sur l'âge de la retraite, n'a été franchi que dans une faible minorité de pays en raison de ses incidences financières ou des sacrifices inégaux qu'il peut impliquer.

La plus grande égalité des parents devant les responsabilités familiales n'est qu'un aspect des transformations qui affectent la famille dans le monde industrialisé d'aujourd'hui. Ainsi, de nouveaux modes de cohabitation se sont développés, dont les législations de sécurité sociale ont dû tenir compte en acceptant d'assimiler des couples non mariés aux couples mariés en matière de prestations familiales ou de pensions de survivants. La solidarité de la famille est compromise par l'augmentation spectaculaire du nombre des divorces et l'augmentation concomitante de la proportion des familles à un seul parent, cette dernière tendance étant renforcée encore par la recrudescence du nombre de naissances hors mariage. Une telle évolution s'est reflétée dans une réformation des droits des personnes divorcées au regard de la sécurité sociale ou l'apparition de nouvelles modalités d'intervention de la sécurité sociale telles que les avances sur pensions alimentaires et l'aide au recouvrement de ces pensions (où les exemples scandinaves ont été suivis plus récemment par d'autres pays en Europe occidentale). Contrastant avec un affaiblissement apparent des structures familiales, on a pu déceler les signes d'un renouveau d'intérêt pour la famille dans ses fonctions d'aide à ses membres dans le besoin – en particulier les handicapés et les personnes âgées ; on citera à l'appui diverses initiatives prises ou à l'étude dans le cadre de la sécurité sociale et destinées à soutenir ce rôle de la famille, par exemple des mesures d'aide pécuniaire aux familles accueillant des membres âgés ou handicapés, ou des encouragements apportés au développement de services d'aide à domicile. La recherche d'économies pour la sécurité sociale ou pour l'État n'est sans doute pas étrangère à ces derniers développements.

Réformer dans la continuité

La façon dont les systèmes de sécurité sociale ont été mis à l'épreuve dans un environnement économique fluctuant et sur un arrière-plan de valeurs sociales en mouvement devait inévitablement conduire à des interrogations sur les fins et les moyens de ces systèmes. La réforme de la sécurité sociale est devenue à l'ordre du jour, bien qu'en règle générale elle ne soit pas encore passée dans les faits. Ces dernières années ont représenté plutôt une période d'incubation, au cours de laquelle les débats sur la réforme de la protection sociale et l'avenir de l'État-providence ont débordé les cercles de spécialistes pour entrer dans l'arène politique et trouver un écho dans les plates-formes des partis et les campagnes électorales. Seul l'avenir nous dira si le brassage d'idées ainsi provoqué doit aboutir à des changements structurels importants.

Des remises en question d'ordre technique, portant sur l'efficacité des moyens employés, et des critiques d'ordre idéologique, qui tendent à mettre en cause les objectifs mêmes de la sécurité sociale, sont étroitement mêlées dans le débat en cours. Les unes et les autres prennent communément comme point de départ la constatation que la sécurité sociale s'est développée dans un climat de croissance économique et de plein-emploi, ce qui lui a donné une physionomie qui ne serait plus adaptée à la situation actuelle. L'examen critique s'applique principalement à deux caractéristiques de la sécurité sociale issues de la prospérité : d'une part, la tendance à une couverture universelle et, d'autre part, la tendance à garantir à chacun un niveau de vie proche de son niveau d'activité plutôt qu'un minimum vital. Ces deux tendances ont provoqué une expansion des systèmes de sécurité sociale et leur ont donné un rôle et une dimension qui, selon certains, ne seraient plus de mise dans des sociétés que la dureté des temps a rendues moins solidaires.

D'où les grandes directions des réformes proposées. Un premier groupe de réformes tend à revenir sur l'universalité de la couverture en concentrant l'incidence des mesures de protection sociale dans les domaines de la vieillesse, de la maladie ou des prestations familiales sur certaines catégories de population, en général par l'application de critères de ressources. Un autre groupe de réformes tend – essentiellement en matière de pensions – à écarter toute référence au revenu individuel d'activité et à instituer des prestations minimales et uniformes. On aboutit dans l'un et l'autre cas à définir une protection sociale de base à champ d'action et à objectifs limités.

Pour répondre aux besoins qui, dès lors, ne seraient plus couverts, les réformateurs proposent une protection complémentaire obéissant à des règles différentes de celles qui caractérisent la protection de base. Puisque cette dernière fait l'objet d'une gestion étatique, le développement de régimes complémentaires pourrait faire largement appel à la gestion privée, qui tient déjà une place significative dans de nombreux systèmes nationaux de pensions. On tire souvent argument des avantages attribués à la gestion privée fondée sur les techniques de capitalisation, techniques qui, en stimulant l'épargne et la formation du capital, auraient des incidences favorables sur l'économie ; il est toutefois impossible de trouver dans les travaux de recherche en la matière une confirmation sans équivoque de cette thèse.

Une autre approche consisterait à laisser à la seule protection sociale de base un caractère obligatoire : le champ ainsi libéré de l'obligation serait alors occupé, selon certains projets de réforme, par des initiatives d'assurance volontaire, en vue par exemple d'une protection plus complète contre la maladie ; pour d'autres, par diverses formes d'entraide s'appuyant sur l'action des communautés locales ou sur des solidarités de voisinage. On reconnaît là l'expression d'une confiance renouvelée dans le sens de la responsabilité personnelle et dans des formes spontanées de solidarité, attitude que certains voient comme un facteur de progrès – mais d'autres comme une véritable régression. C'est souvent le même vocable de « privatisation » qui recouvre ces deux directions majeures de réforme

– limitation du champ de la gestion étatique, limitation du champ de la protection obligatoire – dont les conséquences sont pourtant fort différentes. Cela ajoute à la complexité d'un débat déjà confus.

Quoi qu'il en soit, les changements intervenus et pouvant être qualifiés de réformes ont été pour la plupart limités dans leur portée ; pour la plupart aussi ils ont maintenu bien plutôt que remis en cause les orientations existantes des régimes de sécurité sociale. C'est qu'en effet, même si le climat politique paraît favoriser le désir de changement plutôt que le désir de continuité, des forces sont à l'œuvre qui jouent dans le sens de la stabilité des institutions et qui ont leur place dans une analyse d'ensemble des tendances présentes de la sécurité sociale.

Il y a d'abord des freins d'ordre juridique au changement, qui s'expriment dans le concept des droits acquis. Si nombre de réformes récentes contiennent des mesures destinées à sauvegarder les droits acquis, des distinctions sont cependant à faire quant à la nature et à la valeur contraignante de ces droits en matière de sécurité sociale. Lorsque les droits se sont réalisés, ce qui est le cas des pensions de vieillesse ou d'invalidité en cours de versement, il n'est pas admissible de les remettre en question autrement que de façon indirecte – par exemple en modifiant le calendrier des paiements ou surtout, comme on l'a vu faire dans nombre de pays pour des raisons d'économie, en jouant sur les modes de calcul ou la périodicité des ajustements de prestations. Pour des droits en cours d'acquisition et constituant une source d'obligations pour les assujettis – notamment en matière de cotisations – en contrepartie d'engagements pris par le législateur, on se trouve en présence d'obligations quasi contractuelles ; l'agencement des réformes en tient généralement compte, soit en prévoyant une application très progressive des dispositions nouvelles, soit en exceptant de la réforme certains groupes d'assurés proches de la réalisation de leurs droits.

Un élément de continuité d'un ordre très différent se situe au niveau de la gestion des régimes de sécurité sociale. Il ne s'agit pas ici de pesanteurs administratives qui feraient obstacle à l'introduction de réformes et qui, témoignage de structures sclérosées, démontreraient en fait l'urgence de ces réformes. Il s'agit bien au contraire de la volonté constante des organismes gestionnaires d'améliorer leurs méthodes d'action dans le cadre même de la législation existante, et par conséquent de concilier progrès et continuité. La pratique de toutes les institutions de sécurité sociale, quel que soit le type d'économie du pays, en fournit de nombreux exemples en ce qui concerne la modernisation des méthodes de gestion par le biais de l'informatique. Ces dernières années ont été pour l'informatisation des institutions de sécurité sociale une période d'expansion rapide et de perfectionnement technique ; les progrès accomplis l'ont été au bénéfice direct des assurés – en particulier pour la liquidation des droits et le paiement des prestations – et au bénéfice des institutions elles-mêmes grâce à la rationalisation du travail administratif et à des gains de productivité générateurs d'économies. Les liens établis à la faveur de l'informatisation entre les organisations de sécurité sociale et les autres grandes structures collectives que sont l'administration postale, les télécommunications et le système bancaire, et ce pour le plus grand bien des usagers, pourraient représenter une réforme qui dépasse le cadre technique et ouvre en fait la voie à des conceptions nouvelles du service public.

Pour que les institutions gestionnaires s'affirment comme un facteur de stabilité des systèmes de protection sociale en place, il est impératif qu'elles fassent un effort soutenu en matière d'information et de relations avec le public qu'elles servent. Parmi les leçons apprises au cours des dernières années, on note celle selon laquelle la mission confiée aux organismes de sécurité sociale est plus efficacement remplie si le souci de l'usager s'exprime par des moyens qui établissent un lien personnalisé entre les assurés et les agents chargés de leurs dossiers. Les institutions gestionnaires ont encore amélioré le service rendu aux usagers en perfectionnant l'information des intéressés, non seulement sur les dispositions de sécurité sociale en général mais aussi sur leurs droits individuels en cours d'acquisition. Nombre d'institutions ont développé des activités d'information et d'éducation sur la sécurité sociale dont certaines, pour faire sentir leur effet en profondeur, commencent en fait dès l'école primaire. Ces multiples initiatives débouchent sur une véritable politique de rapprochement avec le public, le premier bénéficiaire mais aussi le meilleur défenseur de l'institution.

La sécurité sociale dans les pays en développement

Pendant la période récente, la situation économique souvent précaire des pays en développement a tendu encore à s'aggraver sous l'effet de la récession et de la détérioration des échanges internationaux. Plusieurs pays, notamment en Amérique latine, ont vu leur développement sévèrement compromis par l'alourdissement de leur dette extérieure. Dans certaines parties de l'Afrique, l'évolution des niveaux de vie est devenue préoccupante dans certains domaines essentiels tels que les conditions sanitaires et nutritionnelles. En Asie et dans d'autres régions en développement, la persistance d'un taux élevé de fécondité et la croissance urbaine rapide se sont conjuguées avec les effets de la crise économique pour rendre plus difficiles les efforts d'amélioration des conditions d'existence de la population.

Les institutions de sécurité sociale des pays en développement n'ont pas été épargnées par ces circonstances socio-économiques défavorables. Cependant, la dynamique propre à des programmes qui ont été mis en œuvre dans une perspective d'expansion et qui sont loin encore d'avoir atteint leurs objectifs a continué de se manifester. L'une des réponses les plus éloquentes à l'attente suscitée dans les pays en développement par l'instauration de régimes de sécurité sociale est leur extension progressive à de nouvelles couches de la population ; la période en a apporté nombre d'exemples. Des étapes décisives vers la couverture de l'ensemble de la population par les diverses branches de la sécurité sociale ont été franchies dans plusieurs pays, notamment en Afrique du Nord. En ce qui concerne plus particulièrement l'assurance-vieillesse-invalidité-survivants, l'extension des régimes aux populations rurales a été réalisée dans certains pays d'Amérique latine et d'Asie occidentale, tandis que plusieurs pays d'Afrique et d'Asie ont élargi la couverture des régimes d'accidents du travail et maladies professionnelles en relevant les plafonds de salaire déterminant l'assujettissement ou en décidant l'application de la législation à de nouvelles provinces.

De faibles progrès seulement ont été accomplis quant à l'éventail des risques couverts, mais certaines branches de la sécurité sociale ont donné lieu à des innovations dont la portée encore modeste annonce sans doute des tendances plus marquées pour l'avenir. En matière de protection de la santé, un pays africain d'expression française a inauguré un régime d'assurance-maladie réservé dans une première étape aux travailleurs à faibles revenus ; d'autres pays africains du même groupe linguistique ont cherché à renforcer la protection de la santé en recourant aux ressources de l'action sanitaire et sociale des institutions de sécurité sociale ; dans un pays d'Asie, un fonds de prévoyance a créé un système permettant aux cotisants d'utiliser une partie de leurs économies pour couvrir leurs frais d'hospitalisation et ceux des membres de leur famille. En matière de protection contre le chômage, un pays d'Amérique latine a mis à l'essai un régime accordant aux chômeurs chargés de famille, en plus du maintien de leurs prestations familiales, une allocation spéciale payable au maximum pendant neuf mois. Des régimes d'assurance-chômage ont été mis sur pied aux Caraïbes et un système d'assistance chômage dans un pays d'Asie. Des pays africains ont pris des mesures destinées à ouvrir des possibilités d'emploi aux jeunes, soit en abaissant l'âge de la retraite obligatoire pour les salariés ayant accompli une longue durée de services, soit en facilitant les retraites anticipées.

Des améliorations parfois très sensibles sont intervenues dans le niveau, les conditions d'attribution ou les méthodes de revalorisation des prestations servies par les régimes de sécurité sociale des pays en développement. Tel pays d'Afrique a en même temps augmenté le montant des prestations familiales, relevé l'âge jusqu'auquel les enfants sont considérés à charge et sensiblement accru le nombre maximal d'enfants ouvrant droit aux prestations ; tel autre a institué une revalorisation automatique des pensions ; plusieurs pays d'Asie et des Caraïbes ont amélioré la situation des survivants en matière de pensions. Toutefois, il faut signaler des situations où l'efficacité de la protection sociale s'est détériorée faute d'un relèvement des barèmes de prestations en rapport avec l'inflation, et l'inquiétude manifestée devant les risques d'érosion du pouvoir d'achat des pensions, particulièrement dans le cadre de certains régimes d'Amérique latine basés sur la capitalisation.

En fait, la préoccupation accrue manifestée dans les pays en développement pour sauvegarder ou assainir la situation financière de leurs régimes de sécurité sociale représente une tendance majeure des années récentes. Bien que poursuivant des objectifs plus larges, les mesures prises pour une meilleure maîtrise des dépenses de santé ou pour une meilleure sécurité au travail relèvent de cette préoccupation. Celle-ci s'est traduite aussi par des initiatives nombreuses et diverses portant entre autres sur la protection de l'épargne accumulée dans les fonds de prévoyance, la politique d'investissement des réserves, la lutte contre la fraude ou le gaspillage, et la rationalisation des méthodes de gestion.

L'administration des régimes a d'ailleurs été, comme dans les pays industralisés, l'occasion ces dernières années de perfectionnements considérables qui ont été à la fois une source d'économies et le moyen de rendre un meilleur service à la population – sinon de permettre l'application effective des mesures de protection sociale à des secteurs restés jusque-là à l'écart. L'informatisation des organismes a atteint un stade avancé dans un grand nombre de pays en développement, non sans qu'il ait fallu résoudre des problèmes d'adaptation de systèmes mis au point dans le contexte des pays industrialisés. Le passage à l'informatique a facilité la réussite des plans d'extension géographique et de décentralisation des institutions de sécurité sociale. Cependant, la modernisation de la gestion a souvent été freinée – comme beaucoup d'autres aspects du progrès de la protection sociale dans les pays en développement – par la pénurie de personnel qualifié. Les institutions ont pleinement pris conscience de la nécessité de surmonter cet obstacle majeur, et la période étudiée a été caractérisée par une intensification des efforts de formation de la part de ces institutions et dans le cadre de la coopération internationale.

La protection sociale de demain

Cette période a été fertile en projets de réforme qui tendent à remettre en question l'étendue et le fonctionnement des systèmes actuels de protection sociale. Quelle que soit la nature de la réforme proposée, l'avenir que présagent ces propositions risque en définitive d'être bien différent selon l'inspiration qui les anime. Si les réformes souhaitées traduisent un certain renouveau, dans les sociétés modernes, du sens de la responsabilité personnelle et du goût du risque, elles pourraient ouvrir la voie à des formes nouvelles de protection sociale qui favoriseraient l'initiative individuelle sans pour autant compromettre les garanties collectives de sauvegarde du niveau de vie. Mais si les réformes sont inspirées par le refus de la solidarité et l'indifférence au sort des plus déshérités, elles menacent de conduire à des systèmes où les mieux lotis seraient dispensés de contribuer à la protection sociale de tous, et à une sécurité sociale dualiste au sein d'une société elle-même divisée. Les temps seront durs alors pour ceux qui, sans aucune faute de leur part, se retrouvent pour une raison ou pour une autre en marge de la société.

Au-delà de ses liens étroits avec l'évolution économique sur le plan national et sur le plan mondial, il paraît certain que, dans les années qui viennent, la sécurité sociale sera considérablement influencée par les structures changeantes du monde du travail, et ceci dans des directions qu'il est encore malaisé de prévoir. Il est à souhaiter que ces adaptations puissent se faire dans un climat de pensée et d'action politique où l'imagination et l'innovation seront privilégiées. Certes, le désir d'innover a peu de chances d'aboutir aux résultats souhaitables s'il ne s'appuie pas sur l'expérience de la gestion et la connaissance concrète des problèmes que soulève la mise en œuvre des législations de sécurité sociale. Aussi ne pourra-t-on définir ce que sera la protection sociale de demain sans associer étroitement à cette tâche les organisations gestionnaires des régimes de sécurité sociale. Aussi ne pourra-t-on définir ce que sera la protection sociale de demain sans associer étroitement à cette tâche les organisations gestionnaires des régimes de sécurité sociale qui sont déjà – par leur action quotidienne – au premier rang des artisans du progrès.

Partie I du Rapport de Secrétaire général de l'A.I.S.S. à la XXIIe Assemblée générale de l'Association (Montréal, 2-12 septembre 1986).

Source : Revue Internationale de Sécurité Sociale, n° 4, 1986, édition de l'Association Internationale de la Sécurité Sociale, Genève.

L'État en question

M. Dietsch

L'irrésistible ascension du secteur public

La croissance du secteur public est un phénomène quasi universel. Conventionnellement, la place du secteur public dans l'économie est mesurée par le rapport des dépenses des administrations publiques : État, collectivités locales, organismes de sécurité sociale, au produit intérieur brut (PIB). Cette mesure exclut par conséquent l'activité des entreprises publiques, considérées comme relevant du secteur marchand.

La croissance de l'État date du début de ce siècle. Au XIXe siècle, la part des dépenses publiques dans la richesse nationale dépassait rarement 10 %. Cependant, si la croissance de l'État a été partout forte, elle n'a pas été régulière au cours du temps.

La Première Guerre mondiale produit une rupture dans l'évolution des dépenses publiques. En France, par exemple, alors que les dépenses publiques représentent de 11 à 13 % du PIB de 1870 à la veille du premier conflit mondial, cette part s'élève à 32 % en 1920 et elle ne sera jamais inférieure à 20 % entre les deux guerres. Le même constat peut être fait au Royaume-Uni, en Allemagne, en Italie. Dans ces pays, les politiques de grands travaux et les politiques sociales anti-crise prennent entre les deux guerres mondiales le relais des dépenses de guerre et de reconstruction pour maintenir les dépenses au niveau atteint à la fin du conflit. Dans d'autres pays, comme les États-Unis, c'est la crise de 1929 qui déclenche la croissance des dépenses publiques. La Seconde Guerre mondiale ne provoque pas une rupture aussi nette que celle qu'avait provoquée la première, sauf en France, où les aides économiques et les politiques sociales instaurées à la Libération entraînent une augmentation sensible du niveau des dépenses à cette date.

Depuis la fin des années 1940, le rythme de croissance des dépenses publiques dépasse dans la plupart des pays celui de la croissance économique. Le rapport dépenses publiques/PIB des 7 grands pays industriels est ainsi passé de 28 % en 1955 à 42 % en 1985, soit une croissance annuelle moyenne de 1/2 point de PIB par an.

Même si la croissance du secteur public est quasi universelle, les écarts entre pays ne se sont pas resserrés. Il n'y a pas eu de phénomène de rattrapage, notamment en matière de dépenses sociales, qui sont les principales sources d'écart entre les pays. Sur l'ensemble des pays occidentaux, la croissance de l'État apparaît également indépendante du niveau de revenu par habitant et des facteurs démographiques. Les faits ne montrent aucune tendance à l'uniformisation du poids de l'État. Au contraire, la dispersion de ce poids a eu tendance à s'accentuer.

Au milieu des années 1980, les dépenses publiques représentent plus des deux tiers du revenu national en Suède et nettement plus de la moitié de celui-ci dans les autres pays scandinaves et dans certains pays de l'Europe du Nord : Danemark, Bénélux. Leur niveau est plus faible dans les pays industrialisés non européens. Aux États-Unis, la part des dépenses publiques dans la richesse nationale est égale à 35 %. L'Espagne, l'Australie et le Japon sont les seuls pays industrialisés du monde occidental où cette part est inférieure à 35 %.

Si la croissance de l'État a été forte depuis 20 ou 30 ans, elle n'a pas été plus régulière qu'auparavant. Elle est faite de phases d'accélération et de stabilisation. Les premières correspondent au lancement d'importants programmes sociaux (tels ceux de la Grande Société de Kennedy et Johnson aux États-Unis) ou à des efforts exceptionnels de guerre (cas de la guerre du Viêt-nam). Depuis 1974 cependant, la forte croissance des dépenses publiques s'explique par l'effet conjoint du ralentissement de la croissance économique et de l'extension des législations sociales au cours des années 1960 et 1970.

Pourquoi l'État croît-il ?

La croissance du secteur public ne peut être résumée par une cause unique.

L'une des explications les plus célèbres est la « loi de Wagner », du nom de l'économiste allemand qui la formula à la fin du siècle dernier. Selon cette loi, la croissance économique et le progrès technique provoquent le développement des dépenses d'administration générale, d'éducation et d'infrastructure. L'observation sur longue période vérifie grossièrement l'existence d'une telle relation. Cependant, le caractère peu régulier de la croissance des dépenses publiques incite à apporter des explications plus précises. L'évolution des dépenses est alors reliée aux facteurs déterminants de la demande et de l'offre des services publics.

Parmi les facteurs de demande figure, en premier lieu, la croissance des revenus. Celle-ci provoque un accroissement plus que proportionnel des dépenses publiques. Cette explication se trouve particulièrement fondée en ce qui concerne les dépenses d'enseignement et les dépenses de santé, tant dans les phases de démarrage de la croissance, avec notamment l'effet d'entraînement que provoquent l'urbanisation et l'industrialisation, que lors des phases plus avancées du développement. Dans les pays industrialisés, l'élasticité-revenu des dépenses publiques, mesurée par le rapport de l'accroissement de ces dépenses à l'accroissement du PIB, a été largement supérieure à un au cours des années 1960 et 1970.

Les facteurs démographiques constituent un autre facteur classique d'accroissement de la demande des services publics. Si les services publics sont demandés de la même manière que le sont les biens et services privés, c'est-à-dire si les administrations n'offrent pas ces services publics à un coût plus élevé que le secteur privé, la croissance de la population suffit à déterminer une croissance équivalente des dépenses publiques. Ainsi, la croissance démographique au lendemain de la Seconde Guerre mondiale a suscité le développement des services collectifs, notamment en matière de logement, d'enseignement et de santé. Le ralentissement démographique actuel tend à l'inverse à élever le poids des charges collectives supporté par une population active dont les effectifs sont stables ou en déclin.

Mais la croissance des dépenses publiques ne résulte pas seulement de l'augmentation de la demande de services publics. Elle dépend aussi des tendances propres à l'offre de ces services.

La croissance des dépenses publiques est souvent présentée comme une conséquence des écarts de productivité entre secteur public et secteur privé. Selon cette thèse, formulée par Baumol, la faiblesse relative des gains de productivité dans les services publics provoque une augmentation de leur prix relativement à ceux des produits industriels. La demande de ces services collectifs augmentant avec le revenu, le montant des dépenses publiques tend alors à croître plus rapidement que celui des dépenses privées. Là se situerait aussi l'une des causes de la croissance de l'emploi public dans tous les pays développés, les salaires dans la fonction publique n'ayant pas augmenté par rapport à ceux du secteur privé depuis les années 1960. On remarque cependant que la part des services publics dans l'ensemble des services a eu tendance à croître dans de nombreux pays au cours des vingt ou trente dernières années. A moins que les gains de productivité ne soient nettement plus faibles dans les services publics que dans les autres services, cette observation réduit la portée de l'argument des écarts de productivité comme cause de la croissance des dépenses publiques.

La rigidité des programmes publics constitue un autre facteur d'offre. Une fraction importante des dépenses – plus des trois cinquièmes en France – est reconduite d'année en année. C'est ce que l'on nomme les « services votés ». Dès lors qu'un programme de dépense est adopté et ses dispositions mises en place, l'augmentation du nombre d'ayants droit suffit à provoquer une élévation des dépenses engagées. La croissance des allocations de chômage depuis 1974 illustre parfaitement ce phénomène, de même que, dans de nombreux pays, la croissance des retraites de sécurité sociale. Mais, depuis vingt ou trente ans, la croissance des dépenses publiques résulte moins de la croissance automatique du nombre des ayants droit que de l'extension volontaire du champ d'application des programmes.

Ces diverses explications de la croissance de l'État restent partielles. Des explications plus générales se fondant sur la notion d'illusion fiscale ou l'analyse des comportements politiques ou bureaucratiques sont nécessaires. Nous y reviendrons.

De la fonction d'allocation à la fonction de répartition

Depuis un siècle, le rôle de l'État a subi une profonde mutation. Au XIXe siècle, la croissance de l'État est inséparable de la tendance au renforcement de l'État-Nation. Le contrôle de l'État sur l'enseignement et le développement des dépenses publiques correspondantes en sont l'un des principaux instruments. La fonction d'éducation vient compléter les fonctions « régulières » de justice, de police et de défense qui caractérisent l'État-gendarme de la première moitié du siècle. Ainsi, dans les grands pays d'Europe continentale, l'étatisation du système d'enseignement apparaît (en France et en Italie) ou se renforce (en Allemagne) dans les années 1880. En revanche, dans les pays d'Amérique du Nord et au Royaume-Uni, la création et l'organisation des écoles incombent largement à l'initiative privée et aux collectivités décentralisées. Cette différence entre les pays anglo-saxons et bon nombre de pays européens reflète le degré de centralisation de l'État. À la fin du siècle dernier, la croissance de nouveaux types de dépenses publiques participe toujours d'une volonté d'asseoir le pouvoir de l'État Central.

Avec la Première Guerre mondiale et la grande crise, la croissance des dépenses publiques change d'objectif. Elle répond désormais à la volonté politique des États d'intervenir dans le fonctionnement de l'économie. Trois nouvelles fonctions, selon la distinction de Musgrave, vont alors prendre de l'importance : la fonction d'allocation, par laquelle l'État devient producteur de biens et services à la place d'un secteur privé défaillant, la fonction de redistribution des revenus et, sous l'influence des idées de Keynes, la fonction de stabilisation de l'économie.

Cette transformation des fonctions de l'État est visible dans l'évolution de la structure des dépenses publiques. Dans les grands pays industriels, les dépenses politiques, qui regroupent les dépenses d'administration centrale, de justice, de police et de défense ainsi que les dépenses liées aux faits de guerre, comme les pensions et dommages de guerre, représentent plus de la moitié des dépenses publiques totales au début du siècle. Au milieu des années 1980, ces dépenses ne représentent généralement pas plus du quart des dépenses totales selon les pays. Cette part est souvent inférieure à 20 %. Les dépenses relevant de la fonction d'allocation de l'État, qui englobent, outre les précédentes, les dépenses d'enseignement, tendent partout à se stabiliser aujourd'hui.

À l'inverse, les dépenses relevant de la fonction de redistribution et qui regroupent les aides aux divers secteurs et agents économiques tendent à augmenter à partir des années 1920 et 1930 dans tous les pays industriels. Leur croissance s'accélère dans certains pays au cours des années 1950. Elle est liée aux efforts de reconstruction. Mais le trait marquant de cette croissance depuis les années 1950 est la montée des dépenses sociales. Ces dépenses, y compris le logement social, représentent aujourd'hui 60 pour cent des dépenses publiques. L'essentiel de cette croissance est due au développement des régimes d'assurance-maladie et de retraite.

Les défaillances du secteur public

Un large consensus semble aujourd'hui exister dans les pays développés sur la nécessité de limiter la taille du secteur public et de freiner la montée des prélèvements obligatoires. La question est celle de l'efficacité économique du secteur public. L'État et, plus généralement, le secteur public produisent-ils ce qui est demandé par les citoyens, ni plus, ni moins, et le produisent-ils au moindre coût ? Si les dépenses publiques augmentent plus vite que le revenu national, est-ce seulement parce que les biens produits par le secteur public ont une demande qui croît plus vite que le revenu ? Est-ce seulement parce que la croissance de l'économie de services suscite de manière générale une augmentation de la production des services publics ? De telles explications ne valent qu'à la condition que les choix publics reflètent bien les préférences des citoyens. Or, au cours des dix dernières années, cette capacité a été fortement remise en question. Si l'on admet aujourd'hui que les mécanismes du marché ne sont efficaces que sous certaines conditions restrictives, on reconnaît également que les programmes publics peuvent se montrer défaillants.

Les principales raisons qui conduisent à douter de la capacité des interventions publiques à corriger les défaillances du marché ont été avancées par l'école des choix publics, sous l'impulsion du prix Nobel J. Buchanan.

La première raison avancée par cette école est que les individus n'ont qu'une perception limitée des coûts et des bénéfices qu'ils retirent des dépenses publiques. L'insuffisance de l'information développe chez eux un phénomène d'illusion fiscale qui les amène à sous-estimer le coût et à sur-estimer les avantages des services collectifs. L'illusion fiscale a plusieurs causes : l'apparente gratuité de certaines dépenses, telles les dépenses de santé, l'impossibilité d'affecter l'impôt payé à une dépense particulière, la translation possible de l'impôt et les difficultés pour savoir qui paie réellement l'impôt.

Cette idée conduit à préconiser le paiement des services publics à leur coût et à accroître en contrepartie le montant des transferts de revenu sans affectation particulière. Mais on bute alors sur des problèmes mal résolus en pratique : celui de l'évaluation des services publics et celui de la mesure de la productivité de ces services.

Une seconde raison est que les autorités publiques ne sont pas toujours en mesure de contrôler efficacement les effets des mesures prises. Ainsi, par exemple, les restrictions imposées par la politique monétaire en matière de rémunération des dépôts bancaires ont suscité dans de nombreux pays l'apparition de nouveaux produits et de nouvelles firmes financières, ce qui a eu pour effet de limiter l'efficacité recherchée de cette politique. De leur côté, les politiques de soutien des prix des produits agricoles ont souvent créé des rentes pour les grandes exploitations au lieu de maintenir le revenu des petits exploitants, ce qui était leur objet initial.

Par ailleurs, la montée du pouvoir réglementaire dans les démocraties occidentales confère un rôle accru à l'administration à la fois dans la confection des mesures et dans la surveillance de leur exécution. Ces délégations de pouvoir peuvent favoriser la réalisation des objectifs propres des administrations et se traduire par une augmentation de la taille de leurs budgets. Il en va de même pour les grandes entreprises publiques placées en situation de monopole. De plus, la question est posée de savoir si les administrations et entreprises publiques utilisent de la manière la plus efficace les ressources qu'elles gèrent. Les échecs fréquents des tentatives de rationalisation des choix budgétaires dans les administrations tendent à montrer qu'il est difficile de parvenir en ce domaine à une maîtrise effective des coûts. De leur côté, les comparaisons des performances économiques et financières des entreprises publiques et entreprises privées équivalentes conduisent parfois au même constat. Ces démonstrations ont fait de l'analyse économique des comportements bureaucratiques l'un des principaux sujets actuels de l'économie publique. Ils ont aussi conduit dans de nombreux pays à une vague de déréglementation, dont le point de départ a été donné aux États-Unis par la déréglementation des transports aériens à la fin des années 1970. Le mouvement de privatisation entamé au Royaume-Uni et en France est à inscrire dans la même tendance au retour aux mécanismes du marché pour la production de biens pour lesquels la propriété publique est jugée entraîner des inefficiences.

Enfin, pour l'école des choix publics, l'une des principales limites à l'efficacité des interventions de l'État tient à la nature même du processus politique. Ce processus ne permettrait pas de réaliser un équilibre satisfaisant entre la demande et l'offre de services publics en raison des faibles incitations qu'ont les « offreurs » ou entrepreneurs politiques à restreindre l'offre. Du volume des biens publics dépendrait en effet leur chance d'élection ou de réélection. Dans cette conception, les limites de l'efficacité économique de l'État résident dans le fonctionnement des mécanismes politiques. Elles tiennent en partie au système de vote majoritaire. Ces critiques sont loin de faire l'unanimité, mais elles ont suscité le renouvellement des débats théoriques sur les finances publiques.

Réformer l'impôt

Dans tous les pays, la croissance des prélèvements obligatoires – impôts et cotisations sociales – a accompagné la croissance de l'État. La pression fiscale s'est ainsi accentuée depuis le début du XXe siècle. En outre, l'accroissement de la fiscalité a obéi à la mutation des fonctions étatiques. L'impôt n'est pas seulement un moyen de fournir des ressources aux administrations publiques. Il est aussi un instrument de politique économique dont le rôle est d'inciter – ou de contraindre – les agents économiques à adopter des comportements conformes aux objectifs de l'action étatique. L'impôt a toujours joué ce rôle. Ainsi, dans la plupart des pays industriels, les ponctions fiscales sur les revenus agricoles et fonciers ont aidé au démarrage de l'industrie. Mais cette fonction s'est considérablement élargie et diversifiée avec la croissance économique.

L'histoire contemporaine de l'impôt a été par conséquent marquée à la fois par l'augmentation du taux des prélèvements obligatoires et par l'augmentation de la complexité des systèmes fiscaux.

La montée des prélèvements obligatoires

La croissance des prélèvements obligatoires a été vive depuis la fin de la Seconde Guerre mondiale. On l'observe dans tous les pays. Ainsi, pour l'ensemble des pays membres de l'OCDE, la part des recettes fiscales dans la richesse nationale est passée de 27 % en moyenne en 1965 à 38 % en 1985. Mais le rythme de la croissance varie d'un pays à l'autre. Il a été fort dans les pays où le taux était déjà élevé, en raison principalement de la croissance des cotisations sociales.

La dispersion des taux de prélèvements obligatoires est forte à l'intérieur du groupe des pays développés. La hiérarchie des pays selon le niveau de ce taux est globalement celle que l'on observe en matière de dépenses publiques. La faiblesse des taux de prélèvements dans certains pays très développés, comme les États-Unis et le Japon, montre que les différences de taux de pression fiscale ne peuvent s'expliquer par des différences de revenu par habitant. Le niveau de la fiscalité change davantage en fonction des pratiques fiscales, c'est-à-dire en fonction du montant des services publics financés par l'impôt, qu'en fonction du montant du revenu national. Dans la plupart des cas, l'importance des cotisations sociales explique la position d'un pays dans la hiérarchie des taux de prélèvements.

Une autre tendance commune à tous les pays au cours des trente dernières années est l'accroissement de la part des impôts sur le revenu et surtout des cotisations sociales relativement à celle des impôts sur la consommation et droits spécifiques sur certains produits. Les difficultés économiques et le renouveau des doctrines libérales au cours des dix dernières années ont toutefois freiné cette tendance. Les avantages reconnus à la taxe à la valeur ajoutée ont aussi provoqué une augmentation de la part de cet impôt dans le total des recettes publiques en Europe.

Ces tendances communes n'ont toutefois pas provoqué une harmonisation des systèmes fiscaux. Les structures fiscales sont encore très différentes d'un pays à l'autre.

En outre, la part des impôts revenant aux collectivités décentralisées a eu tendance à croître dans les pays à structure fédérale aux dépens de celle de l'État central. Dans les pays à structure centralisée, la part des administrations centrales et locales a diminué par rapport à celle des organismes de sécurité sociale.

Qui paie l'impôt ?

L'injustice dans la répartition de la charge de l'impôt a été partout un catalyseur des révolutions politiques. L'iniquité de l'impôt provient en général du caractère forfaitaire des impôts indirects et de leur place dominante dans le système fiscal. Aussi, le renforcement des démocraties a provoqué dans les pays occidentaux, à partir de la fin du XIXe siècle, une refonte profonde du système fiscal. L'histoire de l'impôt y a, en particulier, été marquée par l'instauration de l'impôt progressif sur le revenu. Cet impôt est créé en 1913 aux États-Unis, en 1916 en France, en 1919 en Allemagne. Toutefois, à cette époque, la faiblesse des taux et de l'assiette de cet impôt fait qu'il ne peut être considéré comme un instrument efficace de redistribution du revenu. Ce n'est qu'après la Seconde Guerre mondiale qu'il acquiert véritablement ce rôle en devenant un impôt de masse.

Le degré de progressivité du système fiscal varie sensiblement d'un pays à l'autre, principalement en raison de la part relative de l'impôt sur le revenu dans l'ensemble des prélèvements obligatoires. Les autres impôts – cotisations sociales et impôts sur la consommation – sont en effet peu progressifs, quand ils ne sont pas dégressifs.

Une illustration des différences en matière de progressivité ressort de l'observation suivante effectuée par l'OCDE : le taux des prélèvements directs sur les revenus des ouvriers varie dans un rapport de un à trois dans les pays développés – de 13 % au Japon à 33 % dans certains pays du nord de l'Europe. L'écart est plus élevé pour les ménages situés plus haut dans l'échelle des revenus. Il n'existe cependant aucune corrélation entre l'importance du taux d'imposition et le degré de progressivité de l'impôt. Les pays dans lesquels le taux des prélèvements directs sur le revenu est élevé ne sont pas nécessairement ceux qui ont le système fiscal le plus progressif. Ainsi, en Suède et au Danemark, le taux d'imposition est élevé, mais la progressivité des impôts est relativement faible. (Observations datant de quelques années.)

Quelle réforme fiscale ?

La nécessité d'une réforme fiscale fait partout l'unanimité. Mais sa mise en œuvre voit s'opposer les partisans d'un système fiscal plus équitable aux partisans d'un système fiscal qui crée moins de distorsions dans l'économie et diminue le coût de la progressivité de l'impôt.

Les raisons qui motivent la réforme sont les mêmes dans tous les pays : importance des coûts administratifs et des coûts supportés par les contribuables pour gérer leur impôt, trop grande complexité du système fiscal qui entraîne des contradictions et des inefficacités, multiplication des exonérations et autres échappatoires qui vont à l'encontre du principe d'équité de l'impôt ou créent des distorsions importantes entre secteurs d'activité, développement de la fraude fiscale et inégalité devant l'impôt des salariés et des non-salariés, enfin et surtout, tendance des impôts à réduire l'offre de travail et l'accumulation du capital. Cette dernière raison a été popularisée par la célèbre courbe de A. Laffer selon laquelle, au-delà d'un certain taux d'imposition, l'augmentation de la fiscalité se traduit par une réduction, et non une augmentation, des recettes fiscales. La croissance des prélèvements tend en effet à augmenter le coût relatif du travail par rapport au temps libre et le coût de l'épargne par rapport à la consommation immédiate. La réduction de l'offre de travail et de capital entraînerait alors une réduction de l'assiette de l'impôt. Si des travaux économétriques ont vérifié l'influence de l'impôt sur l'offre de travail et l'incitation à épargner, l'existence de la courbe n'a pas, en tant que telle, été démontrée.

Cependant, les débats autour de cette idée ont eu le mérite de bien faire ressortir le problème de politique économique sous-jacent à l'augmentation de l'impôt. Ce problème est le suivant : avec la progressivité des systèmes fiscaux, le coût de toute politique de redistribution du revenu par l'impôt est la perte d'efficacité économique engendrée par la réduction de l'offre des facteurs de production. Ce problème est donc non seulement celui du niveau de l'impôt, mais aussi celui du choix d'une structure fiscale optimale. Il conduit aux propositions de réforme fiscale.

Plusieurs principes directeurs guident les projets de réforme. En premier lieu, les distorsions économique induites par la fiscalité – la réduction de l'offre de travail et celle de l'épargne – ayant pour origine un niveau trop élevé des taux d'imposition marginaux, les propositions de réforme visent généralement à abaisser ces taux. En second lieu, ces réformes ont pour ambition de réduire les iniquités produites par les exonérations existantes ; en limitant celles-ci, on cherche à freiner les comportements d'évasion fiscale et de fraude fiscale. Ceci conduit aussi à proposer de réduire la complexité des systèmes fiscaux et les risques d'incohérence qui en découlent. La simplification du système fiscal doit aussi permettre de mieux savoir qui paie effectivement l'impôt, alors que la complexité rend au contraire très malaisée l'analyse de l'incidence de l'impôt.

Les propositions de réforme s'orientent dans plusieurs directions. Certaines cherchent à changer l'assiette de l'impôt en remplaçant le revenu par la consommation. Elles reposent sur l'idée ancienne qu'il est préférable de taxer les individus sur ce qu'ils prélèvent sur l'économie – la dépense – plutôt que sur ce qu'ils lui apportent. L'impôt sur la dépense équivaut en ce sens à un impôt qui exonère l'épargne. Un autre avantage attendu de ce changement réside dans la simplification de l'impôt, due en particulier à l'absence d'imposition des revenus du capital. Enfin, comme l'impôt sur le revenu, l'impôt sur la dépense peut être rendu progressif. D'autres propositions de réforme visent à supprimer les déductions, exonérations et autres crédits d'impôt et à élargir la base de l'impôt sur le revenu. L'application de ce principe conduit par exemple à faire entrer dans la base imposable tant les revenus de transfert que les loyers des propriétaires de logements ou les primes d'assurance-vie. Le principe conduit aussi à fiscaliser les cotisations de sécurité sociale. Dans l'esprit de ses concepteurs, un tel élargissement de la base imposable doit permettre d'abaisser le niveau des taux d'imposition. Un troisième type de propositions de réforme consiste à réduire le degré de progressivité du système fiscal en appliquant un taux unique d'imposition à la différence entre le revenu d'un individu et un niveau donné de revenu complètement exonéré. En dessous de ce niveau, le contribuable reçoit un impôt négatif, c'est-à-dire une allocation. L'avantage attendu de cette formule est que tous les individus sont soumis au même taux marginal, les différences des taux marginaux étant considérées, comme on l'a vu, comme génératrices des injustices et des inefficiences des systèmes fiscaux actuels.

Vivre avec le déficit ?

La récession économique des années 1970 a entraîné l'apparition d'importants déficits budgétaires. Certes, le solde des opérations budgétaires ne suffit pas à mesurer l'impact exercé par la politique budgétaire sur l'activité économique. En période de récession les « stabilisateurs automatiques » ont pour effet de maintenir les déficits budgétaires à un niveau élevé. Cependant ces déficits doivent être financés par la création monétaire ou l'emprunt. Or, depuis la fin des années 1970, le second mode de financement l'a emporté largement sur le premier. Le secteur public a donc opéré des prélèvements croissants sur l'épargne privée et la conjugaison d'un niveau élevé des taux d'intérêt et de forts déficits a entraîné une nette croissance de la part des charges du remboursement de la dette dans l'ensemble des dépenses publiques. La montée des déficits publics fait craindre à la fois un risque d'éviction de la dépense privée et un risque d'explosion de la dette publique.

Le risque d'éviction

L'éviction de la dépense privée par la dépense publique, c'est-à-dire le remplacement pur et simple de la première par la seconde, sans accroissement de l'activité globale, peut résulter de plusieurs mécanismes. Les plus débattus font intervenir les taux d'intérêt. Ainsi, lorsque l'augmentation de l'offre de titres publics ne rencontre pas une demande équivalente, les agents économiques désirant conserver leurs avoirs sous forme de monnaie, le taux d'intérêt tend à croître. Cette augmentation ralentit les dépenses d'investissementsprivés sensibles au taux d'intérêt. L'accroissement de la dépense publique est alors compensé par une réduction de la dépense privée. L'éviction se produit aussi lorsque l'émission continue d'emprunts publics accroît la part des titres d'État dans les portefeuilles des épargnants à un point tel que toute nouvelle émission de titres publics ne peut être souscrite que si des taux d'intérêt très élevés sont offerts.

Mais d'autres représentations du mécanisme d'éviction ne font pas intervenir de changements sur les marchés de capitaux.

L'éviction peut résulter tout d'abord d'un comportement ultra-rationnel des individus, comportement par lequel ils considèrent le secteur public comme un prolongement du secteur privé et l'État comme le représentant de leurs intérêts propres. Lorsque l'État emprunte pour mettre à la disposition des agents économiques des biens que ces derniers considèrent comme de bons substituts aux biens privés, ils sont indifférents au fait de payer l'impôt ou d'épargner pour acquérir les titres de dette publique. La réduction de la consommation privée équilibre alors l'augmentation de la dépense publique. L'épargne privée compense la desépargne publique. L'hypothèse classique de neutralité de la dette a été reformulée récemment par l'Américain R. Barro. Pour ce dernier si les contribuables anticipent parfaitement la hausse des impôts futurs nécessaire au remboursement de la dette contractée aujourd'hui et, animés par un comportement altruiste, ils accroissent immédiatement leur épargne pour permettre à leurs héritiers de faire face à cet accroissement d'impôt futur. La réduction de la dépense privée courante compense alors l'accroissement de la dépense publique.

Par ailleurs, l'épargne supplémentaire permet d'acquérir les nouveaux titres, ce qui laisse les taux d'intérêt inchangés. L'effet d'éviction se réalise à l'écart des changements sur les marchés financiers.

Le réalisme de tels mécanismes d'éviction a été mis en doute, notamment par J. Tobin. Ces mécanismes supposent en particulier une économie de plein-emploi et l'absence de distorsions économiques d'origine fiscale. Cependant, leur intérêt est d'avoir montré que l'effet positif de la dépense publique sur l'activité économique ne doit pas être surestimée, compte tenu des réactions compensatrices que suscite une trop forte augmentation du déficit public.

L'explosion de la dette ?

L'accumulation d'importants déficits publics entraîne une croissance rapide et cumulative de la dette publique. L'endettement augmente en effet les dépenses d'intérêts qui, à leur tour, gonflent les déficits. C'est l'effet « boule de neige » : l'État s'endette toujours davantage pour payer les intérêts de la dette publique. Or le taux de croissance de la dette publique ne peut être en permanence supérieur au taux de croissance économique. La croissance de la dette se heurte en effet à une contrainte de solvabilité : si les taux d'intérêt sont d'une manière permanente supérieurs au taux de croissance économique, la dette risque d'exploser. À terme, les gouvernements seront contraints, soit d'augmenter les impôts – ce qui nuira à l'efficacité économique, étant donné le poids déjà élevé des prélèvements obligatoires et le souhait quasi général de les réduire –, soit de diminuer les dépenses publiques autres que le paiement des intérêts – ce qui constitue une politique dont la mise en œuvre devient de plus en plus difficile à mesure qu'elle est appliquée –, soit de recourir à la création monétaire – une solution extrême qui risque de relancer l'inflation.

La croissance récente des déficits pose donc une double question. Le niveau de la dette publique est-il trop élevé ? Le risque d'explosion est-il aujourd'hui important ?

Les niveaux actuels du ratio dette publique/PIB sont dans la quasi-totalité des pays inférieurs à leurs records historiques. Mais leur tendance est aujourd'hui nettement à la hausse. Or, l'observation historique montre que l'un des principaux facteurs de réduction du poids de la dette dans le passé a été l'inflation. À l'inverse, la réduction de ce poids par l'accumulation d'excédents budgétaires a été extrêmement rare. On doit donc chercher à contrôler l'évolution de la dette publique. Mais l'on ne peut cependant considérer la dette publique indépendamment de son affectation.

La dette publique est habituellement mesurée en termes bruts, comme le total des dettes financières des administrations publiques. Cependant, le produit des emprunts peut être affecté à l'acquisition d'actifs financiers et, en particulier, à la distribution de crédits en faveur de secteurs jugés prioritaires. Une mesure en termes nets, consistant à ne considérer que le solde des dettes et des actifs financiers publics, reflète donc davantage l'évolution du déficit budgétaire comme instrument de la politique conjoncturelle. Elle tient compte de l'activité de l'État comme intermédiaire financier. Toutefois, dans les faits, les changements de la fonction d'intermédiation de l'État n'ont pas été importants au point d'entraîner une divergence sensible entre l'évolution de la dette nette et celle de la dette brute.

L'emprunt peut également servir à financer des investissements en actifs physiques. Cette politique a l'avantage de répartir la charge de l'investissement sur les générations qui bénéficient de ses services. Par ailleurs, le mouvement récent de privatisation montre que les ventes d'actifs peuvent également contribuer à réduire le recours à l'emprunt. Ceci incite à considérer l'évolution de la dette publique en regard de celle de la « richesse nette » de l'État. Ainsi, quand l'État vend des actifs non financiers, dans le cadre de la privatisation des entreprises publiques, la dette publique est réduite, mais la richesse nette de l'État ne s'accroît pas pour autant. Les estimations réalisées par l'OCDE montrent que dans tous les pays occidentaux la richesse nette de l'État a diminué depuis le début des années 1980. La croissance récente de la dette publique n'a pas été accompagnée d'une croissance équivalente de l'investissement public, sauf au Japon. La dette a plutôt servi au financement des dépenses courantes, ce qui a contribué à dégrader la situation financière de l'État.

On sait par ailleurs que l'évolution des

éléments hors bilan – en particulier, les difficultés d'équilibre des régimes de retraite de sécurité sociale – tend encore à accroître les besoins de financement de l'État et à dégrader sa situation financière. Il est dès lors probable que, dans la plupart des pays, la dette publique ne pourra continuer de croître au même rythme que par le passé et que les États devront recourir aux augmentations d'impôts et de cotisations s'ils veulent maintenir l'offre des services publics à son niveau actuel.

En outre, la stabilité du ratio dette publique/PIB ne peut être assurée que si le budget hors intérêts dégage à long terme un excédent suffisant pour assurer le service des intérêts de la dette sans provoquer un nouveau recours à l'emprunt. En effet, dans une situation où les taux d'intérêt réels sont en permanence plus élevés que le taux de croissance économique, la croissance des déficits hors intérêts implique l'explosion de la dette publique par rapport au PIB. C'est pourquoi des actions sont entreprises dans la plupart des pays pour satisfaire cette condition de stabilité. Cependant, seul un petit nombre de pays, parmi lesquels l'Allemagne, le Japon, le Royaume-Uni, dégagent effectivement un surplus avant intérêts. En France, en Italie, en Espagne, les déficits publics hors intérêts sont encore supérieurs (de manière très nette pour les deux derniers pays) à 1 % du PIB. Les États-Unis, le Canada n'ont pas non plus stabilisé leur situation à l'égard de la dette.

Le risque de monétisation de la dette n'est donc pas complètement écarté. Ce risque devient patent lorsque le ratio dette publique/PIB atteint une limite tenant au comportement des agents non financiers, soit que ceux-ci hésitent à accroître leur taux d'épargne, soit qu'ils considèrent la part des titres publics dans leur portefeuille comme ayant atteint un plafond. La création monétaire est alors inévitable si le déficit persiste. Si les agents économiques anticipent cette monétisation du déficit et l'inflation qui en résulte, les taux d'intérêt tendront à croître, ce qui ne peut qu'accroître l'instabilité du système financier.

Pour toutes ces raisons, il apparaît hautement souhaitable de freiner la croissance de la dette publique même si le niveau de celle-ci peut paraître relativement faible dans certains pays. Mais il faut conserver à l'esprit que les marges de manœuvre utilisables pour une telle politique sont partout très étroites.

L'échec des politiques conjoncturelles

La politique conjonctuelle est censée viser quatre objectifs difficilement compatibles : maintenir l'inflation à un niveau raisonnable, résorber le chômage, assurer un équilibre satisfaisant des échanges extérieurs et promouvoir la croissance économique. Mais l'évolution économique récente a fortement remis en cause le contenu des politiques macroéconomiques de la demande. La rupture de 1974 a entraîné un certain renouveau des politiques économiques.

L'âge d'or de la régulation par la demande

Depuis la *Théorie Générale* de Keynes, les politiques de stabilisation ont d'abord consisté à contrôler la demande globale. Avant Keynes, la communauté des économistes, fidèle à la loi du Français J.-B. Say, estimait que la production (l'offre), en distribuant des revenus, créait spontanément une demande équivalente. La crise de 1929 ébranle la confiance que beaucoup avaient dans cette loi. La réalité montre alors la persistance d'une importante surproduction. Le chômage ne se résorbe pas de lui-même. Pour Keynes, le déséquilibre provenait d'une demande insuffisante. La solution dès lors était de stimuler cette demande par des politiques publiques de « relance » par la dépense publique et l'expansion monétaire. Mais, en fait, les dépenses de guerre firent sans doute autant que les grands travaux pour rétablir les économies occidentales à la fin des années 1930.

Le contrôle de la demande globale se fonde à la fois sur la politique budgétaire et sur la politique monétaire. Le premier rôle confié aux instruments budgétaires est un rôle de levier : les dépenses publiques sont supposées accroître la demande globale et les impôts la réduire. Partant, l'action discrétionnaire des gouvernements sur la taille du déficit (de l'excédent) budgétaire est supposée exercer un effet plus ou moins expansionniste (déflationniste) sur la demande globale et sur l'activité. Mais l'efficacité de la politique budgétaire apparaît aussi dépendre de l'action qu'elle exerce sur la structure de la dépense. Certaines dépenses sont plus sensibles que d'autres à une variation des impôts. L'expérience montre enfin que les dépenses et recettes publiques ne sont pas elles-mêmes insensibles aux fluctuations conjoncturelles. Le montant des recettes croît par exemple de manière automatique lorsque l'activité et le revenu national augmentent. Le budget possède donc une capacité de « stabilisation automatique », indépendante des mesures que peut décider le gouvernement.

De son côté, la politique monétaire a pour objet de maintenir la création monétaire des banques à un niveau compatible avec l'activité, c'est-à-dire d'empêcher la circulation d'une quantité trop importante de monnaie génératrice d'un excédent de demande et de tensions inflationnistes. Bien que la politique monétaire et la politique budgétaire soient utilisées ensemble, leur impact diffère. Leur « mixage » tend donc à accroître l'efficacité des actions de stabilisation. Ainsi, jusqu'au milieu des années 1970, la combinaison d'une politique d'argent facile, favorable à l'investissement, et d'une politique de restrictions budgétaires, défavorable à la consommation, a souvent été recherchée par les gouvernements afin de stabiliser la croissance économique.

Les années 1950 et 1960 virent donc le développement des politiques d'action sur la demande d'inspiration keynésienne. En maintenant la demande à un niveau élevé, elles voulaient briser les tendances récessionnistes qui suivent généralement les périodes d'après-guerre. Alors que les années 1930 et 1940 étaient confrontées au problème du sous-emploi, dans les années 1950 et 1960 le problème fut celui de la croissance et de l'inflation. L'efficacité de l'instrument budgétaire se fondait alors sur sa réversibilité. Le budget était autant utilisé comme un moyen de relancer la dépense en maintenant le déficit budgétaire, que pour freiner les tensions inflationnistes par la politique d'excédent budgétaire ou de strict équilibre budgétaire, au risque cependant d'entraîner l'économie dans une alternance dommageable de politiques de relance *(go)* et de restrictions *(stop)*. L'accompagnement des mesures budgétaires par des mesures de politique monétaire, telle une politique anti-inflationniste de restriction de crédit en cas de relance par les dépenses budgétaires, permettait un « réglage fin » de la conjoncture économique.

La rupture des années 1970

Toutefois, en dépit de leur apparente simplicité, ces règles de politique économique ne purent empêcher la montée du chômage à partir du milieu des années 1960. L'existence d'une liaison inverse entre l'inflation et le chômage, alors vérifiée par l'observation empirique et connue sous le nom de courbe de Phillips, vient fortement compliquer la mise en œuvre des politiques de stabilisation. La question centrale de la stabilisation est alors de déterminer le taux d'inflation acceptable pour contenir le chômage ou, à l'inverse, de définir le niveau de chômage admis pour réduire l'inflation. La « stagflation » a jeté le doute sur l'efficacité des politiques de stabilisation.

L'apparition depuis 1974 de déficits budgétaires importants dans tous les pays ne s'explique pas tant par l'accroissement du recours à la politique budgétaire expansionniste que comme la conséquence mécanique des difficultés économiques conjoncturelles. La récession entraîne simultanément une réduction des recettes et, à programme social inchangé une augmentation des dépenses. Les stabilisateurs automatiques ont joué pleinement à la hausse du déficit. La composante « discrétionnaire » du déficit, c'est-à-dire celle qui provient des actions expansionnistes ou déflationnistes conduites par le gouvernement, n'a pas été utilisée de manière intense dans les pays industrialisés au cours des dernières années. Cependant, l'importance des besoins de financement du secteur public a créé un conflit entre la politique budgétaire et la politique monétaire. La nécessité de réduire l'inflation a conduit les gouvernements à pratiquer une politique monétaire très restrictive et à financer le déficit budgétaire par l'emprunt, c'est-à-dire sur des ressources d'épargne. Ceci a fait naître, comme on l'a vu, un risque d'éviction des dépenses privées par la dépense publique et un risque d'explosion et de monétisation à terme de la dette publique.

La fin du Keynésianisme

Au cours des dix dernières années les prescriptions de politique économique keynésiennes ont été attaquées dans leurs fondements mêmes. La critique est née de trois courants théoriques : le monétarisme, la nouvelle économie classique et l'économie de l'offre.

Pour les monétaristes, le contrôle de monnaie par la banque centrale est un moyen essentiel et même suffisant de la régulation conjoncturelle. La taille du déficit budgétaire n'a d'importance que dans la mesure où le déficit est financé par la création monétaire, auquel cas la croissance excessive de la quantité de monnaie déclenchera l'inflation. En outre, si les agents économiques prévoient cette monétisation du déficit budgétaire, ils exigeront des taux d'intérêt plus élevés, ce qui peut entraîner la déflation.

Les nouveaux classiques critiquent l'hypothèse de rigidité des salaires et des prix qui joue un rôle central dans l'analyse keynésienne. La nouvelle économie classique insiste aussi sur la capacité des agents économiques à bien prévoir les conséquences des actions de politique économique et même à les prévoir parfaitement sur la base de l'information qu'ils détiennent. Les agents économiques sont en effet supposés former des « anticipations rationnelles ». Cette capacité limite fortement l'efficacité des politiques macro-économiques, dans la mesure où les agents ont la possibilité de contrecarrer les effets prévus des politiques en modifiant leur comportement. On a vu plus haut que la politique budgétaire est neutre si les agents prévoient parfaitement les impôts nécessaires au paiement des intérêts de la dette publique. En outre, la nouvelle économie classique a fortement critiqué le recours aux résultats des modèles de prévision macro-économique pour fonder les décisions de politique économique. Pour eux, la valeur des paramètres des modèles de prévision change avec le changement des politiques elles-mêmes.

Alors que les économistes keynésiens soulignent l'importance des facteurs de demande, les économistes de l'offre insistent sur le rôle de l'offre globale. Leurs idées ont été popularisées récemment par l'administration Reagan. L'un des principaux moteurs de l'économie de l'offre est la réduction des impôts. Celle-ci doit assurer la relance de l'activité économique en stimulant l'offre de travail et en encourageant l'effort d'épargne et, par conséquent, l'investissement. Cette reprise de l'activité devrait entraîner à son tour une augmentation des recettes fiscales qui tend à combler le déficit budgétaire induit par la réduction initiale des impôts. De plus, l'augmentation de la production devrait réduire les tensions inflationnistes. On possède aujourd'hui de bonnes vérifications de l'effet attendu des réductions d'impôts sur les comportements d'offre de travail et d'épargne. Cependant, les résultats des politiques d'offre au niveau macro-économique sont beaucoup plus discutables pour des raisons qui tiennent à la rigidité des programmes budgétaires et à tout autre facteur empêchant l'ajustement rapide des marchés de biens et services.

Enfin, l'interdépendance croissante des économies occidentales a attiré l'attention sur le fait que l'efficacité de la politique économique repose aussi aujourd'hui sur la coordination des politiques monétaires et budgétaires nationales.

■ Pour en savoir plus

R. Delorme et Ch. André, *L'État et l'économie. Un essai d'explication de l'évolution des dépenses publiques en France. 1870-1980,* Paris, Éditions du Seuil, 1983.

M. Pébereau, *La politique économique de la France. Les instruments,* Paris, Armand Colin, 1985.

M. Pébereau, *La politique économique de la France. Les objectifs,* Paris, Armand Colin, 1987.

Où va l'Amérique ?

D. Artaud

La politique extérieure des États-Unis dans les années 1980

Depuis près de vingt ans, la politique extérieure des États-Unis va de crise en crise : guerre du Viêt-nam rejetée par l'opinion, crise du Watergate qui frappe d'incapacité la Maison Blanche, laquelle est en dernier ressort maîtresse du jeu diplomatique et des décisions militaires ; crise des otages en Iran qui humilie l'Amérique ; « scandale » de l'Irangate qui à nouveau paralyse la Présidence alors qu'elle paraissait avoir retrouvé ses assises sous l'égide du « grand Communicateur » Ronald Reagan.

D'où la question : où va l'Amérique ? Ces crises sont-elles accidentelles et fortuites ; relèvent-elles au contraire de vices profonds et quasi structurels des institutions et de la politique intérieure américaine ? Et, si elles doivent inlassablement se répéter, les États-Unis pourront-ils toujours assumer leurs responsabilités de leader du monde libre en dépit d'un contexte géostratégique passablement inquiétant ?

Les deux pôles de la politique extérieure américaine. Le messianisme...

Comprendre le devenir de la politique extérieure des États-Unis exige qu'en soient rappelées les lignes de force qui la différencient de celle de l'Europe. Elle est en effet marquée par un messianisme profond, aux antipodes du « machiavélisme éclairé » du Vieux Monde. Mais les États-Unis sont aussi, selon l'expression de Raymond Aron « une île-continent », situation qui entraîne des préoccupations géostratégiques contraignantes.

Depuis l'arrivée des Puritains en Nouvelle-Angleterre au XVIIe siècle, plus encore avec l'adoption de la Constitution de 1787, fondée sur un véritable « contrat social », l'Amérique s'est crue investie d'une « mission » : établir la démocratie sur son territoire et, si possible, la répandre dans le monde entier. D'où deux pulsions contradictoires : l'isolationnisme quand la survie, ou tout simplement le bon fonctionnement, de la démocratie requiert toute l'attention des Américains ; l'expansionnisme, voire l'impérialisme quand le dynamisme interne permet de répandre le modèle américain hors des frontières.

La victoire de 1945 portant les États-Unis à l'apogée de leur puissance confirme les Américains dans leur conviction que leurs institutions sont exceptionnelles : à la différence de leurs rivales, elles ne connaîtront jamais le déclin. Cette victoire confère également à la politique extérieure des États-Unis une dimension planétaire *(globalism)*. Par le biais d'institutions internationales (ONU, FMI, GATT) ils vont tenter de transposer le schéma de leurs propres institutions sur la scène internationale, et de créer ainsi un monde sans frontières ni guerres. Assurément, ces espoirs sont considérablement refroidis par le choc de la guerre froide ou par la simple découverte que certains antagonismes nationaux sont irréductibles. Cependant, en dépit de la guerre du Viêt-nam et de la crise du Watergate, il reste impossible, comme l'a affirmé l'ancien secrétaire à la Défense, James Schlesinger, de mener la politique extérieure américaine, *« unless public opinion believes it is right »*, en d'autres termes à moins qu'elle ne soit conforme au droit et à la morale.

... Mais aussi la géostratégie

Un simple coup d'œil sur un planisphère montre l'originalité de la position des États-Unis. Situés au nord de l'hémisphère occidental, ils ne communiquent avec les autres grandes puissances que par la mer. Et c'est pourquoi sans doute, alors que leur armée de terre est longtemps restée dérisoire – elle est pendant l'entre-deux-guerres au niveau de l'armée tchécoslovaque –, leur marine, en raison de l'influence décisive de l'amiral Mahan (1860-1914), a, dès le début de ce siècle, occupé le deuxième rang mondial, puis le

L'équilibre géostratégique en 1985

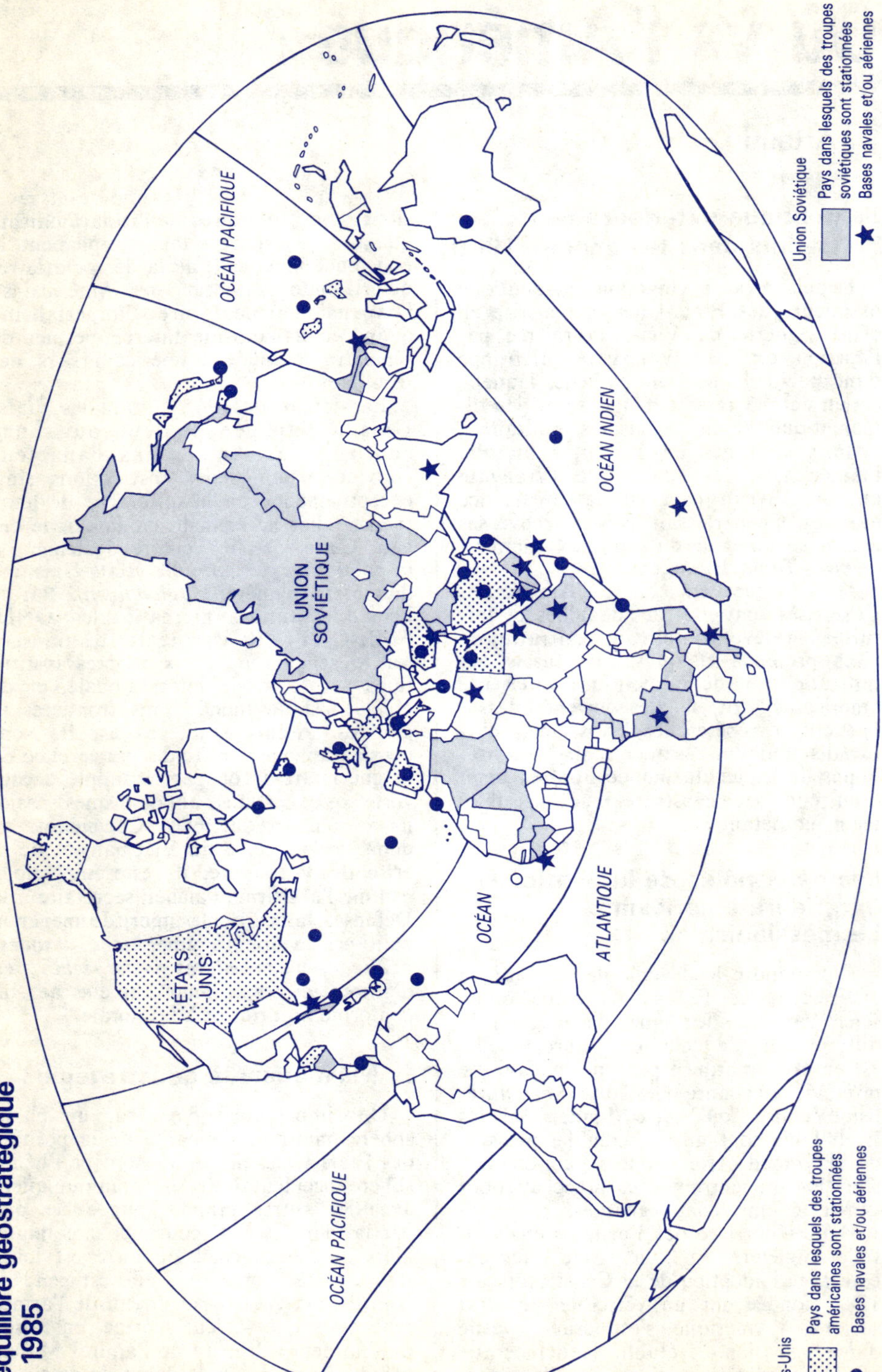

premier, reconnu officiellement à la conférence de Washington en 1922.

Dans ce contexte, les stratégies américaines devaient être considérablement influencées au lendemain de la Seconde Guerre mondiale par les thèses du géographe britannique Mackinder et de son homologue américain Nicholas Spykman. Selon Mackinder, l'histoire mondiale a été dominée depuis les Grandes Découvertes par l'affrontement entre puissances maritimes et puissances continentales. Bien que ces dernières aient bénéficié de la contiguïté territoriale, et de ressources considérables tant en hommes qu'en matières premières, les premières (la Grande-Bretagne et les États-Unis) l'ont emporté en raison de la supériorité de leurs lignes de communication. Mais en 1945, Mackinder ne cache pas ses inquiétudes devant l'émergence de l'URSS en tant que grande puissance. Pour la première fois dans l'histoire, la puissance continentale pourrait constituer une forteresse quasiment inexpugnable en raison de la force de son armée, de l'abondance de ses ressources, de l'étendue de son territoire. S'appuyant sur ce bastion inattaquable *(heartland)*, elle pourrait dominer toute la masse eurasiatique, peut-être même l'Afrique.

Pour parer à cette menace – que Mackinder d'ailleurs envisageait comme une hypothèse, non comme une certitude –, les États-Unis se devaient de réagir. Car en dépit de leurs énormes ressources qui leur ont longtemps donné un grand degré d'autosuffisance, ils manquent de matières premières essentielles et ils ont besoin de débouchés extérieurs. Si la puissance continentale, leur déniant l'accès au reste du monde, les forçait à un repli sur l'hémisphère occidental, ils verraient leur richesse et leur puissance stagner puis diminuer. C'est pourquoi les États-Unis se sont toujours efforcés depuis 1946-47 de conserver des bases et des points d'appui sur les franges côtières de la masse eurasiatique *(rimland)*. C'est aussi pourquoi la guerre froide n'est pas seulement le choc de deux idéologies ; elle est également un affrontement aux dimensions géostratégiques.

La défense de l'Europe, une priorité menacée ?

La formation de l'Alliance atlantique en 1949 a sans conteste répondu à ces deux préoccupations de la politique extérieure américaine. Car les États-Unis, par idéalisme messianique, se devaient de protéger les démocraties occidentales menacées par les initiatives du Bloc de l'Est (coup de Prague et blocus de Berlin en 1948) ou par la subversion. Mais dans le cadre de l'affrontement Est-Ouest, il fallait aussi que les Américains conservent dans leur mouvance cet important morceau du *rimland* eurasiatique. Enfin, l'Europe de l'Ouest, par son potentiel économique, est un partenaire primordial pour les États-Unis (à l'époque environ 46 % de leurs exportations). Au total, par sa situation, ses ressources humaines et économiques, l'Europe de l'Ouest est ce qui fait l'appoint entre les deux superpuissances. Celle qui exerce une influence dominante dans cette région du monde a toutes les chances de l'emporter sur sa rivale.

Depuis 1949, les États-Unis ont donc accordé la priorité à la défense de l'Europe et ils maintiennent encore une armée de quelque 300 000 hommes à l'est du Rhin. Mais après l'accord de Washington (7 déc. 1987) et les remous qui en ont résulté, cette priorité risque-t-elle d'être remise en cause ? L'Europe de l'Ouest offrirait-elle un intérêt moins grand pour les Américains ?

Assurément, l'Europe conserve une place prééminente sur le plan économique. En 1984, même si pour la deuxième année les échanges vers la zone du Pacifique dépassent les échanges avec la zone de l'Atlantique, les exportations américaines vers la CEE surpassent légèrement les exportations à destination du Canada, et sont largement supérieures aux exportations vers l'Amérique latine. Par ailleurs, 49 % des investissements directs faits par les Américains à l'étranger sont situés en Europe de l'Ouest et 47 % de tous les avoirs étrangers aux États-Unis (investissements directs, titres du gouvernement fédéral, valeurs boursières, etc.) sont détenus par des Européens de l'Ouest. La CEE est enfin le deuxième foyer de puissance industrielle. De ce fait, pas plus qu'en 1947-49, les États-Unis ne peuvent accepter que l'Europe de l'Ouest bascule dans l'autre camp, ou qu'elle dérive vers le neutralisme.

Cependant, pour d'autres raisons, les liens transatlantiques tendent à se relâcher. En 1947, les Américains dans leur écrasante majorité descendent d'immigrants européens, et l'immigration européenne reste également majoritaire. Les

Minerais et métaux	% de consommation	Principales sources d'approvisionnement[1] (1976-1978)
Columbium	100	Brésil, Canada, Thaïlande
Mica	100	Inde, Brésil, Madagascar
Strontium	100	Mexique, Rép. Féd. d'Allemagne, Canada
Titane	100	Australie, Japon, Inde
Manganèse	98	Afrique du Sud, Gabon, France, Brésil
Tantale	96	Thaïlande, Canada, Malaisie, Brésil
Cobalt	94	Zaïre, Belg. Lux., Zambie, Finlande
Bauxite et Alumine	93	Jamaïque, Australie, Guinée, Surinam
Platine	91	Afrique du Sud, URSS, Royaume-Uni
Chrome	90	Afrique du Sud, URSS, Philippines, Turquie, Zimbabwe
Étain	81	Malaisie, Thaïlande, Indonésie, Bolivie
Amiante	77	Canada, Afrique du Sud
Nickel	73	Canada, Norvège, Nouv.-Calédonie, Rép. Dominicaine
Potassium	68	Canada
Cadmium	63	Canada, Australie, Mexique, Belg. Lux.
Zinc	63	Canada, Mexique, Rép. Féd. d'Allemagne
Tungstène	58	Canada, Bolivie, Corée
Mercure	55	Algérie, Espagne, Italie, Canada, Yougoslavie
Or	50	Canada, URSS, Suisse
Argent	49	Canada, Mexique, Pérou, Royaume-Uni
Antimoine	48	Afrique du Sud, Canada, Royaume-Uni, Mexique, Chine
Baryum	40	Pérou, Irlande, Mexique, Maroc
Titanium	39	Australie, Canada
Gypse	33	Canada, Mexique, Jamaïque, Rép. Dominicaine
Selenium	28	Canada, Japon, Yougoslavie, France
Vanadium	28	Afrique du Sud, Chili, URSS
Minerai de Fer	25	Canada, Venezuela, Brésil, Liberia
Cuivre	19	Canada, Chili, Zambie, Pérou
Fer et Acier	12	Japon, CEE, Canada
Ciment	11	Canada, Japon, Royaume-Uni, Espagne
Soufre	11	Canada, Mexique
Sel	6	Canada, Bahamas, Mexique
Aluminium	4	Canada
Plomb	4	Canada, Mexique, Pérou, Honduras, Australie

1) Pays d'embarquement, et non d'extraction des minerais et métaux

Source : US Department of the Interior, Department of state bulletin (avril 1981) Politique internationale n° 14, p.150.

élites qui dirigent la nation, les *White Anglo Saxon Protestants*, ou *WASP*), sont principalement installées sur la Côte Est et communient avec l'Europe dans la même culture. Quarante ans plus tard, l'Amérique est submergée par un flot d'immigrants en provenance d'Asie et d'Amérique latine. Le « creuset » qui assimilait tous les nouveaux venus dans une culture commune fonctionne moins bien. Les États-Unis sont devenus une société pluriethnique, ce qui n'est pas sans répercussions sur le plan politique. Dans une interview accordée à *Encounter* à l'automne 1983, Jean Kirkpatrick, alors ambassadeur auprès des Nations Unies, admettait que l'Europe ne pouvait plus être toujours au centre des préoccupations américaines. De plus, – et le fait est trop connu pour qu'il soit nécessaire d'insister longuement –, le centre de gravité des États-Unis, se déplaçant constamment vers l'Ouest et le Sud, tend à s'éloigner du rivage atlantique.

Par ailleurs, sur le plan économique, l'Europe s'est muée en rivale et la guerre tarifaire menace entre les Alliés. Mais le problème le plus grave est d'ordre géostratégique. La nécessité d'une défense de l'Europe n'est certes pas remise en cause par le gouvernement américain, ni même par l'opinion qui, d'après les sondages, y est encore favorable à plus de 70 %. Mais les moyens de cette défense sont de plus en plus controversés.

Depuis 1949, la défense de l'Europe occidentale a reposé essentiellement sur « le parapluie nucléaire » américain, et c'est parce que l'évolution de l'équilibre des forces stratégiques entre les deux Grands rendait cette protection moins crédible qu'en 1979 a été prise la décision d'installer des Pershings et des missiles de croisière sur le théâtre européen de l'OTAN. Cependant l'accord de Washington a fait triompher l'option double-zéro, c'est-à-dire le retrait des missiles à courte et moyenne portée (500 à 5 000 km). La défense de l'Europe en sera plus difficile, puisqu'elle reste sous la menace des missiles à longue portée soviétiques dont il est facile de réajuster le tir.

Un trou dans la défense européenne ?

Alors, pourquoi cette orientation nouvelle de la politique américaine ? Deux motifs, d'ailleurs étroitement imbriqués, peuvent l'expliquer. Une large partie de l'opinion publique est de plus en plus hostile aux armes nucléaires, comme en témoignent les déclarations des évêques américains en 1983, ou les prises de position de plusieurs personnalités, tel l'ancien secrétaire à la Défense, Robert McNamara, contre le *first use* (le fait que les États-Unis puissent tirer les premiers une salve nucléaire, et non se servir des armes atomiques comme d'une suprême riposte). Ronald Reagan lui-même espère manifestement que sa génération sera elle qui « désinventera la bombe » et léguera à celles qui la suivront un univers libéré du péril atomique. C'est sans doute pourquoi il est tant attaché au succès de l'Initiative de Défense Stratégique. De surcroît, depuis les élections de novembre 1986 qui ont ramené une majorité démocrate au Sénat, plus encore depuis que s'enfle le « scandale » de l'Irangate, le Président est à l'affût d'un succès de politique étrangère qui lui redonnerait prestige et autorité sur la scène intérieure. De l'avis du général Rogers, ancien commandant en chef des forces intégrées de l'OTAN, un accord sur les euromissiles ne relève pas de conceptions stratégiques, mais de nécessités électorales.

Assurément après l'accord de Washington, il reste en Europe des armes nucléaires américaines à bord d'avions et de sous-marins. Il faudra néanmoins compter davantage sur les forces conventionnelles. Or celles-ci sont notoirement insuffisantes. D'où la tentative de compenser cette infériorité par des armes utilisant des technologies nouvelles *(emerging technologies)*, laser, infrarouge, etc. Cependant l'on ne prévoit guère que les armes nouvelles puissent être opérationnelles avant plusieurs années. Il risque donc d'y avoir un « trou » dans la défense européenne que la Marine américaine s'efforce de combler.

Depuis 1981, la Marine s'est en effet taillé la part du lion dans l'accroissement du budget militaire. La flotte de 600 unités dont on avait envisagé la construction à la fin des années 1970 et à laquelle le président Carter – pourtant un marin – avait finalement renoncé, est à nouveau l'objectif avoué du Pentagone. C'est que les théories géostratégiques sont à nouveau à l'ordre du jour, et les marins ont beau jeu de montrer que, dans un affrontement entre une puissance maritime (les États-Unis) et une puissance continentale (l'URSS), il est certes impossible de gagner la guerre sur mer – c'est sur le continent qu'il faut remporter la victoire –, mais cependant la guerre peut être irrémédiablement perdue sur mer.

Par-delà ces conceptions géostratégiques très générales, le développement de la flotte américaine correspond à des objectifs très précis : prendre dans une certaine mesure le relais de la dissuasion nucléaire. Les marins estiment en effet que l'URSS attaquera d'autant plus facilement en Europe qu'elle aura la certitude de l'emporter dans une guerre courte. Mais si la Marine américaine est assez puissante pour maintenir les lignes de communication et assurer l'arrivée des renforts au travers de l'Atlantique, bref si elle peut soutenir une guerre longue, alors l'URSS hésitera vraisemblablement à s'engager dans l'aventure.

Cependant, même si cette stratégie montre la volonté du Pentagone de défendre l'Europe, on ne peut guère celer les risques qu'elle fait planer sur notre continent. Car prévoir une guerre longue en Europe, c'est admettre implicitement que son territoire sera ravagé, que ses habitants porteront le poids écrasant du conflit, qu'ils devront attendre – combien de temps, dans quelles conditions –, un nouveau débarquement, une nouvelle reconquête. Subrepticement, les États-Unis seraient-ils ramenés vers l'attitude qui les animait pendant l'entre-deux guerres ? Seraient-ils animés par un courant néo-isolationniste ?

La question mérite d'être posée car de plus en plus nombreux sont ceux qui, tels Kissinger et Brzezinski, ont directement ou indirectement pris parti pour le retrait ou la réduction des forces américaines stationnées en Allemagne. Assurément, les déclarations officielles vont dans un autre sens : en effet, à la Maison Blanche comme au Pentagone, on sait quel enjeu représente l'Europe occidentale. Néanmoins, le problème peut être soulevé brutalement à tout moment : alors que les États-Unis se débattent dans des problèmes budgétaires politiquement insolubles pourquoi les Américains devraient-ils faire un effort financier considérable pour défendre une Europe qui préfère le *Welfare State* ou la *dolce vita* aux dépenses de réarmement ? Et, dans l'hypothèse d'une rivalité commerciale croissante entre les deux rives de l'Atlantique, les discussions sur « le partage équitable du fardeau de la défense » selon l'expression consacrée à Washington, ne pourront que s'envenimer.

Mais le principal danger qui pèse sur le maintien des troupes américaines en Europe n'est pas là. Il réside dans l'apparition de nouveaux « fronts stratégiques » qui pourraient amener les États-Unis à redéployer leurs forces en fonction d'autres menaces ou d'autres conflits.

L'émergence de nouveaux « fronts stratégiques »

Il existe en effet, à la périphérie de la masse eurasiatique, d'autres portions du *rimland* où les intérêts américains sont en danger. D'abord l'Extrême-Orient. Depuis 1950, le périmètre de défense des États-Unis s'appuie principalement sur un chapelet d'îles (Japon, Okinawa, Formose, Philippines), et sur la Corée du Sud. Or, les progrès de l'Union soviétique dans la région menacent désormais cette ligne de défense essentiellement par le développement de sa marine de guerre. Sur les quatre flottes qu'entretient l'URSS (Grand-Nord, Baltique, mer Noire et Pacifique) la dernière est de loin la plus importante (deux porte-avions sur trois, et près du tiers des navires de combat). Disposant de points d'appuis en Indochine (Da Nang et Cam Ram Bay), les Soviétiques sont désormais en position de menacer les lignes de communication vitales du Japon, en particulier le détroit de Malacca par lequel passe 65 % du ravitaillement nippon en pétrole), ainsi que les bases américaines de Clark Field et de Subic Bay aux Philippines. De plus la flotte soviétique a fait une avancée spectaculaire dans le Pacifique Sud, acquerrant des droits de pêche à Kiribati et Vanuatu qui lui ouvrent la possibilité d'installer des écoutes couvrant la base américaine des îles Marshall. Enfin, l'instabilité de la situation politique aux Philippines et en Corée du Sud présente une belle occasion pour Moscou de souffler sur le feu. Ces deux pays, jusque-là des maillions essentiels dans la chaîne des défenses américaines, seront-ils à l'avenir la proie de la subversion ?

A coup sûr, dans ce tableau peu rassurant, le rapprochement avec la République populaire chinoise (RPC), entamé par Nixon lors de son voyage à Pékin en 1972, confirmé par l'établissement de relations diplomatiques, le 1er janvier 1979, est un atout important pour les États-Unis. Pourtant le rapprochement sino-américain a ses limites. La libéralisation du régime chinois suscite l'opposition des marxistes « purs et durs » et un retour à « l'orthodoxie », toujours possible, retentirait défavorablement sur le dialogue entre Washington et Pékin. La RPC ne peut non plus s'aligner trop étroitement sur les États-Unis sans provoquer une recrudescence d'hostilité soviétique, à laquelle elle n'est pas en mesure de faire face. Enfin le statut de Formose, en dépit d'assurances officielles lénifiantes, demeure une pomme de discorde.

Mais beaucoup plus préoccupant que le front d'Extrême-Orient est celui que constituent le golfe Persique et ses alentours. Car avec 56 % des réserves mondiales de pétrole, cette région est vitale pour les États-Unis comme pour leurs alliés, Europe de l'Ouest et Japon. Or la chute du Chah en 1979 les a privés dans cette zone d'un appui décisif, et le triomphe à Téhéran de la révolution islamique est une menace pour la stabilité des régimes voisins. De plus la guerre entre l'Iran et l'Irak risque à tout moment de s'étendre. Dans cette affaire, les intérêts des États-Unis et de l'URSS convergent apparemment, car aucun des deux Grands ne peut envisager sans inquiétude la victoire des intégristes chiites qui règnent à Téhéran. Mais cette convergence est toute superficielle et cache un conflit géostratégique. En effet, depuis la fin des années 1970, L'URSS a établi son influence sur l'Éthiopie et sur les deux Yémen (Nord et Sud). Elle contrôle ainsi le trafic du golfe d'Aden et de la mer Rouge, laquelle demeure pour elle une route majeure vers l'Extrême-Orient, en particulier le Viêt-nam. Dans ce contexte, l'invasion de l'Afghanistan par les Soviétiques pouvait être l'occasion d'attirer le Pakistan dans leur orbite. Ainsi serait réalisé le rêve de Pierre le Grand : acquérir pour la flotte russe entravée par les détroits et par les glaces un débouché sur une mer libre et chaude. Assurément l'accord de Genève (avril 1988) décidant le retrait des troupes soviétiques d'Afghanistan a paru mettre fin à cette entreprise, mais ce repli est peut-être plus tactique que stratégique. Les Américains maintiennent donc leur présence dans le Golfe en escortant les tankers du Koweit, tandis qu'ils cherchent à mettre fin à la guerre entre l'Iran et l'Irak par l'intermédiaire des Nations unies.

Les fronts stratégiques d'Afrique australe et des Caraïbes

La percée soviétique aux abords de la mer Rouge fait partie d'une offensive plus générale concernant le continent africain, cet appendice de la masse eurasiatique. Depuis la fin des années 1970, l'URSS y a en effet tissé des liens avec de nombreux pays, passant des traités d'amitié avec le Congo, l'Éthiopie, l'Angola, le Mozambique, établissant des bases militaires ou obtenant des facilités portuaires ou aériennes, bénéficiant enfin de l'appui des troupes cubaines. Or cette région du monde est vitale pour l'Occident. La route du Cap reste essentielle pour le trafic pétrolier, et de manière générale elle représente 45 % du trafic maritime de l'hémisphère austral. De plus, 70 % à 95 % des réserves connues d'or, platine, chrome, vanadium, manganèse et diamants industriels sont situés soit en Union soviétique soit en Afrique australe. D'où l'impérieuse nécessité pour l'Occident que cette dernière ne tombe pas dans l'orbite soviétique ou tout simplement que des troubles, des guerres tribales ou la désorganisation économique qu'entraînerait l'installation de régimes faibles et inefficaces, ne paralysent pas l'exploitation de ces minerais indispensables au monde industrialisé.

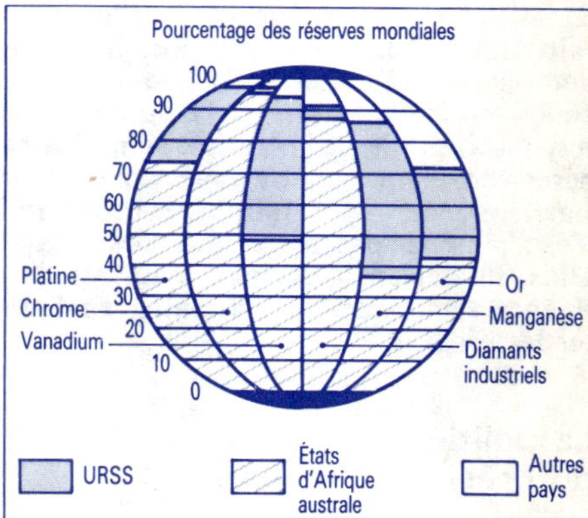

Fortune, 28 juillet 1980

Le dernier front stratégique crucial est celui des Caraïbes. Cuba est désormais la deuxième puissance militaire de l'Amérique latine – la première même si l'on s'en tient au seul critère de la modernité –, et constitue dans la région une base avancée de l'Union soviétique. Cette dernière y dispose en effet de facilités considérables pour sa flotte, y compris de temps à autre pour les sous-marins nucléaires, et d'une base d'écoutes, la plus importante et la plus sophistiquée qu'elle ait hors de ses frontières. De plus Cuba, secondé maintenant par le régime sandiniste, cherche à exporter la révolution, notamment en soutenant la guerre civile au Salvador. D'où l'extrême préoccupation du gouvernement américain. Si la guerre devait éclater en Europe, environ la moitié des renforts et du ravitaillement transiterait par le golfe du Mexique et les Caraïbes. Or, pendant la Seconde Guerre mondiale, une poignée de sous-marins allemands, opérant loin de leurs bases, ont pu couler des centaines de navires alliés dans cette zone. La situation serait évidemment pire dans un éventuel troisième conflit mondial. D'importantes forces américaines seraient fixées autour de Cuba et feraient défaut ailleurs. C'est pourquoi Washington a renforcé ses bases au Honduras et fait savoir sans équivoque possible que ne serait pas tolérée l'arrivée d'avions de combat à réaction au Nicaragua.

La subversion est une autre préoccupation des dirigeants des États-Unis. Une guerre civile, fomentée par des émissaires soviétiques, cubains ou nicaraguayens pourrait éclater à Panama, où le canal est une autre artère vitale pour les communications américaines. Elle pourrait dans le pire des cas frapper le Mexique où les difficultés économiques et sociales en favoriseraient l'éclosion. Les responsables de la politique américaine perçoivent donc une menace dans leur « arrière-cour ». L'hémisphère occidental n'est plus la chasse gardée des États-Unis. Ils doivent désormais y tolérer l'influence soviétique, se bornant à en limiter les progrès.

La politique du président Reagan

Face à ces difficultés, quelle a été l'attitude du président Reagan ? Au cours de son premier mandat (1981-85), rompant tout autant avec la *realpolitik* d'un Kissinger qu'avec la défense des droits de l'Homme prônée par Jimmy Carter, il a, semble-t-il, cherché à faire l'heureuse synthèse des deux pôles de la politique extérieure américaine. Car d'une part et pour répondre aux nécessités stratégiques, il a accéléré le réarmement et, dans le cadre de ce réarmement, donné, comme on l'a dit, la priorité à la Marine afin de défendre les lignes de communication et de permettre l'approvisionnement en matières premières essentielles. De plus, le département d'État a amorcé avec la République sud-africaine, riche en minerais rares, un rapprochement baptisé *constructive engagement.* Mais d'autre part, Ronald Reagan a également renoué avec l'idéalisme messianique des États-Unis. Comme il l'a affirmé dans un discours prononcé devant le Parlement britannique en juin 1982, l'URSS était l'Empire du Mal *(Evil Empire).* Les difficultés internes de cette dernière montraient que, contrairement aux prophéties de Marx, ce n'était pas le communisme, mais le libéralisme qui devait inéluctablement triompher. Reagan estimait également que l'URSS était à l'origine de tous les conflits locaux, ou que du moins elle les attisait. Bref, la ligne de force dans les relations internationales n'était plus, comme au temps du président Carter, les rapports Nord-Sud, mais l'affrontement Est-Ouest.

Pour diverses raisons, dont les réticences de l'opinion publique américaine ou des Alliés occidentaux à l'égard de cette nouvelle croisade, Ronald Reagan s'est orienté au cours de son deuxième mandat vers une politique de détente à l'égard du Kremlin (accord sur les ventes de grain, sommets de Genève et de Reykjavik). Mais il s'est aussi lancé, par la doctrine qui porte son nom, dans une stratégie périphérique visant à enrayer les progrès de la puissance soviétique dans le monde.

Dans ses messages sur l'état de l'Union (février 1985 et 1986), il a en effet proclamé la nécessité pour les États-Unis d'aider tous ceux qui luttent pour défendre leur liberté contre les régimes marxistes. Ces combattants de la liberté *(freedom fighters),* ce sont les résistants afghans et cambodgiens, c'est l'UNITA de Jonas Savimbi, ce sont enfin les *Contras* qui tentent de renverser le régime sandiniste au Nicaragua.

Le bilan que l'on peut dresser de cette politique est mitigé. Certes, les États-Unis ont remporté deux succès indéniables avec l'opération de la Grenade (octobre 1983) et le bombardement de Tripoli (mai 1986), lequel a porté un coup d'arrêt au colonel Kadhafi. Par ailleurs, les livraisons de missiles Stinger aux résistants angolais et afghans, ont permis à ceux-ci (et surtout aux seconds), d'obtenir des résultats appréciables qui ne sont pas sans lien avec la décision soviétique de retirer ses troupes d'Afghanistan. En revanche, l'aide aux *Contras* a suscité au Capitole de fortes réticences. Le vote de l'amendement Boland (octobre 1984) a interdit au département de la Défense et à la CIA de soutenir directement ou indirectement toute opération dirigée contre le gouvernement de Managua. Revenant sur cette opposition pendant l'été 1986, le Congrès a ouvert un crédit de 100 millions de dollars pour la résistance antisandiniste. Mais le « scandale de l'Irangate » (vente d'armes à l'Iran en contravention avec la loi sur les exportations d'armes, et détournement d'une partie du produit de cette vente au profit des *Contras* en violation avec l'esprit, sinon la lettre, de l'amendement Boland), enfin le plan de paix Arias et ses premiers résultats semblent interdire désormais toute aide ultérieure à la résistance antisandiniste.

Au Moyen-Orient, les États-Unis ne sont pas parvenus à faire avancer le règlement de la question palestinienne. Et surtout, ils se heurtent maintenant à des adversaires qui, par le terrorisme, se livrent en fait à une guerre non déclarée. D'où l'échec au Liban, où l'attentat contre le quartier général des marines à Beyrouth, faisant 242 morts, a contraint le président Reagan a rapatrier les troupes américaines en février 1984. De même, la révolte dans les territoires occupés par Israël est un problème auquel les États-Unis n'ont pas, jusqu'à présent, trouvé de solution.

En Afrique du Sud, le *constructive engagement* a été un échec, car la réaction violente de l'*African National Congress* (ANC) a conduit, non à la rapide disparition de l'apartheid, mais à l'amorce d'une guerre civile – ou tribale – entre les Noirs. Dans ce contexte, le vote par le Congrès en octobre 1986 de sanctions économiques à l'encontre de la République Sud-Africaine est une manifestation d'impuissance et conduit à l'impasse. Car ces sanctions ne peuvent qu'aggraver le chômage et la misère des Noirs et radicaliser les partis en présence. Dans cette partie du monde, Washington est désormais à la recherche d'une politique cohérente et efficace que le soutien à Savimbi, (épaulé par Pretoria), mené conjointement à des ouvertures en direction de pays hostiles à Pretoria (par ex. le Mozambique) et plus ou moins proches de Moscou, n'a pas encore permis de trouver.

À la recherche d'un nouveau consensus de politique étrangère

Les incertitudes qui pèsent sur la politique étrangère des États-Unis viennent en grande partie de la disparition du consensus qui, de 1947 à 1968 environ, de la doctrine Truman à l'offensive du Têt, avait soudé Républicains et Démocrates. Car à l'époque les interventions à l'étranger étaient approuvées par les premiers parce qu'ils y voyaient le moyen d'assurer la sécurité des États-Unis, par les seconds parce que ces interventions leur paraissaient l'occasion de répandre les valeurs et l'idéal des États-Unis. Préoccupations stratégiques et messianisme allaient alors de pair.

La guerre du Viêt-nam au fur et à mesure qu'elle se déroulait, et sans aucun doute à partir de 1968, a ruiné ce consensus. En effet la gauche y a vu une trahison de l'idéal américain et le slogan *no more Viêt-nam,* plus jamais de Viêt-nam, est devenu son mot d'ordre. La droite, même si une partie d'entre elle a désapprouvé l'engagement au Viêt-nam, est restée favorable à la défense des intérêts américains hors des frontières. A l'heure actuelle cette fracture du consensus semble s'incarner dans l'opposition entre l'Exécutif et le Législatif. Car les préoccupations stratégiques ne semblent trouver refuge qu'à la Maison Blanche (comme en témoigne la volonté bien affirmée d'aider les *Contras*), et le messianisme trouver son lieu d'élection au Capitole (à preuve le vote des sanctions contre l'Afrique du Sud). 159

De manière plus nette encore la fracture du consensus se révèle dans l'affaire de l'*Irangate.* Le Congrès estime que la loi des États-Unis a été violée et qu'il faut sanctionner cette violation. Ce qui implique que cette loi vaut pour les affaires extérieures comme pour les affaires intérieures, c'est-à-dire qu'il n'y a pas de spécificité des relations internationales en dépit des contraintes particulières auxquelles elles sont soumises. À cela le lieutenant-colonel O. North, l'un des principaux accusés en l'occurrence, rétorque que le monde dans lequel nous vivons est un monde dangereux, qu'aucune grande puissance ne peut faire l'économie de services secrets ni d'opérations secrètes ; qu'enfin il n'a pas cherché à celer la vérité au peuple américain, mais à faire en sorte que les ennemis des États-Unis ne la connaissent pas.

La rupture du consensus se double d'un problème institutionnel. Le Congrès a en effet profité du « syndrome vietnamien » pour reprendre les pouvoirs que la « Présidence impériale » avait à son avis usurpés. D'où le vote du *War Powers Act* (1973) qui interdit au Président d'engager les troupes à l'étranger pour une durée supérieure à 60 jours sans l'assentiment du Congrès ; d'où le contrôle accru de la CIA et de ses opérations secrètes. Bref on a cherché au Capitole à restreindre les moyens qu'a l'Exécutif de mener indépendamment la politique extérieure.

L'arrivée de Ronald Reagan à la Maison Blanche et l'énorme popularité dont il a joui au début de sa présidence avaient fait croire qu'il pourrait se débarrasser des entraves mises à l'action de ces prédécessurs. Mais il n'a su ni constituer une équipe cohérente, ni reprendre en main l'administration – en particulier celle du département d'État, dont la ligne politique est souvent fort différente de la sienne. Et surtout, l'opposition qu'il rencontre au Congrès vient fréquemment de ce que ses projets ne sont pas conçus ou préparés correctement. De cela, l'un des meilleurs exemples est l'expédition au Liban dont les objectifs n'étaient pas précisément définis, et les moyens dérisoires par rapport aux besoins.

En dernière analyse cependant, les difficultés de la politique extérieure des États-Unis reflètent l'érosion de leur pouvoir. Car la miraculeuse réconciliation pendant vingt ans (1947-1968) des intérêts stratégiques et du messianisme, du réalisme et de la moralité, n'a été possible qu'en raison des réserves de puissance des États-Unis. Leurs prêts ou aide économique ralliaient les indécis ou les opposants. Leurs armes étaient victorieuses ; leurs opérations secrètes couronnées de succès. On ne s'interrogeait donc pas longuement sur leur bien-fondé. Mais à l'heure actuelle le déficit budgétaire paraît impossible à résorber et, par un retournement spectaculaire de leur position financière internationale, les États-Unis sont devenus le pays le plus endetté du monde. Les conséquences commencent à se faire sentir : fermeture de consulats à l'étranger, contraction du budget de la Défense, réticences à accorder une aide accrue à l'étranger.

Fait plus grave encore, depuis vingt ans, les États-Unis n'ont pas remporté de victoire décisive si ce n'est à la Grenade ou sur la Libye, dont les forces sont dérisoires par rapport aux leurs. Ce qui ramène à l'échec au Viêt-nam. Est-il dû, comme on l'a souvent dit, à « un coup de poignard dans le dos », à la révolte de l'opinion américaine qui aurait frappé d'incapacité les forces engagées en Extrême-Orient ? Ou s'explique-t-il par le fait que le Viêt-nam voulait son indépendance et que les révolutions nationales sont inéluctablement victorieuses ? Certains, outre-Atlantique, commencent à remettre en cause ces interprétations. Selon eux, l'échec au Viêtnam a été causé par la lourdeur, la lenteur et l'inefficacité de l'énorme machine du Pentagone ; plus encore par l'oubli, chez les civils comme chez les militaires, des principes élémentaires de la stratégie tels qu'ils ont été énoncés par Clausewitz. Ils ont cru que le fait nucléaire révolutionnait l'art de la guerre, que les opérations militaires n'étaient qu'une sorte de langage diplomatique, que la victoire sur le terrain n'était plus nécessaire. En quelque sorte, ils ont renoncé à vaincre.

De l'accord de Washington (décembre 1987) au sommet de Moscou (mai 1988)

Ces considérations pessimistes ne doivent-elles pas être remises en cause par les accords de Washington comme par le sommet de Moscou? La ratification des premiers par le Sénat américain semble fournir la preuve d'une concorde retrouvée au Capitole. Quant au sommet de Moscou il a redonné au président Reagan un prestige bien nécessaire après les difficultés et les échecs de son deuxième mandat. De plus l'attirance du peuple soviétique pour le couple présidentiel et pour ses paroles est un vivant témoignage de l'attrait permanent pour les principes et l'idéal américain.

Tout ceci mérite cependant qu'on y regarde d'un peu plus près. Les accords de Washington, entérinés par les gouvernements ouest-européens et vantés par la presse (plus de deux milles missiles « à la casse »), sont moins avantageux qu'il n'y paraît. Les Soviétiques ont retiré des missiles peu performants qui, si on les avait employés, auraient assurément causé d'énormes dommages en Europe, mais les retombées nucléaires portées implacablement vers l'est par les courants dominants de la haute atmosphère, auraient aussi produit sur la terre russe des ravages en comparaison desquels le désastre de Tchernobyl aurait paru mineur. En d'autres termes, les missiles soviétiques étaient difficiles d'emploi. Les missiles américains, particulièrement performants, pouvaient au contraire frapper avec précision toute concentration de troupes russes sans entraîner de dommages considérables pour les agglomérations avoisinantes. Bref, ces missiles jouaient non seulement un rôle dans l'équilibre nucléaire, mais ils servaient aussi à redresser l'équilibre conventionnel.

À ceci s'ajoutent des aspects politiques. Avant de s'attaquer à l'Europe, les Soviétiques devaient commencer par détruire les missiles américains, et les hommes qui les servaient, également de nationalité américaine. Ainsi s'affirmait la liaison décisive entre les États-Unis et l'Europe. Assurément, de même que les missiles à longue portée soviétiques continuent de menacer l'Europe de l'Ouest, il reste de ce côté de l'Atlantique des armes nucléaires américaines. Mais elles sont principalement placées sur des sous-marins. En cas d'agression, il incombera donc aux Américains de tirer les premiers une salve nucléaire, et d'assumer l'impopularité de leur décision.

D'où dans l'immédiat le désarroi latent des Européens, et l'absence de vraie solution de rechange.

Quant au sommet de Moscou, il n'a pas été marqué par un accord de désarmement, concernant cette fois les missiles intercontinentaux et, malgré des indices encourageants, rien n'a été conclu par ailleurs pour mettre un terme aux conflits locaux (Angola, Namibie, Amérique centrale). C'est que le désaccord subsiste sur ce point entre l'Est et l'Ouest. Pour les Américains, en effet, la clé du problème réside, selon les termes mêmes du président Reagan, « dans le droit des peuples à choisir leur propre destinée », c'est-à-dire dans des élections libres permettant le rétablissement du pluralisme politique. Mais les Soviétiques ne paraissent pas avoir renoncé à l'idée qu'une élite communiste, bien que n'émanant pas de la représentation populaire, a néanmoins le droit de parler au nom du peuple.

Aussi faut-il s'interroger sur la portée des succès récents de la politique américaine, et sur la solidité du consensus recréé autour des accords de Washington. Faut-il y voir le reflet de certaines croyances ou illusions : que le désarmement conduit inévitablement à la paix parce que les armes – et non comme l'a toujours montré l'expérience historique, les conflits d'intérêts ou d'idéologie –, mènent à la guerre ; que l'URSS a changé non seulement de tactique, mais de stratégie et, quoi qu'en ait dit Gorbatchev dans *Perestroika,* elle n'adhère plus totalement aux principes du marxisme léninisme.

Ou bien les États-Unis, sachant qu'ils doivent à la fois mettre de l'ordre dans leurs finances et faire face aux défits du XXIe siècle, sont-ils seulement dans leurs rapports avec l'Union soviétique à la recherche d'un répit qui leur permettent, en s'appuyant sur leur vitalité retrouvée pendant les années 1980, de prendre un nouveau départ?

Pour en savoir plus

À l'exception du premier ouvrage de cette bibliographie, qui couvre l'arrière-plan historique de la politique extérieure des États-Unis, tous les livres et articles sont indiqués dans un ordre suivant très étroitement les développements de ce chapitre.

D. Artaud, *La Fin de l'Innocence : les États-Unis de Wilson à Reagan,* Armand Colin, Paris, 1985.

S. Gray, *Keeping the Soviets landlocked. Geostrategy for a maritime America,* The National Interest, n° 4, été 1986, 24.36.

D. Artaud, *Immigration et politique extérieure des États-Unis,* Défense Nationale, février 1987, 7-23.

B. Boene, M.-L. Martin, *L'Amérique entre Atlantique et Pacifique.* Fondation pour les Études de Défense Nationale, Paris, 1987.

Z. Brzezinski, *Game Plan,* The Atlantic Monthly Press, 1986.

D. Artaud, *L'Avenir de la Doctrine Reagan,* Politique Internationale, n° 33, automne 1986.

E. N. Luttwak, *The Pentagon and the art of War,* 1985.

H. G. Summers, *On strategy: a critical analysis of the Vietnam War,* Noveto California, 1982.

ÉCONOMIES NATIONALES

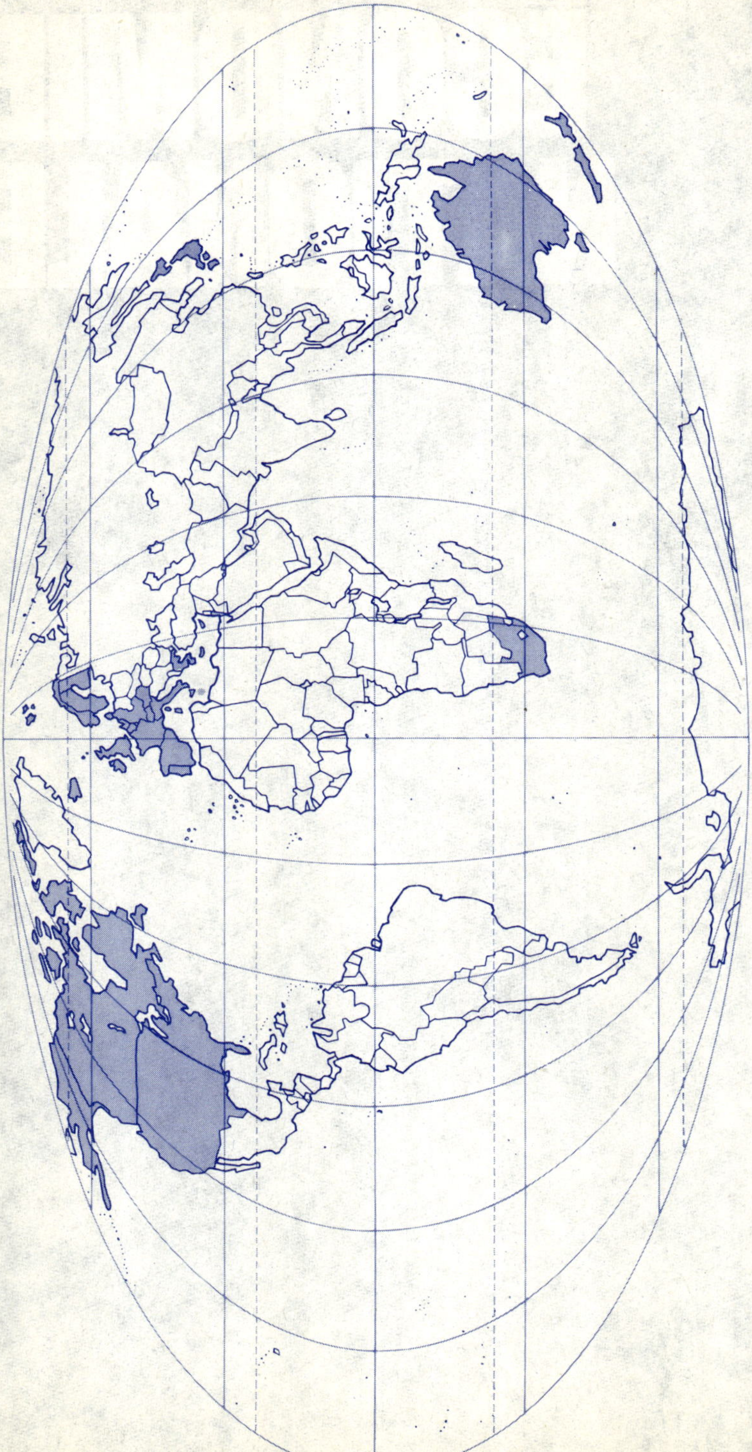

PAYS INDUSTRIELS À ÉCONOMIE DE MARCHÉ

ÉTATS-UNIS

Capitale : Washington
Population : 241 600 000 hab.
Variation pop./an (1973-85) : 1,0 %
Superficie : 9 372 614 km²
PNB/habitant : 16 400 $
Taux de croissance/an (1973-85) : 2,5 %

Institutions et vie politique : C. Benoist-Lucy
Croissance : J.-Ch. Asselain
Enjeux : M. Fouet

Pouvoirs et contre-pouvoirs

Indépendants depuis le 4 juillet 1776, les États d'Amérique se sont groupés en une République fédérale, régie par la Constitution du 17 septembre 1787 qui met en place des institutions fondées sur le principe de séparation des pouvoirs : législatif (Congrès), exécutif (Président), judiciaire (juridictions fédérales, dominées par la Cour Suprême), chacune de ses branches disposant d'un pouvoir limité par celui des deux autres.

Le fonctionnement du régime doit désormais plus à la pratique qu'au texte constitutionnel, d'autant plus que les procédures de révision constitutionnelle sont assez complexes : l'initiative de la révision appartient soit au Congrès, soit aux législatures des 2/3 des États. Dans les deux cas, les amendements adoptés doivent être ratifiés par les 3/4 des États, ce qui est relativement long : généralement, toutes les ratifications nécessaires ne sont pas acquises avant plusieurs années suivant l'adoption du texte.

Les États fédérés, actuellement au nombre de 50, demeurent sur un pied de stricte égalité politique et juridique. Chacun d'eux a sa constitution et ses institutions, généralement inspirées par le modèle fédéral : parlement bicaméral (sauf au Nebraska), gouverneur élu au suffrage universel, système judiciaire complet faisant une large place à l'élection.

La démocratie américaine se distingue par le rôle particulièrement important des élections. Deux partis (républicain et démocrate) se partagent le pouvoir.

Un régime présidentiel

Le Président est la clef du système. Élu pour 4 ans (mandat renouvelable une fois), il est investi du pouvoir exécutif fédéral. Il est élu par l'ensemble de la population en deux phases qui s'étendent de février à novembre. Les candidats sont choisis par la convention nationale de chaque parti. 31 États procèdent à des élections primaires : les électeurs élisent les délégués à la convention nationale et désignent un candidat à la présidence. Dans les autres États, délégués et candidats sont désignés par la convention de l'État. En novembre, les délégués élisent les grands électeurs (en nombre équivalent à celui des sièges de chaque État au Congrès) qui s'engagent à voter, lors du scrutin définitif, soit pour le candidat républicain, soit pour le candidat démocrate.

Le Président assume à la fois le rôle de chef de l'État et de chef du gouvernement. En fait, il est seul investi du pouvoir gouvernemental, sans partage avec son équipe. Les membres du gouvernement ne constituent pas un organe collégial. Chacun d'eux ne relève que du Président qui l'a nommé et peut le révoquer.

Le pouvoir législatif est dévolu au Congrès, composé de la Chambre des Représentants et du Sénat. Chaque État élit un nombre de Représentants proportionnel à sa population, au scrutin majoritaire à un tour et pour une durée de 2 ans (la représentation varie de 2 à 43 sièges selon les États). Le Sénat, institution du fédéralisme, assure aux États une représentation égale quelle que soit leur importance (2 sénateurs par État). Le mandat des sénateurs est de 6 ans ; ils sont désignés au suffrage universel direct et renouvelés par tiers tous les 2 ans, en même temps que les Représentants. Les deux chambres du Congrès ont les mêmes attributions législatives, les lois devant être adoptées dans les mêmes termes par chacune d'elles. Le Sénat dispose en outre d'attributions spécifiquement fédérales : autorisation de ratification des traités (maj. des 2/3), approbation d'un grand nombre de nominations faites par le Président (juges à la Cour Suprême, ambassadeurs, etc).

La Cour Suprême, au sommet de la hiérarchie judiciaire, joue un rôle important dans la vie institutionnelle : elle interprète la Constitution, et contrôle la conformité des lois à cette dernière.

L'inévitable compromis

En régime présidentiel, le Président ne peut dissoudre la Chambre. En sens inverse, celle-ci ne peut mettre en cause sa responsabilité politique ni celle de ses ministres. Il est donc indispensable que le Président et le Congrès entretiennent de bons rapports puisqu'ils sont contraints à vivre ensemble jusqu'au terme de leur mandat. En raison de la domination quasi continue des démocrates à la Chambre, les problèmes de cohabitation entre un président républicain et une chambre démocrate ne sont pas rares (cf. Eisenhower, Nixon, Ford, Reagan). Cette situation est sans conséquence politique sérieuse, dans la mesure où le bipartisme américain n'oppose pas deux courants idéologiques mais deux organisations dont les objectifs, les méthodes et la clientèle apparaissent assez semblables. En définitive, s'il n'est pas indifférent au Président que son propre parti ait la majorité au Congrès, une situation aussi favorable n'est pas absolument nécessaire, d'autant plus qu'un Président ne peut jamais compter sur l'appui systématique de son parti (cf. Kennedy).

C'est au Congrès qu'appartient le pouvoir législatif dans sa plénitude. Le Président n'ayant pas l'initiative des lois, il est important que ses partisans au Congrès lui servent de relais dans l'application de son programme. La seule prérogative du Président est le droit de veto opposable aux lois (ce veto peut être surmonté par un vote de chacun des deux chambres à la majorité des deux tiers).

En contrepartie, les possibilités de contrôle du Congrès sont importantes : modification ou refus des textes de lois souhaités par le Président, pouvoir d'investigation étendu des commissions d'enquête, possibilité de mettre en cause la responsabilité pénale du Président (*impeachment*, utilisé en 1974 contre le président Nixon lors de l'affaire du Watergate) ou de ses secrétaires.

Il faut aussi rappeler que la Cour Suprême a la possibilité, en interprétant la Constitution, de tenir en échec des lois souhaitées par le Président.

L'économie américaine a mis à son actif, depuis ses origines, des performances propres à fasciner l'Europe. La supériorité des niveaux de vie américains était reconnue dès la fin du XVIIIe siècle, et l'écart ne fait que se creuser jusqu'au milieu du XXe siècle. Les grands conflits européens – guerres napoléoniennes, Première et Seconde Guerres mondiales – jalonnent l'ascension de la puissance économique américaine. En 1918, la prépondérance américaine est éclatante dans tous les domaines : elle demeurera un trait saillant du XXe siècle. Mais il ne s'agit pas pour autant d'un développement linéaire. Si certaines constantes dominent l'histoire des États-Unis, et d'abord l'abondance des ressources de toute nature, la croissance américaine a connu des temps d'arrêt, des accélérations, des retournements. Largement extravertie encore durant la première moitié du XIXe siècle, l'économie américaine entre, avec la guerre de Sécession (1861-1865) et pour un siècle, dans une phase de croissance axée sur le marché intérieur, avant de s'ouvrir à nouveau, de plus en plus, sur l'extérieur à partir des années 1960. Débiteurs nets du reste du monde jusqu'en 1914, les États-Unis le redeviennent pour la première fois en 1985, après avoir été, dans l'intervalle, de loin la première puissance exportatrice de capitaux. La domination américaine prenait volontiers, après-guerre, des formes tutélaires envers l'Europe ; elle se fait aujourd'hui bien plus directement sentir, en raison précisément des difficultés nouvelles auxquelles les États-Unis se trouvent confrontés depuis la fin des années 1960.

Figure 1 :
La croissance des États-Unis. 1820/1985

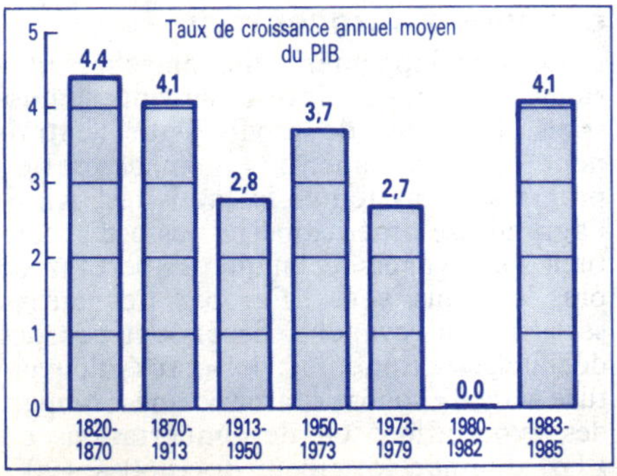

Sources : Jusqu'en 1979 : A. Maddison, *Les phases du développement capitaliste, Économica*, Paris. Après 1979 : OCDE, *Perspectives Economiques*, n° 39, mai 1986.

Du coton au rail

La richesse de l'Amérique, au XVIIIe et au XIXe siècles, c'est d'abord un rapport exceptionnellement favorable entre le peuplement et les terres cultivables. La population, il est vrai, augmente vite (4 millions d'habitants en 1970, déjà 31 millions en 1860), avant tout par accroissement naturel ; mais l'espace américain se « dilate » au fur et à mesure de la mise en valeur du continent. D'où une croissance typiquement extensive, qui maintient un niveau élevé du revenu par tête ; l'économie américaine n'en demeure pas moins à forte dominante agricole et rurale. Le retard relatif de l'industrialisation s'explique par la faiblesse du peuplement initial, par le handicap des distances, par le manque d'intégration de l'espace économique américain, qui ne forme pas encore un véritable « marché intérieur ». Seul le Nord-Est connaît, dès la première moitié du XIXe siècle, un développement industriel soutenu. L'économie du Sud, esclavagiste, dominée par une aristocratie de planteurs, demeure de type colonial : importateur de produits manufacturés anglais, favorable au libre-échange, le Sud est en relation plus étroite avec l'ancienne métropole qu'avec le Nord-Est des États-Unis. L'essor fulgurant de la production cotonnière renforce la prépondérance du Sud au sein des exportations américaines ; le coton, qui fournit à lui seul, vers 1840, près des deux tiers des recettes d'exportations, représente alors à la fois la principale source de prospérité et le principal facteur de vulnérabilité aux crises commerciales et financières.

Les transformations décisives sont, cependant, largement engagées au milieu du XIXe siècle. Après l'« ère des canaux », la révolution ferroviaire s'effectue d'emblée à une échelle sans commune mesure avec l'Europe : les États-Unis, vers 1850, construisent autant de chemins de fer que tout le reste du monde. Le peuplement rapide du Centre-Ouest, dont l'économie est complémentaire de celle du Nord-Est Atlantique, renforce le poids du « Nord » face au « Sud » moins dynamique. Désavantage relatif, au demeurant, et non déclin absolu : l'économie de plantations des États sudistes, fortement exportatrice et extravertie, ne donnait, vers 1860, aucun signe d'« épuisement ». Au total, le bilan de l'économie américaine à la veille de la guerre de Sécession présente des traits fortement contrastés. Les États-Unis, par leur faible taux d'urbanisation (inférieur à 15 %, sauf dans quelques États du Nord-Est), par la prépondérance de l'emploi agricole (53 % de la population active en 1860 – bien plus qu'en Angleterre à la fin du XVIIIe siècle), par leur structure d'exportations (dominée par le coton brut et les produits primaires) et par leur dépendance financière envers Londres, restent un « pays neuf », encore loin d'avoir rejoint l'Europe occidentale. Mais cette nation agricole est déjà, grâce aux foyers urbains de Nouvelle-Angleterre, la seconde puissance industrielle du monde, à égalité avec la France et l'Allemagne. La gamme des industries américaines demeure incomplète, et la métallurgie de base peu développée : l'industrie anglaise a largement tiré profit des débouchés ouverts jusqu'en 1860 par la construction des chemins de fer américains. Mais déjà le parc industriel de machines à vapeur des États-Unis dépasse celui de l'Angleterre. Et surtout la recherche systématique des gains de productivité, stimulée par les hauts salaires, permet à l'économie américaine d'atteindre le niveau technique le plus élevé, et d'exporter depuis 1850 vers la Grande-Bretagne des équipements de pointe.

La Conquête de l'Ouest

La guerre de Sécession n'est donc pas le point de départ du « décollage industriel » des États-Unis, comme on l'a dit longtemps. Elle marque néanmoins un tournant capital. En pleine guerre, débute la construction des chemins de fer transcontinentaux : le rythme de développement ferroviaire va s'accélérant jusqu'en 1890, non sans crises, ni à-coups ; la décennie 1880-1890 voit s'ouvrir 125 000 km de lignes nouvelles aux États-Unis (plus de quatre fois la longueur totale du réseau britannique). La « conquête de l'Ouest » entre dans une phase décisive ; avant la fin du XIXe siècle, la « frontière » aura disparu, pour aussitôt entrer dans la légende. Le peuplement, la mise en valeur agricole accompagnent la progression des voies ; les concessions de terres publiques aux compagnies ferroviaires dépassent à elles seules la superficie totale de la France. Mais surtout, l'adoption dès 1862 d'une politique de protectionnisme rigoureux, jusqu'alors combattue par le Sud, permet désormais de faire jouer à plein, au bénéfice des firmes américaines, l'effet industrialisant » de la construction ferroviaire. La métallurgie joue alors avec un maximum d'intensité le rôle de branche motrice, dépassant la Grande-Bretagne pour la production d'acier dès le début des années 1890, avec des installations plus modernes et une productivité considérablement supérieure. L'industrialisation progresse sur un large front, tant du point de vue sectoriel que du point du vue spatial : Chicago et la région des Grands Lacs, plaque tournante du réseau ferroviaire, constituent un nouveau pôle industriel particulièrement dynamique, tandis que l'industrie textile commence à pénétrer dans le Sud lors de la reconstruction. Le bond en avant sans précédent de la croissance américaine durant le dernier tiers du XIXe siècle – censé correspondre à la « grande dépression » des économies capitalistes – aurait été impossible sans l'apport de l'immigration. En soixante ans, le nombre total des immigrants équivaut presque à la population totale de 1860, et l'ampleur des vagues successives semble grossir irrésistiblement (avec des pointes de 500 000 immigrants en 1873, 800 000 en 1882, 1 300 000 en 1907). A l'immigration traditionnelle des Britanniques et des Allemands, succède vers 1880 une « nouvelle immigration », composée surtout de ressortissants des pays méditerranéens, d'Autriche-Hongrie et de Russie, dont l'assimilation n'est pas sans problème. Mais le *« melting pot »* – le « creuset » d'où est sortie l'unité du peuple américain – fonctionne avec efficacité jusqu'à la guerre de 1914.

1913 : la puissance d'une économie autocentrée

Le développement du marché intérieur, l'essor des investissements industriels, les gains de productivité s'entraînent réciproquement. La mécanisation progresse dans toutes les activités. Ainsi, l'agriculture américaine ne cesse d'accentuer son avance technique, exportant de plus en plus vers l'Europe. Les autres secteurs, en revanche, dépendent peu des débouchés extérieurs : le « taux d'ouverture » de l'économie américaine (rapport des exportations ou des importations au PIB) diminue fortement de 1860 à 1900, tout à l'opposé du modèle de croissance britannique ; l'industrialisation des États-

Unis trouve en elle-même son propre dynamisme. Les économies d'échelle, liées à des investissements géants, sont particulièrement impressionnantes dans les industries récentes, acier (Carnegie, puis U.S. Steel), aluminium (Mellon), pétrole (Rockefeller), électricité (General Electric), où la suprématie des États-Unis est maximale. La concentration, outre ses fondements techniques, répond à une logique de puissance, au temps des « bâtisseurs d'empire » industriel et financier. Les restrictions que la législation tente d'imposer (Sherman Act, 1890) à une cartellisation de type allemand n'aboutissent qu'à développer des formes de concentration encore plus poussées (holdings, groupes financiers). Mais le capitalisme américain est plus instable que le capitalisme européen : la vague de fusions qui culmine entre 1898 et 1902 ne met pas fin aux affrontements entre groupes, assurant le maintien d'une certaine pression concurrentielle ; la fragilité des structures bancaires contribue à expliquer la violence des crises américaines (1907 par exemple). Le capitalisme américain est aussi plus offensif, notamment à l'égard des travailleurs. La dureté des conditions de travail, les contraintes du taylorisme (« organisation scientifique du travail »), la violence des conflits et des répressions, l'absence de protection sociale vont de pair avec les hauts salaires américains, dont l'avance sur les salaires européens tend à se creuser. Loin de constituer une « phase » nouvelle, une mutation récente liée à l'avènement du fordisme, la « consommation de masse » connaît aux États-Unis depuis le XIXe siècle un développement progressif – même si la percée spectaculaire de l'industrie automobile au seuil du XXe siècle (Ford en 1913 fabrique à lui seul autant de véhicules que les constructeurs de tous les autres pays du monde) en est le symbole par excellence.

En 1913, les États-Unis, malgré leur croissance introvertie, ont presque rejoint la Grande-Bretagne et l'Allemagne pour le montant global des exportations ; ils cumulent un triple excédent commercial, pour les produits agricoles, les matières premières et les biens manufacturés. Ils sont déjà, de loin, la première puissance industrielle : leur production manufacturière (35,8 % de la production mondiale en 1913) équivaut à celle de la Grande-Bretagne, de l'Allemagne et de la France réunies. En revanche, l'Angleterre, économie dominante du XIXe siècle, maintient vers 1913 sa suprématie financière. Les États-Unis demeurent largement débiteurs nets de l'Europe, et l'essor de leurs investissements extérieurs – au Canada et en Amérique latine – est tout juste amorcé.

1918 : l'accession à l'hégémonie mondiale

C'est donc la guerre de 1914 qui marque, d'un seul coup, l'accession des États-Unis au rang de grande puissance financière. Après avoir fourni une contribution décisive à l'effort de guerre allié (dont les crédits des banques américaines, puis les crédits gouvernementaux « interalliés » financent une part croissance), les États-Unis sont inévitablement impliqués dans la reconstruction de l'Europe. Du plan Dawes (1924) au plan Young (1929), les crédits américains à l'Allemagne font indirectement de la Maison Blanche l'arbitre des négociations européennes. Le dollar, resté convertible en or, est devenu la « monnaie forte » qu'il restera jusqu'aux années 1960 ; les États-Unis concentrent, vers 1924, près de la moitié du stock d'or mondial, et la place financière de New York concurrence pour la première fois celle de Londres. L'excédent commercial permanent – favorisé à la fois par une position dominante dans les industries « jeunes » en forte expansion, et par de nouvelles mesures protectionnistes – alimente un flux d'investissements extérieurs désormais très supérieur à celui de la Grande-Bretagne. En même temps, les États-Unis se ferment, à partir de 1921, à l'immigration étrangère. À d'autres égards, cependant, la continuité avec l'avant-guerre est manifeste : expansion axée sur le marché intérieur, gains de productivité soutenus, avantage croissant des industries de biens d'équipement... L'industrie automobile confirme sa primauté (1 véhicule pour 5 habitants en 1929, parc multiplié par 20 depuis 1913). Par rapport à l'Europe, l'économie américaine a creusé son avance dans presque tous les domaines, assurant, en 1929, 42 % de la production manufacturière mondiale, 48 % de la production d'acier, 84 % de la production automobile. La prospérité américaine des années 1920 a beau être déséquilibrée et très inégale, elle n'est certainement pas un « mythe ».

Les affres de la crise, le coup de fouet de la guerre

La crise de 1929, bien plus que la Première Guerre, apparaît comme une césure. Elle se singularise non par sa brutalité (dont l'histoire américaine offre d'autres exemples : 1921 notamment), mais par l'intensité et la durée de la phase de contraction. Après plus de trois ans de baisse cumulative des prix et de la production, la valeur du Revenu National est tombée, en 1932 et 1933, à moins de la moitié de celle de 1929 ; la production industrielle a diminué d'un quart pour les biens de consommation, des trois quarts pour les biens d'investissement ; le prix du blé a chuté de 72 % entre 1928 et 1931. Le profit net et l'investissement net sont devenus négatifs dans la plupart des branches, et le nombre de chômeurs, début 1933, approche les treize millions (le quart de la population active). Il sera facile de découvrir – après coup – les « signes avant-coureurs » de la dépression : mévente agricole dès le milieu des années 1920, plafonnement insolite des prix industriels en pleine phase d'expansion, envol des cours boursiers vers 1928, hors de proportion avec l'évolution des dividendes, et qui appelait tôt ou tard un réajustement. On invoque aussi les distorsions de la répartition : retard de la hausse des salaires sur les gains de productivité, bloquant les progrès de la « consommation de masse » ? ou, au contraire, niveau excessif des salaires et des dividendes, compromettant l'autofinancement des sociétés ? La montée générale de l'endettement avant 1929 – endettement des « farmers » et des industriels, endettement massif des spéculateurs boursiers auprès des banques, endettement international – constitue en tout cas une donnée majeure, et le rôle des faillites bancaires, aggravées par une politique monétaire restrictive, ne fait aucun doute à chaque rebondissement de la crise.

Face au désarroi de 1933, les improvisations du *New Deal* (la « nouvelle donne » : nouvelle chance) visaient avant tout à provoquer un choc psychologique. Les hésitions (entre mesures déflationnistes et soutien du pouvoir d'achat, entre rigueur budgétaire et acceptation du déficit, entre politique d'assistance aux chômeurs et programme de grands travaux), les incohérences (relance globale et mesures sectorielles « malthusiennes », énorme dévaluation et protectionnisme à outrance aggravant le déséquilibre extérieur du reste du monde), les vicissitudes du *New Deal* (politiques, avec l'annulation des principales dispositions par la Cour Suprême en 1936, économiques, avec une évolution en dents de scie, de la reprise « feu de paille » de 1933 à la rechute de 1938) n'ont pas suffi à altérer l'image d'un Roosevelt keynésien avant la lettre, inventeur (!), ou peu s'en faut, de la relance par les grands travaux, ouvrant la voie à la croissance d'après-guerre grâce à la garantie des droits syndicaux, au développement des négociations collectives de salaires et à l'affirmation des responsabilités de l'État envers le plein-emploi. Mais les États-Unis, avec 10 millions de chômeurs en 1938, une production industrielle inférieure de 20 % à celle de 1929, et une production céréalière plus faible qu'en 1913, sont avec la France l'un des derniers grands pays à ne pas avoir surmonté la dépression. Au seuil de 1939, le « réamorçage de la pompe » voulu par Roosevelt est encore loin d'être acquis.

La fin de la crise, c'est en réalité la guerre, qui fait de nouveau tourner à plein régime l'industrie américaine, puis entraîne une formidable accroissement de son potentiel. L'effort de guerre allié repose sur les livraisons des États-Unis, dont la production industrielle aura doublé entre 1938 et 1946 (au lieu d'une augmentation d'un peu moins d'un quart de 1913 à 1919). La suprématie absolue du dollar s'impose aux accords de Bretton-Woods (1944). Le gouvernement américain, soucieux de ne pas renouveler les erreurs du premier après-guerre, décide de contribuer au relèvement de l'Europe par des dons (et non plus par des prêts destinés à n'être jamais remboursés). En 1950, pourtant, malgré le succès de la reconstruction, la puissance de l'économie américaine surclasse toujours l'Europe occidentale, avec 51 % de la production manufacturière contre 19 % pour la Grande-Bretagne, l'Allemagne et la France réunies. Trois quarts du stock d'or mondial sont concentrés aux États-Unis. La solidité du dollar paraît garantie à jamais.

Les retournements de l'après-guerre (1946-1973)

Mais, en 1971, la dévaluation du dollar, désormais inconvertible en or, inaugure une phase nouvelle d'instabilité monétaire généralisée. Cette rupture monétaire s'inscrit dans un recul relatif à long terme de l'économie américaine, dont témoignent tous les indicateurs globaux.

	Part en % du PNB mondial		Part en % des exportations mondiales	
	1950	1980	1950	1980
États-Unis	45	25	17	12
G-B + RFA + France	15	17	18	22
Japon	2	10	1	7

Source : R. Heller, in *Economie prospective internationale*, 1982, 1.

Plus significatif encore : l'avance des niveaux de productivité américains n'a cessé de se restreindre ; en trente ans, la productivité moyenne française ou allemande passe de 30 % à 70 % de celle des États-Unis, la productivité japonaise de 15 % à 90 %. Dans plusieurs industries de pointe, le Japon, parfois l'Allemagne disputent aujourd'hui la première place aux États-Unis. Phénomène « normal », inéluctable de « rattrapage », d'égalisation à long terme des niveaux de développement ? Ou amorce d'une « désindustrialisation » relative, comparable à la crise britannique du XXe siècle ? Les retournements qui jalonnent l'évolution récente, la conjonction entre des déséquilibres croissants et des preuves de dynamisme, une capacité d'adaptation intacte, incitent à rejeter toute interprétation unilatérale.

Seules, paradoxalement, les années 1950, où la puissance des États-Unis est à son apogée, se caractérisent par une certaine atonie de la croissance américaine. Politique restrictive anti-inflationniste, rythme de croissance inférieur de moitié à la moyenne occidentale (à l'inverse du premier après-guerre), récessions sévères (1953-54, 1957-58), volant de chômage permanent : les États-Unis, malgré le stimulant du *baby boom*, restent à l'écart du nouvel élan de la croissance européenne et japonaise. Les années 1960 (l'ère Kennedy-Johnson), en revanche, commencent bien. La politique expansionniste des *« New Economics »* – triomphe tardif du keynésisme appliqué – donne résolument la priorité au plein-emploi. Réductions d'impôts (déjà !), en faveur des ménages comme des sociétés (aide à l'investissement), et accroissement des dépenses publiques, militaires et surtout sociales (ambitieux programmes de la « Grande Société », qui vont bien au-delà du *New Deal* : lutte contre la pauvreté, assistance aux personnes âgées...) se conjuguent pour donner une forte impulsion à la croissance du PNB (+ 4,7 % par an de 1961 à 1968), qui rejoint la moyenne de l'OCDE. Le chômage recule. Mieux encore : l'équilibre budgétaire est d'abord maintenu grâce aux effets de l'expansion sur les recettes fiscales, tandis que le retard des salaires réels sur les gains de productivité freine le démarrage de l'inflation, tout en assurant aux sociétés des profits records. Mais, à ce bref « âge d'or » de la croissance américaine, succède dès 1965-66 une détérioration générale de tous les équilibres, lorsque la montée des dépenses pour la guerre du Viêt-nam coïncide avec le « rattrapage » des salaires. Le déficit budgétaire s'installe, l'inflation s'accélère irrésistiblement, l'évolution de la rentabilité marque une brusque rupture de tendance, et l'endettement des sociétés s'accroît brusquement à partir de 1969, menaçant l'investissement ; les gains de productivité commencent à fléchir. Mais surtout, le déficit extérieur passe au premier rang des préoccupations. Dès les années 1950, l'excédent de la balance des biens et services ne suffit plus à compenser la charge des transferts (dépenses militaires à l'étranger, notamment) et le flux croissant des investissements extérieurs. Le stock d'or, en baisse régulière depuis 1957, est devenu en 1964 inférieur aux engagements à court terme des États-Unis (réserves nettes négatives). À partir de 1965, l'excédent commercial lui-même tend à diminuer, puis à disparaître (1968-71) ; comme les efforts pour freiner les sorties de capitaux ont eu peu d'effet, le déficit de la balance des paiements s'aggrave. Seule la « compréhension » des pays excédentaires, qui consentent à accumuler indéfiniment des réserves de dollars, malgré les risques croissants de dévaluation, permet de contenir la spéculation contre le dollar. Les États-Unis, après avoir multiplié les pressions sur leurs partenaires, mettent fin le 15 août 1971 à la convertibilité-or du dollar. Deux fois dévalué (1971, 1973), puis « flottant » à la baisse, le dollar aura perdu, en quatre ans (1971-75), 36 % de sa valeur par rapport au DM, et 23 % sur le franc français.

Une performance ambiguë (1973-1986)

Mais le « décrochage » du dollar ne remet nullement en cause son statut de monnaie internationale dominante. Il marque même, pour les États-Unis, une sorte d'affranchissement des contraintes, favorisant le retour à des politiques expansionnistes, dans une « douce insouciance » *(benign neglect)* à l'égard de leurs répercussions extérieures. Là n'est pas le seul paradoxe de la croissance américaine récente. Ainsi, la crise de 1975 favorise dans l'immédiat le rétablissement d'un excédent commercial, puis le redressement du dollar (grâce à la demande de produits industriels par les pays pétroliers, et à l'afflux de leurs capitaux). Elle met surtout en relief la flexibilité relative de l'économie américaine : si la compression de l'emploi et la montée du chômage (9 % de chômeurs début 1975) sont plus brutales qu'en Europe, la récupération y est aussi bien plus rapide, dès 1976, en termes de production, d'emploi, de profits et d'investissements industriels. Il en sera de même après le second choc pétrolier, bien plus durement ressenti aux États-Unis (10,5 % de chômeurs fin 1982, 7 % fin 1984), lors de la reprise Reagan qui réunit tous les paradoxes : désinflation malgré un déficit budgétaire record, montée en flèche du dollar malgré un déficit extérieur record, reprise des investissements malgré l'escalade sans précédent des taux d'intérêt. À plus long terme, deux traits saillants caractérisent la « performance » américaine depuis 1973. Le rythme de croissance est redevenu – pour la première fois en période de paix depuis les années 1920 – nettement plus élevé aux États-Unis qu'en Europe occidentale. Et surtout, l'évolution de l'emploi est incomparablement plus favorable aux États-Unis, avec par exemple la création nette de 7 millions d'emplois nouveaux en 1983-1984, au lieu d'une diminution absolue dans plusieurs pays d'Europe et d'une progression limitée au Japon.

Mais le dynamisme de l'emploi s'accompagne, aux États-Unis, d'un fléchissement inquiétant des gains de productivité, amorcé il y a vingt ans, brusquement accentué depuis 1973, et qui aboutit, vers 1985, au cœur de la reprise, à une stagnation quasi totale de la productivité. Cette anomalie majeure, que rien ne permet d'attribuer à un « épuisement » absolu du progrès technique, doit être reliée d'abord à la tertiarisation croissante de l'économie américaine (plus de 3 emplois tertiaires pour 1 emploi manufacturier au début des années 1980), et plus précisément à la création récente, dans le secteur tertiaire « concurrentiel » (commerce de détail par exemple), de nombreux emplois précaires, à salaires faibles et très sensibles à la conjoncture. Dans l'industrie également, les écarts de salaires interbranches et interrégionaux, bien plus accentués qu'en Europe, exercent une influence croissante sur l'évolution de l'emploi – comme en témoigne le développement des industries récentes dans le *Sunbelt,* où les attirent des salaires plus faibles et une moindre syndicalisation de la main-d'œuvre. Facteur de mobilité ? Sans aucun doute. Mais il est significatif que la croissance industrielle américaine repose moins aujourd'hui sur l'essor de la productivité que sur le freinage des coûts salariaux (permettant dès 1974 le redressement du taux de marge, puis du taux d'investissement manufacturier), de même que la dépréciation du dollar assure, durant les années 1970, le redressement des parts de marché à l'exportation et du solde manufacturier, toute hausse du dollar ayant aussitôt l'effet inverse.

Figure 2 : Part des exportations manufacturières américaines dans les importations mondiales (en volume aux prix de 1980) et rapport de prix

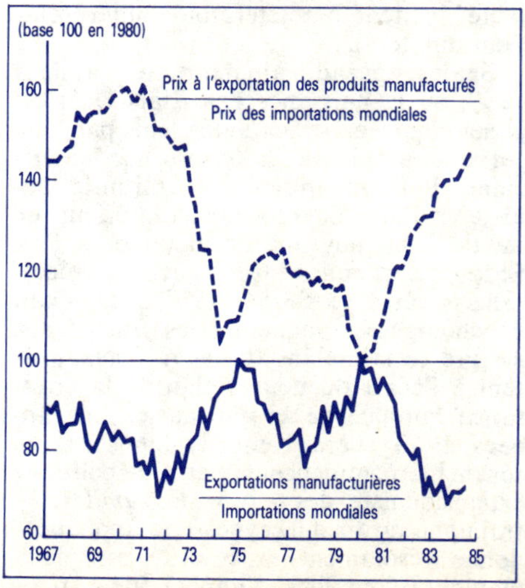

Source : CEPII, Banque de données CHELEM - Commerce international.

Le retour de la contrainte extérieure

Le problème posé aujourd'hui, par-delà l'alternance des phases de « dollar fort » et de « dollar faible », est celui de la compétitivité industrielle américaine. L'orientation renforcée des exportations américaines vers les biens d'équipement et les produits à forte intensité technologique, l'excédent maintenu sur ces produits ainsi qu'au titre des redevances sur brevets ne justifient certes pas un pessimisme global. Mais le « repli » sur une gamme étroite de produits de haute technologie, accompagné d'un déficit croissant pour la plupart des industries « classiques » (textiles, métallurgiques, automobile), n'est pas sans risque. Le rétrécissement de la base industrielle représente un danger d'autant plus sérieux que la liste des branches déficitaires s'allonge : les machines-outils, les matériels de télécommunication, divers segments des industries électroniques ont connu tour à tour une inversion du solde extérieur. Les États-Unis ont aujourd'hui une économie directement concurrencée (fût-ce par les filiales de leurs propres multinationales). La singularité du dollar, dont l'acceptation comme monnaie internationale assure le financement automatique par le reste du monde du déficit extérieur et du déficit budgétaire américains (« le scandale monétaire international », selon les termes de R. Triffin), peut constituer un avantage à double tranchant, en masquant la réalité de la contrainte extérieure. Mais la « douce insouciance » à cet égard devient de plus en plus intenable. D'abord en raison de l'énormité du déficit américain : quasi permanent depuis 1977, décuplé de 1982 à 1985, le déficit de la balance des paiements courants annule en quelques années la créance extérieure nette accumulée par les États-Unis depuis la guerre. Ensuite, en raison de l'ouverture croissante de l'économie américaine : le taux de pénétration du marché intérieur a triplé depuis vingt ans (et bien davantage encore pour de nombreux biens manufacturés), tandis que l'investissement étranger aux États-Unis prend des proportions comparables à celles de l'investissement extérieur américain des années 1960. Et enfin parce que les États-Unis peuvent de moins en moins ignorer les effets déséquilibrants de leurs propres décisions sur le reste du monde.

Aux États-Unis, la politique économique relève de plusieurs autorités. Le Federal Reserve Board, dont les membres sont nommés, est institutionnellement indépendant de l'Administration et du Congrès. Une large fraction de ce dernier est renouvelée au milieu du mandat présidentiel, et ses membres défendent en tout état de cause les intérêts spécifiques de leurs électeurs plus souvent que la stratégie globale du parti auquel ils appartiennent. Cette pluralité est source de désaccords, auxquels viennent s'ajouter des conflits entre groupes économiques aux contours mouvants.

La fuite en avant de la politique budgétaire durant la première Administration Reagan a produit des succès conjoncturels éphémères au prix de l'aggravation des déséquilibres macro-économiques, tandis que les mutations structurelles s'approfondissaient. Dans cette économie encore dominante mais non plus hégémonique, la tentation sera forte pendant les dernières années 1980 de continuer à reporter sur les pays étrangers une partie des difficultés plutôt que de trancher les choix intérieurs et d'opérer les ajustements conséquents.

La relance keynésienne de Reagan

L'économie américaine a un cheminement cyclique traditionnellement très accusé. Sept récessions avaient déjà eu lieu, depuis la fin de la Seconde Guerre mondiale, lorsqu'en 1979 les autorités monétaires, jugeant désormais prioritaire la lutte contre l'inflation, changent radicalement de stratégie. À une politique expansive par les taux d'intérêt succède une politique restrictive par les agrégats monétaires. Cette dernière, au-delà de relâchements temporaires, est poursuivie jusque début 1985 afin de compenser les effets de la politique budgétaire. En effet le président Reagan, élu en novembre 1980, présente un budget se réclamant de la théorie de l'offre et comportant une forte augmentation des dépenses militaires et une réduction notable de l'imposition directe frappant les ménages et les entreprises. Ces mesures sont censées entraîner une croissance économique telle que le déficit se réduirait. Les autorités monétaires, attachées à la théorie monétariste, craignent au contraire qu'il n'en résulte une aggravation du déficit, qui est alors de 60 milliards. Le programme budgétaire est mis en œuvre et prend l'aspect de la relance keynésienne la plus massive de l'après-guerre.

Cette combinaison d'une politique budgétaire expansive et d'une politique monétaire restrictive provoque d'abord une phase de récession de la mi-1981 à la fin 1982 ; puis une phase de croissance rapide de début 1983 à mi-1984 ; enfin une quasi-stagnation de la production industrielle tandis que le PNB s'accroît encore, lentement, grâce au secteur tertiaire. Elle autorise une forte appréciation du dollar vis-à-vis du yen et des monnaies du SME, ce qui contribue à ralentir l'inflation. Ce ralentissement est par ailleurs dû à la modération des salaires et à la baisse du prix du pétrole (le baril passe de 34 $ fin 1981 à 28,5 $ début 1985). Les taux d'intérêt nominaux s'abaissent, mais parallèlement à l'inflation ; les taux d'intérêt réels restent élevés car la demande de capitaux se heurte à une offre intérieure peu abondante. À partir de 1983 l'insuffisance de l'épargne intérieure est telle que les entrées de capitaux étrangers deviennent supérieures aux sorties de capitaux américains, ce qui compense du reste l'aggravation du déficit courant.

Figure 3 :
Variations année/année précédente en %

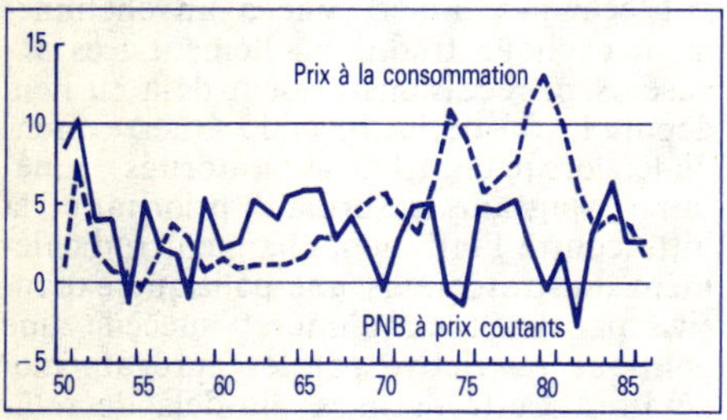

Source : US Department of commerce.

Début 1985, les autorités budgétaires elles-mêmes commencent à trouver la situation préoccupante. La croissance économique est lente et il n'est plus possible de la relancer par des mesures budgétaires, tant le déficit est ample (200 milliards de $) ; comme lui, le déficit courant (100 milliards de $) devient cumulatif. La politique économique tend alors à s'inverser. La politique budgétaire cesse d'être expansive ; le déficit augmente encore un peu, mais sous l'effet de la médiocrité de la conjoncture et non pas de mesures délibérées. La politique monétaire s'assouplit un peu : les agrégats monétaires s'accroissent plus rapidement et les taux d'intérêt nominaux baissent fortement. Le taux de change est déprécié vis-à-vis du yen et du DM. Mais cet ensemble de demi-mesures permet simplement de stabiliser les déficits budgétaire et extérieur à haut niveau et le rythme de la croissance économique à bas niveau. S'il ne provoque pas une recrudescence de l'inflation, c'est en partie parce que le prix du pétrole s'effondre opportunément, passant de 28,5 $/baril en novembre 1985 à 10 en juillet 1986 et ne remontant qu'à 18 en décembre 1986.

Le piège budgétaire

L'assainissement du budget fédéral peut encore être différé, au prix notamment d'une accélération de l'inflation ; mais il ne peut guère être éludé. Il ne sera pas obtenu par l'importante réforme fiscale mise en œuvre à partir de 1986, dont l'objectif est tout autre. Consistant en une réduction des taux d'imposition sur le revenu des ménages et des entreprises en contrepartie de la suppression ou diminution des déductions et avantages fiscaux qui avaient proliféré, elle constitue une simplification dont le résultat à moyen terme sera en principe neutre sur le déficit budgétaire. Or la réduction de ce déficit se heurte à de nombreux obstacles. Tout d'abord, le déficit tend à s'auto-amplifier par le jeu de la dette : la charge des intérêts atteint 150 milliards de $ en 1986 pour un déficit de 220 milliards de $. Ensuite, il est malaisé de réduire des dépenses car chaque groupe économique concerné est défendu par des élus au Congrès ; tout au plus peut-on en limiter la progression. L'augmentation inéluctable de recettes passera sans doute plus par des impôts indirects que par ceux frappant les revenus. Enfin une politique budgétaire restrictive qui réduira la partie dite « structurelle » du déficit freinera la croissance économique. Cela diminuera l'assiette fiscale et augmentera les dépenses de transfert, de sorte que la partie dite « conjoncturelle » du déficit s'accroîtra. Dans un premier temps le résultat net risque d'être une nouvelle détérioration du déficit total, qui ne pourra guère redescendre en dessous de 100 milliards avant la fin de la décennie, alors même que l'économie s'engagera dans une phase de récession suivie d'une croissance lente. Aucune loi volontariste ne peut contourner ces réalités. Seule une expansion des marchés extérieurs tirée par une relance de la demande au Japon et en RFA pourrait permettre aux États-Unis de concilier réduction du déficit budgétaire et croissance économique soutenue ; mais elle est peu vraisemblable.

Le dollar contre l'industrie

L'appréciation du taux de change des premières années 1980 est favorisée par la combinaison d'une politique budgétaire expansive et d'une politique monétaire restrictive dans une économie dominante qui inspire confiance aux détenteurs étrangers de capitaux et qui leur offre des rémunérations attrayantes. Les autorités économiques l'acceptent ou l'encouragent pendant plusieurs années car, en diminuant le prix des importations, elle permet de ralentir l'inflation. Elle constitue en outre un outil de politique industrielle puissant quoique apparemment dénué de coercition : les entreprises soumises à la concurrence internationale sont contraintes de se spécialiser dans la fabrication de produits compétitifs par leurs caractéristiques et non par leurs prix. Elle avantage les secteurs pour qui la baisse du prix des importations allège les coûts de production et qui ne sont pas concurrencées par les produits étrangers, c'est-à-dire un ensemble hétéroclite qui va des industries de pointe aux commerces et certains services. À l'inverse elle pénalise les entreprises qui produisent des biens et services à technologie moyenne ainsi que l'agriculture. Ces lignes de clivage sont mouvantes. Le camp des partisans de l'appréciation se rétrécit au fur et à mesure que celle-ci se poursuit pour devenir quasiment vide début 1985 : à ce moment-là, la surévaluation est telle qu'elle pénalise toutes les entreprises engagées dans l'échange international. Un déficit des échanges de produits manufacturés réapparaît en 1982 et se creuse rapidement, entraînant une dégradation des soldes commercial et courant malgré la réduction de la facture énergétique. Fin 1984, l'Administration commence à dénoncer la sous-évaluation du yen et du DM tandis que les autorités monétaires expriment de plus en plus ouvertement leur inquiétude tout en affirmant qu'une dépréciation est inéluctable.

La dépréciation, voulue par tous aux États-Unis, est enclenchée le 26 février 1985 par l'intervention de plusieurs banques centrales après une poussée spéculative qui fait culminer le dollar à 3,47 DM. Elle est considérée par les autorités monétaires comme porteuse de risques inflationnistes et devant donc être modérée ; mais d'autres, symbolisés par J. Baker (Secrétaire au trésor), souhaitent l'accentuer, et leur point de vue l'emporte en 1985 et 1986. Elle est recherchée par la voie de la concertation internationale ; pour la première fois le 22 septembre 1985, lors d'une réunion du « Groupe des 5 », les grands pays industrialisés s'engagent à prendre des mesures coordonnées. Mais elle est obtenue par le biais de la pression bilatérale, le Japon et la RFA étant tour à tour sommés de relancer leur demande intérieure sous la contrainte d'une appréciation accélérée de leur monnaie et donc d'une perte de compétitivité. Elle ne s'accompagne pas d'un regain d'inflation car, outre l'effondrement du prix du pétrole, les États-Unis bénéficient du comportement de marge des entrepreneurs européens et japonais qui ne répercutent pas la totalité des changements de parité dans leurs prix. Surtout, les autres fournisseurs de produits manufacturés (Canada, quelques pays latino-américains et les Nouveaux Pays Industrialisés Asiatiques) maintiennent, voire dévaluent, leur parité vis-à-vis des États-Unis. Le taux de change effectif du dollar, c'est-à-dire vis-à-vis de l'ensemble des monnaies, ne se déprécie que de 20 % entre le printemps 1985 et la fin 1986 alors que la dépréciation atteint 75 % vis-à-vis du yen et du DM.

Un déficit commercial irréductible ?

Mais la dépréciation ne produit pas les effets attendus : le déficit en produits manufacturés continue à se creuser. La surévaluation des premières années 1980 a entraîné des effets irréversibles sur le tissu industriel : les entreprises qui ont disparu ne resurgissent pas une fois le taux de change réajusté. En outre, ce que les États-Unis gagnent en termes de prix, ils le perdent en termes de volumes : pour qu'une dépréciation soit efficace, il faut qu'elle se traduise par une hausse des prix étrangers telle que la demande se reporte sur la production nationale ainsi devenue plus compétitive. Enfin, la dépréciation vis-à-vis du yen et surtout des monnaies européennes ne peut rien changer aux mutations structurelles qui affectent l'industrie américaine. Celle-ci est de plus en plus polarisée entre des secteurs à haute technologie et faible contenu en main-d'œuvre, compétitifs pourvu que le niveau du change ne soit pas exagérément élevé ; et les autres, soumis à la concurrence de plus en plus intense des entreprises implantées dans les NPI d'Asie. Ce sont ces dernières, qu'elles soient propres au pays (cas de Hong Kong, et surtout de la Corée du Sud) ou principalement filiales de firmes japonaises et américaines (Taïwan et Singapour) qui ont gagné les parts de marché perdues en 1985 et 1986 par le Japon. En 1986, ces 4 NPI ont fourni 16 % des importations manufacturières américaines contre 28 % pour le Japon et 8 % pour la RFA. Or les coûts salariaux y sont en moyenne le cinquième de ceux des États-Unis et le quart de ceux du Japon. L'appréciation de leur monnaie qui serait nécessaire pour égaliser les prix relatifs serait donc d'une telle ampleur qu'elle n'est pas envisageable.

Figure 4 :
Taux de couverture des échanges de produits manufacturés, en valeur, en %.

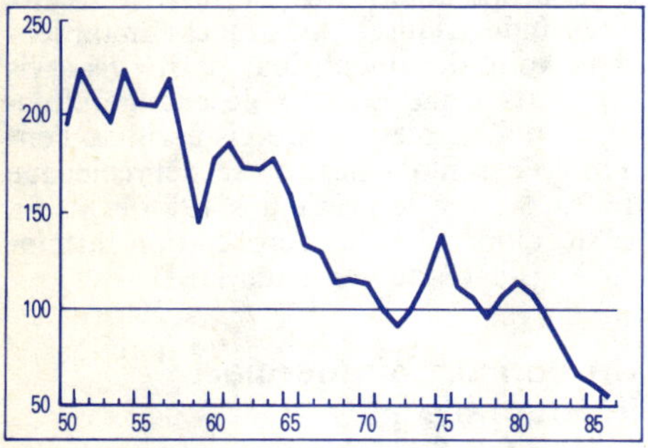

Source : US Department of commerce.

Dans ces conditions le déficit en produits manufacturés pourra, au cours des dernières années 1980, être réduit mais non supprimé (sauf peut-être de manière temporaire durant une récession profonde). Accentuer cette réduction et augmenter les excédents sur les échanges de produits agro-alimentaires et de services est nécessaire pour amenuiser le déficit de la balance courante qui, proche de 150 milliards de $ en 1986, tend à s'auto-entretenir. En effet les États-Unis ont en 1985, pour la première fois depuis 1917, cessé d'être créanciers nets vis-à-vis du monde. Désormais premier débiteur mondial, ils doivent eux aussi payer des charges d'intérêt issues des déficits passés et alimentant les déficits futurs. Deux voies, qui ne sont pas totalement incompatibles, sont possibles et font l'objet d'un débat intense. La première se réclame du libre-échangisme et consiste en une poussée des exportations appuyée sur des négociations politiques multilatérales (dans le cadre du GATT) et bilatérales (principalement avec le Japon et la CEE). Elle est prônée par les secteurs de biens et services à haute technologie et par l'agriculture qui, peu concurrencée sur le marché intérieur, a impérieusement besoin de débouchés extérieurs pour écouler ses excédents de production. La seconde, réclamée par une fraction de plus en plus large des industries traditionnelles, est l'extension du protectionnisme par diverses modalités allant des accords d'« auto-limitation » aux quotas imposés unilatéralement.

Tertiarisation et déclin industriel

La polarisation accrue entre activités à haute technologie et reste du secteur ne concerne pas seulement l'industrie. Ce dualisme caractérise toute l'économie dans le cadre de la tertiarisation. L'évolution de l'emploi est à cet égard symptomatique. La récession des premières années 1980 supprime des emplois, la reprise de 1983-1984 en crée ; mais il ne s'agit pas d'un remplacement à l'identique. Le niveau atteint dans le secteur manufacturier est inférieur au sommet de 1979, et il recommence à baisser légèrement dès 1985. En revanche le nombre d'emplois augmente continûment dans le secteur tertiaire, où ils sont hétérogènes. Les services aux entreprises et le secteur financier créent souvent des emplois à hautes qualifications et fortes rémunérations, mais limités en nombre ; les commerces et les services aux ménages utilisent généralement beaucoup de main-d'œuvre peu qualifiée dans des emplois précaires et mal rémunérés. Une forte proportion d'emplois à temps partiel caractérise le secteur tertiaire. La durée du travail, qui continue à osciller autour de quarante heures dans le secteur manufacturier, a amorcé au milieu des années 1960 une diminution qui la porte à 32 heures dans les services et les commerces en 1986.

Figure 5 :
Nombre d'emplois dans les principaux secteurs (en millions).

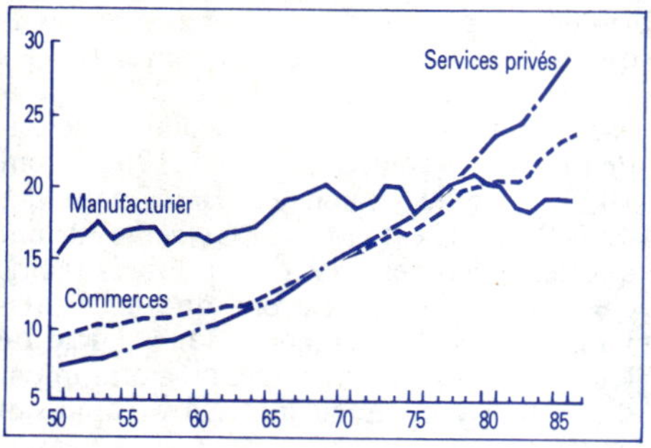

Source : US Department of labor.

La part du secteur manufacturier dans le PNB est passée de 30 % à la fin des années 1940 à 20 % au milieu de la décennie 1980, celle du commerce de 18 à 16 % ; dans le même temps celle du secteur financier s'est élevée de 10 à 17 % et celle des services de 8 à 15 %. Désindustrialisation relative et dualisme à l'intérieur de chacun des secteurs sont des tendances de long terme qui se sont accélérées avec l'ouverture croissante de l'économie sur le reste du monde, et qui constituent un enjeu majeur de la politique économique. Faut-il tenter d'impulser une stratégie d'homogénéisation ou de favoriser le dualisme ? Faut-il parallèlement tenter de préserver un tissu industriel complet ou d'accentuer la spécialisation vers les technologies avancées et fonder délibérément la force de l'économie sur d'autres secteurs, c'est-à-dire l'agriculture et surtout la finance ? Soumises à des pressions contradictoires, les autorités économiques oscillent entre ces possibilités et, durant les premières années 1980, rendent plus difficile la solution de ces choix structurels par les contradictions de leur politique conjoncturelle. L'appréciation du dollar favorise la voie de la spécialisation, mais la relance budgétaire permet aux industries mûrissantes de survivre tandis que l'aggravation des déséquilibres budgétaire et extérieur contraint le secteur financier à transformer involontairement son rôle. Le revirement des politiques monétaire et budgétaire, et la dépréciation du dollar de 1985 et 1986 ne permettent pas d'inverser ces effets.

La mutation financière

L'extension des activités internationales des banques américaines s'accélère durant les dernières années 1970 et les premières années 1980 dans le cadre d'une transformation du système financier intégrée dans le mouvement général de déréglementation. Une large fraction des contrôles bancaires qui avaient été instaurés durant les années 1930, et en partie tournés dans les faits durant les années 1970, est relâchée ou abandonnée. En matière internationale, entre autres mesures, le Fed autorise à partir de 1980 les banques américaines à mettre en place des « International Banking Facilities ». Les « IBF » sont des institutions financières situées sur le territoire américain mais non soumises à certaines règles s'appliquant aux banques américaines (principalement l'obligation de placer une fraction des dépôts sous forme de réserves non rémunérées auprès du Fed). Les investisseurs étrangers sont en outre incités à se détourner du marché des euro-obligations, pour acquérir des titres américains, par diverses mesures fiscales. Dans ces conditions, le poids des banques situées aux États-Unis s'accroît rapidement dans les activités financières internationales au détriment des euro-activités exercées en Europe. Jusqu'en 1982, cela traduit le fait que le système financier américain collecte à l'étranger des dépôts à court terme ou des placements relativement liquides en titres à long terme et effectue des prêts à l'extérieur, notamment en direction des PVD d'Amérique latine. À partir de 1983 cette activité de transformation se poursuit mais change de nature. D'une part, les prêts en Amérique latine relèvent de la nécessité et non du choix, le haut niveau des taux d'intérêt mondiaux (entre autres) faisant peser sur ce continent une menace permanente de crise financière. D'autre part et surtout, en raion des déficits macroéconomiques, le système financier américain absorbe des capitaux plus qu'il ne les transforme. Les banques, dont les sorties nettes de capitaux culminent à 110 milliards de $ en 1982, font état d'un solde nul en 1985. Or la logique de leur développement les pousse à être une plaque tournante, non un entonnoir. Tandis que le rôle d'intermédiation financière des États-Unis commence à régresser, celui du Japon s'accroît. Assurément, c'est sous la pression américaine que ce pays accepte au début des années 1980 d'ouvrir progressivement ses marchés financiers et de laisser sa monnaie s'internationaliser. Mais les modalités de ce changement ne sont pas celles qui avaient été espérées aux États-Unis. Alors que la décennie 1970 avait été marquée par le recyclage des pétrodollars, la décennie 1980 l'est par celui des excédents japonais, en partie imputables au déséquilibre bilatéral entre ces deux pays. En 1986, l'excédent commercial du Japon vis-à-vis des États-Unis atteint 50 milliards de $; l'excédent de sa balance courante (vis-à-vis de l'ensemble du monde) s'élève à 85 milliards de $, et ses exportations de capitaux à long terme dépassent 130 milliards de $.

L'Europe sauvera-t-elle l'Amérique ?

Si une contrainte extérieure semble être apparue aux États-Unis depuis quelques années ce n'est pas tant en raison de l'ampleur croissante des flux de marchandises et de capitaux réalisés avec l'étranger qu'en raison des déséquilibres par lesquels ces flux se soldent. La tendance de long terme qui fait se distendre les liens avec l'Europe et se renforcer ceux avec l'Extrême-Orient s'est accélérée durant les premières années 1980. En 1986, la première ne représentait plus que 25 % du commerce de marchandises des États-Unis (contre 31 % 20 ans auparavant), tandis que le second en atteignait 34 % (contre 18 % en 1966) dont 18 % pour le Japon et 10 % pour les 4 NPIA. C'est avec l'Extrême-Orient que les échanges sont déséquilibrés. Mais c'est surtout vers l'Europe que les États-Unis tenteront de reporter une partie de leurs difficultés en exigeant notamment d'elle une croissance intérieure rapide et ouverte aux importations afin de tirer leurs exportations et, au-delà, d'éviter à l'économie mondiale l'enlisement dans la stagnation. Mais il n'est guère vraisemblable que les pays européens acceptent et puissent jouer ce rôle avec l'ampleur requise, car cela impliquerait qu'ils s'enfoncent à leur tour dans des déséquilibres macro-économiques qu'ils s'efforcent au contraire de résorber. Le risque est alors grand de voir les États-Unis s'enliser dans une croissance lente sans pour autant parvenir à réduire rapidement leurs déficits budgétaire et extérieur.

■ Pour en savoir plus

J.-Ch. Asselain, *Histoire économique. De la révolution industrielle à la Première Guerre mondiale,* Paris, Presses de la Fondation Nationale des Sciences Politiques et Dalloz, 1985.

Y. Barou et B. Keiser, *Les grandes économies. États-Unis, Japon, Allemagne fédérale, France, Royaume-Uni, Italie,* Paris, Éditions du Seuil, 1984.

M. Fouet, *Le dollar,* Paris, La découverte, 1985.

M. Fouet, *Les États-Unis : une hégémonie menacée ?,* Paris, Hatier, 1981.

JAPON

Capitale : Tokyo
Population : 121 490 000 hab.
Variation pop./an (1973-85) : 0,9 %
Superficie : 377 708 km²
PNB/habitant : 11 330 $
Taux de croissance/an (1973-85) : 4,3 %

Institutions et vie politique : C. Benoist-Lucy
Croissance, enjeux : J. Généreux

Une monarchie à l'anglaise

La Constitution du 3 mai 1947 met fin au régime impérial de droit divin, remplacé par une monarchie constitutionnelle. Le pouvoir souverain est transféré au peuple et l'empereur Hirohito n'exerce plus qu'une fonction symbolique et protocolaire. La noblesse est abolie, et le pouvoir législatif est dévolu à un parlement bicaméral, la Diète *(kokkai)*. Celle-ci est composée de deux chambres, la Chambre des Représentants (chambre basse) et la Chambre des Conseillers (chambre haute) qui, comme dans le système britannique, se répartissent inégalement les compétences : bien qu'elles soient en commun dépositaires de la fonction législative et budgétaire, la Chambre des Conseillers n'a en pratique qu'un rôle consultatif ; de même, seule la Chambre des Représentants peut mettre en jeu la responsabilité gouvernementale. Les deux chambres ne sont à égalité que dans le cas de la révision constitutionnelle, qui requiert la majorité des 2/3 des membres du Parlement (ainsi qu'une ratification populaire par référendum).

La Chambre des conseillers *(Sangiin)*, qui remplace l'ancienne Chambre des Pairs, est composée de 252 membres élus pour 6 ans (renouvelés par moitié tous les 3 ans). Elle ne peut être dissoute, à l'inverse de la Chambre des Représentants *(Shugiin)* qui, elle, comprend 511 membres élus pour 4 ans.

Le Cabinet, investi du pouvoir exécutif, est constitué par le Premier ministre, leader du parti majoritaire. Il est solidairement responsable devant la Chambre basse, et doit démissionner si cette dernière vote une motion de censure ; le Premier ministre a toutefois la faculté de prononcer alors la dissolution de la Chambre, pour provoquer de nouvelles élections.

Le Japon, par sa Constitution, décidait également de renoncer à la guerre et au maintien de forces armées. Mais cette auto-limitation des capacités défensives a introduit un déséquilibre croissant entre le poids militaire et le poids économique du Japon, et a empêché ce dernier d'assumer les responsabilités issues du Traité de Sécurité Mutuelle conclu avec les États-Unis. C'est pourquoi l'administration japonaise, encouragée en cela par ses alliés occidentaux, sera vraisemblablement amenée à accroître ses dépenses militaires. Dans un premier temps, elle a déjà interprété la Constitution comme permettant de maintenir des « Forces d'Auto-Défense », qui regroupent aujourd'hui 250 000 hommes.

Démocratie sans alternance

Les institutions du Japon ont parfaitement fonctionné, servies, il est vrai, par la remarquable stabilité de l'échiquier politique depuis le retour à l'indépendance (1952). En effet, jusqu'aux élections de 1983, le Parti Libéral Démocrate (PLD) a toujours eu la majorité absolue des sièges aux élections législatives. Le PLD, fondé en 1955 à partir du Parti Libéral et du Parti Démocrate et réunissant conservateurs, hauts fonctionnaires et hommes d'affaires, est le promoteur de la liberté d'entreprise et du maintien de la coopération avec les États-Unis.

Le Parti Libéral Démocrate exerce le pouvoir depuis plus de trente ans. Durant les vingt premières années, sa cohésion a été l'un des facteurs de son succès. Mais depuis 1974, le PLD se trouve divisé par l'affaire Lockheed : l'ancien Premier ministre, Kakuei Tanaka, condamné en 1976 puis en 1983 pour avoir touché des pots-de-vin du constructeur américain Lockheed Aircraft, a cependant réussi à conserver une influence dominante sur son parti jusqu'au début de l'année 1985. Cette situation a créé des dissensions au sein du parti : Yasuhiro Nakasone, Premier ministre de novembre 1982 à novembre 1987, a été jugé trop proche de K. Tanaka par certains de ses amis politiques, et également par les partis d'opposition. Ceux-ci ont réalisé une percée historique en décembre 1983, faisant perdre la majorité absolue au PLD. Nakasone, affaibli, n'a pu gouverner qu'avec l'appui de 8 députés indépendants.

Le multipartisme japonais fait coexister un parti à dimension gouvernementale, le PLD, et une opposition diversifiée qui comprend trois partis de gauche, un parti centriste et une demi-douzaine de petits partis à audience très restreinte.

Le Parti Socialiste, bien qu'instable et divisé, est le premier parti d'opposition. Il est soutenu par la première centrale syndicale, *Sohyo*. Partisan du non-alignement et d'une transition démocratique du capitalisme vers le socialisme, il a adopté des positions parfois plus radicales que celles du Parti Communiste. Le Parti Social-Démocrate, constitué en 1961 par la faction droite du PS, est soutenu par l'autre grand syndicat, *Domei*. Le Parti Communiste, en revanche, a une base populaire étroite mais très disciplinée ; d'inspiration « euro-communiste », il ne s'occupe que de questions intérieures.

Au centre, on trouve le Komeitö, issu d'une association bouddhiste fondée en 1962. Défenseur de la « morale politique », il a tiré le plus grand profit de l'affaire Tanaka. Cette affaire est aussi à l'origine d'un Nouveau Club Libéral, créé en 1976 par des députés du PLD pour protester contre la corruption des milieux dirigeants, et obtenant dès sa création 17 sièges à la Chambre des Représentants. Sa représentation ayant chuté à 8 sièges en 1983, il a préféré entrer au gouvernement aux côtés du PLD.

Meiji et la révolution textile (1868-1914)

Lorsqu'en 1854 les puissances occidentales forcent l'accès de ses ports, le Japon est un pays attardé de 30 millions d'habitants (80 % de paysans), pratiquement coupé du monde extérieur depuis 1637 par la volonté du *Shogun.* Le régime féodal fait obstacle au démarrage industriel. Les *Daimyos,* vassaux du Shogun, imposent à leurs sujets de lourds prélèvements en nature sur les récoltes. La pression des puissances coloniales fait éclater ce système. Par les « traités inégaux » de 1858, elles imposent le libre-échange au Japon ; le Shogun discrédité par cette humiliation étrangère doit se retirer et remettre le pouvoir au jeune empereur Meiji. Assisté par la fraction la plus dynamique de la noblesse, il opère une réforme économique et sociale profonde : abolition du système féodal, libéralisation des échanges intérieurs et extérieurs, constitution d'un système bancaire moderne, scolarisation obligatoire... Les conditions optimales d'un décollage industriel se mettent progressivement en place.

La croissance moderne du Japon s'amorce vraiment dans les années 1885-1887. La stratégie de développement est imposée par les contraintes naturelles et extérieures. Le Japon ne dispose d'aucun minerai de fer ou de charbon à coke pour développer une industrie lourde. L'ouverture forcée de son marché intérieur a anéanti l'artisanat traditionnel, notamment la filature et le tissage du coton. C'est donc l'industrie textile qui aura la priorité pour reconquérir le marché intérieur. L'État construit des usines pilotes, embauche des techniciens étrangers, envoie des Japonais étudier dans les manufactures anglaises. De 1874 à la Première Guerre mondiale on assiste à un véritable boom du textile dont la part dans le PNB passe de 8,7 à 28 %. Dès 1905 les importations textiles ne représentent plus qu'une composante négligeable de la consommation intérieure tandis que l'envolée des exportations apporte les devises nécessaires à l'achat de la technologie étrangère.

Figure 1 :
Les phases de la croissance japonaise

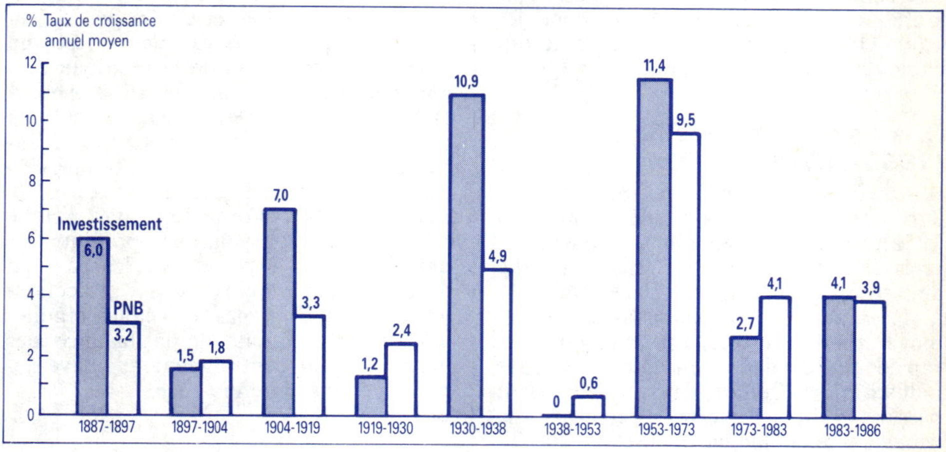

De l'expansion coloniale (1914-1945)...

Dès l'origine, le développement de l'économie japonaise est confronté à une contrainte majeure : sa dépendance totale de l'extérieur pour l'énergie et les matières premières industrielles. Dès 1919, les produits primaires et alimentaires représentent 65 % de ses importations et leur part ne cessera d'augmenter. Dans ces conditions, la tentation coloniale est grande.

Après une guerre facile contre la Chine, le Japon annexe Formose en 1895, puis la Corée en 1910. De 1914 à la défaite de 1945 la croissance japonaise est nourrie par la guerre et l'agression coloniale. Pour sortir du marasme des années 1920, tous les grands industriels considèrent l'expansion à l'étranger comme une nécessité. Celle-ci pouvait être obtenue par les affaires ou par la force. Les militaires nationalistes imposent la deuxième solution : ils prennent le contrôle du pouvoir et lancent le Japon dans une politique d'agression extérieure qui débute avec l'invasion de la Mandchourie en 1931 et débouchera sur le conflit du Pacifique avec les États-Unis. L'économie de guerre provoque un nouveau bond en avant de l'industrie : la métallurgie et la construction de machines prennent le relais de la révolution textile. De 1930 à 1940, l'industrie lourde passe de 30 % à 59 % du PNB. Cependant, malgré l'expansion extérieure et de fortes barrières douanières, le commerce extérieur reste le plus souvent déficitaire.

La stratégie colonialiste se solde par la défaite de 1945, un anéantissement économique et politique. En 1946, la production industrielle est retombée à son niveau de 1914, et le Japon, privé de toutes ses possessions coloniales, doit absorber 6 millions de rapatriés. L'occupant américain démantèle les *Zaibatsus* accusés de collusion avec les militaires. Mais il s'attache surtout à redresser au plus vite l'économie japonaise. L'avènement des communistes en Chine, la guerre de Corée et la guerre froide incitent les États-Unis à faire du Japon un allié durable dans la région pacifique.

... à l'explosion pacifique (1955-1973)

Après une période de redressement (le Japon recouvre sa totale indépendance en 1952), le Japon connaît une phase de croissance accélérée qui l'amène au rang de « troisième grand mondial ». De 1955 à 1973, le taux de croissance annuel moyen du PIB (10 %) est deux fois plus rapide que celui de l'ensemble des pays industrialisés. Contrairement à ce qui se passait avant la guerre, l'expansion ne connaît plus de longues pauses de stabilisation. Elle est désormais alimentée de façon continue par le développement du marché intérieur : 80 millions de consommateurs frustrés par l'économie de guerre et la défaite.

Les industriels se lancent dans une stratégie systématique en trois temps : importation de technologie, adaptation aux besoins du marché intérieur et reconquête de ce dernier, exportation. Les grandes entreprises se livrent à une concurrence d'investissement qualifiée « d'excessive » par les économistes japonais : l'investissement est multiplié par 7 entre 1955 et 1961, puis à nouveau par 3,5 entre 1965 et 1970 ! Cette concurrence effrénée pour tirer parti de toute technologie nouvelle accélère la croissance. Quand les capacités de production se révèlent surabondantes par rapport au marché, il se produit une pause durant laquelle les entreprises les moins performantes disparaissent ou sont absorbées par les autres. Dans la fièvre, comme dans la pause, la productivité s'améliore. La saturation des besoins intérieurs annonce aussi le début des exportations massives.

Cette période d'effervescence se traduit naturellement par des mutations structurelles importantes. Le textile voit sa part s'effondrer (5,2 % du PNB en 1973). Les nouvelles industries motrices sont les biens de consommation durables, les textiles synthétiques, la pétrochimie. En 18 ans plus de 30 % de la population active passe de l'agriculture aux services et à l'industrie. La force du Japon, comparé à ses partenaires occidentaux, consiste à « encaisser » une mutation plus rapide avec apparemment moins de problèmes (pas de grèves, peu de chômage).

Tout au long de cette période, le problème des paiements extérieurs reste un des soucis dominants de la politique économique. Jusqu'aux années 1960 le marché japonais est relativement fermé à la concurrence internationale. Certes le Japon adhère au GATT et accepte une certaine libéralisation des échanges extérieurs. En fait l'ouverture du marché n'est réelle que pour les produits les moins élaborés exportés par les pays en développement. Pourtant, le protectionnisme n'empêche pas le retour régulier d'importants déficits de la balance des paiements qui contraignent le gouvernement à freiner la croissance.

Autopsie d'un miracle

Le premier choc pétrolier, en octobre 1973, marque la fin d'un mode de croissance accélérée qu'on a souvent appelé le « miracle économique japonais ». L'expression est trompeuse. La performance économique réalisée à cette époque n'est ni surprenante, ni gratuite. Le Japon a bénéficié alors de conditions particulièrement favorables à la croissance.

Dans les années 1950 il devait combler son retard technologique vis-à-vis du

Figure 2 :
Les exportations et les importations

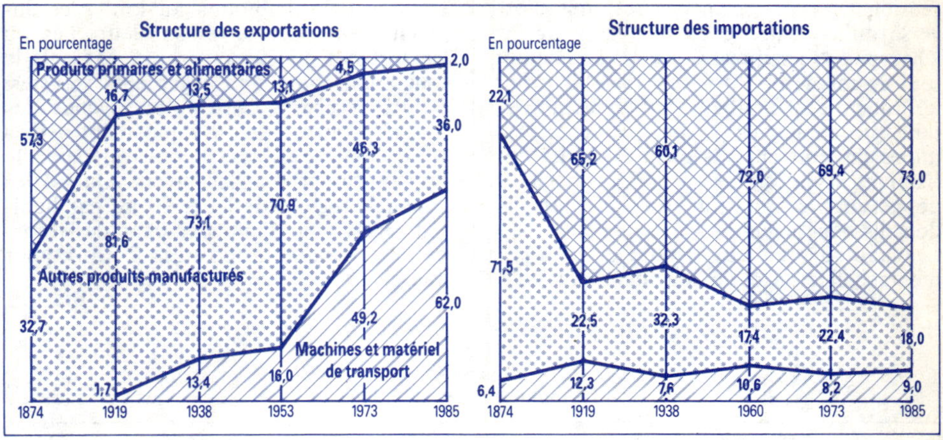

monde industrialisé, et il pouvait exploiter des techniques importées. De 1955 à 1970 la main-d'œuvre disponible a crû de près de 2 % par an. Les syndicats ont le plus souvent coopéré avec le patronat. Concentrant leur action sur le *Shunto,* l'offensive de printemps sur les salaires, ils ont laissé les mains libres aux employeurs en matière de gestion de l'emploi et de redéploiement industriel, favorisant ainsi les gains de productivité. Grâce à un système des primes variables représentant une part importante des rémunérations, les salaires sont restés nettement plus flexibles que dans les autres pays industrialisés. Le développement tardif de la sécurité sociale a induit chez les ménages des taux d'épargne également supérieurs aux moyennes occidentales. L'épargne abondante a pu être mobilisée par les banques pour financer l'investissement.

Le système financier original du Japon a joué un rôle considérable dans l'accélération de la croissance. En effet les grands groupes industriels possèdent leurs propres établissements financiers et disposent donc d'un accès facile au crédit. D'autant que la politique monétaire a systématiquement encouragé les prêts à l'investissement. Les autorités ont mis en place un contrôle très étroit des institutions financières, leur assurant en contrepartie une protection très efficace : pas une faillite bancaire depuis les années 1950. La Banque du Japon, en assumant la fonction de prêteur de dernier ressort, ou en imposant l'absorption d'établissements en difficultés par de plus solides, a permis le développement d'un endettement effréné qui, sans sa tutelle, aurait menacé l'équilibre financier du pays.

Abondance du crédit, de l'épargne, de la main-d'œuvre ; salaires flexibles et faibles charges sociales ; *gap* technologique à combler. Si l'on ajoute, enfin, que le Japon se trouvait dégagé de toute responsabilité dans l'effort de défense du monde occidental, ses taux de croissance records n'ont rien d'étonnant. L'image du miracle s'évanouit plus encore si l'on considère les sacrifices consentis par les Japonais sur l'autel de la croissance.

La vie s'arrête à 55 ans

Le système national d'assurance vieillesse n'est en place que depuis 1961. Jusqu'à une époque récente, la plupart des personnes âgées terminaient leur existence dans des conditions de vie très précaires. Arrivé à 55 ans il leur restait 20 ans ou plus à vivre sans revenu assuré. Les « privilégiés » sortant des grandes entreprises disposent d'une prime de départ représentant environ trois ans de salaire, le plus souvent consacrée à l'achat du logement ou au remboursement des emprunts contractés plus tôt à cet effet. S'ils ont des enfants à charge, leurs études coûteront cher. Malgré un système d'enseignement obligatoire et public, les parents financent une fraction importante des dépenses d'éducation. Le développement de l'assurance vieillesse ne remédie que partiellement à cette situation : le taux plein des retraites n'est versé qu'à partir de 65 ans, et pour les « heureux » bénéficiaires le revenu chute tout de même de 70 % (en 1979) ! Enfin, les allocations familiales publiques n'existent que depuis 1972 pour les seules familles de trois enfants ou plus, et les cotisations sociales versées par les ménages dépassent le montant des prestations dont ils bénéficient.

Jusqu'aux années 1970 les équipements collectifs et le logement ont délibérément été sacrifiés. Avec l'une des densités les plus élevées des pays industrialisés (318 habitants au km²), les Japonais sont déjà serrés sur leurs îles où les surfaces planes sont rares. Mais ils le sont aussi chez eux : logements vétustes, étroits et chers. Certes, les revenus des Japonais ont progressé rapidement depuis 1950, mais pas assez pour rattraper le prix de la terre et les loyers. Quand les Japonais sortent de leurs 20 m² par habitant, c'est pour s'entasser dans des transports en commun bondés, à trois pour une place.

Figure 3 :
L'emploi et la production

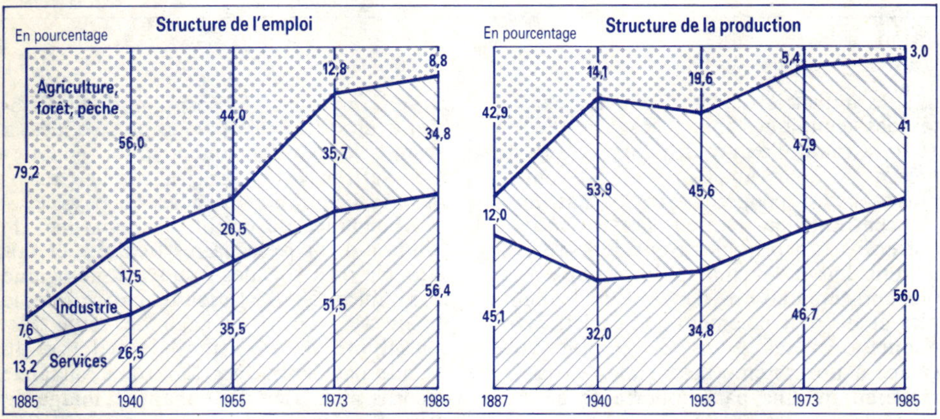

Figure 4 :
« Le miracle économique ? »

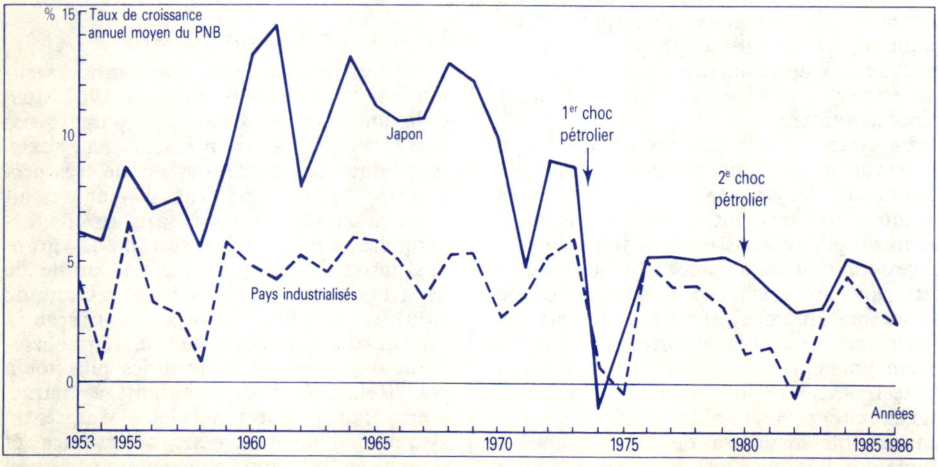

Source : Statistiques financières internationales, *FMI*.

PNB : Pollution nationale brute ?

La croissance explosive des années 1960-1970 s'est faite sans grande considération pour l'environnement. La limitation naturelle de l'espace implique une forte concentration géographique des activités industrielles : Le Japon détient le record du PNB au km² (2,5 fois plus qu'en RFA et 8 fois plus qu'en France en 1973). Impossible d'étaler la pollution. La population et les déchets sont concentrés aux mêmes endroits. Face à ce problème, gouvernements et industriels sont longtemps restés inactifs. Le résultat, au début des années 1970, est impressionnant : des centaines de morts ou d'infirmes, intoxiqués au mercure organique ou au cadmium ; le lait maternel contaminé par du polychlorobiphenyl ; l'asthme provoqué par la pollution atmosphérique à Yokohama, Kawasaki, Yokkaich ; des villes qui s'enfoncent à la suite d'un pompage excessif d'eau ou de gaz.

La crise salutaire (1973-1987)

Le Japon est touché par la récession mondiale comme tous les partenaires, mais il s'en sort mieux. Depuis 1980 il cumule tous les records ailleurs inconciliables : la plus forte croissance, les plus faibles taux de chômage et d'inflation, les meilleurs résultats du commerce extérieur ! Du point de vue de la compétitivité internationale la « crise » a renforcé l'économie japonaise. Mais elle amène aussi une transformation profonde du mode de croissance. L'industrie s'est réorientée vers des branches peu consommatrices d'énergie (machines électriques et électronique en particulier). Mais surtout les moteurs de l'expansion ont changé. L'investissement, qui était au cœur des phases d'accélération précédentes, n'a pratiquement pas augmenté de 1973 à 1982. Et pourtant la productivité du travail s'est améliorée de plus de 8 % par an. A la croissance extensive des capacités de production qui caractérisait la « croissance excessive » des années 1960-1970, a succédé une rationalisation systématique de l'appareil productif en place. Plus nouveau encore est le rôle joué par le commerce extérieur. Jusqu'au début des années 1970 il constituait plutôt un frein à l'expansion. Le retour régulier de déficits commerciaux contraignait le gouvernement à pratiquer des politiques restrictives qui stoppait momentanément l'investissement. À partir de 1973, au contraire, la demande intérieure stagne, et seule l'expansion des exportations permet au Japon de maintenir une activité soutenue par rapport à la moyenne mondiale.

Mais, pour éviter ou limiter les réactions protectionnistes des autres pays industriels, le Japon doit contingenter luimême ses exportations, et les remplacer en partie par des investissements directs à l'étranger : Toyota fabrique des voitures en Europe et Nippon Steel, de l'acier aux États-Unis.

Retour vers le marché intérieur

Ainsi, le début des années 1980 semble marquer le passage d'un développement fondé sur la consommation et l'investissement intérieurs à une croissance tirée par l'expansion des marchés extérieurs. Mais, devant les pressions de plus en plus fortes de ses principaux partenaires commerciaux, le Japon doit s'efforcer de retrouver un plus grand dynamisme de la demande intérieure.

Contribution de la demande intérieure et extérieure à la croissance. 1982-1987

Année	Croissance du PIB réel	Contribution de la demande intérieure	Contribution de la demande extérieure
1982	3,2	2,7	0,5
1983	3,7	2,1	1,5
1984	5,1	3,9	1,2
1985	4,4	3,7	0,7
1986	2,6	4,1	– 1,5
1987	3,7	5,0	– 1,3

Le tableau décompose la croissance des années 1980 en deux éléments, interne et externe. Lorsque les exportations se développent plus rapidement que les importations la demande étrangère nette a une contribution positive à la croissance économique intérieure ; cette contribution devient négative dans le cas inverse.

Le retournement du milieu des années 1980 est remarquable. Depuis 1986 la croissance japonaise cesse d'être alimentée par l'expansion des marchés extérieurs ; elle repose sur une forte progression de la demande intérieure. Les partenaires occidentaux devront reconnaître que le Japon a ainsi accédé à l'une de leurs revendications les plus vives, d'autant que cette reprise de la demande intérieure est en partie le résultat d'une politique budgétaire délibérément expansionniste.

Le chômage au Japon

La faiblesse du chômage et le système d'emploi à vie sont bien connus des Occidentaux. Les grandes entreprises embauchent les jeunes diplômés et leur assurent un emploi stable jusqu'à leur retraite (55 ans). Leur rémunération dépend d'abord de leur ancienneté et comporte une bonne part de primes variables en fonction des résultats de l'entreprise. La rémunération peut baisser éventuellement, mais on ne licencie pas. Cette vision idyllique, souvent présentée comme le remède japonais au chômage, doit être doublement corrigée.

En premier lieu, la définition officielle du chômage est plus restrictive que celle généralement retenue dans les autres pays. Si, au cours de la semaine où est menée l'enquête, un individu sans emploi permanent a travaillé ne serait-ce qu'une heure ou deux, il n'est pas considéré comme chômeur. Dans un pays où le travail temporaire joue un rôle considérable et où l'essentiel des emplois disponibles sont distribués par relations personnelles, le chômage officiel ne peut donc mesurer qu'une partie de la population réellement en quête d'un emploi régulier. Les experts estiment souvent que l'on peut multiplier le taux officiel par deux pour avoir une estimation comparable aux mesures des autres pays industrialisés.

De plus, la garantie d'emploi à vie ne concerne que les travailleurs masculins employés par les très grandes entreprises et seulement jusqu'à 55 ans (au-delà il n'est pas rare de se faire réembaucher avec un salaire diminué d'un tiers). Cela ne représente plus aujourd'hui que 20 % des salariés ! Dans les PME il n'existe aucune garantie de salaire ou d'emploi. Les individus sont souvent des employés temporaires ou des journaliers dont on réduit l'emploi au moindre recul du carnet de commande. Comme les PME font beaucoup plus de sous-traitance pour les grandes entreprises, elles leur servent de tampon amortisseur des fluctuations conjoncturelles. En plein boom, elles prêtent même des travailleurs temporaires à la grande entreprise qui s'empressera de les leur renvoyer si l'activité faiblit. La précarité de l'emploi est particulièrement sensible pour les travailleurs âgés et les femmes.

Cependant, même multiplié par deux, le taux de chômage reste deux fois inférieur à la moyenne des pays industrialisés. Mais en contrepartie de leur garantie d'emploi les travailleurs permanents changent fréquemment et facilement de poste, d'établissement, de région, quand la direction le juge nécessaire. Les salaires sont aussi plus flexibles qu'en Europe ou aux États-Unis à la hausse comme à la baisse. Ainsi dans la construction navale, entre 1976 et 1979, la simple réduction des primes représentait la perte d'un mois et demi de salaire.

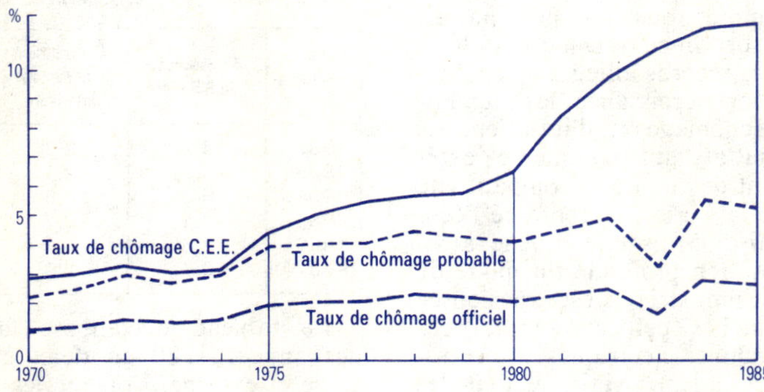

ENJEUX

L'emploi à vie condamné à mort ?

A première vue, le marché du travail japonais est l'un des rares à n'avoir pas été vraiment affecté par le freinage de la croissance. L'emploi dans les industries manufacturières est resté stationnaire de 1973 à 1982, alors qu'il progressait de 3,7 % par an depuis les années 1960. Mais la progression de l'emploi dans les services reste soutenue. Aussi, de 1973 à 1987, le taux de chômage passe de 1,5 à 2,6 %, ce qui est peu, comparé à l'Europe où il grimpe de 2,9 à 11 % environ.

Pourtant, la dégradation du marché du travail japonais est une réalité que les chiffres précédents ne permettent pas d'apprécier. Le chômage officiel sous-estime la population à la recherche d'un emploi (voir encadré « Le chômage au Japon »). Mais il existe d'autres signes de tension. Jusqu'en 1975, le taux d'activité des femmes baissait fortement dans les périodes de récession. Ce retrait du marché du travail empêchait une extension du chômage féminin comme on l'observe en Europe. Mais depuis, on constate un renouveau de la participation féminine qui gonfle les demandes d'emploi. Les grandes entreprises sont, par ailleurs, le lieu d'une sorte de chômage déguisé. Le système d'emploi à vie se traduit par une forte rétention d'emplois peu productifs en période de récession. Selon une enquête de la Banque du Japon, de 1975 à 1978, 40 % des grandes entreprises, en moyenne, estimaient que le nombre de leurs salariés était trop élevé. Elles étaient encore 20 % en 1983, année de reprise économique mondiale. Aussi ont-elles de plus en plus recours à l'embauche de travailleurs temporaires plus faciles à licencier que des salariés permanents. Ainsi, non seulement l'état réel du marché du travail est moins bon qu'il y paraît à première vue, mais c'est désormais sa caractéristique la plus originale qui semble menacée : l'emploi à vie.

Cette garantie, accordée aux jeunes recrutés en fin d'études par les grandes entreprises, permet en contrepartie une plus grande flexibilité des salaires. Les entreprises investissent sans crainte dans la formation des employés, car personne n'a intérêt à démissionner. Le salaire d'embauche étant faible, le niveau de vie de l'individu ne peut s'améliorer qu'avec l'ancienneté : le démissionnaire repartira au bas de l'échelle en changeant d'employeur, et perdra ses droits à la prime de départ à la retraite. Ce type de contrat était bien adapté aux conditions démographiques de l'après-guerre : une population jeune et une espérance de vie inférieure à 60 ans pour les hommes. L'offre de travail jeune étant abondante, notamment en milieu rural, les entreprises pouvaient embaucher à des taux de rémunérations assez bas. Les départs à la retraite étant précoces (de 50 à 55 ans), la part des employés à hauts salaires était faible.

Figure 6 :
La pyramide des âges
1950-2040

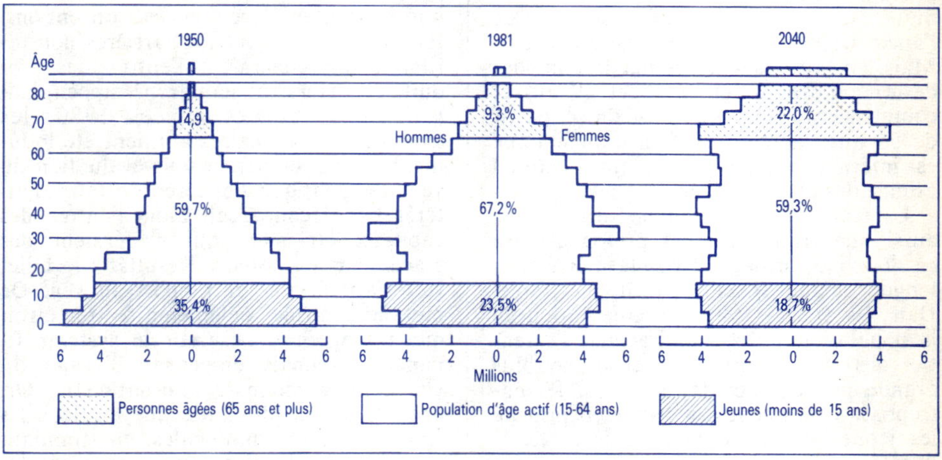

De la pyramide à l'obélisque

Dans les années 1980 la situation est radicalement différente. Au rythme de vieillissement actuel de la population japonaise (120 millions en 1984), la pyramide des âges, qui en 1950 était encore celle d'un pays en voie de développement, prendra progressivement l'allure d'un obélisque, caractéristique d'un pays vieux.

L'espérance de vie est passée à 74 ans chez les hommes et 79 ans chez les femmes : quand un individu quitte son entreprise à 55 ans il a encore vingt années à vivre et ne peut quitter le marché du travail. De 1980 à 1990 la population en âge de travailler (15-64 ans) augmente de 0,9 % par an, mais celle des travailleurs âgés (55-64 ans) progresse de 3,6 % par an. De l'abondance, on est passé à la pénurie de main-d'œuvre jeune. Non seulement les salaires d'entrée s'en trouvent réévalués, mais de plus, la part des salariés âgés, et donc les mieux rémunérés, augmente. En 1981, 90 % des hommes de 55-64 ans étaient encore sur le marché du travail (contre 70 % seulement aux États-Unis et en RFA) ; il en était de même pour 45 % des hommes de plus de 65 ans (contre 19 % aux États-Unis et 8 % en RFA). Cette évolution met sérieusement en cause l'emploi à vie. En effet le vieillissement de la population a deux conséquences à moyen terme : une réduction normale de l'efficacité du travail au-delà d'un certain âge, et compte tenu de la rémunération à l'ancienneté, un gonflement considérable de la masse salariale. Par conséquent le maintien de l'ancien système d'emploi risque de limiter les gains de productivité tout en accélérant les coûts de production.

Cette tendance se trouve renforcée par le recul progressif de l'âge de la retraite : en 1982 43 % des entreprises pratiquaient la retraite à 60 ans, et le ministère du Travail souhaite généraliser cette formule. En réaction, les grandes entreprises ont déjà adapté le système de rémunération. Officiellement, le principe de l'ancienneté n'est pas remis en cause. Mais, en fait, les salaires maximaux sont désormais atteints entre 45 et 49 ans et commencent à régresser au-delà. A partir de 55 ans, la rémunération d'un homme est inférieure de 12 % au salaire maximal atteint durant sa carrière.

La technique d'embauche subira-t-elle aussi une transformation profonde ? En ce domaine l'évolution risque d'être plus longue même si elle paraît inévitable. Dans les années 1980, l'augmentation de la population active viendra pour l'essentiel des travailleurs âgés et d'une plus grande participation féminine. Si les entreprises continuent à recruter en priorité les jeunes diplômés, il y aura un excédent considérable de main-d'œuvre âgée et une pénurie accrue de main-d'œuvre jeune. Cela impliquerait à la fois une forte pression à la hausse des salaires à l'embauche, et une forte montée du chômage des femmes et des travailleurs âgés. Un tel déséquilibre ne pourrait durer longtemps sans compromettre gravement la compétitivité de l'économie japonaise. La gestion de ces nouvelles tensions pourrait se révéler délicate si, par ailleurs, les perspectives de croissance restent plus incertaines que par le passé.

La guerre commerciale

La croissance, qui reposait à l'origine sur la forte expansion du marché intérieur, dépend aujourd'hui des exportations. De 1963 à 1973, le Japon a accru ses parts de marché de 7 % par an, et sa part dans les exportations mondiales de produits manufacturés a presque doublé. Depuis le premier choc pétrolier, alors que le commerce international stagne, les exportations sont devenues le seul moteur régulier de la croissance japonaise.

Or le Japon pourra difficilement poursuivre cette expansion extravertie. Depuis 1980, malgré la grande compétitivité de ses produits, ses parts de marché n'augmentent presque plus. Cela tient en partie à la croissance ralentie de ses principaux partenaires, mais aussi, et surtout, à la montée du protectionnisme. Les États-Unis et la plupart des pays d'Europe s'accommodent mal du déficit record de leurs balances commerciales quand le Japon connaît des excédents sans précédent. Les pays industrialisés accusent le Japon de dumping : vente à perte à l'étranger compensée par des prix intérieurs plus élevés ou des subventions. Ils critiquent surtout les barrières non tarifaires qui gêneraient l'entrée des produits étrangers sur le marché nippon. Enfin, au début des années 1980, les exportations japonaises auraient été indûment favorisées par la sous-évaluation du yen. La politique délibérée de taux d'intérêt bas décourageait alors l'entrée des capitaux étrangers qui préféraient des placements en dollars. Résultat : le billet vert s'appréciait par rapport au yen. De plus, le contrôle réglementaire très étroit qui a longtemps pesé sur le système financier japonais empêchait l'usage du yen comme monnaie internationale. Or, une utilisation plus libre du yen dans les transactions internationales, en stimulant la demande de yen sur le marché des changes, devrait amener une appréciation de la monnaie japonaise.

Enfin, les alliés occidentaux estiment que le Japon bénéficie gratuitement de leur système de défense et qu'il pourrait désormais prendre sa part du fardeau, soit directement par une extension de son budget militaire, soit par des concessions commerciales. En un mot, on demande au Japon de vendre moins et d'acheter plus à l'étranger.

Pour éviter la mise en place d'un contingentement des importations ou de nouveaux tarifs douaniers, en particulier aux États-Unis, le Japon a accepté, ces dernières années, un nombre croissant d'accords, qualifiés de « restriction volontaire des exportations ». Les plus importants concernent les ventes d'automobiles et d'acier aux États-Unis et en Europe (ils existent depuis 1981). Pour certaines exportations, le MITI (Ministère de l'industrie et du commerce international) s'entend même avec les partenaires occidentaux sur leur prix minimum : un droit de douane à peine déguisé. Dans le domaine financier le gouvernement Nakasone, puis celui de Noboru Takeshita, a progressivement libéré les marchés de capitaux pour faciliter l'emploi du yen comme monnaie de transaction et de réserve internationale. Enfin, les programmes d'ouverture du marché japonais aux importations se sont multipliés.

Le marché le plus ouvert du monde industrialisé ?

A court terme cependant, ces actions ne peuvent réduire sensiblement l'excédent commercial japonais. En effet, au niveau des dispositions réglementaires et législatives, le Japon est désormais l'un des pays les plus libéraux en matière d'échange international. La difficulté de pénétration du marché japonais par les Occidentaux vient le plus souvent d'une inadaptation de leur stratégie à des circuits de distribution très différents et plus coûteux.

De toute façon, les achats du Japon aux pays industrialisés connaissent des limites structurelles. les deux tiers de ses importations manufacturières proviennent déjà des pays développés. Plus des trois quarts de ses achats à l'étranger portent sur des produits primaires indispensables à son industrie et que les pays industrialisés sont incapables de lui fournir.

Enfin, et surtout, l'obsession de la balance commerciale fait oublier que les Japonais achètent déjà beaucoup de produits étrangers fabriqués au Japon par les multinationales. Si l'on ajoute cette production sur place aux importations, une étude de Mc Kinsey, le cabinet international de consultants, montre qu'en 1984 chaque Japonais achetait en moyenne pour 583$ de produits américains. De son côté, l'Américain moyen ne dépensait que 287$ en produits japonais. Le marché japonais est donc déjà l'un des plus ouverts au monde. Son excédent commercial reflète sans doute moins des restrictions aux importations qu'une forte demande mondiale pour ses produits.

Dans un premier temps, la libéralisation des marchés de capitaux n'a guère contribué au rééquilibrage des échanges Japon – États-Unis. En effet la politique monétaire américaine des années 1980 a élevé les taux d'intérêt au-dessus des taux pratiqués dans le reste du monde industrialisé. Ces taux élevés attirant les capitaux étrangers, il en résulte une forte demande de dollars qui apprécie le billet vert. Dans ce contexte, la libéralisation financière au Japon a d'abord provoqué un exode massif des capitaux vers les États-Unis qui a contribué à maintenir un taux de change élevé du dollar par rapport au yen. Il faut attendre la deuxième moitié des années 1980 pour que cette tendance s'inverse.

Le yen et la « courbe en J »

Après 1985, en effet, la coopération monétaire entre les cinq plus grands pays industriels a permis le repli du dollar et la réévaluation du yen. Ce mouvement était censé contribuer à la réduction de l'excédent commercial japonais à l'égard des États-Unis. Cependant, après toute dévaluation, le solde de la balance commerciale tend à suivre ce que les spécialistes dénomment une « courbe en J » : il commence par se détériorer assez nettement, puis, après le retournement, s'améliore progressivement dans le moyen-terme. Ce phénomène vient de la faible élasticité des importations et des exportations aux mouvements de prix. À court terme, le volume des échanges évolue peu. Par conséquent, la baisse des prix à l'exportation diminue les recettes extérieures, et la hausse des prix en monnaie étrangère gonfle la facture des importations. Selon une étude de la Banque Sumitomo, ce phénomène expliquait près de la moitié de l'excédent commercial Japon/États-Unis, en 1987. En effet, le solde des échanges avec les États-Unis aurait un niveau deux fois moindre si l'on évaluait les échanges au cours du dollar de septembre 1985 (avant les accords du Groupe des cinq pour organiser le repli du dollar). Cet effet pervers s'est trouvé atténué par les baisses de prix en yens opérés par les industriels japonais afin de compenser le renchérissement de leurs exportations consécutif à la réévaluation du yen. Paradoxalement, le déséquilibre des échanges aurait pu être plus grave encore, si les japonais avait laissé monter leurs prix à l'exportation conformément aux vœux des industriels américains.

Ainsi, l'excédent commercial accumulé par le Japon au cours des dernières années reflète pour une bonne part des conditions et des politiques économiques étrangères dont le contrôle lui échappe. Il n'en constitue pas moins un « bouc émissaire » idéal pour des nations qui se sont moins bien adaptées à la crise. Ainsi, depuis 1985, après avoir longtemps incriminé les barrières non tarifaires, les Occidentaux s'en prennent à la rigueur budgétaire du Japon qui freine la demande intérieure. C'est pourtant l'un des domaines où la marge de manœuvre du gouvernement japonais est la plus étroite.

Les finances publiques dans l'impasse

Jusqu'en 1974, l'équilibre budgétaire était l'un des principes de base de la politique économique japonaise. Plusieurs raisons ont provoqué un renversement brutal de cette tendance. Le Japon s'est efforcé de rattraper une partie du retard accumulé en matière d'équipements collectifs. L'intensification de la densité urbaine et des problèmes de pollution rendait cette évolution inévitable.

Le stock d'équipements sociaux a vu sa valeur passer de 35 % du PNB en 1970 à 50 % en 1980. Au cours de cette période le système de protection sociale s'est également développé : la part des prestations sociales dans le PNB a plus que doublé. En 1973, une extension sensible du régime des retraites a été entreprise : de 1973 à 1980, les sommes versées au titre des retraites ont été multipliées par 9 ! Enfin, en 1975, la politique budgétaire est devenue délibérément expansionniste, pour compenser le déclin de l'investissement privé. Or la progression des revenus de l'État est restée insuffisante. D'autre part, le ralentissement de l'activité a fortement diminué les revenus, dont l'imposition directe constitue la ressource principale du budget. D'autre part, le gouvernement n'a pas accru la pression fiscale au même rythme que ses dépenses. Jusqu'en 1974, le déficit des administrations centrales et des collectivités locales était compensé par un excédent confortable des régimes de sécurité sociale. Depuis, cela ne suffit plus, et l'équilibre des comptes cède la

Figure 7 :
Composantes du besoin de financement du secteur public en pourcentage du PNB

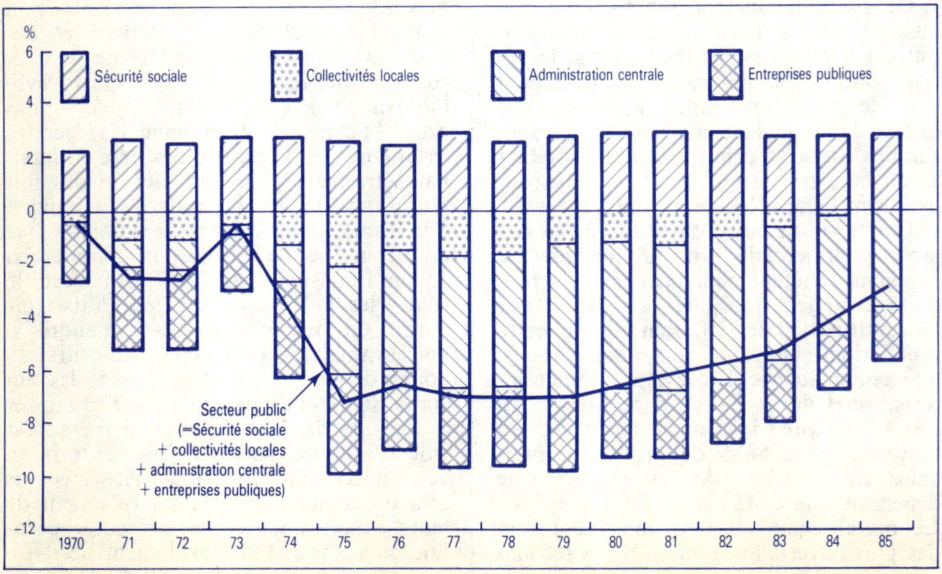

place à un déficit chronique. Le gouvernement ayant choisi de financer ce déficit par l'emprunt, son taux d'endettement atteindra, en 1983, un taux record chez les pays développés, après celui de l'Italie : 65 % du PIB.

Face à cette contrainte, le gouvernement Nakasone n'a pas osé, ou n'a pu, mettre en place une réforme fiscale pourtant nécessaire. L'ajustement est donc passé par un recul sévère des dépenses publiques : suppression de nombreuses subventions, privatisations, réduction des programmes sociaux. Ceci a permis de ramener le déficit budgétaire autour de 3 % du PIB en 1987. Mais une réforme fiscale paraît à terme indispensable pour un meilleur rendement et une meilleure gestion des recettes fiscales. En effet, le taux de prélèvement obligatoire au Japon est nettement inférieur à celui des autres pays industrialisés. Il est donc possible de développer les recettes fiscales, à condition de rétablir un certain équilibre au profit des impôts indirects. En 1985 75 % des impôts étaient prélevés directement sur les revenus. Depuis longtemps déjà de nombreuses études ont abouti à la même conclusion : il faudrait alléger l'impôt direct et créer un impôt indirect sur les dépenses de consommation. Mais les propositions du gouvernement en ce sens ont été rejetées par la Diète en 1987, et la réforme remise à l'étude.

La dégradation des finances publiques menace la croissance de l'économie japonaise. La ponction opérée sur l'épargne par les emprunts d'État peut gêner l'investissement privé, d'autant qu'avec l'amélioration du système de retraite les taux d'épargne auront tendance à baisser.

Dans ce contexte, on mesure combien les pressions occidentales en faveur d'une relance de la demande intérieure sont irréalistes. Le gouvernement Nakasone a bien mis en place des mini « relances » de la demande intérieure. Mais sa marge de manœuvre est presque inexistante. La priorité est plutôt à la réduction des dépenses. Dans ce but, le gouvernement de M. Susuki (juin 1980-octobre 1982) avait déjà entamé une vaste réforme administrative. Mais quelles que soient les économies obtenues par la rationalisation et la chasse aux gaspillages, les charges de l'État continuent d'être obérées de façon mécanique par les intérêts d'une dette considérable. Il sera aussi nécessaire d'accroître les investissements publics, le retard des équipements sociaux restant important, comparé aux standards internationaux. Enfin, et surtout, la sécurité sociale, qui jusqu'ici apportait un peu d'aisance aux finances publiques, finira bien, comme ailleurs, par en devenir le point noir.

Qui paiera les retraites ?

Le vieillissement de la population exerce une forte pression sur les régimes de retraite. Deux des caractéristiques essentielles de ces régimes sont en train de disparaître. Le montant des prestations versées et le nombre d'ayants droit au taux plein étaient faibles en raison de la mise en place tardive du système public (1961) : les prestations étant calculées en fonction des cotisations versées (système dit de « capitalisation ») les salariés arrivant à l'âge de la retraite n'avaient pu cotiser très longtemps.

Mais le passage d'une génération suffit pour que l'ensemble des employés ait droit au taux maximum. Ainsi, la retraite versée en moyenne est passée de 23 % du salaire moyen en 1973, à 50 % en 1980. En 1983, le taux normal a été fixé à 60 %. Compte tenu de l'évolution démographique, les dépenses de retraites devraient tripler d'ici l'an 2000 (selon le ministère de la Santé et des Affaires sociales). Or, à cette date, il n'y aura plus que quatre actifs pour un retraité, contre sept en 1980. L'excédent des cotisations sur les prestations aura alors disparu : les cotisations représenteront 9 % du PIB et les remboursements 12 %.

En avril 1985, la diète a approuvé une réforme profonde du système : d'ici le début du XXIe siècle, le taux maximum des pensions aura été ramené à 50 % et la durée normale de cotisations à 40 années ; ultérieurement, l'âge de la retraite pourrait être repoussé à 65 ans. Une autre conséquence est prévisible : une augmentation des cotisations sociales qui freinera la progression du revenu des ménages et donc la demande intérieure.

On le voit, la politique économique japonaise est contrainte par des objectifs contradictoires, parfois sous la pression de partenaires occidentaux qui ne réalisent pas toujours cette contradiction. L'atout majeur de l'économie japonaise reste sa capacité d'ajustement rapide et efficace aux contraintes nouvelles et son histoire a montré que cet atout n'était pas négligeable.

Pour en savoir plus

Ch. Sautter, *Japon : le prix de la puissance*, Seuil, 1973.
Ch. Sautter, *Les dents du géant : le Japon à la conquête du monde,* Paris, Orban, 1987.
Japon : transformations industrielles, croissance et internationalisation, Économie prospective internationale, nº 15, 1983.
H. Brochier, *Le Japon, économie et société*, Profil Dossier, Hatier, 1981.
Le Japon : mode au modèle ?, Revue Française de Gestion, septembre-octobre 1980.
OCDE, *Japon*, Études Économiques, annuel.

RÉPUBLIQUE FÉDÉRALE D'ALLEMAGNE

Institutions et vie politique :
C. Benoist-Lucy
Croissance : A. Rowley
Enjeux : Th. Schwob

Capitale : Bonn
Population : 61 050 000 hab.
Variation pop./an (1973-85) : 0,1 %
Superficie : 248 577 km²
PNB/habitant : 10 940 $
Taux de croissance/an (1973-85) : 2,0 %

Une conception souple du fédéralisme

La République fédérale d'Allemagne, issue de la séparation des deux Allemagnes en 1945, adopte sa Constitution le 23 mai 1949 : la Loi Fondamentale, qui s'inspire de conceptions fédérales et libérales.

Le pouvoir est divisé entre les 10 États fédérés *(Länder)* et le gouvernement fédéral *(Bundesregierung)*, Berlin-Ouest étant doté d'un statut à part. La politique économique et sociale est assumée conjointement par les États et l'Union, cette dernière leur fournissant un cadre de directives à respecter. Les États s'administrent librement, leurs ressources provenant d'une part des impôts qu'ils sont autorisés à percevoir dans le cadre de leur territoire, et d'autre part d'un fonds de contributions des États géré par l'Union, et réparti équitablement selon les besoins.

Chaque État dispose d'un Parlement élu au suffrage universel, compétent pour légiférer sur toutes les matières qui ne sont pas expressément réservées au Gouvernement Fédéral (affaires étrangères, défense nationale, citoyenneté, postes et télécommunications...).

Un parlementarisme sophistiqué et efficace

Le président de la RFA, dont le rôle est purement cérémonial, est le garant de l'Union. Il est désigné par une Convention Fédérale spéciale, formée des membres de l'Assemblée nationale *(Bundestag)* et d'un nombre égal d'élus des législatures des États. La réalité du pouvoir est exercée par le cabinet fédéral, dirigé par le chancelier. Les ministres composant le cabinet sont nommés par le Président sur proposition du chancelier. Celui-ci est élu par les membres du Bundestag, à la majorité absolue. Selon un système original, le Bundestag ne peut renverser le chancelier qu'en lui élisant un successeur, toujours à la majorité absolue. Cette procédure est destinée à éviter qu'un gouvernement ne soit renversé par une conjonction de groupes d'opposition incapables de s'allier pour constituer une nouvelle majorité. En échange du contrôle politique reconnu au Bundestag, le chancelier peut demander au Président d'en prononcer la dissolution (mais seulement dans le cas où le chancelier est renversé : en effet, un simple vote de défiance ne lui permet pas de recourir à l'arbitrage des électeurs).

Le Parlement bicaméral de l'Union se compose d'une chambre fédérale élue au suffrage indirect *(Bundesrat)* et d'une assemblée nationale élue au suffrage universel direct *(Bundestag)*.

Le Bundesrat comporte 41 membres (de 3 à 5 par Land) nommés et révoqués par les gouvernements fédérés, ainsi que 4 représentants sans droit de vote nommés par le gouvernement de Berlin-Ouest. La durée des mandats varie en fonction des dates d'élections propres à chaque État. La présidence est assurée à tour de rôle par chacun des États, pour une durée d'un an. Les pouvoirs du Bundesrat ne concernent que les questions qui relèvent concurremment de la compétence de l'Union et des Länder. Cependant, les membres de l'assemblée fédérale disposent d'un droit de veto dans les autres matières, lorsque sont engagés les intérêts des Länder. Enfin, la révision constitutionnelle exige la majorité des 2/3, tant au Bundesrat qu'au Bundestag.

Le Bundestag est l'organe essentiel du corps législatif. Ses députés sont élus pour 4 ans au scrutin direct selon un système qui combine système majoritaire et représentation proportionnelle. Le Bundestag comprend également 22 représentants de Berlin-Ouest, dont le rôle est très réduit.

Le système judiciaire est dominé par le Tribunal Constitutionnel Fédéral. Ses membres sont élus pour moitié par le Bundestag, et pour l'autre moitié par le Bundesrat. Le Tribunal assure le respect de la répartition des compétences fédérales et fédérées, et celui des droits fondamentaux. Mais il est aussi chargé de contrôler la constitutionnalité des lois sur la demande du gouvernement fédéral, d'un gouvernement de Land, d'un tiers des membres du Bundestag ou encore d'un tribunal. Il peut aussi prononcer la déchéance des droits fondamentaux. Enfin, le Tribunal Constitutionnel a été doté d'une compétence exceptionnelle : celle d'interdire tout parti ou groupement dont les objectifs ou l'activité mettraient en danger « l'ordre libéral et démocratique ».

La stabilité gouvernementale

Le fonctionnement du régime est très satisfaisant, mais cela tient davantage à la stabilité politique (en plus de 30 ans, 6 chanceliers seulement se sont succédé au pouvoir) qu'aux précautions inscrites dans la constitution. Cette remarquable stabilité s'explique tout d'abord par l'élimination rapide et presque totale des petits partis, au profit de deux partis dominants (CDU et SPD) et d'un parti moyen (FDP). Le parti chrétien-démocrate (CDU) est d'inspiration assez conservatrice, et cherche à unir catholiques et protestants dans la défense de la démocratie, de la propriété privée et de la liberté individuelle. Le parti social-démocrate (SPD), formation non marxiste, accepte les données fondamentales du système libéral et capitaliste et s'est donné pour seul but d'en corriger les injustices. Le parti libéral (FDP) est moins puissant, mais ses résultats électoraux non négligeables en font un groupe charnière qui a participé à l'exercice du pouvoir, tantôt avec la CDU, tantôt avec le SPD. Par ses changements d'alliance, il a déterminé à plusieurs reprises les orientations fondamentales de la RFA (par exemple en septembre 1982, lorsqu'il a décidé de soutenir Helmut Kohl, candidat de la CDU).

La multiplicité des alliances qui se sont nouées entre les trois principales formations atteste de l'accord profond des partis sur la nature du régime. La RFA a ainsi pu faire l'expérience de la « Grande Coalition » qui, de 1966 à 1969, a réuni les deux partis dominants et théoriquement antagonistes, la CDU et le SPD. À partir de 1969, c'est la coalition SPD/FDP qui a assumé le pouvoir, sous la direction de W. Brandt, puis de H. Schmidt. Mais en 1982, le FDP prouve une nouvelle fois le caractère déterminant de ses choix, en décidant d'abandonner le SPD pour s'allier à la CDU.

L'Allemagne de 1945 est brisée. Si l'on tient compte des effets de la dispersion des habitants, de l'afflux des réfugiés, de la répulsion quasi instinctive que suscitent les directives nazies en 1945 – notamment en matière démographique –, ceux de la dénazification – au moins jusqu'à la conférence de Potsdam en juillet-août 1945 –, il semble évident que ce pays est incapable d'envisager avant longtemps un rétablissement, même partiel, de sa puissance économique. De plus, il n'existe plus de nation clairement identifiable et, quant aux dirigeants, on les chercherait en vain. Enfin, l'attitude initiale des Alliés est pour le moins méfiante, comme en témoignent les premières décartellisations d'usines et le plan Morgenthau de ruralisation du territoire. Dans l'urgence des privations et du marché noir, l'Allemagne doit chercher une identité nouvelle.

Effacer la défaite par l'économie

La mise entre parenthèses du politique conduit Alliés et Allemands à privilégier l'économie. En effet, la puissance industrielle du Reich a été peu entamée par les combats : seuls 10 % du potentiel industriel ont été détruits par les bombardements, ce qui est fort peu en regard du formidable effort de guerre consenti par le Reich. Les Alliés s'intéressent aux secrets industriels d'I.G. Farben, tandis que les Allemands s'efforcent de monnayer leurs richesses naturelles – comme le charbon de la Ruhr – contre une sorte de reconnaissance de fait. L'octroi de l'aide Marshall à l'Allemagne marque une première étape : pour les Occidentaux, à l'exception de la France, l'Allemagne redevient un partenaire obligé même si la crainte d'une nouvelle « Allemagne forte » l'emporte encore.

Trois éléments achèvent de transformer la situation du pays. La coupure de l'Allemagne en deux pays distincts ne laisse plus à la jeune RFA que l'espace économique comme moyen de réhabilitation et, à la limite, comme preuve d'existence sur la scène internationale. En outre, restaurer la puissance économique, permet de se différencier du voisin est-allemand et de se définir par rapport aux Occidentaux. L'accueil des 5 millions de réfugiés ou la reconstruction des usines Thyssen par les ouvriers procèdent de la même logique : montrer que la réussite économique au présent peut innocenter les Allemands des années 1950 des horreurs de la décennie précédente. Enfin, la réforme monétaire imposée par les Américains et mise en œuvre par Ludwig Erhardt a pour effet d'assécher la masse des liquidités sans autre emploi que la spéculation au marché noir. L'échange des billets, à raison d'un pour dix, permet d'écarter le fantôme de l'hyper-inflation des années 1923-1924 qui obsède la population.

Ainsi se trouvent posés les deux principes directeurs de la politique économique allemande : la rigueur financière et l'intégration. La stabilité des prix et de la monnaie représente, en quelque sorte, le premier garant de la stabilité de l'État. La *Bundesbank* se voit investie d'un pouvoir similaire à la Cour Suprême des États-Unis. Dès lors que l'inflation ne peut solder les aspirations contradictoires des citoyens, l'économie sociale de marché permet d'expliquer les choix économiques et d'y associer les acteurs. Elle a d'abord une fonction technique, comparable à celle du plan dans l'économie française, mais surtout une fonction consensuelle entre l'impulsion étatique et la liberté d'entreprendre, entre le volontarisme et le poids des choses, entre les contraintes extérieures et le respect des choix individuels.

À partir de 1951-1952, le boom provoqué par la guerre de Corée installe la croissance allemande de manière durable. Le taux de croissance du PNB s'établit à 6,4 % pour la décennie – le plus élevé des pays d'Europe occidentale –, la hausse des prix est de 2,8 % – meilleur résultat de l'OCDE après les États-Unis –, la balance courante est régulièrement excédentaire et le taux de chômage tombe à 1,1 % au début des années 1960. Ainsi se trouvent identifiés les quatre paramètres du « carré magique » qui illustrent le « miracle économique » allemand des années 1950-1965.

Pour autant, cette prospérité retrouvée reposait d'abord sur le respect des deux objectifs fondateurs. On le vit bien en 1965-1966, lorsque apparurent les premiers signes de déséquilibre. La tension sur le marché du travail entraîna des hausses de salaires proches de 10 % pour l'année 1965, les salariés estimant que le partage des profits était trop à leur désavantage. L'augmentation des rémunérations était donc le prix à payer pour sauvegarder le principe de l'intégration.

Mais un tel glissement favorisait la reprise de l'inflation : les salaires progressèrent de 3,6 % en 1965 et de 4 % en 1966. Du coup, la politique de rigueur financière était menacée, d'autant que le solde de la balance extérieure était déficitaire de 1,3 milliard de dollars pour 1965. À l'automne 1965, les principes directeurs du « miracle allemand » sont, pour la première fois, remis en question.

Le tournant de 1966-1967

Dans un premier temps, les autorités privilégièrent une politique de déflation conforme au primat de la lutte anti-inflationniste. En six mois, le taux d'escompte est trois fois relevé et passe de 3 à 5 %, tandis que les dépenses courantes des administrations diminuent en volume de 2,5 %. A cela s'ajoute le vote d'une loi de stabilisation de la conjoncture destinée à freiner les dépenses des *Länder*. Les résultats de cette stratégie furent décevants. L'indice de la production industrielle chuta de 10 % en un an, tandis que le taux de chômage doubla.

Au printemps 1967, la nouvelle majorité politique entreprit de repenser la politique monétaire et budgétaire en fonction des spécificités du modèle allemand observées depuis 1950. Celui-ci reposait sur une bonne spécialisation internationale dans le domaine des biens d'équipement et sur une monnaie sous-évaluée. Dans un contexte international de baisse des prix de l'énergie et de croissance occidentale soutenue, l'essentiel était donc de relancer la machine industrielle à court terme – donc de pratiquer une politique procyclique – et de préparer à moyen terme les conditions d'un assainissement des finances publiques et locales. D'un côté, le taux d'escompte est abaissé à 3 %, le coefficient de liquidités obligatoires des banques est réduit – ce qui libère 6 milliards de DM – et les formalités de crédit sont simplifiées. En outre, le gouvernement décide le lancement de deux programmes spéciaux pour un montant global de 8 milliards de DM, soit 1,7 % du PNB. D'autre part, la réduction des déficits publics est entamée avec un impôt supplémentaire de 3 % pour les particuliers et les sociétés, ainsi que par la diminution des dépenses sociales et des subventions à l'agriculture.

A court terme, les résultats de cette politique furent mitigés. La reprise de l'activité fut spectaculaire puisque le PNB progressa de 7,2 % en 1968 et de 7,9 % en 1969. Mais ce boom industriel s'accompagna d'un dérapage des salaires et des prix. Pour la première fois depuis la guerre, l'inflation allemande était supérieure à celle de la France. Aussi la rigueur financière fut-elle à nouveau de mise en 1969-1970. L'État se révèle incapable de réguler la demande en période de forte activité internationale, probablement parce que ses décisions sont intervenues trop tardivement. En revanche, l'État fédéral dispose désormais d'instruments nouveaux pour préserver l'équilibre général du modèle allemand. A la confiance traditionnelle dans les mécanismes du marché s'ajoute désormais le souci de prévenir les situations exceptionnelles, comme en témoigne la création des « budgets éventuels », destinés à parer aux chocs inattendus.

Le modèle allemand face aux crises

Les avantages de ces dispositions allaient apparaître dès 1973 avec le premier choc pétrolier. A cette date, les effets des politiques monétaires et budgétaires se conjuguent pour empêcher l'explosion de la demande intérieure et des prix : la consommation privée s'accroît de 2,9 % et les prix de 5,9 %. Au même moment, la position internationale de l'Allemagne fédérale se renforce, en raison de la demande des Européens et des pays producteurs de pétrole demandeurs de biens d'équipement. Les exportations progressent de 16 % en volume entre juin 1973 et avril 1974 ; le solde de la balance commerciale dégage un excédent de 43 milliards de dollars. Dès lors, les conditions d'un « carré magique renouvelé » se trouvent réunies. La croissance interne – plus lente que les partenaires mais régulière – et l'excellence de la spécialisation internationale permettent de dégager des excédents commerciaux confortables. Ceux-ci conduisent à une réévaluation sensible du mark qui gagne en moyenne 9,5 % par rapport aux principales monnaies durant l'hiver 1973-1974. Du coup, l'Allemagne profite de cette revalorisation pour payer relativement moins cher la facture énergétique. Le système est « verrouillé » par la qualité des spécialisations industrielles : la demande en produits sidérurgiques, automobiles ou chimiques allemands est peu sensible aux prix. Les réévaluations successives de la monnaie se répercutent alors exclusivement dans les résultats du commerce extérieur dont les excédents se gonflent. Il y a bien un « cercle vertueux du mark » qui devient la clef de voûte du modèle domestique. L'augmentation du pouvoir d'achat de la monnaie allemande permet en effet, grâce à la baisse du coût des produits importés, de limiter la dérive des coûts de production et de contenir l'inflation. La compétitivité réelle de l'Allemagne se maintient en dépit de la hausse du mark.

A priori, la contrepartie de cette croissance lente et harmonieuse aurait dû être l'accentuation du chômage. Il n'en fut rien en raison de la situation démographique originale du pays : depuis la guerre, celui-ci présente le paradoxe de conduire une activité dynamique avec une démographie chancelante. Tout se passe comme s'il existait une sorte de consensus sur la stérilité nationale, au point que la cellule familiale nucléaire est devenue un modèle. On y verra peut-être une réaction du corps social après les déchaînements hitlériens, toujours est-il que l'Allemagne des années 1970 voit sa population active disponible diminuer de plus d'un million de personnes. Cela permet aux entrepreneurs d'effectuer un « dégraissage » de la main-d'œuvre ample et rapide, sans risque majeur d'écorner le consensus intégrationniste.

Cette situation favorable donne la possibilité au gouvernement d'Helmut Schmidt de pratiquer une politique de soutien privilégiant le traitement du chômage et l'incitation à la consommation sociale. En 1974, un premier programme de 1 730 millions de DM porte sur des investissements publics et l'incitation à la mobilité de la main-d'œuvre. En 1975, un second train de mesures prévoit une relance de la construction et une réduction du taux d'escompte qui passe de 6,5 à 3,5 %. Ces choix visent à entretenir une croissance modérée, l'économie allemande fonctionnant « à basse pression ». Les résultats furent largement satisfaisants : si l'investissement recule de 15 % en deux ans et si le nombre des chômeurs représente 4,4 % de la population active, l'inflation est contenue à 7 % – deux fois moins que dans les autres pays de l'OCDE –, les exportations progressent de 15 % et le solde excédentaire dépasse 4 milliards de dollars pour 1974-1975. Surtout, le mécanisme d'intégration fonctionne à plein puisque les travailleurs acceptent une baisse de leur revenu en 1974 et une stagnation pour 1975-1976.

Le second choc pétrolier modifie sensiblement la position de la RFA. Celle-ci doit à la fois solder ce nouveau prélèvement rapidement pour éviter une poussée des prix et contribuer à la reprise de l'activité économique de ses partenaires qui sont indispensables au fonctionnement du modèle. Or l'atonie des pays occidentaux oblige les autorités à envisager une sortie de crise générale « par le bas », ce qui les contraint, en 1978-1979, à privilégier la relance de la demande interne. De fait, la production augmente de 4 % en volume, le solde courant passe de +8 milliards de dollars à – 1 milliard en 1979, tandis que le taux de chômage retombe à 3 % de la population active et que l'inflation reste à 3,7 %. Cet effort européen était nécessairement provisoire, compte tenu des caractères du modèle allemand et le choc pétrolier a accéléré le retour à une politique internationale attentiste.

La relance française de 1981-1982 et la reprise américaine de 1982-1984 vérifièrent à nouveau la cohérence du modèle. Grâce à sa spécialisation et à sa connaissance du marché français, l'Allemagne fut la première bénéficiaire de la politique adoptée par le gouvernement Mauroy, au point que la moitié du déficit commercial de la France pour 1982 était imputable aux échanges franco-allemands. Avec une inflation stabilisée autour de 5 % et une balance courante de nouveau excédentaire, l'Allemagne pouvait aisément supporter un déficit budgétaire proche de 4 % du PIB. De même, le retard de l'Allemagne dans certains secteurs de pointe, comme les logiciels ou les communications, a été peu ressenti en raison de la résistance des secteurs traditionnels. Depuis 1976, la RFA perd régulièrement du terrain sur son rival japonais – dans le domaine des brevets comme celui des ventes industrielles –, mais aucun pays européen n'est en mesure de vendre massivement des produits substituables à ceux des Allemands. En témoigne l'évolution inverse des soldes manufacturiers de la France et de la RFA vis-à-vis de la CEE. Au total, la patience et le réalisme allemands – en grande partie hérités des conditions de l'après-guerre – ont été largement récompensés. Reste à savoir si ce succès est compatible avec les intérêts d'une Europe élargie.

La République fédérale d'Allemagne a toujours constitué un cas unique en Europe. Passant sans à-coups d'une croissance rapide favorisée par une monnaie sous-évaluée à une croissance plus lente avec une monnaie forte, la RFA est parvenue à juguler l'inflation et à dégager des excédents courants substantiels.

A l'optimisme des années 1960 et du début des années 1970 avait succédé à partir de 1979 un pessimisme exagéré. Vivant sur son acquis, l'Allemagne fédérale était, selon certains, en train de rater le tournant de la nouvelle révolution industrielle. Depuis 1982, l'économie allemande semble à nouveau évoluer dans un cercle vertueux. Une nouvelle phase de reprise économique est intervenue. Celle-ci a résulté pour l'essentiel de circonstances conjoncturelles favorables que la politique économique mise en œuvre a su parfaitement mettre à profit. Toutefois de nombreux problèmes subsistent.

Du miracle économique à l'assainissement de l'économie

Durant les années 1950 et 1960, la croissance avait été relativement soutenue. On parlait même de miracle économique. La RFA s'était spécialisée dans des branches en pleine expansion : la chimie, la mécanique et le matériel électrique, renforçant ainsi le poids de l'industrie dans l'économie.

Un deutsche Mark sous-évalué permettait aux produits allemands d'être de plus en plus compétitifs sur les marchés étrangers. En 1969, la réévaluation brutale de la monnaie allemande avait réduit à zéro la contribution du solde extérieur à la croissance. L'inflation réapparaissait entraînant un relèvement important des salaires, une baisse du taux de profit et de nombreuses grèves.

C'est dans ce contexte qu'est intervenu le premier choc pétrolier. Ce dernier a été relativement bien absorbé par la RFA d'une part, parce qu'étant déjà en récession, elle a pu répondre sans perdre de parts de marché à la forte demande mondiale de 1973-1974 ; d'autre part, parce qu'elle a pleinement profité de la réorientation des courants d'échanges vers l'OPEP.

L'effondrement de la demande externe en 1975 et le souci de ne pas faire supporter aux ménages la totalité de la charge pétrolière imposèrent aux autorités ouest-allemandes une orientation plus expansionniste de la politique budgétaire, hormis entre 1976 et 1977, afin de maintenir une forte croissance.

Face à un environnement extérieur peu dynamique, les efforts déployés par la RFA n'eurent pas les effets escomptés. Bien au contraire, des déficits importants tant budgétaires qu'extérieurs apparurent.

Depuis 1983, la RFA se trouve dans une phase de reprise économique. Profitant du différentiel de croissance entre l'Europe et les États-Unis et de la faiblesse relative du mark vis-à-vis du dollar, la RFA a affiché jusqu'en 1984 un taux de croissance relativement élevé. Par la suite, l'appréciation de la monnaie allemande vis-à-vis du dollar a entraîné un arrêt de la croissance des volumes exportés. Le taux de croissance du PNB a légèrement fléchi tout en restant positif : la demande interne relayant parfaitement la demande externe. Les excédents commercial et courant sont toutefois restés importants en raison de très forts gains de termes de l'échange dus à la baisse du prix du pétrole et des matières premières et du maintien d'un bon niveau d'exportation de biens d'équipement. Les effets de marque, de réputation et de savoir-faire dans ce créneau industriel ont permis à la RFA de compenser les effets de la hausse des prix à l'exportation.

En raison du ralentissement de l'activité économique, le gouvernement allemand n'a pas hésité à remettre en question les choix jusqu'à présent effectués.

Afin de s'assurer une croissance plus vigoureuse et mieux équilibrée pour les années à venir, les autorités ouest-allemandes ont décidé une réorientation de leur politique économique. Trois axes ont été retenus :

1) Réformer les finances publiques (politique de consolidation budgétaire et réforme fiscale) ;

2) Accroître le potentiel de production et réduire le chômage (déréglementations, privatisations, modification de la fiscalité...) ;

3) Libérer les marchés de capitaux (libéralisation et innovations financières).

1) Réformer les finances publiques

La dette des administrations publiques (Bund, Länder et communes) hors sécurité sociale atteint actuellement plus de 850 milliards de DM (42 % du PNB).

Tableau 1 :
Évolution du stock d'endettement public
(en milliards de DM)

	1970	1975	1980	1981	1982	1983	1984	1985	1986	1987
Endettement public total en % du PNB	125,9 18,6 %	256,4 25,0 %	468,6 31,5 %	545,6 35,3 %	614,8 38,4 %	671,7 40,0 %	717,5 38,1 %	760,2 41,2 %	801,0 41,1 %	848,4 41,9 %
dont Bund Länder Communes	56,5 27,8 40,3	113,7 67,0 74,4	232,3 137,8 95,2	309 190,6 109,9	331,8 212,0 112,5	341,4 212,0 112,4	367,3 230,5 113,1	392,4 247,4 113,7	415,4 264,3 114,8	440,5 284,2 117,6
Chemins de fer fédéraux	17,0	26,3	32,6	34,4	36,0	35,8	35,8	36,1	38,0	40,8
Postes fédérales	20,3	40,0	33,8	37,9	40,9	43,1	45,5	50,3	55,0	61,1

Source : Bundesbank.

Les chocs pétroliers combinés à une politique de relance d'inspiration keynésienne financée par l'emprunt en sont en grande partie responsables.

Dès la fin de 1973, l'activité économique en RFA avait fléchi ; l'accroissement du chômage qui s'ensuivit entraîna une hausse brutale des allocations chômage et des autres transferts. L'ajustement des cotisations sociales à ces évolutions n'intervenant que bien plus tard, le déficit budgétaire se creusa. Simultanément, le gouvernement allemand adopta une politique expansive de relance de la demande globale. Les dépenses publiques (consommation et investissement) s'accrurent massivement. Les *Länder* en furent les principaux responsables. En 1974, leurs dépenses rapportées au PIB dépassaient 7 % (contre 4 % en 1950).

A partir de 1976, la reprise économique facilita la résorption du déséquilibre des finances publiques. Les recettes fiscales s'accrurent tandis que l'amélioration de la situation de l'emploi permit le ralentissement des dépenses.

Devant le manque de vigueur de la reprise économique, le gouvernement allemand accepta à partir de 1977 de jouer le rôle de « locomotive ».

Les principales mesures prises furent : – un programme des investissements pour l'avenir (mars 1977) ; – des allégements fiscaux (octobre 1977) ; – le programme ERP (juin 1978) ; – un programme d'action concertée de réaménagement de l'impôt sur les salaires (juillet 1978) ; – une augmentation des allocations familiales et des réductions d'impôts pour les entreprises (1980).

Le déficit financier de l'État hors sécurité sociale se creusa pour atteindre 60 milliards de DM en 1981 (contre 30 milliards trois ans plus tôt).

En 1981, la coalition parti socialiste – parti libéral de H. Schmidt entreprit de lutter contre le déficit budgétaire. La croissance des dépenses publiques fut limitée à 5,5 %. Les résultats ne furent toutefois pas à la hauteur des espérances (+7,7 % en 1981). Ce résultat médiocre était en partie imputable à un environnement international peu favorable. A partir de l'automne 1982 une nouvelle coalition menée par H. Kohl donna la priorité à la lutte contre le déficit budgétaire (opération 1982).

Quatre axes furent proposés : 1) la réduction du montant absolu des déficits publics (aucune norme ne fut édictée) ; 2) la diminution du taux des prélèvements fiscaux ; 3) la diminution de la part des dépenses publiques dans le PNB à un niveau inférieur à 45 % (ce qui nécessite une croissance des dépenses publiques de moins de 3 % par an jusqu'en 1989) ; enfin 4) la modification de la structure des recettes et dépenses publiques.

Afin de mener à bien ces objectifs, les dépenses de personnel furent réduites, le flux annuel de créations de postes de fonctionnaires a baissé de 2/3.

Les dépenses d'investissement ont été comprimées surtout dans les communes

LA RÉFORME FISCALE EN RFA

1986 (première tranche)

- Montant : 10,9 milliards de DM.
- Mesures

– Passage du seuil d'imposition :
de 4 212 DM pour un célibataire à 4 536 DM ;
de 8 424 DM pour un couple à 9 062 DM ;
Coût : 2,1 milliards de DM.

– Ralentissement de la progressivité de l'impôt pour les bas et moyens salaires.
Coût : 3,6 milliards de DM.

– Relèvement du quotient familial de 2 052 DM à 2 484 DM par enfant et relèvement de la somme déductible par enfant de plus de 18 ans faisant des études : vivant sous le toit familial de 1 200 DM à 1 800 DM ; vivant à l'extérieur de 1 200 DM à 3 000 DM.
Coût : 5,2 milliards de DM.

1988 (deuxième tranche)

- Montant initial : 8,5 milliards de DM.
- Montant effectif : 8,5 + 5,2 milliards de DM[1].

La mise en place en 1988 de la seconde tranche de réduction d'impôts d'un montant de 8,5 milliards de DM ne devait concerner que les ménages à revenus élevés.

L'impact relativement faible des réductions d'impôts sur la croissance a conduit le gouvernement allemand à avancer à 1988 certaines réductions d'impôts initialement prévues pour 1990 (abattement à la base et abattement pour familles nombreuses).

1990 (la réforme fiscale)

La réforme fiscale porte sur un montant brut de réduction des impôts de 44 milliards de DM.

La décomposition est la suivante :

– Réaménagement de la grille de l'impôt.
Coût : 24 milliards de DM.
Cela allégera l'imposition des personnes à revenus moyens.

– Réduction du taux minimal d'imposition de 22 à 19 %.
Coût : 7 milliards de DM.

– Passage du seuil d'imposition :
de 4 536 DM pour un célibataire à 5 616 DM ;
de 9 062 DM pour un couple marié à 11 232 DM.
Coût : 7 milliards de DM.

– Relèvement du quotient familial de 2 484 DM par enfant à 3 024 DM.
Coût : 2,6 milliards de DM.

Les trois dernières mesures (16,6 milliards de DM) devraient alléger les impôts payés par les personnes à faibles revenus.

– Réduction du taux maximal d'imposition sur les revenus de 56 à 53 %
Coût : 1 milliard de DM.

– Réduction du taux d'imposition sur les sociétés de 56 % à 50 %
Coût : 2,3 milliards de DM.

Afin de financer ces réductions d'impôts, le gouvernement allemand réduira les subventions aux entreprises, pourrait augmenter l'impôt sur la consommation et réduire les privilèges fiscaux (abattement sur les revenus des salariés, abattement de Noël, abattement sur les heures supplémentaires).

---

1) Avance sur la réforme de 1990 en vertu de l'accord monétaire du Louvre le 22/02/1987.

sans toutefois affecter profondément le besoin de services collectifs, qui est lui-même en diminution avec le recul de la natalité. Les dépenses sociales, quant à elles, ont été les plus durement touchées ; la croissance des prestations s'est ralentie. En revanche, la couverture du chômage s'est améliorée. Les transferts des Länder aux ménages ont pour la première fois baissé.

Les subventions n'ont pas été affectées. A ceux octroyés à la *Bundesbahn* (chemins de fer allemands) et aux charbonnages se sont substitués ceux à la sidérurgie et à la construction.

L'essentiel de l'impact (plus des 3/4) s'est fait sentir sur les ménages. La fiscalité s'est accrue, les prestations sociales ont été réduites (il faut toutefois noter qu'au cours de la période 1980-1982, l'impôt sur le revenu des personnes physiques avait baissé et que les allocations familiales avaient été accrues) et les fonctionnaires ont perdu du pouvoir d'achat.

Ces mesures combinées à la bonne tenue de l'activité économique et aux profits exceptionnels de la *Bundesbank* inhérents à l'évolution du taux de change du DM vis-à-vis du dollar ont permis une amélioration du solde budgétaire.

La politique de consolidation des finances publiques ne peut-elle être remise en question après les réductions d'impôts sur le revenu de 11 et 14 milliards de DM intervenue en janvier 1986 et 1988 et celles de 44 milliards de DM envisagées pour 1988 et 1990. La réponse des autorités allemandes semble à cet égard sans équivoque. Aucun relâchement n'est actuellement envisagé. À ce propos, les autorités allemandes envisagent pour 1989 un relèvement des impôts à la consommation, afin de financer les nouvelles obligations financières vis-à-vis de la CEE.

La réduction du déficit restera à n'en pas douter un objectif difficile à réaliser. En effet le système fiscal allemand répercute sans délais et de façon amplifiée tout ralentissement de la croissance ; la persistance d'un chômage structurel due à des facteurs démographiques nécessite de nombreuses mesures de soutien à l'emploi tandis que la volonté de maintenir certains secteurs en activité implique de massives subventions publiques. Les autorités allemandes sont conscientes du fait que les conséquences économiques d'une politique de consolidation peuvent être néfastes pour la croissance notamment par l'aspect déflationniste. Toutefois, elle peut aussi permettre une forte croissance, surtout dans le contexte actuel de baisse des taux d'intérêt et de faible inflation. L'assainissement budgétaire améliore la confiance des agents économiques ; l'amélioration du taux de profit des entreprises liée à la réduction des prélèvements nets des administrations publiques sur les entreprises permet une reprise de l'investissement et donc de la croissance. Si la consolidation se poursuit, sans heurt, la marge de manœuvre dégagée permettra un meilleur financement interne de l'économie et l'exportation de capitaux.

2) Accroître le potentiel de production et réduire le chômage

Tous les pays européens réservent à l'heure actuelle une attention toute particulière aux problèmes de l'insuffisance des emplois offerts et au chômage. La République fédérale d'Allemagne n'y fait pas exception. En effet, le chômage touchait au mois d'août 1987 près de 2 250 000 personnes soit 9 % de la population active contre 5,6 % six ans plus tôt.

La situation démographique et l'insuffisance de l'investissement productif sont considérées comme les éléments fondamentaux de la progression du chômage et du faible dynamisme du potentiel de production. Si le premier apparaît immuable au moins dans le court terme, le second pourrait évoluer différemment et contribuer à résorber une partie du chômage.

La baisse de la rentabilité du capital et l'évolution des coûts salariaux ont affaibli l'investissement total.

Les deux chocs pétroliers (1974-1975 et 1979-1980) ont profondément entamé la rentabilité du capital. L'excédent brut d'exploitation s'était contracté sous le double effet de la détérioration des termes de l'échange et de la croissance des salaires nominaux. Depuis 1981, la situation s'est améliorée. La sous-évolution du deutsche Mark a restauré les profits des entreprises et par voie de conséquence la rentabilité du capital. Toutefois aucun effet notable n'a encore été enregistré sur le taux d'investissement. Bien qu'en nette diminution par rapport aux décennies précédentes, le taux d'investissement de l'économie allemande demeure toutefois supérieur à celui des autres pays développés, à l'exception du Japon.

Au niveau du secteur manufacturier, la tendance est également baissière. Toutefois de profondes disparités à l'intérieur du secteur manufacturier sont à noter. Des branches, peu importantes en terme de volume d'investissements, telles que la branche bureautique ont un taux d'investissement sur la période 1970-1975 nettement supérieur à la moyenne du secteur manufacturier. De même sur certaines branches traditionnelles (sidérurgie-automobile) l'Allemagne fédérale affiche des taux d'investissement particulièrement élevés. Une stratégie de maintien de la compétitivité sur certaines branches, fer de lance de l'industrie allemande au cours des décennies 1960 et 1970, semble primer le positionnement sur des créneaux de pointe tels que l'électronique industrielle, l'informatique et l'aéronautique. En 1986, l'investissement de ces trois branches n'a représenté que 8 % à 9 % de leur valeur ajoutée.

Le vieillissement des capacités de production s'est accéléré. Le développement de la part de la consommation de capital fixe dans la formation brute de capital fixe a affaibli les possibilités de développement effectif de l'appareil de production. En d'autres termes, l'amortissement, de plus en plus important, canalise le flux d'investissement actuel – de moins en moins important – vers la rationalisation (rajeunissement de l'appareil de production) et non pas vers l'extension de capacités de production. Cela pourrait nuire à terme à l'économie allemande qui pourrait ainsi se trouver décrocher dans la course à la technologie.

Les indicateurs de degré de modernité du stock de capital fixe élaborés par le « Deutsches Institut für Wirtschaftsforschung » (DIW) montrent bien que le vieillissement de l'appareil de production est encore loin d'être stoppé. Toutes les branches sont concernées à l'exception de celles charbonnières et d'extraction de pétrole et de gaz où l'évolution du prix du pétrole a rendu obligatoire le rajeunissement du capital utilisé. Toutefois la baisse du prix du pétrole, intervenue au début de 1986, devrait marquer un coup d'arrêt à la modernisation du stock de capital de ces deux branches.

La situation apparaît donc particulièrement préoccupante en ce sens que le vieillissement du capital affecte toutes les branches de l'industrie manufacturière tant celles traditionnelles que celles concernant la haute technologie. Or ces dernières disposent en général de machines et d'équipements industriels plus rapidement obsolètes que dans les secteurs traditionnels où les biens sous forme de bâtiment priment.

Ainsi, si l'investissement dans les branches de haute technologie ne se développent pas suffisamment, dans les années voire dans les mois à venir, on arriverait à une situation où l'investissement pourrait même être insuffisant pour pallier l'usure du capital déjà existant.

La croissance du stock de capital s'est considérablement ralentie dans la période récente. L'examen de l'évolution du stock de capital fait état d'un ralentissement de la croissance de celui-ci dans la période récente (+1,1 % au cours de la période 1980-1985 contre +4,2 % entre 1970 et 1975 dans l'industrie manufacturière).

Tableau 2 :
Stock de capital fixe
(taux de croissance annuel)

	1970-1975	1975-1980	1980-1985
Secteur manufacturier	+4,2 %	+1,7 %	+1,1 %
Fer et acier	+3,3 %	–0,1 %	–1,1 %
Automobile	+4,5 %	+2,9 %	+4,7 %
Aéronautique	+7,8 %	+9,5 %	+10,1 %
Bureautique	+10 %	+5,7 %	+5,2 %
Textile	+1,4 %	–1,0 %	–2,1 %

Source : DIW

À un niveau désagrégé, on peut constater que depuis la seconde moitié des années 1970, les branches traditionnelles telles que le textile et le fer et acier connaissent une stabilisation voire une décroissance de leur stock de capital. En revanche, d'autres segments de l'industrie manufacturière, principalement dans le domaine de la haute technologie, affichent une forte croissance de leur stock de capital, principalement en raison de leur faible niveau de départ.

La célèbre phrase prononcée par Helmut Schmidt alors qu'il était chancelier, *« les investissements d'aujourd'hui font les profits de demain et les emplois d'après-demain »*, conserve aujourd'hui toute son actualité.

L'atonie des investissements est un facteur préoccupant dont on ne sait pas au juste s'il est dû à des facteurs purement mécaniques ou à des facteurs psychologiques. En effet, l'intensité en capital par employé dans l'industrie manufacturière a crû fortement dans la période récente (1980-1986) ; mais cette évolution est principalement imputable aux réductions drastiques de main-d'œuvre dans un but de compression de la masse salariale. Dans les années à venir, même si la substitution capital-travail se ralentit, il n'en demeure pas moins que l'investissement demeurera insuffisant pour compenser les réductions d'effectifs.

Les autorités ouest-allemandes ont donc décidé de réagir en s'efforçant d'améliorer la situation du côté de l'offre. La fiscalité sur les entreprises sera allégée (cf. supra) : le taux d'imposition des sociétés passera de 56 % à 50 % en 1990. De nombreuses mesures de déréglementation (suppression d'enquêtes statistiques et de certaines autorisations à l'importation, réduction des contrôles de qualité) ont déjà été prises. Enfin, un programme de privatisation a été mis en œuvre afin de renforcer le potentiel de croissance de l'économie.

Les privatisations en RFA

Fervent adepte du libéralisme économique, l'État allemand n'en est pas moins présent dans un grand nombre de branches industrielles et de banques.

Les participations de l'État allemand peuvent être regroupées dans sept secteurs :

– les entreprises produisant de l'électricité (74 %), du gaz (95 %) et de l'eau (80 %) ;

– les entreprises de transport dont les transports communaux, la Bundesbahn (compagnie de chemin de fer), la Lufthansa (compagnie aérienne) et les principaux ports fluviaux ;

– la Bundespost (PTT) ;

– les instituts de crédit dont les banques publiques détenues par les Länder et les caisses d'épargne ;

– près de 40 organismes publics d'assurance ;

– les entreprises de construction ;

– les sociétés industrielles.

Les participations industrielles de l'État sont regroupées dans six grands conglomérats ou « konzerns » réalisant au total un chiffre d'affaires de près de 60 milliards de deutsche Mark et employant environ 355 000 salariés.

Toutes ces participations sont d'origine historique et reflètent les quatre grandes étapes de l'histoire économique de l'Allemagne : l'héritage prussien avec ses entreprises minières, la République de Weimar et la crise de 1929 avec ses entreprises publiques ; le troisième Reich avec ses groupes sidérurgique et minier, enfin les années 1970 et le SPD au pouvoir avec les industries nucléaires.

Au début des années 1960, sous la conduite des chanceliers Adenauer et Erhard, et dans le but de développer l'actionnariat populaire, l'État allemand avait cédé au public 100 % du groupe Preussag (métaux non ferreux et production d'électricité), 60 % de la firme automobile Volkswagen et 56,25 % du groupe chimique et pétrolier VEBA.

Au pouvoir entre 1969 et 1982, les sociaux-démocrates n'ont pas poursuivi le mouvement de privatisation. En revanche, le gouvernement chrétien-démocrate d'Helmut Kohl, arrivé au pouvoir en 1982, a élaboré un programme visant à réduire les aides de l'État à l'industrie, à limiter l'influence de l'État dans la gestion des entreprises et surtout à privatiser partiellement des entreprises à capitaux, en partie ou en totalité, publics. A l'heure actuelle, seuls VEBA, Volkswagen et VIAG ont été partiellement privatisés. Cela a été tout juste suffisant pour rétablir l'équilibre entre ce que l'État fédéral dépense au profit des entreprises publiques et ce qu'il reçoit comme dividende. Ainsi de 1983 à 1986. Les recettes de ces privatisations se sont chiffrées à 1,5 milliard de DM mais parallèlement l'État fédéral a injecté 1,4 milliard de DM pour soutenir d'autres firmes dans lesquelles il détient une participation.

Le second élément permissif dans la progression du chômage est la démographie. Là aussi de profondes mutations vont apparaître dans les années à venir.

La RFA a connu d'importants changements dans l'évolution de ses disponibilités en main-d'œuvre. 1965 à 1975 fut une période de stagnation : la main-d'œuvre étrangère compensant la baisse du nombre des actifs allemands. Depuis 1975, on assiste à une croissance des disponibilités en main-d'œuvre.

Les projections démographiques font état d'un nouveau ralentissement pour les années à venir. Cela ne peut manquer d'avoir des conséquences sur le potentiel de production ouest-allemand. Certes, l'importance de main-d'œuvre actuellement non utilisée atténue les risques pour les 15 ans à venir. En revanche à plus long terme les perspectives d'une baisse de la population active interdisent aux autorites de s'attaquer fondamentalement au problème. A court terme, une politique de créations massives d'emplois se révèle nécessaire ; à plus long terme les perspectives démographiques imposent une gestion économe du travail.

La politique actuellement suivie n'est donc pas irréversible. Les mesures actuellement prises, à savoir la réduction de la durée du travail et la mise à la retraite au-dessus de 55 ans ne perdureront certainement pas après l'an 2 000. Déjà, certaines études en cours envisagent pour cette échéance une révision de la réglementation actuelle, un encouragement du travail féminin voire un développement de l'immigration étrangère.

3) Libéraliser les mouvements de capitaux

Le système financier allemand est aujourd'hui pratiquement exempt de toutes restrictions hormis celles inhérentes à la surveillance du système bancaire par la Banque Centrale. Les taux d'intérêt créditeurs sont entièrement libres depuis 1967. Quant aux taux débiteurs, ils n'ont jamais été réglementés. Dans le domaine des mouvements internationaux de capitaux la liberté est également totale même si elle est récente en ce qui concerne les entrées de capitaux.

Durant les années 1970, la crainte de voir le deutsche Mark devenir une monnaie internationale et celle de ne plus pouvoir maîtriser la croissance monétaire interne avaient empêché une libéralisation totale des mouvements de capitaux.

Les années 1979-1980 ont dissipé ces craintes. En effet, la balance des opérations courantes étant déficitaire, il n'était plus nécessaire de se prémunir contre les entrées de capitaux. Ainsi, les dernières restrictions d'achat par des non-résidents d'obligations et de titres à court terme allemands furent levées en 1981.

En août 1984, en raison de la concurrence grandissante des autres places financières notamment celles du Luxembourg, de Londres, de New York et de Tokyo, les autorités ont décidé la suppression de la retenue à la source de 25 % sur les revenus des obligations allemandes en DM détenues par des non-résidents. Très rapidement, les placements étrangers à long terme en RFA se sont accrus. Au cours du premier semestre 1987, 45 milliards de DM ont été investis en RFA soit plus du triple du montant de toute l'année 1982.

Plus récemment encore, en 1985, la Bundesbank a autorisé les banques étrangères établies en RFA à être chef de file pour des émissions étrangères en DM. Ces banques peuvent également prendre part aux consortiums de placements des emprunts du gouvernement fédéral, des postes et des chemins de fer.

La Bundesbank a également autorisé l'émission d'obligations à taux variables à coupon zéro ainsi que les titres à double devise ou assortis de swaps de devises ou de taux. Toutefois le marché secondaire reste relativement faible en raison de l'impôt de 0,25 % sur les opérations de bourse que M. Stoltenberg, ministre des Finances, a pourtant l'intention de supprimer prochainement. Enfin en 1986, le régime des réserves obligatoires a été assoupli et la Bundesbank a donné son accord pour l'émission de certificats de dépôts libellés en DM.

Toutes ces innovations visent à accroître le rôle de la RFA comme place financière internationale et à permettre aux banques allemandes de soutenir la concurrence des étrangers mais aussi de mieux répondre aux exigences des agents économiques non financiers.

La RFA joue de plus en plus un rôle de plaque tournante des capitaux internationaux. A cet égard, sa stratégie se démarque nettement de celle du Japon autre grand pays créditeur mondial.

Depuis 1982, tout comme le Japon, la RFA affiche des excédents courants spectaculaires (9,9 milliards de DM en 1982, 23,9 en 1984 et 80,6 en 1986) et de façon symétrique, aux variations de réserves de change près, elle place massivement à l'étranger. Toutefois, l'excédent de la balance courante allemande n'est pas compensé comme au Japon par un déficit presque équivalent de la balance des capitaux à long terme. Les capitaux issus des transactions commerciales sont replacés à court terme dans des titres publics européens. En revanche au Japon ces capitaux sont replacés à long terme principalement dans des titres publics américains.

Balance des paiements de la RFA en milliards de DM

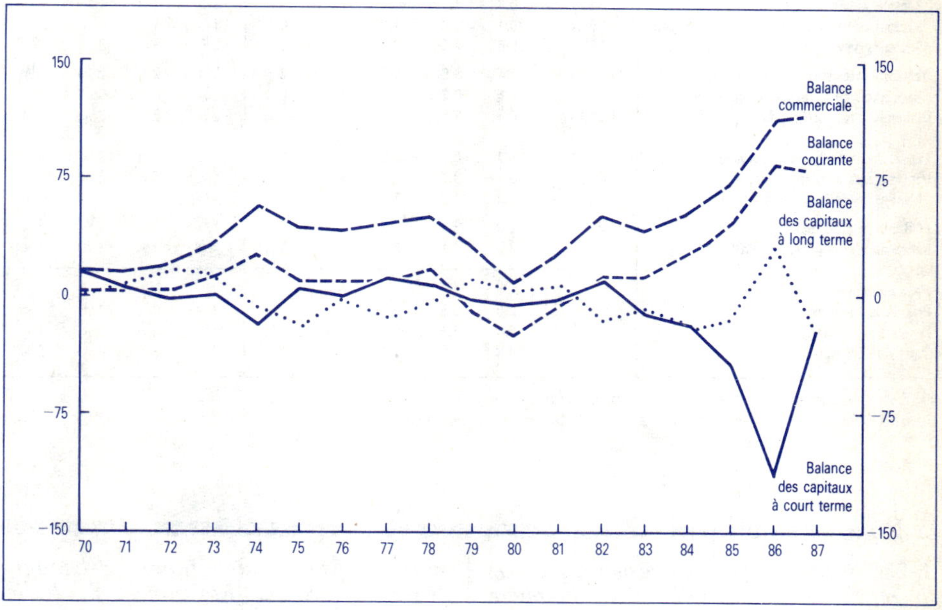

Ce rôle de pourvoyeur de capitaux que joue de plus en plus la RFA ne va pas sans inconvénients. Tout d'abord, au niveau de sa norme monétaire (3 % - 6 % en 1987) qui actuellement n'est pas respecté : l'inflation demeure cependant bien maîtrisée ; ensuite, dans le cas où sa situation économique viendrait à se dégrader, des retours en arrière en matière de libéralisation financière pourraient se révéler désastreux.

L'accentuation de la concurrence internationale et l'interdépendance des marchés imposent à la RFA des adaptations. Deux axes semblent actuellement prioritaires :
– une amélioration de la structure de la Bourse ;
– une plus grande participation de la RFA dans les opérations financières internationales.

La RFA est-elle en train de vivre sur son acquis ? Certes non, car elle détient encore de sérieux atouts. Tout d'abord la politique de consensus social a permis de préserver la paix sociale. Les syndicats sont réalistes, soucieux d'efficacité et peu contestataires.

Enfin, les choix actuels de la politique économique témoignent de la volonté des autorités à préparer les années à venir. Cet avenir repose sur la capacité de la RFA à intégrer les produits à haute technologie dans son secteur industriel traditionnel mais également et surtout à développer une industrie *high tech* performante.

Un échec dans ce domaine placerait l'Allemagne fédérale face à des concurrents très dynamiques (NPI par exemple) et ne ferait qu'accroître son problème de l'emploi.

Perspectives de l'économie allemande
Pourcentages de variation par rapport à la période précédente, taux annuels désaisonnalisés, en volume (prix de 1980)

	1982 prix courants (milliards de DM)	1985	1986	1987	1988	1989	Prévisions 1988 I	Prévisions 1988 II	Prévisions 1989 I	Prévisions 1989 II
Consommation privée	918.1	1.7	4.3	3.1	3 1/4	2 1/2	3	2 1/2	2 1/2	2 1/2
Consommation publique	326.2	2.1	2.4	1.5	1 1/2	1 1/2	1 1/4	1 1/4	1 1/2	2 1/4
Formation brute de capital fixe	326.9	0	3.2	1.7	2 3/4	2	1 1/2	1 1/4	2	2
Secteur public	45.2	0.8	7.1	0.7	3	– 1/2	– 1 1/2	– 1 1/4	1 3/4	0
Secteur privé : construction de logements	99.2	– 10.1	– 1.0	– 1.0	2 1/4	0	1	– 1 3/4	1/4	1
Secteurs privés : autres	182.5	5.5	4.3	3.2	3	3	2 1/2	3 1/4	3	3
Demande intérieure finale	1 571.2	1.4	3.6	2.5	2 3/4	2 1/4	2 1/4	2	2 1/4	2 1/4
[1] variation de la formation de stocks	– 11.5	– 0.5	0.2	0.4	0	0	1/4	0	0	0
Demande intérieure totale	1 559.7	0.9	3.8	2.9	2 3/4	2 1/4	2 1/2	2	2 1/4	2 1/4
Exportations de biens et services	517.5	6.7	– 0.2	0.8	4 1/4	3 3/4	3 1/4	3 3/4	3 3/4	3 1/2
Importations de biens et services	480.1	3.7	3.7	4.8	6	5	5 1/2	5	5 1/4	5
[1] variation de la balance extérieure	37.4	1.2	– 1.2	– 1.1	– 1/4	– 1/4	– 3/4	– 1/4	– 1/2	– 1/4
PNB aux prix du marché	1 597.1	2.0	2.5	1.7	2 1/4	1 3/4	1 3/4	1 1/2	1 3/4	1 3/4
Indice de prix implicite du PNB	–	2.2	3.1	2.1	1 1/2	1 1/2	1 3/4	1 3/4	1 1/2	1 1/4
Pour mémoire										
Prix de la consommation	–	2.0	– 0.5	0.6	1	1 1/2	1	1 1/4	1 1/2	1 1/2
Production industrielle	–	5.4	2.1	0.2	1 1/2	1 1/4	1	1 1/4	1 1/4	1 1/4
Taux de chômage	–	8.3	8.0	7.9	8	8	8	8	8	8 1/4

1) En pourcentage du PNB de la période précédente.
Source : Perspectives économiques de l'OCDE, n° 43, juin 1988.

■ Pour en savoir plus

J.-Ch. Asselain, *Histoire économique. De la révolution industrielle à la Première Guerre mondiale,* Paris, Presses de la Fondation Nationale des Sciences Politiques et Dalloz, 1985.

Y. Barou et B. Keiser, *Les grandes économies. États-Unis, Japon, Allemagne fédérale, France, Royaume-Uni, Italie,* Paris, Éditions du Seuil, 1984.

B. Keiser, *La République fédérale d'Allemagne : le modèle dans l'impasse ?,* Paris, Hatier, 1981.

FRANCE

Institutions et vie politique :
C. Benoist-Lucy
Croissance : A. Rowley
Enjeux : Ch. Stoffaës

Capitale : Paris
Population : 55 390 000 hab.
Variation pop./an (1973-85) : 0,5 %
Superficie : 547 026 km²
PNB/habitant : 9 550 $
Taux de croissance/an (1973-85) : 2,1 %

Un régime semi-présidentiel

Si la Constitution de la Ve République, ratifiée par référendum populaire le 28 septembre 1958, participe à la fois du régime parlementaire et du régime présidentiel, en fait, elle ne relève vraiment ni de l'un ni de l'autre : elle a institué un régime mixte, qui met l'accent sur l'exécutif.

Désigné à l'origine par un collège électoral, le président de la République est, depuis 1962, élu au suffrage universel direct pour 7 ans, ce qui achève de conforter sa prééminence. En outre, l'étendue des pouvoirs conférés au Président par la Constitution a été accrue par l'interprétation qu'en ont volontiers faite le général de Gaulle et ses successeurs. Les textes s'y prêtaient, en raison de l'ampleur des missions confiées au Président : selon l'article 5 de la Constitution, c'est lui qui veille au respect de la Constitution et assure par son arbitrage le fonctionnement régulier des institutions. Il peut dissoudre l'Assemblée nationale, ou provoquer un référendum sur les questions fixées à l'article 11. En outre, l'article 16 lui permet d'exercer les pleins pouvoirs en cas de menace grave pesant sur les institutions ou l'indépendance de la Nation.

L'importance des pouvoirs du Président a naturellement contribué à limiter ceux du Premier ministre, qui, en théorie, dirige l'action du gouvernement et est le chef de file de la majorité parlementaire. En effet, c'est le Président qui est à la tête du Conseil des ministres et qui, de cette façon, peut conduire réellement l'action gouvernementale : le Premier ministre a dès lors pour mission de coordonner et de diriger l'exécution des décisions prises au Conseil des ministres. C'est lui également qui doit rassembler la majorité parlementaire autour des projets gouvernementaux, le Président n'ayant aucune relation avec les chambres.

Un Parlement dominé par l'exécutif

Si le gouvernement est assujetti au Président dans la mesure où celui-ci nomme et révoque ses membres (y compris le Premier ministre, comme la pratique l'a montré), en revanche sa position à l'égard du Parlement a été renforcée par rapport aux institutions de la IVe République. Les conditions dans lesquelles l'Assemblée peut mettre en jeu la responsabilité gouvernementale ont été limitées (majorité absolue requise dans tous les cas), tandis qu'en sens inverse les prérogatives du gouvernement dans la procédure législative sont largement accrues.

Au sein du Parlement, l'Assemblée nationale dispose d'une nette prééminence sur le Sénat. Cela s'explique par le mode de désignation des membres du Parlement : seuls, les députés de l'Assemblée sont élus au suffrage universel direct (pour 5 ans, au scrutin proportionnel), les sénateurs étant désignés (par tiers tous les 3 ans pour un mandat de 9 ans) par un collège électoral composé des députés et d'élus locaux. La supériorité de l'Assemblée, totale en ce qui concerne le contrôle politique, se manifeste également, mais à un moindre degré, dans la procédure législative : lorsque les deux chambres sont en désaccord sur un texte, l'Assemblée peut trancher seule dès lors que le Premier ministre lui en fait la demande.

Cependant, ce sont les prérogatives législatives du Parlement tout entier qui ont été réduites au profit de l'exécutif : le Parlement ne peut légiférer hors des matières énoncées par l'article 34 de la Constitution, doit examiner en priorité les projets de loi déposés par le gouvernement, et peut être contraint par ce dernier à se prononcer globalement sur un texte sans y apporter d'amendement (art. 44/3).

Les pouvoirs de l'exécutif sont cependant limités par l'existence du Conseil constitutionnel. Celui-ci, composé de 9 membres, est chargé de contrôler le bon déroulement des élections nationales, la constitutionnalité des lois dont il est saisi et le respect de la frontière entre les domaines législatif et réglementaire. Il doit en outre être consulté par le Président lorsque celui-ci décide de recourir aux pleins pouvoirs de l'article 16.

Le système judiciaire actuel, dominé par la Cour de cassation, résulte de la réforme de décembre 1958. Le président de la République est le garant de l'indépendance de l'autorité judiciaire.

L'alternance suppose la « cohabitation »

La France est traditionnellement un pays de multipartisme. Si la IIIe et la IVe République se sont même parfois caractérisées par une extrême division des courants politiques, on a assisté durant la Ve République à un certain renouvellement des partis ; ceux-ci, en raison de l'élection du Président au suffrage universel direct, ont tenté d'opérer un regroupement qui a abouti à une certaine bipolarisation de la vie politique.

La compétition pour le pouvoir se joue entre le grand parti de gauche, le Parti Socialiste (PS), et les deux grands partis de droite, le Rassemblement Pour la République (RPR) d'obédience gaulliste, et l'Union pour la Démocratie Française (UDF), regroupant, avec l'UDC (Union Du Centre), des formations de tendance modérée. Un grand nombre de petits partis (dont les deux principaux sont le Parti Communiste et le Front National d'extrême-droite) se disputent une représentation parlementaire, mais ne constituent pas des partis de gouvernement.

Depuis 1958, il y a eu peu d'alternance politique, en dépit de la mouvance des alliances électorales et gouvernementales. Le Parti Socialiste n'a obtenu qu'une fois la majorité absolue (1981-1986), à la suite de l'élection d'un président socialiste : M. Mitterrand. Mais en 1986, pour la première fois sous la Ve République, le Président s'est trouvé après les élections en face d'une majorité parlementaire hostile, composée de l'alliance RPR/UDF. Le Premier ministre devant être nécessairement le chef de la majorité parlementaire, c'est M. Chirac, président du RPR, qui a été choisi par M. Mitterrand pour occuper le poste de Premier ministre. La fonction présidentielle s'en trouve temporairement affaiblie car les projets souhaités par le Président n'obtiennent que rarement l'approbation du Parlement. C'est donc le Premier ministre qui joue un rôle essentiel, puisqu'il doit s'efforcer de maintenir la cohésion du pouvoir politique tout en élaborant avec le gouvernement des textes qui donnent satisfaction au Parlement.

Les institutions françaises ne sont pas particulièrement adaptées à ce contexte. Si les constituants ont en effet envisagé la possibilité de divergence entre la majorité parlementaire et l'appartenance politique du Président, ils ont vu dans la dissolution de l'Assemblée le moyen pour le Président de débloquer la situation à son avantage. Or la dissolution s'est révélée inutile au lendemain de l'élection des députés, dans la mesure où le peuple aurait sans doute confirmé son vote. C'est pourquoi de nombreux juristes ainsi qu'une partie de la classe politique sont favorables à une réduction à 5 ans du mandat présidentiel, afin de faire concorder dans le temps l'élection présidentielle et les élections législatives, et d'assurer ainsi au lendemain du vote une meilleure cohérence du paysage politique. Cependant, cette cohérence paraît de plus en plus délicate à obtenir : les élections du printemps 1988 marquent un rééquilibrage entre les grandes tendances politiques, compliquant ainsi l'obtention d'une réelle majorité de gouvernement.

Révolution industrielle à la française

Dès le Moyen Âge, on voit apparaître dans les villes du Nord des activités industrielles autonomes. Ce système de production artisanal se maintient tout au long de l'Ancien Régime et se prolonge même au début du XIXe siècle dans l'habillement et l'alimentation. Mais le véritable basculement s'opère au long du XVIIIe siècle, avec la proto-industrialisation. Celle-ci repose sur un entrepreneur, qui contrôle toutes les étapes depuis l'achat de la matière première jusqu'à la commercialisation, et sur des travailleurs-artisans, qui reçoivent un prix de façon en rémunération de leur travail. Autour de Saint-Quentin, de Lyon, s'agencent des sortes de nébuleuses industrielles qui s'enracinent encore largement dans le tissu rural. Le « décollage » industriel de la France s'amorce.

Comme en Angleterre, l'élan industriel décisif se produit au tournant du XIXe siècle. Certes, la Révolution française a, de fait, constitué une solution de continuité entre les techniques nouvelles et leur diffusion : la machine de Watt apparaît en 1779, la première *« mule-jenny »* vers 1780 et le premier haut fourneau au coke en 1785 au Creusot ; en revanche, c'est seulement vers 1800-1820 que s'amorce la mécanisation industrielle, à partir de l'industrie cotonnière de Normandie, d'Alsace et du Nord. Il n'y a donc pas de véritable fossé technologique entre la France et la Grande-Bretagne, mais un retard d'adaptation. Il faut attendre la deuxième partie de la Restauration pour voir surgir des « villes industrielles », comme Mulhouse et Roubaix, où se mêlent les usines en brique, les cheminées d'usine fumantes et les cités ouvrières : en 1838, les cotonniers français produisent pour 100 000 livres sterling de filés de coton, soit quatre fois moins que leurs concurrents anglais.

À partir de la Monarchie de Juillet, le rythme s'accélère et se caractérise par quatre éléments originaux. D'abord, le boom de l'extraction charbonnière à la périphérie du Massif central – Decazeville, Commentry, Saint-Étienne – et surtout dans le Nord qui produit 1 million de tonnes dès 1845. A cela s'ajoute le développement d'une sidérurgie au charbon, grâce à l'installation de forges « à l'anglaise », utilisant la technique du puddlage et du laminoir. En 1845, la France produit 590 000 tonnes de fonte et 350 000 de fer, autour de quelques centres sidérurgiques qui commencent à dominer l'activité économique de leur région : Denain dans le Nord, Le Creusot dans le Massif central, Hayange en Lorraine et Fourchambault dans le Nivernais. Troisième facteur, la multiplication des hauts fourneaux à coke pour la production de fonte : leur nombre passe de 41 en 1849 à 206 en 1856. Enfin, les débuts du chemin de fer constituent, en aval, une incitation à la fabrication de locomotives, de wagons, de rails. Simultanément, des industriels se reconvertissent dans la construction mécanique – tel Jean-François Cail fabricant de matériel pour sucreries –, tandis que d'autres créent des entreprises, comme Parent et Schacken qui fondent Fives-Lille. Compte tenu de la demande et des économies d'échelle nécessaires, on voit s'édifier des usines employant plus de mille ouvriers et les techniques les plus modernes, machines-outils, presses et machines à vapeur.

Une industrialisation dualiste

Au tournant des années 1850, l'industrie lourde est désormais capable de concurrencer la sidérurgie britannique sur les marchés européens, puisque plus du tiers de la production est exportée. En outre, elle est en mesure de satisfaire les besoins des industriels français, au point que les importations disparaissent pratiquement dès 1850. Enfin, l'industrialisation a profondément modifié la géographie industrielle nationale, avec un déplacement des centres vers le Nord et le pourtour du Massif central. Là, se constituent des « pays noirs », autour des terrils, des hauts fourneaux et des corons. La France de 1850 est bien la deuxième puissance industrielle du monde.

La réalité de cet essor ne doit pas masquer cependant trois limites importantes. La croissance industrielle, avec un taux annuel moyen de 2,5 % pour le siècle, reste très en deçà des performances anglaises, proches de 3,5 %. En outre, malgré les progrès de la mécanisation et de la concentration, l'industrie française reste dominée par les entreprises artisanales : en 1866, on recense 1 615 000 patrons pour 3 millions d'ouvriers. Enfin, la France demeure encore un pays d'agriculteurs. Ceux-ci fournissent plus de la moitié du produit physique national jusqu'à la fin des années 1880 et la population active employée dans le secteur primaire représente toujours 40 % de la main-d'œuvre en 1850 contre 10 % au Royaume-Uni.

Aussi est-on fondé à évoquer une industrialisation dualiste, qui combine le développement de secteurs modernes et le maintien d'un cadre de production proto-industriel.

Qu'il s'agisse de l'industrie de la soie, du coton ou de l'armurerie, on observe l'association d'usines nouvelles avec la « fabrique » traditionnelle, le plus souvent dispersée en milieu rural. On y verra quatre raisons majeures. Le manque de capitaux, dû à l'archaïsme du système de crédit jusqu'aux années 1850, réduit les possibilités d'investissement lourd. En second lieu, la France, dépourvue de ressources énergétiques abondantes, est contrainte d'accepter le maintien d'un fort secteur textile manuel ou d'une sidérurgie au bois, à la différence de l'Angleterre. En outre, l'abondance de la main-d'œuvre disponible incite les entrepreneurs à profiter de ce réservoir peu onéreux et d'une grande souplesse d'utilisation face à la conjoncture. Enfin, le pouvoir politique est soucieux d'éviter les concentrations ouvrières en ville, de peur de voir se renouveler les explosions sociales comparables à celles des canuts de 1831 ou à la révolution de 1848. La dispersion des sites industriels avait aussi une vertu d'ordre social évidente.

Décélération et nouvel élan (1870-1928)

Deux périodes se distinguent nettement, de part et d'autre du retournement de 1895. Entre 1870 et 1895, le taux de croissance industriel s'établit à 1,7 % par an, alors qu'il atteint le double pour le début du siècle. Ce ralentissement s'explique d'abord par des raisons conjoncturelles, au premier rang desquelles il faut citer la guerre de 1870 et le krach de 1882. La défaite militaire a non seulement entraîné le paiement d'une indemnité, mais l'entretien de l'armée allemande et la réparation des dommages de guerre. Au total, l'État a dû débourser 11,4 milliards de francs, plus d'une demi-année de produit national. Sacrifice énorme qui a gravement compromis les possibilités d'investissement industriel. À cela s'ajoute l'incidence des difficultés bancaires des années 1880 qui ont induit une ponction supplémentaire sur la masse des capitaux disponibles. Jusqu'à la fin du siècle, le taux d'escompte à Paris demeure plus élevé qu'à Londres et ce renchérissement contribue à l'atonie des affaires.

Le fléchissement de l'activité internationale constitue un second élément d'explication. Le taux de croissance des exportations en volume passe de 4 % à 0,5 % entre 1870 et 1895. A l'inverse, l'importation des produits manufacturés triple pendant la même période, tandis que le solde de la balance alimentaire devient déficitaire à partir de 1873. Au total, le pays participe moins aux échanges internationaux et voit sa position compétitive se dégrader régulièrement. En ce sens, la crise agricole paraît la principale responsable de ces contre-performances, ce qui souligne à nouveau le caractère dualiste de l'économie.

Mais cette explication doit être complétée par la prise en compte de deux autres facteurs. La résorption très lente de la misère rurale et la hausse modeste des salaires handicapent la demande d'articles manufacturés. Aussi l'industrie française a-t-elle gardé ses spécialisations traditionnelles – articles de consommation de qualité – et s'est adaptée avec retard à fournir des produits intermédiaires et des biens d'équipement. En second lieu, le caractère massif des interventions de l'État a entraîné une réduction de l'épargne disponible pour l'investissement : en 1870, le déficit du budget représente 7 % du produit national, en 1880, 3,5 %. De la sorte, la substitution du capital au travail, qui s'opérait chez nos voisins, a été ralentie, avec pour conséquence un maintien de prix élevés et une réduction des ventes à l'étranger. À cet égard, le rétablissement du protectionnisme, couronné par le tarif Méline de 1892, représente une solution de facilité en même temps qu'un aveu de faiblesse.

Le retournement du début du siècle apparaît d'autant plus surprenant. Quatre raisons permettent de rendre compte de cette reprise. D'une part, l'afflux supplémentaire de main-d'œuvre industrielle facilite l'accroissement des productions, d'autant que celles-ci bénéficient des nouvelles sources d'énergie et des progrès de la productivité sectorielle. Cette situation contribue à la hausse des prix des produits manufacturés à la consommation et à la réduction des coûts de fabrication, donc au dégagement de profits exceptionnels qui alimentent l'autofinancement des entreprises. Dans ces conditions, le retard de la France vis-à-vis de l'Angleterre et de l'Allemagne se stabilise : la France ne souffre plus d'être partie trop tôt dans la course à l'industrialisation. Au contraire, elle bénéficie de certaines innovations technologiques qui se déploient dans un marché protégé : en 1913, la France produit 15 % de l'aluminium mondial.

Ces résultats ne doivent cependant pas masquer le caractère incomplet de la reprise jusqu'en 1914. L'économie profite ainsi d'une production agricole massive, mais non d'une véritable spécialisation : la balance alimentaire reste déficitaire. De même, la structure des exportations révèle le caractère peu avancé du processus d'industrialisation. Les exportations de produits primaires constituent 30 % du total des exportations françaises et leur total tend à augmenter de 1905 à 1913, au moment où la croissance industrielle connaît son apogée. À l'autre extrémité de la chaîne du développement, le pourcentage élevé des placements en fonds d'État ou à l'étranger constitue une menace de stagnation pour la croissance industrielle, qui se trouverait à nouveau exposée au risque de sous-alimentation en capitaux, cette fois par excès de prospérité, en quelque sorte.

Après le traumatisme de la guerre, qui, à la différence de 1870, accentue le mouvement de concentration et de rationalisation, les années 1920 vont illustrer la puissance du nouveau capitalisme français. Celui-ci repose d'abord sur un effort d'investissement sans précédent. Sur la base 100 en 1913, l'indice de l'investissement industriel passe à 184 en 1929. La puissance en chevaux-vapeur disponibles est multipliée par 2,5. À cela s'ajoute un double transfert de main-d'œuvre : vers l'industrie et à l'intérieur du salariat industriel. Le salariat industriel augmente de 40 % en 15 ans, même si l'on ne tient pas compte du retour de l'Alsace-Lorraine. Quant au nombre de salariés travaillant dans des établissements de plus de 500 salariés, il augmente de 50 % après-guerre.

Dans le même temps, les choix de politique économique contribuent à accélérer la croissance. Les travaux d'électrification ou routiers, les possibilités d'exportation grâce à un franc sous-évalué, le rattrapage des salariés dans la répartition du revenu national, voilà les moteurs de l'industrialisation.

Les années noires (1929-1949)

Pendant une génération, l'économie française traverse une des crises les plus longues de son histoire, doublée d'une nouvelle défaite militaire au coût exorbitant. La crise des années 1930 est industrielle et bancaire. Les prix baissent de 30 % en quatre ans, tandis que les secteurs industriels – immobilier – voient leur activité se réduire à néant. Parallèlement, la chute du revenu paysan et les faillites bancaires bloquent le circuit de consommation. Seul recours, l'État. Mais il n'existe aucune politique consciente d'intervention contre la crise et les dépenses publiques tombent à 0,15 % du PIB pour les années 1930-1938. Les programmes de « grands travaux » sont souvent lancés sur le papier et les initiatives du Front populaire ne parviennent pas à assurer une reprise économique durable.

Avec la guerre, l'économie entre dans la décennie de la « grande inflation » : les prix sont multipliés par vingt, tandis que le marché noir et les privations dérèglent la machine économique. Pourtant, une jeune génération de hauts fonctionnaires et de techniciens met au point le cadre d'une nouvelle politique économique autour de trois priorités : l'investissement, l'État patron et l'industrialisation. Aucun des termes n'est original, leur combinaison réussie est la clef du redressement français. En 1945, 74 départements sont sinistrés, 25 % du capital immobilier est détruit et les pertes du capital productif sont estimées à deux ans du revenu national des « bonnes années ». L'option de l'austérité s'impose d'elle-même et deux tiers des investissements sont consacrés au secteur des biens productifs. Mais ce choix de la modernisation se heurte en permanence aux revendications légitimes des populations, d'où l'impression d'une croissance chaotique qui réussirait tant bien que mal à combiner expansion industrielle et inflation.

Trente ans de croissance

En dépit du poids de deux guerres, la France a non seulement réussi son insertion dans la Communauté européenne, elle a dépassé sa rivale britannique et comblé une part de son retard sur l'Allemagne fédérale. Pendant trois décennies, le système industriel français va fonctionner à la perfection. Le secteur public continue son expansion par l'intermédiaire de sociétés mixtes qui produisent des biens de grande consommation ou qui s'associent aux entreprises privées dans les secteurs les plus dynamiques, tels CDF et Air Liquide dans le domaine de la chimie. Quatre phases de concentrations se succèdent ainsi. Après les concentrations industrielles d'État qui ont marqué le début des années 1950, l'ouverture du Marché commun incite les firmes à conclure des accords pour se protéger de la concurrence, dans les secteurs exposés comme la chimie. À partir de 1965, le mouvement s'étend aux secteurs de l'industrie lourde et de la banque. Enfin, au début des années 1970, les pouvoirs publics poussent les entreprises à se regrouper, ainsi la fusion Pont-à-Mousson/Saint-Gobain. Pourtant, certaines faiblesses traditionnelles de l'économie subsistent : faiblesse de l'intégration industrielle, notamment à l'aval, multiplication des filiales périphériques des grands groupes dont la rentabilité est peu sûre, isolement de secteurs en crise plus ou moins permanente, tels le textile et la papeterie, le recours à l'État dispensant de toute recherche nouvelle.

L'industrie des années fastes, largement diversifiée, s'est orientée plutôt vers des activités à faible technicité et à fort degré d'investissement capitalistique. Cette situation en fait le complément et non le concurrent de l'industrie allemande, ce qui explique l'importance des échanges entre les deux pays comme la situation d'infériorité de la France face aux pays neufs. En témoignent les grandes heures de l'industrie automobile, providence des régions industrielles en déclin comme la Lorraine et des régions sous-industrialisées comme la Bretagne. C'est seulement autour de 1978-1982 que la concurrence de pays à coûts salariaux moins élevés et/ou à productivité supérieure met en péril Peugeot puis Renault.

Brutalement, la crise économique brise ce cycle vertueux. D'une part, l'aménagement des structures de production incite les patrons à conserver une marge de profit supérieure à celle qu'ils détenaient dix ans plus tôt et à se transformer en avocats des dévaluations répétées, sous le prétexte fallacieux d'une compétitivité à restaurer à court terme. D'autre part, les salariés, victimes des licenciements et du blocage relatif des salaires, tendent à s'accrocher aux avantages acquis au risque d'handicaper encore la compétitivité de l'entreprise. Le dérèglement des mécanismes de marché entrave la croissance dès 1975. Pour la première fois, la sortie de crise implique une destruction partielle des modes de production hérités de l'après-guerre.

La découverte de la crise

Les dix-huit mois qui suivent le premier choc pétrolier apparaissent comme une interruption brutale, sans précédent depuis la guerre, mais probablement sans lendemain. La France compte 450 000 chômeurs, mais le gouvernement croit la prospérité suffisamment assurée pour faire voter par le Parlement la couverture sociale contre le chômage la plus généreuse des pays développés. Les objectifs des acteurs économiques ont peu évolué : le gouvernement privilégie le maintien de la croissance, au prix d'une inflation « à deux chiffres », jugulée périodiquement par des « plans » à l'efficacité surtout conjoncturelle. De leur côté, les salariés réussissent à préserver leur pouvoir d'achat, par l'intermédiaire notamment des prestations sociales.

Le second choc pétrolier, en 1979-1980, précipite une prise de conscience tardive et douloureuse. Il se produit au moment où le Premier ministre, Raymond Barre, engage une politique libérale fondée sur un renversement des priorités : l'État s'efface devant l'entreprise, l'association tacite prix-salaires cède la place à la liberté des prix industriels. Du coup, le pays solde avec retard sa facture pétrolière supplémentaire et se trouve pénalisé par le début du renchérissement du dollar. C'est donc un pays affaibli, mais qui n'a pas renoncé aux idées du temps de la grande croissance, que trouvent les socialistes en 1981. Loin de rompre avec le schéma français, ils en inversent une fois de plus les priorités : l'État retrouve sa prééminence – autant par le plan que par les nationalisations – et retrouve son rôle directeur dans l'industrialisation. La relance réussit mais profite aux entreprises étrangères, faisant éclater le système productif français. La sanction monétaire est lourde puisque les trois dévaluations du franc, en octobre 1981, juin 1982 et mars 1983, ne suffisent plus à combler le différentiel de compétitivité avec les concurrents. Cantonné dans la gestion prudente d'une économie à basse pression, le gouvernement apparaît en panne de projet.

Figure 1 :
La croissance contemporaine

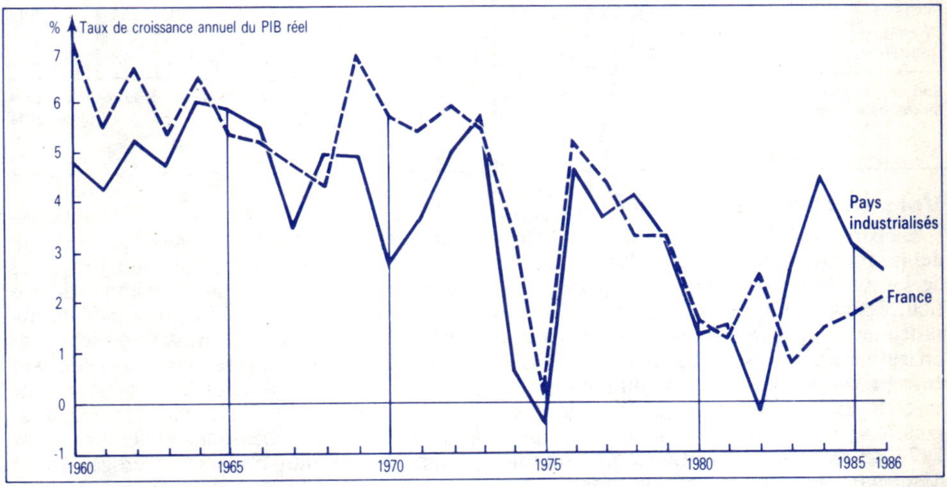

Figure 2 :
Le chômage et l'inflation

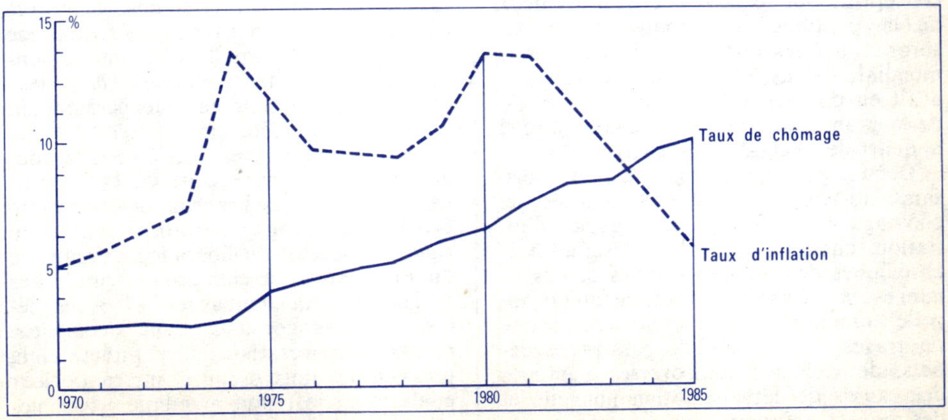

Source : Perspectives économiques de l'OCDE.

Tableau 1 :
Croissance du produit (Pib en volume) par habitant, 1700-1979
taux de croissance annuel moyen

	1700/1820	1820/1870	1870/1913	1913/1950	1950/1973	1973/1979	1820/1979
Australie		(n.d.)	0,6	0,7	2,5	1,3	(n.d.)
Autriche		0,7	1,5	0,2	5,0	3,1	1,5
Belgique		1,9	1,0	0,7	3,6	2,1	1,7
Canada		(n.d.)	2,0	1,3	3,0	2,1	(n.d.)
Danemark		0,9	1,6	1,5	3,3	1,8	1,6
Finlande		(n.d.)	1,7	1,7	4,2	2,0	(n.d.)
France	**0,3**	**1,0**	**1,5**	**1,0**	**4,1**	**2,6**	**1,6**
RFA		1,1	1,6	0,7	5,0	2,6	1,8
Italie		(n.d.)	0,8	0,7	4,8	2,0	(n.d.)
Japon		0,0	1,5	0,5	8,4	3,0	1,8
Pays-Bas	– 0,1	1,5	0,9	1,1	3,5	1,7	1,5
Norvège		1,0	1,3	2,1	3,1	3,9	1,8
Suède		0,6	2,1	2,2	3,1	1,5	1,8
Suisse		1,7	1,2	1,5	3,1	– 0,2	1,6
Royaume-Uni	0,4	1,5	1,0	0,9	2,5	1,3	1,4
États-Unis		1,4	2,0	1,6	2,2	1,9	1,8
Moyenne arithmétique	0,2	1,1	1,4	1,2	3,8	2,0	1,6

Source : A. Maddison, *Les phases du développement capitaliste,* Paris, Économica, 1981.

Tableau 2 :
Croissance du produit (Pib en volume), 1700-1979
taux de croissance annuel moyen

	1700/1820	1820/1870	1870/1913	1913/1950	1950/1973	1973/1979	1820/1979
Australie		(n.d.)	3,2	2,1	4,7	2,5	(n.d.)
Autriche		(1,4)	2,4	0,2	5,4	3,1	2,0
Belgique		2,7	2,0	1,0	4,1	2,3	2,3
Canada		(n.d.)	3,8	2,9	5,2	3,2	(n.d.)
Danemark		1,9	2,7	2,5	4,0	2,1	2,6
Finlande		(n.d.)	3,0	2,4	4,9	2,3	(n.d.)
France	**0,6**	**1,4**	**1,7**	**1,0**	**5,1**	**3,0**	**2,0**
RFA		2,0	2,8	1,3	6,0	2,4	2,6
Italie		(n.d.)	1,5	1,4	5,5	2,6	(n.d.)
Japon		(0,4)	2,5	1,8	9,7	4,1	2,7
Pays-Bas	0,1	2,4	2,1	2,4	4,8	2,4	2,7
Norvège		(2,2)	2,1	2,9	4,0	4,4	2,7
Suède		(1,6)	2,8	2,8	3,8	1,8	2,5
Suisse		(2,5)	2,1	2,0	4,5	– 0,4	2,4
Royaume-Uni	1,1	2,4	1,9	1,3	3,0	1,3	2,0
États-Unis		4,4	4,1	2,8	3,7	2,7	3,8
Moyenne arithmétique	0,6	2,1	2,5	1,9	4,9	2,5	2,5

Source : A. Maddison, *Les phases du développement capitaliste,* Paris, Économica, 1981.

Vers la convalescence ?

La situation économique de la France de la fin des années 1980 évoque l'idée de la convalescence. Après les graves difficultés du début de la décennie la croissance économique reprend faiblement à un rythme compris de l'ordre de 2 % ; les entreprises recommencent timidement à investir et à créer des emplois ; la progression inexorable du chômage depuis 1974 se ralentit ; l'inflation enfin semble désormais vaincue et se cantonner à des taux de l'ordre de 3 %.

Convalescence aussi semble être le concept approprié pour décrire les enjeux de la politique économique. Prise par surprise par les difficultés de l'économie mondiale depuis 1973 la société française avait eu du mal à s'accoutumer à la fin de la grande expansion qui avait marqué le quart de siècle d'après-guerre.

Depuis près de quinze ans, la croissance fortement ralentie et heurtée, le chômage et les fermetures d'usines, l'inflation endémique et les déséquilibres chroniques des budgets publics et des finances extérieures, en bref, ce qu'on appelle communément la crise, ont suscité de graves inquiétudes, de passionnés débats, de violentes controverses à propos des causes de cette situation nouvelle et des moyens appropriés pour en sortir.

Alors que, de 1950 à 1973, la politique économique avait fait l'objet d'un relatif consensus, organisé autour des idées keynésiennes, elle était devenue depuis quinze ans l'objet d'un profond désaccord. Les options se sont radicalisées ; les gouvernements qui se sont succédé ont essayé de multiples remèdes : la relance et la rigueur, le dirigisme et le libéralisme, les nationalisations et les privatisations. On voulait relancer la croissance et revenir au plein-emploi : on eut le chômage, l'inflation, les déficits financiers, les dévaluations. De spectaculaires retournements ont été effectués, de graves échecs ont été enregistrés : la relance de 1975-1976, qui avait l'excuse de la nouveauté de la situation ; celle de 1981-1982, qui avait celle de l'inexpérience du pouvoir et de l'idéologie.

Après l'ère des enthousiasmes et des déceptions est venue celle de la raison : les mentalités des Français ont beaucoup évolué. La pédagogie rétrospective de la rigueur douce et du libéralisme progressif du Plan Barre, la conversion brutale des socialistes à la rigueur en 1983, les leçons de l'étranger et la vague idéologique mondiale monétariste et néo-libérale, la pression des taux d'intérêt internationaux et de la désinflation mondiale : tous ces éléments ont joué leur rôle.

Nouvelles politiques économiques

Désormais les forces sociales organisées, les experts économiques, les partis politiques, l'homme de la rue, s'accordent à-peu-près pour considérer qu'on ne renouera pas aisément avec la situation antérieure, que les difficultés sont durables, qu'il n'y a pas de recette magique susceptible d'apporter des résultats rapides. On sait que la convalescence sera longue, et on s'accorde à-peu-près également sur les remèdes.

Il y a certes des nuances ; mais la preuve de ce consensus sur les grandes options, dont ne sont absentes que des fractions relativement marginales du corps social et politique, c'est que la politique économique n'occupe plus guère aujourd'hui le devant de la scène des grands débats nationaux, ni la tête de liste des programmes politiques : la rigueur, l'entreprise, l'État modeste vont désormais de soi.

Mort de la politique économique, a-t-on pu dire. Cette attitude d'esprit nouvelle signifie-t-elle résignation à la fatalité, attente que le temps fasse son œuvre ? Fin d'une certaine politique économique, en tout cas. La science économique, notamment depuis l'adoption des idées keynésiennes, semblait avoir élevé la politique économique à la hauteur de la technique de l'ingénieur. Dans la panoplie des instruments de la macro-économie, les gouvernements semblaient pouvoir trouver réponse à tout.

On se rallie aujourd'hui à une conception à la fois plus modeste et moins partielle de la politique économique. Une politique économique qui ne vouera plus une confiance aveugle à la simple manipulation des agrégats financiers et monétaires comme le déficit du budget, le taux de change, le taux d'intérêt, etc., mais qui intégrera ce qu'on s'accorde désormais à considérer comme les facteurs décisifs de la prospérité des nations : l'esprit d'entreprise et d'initiative ; l'organisation, l'innovation et la qualité ; l'investissement productif et la formation des hommes.

Cet aggiornamento idéologique n'est pas propre à la France. À des degrés divers, toutes les nations ont été confrontées aux chocs pétroliers, au ralentissement de la croissance, aux déséquilibres financiers et monétaires. Toutes ont tenté de réagir, et beaucoup ont eu des expériences décevantes, certaines plus que d'autres. Mais il existe dans la plupart des pays, désormais, une vision des choses plus apaisée, profondément différente en tout cas de celle qui faisait l'unanimité il y a dix ans.

Les enjeux de la politique économique sont connus, mais l'analyse que l'on fait de leurs causes respectives et de leur enchaînement réciproque est fondamentale si l'on ne veut pas se tromper. Tout le monde est pour le plein-emploi dans le respect des équilibres financiers, et pour la reprise de la croissance économique dans la stabilité. Mais c'est le cheminement pour y parvenir, l'ordre relatif des priorités, la méthode d'emploi des instruments qui posent problème. Toute erreur de stratégie comportant le risque d'aboutir au contraire de l'objectif visé. L'histoire récente des politiques économiques n'est-elle pas remplie d'effets pervers et de supposés remèdes qui se sont révélés pires que le mal qu'ils entendaient guérir ? Emploi, désinflation, compétitivité sont les principaux enjeux, et sont profondément liés entre eux : les facteurs communs se retrouvent à tous les chapitres qui suivent, et s'appellent formation, entreprises rentables, état modeste.

L'EMPLOI = ADIEU KEYNES

Le problème majeur

Le problème du chômage domine la politique économique en France depuis 1974. Après de longues années de débats et de controverses, marquées par de multiples expériences et par des déceptions nombreuses, il émerge désormais un assez vaste accord pour considérer que le sous-emploi n'est susceptible que d'une amélioration progressive, par l'application de mesures diversifiées en rapport avec des causes que l'on s'accorde aujourd'hui à évaluer comme multiples et complexes.

De l'après-guerre jusqu'au début des années 1970, la France avait connu un quart de siècle de plein-emploi, voire de suremploi puisque l'économie devait recourir massivement à de la main-d'œuvre immigrée. A partir du premier choc pétrolier, le chômage fait son apparition : 500 000 demandeurs d'emplois début 1974, 900 000 un an au plus tard. Leur nombre ne cesse, depuis, de se détériorer, au rythme de 200 000 nouveaux demandeurs d'emplois par an environ, et l'on atteint, fin 1987, 2 650 000 sans emplois, soit 11 % de la population active.

Alors que le slogan du plein-emploi ne tient plus le devant de la scène, sans doute pour avoir été un peu trop facilement utilisé naguère, il n'est pas inutile de rappeler qu'il demeure le problème économique et social majeur, à la fois parce qu'il représente un gaspillage économique absolu, laissant inemployées des ressources de main-d'œuvre, et parce qu'il aggrave les injustices sociales frappant d'abord les plus démunis, comme les jeunes à la recherche d'une insertion dans la société, les salariés sans qualifications ou les populations des régions en crise : la durée moyenne du chômage est maintenant d'un an ; 850 000 demandeurs d'emplois sont des chômeurs de longue durée ; le quart des jeunes de 16 à 25 ans sont demandeurs d'emplois ; la réduction des indemnisations a fait apparaître le phénomène dit de nouvelle pauvreté

Face à la montée inexorable du chômage, les gouvernements ont tenté de réagir par deux fois par la relance de la demande interne, dans la ligne des politiques keynésiennes. En 1974-1976, en France, et c'était vrai aussi à l'étranger, les esprits n'étaient pas préparés, ni à voir dépasser la barre des 500 000 chômeurs, ni à consentir des sacrifices de pouvoir d'achat pour la première fois depuis la guerre : les hausses de salaires se poursuivent au rythme antérieur, les investissements publics sont relancés. En 1981-1982, après cinq années de violentes critiques de la politique d'emploi du gouvernement Barre, la Gauche au pouvoir augmente massivement les dépenses publiques et les avantages sociaux, dans une conjoncture mondiale profondément déprimée par le second choc pétrolier et l'escalade du dollar et des taux d'intérêt. Ces politiques n'ont guère entraîné d'amélioration de l'emploi ; alors qu'elles provoquaient dans les deux cas une grave détérioration des équilibres : inflation, déficit budgétaire, endettement des entreprises, déficit extérieur, qui a en retour engendré une politique correctrice de rigueur financière, elle-même génératrice d'aggravation du sous-emploi, selon le processus familier outre-Manche du « *stop and go* ».

Tableau 3 :
Taux de chômage
(en % de la population active)

	France	Roy.-Uni	RFA	E-U	Japon
1980	6	6	3	7	2
1988	12	11	8	6	2

Tableau 4 :
Créations d'emplois sur la période 1981-1986 en millions

	France	RFA	Japon	E-U
Secteur productif	– 0,55	– 0,15	+ 2,5	+ 10,6
Industrie manufacturière	– 0,75	– 0,4	+ 1	– 1,5

Partout, dans les pays développés, la croissance s'est ralentie depuis quinze ans. Mais le taux de sous-emploi n'est pas plus élevé aujourd'hui aux États-Unis ou au Japon qu'au cours des années de la « Grande Croissance », même s'il est vrai que la définition et le comptage statistique ne sont pas homogènes. Le phénomène du chômage contemporain apparaît en fait surtout européen. La France est aujourd'hui la plus mal placée, à la fois en niveau et en tendance alors que la situation a tendance à s'améliorer dans les pays qui avaient été les plus touchés, Royaume-Uni, Belgique, Italie.

Un chômage pluridimensionnel

Après les controverses, les déchirements et les révisions auxquels a donné lieu la politique de l'emploi, on s'accorde aujourd'hui pour penser que le chômage contemporain n'a que des similitudes lointaines avec celui de la « Grande Dépression » justiciable de la thérapeutique de la « relance ».

La conception unidimensionnelle du chômage et la recherche d'une solution-miracle et rapide ont cédé la place à une vision plus pragmatique et plus pluraliste du sous-emploi, justiciable de politiques diversifiées et progressives. Traduit en langage économique, on pourrait dire qu'il n'y a pas un chômage, mais trois formes de chômages, à chacune desquelles correspondent des remèdes différents : un chômage classique, dû à un coût excessif du travail par rapport au coût du capital ; un chômage keynésien, dû à l'insuffisance de la demande ; un chômage structurel, dû aux rigidités du marché du travail et à l'inadéquation entre la structure des emplois offerts et demandés.

Les deux premières formes de chômage renvoient respectivement aux problèmes de la désindexation des salaires et de la désinflation d'une part, de la reprise de la croissance et de la compétitivité d'autre part, qui sont traités plus loin.

La flexibilité du travail

Les remèdes au chômage structurel, par définition, ne peuvent se concevoir que dans la longue durée.

Il s'agit en premier lieu d'atténuer les rigidités du marché du travail sous leurs multiples formes : rigidités des effectifs du temps du travail, des salaires, etc. En Europe en général, en France en particulier, de multiples réglementations encadrent le travail et l'emploi. Celles-ci résultent de l'accumulation des législations ou des conventions collectives. Pendant longtemps, le progrès social s'est, en effet, identifié à l'interposition de cadres juridiques contraignants entre l'employeur et l'employé, limitant la liberté de négociation contractuelle et visant à améliorer la protection des salariés sur le marché de l'emploi. Salaire minimum, mensualisation, allongement de la durée des contrats de travail, autorisation administrative de licenciements, etc., ont en effet considérablement contribué à améliorer la situation des salariés et leur position de négociations face aux employeurs.

Le statut traditionnel de la fonction publique, avec son système rigide de diverses catégories, de recrutement par concours, d'emploi garanti à vie, d'avancement effectué surtout à l'ancienneté, de pensions de retraites assurées, a longtemps servi de modèle aux syndicats et aux professions dans leurs revendications. Des statuts professionnels particuliers, comme ceux des cheminots, des mineurs, des électriciens et des gaziers, etc., s'en inspirent directement. L'attrait des nationalisations auprès de certains syndicats s'expliquait largement par l'espoir que les entreprises publiques garantiraient mieux l'emploi et accorderaient des statuts protecteurs aux salariés. On se demande toutefois aujourd'hui si l'on n'est pas allé un peu trop loin dans cette direction, et si les multiples rigidités du marché du travail n'entravent pas quelque peu les créations d'emplois. Les nombreuses créations d'emplois de l'économie américaine observées ces dernières années sont certainement explicables, en grande partie, par l'exceptionnelle fluidité du marché du travail dans ce pays, la mobilité des emplois, la souplesse des contrats de travail. Le secteur dualiste de l'économie japonaise constitué de multiples entreprises artisanales coexistant avec les grands groupes, l'économie souterraine » italienne, ont attiré également l'attention.

Un mouvement en sens inverse s'est donc amorcé ces dernières années. Une des législations les plus controversées était celle de l'autorisation administrative de licenciement. Quand on bloque la sortie, on bloque l'entrée : beaucoup d'entreprises étaient certainement dissuadées d'embaucher par crainte de ne pouvoir réduire leurs effectifs en excès en cas de diminution ou de stagnation de leur activité. Un certain nombre de difficultés financières, voire de faillites, sont arrivées parce que les entreprises ou les secteurs ont dû garder trop longtemps des sureffectifs. Après avoir été assouplie, à partir de 1978, puis renforcée en 1981, puis assouplie à nouveau à partir de 1983 cette législation a été abrogée en 1986.

Le développement récent des travaux d'utilité collective, pour fournir des emplois aux jeunes au bénéfice de collectivités locales ou d'associations, va dans le sens d'une remise en cause du salaire minimum. Les multiples plans pour l'emploi des jeunes lancés ces dernières années contribuent de leur côté à alléger le prix et les contraintes du contrat de travail pour les entreprises afin de favoriser la première embauche. Plusieurs dispositions ont été prises également, pour re-légaliser ou pour favoriser les horaires variables, les contrats à durée déterminée, le travail temporaire, le travail à temps partiel, les emplois de proximité. Le débat ouvert en 1986 sur les « petits boulots » tourne aussi autour de cette question.

En dépit des efforts accomplis, beaucoup reste à faire pour adopter le marché du travail à l'évolution des mentalités et des technologies modernes et au souhait de nombreux salariés et de nombreuses entreprises de disposer de formules plus souples. Les résistances sont nombreuses, les comportements souvent solidement enracinés. Par ailleurs la réduction des effets pervers sur l'emploi des réglementations conçues dans une finalité sociale ne doit pas se faire au détriment du progrès social : les organisations syndicales doivent trouver d'autres terrains que la logique du « toujours plus ». La flexibilité du travail, sous ses aspects divers que sont l'individualisation des salaires, l'aménagement du temps de travail, l'ajustement des effectifs, continuera en tout cas longtemps d'être un des enjeux majeurs de la politique économique et sociale.

Mais le principal enjeu de la diminution du chômage structurel est la formation des hommes. Il existe une corrélation inverse très forte entre le taux de chômage des jeunes et leur niveau de formation : il y a plus de chômeurs chez les jeunes sans diplômes que chez ceux titulaires du BEPC ; plus chez les bacheliers que chez les titulaires de diplômes universitaires ; plus chez les détenteurs de diplômes d'enseignement général que chez ceux de diplômes professionnels.

Former les hommes

Une des causes principales du chômage contemporain apparaît être l'ajustement imparfait entre les qualifications demandées par les entreprises et les qualifications offertes. Cette inadéquation se révèle plus particulièrement à une époque de mutations intenses des structures industrielles et des procédés de production. Les entreprises ont besoin aujourd'hui de davantage de spécialistes de l'informatique et de la bureautique, de techniciens de machines à commande numérique, de personnels de recherche, d'ingénieurs technico-commerciaux et moins de manutentionnaires, d'ouvriers de labeur, de secrétaires-dactylographes, d'employés aux écritures, etc. Moins de cols bleus et d'ouvriers et d'employés à faible qualification, plus de cols blancs à spécialités pointues. La sidérurgie, les mines, le textile, l'agriculture diminuent leurs emplois ; l'électronique et l'informatique, la chimie fine et la pharmacie, les services aux entreprises, les industries de loisirs et de communication accroissent les leurs.

Face à ces changements rapides, l'inertie des systèmes de formation apparaît particulièrement grande : résistance aux changements, évolution des appareils d'enseignement en fonction de leurs propres finalités plutôt qu'en fonction de celles de leurs usagers et de leurs débouchés, inadéquation aux caractéristiques de l'économie moderne, sélection étroite par le système des concours et caractère élitaire des formations, taux élevé d'échecs scolaires, dévalorisation de l'enseignement technique, insuffisante adaptation des enseignements professionnels publics aux besoins des entreprises, etc.

Ces difficultés d'adaptation se retrouvent à des degrés divers, dans tous les pays développés. Mais elles sont particulièrement accusées en France, marquée historiquement par la centralisation du système scolaire, secondaire et universitaire, et par l'acuité des conflits idéologiques, entre l'école et l'entreprise, entre le système d'instruction publique et l'enseignement privé. Rappelons qu'en France 25 % seulement d'une classe d'âge sort diplômée de l'école secondaire, 75 % aux États-Unis, 85 % au Japon ; que cent mille jeunes par an se présentent en France sur le marché du travail sans aucun diplôme, alors que 90 % des ouvriers de la grande industrie japonaise ont le niveau du bac ; que la formation professionnelle est assurée en France par l'Éducation nationale, où l'enseignement technique accueille le tiers des jeunes, avec des CAP conçus pour plus de la moitié avant 1960, alors qu'en RFA on compte 2 millions d'apprentis, dix fois plus qu'en France ; que la moitié des chefs d'entreprises en France n'a aucun diplôme ; que les entreprises françaises dépensent en moyenne 2,5 % de leur masse salariale en formation professionnelle, contre 5 % pour les pays de l'OCDE, et 10 % dans les multinationales de pointe. Ces quelques chiffres indiquent à eux seuls à la fois les retards accumulés et les orientations à suivre. Incontestablement, les mentalités commencent à se transformer : la mutation du système de formation sera probablement l'enjeu le plus décisif, et le plus délicat, des prochaines années.

L'INFLATION ET LES RIGIDITÉS

De l'inflation à la désinflation

À l'égard de l'inflation et des équilibres financiers, la politique économique de la France a également connu un important changement de perspectives ces dernières années. On avait cru longtemps que l'inflation représentait un stimulant utile, voire indispensable de la conjoncture, un compromis avec le chômage, c'est-à-dire une sorte de mal nécessaire que l'on pouvait traiter par la « négligence bénigne », voire par la complaisance : l'inflation, en permettant de rembourser en monnaie dévaluée, ne pénalisait-elle pas l'épargne thésaurisée et improductive, et ne favorisait-elle pas la mobilité sociale et la redistribution des revenus, à partir du moment où les organisations syndicales et l'État avaient appris à négocier correctement le partage des fruits de la croissance et à protéger efficacement le pouvoir d'achat réel des salaires ?

Ce n'est que progressivement, au cours de ces dernières années, que la prise de conscience s'est faite que la lutte contre l'inflation devait devenir prioritaire. Cette révision est à vrai dire un phénomène mondial, qui a pris naissance aux États-Unis. Après plusieurs expériences défavorables, dans de nombreux pays tout au long des années 1970, les politiques de relance keynésienne se sont révélées impuissantes à relancer la croissance : elles ont au contraire creusé les déficits budgétaires, affaibli l'épargne et l'investissement, détérioré la compétitivité. L'action de l'État est donc apparue, aux yeux de l'opinion publique, de plus en plus clairement impuissante à lutter efficacement contre la crise, alors que, cinquante ans plus tôt, l'intervention publique avait été considérée comme la réponse à la « Grande Dépression ». La majorité des électeurs, au contraire, considèrent désormais que l'extension de l'action de l'État est devenue nuisible : les déficits budgétaires et la politique monétaire laxiste alimentent l'inflation ; les prélèvements obligatoires et les réglementations affaiblissent l'effort et l'esprit d'initiative des particuliers et le dynamisme des entreprises, etc.

Les chocs pétroliers, qui apparaissent rétrospectivement au moins partiellement d'origine inflationniste, l'envol de l'inflation (14 % aux États-Unis en 1979), la fièvre spéculative et la fuite devant le dollar à la fin des années 1970 conduisent dès lors plusieurs pays, au premier rang desquels les États-Unis, à modifier radicalement leur attitude à l'égard de l'inflation. En 1979-1980, une politique de contrôle très strict de la masse monétaire est mise en place par la Réserve Fédérale, qui se traduit par une hausse brutale des taux d'intérêt, jusqu'à des niveaux historiquement inégalés de 7 % ou davantage en termes réels. En même temps, sous l'impulsion de gouvernements d'orientation conservatrice ou néo-libérale, tels ceux de Ronald Reagan aux États-Unis, de Margaret Thatcher au Royaume-Uni, d'Helmut Kohl en RFA, des politiques actives de réduction des dépenses publiques et des prélèvements obligatoires sont mises en œuvre. De là, les politiques de lutte contre l'inflation et de réduction du rôle économique de l'État se sont diffusées à de nombreux autres pays.

En France, ce sont la hausse des taux d'intérêt internationaux et la nécessité de défendre le franc, la pédagogie rétrospective du Plan Barre et le tournant de la politique de Rigueur pris en 1983 par le gouvernement socialiste qui auront contribué le plus à changer les mentalités. Les résultats de ce revirement spectaculaire sont rapides, alors que l'on croyait l'économie française particulièrement intoxiquée depuis 1945 par les mécanismes inflationnistes :

– les taux d'intérêt réels, qui avaient été négatifs ou nuls (0 à -2 %) tout au long des années 1970, deviennent fortement positifs (+6 à +8 %) à partir de 1981-1982 ;
– la hausse annuelle des prix, qui s'était maintenue aux environs de 10 % de 1975 à 1982, avec des pointes à 15 % immédiatement après les deux chocs pétroliers, se réduit rapidement : 7 % en 1984, 2 % en 1986 ;
– la bonne tenue du franc se confirme : après trois dévaluations successives en 1981-1983 au sein du système monétaire européen, la parité du franc a pu être maintenue depuis mars 1983, hormis le léger ajustement d'avril 1986. Le différentiel d'inflation par rapport à la RFA s'est réduit à 2 % et la monnaie française a suivi le mark dans sa forte réévaluation par rapport au dollar depuis 1985, ce qui confirme une appréciation positive des marchés des changes sur la crédibilité de la désinflation réalisée en France.

Mais la fin de la Rigueur n'est pas pour demain : elle n'est pas un simple ajustement temporaire, après lequel tout pourrait repartir « comme avant ». C'est un nouvel état d'esprit, qui devra inspirer l'ensemble de la politique économique et sociale pour de nombreuses années. L'institutionnalisation de la désinflation et de la rigueur financière apparaît dès lors comme un des principaux enjeux politiques pour la France de la fin des années 1980.

La maîtrise des budgets publics

La confirmation de la désinflation exige d'abord l'accentuation de l'effort des réductions des déficits publics : il ne faut pas seulement rétablir l'équilibre, il faut amorcer le remboursement de la dette accumulée, le déficit du budget de l'État, maintenu à des niveaux proches de l'équilibre jusqu'en 1981, s'est brutalement creusé pour se stabiliser à environ 3,5 % du PNB, soit près de 150 milliards de F. L'arrêt de l'augmentation des dépenses publiques à partir de 1984, les allégements de charges fiscales réalisées à partir de 1985 et surtout en 1986-1988 ne sont que des amorces de tendances. Une des priorités majeures des prochaines années sera la réalisation de la diminution effective des dépenses publiques, tâche qui se révèle politiquement très difficile si l'on en juge par les expériences étrangères (États-Unis, Royaume-Uni, RFA, etc.) ou par celles des quelques départements ministériels français qui ont vu leur budget décroître effectivement. La structure du budget de l'État devra également être assainie par la rebudgétisation des opérations débudgétisées (budget annexe des P et T, FDES débudgétisé, etc.) et la diminution des garanties, formelles ou informelles, accordées par l'État à nombre d'emprunts contractés par les organismes de sa mouvance.

Le même effort de réduction des déficits et de l'endettement devra être poursuivi dans les entreprises publiques. L'endettement du secteur public industriel concurrentiel a doublé de 1981 à 1986 et plusieurs entreprises nationalisées (sidérurgie, Renault, etc.) affichent des actifs nets fortement négatifs. L'endettement des grandes entreprises nationales des secteurs monopolistiques (EDF, GDF, Charbonnages, SNCF, etc.) s'est également accru fortement. Hausses de tarifs, lorsque cela est possible ; récapitalisation par le budget de l'État ; restructurations et réductions des surcapacités et des sureffectifs devront se poursuivre longtemps.

La maîtrise des budgets sociaux, enfin, sera une des priorités essentielles de l'action contre l'inflation. Les transferts sociaux et les charges sociales obligatoires représentent aujourd'hui davantage que le budget de l'État, soit près du quart du PNB ; l'équilibre financier de la Sécurité sociale est précaire : chaque année apparaît un « trou » variable entre 20 et 40 milliards, qu'il faut combler. Pour maintenir tant bien que mal l'équilibre, il a fallu, régulièrement depuis dix ans, accroître chaque année le poids des cotisations et réduire un certain nombre de prestations (assurance chômage, prestations maladie, etc.) Ainsi, les allégements fiscaux sur les revenus des ménages réalisés ces dernières années ont-ils été absorbés, et au-delà, par les accroissements de charges sociales et autres « contributions exceptionnelles » et « cotisations de solidarité ». Le gonflement continu des dépenses de santé, le vieillissement démographique et le déséquilibre structurellement croissant des régimes de retraite exigent en fait des restructurations profondes, allant au-delà des réformes à la marge conduites ces dernières années sous la pression des circonstances : régimes des professions de santé, mécanismes d'assurance privée, développement des régimes de retraite par capitalisation. Il s'agit bien sûr d'une tâche politiquement difficile, mais qui figurera au premier rang des priorités des prochaines années, en tout état de cause.

La réduction des prélèvements obligatoires

Au cœur de la lutte contre les rigidités se trouve l'enjeu de la réduction des prélèvements obligatoires. Les prélèvements publics, impôts d'État, taxes locales et charges sociales ont continué leur progression malgré le ralentissement de la croissance et atteignent désormais des niveaux difficilement supportables.

Tableau 5 :
Taux de prélèvements obligatoires
(en % du PNB : 1983)

Suède	France	Roy.-Uni	RFA	E-U	Japon
50,5	44,6	37,8	37,4	29	27,7

Source : OCDE

Tableau 6 :
Taux de prélèvements obligatoires
sur les entreprises
(en % du PNB : 1984)

France	Roy.-Uni	RFA	Japon	E-U
17,9	11	10,9	9,9	8,6

Source : OCDE

Ce n'est pas seulement le niveau absolu des prélèvements qu'il faut réduire de plusieurs points dans les prochaines années : c'est aussi, et surtout sans doute, leur structure qu'il faut profondément modifier, afin de la rendre moins inflationniste et de l'aligner sur la norme de nos partenaires, notamment dans la perspective de 1992. Moins de prélèvements sur les entreprises, deux fois plus taxées qu'à l'étranger ; moins d'impôts indirects, qui frappent au niveau de la formation des prix et sont donc plus inflationnistes (TVA) et davantage d'impôts directs, notamment sur les revenus moyens (l'IR représente en France

13,5 % des recettes fiscales, contre 32,1 % pour la moyenne des pays de l'OCDE) ; moins de charges sociales assises sur les salaires et qui, donc, frappent l'emploi. La décrue des prélèvements a été amorcée depuis 1985 et 1986 : réduction de l'IS, de la taxe professionnelle, des barèmes de l'IR, de l'impôt sur la fortune, de la TVA, etc. Mais beaucoup reste à faire, à l'évidence.

Rigueur dans les rémunérations et déclin du social-corporatisme

Mais l'inflation n'est un phénomène monétaire qu'en apparence. Très profondément elle ne fait que traduire des mentalités, des comportements sociaux, la rigidité des structures, le refus du changement et de la concurrence, la protection des situations acquises.

Au cœur du mécanisme inflationniste se trouvent la spirale prix-salaires et l'indexation sur l'indice des prix de l'ensemble des rémunérations et des contrats qui s'était progressivement systématisée. Ce n'est probablement pas par coïncidence fortuite que l'économie américaine a pu continuer de créer, régulièrement depuis 1974, quelque deux millions d'emplois par an et que, dans le même temps, les salaires ne s'y sont pas accrus plus rapidement que l'inflation ; ni si les meilleurs résultats de chômage ont été obtenus par les pays qui, comme le Japon et la RFA, ont fait partager très vite par les rémunérations le poids de la rigueur. En France la hausse du pouvoir d'achat des rémunérations a été d'environ 25 % de 1974 à 1983. Mais la désindexation des salaires s'est imposée depuis 1984. Alors que, après les chocs pétroliers, le pouvoir d'achat réel des salaires et des autres catégories de revenus avait continué de s'accroître fortement (au rythme annuel de 5 % en 1974-1975 et de 2,5 % en 1980-1982), le pouvoir d'achat a baissé de 0,5 % par an en 1983 et 1984 et n'a repris que faiblement en 1985 et 1986. Certaines catégories ont plus particulièrement souffert : les fonctionnaires, les cadres, les agriculteurs, les commerçants plus récemment.

La désindexation des rémunérations, pour être durable, exige en fait une évolution profonde de l'organisation sociale. Le triomphe des politiques keynésiennes, l'intervention systématique de l'État dans l'économie et les transferts sociaux, la pratique généralisée des négociations collectives avaient progressivement conduit la société à se structurer en ce que l'école américaine du Public Choise appelle l'oligopole social : syndicats de salariés, organisations patronales, corporations professionnelles. L'inflation était à la fois une cause et une conséquence de cette organisation néo-corporatiste : d'une part, chaque catégorie sociale était tenue de s'organiser pour se protéger contre la hausse des prix et obtenir une répartition favorable des gains, faute de quoi elle se trouvait lésée ; d'autre part, l'oligopole social avait tendance à régler ses arbitrages internes sur le dos de la monnaie, l'illustration la plus frappante de ce mécanisme d'évacuation artificielle des conflits étant l'incessante course salaires-prix. La désinflation retire incontestablement du « grain à moudre » à la négociation collective, pour reprendre l'expression de certains dirigeants syndicaux, et donc une fonction essentielle aux grandes organisations. La stabilisation des dépenses sociales et des dépenses budgétaires, le retour au lien direct employeur-salarié en matière salariale et le coup d'arrêt à l'extension des régimes statutaires vont dans le même sens. Les grandes organisations qui, depuis la guerre, ont structuré la société française et animé le débat politique et social, les syndicats de salariés, le CNPF, la FNSEA, les multiples organisations professionnelles devront s'adapter au nouvel état d'esprit de la rigueur.

La concurrence et la déréglementation

L'acclimatation durable de la désinflation exige enfin le développement d'une véritable politique de la concurrence. Très profondément imprimés dans les mentalités des nations anglo-saxonnes, les concepts d'économie de marché concurrentielle et de politique anti-trust sont en fait assez profondément étrangers à la mentalité française, où l'on révère plus volontiers les idées d'économie organisée, de monopole et de concession publique, de champion national : traditionnellement donc, l'État non seulement ne cherche pas à s'attaquer aux ententes et positions dominantes, mais, au contraire, a plutôt tendance à les favoriser par ses réglementations, ses commandes publiques, ses aides financières. Exemple parmi bien d'autres : le mécanisme du contrôle des prix, conçu en principe pour lutter contre l'inflation, se révélait en fait profondément anti-concurrentiel, dans la mesure où il s'appuie sur des barèmes de prix professionnels déposés auprès de l'Administration, organisant ainsi directement la cartellisation des entreprises.

Incontestablement, cependant, les politiques en ces domaines commencent d'évoluer. Le Plan Barre avait renforcé les pouvoirs de la Commission de la Concurrence, libéré les prix, ouvert la concurrence sur les marchés publics stratégiques (téléphone, informatique, électronique, etc.). Après la période ultra-dirigiste 1981-1983, le gouvernement socialiste, dans le cadre du plan de rigueur, amorce des réformes de déréglementation, notamment dans le domaine des prix, du système bancaire du secteur pétrolier. La plate-forme électorale RPR-UDF contient une série d'engagements visant à abolir de nombreuses réglementations freinant la concurrence et à renforcer les mécanismes de marché dans l'économie française. En 1986 et 1987 sont adoptées plusieurs réformes législatives ou réglementaires : abolition du contrôle des prix, y compris sur les services traditionnellement soumis à contrôle, abrogation de l'ordonnance de 1945, nouveau droit de la concurrence, soumission des contentieux de la concurrence aux tribunaux judiciaires. Sont amorcées par ailleurs des politiques de déréglementations dans des secteurs soumis à des régimes de monopoles ou à des règles d'autorisations préalables : énergie, pétrole, télécommunications, transports terrestres, transports aériens, etc.

Le chemin à parcourir demeure très long tant sont répandus dans l'économie française les régimes de protection, les statuts professionnels privilégiés, les réglementations particulières, de l'agriculture aux pharmaciens et aux notaires, d'EDF aux compagnies aériennes. Les résistances à l'ouverture de la concurrence sont multiples et proviennent aussi bien des professionnels concernés que des organisations syndicales dont les adhérents tirent parti des régimes de protection accordés à leur industrie : en France, la réglementation est en effet souvent associée aux statuts sociaux particuliers (voir par exemple les statuts du mineur, des électriciens et des gaziers, des cheminots, des agents des PTT, etc.). La nature des problèmes est connue de longue date : le rapport Armand-Rueff, en 1958, en faisait déjà un inventaire très documenté, mais ses recommandations sont pour la plupart demeurées lettre morte.

Le développement de la concurrence et la déréglementation des secteurs excessivement protégés continueront d'être un enjeu essentiel au cours des prochaines années. L'échéance du marché unique européen de 1992, les pressions de Bruxelles pour développer la liberté de circulation et d'établissements, l'ouverture des marchés publics, l'alignement des normes et des règlements devraient contribuer à faire progresser la libéralisation de l'économie française en faisant contrepoids aux corporatismes organisés.

LA COMPÉTITIVITÉ DES ENTREPRISES

Une crise des structures industrielles

Au milieu des difficultés de l'emploi et de l'inflation depuis quinze ans, les Français ont pris conscience que les difficultés de l'économie étaient de nature structurelle. Mutations technologiques, redéploiement industriel, désindustrialisation, délocalisation : toutes ces expressions qui ont envahi le discours économique signifient qu'au-delà de l'inflation et du chômage la « crise » est de nature industrielle. Très profondément, ces troubles apparaissent liés à de multiples ruptures intervenues dans le régime de croissance qu'avait connu l'économie au cours de la période, dite des Trente Glorieuses, de l'après-guerre : saturation de la demande dans les anciens grands secteurs – moteurs de la croissance (sidérurgie, bâtiment, travaux publics, chimie de base, automobile, etc.) ; développement de nouveaux secteurs de croissance (services, santé, communication, loisirs, etc.), explosion de technologies nouvelles qui révolutionnent les produits et les procédés de production (microélectronique, informatique, bio-technologies, etc.) ; apparition de nouveaux pays industriels particulièrement compétitifs dans les industries de main-d'œuvre (textiles, cuir, électronique, etc.) ; concurrence inexorable du Japon, de la RFA, des États-Unis et de leurs multinationales, spécialisées dans des industries où elles atteignent des positions de domination mondiale (automobile, machines, informatique, aérospatial, etc.).

C'est dans ce cadre que le débat sur le déclin de la France exprime les inquiétudes sur la capacité de la France à faire face à cette grande transition des structures de l'industrie mondiale et à maintenir sa place parmi les nations. Après avoir longtemps entretenu le rêve de la grande nation, les Français avaient mal vécu qu'on leur dise qu'ils n'étaient plus qu'une puissance moyenne. Depuis quelques années, ils découvrent qu'ils ne sont peut-être même plus la première puissance moyenne, le Japon, la RFA la surclassent durablement, mais peut-être aussi l'Italie et la Grande-Bretagne, dont la croissance est devenue plus forte que la sienne depuis 1981. L'échéance du marché unique européen de 1992, qui verra tomber un certain nombre de barrières aux échanges et de protections diverses, passionne et inquiète en France plus qu'ailleurs.

La compétitivité perdue

On saisit mieux le fil directeur de l'enchaînement des politiques économiques suivies depuis 1974, avec leurs échecs et leurs réussites, si on replace ces hésitations et ces évolutions dans le cadre du problème central qui est apparu depuis lors : la contrainte extérieure et la compétitivité, la modernisation de l'investissement et son financement, la place de l'entreprise dans la société française.

La compétitivité d'une économie nationale peut être définie comme la capacité à croître plus rapidement que les autres, c'est-à-dire à gagner des parts de marchés, tant à l'exportation que sur le marché intérieur. La capacité concurrentielle s'analyse en premier lieu dans le solde extérieur : une nation non compétitive se heurte à la contrainte extérieure lorsqu'elle cherche à développer sa croissance et à diminuer le sous-emploi ; une nation compétitive, au contraire, dégage un excédent structurel de sa balance des transactions courantes (balance commerciale plus solde des transactions invisibles) : le Japon, la RFA en sont des exemples.

Depuis maintenant près de quinze ans, le commerce extérieur de la France est généralement déficitaire. L'économie française s'est heurtée fortement à la contrainte extérieure par deux fois lorsqu'elle a voulu relancer sa croissance, en 1975-1976 et en 1981-1983 et, à la suite des dévaluations consécutives à la détérioration de sa balance des paiements, a dû adopter des politiques de rigueur. Au contraire, on peut considérer qu'avant 1974 l'économie française était compétitive puisqu'elle croissait plus vite que la plupart des autres. De 1980 à 1986, la production industrielle a stagné, l'industrie manufacturière a perdu 650 000 emplois, soit 2,5 % par an en moyenne.

Les parts de marché de l'industrie française régressent sur le marché international : 7,9 % des exportations industrielles mondiales en 1980, 6,5 % en 1985, soit une perte d'un cinquième. Les importations de produits manufacturés progressent parallèlement sur le marché français : 27,5 % en 1980, 33 % en 1985, soit plus d'un cinquième. Par exemple, dans l'industrie automobile, la part française du marché européen passe de 29,5 % à 22,1 %, et la part des marques étrangères sur le marché français passe de 21 à 36 %.

Tableau 7 : Taux de croissance moyen du PIB sur trois périodes en %

	1970-1974	1975-1979	1980-1985
États-Unis	2,6	3,3	2,2
Japon	5,7	4,6	4,0
RFA	3,4	2,8	1,3
Roy.-Uni	2,8	2,0	1,0
France	5,1	3,1	1,1

Source : OCDE

Tableau 8 : Soldes courants cumulés sur trois périodes (en milliards de dollars)

	1970-1974	1975-1979	1980-1985
États-Unis	4,3	–8,6	–271,7
Japon	9,6	21,7	105,9
RFA	17,5	15,0	7,5
Roy.-Uni	–5,3	–5,0	38,2
France	–1,6	11,0	–26,6

Source : OCDE

L'insuffisance de l'investissement

L'insuffisance de la compétitivité est liée à l'inadéquation de l'investissement productif. C'est parce que l'économie française n'a pas correctement investi pour répondre aux nouvelles conditions de l'environnement international qu'il y a un problème de contrainte extérieure.

À partir de 1974, l'investissement productif connaît en France une situation de stagnation globale, marquée par la succession de phases de baisse (1974-1976 et 1980-1984) et de phases de reprise ralentie (1977-1979 et 1985-1987) : en 1985, le volume de l'investissement est à-peu-près au même niveau qu'en 1980 et 1987 respectivement. La part de l'investissement dans le PIB a régulièrement baissé depuis 1973 : de 24 % en 1973 à 19 % en 1985 pour l'investissement total ; de 21 % en 1973 à 16 % en 1985 pour l'investissement du secteur marchand.

Figure 3 :
Taux d'investissement productif en valeur (rapporté au PIB)

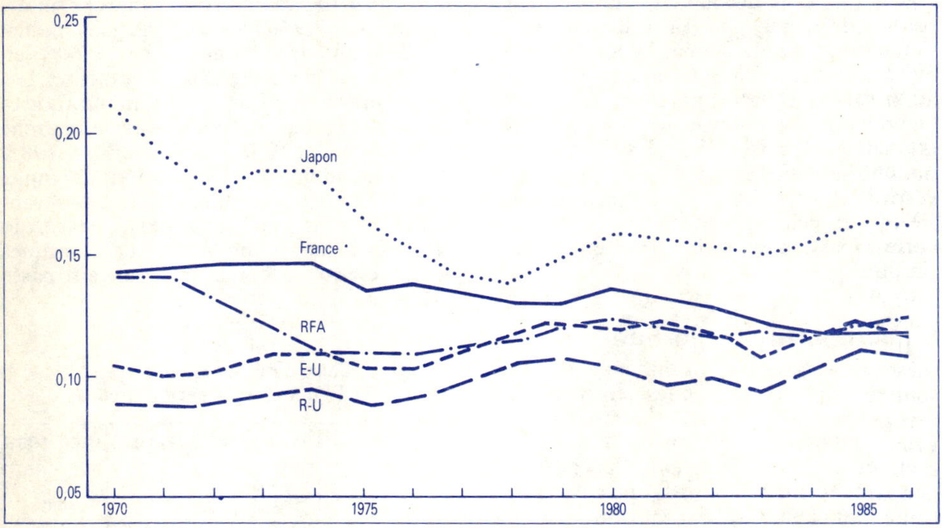

Source : DP

Figure 4 :
Taux d'investissement manufacturier en valeur

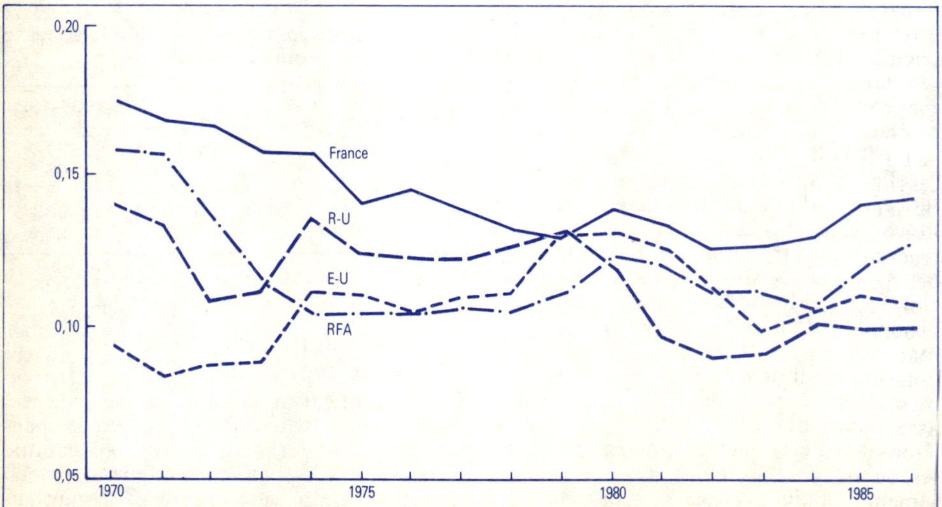

Source : DP

Cette tendance se retrouve mais avec des cycles plus prononcés si l'on se limite à la seule observation de l'investissement de l'industrie manufacturière, dont on rappelle qu'il ne constitue qu'un peu plus d'un quart de l'investissement des entreprises du secteur productif (130 milliards en 1985 sur 480 milliards d'investissements du secteur productif ; et 870 milliards d'investissements totaux y compris logement et investissements des administrations). Le taux d'investissement dans l'industrie a connu un niveau record en 1972 (23 %). Après une chute brutale à 15 % en 1974, il ne cesse de baisser jusqu'en 1983, où il est inférieur à 12 %. La reprise de 1984-1987 ne lui permet de remonter qu'à 15 %.

Mais, comme la France était, jusqu'en 1973, le pays qui investissait le plus après le Japon, ce ralentissement aboutit simplement à la placer désormais dans la moyenne par rapport à ses grands concurrents.

Il convient donc de nuancer l'hypothèse généralement admise que la France souffre d'un grave déficit d'investissement. Le problème n'est pas tant que la France n'ait pas assez investi qu'elle ait mal investi. La mauvaise adéquation de l'appareil productif français au nouveau contexte du marché mondial et des technologies modernes semble due davantage à la répartition des investissements entre secteurs d'activités ou à la « qualité » des investissements qu'à une insuffisance purement quantitative. Pour simplifier l'analyse, l'économie française a peut-être trop investi dans la sidérurgie, l'électricité nucléaire, la pétrochimie et pas assez dans les composants électroniques, les magnétoscopes, la chimie fine, les machines-outils...

La France n'a-t-elle pas eu, ces dernières années, une vision trop quantitative de l'investissement héritée des conceptions des industries lourdes de la Reconstruction ? Cette vision n'a-t-elle pas eu des conséquences néfastes sur l'adéquation des investissements au nouveau contexte ? Trop de béton, pas assez de machines à commande numérique, de robots et d'ordinateurs ? Trop d'investissements de capacité sans débouchés, pas assez d'investissements de productivité ? Trop d'investissements matériels obsolètes ou mal répartis, pas assez d'investissements immatériels ?

Certes, les difficultés de mesure rendent difficiles toute évaluation et toute analyse précise de cette déficience d'efficacité. Une explication communément répandue la relie à la durée d'utilisation des équipements, elle-même liée au manque de flexibilité insuffisante du travail : durée du travail inférieure, parfois assez nettement par rapport aux autres pays ; concentration annuelle et manque d'étalement des congés : développement insuffisant du travail en équipes, etc. On peut aussi relier cette détérioration à d'autres facteurs, comme la mauvaise allocation sectorielle des investissements, leur manque de rentabilité financière, etc.

Les statistiques ne fournissent pas d'indicateurs précis de l'adéquation de la répartition sectorielle des investissements aux données de l'environnement mondial : demande intérieure et internationale, concurrence extérieure, évolution des technologies.

Il apparaît que les déficits, comme les excédents du commerce extérieur, sont peu accusés et largement répartis. L'économie française ne possède pas de « pôles de compétitivité » affirmés, de couples technologies-marchés disposant d'une position concurrentielle dominante au niveau mondial, contrairement à d'autres pays, comme la RFA dans la mécanique et la chimie, le Japon dans l'automobile et l'électronique, les États-Unis dans les industries de pointe, etc.

De manière plus qualitative, on peut observer que les principaux problèmes d'ajustement de sa structure productive qu'a connus la France depuis 1974 proviennent d'un certain nombre de caractéristiques, notamment de trois facteurs :

– un développement excessif, au cours des années 1960, des industries de main-d'œuvre peu qualifiée, qui ont souffert, depuis, de la concurrence des pays à bas salaires : le textile-habillement, le cuir-chaussures, etc., ont dû diminuer leurs effectifs de moitié et de nombreux investissements ont dû être déclassés. L'industrie automobile faisait par exemple trop appel à une main-d'œuvre insuffisamment formée et qualifiée ;

– une insuffisance du tissu des moyennes entreprises performantes, à haut niveau technologique et fortement exportatrices, telles qu'elles existent, par exemple, en RFA ou en Italie ;

– des surinvestissements, ou des retards apportés à l'ajustement, dans certains secteurs bénéficiant de régime de protection, de monopoles ou d'aides financières de l'État.

Mais la détérioration de la compétitivité et de l'investissement des entreprises apparaît étroitement liée aux difficultés financières éprouvées par celles-ci.

La profitabilité des entreprises et la rentabilité des investissements se sont profondément dégradées : les entreprises qui s'étaient fortement endettées pendant la période d'expansion rapide d'avant 1974, puis en raison de l'augmentation des charges salariales et des prélèvements obligatoires, ont été victimes d'un brutal « effet de ciseau » de par la hausse des taux. A partir de 1974, tous les ratios de rentabilité se dégradent par rapport aux niveaux élevés des années 1960 et du début des années 1970 :

– Le taux de marge (excédent brut d'exploitation rapporté à la valeur ajoutée) passe de 28,4 en 1971-1973 à 24,4 en 1975-1979 puis à 23 % en 1981-1983, pour se redresser à 27,5 % en 1986.

– La rentabilité financière (profits nets rapportés aux fonds propres) décroît d'abord moins vite que la rentabilité économique : 8 % en 1971-1973, 6 % en 1975-1979, 2,5 % en 1982-1984. Ce décalage est dû notamment à la dépréciation de la dette en fonction de l'inflation ; celle-ci dissimule temporairement et artificiellement la chute de rentabilité.

– La profitabilité (différence entre la rentabilité financière et le taux d'intérêt réel à long terme) chute brutalement à partir de 1981, année où les taux d'intérêt montent à 16 % ; de positive (+ 5 à + 7 %) elle devient négative (– 4 % à – 5 %).

Du financement administré aux marchés de capitaux et aux fonds propres

L'évolution des politiques économiques et de l'investissement en France doit être située dans le contexte de la révolution financière mondiale intervenue ces dernières années et qui s'est étendue à la France sous certains aspects : déréglementation, multiplication des innovations financières, déspécialisation des professions financières, internationalisation, développement du capital-risque, boom de la Bourse, etc.

En France, la révolution du système financier s'est traduite progressivement et avec moins de force que sur les grandes places étrangères. Cette rupture a néanmoins été très spectaculaire, compte tenu des traditions très ancrées de financement administré, étatique et bancaire, et du faible dynamisme des marchés financiers.

Pour résumer, la mutation du système financier peut se lire comme la transition d'une économie de financement administré à une économie de marchés de capitaux, ou d'une économie d'endettement à une économie de fonds propres. Jusqu'au début des années 1980, le rapprochement entre l'épargne et l'investissement était assuré en grande partie par des intermédiaires financiers : les banques transformaient les dépôts en prêts, l'État jouait un rôle direct dans le financement par le Trésor public, le FDES et les subventions et imposait par ailleurs un encadrement étroit des crédits et une structure administrée des taux d'intérêt. Désormais le système français s'oriente vers une économie où les marchés l'emportent sur les guichets. Enfin la très nette amélioration des marges de rentabilité des entreprises, qui ont retrouvé en 1987 leurs meilleurs niveaux d'avant 1974, permet leur désendettement.

Peut-on dire, comme certains, que l'industrie soit aujourd'hui malade de la finance ? Il semble, au contraire, que l'assainissement financier des entreprises et la mutation des marchés financiers ouvrent désormais la voie à l'investissement de compétitivité.

Alors que la Reconstruction avait été essentiellement financée par l'État dans le cadre du Plan, et l'Expansion par le financement bancaire, le changement de nature de l'investissement requiert, en effet, une mutation profonde du système de financement. Désendettement et diminution des charges financières ; investissement plus sélectif, pour répondre à la segmentation des marchés ; accélération du rythme d'innovation et d'obsolescence des produits ; accès des moyennes entreprises performantes au capital/risque ; création et transmission d'entreprises ; tertiarisation de l'industrie et investissements immatériels, etc., passent par l'accroissement des marges, l'augmentation des fonds propres, le développement des marchés de capitaux et des circuits courts entre épargnants et emprunteurs.

Les transformations rapides intervenues en France ces dernières années, le succès remporté par les privatisations, vont dans le bon sens. Mais de nombreux problèmes demeurent posés : baisse des taux d'intérêt, reconstitution d'une structure capitaliste dans l'économie française, code de déontologie boursière, financement des PME, adaptation des banques.

L'investissement immatériel : un concept pour les nouvelles politiques industrielles

Si le constat sur l'investissement matériel est complexe, l'investissement immatériel des entreprises montre un net retard en revanche.

On range dans ce concept l'ensemble des dépenses ayant le caractère comptable de dépense d'exploitation – c'est-à-dire non capitalisables à l'actif du bilan –, mais contribuant à développer l'activité de l'entreprise au-delà de l'exercice, et ayant par conséquent le caractère économique d'un investissement. Y figurent notamment les dépenses de recherche et développement pour la mise au point de nouveaux produits, le marketing et la publicité, la constitution des réseaux commerciaux, la formation des personnels, les logiciels de traitement informatique, etc.

L'organisation du travail, l'amélioration de la qualité des produits et des services, l'adhésion des salariés aux objectifs de l'entreprise font aussi partie de cette notion, qui est en fait difficilement isolable de la substance même de l'entreprise et du contexte socioculturel de son environnement national. Partout, l'on sait qu'une entreprise, c'est avant tout du capital humain, un couplage entre des savoir-faire et des marchés. En France, on avait probablement besoin du concept d'investissement immatériel pour exorciser la vieille notion « d'entreprise-usine », avec des cheminées qui fument.

Les déficiences de la fonction commerciale dans les entreprises françaises sont traditionnelles : on se préoccupe davantage de produire que de vendre ; les technico-commerciaux, la qualité, la maintenance et le service après-vente, la publicité, les réseaux commerciaux à l'étranger et les sociétés de commerce international montrent de nets retards.

La formation des hommes offre un paysage contrasté suivant les secteurs d'activités et les fonctions remplies, mais, de manière générale, accuse un important retard par rapport à nos grands concurrents comme on l'a vu plus haut.

Dans le domaine de la recherche-développement les données internationales fournissent des éléments précis de comparaison. La France est plutôt en avance pour les dépenses publiques de recherche-développement effectuées dans les grands organismes ou dans la recherche fondamentale (1,2 % du PNB contre 0,9 % en moyenne pour les grands pays industrialisés). Elle est en revanche en retard, d'un tiers environ, pour la recherche effectuée dans les entreprises (1,3 % du PNB, contre 1,8 à 1,9 % aux États-Unis, au Japon et en RFA). La part de financement public de l'effort national de recherche y est de 60 %, contre 50 % aux États-Unis, 40 % en RFA, 25 % au Japon.

Tableau 9 :
Dépenses de recherche- développement des entreprises (en % de la valeur ajoutée des entreprises)

	France	Roy.-Uni	RFA	Japon	E-U
1978	3,5	4,5	4	3,5	6,5
1984	5	6,5	6	8	9

La recherche industrielle, d'autre part, est concentrée dans un petit nombre d'entreprises appartenant à des secteurs de pointe liés aux marchés publics (aéronautique, armement, électronique, télécommunications, etc). En revanche les industries traditionnelles (mécanique, textile, biens de consommation, etc.) et les petites et moyennes entreprises apparaissent trop souvent comme un « désert technologique ».

Le besoin d'un nouveau consensus

On dit souvent que les Français ont conservé une mentalité anti-industrielle, héritée du passé rural et protectionniste. Pourtant aucun peuple ne valorise autant les prouesses techniques de son industrie et ne glorifie autant les vertus rédemptrices de la politique industrielle. La vérité est que la mentalité collective de la France n'a pas encore totalement fait siennes les valeurs de la modernité économique, c'est-à-dire l'ouverture au monde, le marché, la concurrence, le profit, la démocratie industrielle et le dialogue social.

Bien que la France soit devenue aujourd'hui une nation industrielle à part entière, de nombreux blocages subsistent, hérités de comportements ancestraux. Et ce sont ces blocages qui, pour une bonne part, expliquent que l'économie française soit demeurée longtemps plus inflationniste que la plupart de ses partenaires, qu'elle soit insuffisamment capable de valoriser en terme de modernisation et de comptabilité commerciale ses atouts potentiels que représentent son intelligence, ses traditions de créativité, les richesses de son sol. « Il n'est de richesse que d'hommes » : le vrai secret de la compétitivité des nations, c'est l'organisation économique et sociale, la ressource humaine, la « culture », ainsi qu'en témoignent de multiples exemples, de l'Angleterre du XIXe siècle aux États-Unis du XXe siècle et au Japon contemporain.

L'incarnation la plus claire des blocages de la société française est sans nul doute sa centralisation, son excès d'État. L'évolution commune aux sociétés occidentales de l'après-guerre vers l'économie mixte et l'extension de l'État-providence au nom de la doctrine keynésienne du plein-emploi s'est conjuguée, en France, avec les traditions étatistes séculaires qu'incarnent, par exemple, les figures de Richelieu, de Colbert, de Napoléon, de De Gaulle pour construire un puissant appareil administratif qui a su, d'ailleurs, être souvent un puissant facteur de progrès et de modernisation mais qui s'est montré aussi parfois paralysant, surtout lorsqu'il a servi de moyen d'expression et de protection aux corporatismes, aux monopoles, aux situations acquises.

Le consensus autour du concept d'entreprise doit être appelé à jouer un rôle fondamental dans le projet de modernisation et recul des rigidités : mais il s'agit de l'entreprise moderne, ouverte sur l'extérieur et sur les technologies nouvelles, lieu de dialogue social, de participation d'expression personnelle, de formation et non de l'entreprise du passé, routinière, protectionniste, étroitement hiérarchique, lieu de conflit et d'exploitation du salariat.

Pour que la fin de la décennie 1980 marque pour la France le début de l'après-crise et non l'enfoncement dans le déclin, il est indispensable d'assurer la cohérence politique de ces orientations.

Reprise de l'emploi, innovation et modernisation, désinflation, recul de l'État, initiatives entrepreneuriales, épargne à risque, mobilité, exorcisation du protectionnisme et des corporatismes forment certes un projet techniquement cohérent. Mais ce projet n'aurait aucune chance de succès si l'opinion ne le faisait pas sien dans sa très large majorité. Car il implique aussi des sacrifices en matière de pouvoir d'achat, de diminution des protections, de changement de toute nature. Tel est aussi, en définitive, l'enjeu de ces prochaines années pour la société française : faire que ces thèmes, issus des idées monétaristes et néo-libérales, dépassent les anciens clivages politiques et deviennent l'objet d'un vaste consensus.

■ Pour en savoir plus

J.-Ch. Asselain, *Histoire économique de la France, du XVIIIe siècle à nos jours,* Paris, Éditions du Seuil, 1984.

J.-Ch. Asselain, *Histoire économique. De la révolution industrielle à la Première Guerre mondiale,* Paris, Presses de la Fondation Nationale des Sciences Politiques et Dalloz, 1985.

Y. Barou et B. Keiser, *Les grandes économies. États-Unis, Japon, Allemagne fédérale, France, Royaume-Uni, Italie,* Paris, Éditions du Seuil, 1984.

M. Pébereau, *La politique économique de la France. Les instruments,* Paris, Armand Colin, 1985.

M. Pébereau, *La politique économique de la France. Les objectifs,* Paris, Armand Colin, 1987.

Ch. Saint-Étienne, *L'État français face aux crises économiques du XXe siècle,* Paris, Économica, 1985.

Ch. Saint-Étienne, *Politique financière et entreprises françaises,* Paris, Économica, 1987.

ROYAUME-UNI

Institutions et vie politique : J. Leruez
Croissance : J.-Ch. Asselain
Enjeux : J. Leruez

Capitale : Londres
Population : 56 760 000 hab.
Variation pop./an (1973-85) : 0,0 %
Superficie : 244 046 km^2
PNB/habitant : 8 390 $
Taux de croissance/an (1973-85) : 1,1 %

ET VIE POLITIQUE

Le Royaume-Uni de Grande-Bretagne et d'Irlande du Nord est, comme le nom l'indique, une union de quatre « nations » (Angleterre, Écosse, Pays de Galles et Irlande du Nord). Toutefois, malgré cette diversité ethnique et culturelle, le Royaume-Uni est un État unitaire dominé démographiquement et politiquement par la nation anglaise. Cet État unitaire est, en droit constitutionnel, une monarchie parlementaire gouvernée par le « Roi en son Parlement ». Et, quand on dit que le Royaume-Uni « n'a pas de constitution », cela veut dire qu'il n'existe pas de loi fondamentale écrite régissant en détail les rapports entre les pouvoirs publics, mais il n'en existe pas moins un système constitutionnel (fait de coutumes, de précédents, de lois ordinaires et de décisions de justice), cadre normal du fonctionnement des institutions.

Dictature élective ?

Théoriquement, le Parlement bicaméral est au centre de ces institutions. La Chambre des Lords (environ 1 000 pairs, héréditaires ou à vie), dont les pouvoirs ont été réduits par les *« Parliament Acts »* de 1911 et de 1949, garde un droit de proposition et d'amendement et un veto suspensif limité (13 mois en pratique) sur les textes non financiers déjà votés par la chambre basse. La Chambre des Communes rassemble 650 députés (appelés *« Members of Parliament »* ou MPs) élus au suffrage universel direct (majorité électorale : 18 ans depuis 1970) ; lorsqu'on parle de souveraineté parlementaire, il s'agit donc surtout de la souveraineté des Communes, seul organe élu, et même, en pratique, de celle du parti majoritaire dont émane l'exécutif. Cette réduction du principe de la souveraineté parlementaire à la volonté du parti majoritaire limite le rôle de l'opposition à une fonction tribunicienne de contestation vocale ; de plus, la discipline observée par les partis donne un ascendant considérable aux dirigeants, et notamment au leader du parti majoritaire qui assume automatiquement les fonctions de Premier ministre. C'est pourquoi on a pu parler d'une « dictature élective ».

Tantôt dominé par la personnalité du Premier Ministre, tantôt fonctionnant sur une base collégiale, le Cabinet dispose, en effet, des anciens pouvoirs régaliens (la Reine « règne mais ne gouverne pas ») et notamment du droit de dissolution, des pouvoirs exécutifs et réglementaires normalement dévolus à un gouvernement parlementaire classique (concernant l'administration civile interne, les affaires étrangères et la défense) mais aussi d'un large pouvoir d'initiative et de persuasion dans les domaines législatif et surtout financier. Par conséquent, il faut rechercher ailleurs que dans le contrôle parlementaire les contrepoids les plus significatifs à l'action gouvernementale. Il y a, d'abord, les conseils élus locaux (comtés et districts), encore que l'autonomie locale ne soit plus ce qu'elle était ; il y a, ensuite, l'opinion publique (consultée par de multiples organismes de sondages) et les divers médias (dont la vigilance surmonte bien souvent le goût du secret de l'administration) ; il y a, enfin, les groupes de pression, dont les plus influents sont les associations représentatives des affaires et de l'industrie et les syndicats ouvriers, pour l'essentiel adhérents du *Trades Union Congress* (10 millions d'adhérents en 1985, soit la moitié de la population active salariée), qui jouit d'une relation privilégiée avec le parti travailliste qu'il a contribué à fonder.

Un bipartisme artificiel

Trois grandes formations animent la vie politique. Né de la réforme électorale de 1832, le parti conservateur n'a jamais été longtemps absent du pouvoir. Seul ou en coalition, il a dominé l'entre-deux-guerres et, avec Winston Churchill, dirigé l'effort de guerre de 1940 à 1945. Dans les 44 années qui ont suivi la Seconde Guerre mondiale, il a gouverné au total pendant plus d'un quart de siècle. Premiers ministres : W. Churchill, A. Eden, H. Macmillan, A. Douglas-Home, E. Heath, et, enfin, sans discontinuer depuis 1979, Margaret Thatcher.

Né en 1900 de la volonté des syndicats et de quelques groupes de pensée socialistes, le parti travailliste a progressivement supplanté le parti libéral comme seconde grande force politique. Premier gouvernement travailliste à disposer d'une majorité absolue au Parlement, le gouvernement Attlee (1945-51) a profondément réformé la structure de l'économie (nationalisations) et jeté les bases du *Welfare State*. Les gouvernements Wilson (1964-70 et 1974-76) et Callaghan (1976-79) ont été des gouvernements réformistes, contestés à la fois par la gauche du parti et par les syndicats (en raison notamment de leurs politiques des revenus). Malgré l'arrivée à leur tête, en octobre 1983, d'un jeune leader dynamique, les travaillistes ont bien du mal à apparaître comme une équipe de rechange crédible. Les élections de juin 1987 n'ont pas été très encourageantes à cet égard (voir tableau).

L'Alliance est la coalition du vieux parti libéral – qui a connu son heure de gloire, d'abord avec Gladstone, ensuite au tournant du siècle, a frôlé l'anéantissement dans les années 1950, pour renaître de ses cendres en 1964, et surtout en 1974,– et du jeune parti social-démocrate, né, en 1981 d'une scission du parti travailliste. Aux élections de 1983, l'Alliance a obtenu plus du quart des suffrages mais le mode de scrutin (uninominal à un tour et à majorité simple), défavorable aux tiers partis, l'a privée (avec 23 sièges sur 650) d'une représentation suffisante. Il en a été de même en 1987. Plus chanceux à cet égard sont les partis spécifiquement nord-irlandais (unionistes-protestants, républicains-catholiques) qui ont le monopole de la représentation de la province, et les nationalistes écossais et gallois, qui, depuis 1970, sont régulièrement représentés aux Communes (11 sièges pour le parti national écossais, en octobre 1974).

Il reste qu'à l'heure actuelle seul le mode de scrutin maintient au Parlement un bipartisme inexistant dans le pays et installe au pouvoir des majorités parlementaires apparemment solides mais peu représentatives des véritables sentiments de la population. Le décalage entre le fonctionnement des institutions et l'évolution de l'électorat n'en est que plus patent.

Représentation politique au Royaume-Uni : composition de la chambre des Communes après les élections du 11 juin 1987 et suffrages obtenus par chaque parti

	Conservateurs	Travaillistes	Alliance	Nationalistes	Divers
Angleterre	358 (46,1 %)	155 (29,5 %)	10 (23,8 %)	– –	0 (0,7 %)
Écosse	10 (24 %)	50 (42,4 %)	9 (19,2 %)	3 (14,1 %)	0 0,4 %)
Pays de Galles	8 (29,5 %)	24 (45,0 %)	3 (17,9 %)	3 (7,3 %)	0 (0,2 %)
Irlande du Nord	– –	– –	– –	– –	17 (100 %)
Total R.U.	**376** **(42,2 %)**	**229** **(30,8 %)**	**22** **(22,8 %)**	**6** **(1,7 %)**	**17** **(2,7 %)**

Prospérité et décadence

« Lorsqu'un État est parvenu au plus haut point de la richesse – écrivait au début du XVIIIe siècle le banquier Cantillon [1] –, il ne manquera pas de retomber dans la pauvreté par le cours ordinaire des choses. La trop grande abondance d'argent, qui fait tandis qu'elle dure la puissance des États, les rejette insensiblement, mais naturellement dans l'indigence. » N'est-ce pas le destin même de l'économie britannique, de son apogée des années 1850 au déclin relatif et à la « désindustrialisation » des années 1970, qui se trouve ainsi anticipé en un raccourci saisissant ? Cet État, dont le commerce, « accompagné et soutenu par une grande navigation », fait « fleurir les manufactures », et dont l'avance manufacturière renforce la suprématie commerciale, comment ne pas y voir l'évocation de l'Angleterre triomphante au temps de sa Révolution industrielle ? Mais voilà qu'avec la prospérité, « la consommation augmente peu à peu », et qu'il faut alors « tirer beaucoup de denrées de l'étranger ; d'un autre côté, les habitudes de la dépense enchérissant le travail des ouvriers, les prix des ouvrages haussent toujours, et il ne manque pas d'arriver que quelques-uns des pays étrangers tâchent d'ériger chez eux les mêmes ouvrages de manufactures ». Insensiblement d'abord, la nation pionnière « commence à perdre quelques branches de son commerce lucratif », et plus tard se trouve menacée jusque sur son propre marché par l'expansion de ses nouveaux concurrents. L'économie britannique parviendrait ainsi aujourd'hui au terme de ce cycle de « prospérité et décadence », comme jadis l'Italie ou l'Espagne au temps de Cantillon.

Décollage industriel : une première mondiale

Il demeure pourtant que la Révolution industrielle anglaise de la fin du XVIIIe siècle marque, dans l'histoire mondiale, un tournant unique : elle inaugure la croissance économique moderne, irréversible et cumulative. En une vingtaine d'années, aux alentours de 1770, une triple percée technologique – dans les textiles, avec les premières machines à filer le coton, dans la métallurgie, avec l'invention du puddlage pour la transformation de la fonte en fer, et enfin, clef de la mécanisation ultérieure de toutes les branches, la machine à vapeur de Watt – ouvre la voie à un processus continu d'innovations, qui désormais s'entretient de lui-même, comme une « réaction en chaîne ». Mutation, rupture avec la croissance lente des siècles passés, « décollage » ? Sans aucun doute. Mais qui ne survient pas par hasard dans la plus avancée des économies prémodernes. Car la Grande-Bretagne, dès le XVIIe siècle, prend insensiblement l'avantage [2] sur les pays du continent. Protégée par son insularité, elle subit de façon bien moins dramatique les ravages des guerres. Sa puissance navale, objectif prioritaire de

1) *Essai sur la nature du commerce en général,* p. 102, Paris, INED, 1952.
2) Cf. F. Crouzet, *Angleterre et France au XVIIIe siècle. Essai d'analyse comparée des deux croissances économiques, Annales,* mars 1966.

l'État, son expansion coloniale, les débouchés ouverts à ses exportations par les « treize colonies » américaines notamment contribuent à accentuer une spécialisation manufacturière qui, pour l'industrie lainière, remonte au Moyen Âge. De façon plus décisive encore, l'ensemble de transformations connu sous le nom de « Révolution agricole [3] » – en réalité, une rénovation très progressive des modes de culture, associée au refoulement de la propriété paysanne par les grands domaines, affermés à de véritables entrepreneurs de culture – assure pendant un siècle (1650-1750) une croissance lente, mais continue de la productivité agricole. Or la population anglaise, pour des raisons en partie inexpliquées (pratique volontaire du mariage tardif ? exutoire de l'émigration ?), augmente à peine jusqu'au début du XVIIIe siècle : l'Angleterre échappe ainsi au « piège malthusien », qui avait si souvent bloqué la croissance des économies traditionnelles ; le salaire réel des travailleurs, le revenu réel par habitant sont en hausse continue durant la première moitié du XVIIIe siècle, et la demande de biens manufacturés, stimulée par l'urbanisation, augmente bien plus que proportionnellement.

Faut-il donc se représenter la Révolution industrielle comme le « fruit spontané » de cette croissance d'ancien régime ? Ce serait méconnaître le rôle non moins crucial joué par les goulets d'étranglement apparus du côté de l'offre : coût croissant de la main-d'œuvre dans les régions les plus actives, « crise de l'énergie » (épuisement des forêts et pénurie de bois), sans oublier la supériorité de l'Inde dans la production traditionnelle des étoffes. La Grande-Bretagne, vers 1750, exporte des céréales, mais accroît en revanche ses importations industrielles (des fers de Suède ou de Russie jusqu'aux étoffes « indiennes »). De l'aptitude de la société britannique à relever ces « défis », dépendait le destin de la croissance. L'essor du capitalisme moderne aurait-il été possible sans les Révolutions de 1640 et 1688, assurant en fin de compte la stabilité politique et les conditions d'une relative ouverture sociale, favorable à l'innovation ? sans le ferment de l'initiative des minorités religieuses (les dissidents, « arme secrète de la croissance économique »...) ? sans le progrès général de l'alphabétisation en Angleterre et en Écosse dès le XVIIe siècle ? sans le formidable atout que représentait l'abondance de la houille, mais aussi sans la longue phase préalable de tâtonnements techniques amorcée dès le XVIe siècle, pour maîtriser son usage industriel ? Quand bien même on réussirait à dresser la liste exhaustive de ces antécédents favorables, la conjonction exceptionnelle d'inventions majeures des années 1770 comportera toujours une part irréductible d'inexpliqué [4] : comment prétendre que la « réponse au défi était acquise d'avance » ?

« En revanche, une fois cette première percée technologique réalisée, tout devient clair comme eau de roche [5]. » Des mécanismes de diffusion très puissants entrent en jeu, entraînant un raccourcissement sans précédent des délais qui séparent l'invention proprement dite de l'innovation industrielle, puis de sa généralisation. Le réinvestissement des bénéfices considérables obtenus par les entreprises pionnières accélère l'accumulation du capital. La destruction des modes de production traditionnels contribue de façon décisive à accroître les débouchés du secteur moderne, au fur et à mesure que la production en usine *(« factory system »)* gagne du terrain. Les principales branches motrices – industries textiles, métallurgiques et mécaniques – s'ouvrent réciproquement des débouchés et s'entraînent dans leur croissance. Avançant au départ sur un front encore étroit, le progrès technique accentue irrésistiblement sa pénétration (il y faudra malgré tout au moins trois générations, les rythmes du XIXe siècle ne sont pas ceux d'aujourd'hui...) et bouleverse l'ensemble des équilibres sociaux. Les contemporains ont bel et bien éprouvé le sentiment de vivre une époque de transformations révolutionnaires. En soixante ans, les villes de plus de 5 000 habitants étaient passées de 20 % de la population totale vers 1780 (taux d'urbanisation déjà le plus élevé du

3) Cf. P. Bairoch, *Révolution industrielle et sous-développement*, Mouton, 1974.
4) Cf. N. Crafts, *« Why was England first ? »*, *Economic History Review*, août 1977, et *« Entrepreneurship and a probabilistic view of the British Industrial Revolution »*, *ibidem*, nov. 1978. Pour comprendre l'ensemble du débat : F. Crouzet, *De la supériorité de l'Angleterre sur la France*, Perrin, 1985, chap. III.
5) F. Crouzet, *ibidem*, p. 88.

monde) à 60 % en 1841, tandis que la part de l'agriculture au sein de la population s'effondrait à moins du quart (22 % en 1851) : aucun autre pays ne connaîtra une chute aussi brutale. « Première nation industrielle », la Grande-Bretagne tient alors une place unique au sein de l'économie mondiale.

La révolution ferroviaire

Le second quart du XIXe siècle représente en effet un jalon majeur à deux égards. D'abord, avec les débuts de la révolution des transports modernes – chemins de fer (1825) et navigation à vapeur – dont l'Angleterre est naturellement l'initiatrice. Mais aussi avec l'essor sans précédent des exportations manufacturières britanniques, qui relaient à ce stade le marché intérieur comme principal moteur de la croissance industrielle. L'économie britannique devient de plus en plus une « économie d'exportation ». La conquête des débouchés extérieurs renforce l'avance britannique dans les industries clefs (textiles et métallurgie), « cristallisant » du même coup les spécialisations héritées de la Révolution industrielle. En 1846, la Grande-Bretagne se sent assez assurée de sa supériorité industrielle pour adopter unilatéralement le libre-échange. Ce choix décisif, qui ne sera pas révoqué avant les années 1930, implique à terme le sacrifice de l'agriculture britannique face à la concurrence des pays neufs. Mais il donne d'emblée une forte impulsion aux échanges internationaux, dont l'industrie du pays profite à plein. Vers le milieu du XIXe siècle, la Grande-Bretagne assure à elle seule plus de la moitié de la production mondiale de fonte, et ses exportations dépassent la production de la France, de l'Allemagne, de l'Autriche et de la Belgique réunies. L'industrie cotonnière, plus tournée encore vers les marchés extérieurs, exporte vers 1865 les deux tiers de sa production. Même la suprématie américaine au XXe siècle ne sera jamais aussi marquée, à bien des égards, que celle de l'Angleterre à son apogée.

Avec la révolution ferroviaire, les techniques de la révolution industrielle anglaise se diffusent progressivement en Europe et dans le monde. Mais l'expression courante de « modèle britannique » est ambiguë. Ce modèle, en tout cas, n'a rien d'exemplaire. L'industrialisation anglaise a eu des contrecoups sociaux d'une extrême brutalité, pour le monde rural comme pour le prolétariat industriel ; elle n'a pas suffi à éviter, compte tenu de l'accélération de la croissance démographique, ni le chômage chronique, ni un flux permanent d'émigration (moins dramatique toutefois que l'émigration irlandaise du milieu du siècle). Un décalage de deux ou trois générations au moins sépare le décollage industriel des premiers signes d'amélioration du niveau de vie ouvrier. Le terme même de « modèle » a-t-il ici un sens ? Car une voie essentielle de l'industrialisation britannique est, presque par définition, fermée aux « pays suiveurs », puisqu'elle repose sur l'avance relative de la « nation pionnière » et les possibilités d'exportations qui en découlent. Pour la Grande-Bretagne elle-même, du reste, il s'agit là d'un avantage à double tranchant : sa prospérité est de plus en plus tributaire de ces relations dissymétriques avec le reste du monde. L'une des données fondamentales de « *la crise britannique au XXe siècle*[6] » apparaît donc directement issue des conditions mêmes de l'ascension britannique au XIXe siècle.

Le déclin industriel

Jusque vers 1880, tout se conjugue pour renforcer l'impulsion extérieure : l'avance de l'industrie anglaise, la victoire du libre-échange en Europe (à partir de 1860), l'avènement des transports modernes. La Grande-Bretagne contribue pour une large part à financer la construction des chemins de fer à travers le monde, et l'essor de ses investissements extérieurs bénéficie très directement à ses exportations industrielles (rails, matériels ferroviaires, biens d'équipement). Signe d'un dynamisme intact : la courbe des brevets d'inventions enregistre une croissance record de 1860 à 1877, et ce sont encore des découvertes britanniques (procédés Bessemer, 1856, et Siemens, 1865) qui inaugurent l'« âge de l'acier ». Mais les nouvelles puissances montantes – l'Allemagne, les États-Unis –, dont le décollage a pris appui sur les techniques et les capitaux anglais, sont

6) Titre de l'ouvrage publié il y a plus d'un demi-siècle par André Siegfried.

désormais en mesure d'en tirer le plus grand parti. Le revirement protectionniste de presque tous les pays d'Europe (à partir de 1879) porte un coup sensible à l'économie anglaise. Replacée en situation de « libre-échange unilatéral », comme de 1846 à 1860, mais avec une avance industrielle considérablement réduite dans l'intervalle, la Grande-Bretagne voit s'aggraver, vers la fin du XIXe siècle, son recul agricole, tandis que la croissance de ses exportations, essentiellement manufacturières, subit un net fléchissement : + 5,4 % par an de 1845 à 1873, + 1,8 % de 1873 à 1913. Dépassée au seuil du XXe siècle par les États-Unis et l'Allemagne, l'industrie britannique accuse surtout un retard inquiétant dans la plupart des branches motrices de la « seconde révolution industrielle » : production d'acier, industries chimiques, électriques, et bientôt automobile. Grâce à un taux d'investissement près de deux fois supérieur à celui de la Grande-Bretagne, les États-Unis et l'Allemagne bénéficient non seulement d'une croissance industrielle plus rapide, mais d'un équipement plus moderne, de spécialisations plus favorables, d'une organisation plus concentrée et plus « offensive ». De sorte que la perte de compétitivité de l'industrie anglaise tend à prendre un tour cumulatif, jusque sur le marché intérieur : les plaintes se multiplient, à la veille de la guerre de 1914, contre l'« invasion commerciale » des produits allemands.

Faudrait-il donc faire remonter à la fin de la période victorienne les origines de la « désindustrialisation » britannique ? Rien ne permet pourtant de mettre en cause un brusque affaiblissement de l'« esprit d'entreprise », et le déclin industriel demeure tout relatif. Bien plus : la Grande-Bretagne s'est, en un sens, remarquablement adaptée aux conditions nouvelles de la concurrence mondiale. Ayant perdu sa suprématie industrielle, elle demeure la première puissance maritime et commerciale (Londres, entrepôt et plaque tournante du commerce mondial...) et, plus que jamais, la première puissance financière. L'essor des investissements extérieurs – à la fois cause et conséquence du sous-investissement intérieur, ou plutôt palliatif – bat tous les records : leur flux atteint, certaines années, 10 % du revenu national, et la Grande-Bretagne détient plus de la moitié du total mondial des capitaux exportés. La structure de la balance des paiements vers 1913 met clairement en relief les « points forts » majeurs de l'économie britannique. Le déficit commercial, énorme mais stabilisé (140 millions de livres par an pour 1911-1913), est largement plus que compensé par l'excédent des « invisibles », revenus de la flotte marchande (90 millions), des assurances et services bancaires (70 millions) et surtout revenus des capitaux investis à travers le monde (190 millions). La prospérité britannique vers 1913 est intacte – mais elle est fragile, parce que le pays cumule toutes les formes de dépendance extérieure. Dépendance vitale quant aux approvisionnements, alimentaires en particulier (la production nationale ne couvre que trois mois par an de consommation). Dépendance croissante envers les revenus des capitaux investis outre-mer, envers les marchés coloniaux protégés (comme l'Inde). Dépendance enfin à l'égard d'un petit nombre d'activités exportatrices (industrie cotonnière, matériel ferroviaire, constructions navales, mines de charbon), correspondant pour la plupart à des spécialisations anciennes, menacées à long terme.

Le marasme des années 1920

L'entre-deux-guerres semble concrétiser cette menace bien plus brutalement que prévu : rien d'étonnant si la vision dominante des années 1914-1945 (« guerre - crises - guerre ») est résolument pessimiste. L'économie britannique a pourtant subi peu de dommages matériels – hormis les pertes navales –, et l'amputation des actifs extérieurs demeure limitée. Mais deux « points noirs » dominent la période. D'abord, le plafonnement des exportations, qui sont passées d'une croissance ralentie avant 1914 à une contraction absolue : au maximum de 1929, elles retrouvent à peine 80 % du volume de 1913, avant d'amorcer une nouvelle chute plus profonde. Ensuite et surtout, le chômage permanent : pas une seule année à partir de 1921 où l'on compte moins d'un million de chômeurs.

Ces deux points noirs sont manifestement liés. Car ce chômage est un chômage en grande partie structurel, comme en témoignent ses caractéristiques sectorielles (il frappe avant tout les industries d'exportation traditionnelles – textiles, mines de charbon, chantiers navals – en proie à l'aggravation de la concurrence mondiale) et régionales (les régions déprimées où se concentrent ces industries vieillies – Angleterre du Nord et du Nord-Ouest, Pays de Galles – atteignent des taux de chômage doubles ou triples de la moyenne nationale).

Taux de chômage (en % de la population active)

1857-1913	1920-1938	1951-1973
4,4	10,6	1,9

Source : R. Matthews, C. Feinstein, J. Odling-Smee, *British Economic Growth, 1856-1973,* Stanford, 1982, p. 81.

La Grande-Bretagne se singularise en fait surtout par le marasme des années 1920 (véritable matrice de la réflexion de J. M. Keynes) : elle reste en marge de la « prospérité » mondiale, en proie au chômage chronique bien avant la crise de 1929. On admet aujourd'hui, à la suite de Keynes, la responsabilité à cet égard de la décision « héroïque » prise par le gouvernement anglais dès 1919, et réalisée contre vents et marées en 1925, de rétablir la livre à sa parité-or d'avant-guerre – malgré la hausse des prix intervenue dans l'intervalle – afin de sauvegarder le rôle financier international de Londres face à la concurrence de New York. En imposant une parité relativement surévaluée, cette décision pénalise directement les exportations britanniques. Mais surtout elle implique le maintien durant toutes les années 1920 de politiques systématiquement déflationnistes : déflation monétaire (maintien de taux d'intérêt élevés, pour soutenir le cours du change en attirant les capitaux flottants), déflation budgétaire (tendant à résorber rapidement les déficits de guerre, et à dégager des excédents), déflation salariale (tendant à peser sur les coûts salariaux pour faire baisser les prix). Ces politiques ont pour résultat de réduire la demande globale – et notamment l'investissement productif –, d'alourdir la charge réelle de la dette de guerre, d'exaspérer les tensions sociales. L'objectif de « mise à niveau » des prix anglais n'est que partiellement atteint, à un coût disproportionné. Les indemnités de chômage sont réduites, en 1925 et en 1929, pour faire pression sur les travailleurs. En 1926, la grève géante des mineurs désorganise l'activité économique, avant d'aboutir à une défaite totale : difficultés économiques et conflits sociaux s'aggravent réciproquement selon un cercle vicieux. Toutefois, sans minimiser la portée de l'« erreur historique » commise en réévaluant la livre, les recherches récentes tendent à conclure qu'aucune politique « keynésienne » de soutien de la demande globale (grands travaux...) n'aurait suffi à résorber le chômage permanent et à résoudre le problème structurel des industries en perte de vitesse.

Le redressement paradoxal des années 1930

L'économie britannique aborde donc la crise mondiale de 1929 en position de « moindre défense ». Mais, paradoxalement, le bilan des années 1930 est plus difficile à établir – moins négatif en tout cas que celui des années 1920 : à nouveau, le Royaume-Uni se singularise par rapport à la tendance mondiale. Certes, l'impact de la crise est immédiatement très sensible : le chômage double d'un seul coup (1,5 million de chômeurs en 1929, 3,3 millions en 1931-1932) ; les sorties de capitaux obligent à renoncer en catastrophe à défendre la livre, qui est ainsi la première grande monnaie dévaluée sous le coup de la crise (septembre 1931). Mais précisément l'élimination de ce verrou facilite le redressement. Non par relance des exportations : le Royaume-Uni n'échappe pas à la spirale de contraction parallèle des importations et des exportations, qui annule en quelques années un siècle d'ouverture croissante des économies nationales ; elle-même, rompant avec le libre-échange maintenu envers et contre tout depuis 1846, se rallie au protectionnisme, atténué seulement par le resserrement des liens avec l'Empire (1932 : accords d'Ottawa, systématisant la « préférence impériale »). Le fait majeur, cependant, est que les objectifs internes cessent d'être subordonnés à la contrainte financière extérieure. Peu de « grands travaux », il est vrai : l'effet expansionniste des dépenses publiques ne se fera réellement sentir qu'à la veille de la guerre, avec les programmes d'armement. En revanche, la politique de faibles taux d'intérêt *(cheap money)* contribue à l'essor de la construction, qui crée de nombreux emplois et soutient l'activité globale. Mais le principal pôle de croissance est constitué par un bloc d'industries récentes, plus ou moins interdépendantes, telles que les industries chimiques ou l'automobile, entraînant dans son sillage le raffinage du pétrole, le caoutchouc, le verre, les constructions mécaniques et électriques... De nouveaux foyers industriels, dont l'activité est tournée surtout vers le marché intérieur, affirment leur dynamisme : Londres, le Sud-Est de l'Angleterre, les Midlands. Même les industries traditionnelles, au demeurant, donnent des signes de renouveau : progrès rapide de l'électrification, modernisation des cimenteries et des hauts fourneaux (la production sidérurgique a d'ailleurs plus augmenté, de 1927 à 1937, au Royaume-Uni qu'en Allemagne), développement des textiles synthétiques. Le gouvernement tend à intervenir activement, par exemple par son appui au mouvement de concentration et de restructuration, ou encore par la mise en place d'une politique d'aide aux régions déprimées *(Special Areas Act* de 1935). Ainsi, le Royaume-Uni, bastion traditionnel du libéralisme, se trouve déjà relativement avancé à la veille de la guerre de 1939 sur la voie d'un interventionnisme dont la guerre de 1914 avait posé les premiers jalons : son évolution, une nouvelle fois, devance et préfigure celle de nombreux pays du continent après 1945... Quoi qu'il en soit, l'acquis des années 1930 est loin d'être négligeable pour l'économie britannique : réaccélération de la croissance industrielle (notamment en termes de productivité), amorce d'une reconversion structurelle, réduisant le poids relatif des industries vieillissantes et assurant au pays de nouveaux pôles de croissance. Voilà qui est fort loin de l'image d'un déclin industriel irrémédiable et continu depuis la fin du XIXe siècle !

L'après-guerre : *Welfare State* et plein-emploi

En 1945, la situation du Royaume-Uni est bien différente de celle de 1918. Plus critique à de nombreux égards : matériellement (dommages plus sévères) et financièrement (endettement extérieur massif à court terme – les « balances sterling » – et amputation bien plus forte des actifs extérieurs) ; la « pénurie de dollars » oblige à limiter jusqu'aux importations vitales, énergétiques par exemple. Mais les conditions sont aussi plus favorables à un redressement. Moins éprouvée que l'Allemagne ou la France, l'économie britannique a poursuivi sa modernisation pendant la guerre, l'effort d'armement contribuant à renforcer le potentiel des industries électro-mécaniques. Un large consensus national existe pour reconnaître les responsabilités économiques de l'État, et pour éviter de renouveler les erreurs de 1919-1925. Pas de réduction prématurée des dépenses publiques, pas de « crise de reconversion » type 1921, pas de conflits sociaux comparables à ceux de 1919-1920 ou 1926. Une formidable avance du *Welfare State* facilite l'application, en contrepartie, de politiques d'austérité prolongées : les consommateurs supporteront, jusqu'au début des années 1950, le rationnement de la viande (et les industriels le rationnement du charbon...). Le poids réel de la dette se trouve, du fait de l'inflation, sensiblement allégé en comparaison du premier après-guerre ; et le souci du rôle financier international de la livre ne va pas, cette fois, jusqu'à refuser l'inéluctable dévaluation (septembre 1949). Le redressement extérieur, en 1950, s'annonce spectaculaire : la balance commerciale – dont le déficit tendait à se creuser depuis plus d'un siècle – frôle l'équilibre. Ce résultat n'est pas dû seulement à la compression des importations, mais aussi au relèvement inespéré des exportations : après avoir quadruplé de 1944 à 1948, les exportations britanniques retrouvent en 1950, pour la première fois, leur volume de 1913 ; leur restructuration – des textiles vers les industries mécaniques – a fortement progressé, et la part globale du Royaume-Uni dans les exportations manufacturières mondiales est remontée à plus du quart. Les signes de renouveau semblent l'emporter sur la menace de vieillissement et de déclin.

De fait, l'économie britannique participe à sa façon au nouvel élan de la croissance occidentale après 1945. Le taux d'investissement s'élève de 17 % du PIB au début des années 1950 à 22 % à la fin des années 1960, bien au-dessus des précédents maximums historiques. La croissance du PIB britannique est plus forte après-guerre qu'au temps de la splendeur impériale (+ 2,8 % par an de 1951 à 1973, contre 1,8 % de 1873 à 1913), et l'accélération est encore plus nette pour la productivité par actif (2,4 % contre 0,9 %). Mais surtout l'originalité majeure de la croissance d'après-guerre est le maintien du quasi-plein-emploi : jusqu'au début des années 1970, même les pointes de chômage (1952, 1958, 1963) atteignent seulement la moitié de l'effectif des chômeurs les meilleures années de l'entre-deux-guerres. D'où vient alors que le diagnostic d'ensemble soit déjà si sombre pour cette période ? La raison en est manifestement l'impressionnant déclin relatif qui accompagne cette progression absolue. Car, depuis les années 1950, le taux de croissance atteint tout juste la moitié du taux moyen de la CEE, et le simple fait de croître moins vite, dans un monde en développement accéléré, devient, pour l'économie anglaise, source de difficultés cumulatives.

La politique de *stop and go*

« Lanterne rouge » de la croissance d'après-guerre, le Royaume-Uni voit s'opérer insensiblement de véritables retournements historiques à son détriment. En 1950, le niveau de vie y était le double de celui de l'Italie ; en 1970, il lui est tout juste comparable, et le Royaume-Uni a rétrogradé du premier rang en Europe occidentale à l'un des plus modestes. En termes de productivité, le retard se creuse : la productivité industrielle britannique vers 1970 est inférieure d'un tiers à la moyenne de la CEE. Le recul est encore plus flagrant dans le domaine des échanges internationaux, où les exportations britanniques, après avoir nettement mieux « résisté » que celles de la France de 1880 à 1950, ne cessent de perdre du terrain ; en 1969, les exportations par habitant du Royaume-Uni deviennent pour la première fois inférieures à celles de la France. Ce déclin relatif, bien avant de s'inscrire dans les statistiques, est concrètement vécu par les Britanniques à travers une longue suite de récessions (1950-52, 1955-56, 1960-62, 1965-66... soit presque autant d'années de récession que d'expansion de 1951 à 1973), liées aux phases de la politique de *stop and go* : la pression du déficit extérieur oblige à « casser » périodiquement la croissance, d'où l'alternance déprimante des coups d'arrêt *(stop)* et des relances *(go)* avortées.

Évolution des échanges extérieurs du Royaume-Uni

	Volume des exportations (indice 1913 = 100)	Part (en %) dans les exp. manufacturières mondiales	Taux d'ouverture[1] (en % du PIB)
1913	100	30,9	–
1929	81	22,9	–
1937	65	21,3	13,7
1950	100	25,3	20,2
1960	120	16,5	17,4
1970	187	10,8	14,3
1975	243	9,3	22,2

1) Moyenne des exportations et importations *fob* en % du PIB. Année initiale : 1938.
Source : R. Floud, D. Mc Closkey, *The Economic History of Britain since 1700,* vol. 2, p. 388 et 389.

Il est donc naturel de chercher l'origine des difficultés du côté des relations externes. Mais aucune explication ne s'impose aussi nettement que pour l'entre-deux-guerres. Certes, la défense du statut international de la livre et le problème des balances sterling imposent des contraintes, qui peuvent rappeler les années 1920 : maintien d'un différentiel d'intérêt positif avec l'étranger, et refus d'une nouvelle dévaluation. Mais la livre n'apparaît pas sérieusement surévaluée jusqu'aux années 1960, et du reste, lorsque la dévaluation finira par intervenir en 1967, elle n'aura pas d'effet d'impulsion durable, contrairement à celle de 1931 (ou à la dévaluation française de 1969). La rigidité des exportations britanniques reflète donc une perte de compétitivité structurelle, liée notamment à un taux d'investissement industriel demeuré inférieur à celui des économies concurrentes. Mais ce sous-investissement britannique, au demeurant tout relatif[7], demande lui-même à être expliqué. On ne saurait mettre en cause des politiques globalement restrictives, comme dans les années 1920 : le plein-emploi en témoigne. Faudrait-il alors incriminer l'augmentation excessive des dépenses publiques (45 % du PIB en 1950, 50 % en

7) L'investissement productif dans le secteur manufacturier représente, au cours des années 1960, 4 % du PIB au Royaume-Uni, contre 5 % en RFA, 6 % en France, 9 % au Japon. Mais il faut rappeler : 1/ que le taux d'investissement d'après-guerre constitue, pour l'économie britannique, un maximum historique ; 2/ que l'effort d'investissement suffit à poursuivre et accélérer les restructurations amorcées avant-guerre (la part des industries « récentes » – chimiques, électriques, automobile – est en progression très soutenue, celle des textiles diminue plus vite qu'en France) ; 3/ que le problème britannique est avant tout un problème d'efficacité des investissements (surtout après 1969 : hausse anormale du coefficient de capital).

1970, y compris les investissements des entreprises publiques), et l'alourdissement corrélatif des prélèvements ? Mais il s'agit là d'une tendance commune à l'ensemble des économies occidentales, imputable surtout aux dépenses sociales, et qui n'a pas empêché dans d'autres pays une forte croissance ; quant à l'inflation britannique, elle reste aussi, jusqu'aux années 1960, proche de la moyenne de l'OCDE.

Le « mal britannique »

Plutôt que sur l'insuffisance ou l'excès de la demande globale, l'analyse devrait donc se concentrer sur les déterminants de l'offre. La carence des politiques gouvernementales porte une part de responsabilité difficile à nier : nationalisations (et dénationalisations...) sans politique industrielle, essais avortés de planification, effort public de recherche-développement important, mais mal réparti (trop concentré sur les armements et l'aéronautique, au détriment des autres industries d'exportation). Plus fondamentalement, le contexte général des « relations industrielles » au Royaume-Uni – faible prestige des carrières de gestionnaire et d'ingénieur, faible mobilité régionale et sectorielle, multiplication des pratiques syndicales restrictives – finit par affecter de façon décisive les « coûts et rendements de l'innovation ». Comment l'investissement ne serait-il pas entravé lorsque la production de la même Ford Escort, par exemple, avec les mêmes équipements, exige deux fois plus d'heures de travail à Halewood (GB) qu'à Sarrelouis (RFA) ?

Loin de toute interprétation monocausale (les excès de la fiscalité...), le « mal britannique » ne pourrait donc s'expliquer que par l'interaction d'un faisceau de facteurs convergents[9]. Deux points saillants doivent cependant être retenus. D'abord, la réticence à « choisir l'Europe » dans les années 1960 a sans doute joué un rôle décisif : le pari de l'immersion dans la concurrence internationale constituait la meilleure chance de surmonter les rigidités britanniques ; or le Royaume-Uni se singularise jusque vers 1970 par l'absence de toute « ouverture » (cf. tableau ci-dessus) ; l'inévitable réorientation des marchés du Commonwealth vers ceux de l'Europe occidentale s'effectue difficilement et trop tard, tandis que le dynamisme des multinationales britanniques, en s'exerçant hors des frontières, contribue à aggraver la diminution des « parts de marché ». D'autre part, des cercles vicieux bien connus suffisent à expliquer le creusement des écarts au détriment du Royaume-Uni : la faible croissance de la productivité et la spirale prix-salaires, en se répercutant sur la progression du pouvoir d'achat, tendent à l'exaspération des revendications et des conflits salariaux, d'où une pression supplémentaire à la hausse des prix, qui vient accentuer la perte de compétitivité.

Stagflation, désindustrialisation,... redressement ?

Rien d'étonnant donc si les difficultés du Royaume-Uni, dès la fin des années 1960 (le terme « stagflation » fait alors son apparition), préfigurent celles du monde occidental dans son ensemble durant les années 1970. La dévaluation de 1967, puis la dépréciation de la livre en changes flottants de 1972 à 1978 ne font qu'accélérer l'inflation, sans avantage pour la compétitivité. La hausse des salaires, vers 1969, semble échapper à tout contrôle. Les tendances dominantes des années 1970 sont, à vrai dire, peu originales : inflation record (+ 24 % pour les prix à la consommation en 1975), détérioration de la rentabilité (faiblement décroissant jusqu'en 1972, le taux de rendement réel des actifs chute en deux temps : de 9,3 % à 5,2 % entre 1972 et 1974, de 6,2 % à 2,9 % entre 1978 et 1980), croissance très ralentie du PIB (+ 1,3 % par an de 1970 à 1982) et montée continue du chômage (de 3,1 % seulement encore en 1970 à 12,5 % en 1982 et 1983). L'ensemble ne fait que confirmer, à travers la décélération mondiale, le « classement » du Royaume-Uni... au dernier rang des pays industrialisés selon presque tous les critères, y compris la croissance de la productivité

---

8) D'après J. Coates, in F. Meyer ed., *Prospects for Recovery in the British Economy*, Londres, Croom Helm, 1985.
9) Cf. J. Mistral, *« Assainissement ou déclin de l'économie britannique »*, C.E.P.I., janvier 1985.

(+ 3,0 % par an de 1970 à 1982 pour la productivité horaire du travail dans l'industrie).

Mais cette cristallisation de tendances anciennes est à l'origine de faits nouveaux. La pénétration du marché intérieur s'accentue brusquement. Les importations passent de 10 % des achats de biens manufacturés vers 1967 au tiers quinze ans plus tard, et la balance commerciale du Royaume-Uni enregistre, en 1982, son premier déficit historique pour les articles manufacturés. « Désindustrialisation » devient, à partir de 1978, le mot clef de toutes les analyses. La part du secteur manufacturier dans le PIB ne cesse de reculer à long terme (36,7 % en 1960, 24,3 % en 1982). Bien plus : ce déclin relatif fait place à une contraction absolue au tournant des années 1980, pour la première fois depuis 1929. La production industrielle avait stagné de 1973 à 1979, elle chute de 15,2 % en trois ans jusqu'à la fin de 1982. Compte tenu des gains de productivité, si modérés soient-ils, l'emploi industriel est encore bien plus atteint : sa diminution absolue, amorcée vers 1966, s'accélère brusquement après 1979 (suppression nette de trois millions d'emplois manufacturiers), prenant les proportions d'un effondrement dans plusieurs industries, anciennes – textiles – ou récentes – automobile. Cette tendance de fond persiste à travers les revirements de la politique économique (du laxisme du début des années 1970 à l'austérité budgétaire appliquée dès 1975-1978 par le gouvernement travailliste), à travers les mouvements alternés des taux d'intérêt et du taux de change, et les retournements des soldes extérieurs. Ou plus précisément les recettes tant attendues des pétroles de la mer du Nord, en provoquant une forte remontée de la livre, ont d'abord pour effet paradoxal d'aggraver, à partir de 1978, la perte de compétitivité britannique. Presque au même moment (mai 1979), la formation du gouvernement Thatcher marque une brusque radicalisation de l'effort de « redressement » : politiques monétaires restrictives, désengagement de l'État, priorité aux objectifs de rentabilité et de productivité, « assainissement » industriel impliquant le sacrifice de toutes les activités non compétitives. L'évolution britannique préfigure, encore une fois, les tendances dominantes des années 1980. Ultime confirmation du rôle de « pays leader » dévolu au Royaume-Uni ? Ou désarroi d'une nation en déclin ? « Placé jadis en position dominante (...), le Royaume-Uni n'est plus aujourd'hui qu'une petite parcelle de l'économie mondiale, vulnérable à des évolutions externes qu'il ne maîtrise pas... une nation désemparée par le retard de sa croissance économique, atteinte dans son orgueil et sa confiance en soi, en proie à des sentiments de frustration, de découragement et parfois de désespoir ». Ce jugement, formulé il y a dix ans par A. Cairncross en conclusion de *The Economic History of Britain since 1700,* le serait-il aujourd'hui dans les mêmes termes ?

En l'espace des huit années de gouvernement Thatcher, le Royaume-Uni a connu une courte période de déclin accéléré – presque catastrophique – et une plus longue période (à partir de 1982) de redressement, lent d'abord, spectaculaire ensuite. Malgré les réalités d'une économie qui, en 1988, semble incontestablement plus vigoureuse et mieux orientée que les autres économies, un certain nombre de problèmes demeurent auxquels les réformes de structure commencées en 1979 n'ont que partiellement remédié.

Les réformes de structure

Elles ont été de deux ordres, la réforme des relations du travail et la dénationalisation d'une partie du secteur public industriel et commercial.

La législation syndicale

Selon le credo thatchérien, l'action des syndicats – ou du moins les abus qu'ils ont fait de leur position dominante dans les années 1970 – constituait un frein au progrès économique et, par conséquent, devait être enserrée dans une réglementation stricte. D'où les lois votées en 1980, 1982 et 1984. Selon qu'on les approuve ou les rejette, on dira qu'elles constituent un retour à un plus juste équilibre entre employeurs et employés ou une régression par rapport à un ensemble de pratiques libéral. Ces lois interdisent les grèves de solidarité ainsi que le *secondary picketing* (ce qui rend illégal tout piquet de grève ailleurs que sur les lieux du conflit). De plus, le *closed shop* (c'est-à-dire le monopole d'organisation ou d'embauche accordé au syndicat dominant dans l'entreprise) a été soumis à des conditions restrictives qui visent à le faire disparaître progressivement. Enfin, la loi de 1984 prévoit la réélection périodique des chefs syndicaux, auparavant assurés de la pérennité jusqu'à leur retraite, et réglemente le droit de grève en exigeant une consultation par un vote à bulletin secret de l'ensemble des salariés concernés avant tout conflit majeur. Toutes ces dispositions visaient au même but : diminuer l'emprise des syndicats sur la vie économique et sociale ; mais les employeurs étaient libres d'en user ou pas. Or, dans un premier temps, ils ont hésité à le faire de peur de s'attirer des représailles syndicales trop vives. Elles n'ont pas empêché non plus des conflits « durs » et longs dans le secteur public : grèves de la sidérurgie (1980), de la fonction publique (1981), des mineurs (1984-85), des enseignants (1985-87), mais elles ont fini par opérer à la longue. Le système de *closed shop* semble en nette régression et, de plus en plus, le monopole d'un syndicat dans une entreprise donnée tend à être accompagné d'un accord de « non-grève » ; en outre, les conflits qui ont affecté l'industrie de la presse de 1985 à 1987 n'auraient peut-être pas tourné aussi nettement à l'avantage des employeurs (Eddie Shah, Rupert Murdoch) sans l'aide de la législation sur les piquets de grève et les responsabilités civiles des syndicats. Or ces défaites des syndicats du livre ont eu un effet économique immédiat : la disparition des pratiques restrictives, des sureffectifs et de salaires abusivement élevés ont réduit, semble-t-il, des 4/5e le coût de lancement d'un nouveau quotidien et amélioré sans tarder les résultats des entreprises existantes.

Tableau 1
Ventes d'actifs nationalisés (millions de £)

	Recettes du Trésor
1979-80	
British Petroleum (5 %)	276
Actifs du National Entreprise Board	37
Domaine public, ventes diverses	34
Actifs autres sociétés	23
Total	377
1980-81	
Licences mer du Nord	195
Domaine public, ventes diverses	84
Actifs du National Entreprise Board	83
British Aerospace (52 %)	43
Total	405
1981-82	
Cable and Wireless (49 %)	182
Domaine public, ventes diverses	107
Amersham International (100 %)	64
Vente de stocks, produits pétroliers	63
British Sugar Corporation (24 %)	44
Ventes diverses	34
Total	494
1982-83	
Britoil (51 %)	334
International Aeradio (100 %)	60
Associated British Ports (52 %)	46
Domaine public, ventes diverses	35
British Rail Hotels (91 %)	34
Vente de stocks, produits pétroliers	33
Ventes diverses	40
Total	582

	Recettes du Trésor
1983-84	
British Petroleum (7 %)	543
Britoil (49 %)	293
Cable and Wireless (28 %)	263
Domaine public, ventes diverses	28
Licences mer du Nord	19
Ventes diverses	22
Total	1 168
1984-85	
British Telecom (50 %) 1re tranche	1 500
Entreprise Oil (100 %)	380
Jaguar Cars (100 %)	297
Inmos (75 %)	95
Intérêts pétroliers « on shore » de British Gas	82
Associated British Ports (49 %)	50
Sealink	40
Total	2 444
1985-86	
British Telecom 2e tranche	1 200
Cable and Wireless (23 %)	600
British Aerospace	350
Divers	470
Total	2 620
1986-88	
British Gas	5 000 à 6 000
British Airways	1 000
Short Bros	50
Succursales British Leyland	300 à 500
Rolls-Royce	400
British Airports Authority	500

Sources : Drucker H. (gen. ed.) 1986 *Developments in British Politics* (2), London, Macmillan, p. 136. *Financial Times* (1986) 24 avril.

Tableau 2 : Besoin d'emprunt du secteur public

	1979-80	1980-81	1981-82	1982-83	1983-84	1984-85	1985-86	1986-87	1987-88
Déficit officiel									
– en milliards de £	9,9	13,2	8,8	9,2	10,0	7,25	5,8	3,5	– 3,0
– en % du PIB	4,8	5,6	3,3	3,1	3,2	3,1	1,6	1,0	– 0,75[1]
Recettes pétrolières									
– en milliards de £	2,3	3,7	6,5	7,8	8,8	12,0	11,5	6,0[1]	4,0 [1]
– en % des recettes budgétaires	2,6	4,0	5,8	6,4	5,9	8,5	7,7	3,8[1]	3,0 [1]
Recettes des privatisations[2]									
– en milliards de £	0,9	1,2	1,9	2,35	2,7	3,6	3,8	4,8[1]	5,0 [1]

1) Prévisions établies au moment du budget.
2) Jusqu'en 1985-86, comprennent les recettes des ventes de logements sociaux.
Sources : CSO. Financial statistics. Suppléments budgétaires du *Times* (16.3.88) pour les chiffres récents.

Les dénationalisations

Le tableau 1 retrace les étapes du programme de dénationalisation de 1979 à 1988. On voit qu'il n'a été mis en œuvre que très progressivement. Il faut dire qu'en 1979 le transfert du public au privé n'avait pas été présenté comme une mesure prioritaire (sauf dans le domaine du logement : dès 1980, une loi obligeait les collectivités locales à vendre à un prix avantageux leurs logements sociaux aux occupants qui en feraient la demande) ; le processus de dénationalisation ne fut donc accéléré qu'après les élections de 1983.

Pourquoi cette accélération ? Il y a à cela plusieurs raisons techniques et politiques ; et d'abord une motivation financière. En effet, la réduction simultanée des dépenses publiques et des prélèvements obligatoires, initialement un objectif prioritaire pour Mme Thatcher, n'a pu être atteint (voir tableau 2). Accélérer les ventes d'actifs publics est donc apparu comme un moyen commode de tolérer une progression des dépenses publiques réelles tout en réduisant l'impôt sur le revenu et le déficit budgétaire apparent d'autant que, depuis 1985, les recettes fiscales tirées de la mer du Nord ont commencé de régresser. Ce n'est peut-être pas une coïncidence, par conséquent, si les dépenses publiques supplémentaires annoncées en novembre 1986 pour l'année suivante : 4,75 milliards de livres, correspondaient exactement au montant attendu des recettes des dénationalisations ! Ainsi ce moyen pour financer en douceur le déficit budgétaire permet au chancelier de se targuer d'une gestion rigoureuse, menant à une réduction progressive du déficit. Le tableau 2 montre toutefois que l'assainissement est plus récent et moins spectaculaire qu'il ne le prétend.

Deux autres raisons expliquent l'accélération du programme ; d'abord, le changement de chancelier en 1983 : le chancelier actuel est certainement plus audacieux que ne l'était son prédécesseur, Sir Geoffrey Howe. Surtout, il est apparu que l'opération de dénationalisation était techniquement et politiquement plus facile que le gouvernement ne l'avait espéré. L'opposition des travaillistes est restée largement rhétorique ; celle des syndicats, plus concrète, n'a guère été opérante. Il faut dire que les dénationalisations en Grande-Bretagne n'ont jamais été très populaires et que l'extension de l'actionnariat (7,5 millions de personnes, soit 18 % de la population adulte d'après des estimations de mars 1987) a séduit un public nouveau et semble difficilement réversible.

L'importance du transfert du public au privé n'est pas négligeable : 600 000 travailleurs, soit plus de 2 % de la population active, ainsi que 4 à 5 % du PIB et 5 à 6 % de la formation brute de capital fixe. Autrement dit, c'est près d'un quart du secteur public industriel et commercial de 1979 qui a été transféré au privé. Cette proportion pourrait atteindre près de la moitié si tous les projets en cours ou prévus jusqu'en 1990 sont effectivement mis en œuvre.

Quel est, enfin, l'impact de ce transfert sur le fonctionnement de l'économie ? C'est encore plus difficile à estimer que pour les réformes syndicales. Pour Mme Thatcher privatisation voulait dire dérégulation. Or, les grands monopoles, British Telecom et British Gas, ont été, comme ils l'entendaient, vendus « intacts », ce qui est une façon de dire qu'ils garderont une large part de leur pouvoir de monopole.

Le « monétarisme » et la récession de 1980-81

Le mot clef de la stratégie économique du gouvernement Thatcher, à son arrivée au pouvoir en mai 1979, était celui de « monétarisme ». Il s'agissait, notamment, suivant les prescriptions de Milton Friedman et de ses disciples britanniques, de combattre l'inflation par une régulation très stricte de la masse monétaire. Or, en partie en raison de décisions gouvernementales (en juin 1970, le double taux de TVA de 8 % et 12 % était remplacé par un taux unique de 15 % sur les produits autres qu'alimentaires), l'indice des prix de détail atteignait 13,4 % à la fin de 1979 contre 8,3 % en 1978 et on s'attendait à ce qu'il grimpe encore en 1980 (finalement : 18,1 %). Pour vaincre l'inflation, le budget de mars 1980 présentait une stratégie financière à moyen terme dont les ambitions étaient considérables. Il s'agissait, d'une part, de contrôler strictement l'augmentation de la masse monétaire mesurée par la variable £ M_3 (monnaie fiduciaire plus tous dépôts bancaires en sterling détenus par les secteurs privé et public) en la réduisant de moitié en quatre ans, d'autre part, de faire passer le déficit budgétaire global (*Public Sector Borrowing Requirement,* le secteur public étant pris dans le sens le plus large : État, collectivités locales, entreprises nationalisées) de 5,5 % du PIB en 1978-79 à 1,5 % en 1983-84.

Si la stratégie budgétaire a été respectée sur le long terme (voir tableau 2, p. 243), la crédibilité de la stratégie monétaire a été mise en question, dès l'été 1980, quand la variable £ M_3 se mit à progresser à un rythme annuel supérieur à 20 %, alors que le taux de base bancaire *(minimum lending rate)* était porté à 17 %. Le gouvernement consulta alors l'économiste suisse Jurg Niehans. Le rapport Niehans (février 1981) estima que la politique monétaire était beaucoup trop contraignante et que les taux d'intérêt qu'elle entraînait attiraient à Londres des capitaux flottants qui avaient le double inconvénient de gonfler la masse monétaire et de maintenir un taux de change artificiellement élevé qui asphyxiait l'économie britannique. Aussi, dès le début de 1982, la gestion monétaire était assouplie de deux façons : les fourchettes d'objectifs pour 1982-83 et 1983-84 étaient augmentées de 50 % ; en outre, ces nouvelles fourchettes se référaient à une moyenne de trois variables (la variable initiale £ M_3, plus deux autres qui avaient moins augmenté entre 1979 et 1981). Par conséquent, bien que les taux de £ M_3 aient été bien supérieurs (9,7 % entre juin 1979 et avril 1980, 19,9 % entre février 1980 et avril 1981, 13,6 % entre février 1981 et avril 1982) aux fourchettes fixées (respectivement 7-11 %, 7-11 % et 6-10 %), la décrue du taux de base bancaire était systématiquement organisée : 14,5 % en décembre 1981, 14 % en janvier 1982, 12,5 % en juin, 10,5 % en septembre, 9 % en novembre. Depuis il a oscillé entre 9 et 11 %.

Il n'en reste pas moins que la politique pratiquée entre 1979 et 1981 a plongé la Grande-Bretagne dans une profonde récession. Entre le milieu de 1979 et l'été 1981, le PIB chutait de 6 %, la production industrielle globale de 10 %. Seul le secteur énergie était en progression en raison de l'augmentation rapide de la production pétrolière (près de 50 % entre 1979 et 1983). À l'inverse, la production manufacturière chutait de 14,4 % en deux ans (pour ne reprendre que de 1,6 point en 1982-83) et perdait 1 580 000 emplois. C'étaient surtout les activités traditionnelles qui étaient touchées : la construction mécanique chutait de 21,7 %, l'habillement de 22 %, le textile de 26,6 % et la production d'acier passait de 21,1 millions de tonnes à 15,1 millions. Au total, entre décembre 1979 et mars 1983, le nombre des emplois disponibles tombait à 23 500 000 (– 2 millions). Quant aux liquidations d'entreprises, elles passaient de 4 540 en 1979 à 13 420 en 1983. La Grande-Bretagne paraissait vraiment près du gouffre.

L'assainissement budgétaire

L'assouplissement – politiquement inévitable – de la politique monétaire ne veut pas dire qu'il n'y a pas eu rigueur, mais c'est dans le domaine budgétaire qu'elle s'est surtout exercée, l'obsession pour le PSBR remplaçant chez Mme Thatcher l'obsession de la masse monétaire des premières années (il est vrai que l'un et l'autre agrégats ne sont pas sans rapport). Le tableau 2 montre que des résultats très importants ont été obtenus. Mais il faut préciser immédiatement que la suppression du déficit n'a été obtenue que grâce à une moindre réduction de l'impôt sur le revenu et sur les sociétés que ne l'espérait initialement le gouvernement (le taux de base de l'impôt sur le revenu est passé de 30 pence par livre à 25 pence, en 1988 seulement, alors que le gouvernement avait promis ce chiffre dès 1979) mais sans compression des dépenses publiques qui ont continué d'augmenter. Surtout, elle eût été impossible sans deux circonstances favorables : les recettes fiscales pétrolières (8,5 % des recettes totales en 1984-85) et l'accélération des ventes d'actifs publics à partir de 1983 (voir supra). Si l'on défalque ces deux dernières sources de recettes (par définition ponctuelles et provisoires) force est de constater que le rééquilibrage des finances publiques est encore fragile.

L'inflation et les salaires

Pour Mme Thatcher, la lutte contre l'inflation allait de pair avec l'assainissement des finances publiques. Cependant, malgré la rigueur initiale de la politique monétaire, il fallut plus de deux ans pour que des résultats spectaculaires soient obtenus. On peut distinguer deux périodes (qui correspondent, en gros, aux deux gouvernements Thatcher), une période de fluctuations très vives, une période de stabilisation des prix autour de 5 %.

Dans la première période (printemps 1979 – printemps 1983) l'indice des prix de détail a bondi de 51,8 %, soit 11,5 % en moyenne annuelle. Mais ce taux cache une évolution contrastée : en mai 1979, le taux annuel des prix était à 10,3 % ; un an après, il était à 21,8 % avant de retomber au-dessous de 10 % et de s'y maintenir après avril 1982. Dans la deuxième période (mi-1983 – début 1987) l'inflation, après une légère remontée autour de 5 % (2e semestre 1984 – 1er semestre 1985), est retombée à un rythme de 5 % fin 1985 et à moins de 4 % dans le 2e semestre 1986, en raison surtout de la baisse des prix de l'énergie. Le taux d'inflation-zéro, objectif proclamé du chancelier de l'Échiquier, Nigel Lawson, dans ses premiers discours budgétaires (1984-1985) est donc loin d'être approché. C'est que, d'une part, la livre a évolué en baisse depuis les sommets qu'elle avait atteints en 1981 – ce qui a renchéri les importations – et que, d'autre part, les prix de production ont progressé plus vite que les prix des consommations intermédiaires (dès le début de 1985), ce qui veut dire que les entreprises ont reconstitué leurs marges et surtout que le poids des salaires continue de peser lourdement sur les coûts de production.

Figure 1 :
Taux d'inflation en %, 1973-1987

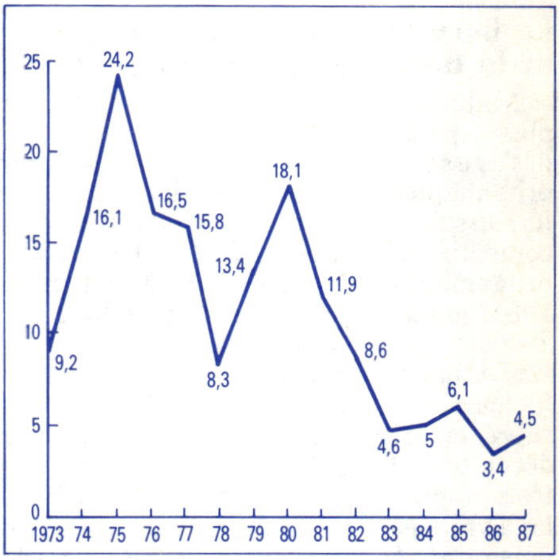

En effet, malgré le fort taux de chômage, les salaires britanniques ont augmenté plus vite que dans la plupart des pays de la CEE. Outre la persistance de rigidités liées aux pratiques syndicales – ce qui paraît une explication de plus en plus insuffisante, compte tenu de l'affaiblissement des organisations ouvrières –, l'évolution rapide des salaires s'explique de deux façons, d'abord par l'utilisation d'une main-d'œuvre aux qualifications plus grandes justifiant des rémunérations en moyenne plus élevées, ensuite par l'insuffisante formation et la mauvaise répartition géographique des travailleurs disponibles, ce qui entraîne des pénuries locales (dans le sud-est notamment) favorables aux surenchères salariales. Aussi la moyenne des salaires – qui, de 1979 à 1985, ont augmenté annuellement de 2 points plus vite que les prix – cache-t-elle des disparités considérables dans la croissance des rémunérations. C'est ainsi que les salaires réels masculins des professions non manuelles ont progressé de 20 % depuis 1979 (20,2 % dans le secteur gestion, administration, finances, de 22,2 % dans le secteur sécurité, protection) alors que le pouvoir d'achat des emplois manuels est resté presque stable (il a même baissé de 1,3 % dans la construction et les mines). Les professions en expansion ont donc bénéficié de progrès salariaux plus sensibles que les travailleurs des branches traditionnelles – pourtant les plus syndiqués – et, à l'intérieur des premières, ce sont les emplois les plus qualifiés, déjà les mieux rémunérés en 1979, qui ont progressé davantage.

La livre sterling, le pétrole et la balance des paiements

Malgré l'augmentation des salaires plus rapide qu'ailleurs (mais, après tout, il s'agissait d'un rattrapage : les salaires britanniques évalués en dollars étant inférieurs à ceux des pays concurrents) la compétitivité extérieure des entreprises britanniques s'est redressée, à partir de 1985, grâce au glissement de la livre qui a mis fin à six ans de surévaluation. La surévaluation de la livre était due à deux facteurs : les taux d'intérêt élevés (voir *supra* et le prix du pétrole. À partir de décembre 1985, la chute du prix du pétrole a provoqué des replis successifs de la livre, particulièrement accentués en janvier et février 1986 (on a même parlé alors d'un effondrement) malgré les relèvements parallèles du taux de base bancaire, plus progressifs ensuite, ce qui n'a pas empêché, entre juillet et novembre, la livre de perdre 10 % par rapport au franc, 11 % par rapport au deutsche Mark, 6 % vis-à-vis du dollar, lui aussi en baisse. Le schéma 1 montre bien le parallélisme entre le cours du pétrole à Londres et le taux de change effectif de la livre. Dans une certaine mesure la livre est donc devenue une pétro-monnaie.

Depuis 1979, la balance des paiements, qui avait été l'obsession constante des gouvernements d'après-guerre, semblait avoir disparu des préoccupations des dirigeants, et ceci uniquement grâce au pétrole. Le solde toujours positif des invisibles aurait, en effet, été insuffisant pour équilibrer la balance commerciale, déficitaire en permanence (sauf de 1980 à 1982). C'est ainsi que, sans le pétrole, le solde commercial de 1984 eût été déficitaire de 11 321 millions de livres ; avec le pétrole, le déficit était réduit à 4 384 millions et le solde des paiements courants était positif de 1 214 millions. C'est donc bien le pétrole qui faisait la différence. En 1986, en raison de la baisse du prix du brut (et à peine en raison de la baisse de la production qui a plafonné à 128 millions de tonnes) le pétrole n'a rapporté que 4 202 millions de livres à la balance commerciale (contre 8 163 millions, chiffre record, en 1985), ce qui explique un solde négatif de 8 344 millions pour la balance commerciale et de 1 000 millions environ pour la balance des paiements. La remontée du prix du baril (autour de 18 dollars) dans les premiers mois de 1987 qui s'est maintenu tout au long de l'année, a permis de limiter le déficit des paiements courants à moins de 2 milliards de livres. En outre, les exportations de biens manufacturés ont montré, pour la première fois depuis longtemps, un réel dynamisme. Cependant, ce redressement est sans doute aléatoire puisque la production pétrolière (donc les exportations) ne pourra que décliner d'ici à 1990 (prévision de production oscillant entre 85 millions et 115 millions de tonnes, selon la rentabilité des puits, donc le niveau des prix).

Figure 2 :
Évolution comparée du cours de la livre et du cours du pétrole

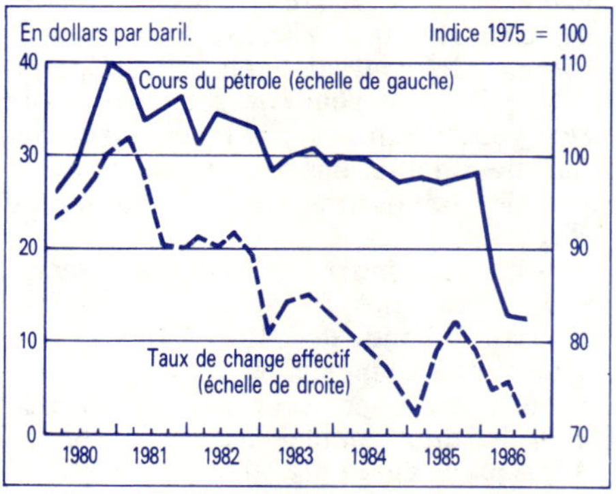

Source : V. Riches, *Observations et diagnostics économiques, Revue de l'OFCE, Royaume-Uni : des difficultés structurelles*, n° 18 janvier 1987, p. 90.

Il serait toutefois excessif de laisser entendre que le pétrole n'a eu que des effets heureux sur l'économie britannique. En effet, les investissements pétroliers ont, pendant des années, drainé l'essentiel de l'épargne nationale attirée par les perspectives de taux de rendement élevés. De plus, la surévaluation de la livre, entre 1980 et 1985, a amputé fortement la compétitivité de l'industrie et notamment de l'industrie manufacturière. Certes, la disparition de pans entiers de l'industrie est aussi largement imputable à la politique monétaire menée de 1979 à 1982 mais le bouleversement des échanges lié au pétrole y a également contribué ; surtout, il a retardé la modernisation d'une industrie manufacturière incapable d'offrir des rendements financiers comparables, malgré une forte augmentation de la productivité.

Le retour de la productivité

Depuis 1982, le gouvernement britannique a mis l'accent sur la progression – spectaculaire pour la Grande-Bretagne – de la production par tête. Dans l'industrie prise globalement, le taux de productivité a augmenté de 5,7 % par an en moyenne. Dans l'industrie manufacturière, le taux de croissance annuel moyen de la productivité horaire a été de 4,5 % de 1980 à 1985, contre 2 % entre 1976 et 1979. Des trois pays avec lesquels la Grande-Bretagne commerce le plus, seule la France a atteint le même niveau (4,6 %), la RFA et les États-Unis se bornant respectivement à des taux de 2,9 % et de 2,7 %. Toutefois, au moins initialement, les progrès de la productivité ont été dus surtout à la disparition accélérée des industries les moins performantes et aux restructurations spectaculaires du secteur public. Si British Steel, par exemple, avec 68 911 livres, a presque quadruplé son chiffre d'affaires par employé, en six ans, et effectué ainsi un des redressements les plus spectaculaires de toute l'industrie britannique (ce qui prouve, n'en déplaise à Mme Thatcher, que cela peut être accompli au sein du secteur public), il n'en reste pas moins que ce redressement a été acquis au prix de sacrifices humains considérables : 54 200 employés en 1986 contre 166 400 en 1980, soit une chute de 70 % de l'emploi). Malgré tout, l'industrie manufacturière n'a pas rattrapé son retard ancien : en 1986, selon le *Sunday Times* du 29 mars 1987, pourtant élogieux sur les progrès récents de l'économie, les taux de production par employé des États-Unis (167), du Japon (130), de la RFA (134), de la France (153), étaient encore largement supérieurs à celui de la Grande-Bretagne (base 100, taux du dollar corrigé du pouvoir d'achat).

Il n'est pas douteux, pourtant que l'assainissement général de 1979-82 (même s'il a, probablement, été plus douloureux qu'il n'était nécessaire) a été le prélude à une croissance régulière et plus importante que partout ailleurs en Europe occidentale, et notamment dans la CEE. Entre 1983 et 1986, la croissance du PNB a été, en moyenne, de 3 % contre 1,40 % en France, 2,50 % en RFA et 1,60 % en Italie. Même si on inclut les années de récession, on obtient 1,40 % de 1980 à 1986, contre 1,20 % en France et légèrement plus (respectivement 1,50 % et 1,60 %) en RFA et en Italie. Quant aux résultats 2e trim. 86-1er trim. 87, selon *The Economist,* ils ont été de 4,6 % pour la Grande-Bretagne, de 2,5 % pour la France, de 2,3 % pour la RFA et de 2,8 % pour l'Italie. Cette croissance est d'autant plus spectaculaire qu'elle a été acquise à contre-courant des pays avec lesquels la Grande-Bretagne commerce le plus. En effet, plus de la moitié des échanges britanniques se fait dorénavant avec la CEE (contre 45 % en 1980 et 40 % en 1975) et ils sont concentrés, à raison de 45 % sur la France et l'Allemagne.

Dans les premières années de la reprise, la croissance a été presque exclusivement nourrie par la consommation des ménages (+ 2,2 % en 1984, + 3,5 % en 1985, + 4,5 % en 1986), ce qui a provoqué, parallèlement au développement de l'industrie pétrolière, une expansion rapide des petites entreprises de services. En 1984, les créations de nouvelles sociétés ont atteint 90 000 (le double du début des années 1970) dont 85 % disposaient d'un capital de moins de 6 000 livres et dont la plupart étaient des sociétés de services, notamment dans le secteur financier et bancaire et le commerce de gros et de détail, pour ne rien dire de l'économie « souterraine » *(black economy)* encouragée par le chômage de longue durée. Le remplacement des emplois industriels par des emplois tertiaires n'est pas en soi « immoral » ou choquant, comme le laisse quelquefois entendre la presse proche de l'opposition. De toute façon, il s'agit d'un mouvement presque séculaire puisque l'emploi dans les services a dépassé l'emploi dans l'industrie manufacturière dès 1901 et que les proportions étaient déjà respectivement de 50 et 35 % en 1971 ; mais il y a incontestablement accélération : 65 % et 22 % en 1984. Il faut noter aussi qu'une grande partie du secteur des services dépend pour sa survie de la prospérité de l'industrie et que seules environ 20 % des entreprises de services exportent directement leurs produits. C'est d'ailleurs une des raisons pour lesquelles la Grande-Bretagne a tellement poussé à la création (prévue en 1992) d'un véritable marché commun européen qui lui permettra d'augmenter ses exportations de services.

Il a fallu attendre 1984 pour que les dépenses d'équipement de l'industrie manufacturière augmentent de 20 %. Mais, là encore, il s'agissait d'un rattrapage urgent. D'ailleurs, ces investissements se sont virtuellement stabilisés en 1985 et 1986, si bien que, cette année-là, l'investissement manufacturier ne représentait plus que 13 % de l'investissement total contre 18 % en 1979. Résultat, à la fin de 1987, la production manufacturière avait tout juste atteint son niveau de 1979, date où Mme Thatcher a pris en mains les destinées du pays. De même, la part des exportations manufacturières britanniques dans le commerce mondial, malgré un net redressement en 1984 et 1985 est passée de 12 % au deuxième trimestre 1979 à 10 % à la fin de 1986. En dépit des brillants résultats de 1987 et de 1988, le débat sur la « désindustrialisation » du Royaume-Uni n'est pas clos.

Un triste record : le chômage

La conséquence principale de l'effondrement de l'industrie manufacturière, en 1980-81, a été la montée spectaculaire du chômage. Mais n'était-ce pas inévitable dans une économie où le taux de productivité avait pris un tel retard sur ceux de ses concurrents immédiats et que Mme Thatcher était décidée à moderniser moins par l'homéopathie que par la chirurgie ? Toujours est-il que le nombre des chômeurs (1 200 000 à la fin de 1979) passait le cap des 2 millions au début de 1981, celui des 2 500 000 à la fin de 1981, celui des 3 millions au début de 1984, non sans que le mode de calcul du taux de chômage ait été changé une quinzaine de fois, comme aiment à le rappeler les adversaires de Mme Thatcher ! Malgré la nette reprise de l'activité, le chômage s'est stabilisé en 1985-86 à un très haut niveau (3 300 000 personnes) soit plus de 13 % de la population active et n'a commencé à décroître qu'en septembre 1986, lentement d'abord, plus rapidement ensuite (82 439 personnes en mars 1987) pour tomber à moins de 3 millions au mois de juin 1987 – chiffre annoncé quelques jours après les élections, notons-le – et au-dessous de 2 millions et demi en avril 1988, soit 8,8 % de la population active ; il est peu probable toutefois, que cette cadence se poursuive longtemps la population active devant, en effet, continuer d'augmenter de 250 000 personnes par an, pendant quelques années encore, malgré la stabilisation démographique globale. Enfin ce redressement conjoncturel incontestable n'a pas empêché une régression de l'emploi manufacturier (évaluée à 4 500 par mois en 1987 par la confédération patronale, CBI). Il reste qu'à la différence de la période 1979-83, où il y a eu perte nette d'emplois en trois ans (mars 1983 – juin 1986), on a constaté, la création nette de 1 044 000 emplois se répartissant ainsi : 619 000 emplois salariés féminins (dont moins de la moitié à temps partiel), 518 000 travailleurs indépendants ; 93 000 emplois salariés masculins ont d'autre part disparu. Il faut cependant préciser que cette amélioration relative est largement attribuable au « traitement social du chômage » que Mme Thatcher ne s'est résolue à adopter que fort tard – parce que contraire à ses principes d'action – mais qui a fonctionné à plein entre 1983 et 1987, sous la direction du ministre de l'Emploi, Lord Young, à qui les moyens n'ont pas été lésinés. Le traitement social du chômage concerne surtout les jeunes chômeurs grâce à un vaste programme de formation *(Youth Training Scheme)* dont bénéficiaient 400 000 stagiaires en 1986, d'un programme d'insertion des jeunes travailleurs (moins de 21 ans) *(Young Workers Scheme)*, et d'un programme de travaux collectifs intéressant 243 000 personnes. Il existe aussi une sorte de programme de préretraites *(Job Release Scheme)* et de réinsertion des chômeurs de longue durée *(Restart Scheme)* ; sans ces programmes et d'autres de moindre envergure (notamment à l'initiative des collectivités locales), les statistiques du chômage seraient supérieures du tiers aux chiffres officiels ; leur apport n'est donc pas négligeable, mais il semble difficile d'aller beaucoup plus loin dans ce domaine.

Le chômage à long terme crée des poches de pauvreté dans les régions où dominait l'industrie manufacturière traditionnelle, la grande victime de la crise, et notamment dans les centres villes désertés par les classes moyennes et surtout peuplés d'immigrants de couleur (2 millions et demi au dernier recensement officiel). Il engendre ainsi une disparité considérable entre les régions déclinantes (au nord) et les régions dynamiques (au sud). Cette disparité est illustrée par les statistiques régionales du chômage et la distribution géographique des nouveaux emplois (voir tableau 3).

Tableau 3 : Répartition régionale des pertes et gains d'emplois nets sous les deux gouvernements Thatcher

Régions	juin 1979 juin 1983	juin 1983 fin 1986
Nord	− 191 000	+ 20 000
Pays de Galles	− 145 000	− 30 000
Nord-Ouest	− 374 000	− 41 000
Écosse	− 204 000	− 12 000
Yorkshire-Humberside	− 240 000	+ 5 000
Midlands de l'Ouest	− 298 000	+ 78 000
Midlands de l'Est	− 132 000	+ 91 000
Sud-Ouest	− 84 000	+ 54 000
East-Anglia	− 15 000	+ 74 000
Sud-Est	− 391 000	+ 269 000
Royaume-Uni	− 2 074 000	+ 508 000

Source : Department of Employment et *Sunday Times* du 11.1.87.

L'après-pétrole

Lorsque la Grande-Bretagne a touché le fond de la récession en 1981, un mauvais plaisant a suggéré qu'elle allait peut-être « mourir guérie ». C'était méconnaître les capacités de dynamisme d'un vieux pays, que ses dirigeants antérieurs avaient sans doute un peu trop ménagé. Mais l'assainissement aurait-il été possible sans la chance qu'a eue la Grande-Bretagne – à la différence de ses voisins européens, sauf la Norvège – de bénéficier, pendant le second choc pétrolier, de l'autonomie énergétique et même d'un surplus exportable ? Certes, on l'a dit, l'apport du pétrole a posé autant de problèmes qu'il en a résolus et on a pu se demander longtemps s'il servait à autre chose qu'à augmenter sans douleur le poids des prélèvements obligatoires, à financer le chômage et les exportations de capitaux (qui ont bondi, une fois levé ce qui restait du contrôle des changes) au lieu de permettre, par exemple, un effort exceptionnel de modernisation des équipements collectifs, dont certains sont plus que centenaires. Toute la question est de savoir s'il a permis pendant un temps de compenser l'effondrement du solde traditionnellement positif de l'industrie manufacturière ou bien s'il a contribué, comme le pensent différents économistes comme ceux de la Nouvelle École de Cambridge, à aggraver cet effondrement en maintenant une livre artificiellement surévaluée. Quelle que soit l'explication qu'on privilégie, celle du baume salvateur ou celle de l'occasion perdue, on peut penser que, au fur et à mesure que l'apport pétrolier ira en s'amoindrissant, l'économie britannique modernisée – et notamment l'industrie manufacturière – va repartir, en fait elle repart déjà, sur des bases réduites certes mais plus saines. Reste à l'investissement productif à se développer régulièrement sur le sol national ; c'est l'unique garantie d'un renouveau durable. Toutefois, en admettant même qu'une ère de croissance sans heurt s'ouvre devant l'économie britannique, le problème des inégalités devant l'emploi risque de se poser encore longtemps. Le « monétarisme » thatchérien prétendait qu'il suffisait de détruire le « monopole » des syndicats, de couper les branches mortes de l'économie et de « rendre » au secteur privé les firmes publiques les plus compétitives pour régler en même temps le problème de l'emploi. Force est de constater qu'une certaine prospérité est revenue mais qu'elle n'est pas partagée par tous.

■ Pour en savoir plus

J.-Ch. Asselain, *Histoire économique. De la révolution industrielle à la Première Guerre mondiale,* Presses de la Fondation Nationale des Sciences Politiques et Dalloz, Paris, 1985.

J.-P. Holz, *L'expérience Thatcher. Succès et limites de la politique économique britannique.* Economica, Paris, 1985.

J. Leruez (dir.), *Le Thatchérisme. Doctrine et action,* Notes et Études documentaires n° 4765, La Documentation Française, Paris, 1984.

J. Leruez, *Le Royaume-Uni, trente ans de difficultés,* Profil dossier, Hatier, Paris, 1979.

J. Regniez, *Régulation et structures économiques au Royaume-Uni,* Revue Française d'Économie, Volume 2, n° 1, hiver 1987.

La CEE

A. Rowley

Il faut remonter à 1310 et à un certain Pierre Dubois, avocat des causes ecclésiastiques au baillage de Coutances, pour trouver le premier plan d'organisation pacifique de l'Europe. Malgré cette précocité, et les initiatives de Sully, Kant ou Saint-Simon, c'est seulement après la guerre de 1914 que l'idée européenne prend corps. Entre 1922, date du manifeste pan-européen du comte Coudenhove-Kalergi, et 1932, les appels à l'union se multiplient pour écarter la menace d'une guerre. Ces velléités de rapprochement ne résistent pas à la crise de 1929 et les visions d'une « Europe hitlérienne » fondée sur la vassalisation d'États vaincus semblent discréditer l'idée pour longtemps. En 1945, c'est sur les ruines de l'Europe que la coopération doit se bâtir.

Les étapes de la construction

Trois facteurs expliquent la résurgence de l'idée européenne. D'abord, la prise de conscience du risque de déclin économique, dans des pays dévastés par les combats et qui doivent compter sur l'aide américaine pour remettre en marche leurs usines. Ensuite, à partir de 1947, la crainte d'une avancée soviétique qui serait facilitée par la faiblesse et la division des États occidentaux. Enfin, les États-Unis appuient les initiatives communautaires parce qu'ils y voient la perspective d'un grand marché ouvert à leurs produits. A ces raisons économiques, s'ajoutent les préoccupations convergentes des partis démocrates chrétiens, soucieux de renforcer la solidarité occidentale.

Les débuts du rapprochement européen s'inscrivent à la suite des opérations de reconstruction internationale, telles que l'OECE ou l'UEP. C'est pourquoi le plan Schuman de 1950 établit les bases d'une communauté douanière et de productions sur des produits aussi essentiels que le charbon et l'acier. Plus qu'un ravaudage du *Zollverein* du XIXe siècle, la CECA, ratifiée en avril 1951 à Paris, constitue un ensemble cohérent placé sous la tutelle d'une Haute Autorité de neuf membres choisis par l'accord unanime des gouvernements. Grâce à un budget autonome financé par les recettes tirées d'une taxe de 1 % levée sur les entreprises, la Haute Autorité dispose d'une marge d'action importante sur les prix, les concentrations ou les reconversions. Si l'on ajoute le Conseil des ministres des Six, chargé de faire le lien entre la Haute Autorité et les gouvernements, la Cour de Justice, le Comité consultatif et l'Assemblée de Strasbourg, on constate que tous les éléments de la future CEE sont en place.

Les débuts de la Communauté

Le 25 mars 1957, à Rome, est signé le traité instituant une Communauté Économique Européenne et une Communauté Européenne de l'Énergie Atomique. Ses buts sont à la fois précis et limités. Il s'agit de libérer les échanges entre les six pays membres (France, Belgique, Pays-Bas, Italie, Luxembourg et Allemagne fédérale), mais en procédant par étapes afin de surmonter les réticences nationales ou les habitudes d'achat. Aussi décide-t-on de libérer les échanges industriels en trois étapes : de 1958 à 1961, il s'agit de réduire les droits de douane de 25 % et d'augmenter les contingents globaux de 60 %, de 1962 à 1965, nouvelle réduction des droits de 25 % et augmentation des contingents de 80 % ; enfin, l'élimination complète des contingents et des droits de douane était fixée à 1969.

Les résultats de la première étape furent encourageants, puisqu'on anticipa sur les calendriers et que la baisse des droits de douane atteint 40 % le 1er janvier 1961. Des pays traditionnellement protectionnistes, comme la France et l'Italie, se lancent dans la compétition parce qu'ils touchent tout de suite les premiers dividendes de l'ouverture des frontières. En 5 ans, les exportations françaises vers ses partenaires sont passées de 1 140 à 2 700 millions de dollars, si bien que la CEE supplante le marché des anciennes colonies.

En 1962, la Communauté réalise 24 % du commerce mondial, pour un montant de 72 milliards de francs. Mais elle a volontairement refusé d'aborder deux problèmes structurels majeurs, l'harmonisation des charges sociales et l'avenir des agriculteurs. Ce dernier point était essentiel aux yeux des Français, qui comptaient vendre sur le marché allemand une part de leurs excédents de céréales et de sucre. De leur côté, les Allemands étaient peu enclins à trouver une solution rapide, puisqu'ils achetaient leurs produits sur le marché mondial à un cours inférieur à celui de la CEE et qu'ils n'avaient pas encore achevé la modernisation de leurs exploitations. Le compromis de janvier 1962 autorisait le passage à la seconde étape communautaire, au prix de la création du Fonds Européen d'Orientation et de Garantie Agricole, pourvu de missions aussi nobles que mal définies.

La deuxième étape coïncida avec l'ouverture de la CEE sur le monde. Les Américains reconnaissent l'importance du « *partnership* » européen, lorsqu'ils décident de proposer les négociations douanières du Dillon puis du Kennedy Round. Parallèlement, les accords de Yaoundé, le 20 juillet 1963, permettent aux anciennes colonies françaises, belges, voire hollandaises, de bénéficier de conditions d'importations favorables et de recevoir une aide de 730 millions de dollars sur 5 ans. En retour, les anciens colonisateurs conservent des positions prédominantes sur ces marchés neufs. Concrétisation de cet élan : en 1965, la Communauté devient le premier exportateur et importateur du monde, grâce en particulier au boom des échanges intra-CEE qui représentent désormais 42 % du total contre 31 % en 1958. Certes, les performances des Six sont inégales, puisque seule la RFA est structurellement excédentaire. Néanmoins, la croissance est au rendez-vous pour tous, ce qui calme les appréhensions des uns ou des autres.

Dans ce contexte, la crise de 1965 apparaît comme une anomalie. Elle traduit en fait les différences de conception sur l'intégration politique et ses implications économiques, notamment en matière agricole. Au stade d'intégration où elle était arrivée, l'Europe devait envisager la supranationalité, ce qui posait un problème de répartition des pouvoirs et surtout de décision. Qui allait décider de l'affectation des sommes considérables dont disposait le FEOGA ? La rupture française montrait les limites d'une intégration que chacun s'accordait à trouver économiquement réussie. En ce sens, le compromis de Luxembourg, de janvier 1966, constituait une mesure d'urgence nécessaire au déblocage de la communauté, mais porteuse de menaces, puisqu'elle permettait à chaque État d'exiger le vote à l'unanimité, s'il estimait ses intérêts vitaux menacés.

À court terme, cet accord assura la relance de l'union douanière, avec un calendrier raccourci à juillet 1968. De fait, les différents marchés – des matières grasses, des fruits et légumes – se mirent en place. Ils furent suivis, en juillet 1967, de la fusion des exécutifs des trois communautés et de l'ouverture du marché commun des céréales. Cet apaisement agricole contribua à la réorientation des courants d'échange et à leur gonflement : en 1968, le commerce intracommunautaire s'élève à 28,4 millions de dollars. Les problèmes en suspens s'effacent devant les perspectives de croissance, comme le montre, dès 1967, l'adoption d'un Programme commun de développement économique dont les objectifs sont le maintien d'une croissance supérieure à 4 % l'an chez tous les partenaires, condition liminaire du plein-emploi.

L'Europe des Neuf

Dans ce climat optimiste, le refus de la seconde candidature britannique, en décembre 1967, apparut un peu incongru. Il témoignait pourtant de la capacité de résistance des intérêts nationaux face aux perspectives communautaires. Ainsi, l'histoire de la CEE est-elle jalonnée de dispositions particulières au caractère « transitoire » curieusement éternel. La dévaluation du franc, le 8 août 1969, s'accomplit sans concertation préalable avec les Cinq et les Français obtiennent de différer la majoration automatique des prix agricoles qui en résultait. De ce fait, les montants compensatoires instaurés pour l'occasion présentaient tous les inconvénients : contraires à l'esprit de la CEE, ils étaient de maniement délicat et susceptibles de modifications fréquentes pour peu que l'instabilité monétaire s'étendît.

Le sommet de La Haye, les 1er et 2 décembre 1969, avait pour but de débloquer politiquement une Europe qui semblait toujours à la merci d'un accès de fièvre nationale. Une fois encore, les Six choisirent le « grand large » commercial, tout en procédant à une réforme financière interne. Le règlement financier général impliquait en effet l'adoption d'un budget autonome pour la Communauté et l'attribution de 90 % des prélèvements agricoles, à compléter par 1 % du produit de la TVA à partir du 1er janvier 1975. Mais la grande affaire demeurait l'admission du Royaume-Uni, de l'Irlande, du Danemark et de la Norvège, ainsi que l'extension des accords commerciaux préférentiels aux pays riverains de la Méditerranée. Dans l'un et l'autre cas, l'enjeu était d'abord politique, puisqu'il impliquait que des liens anciens et privilégiés se dénouent. Les négociations furent rapidement menées, sans que tous les points aient été éclaircis. A nouveau, chacun paraissait faire confiance à la méthode des essais et des erreurs. Le 24 janvier 1972, l'élargissement était signé, puis ratifié par référendum, à l'exception de la Norvège où 53 % des votants se prononcèrent contre la CEE. Les nouveaux membres appliquaient les règles communautaires, sous réserve de multiples exceptions – thé, aluminium, beurre, sucre et mouton – et d'une période transitoire de cinq ans, avant que le système des prix et des tarifs douaniers entre en vigueur.

Dans ces conditions, on voit mal comment le fonctionnement communautaire aurait pu échapper à des crises à répétition. Dès 1973, Hollandais et Français s'opposèrent sur le contenu politique de l'Europe, Allemands et Français sur les prix agricoles, tandis que les Britanniques remettaient en cause leur adhésion et le montant de leur contribution dès 1974. L'ampleur du contentieux entre Britanniques et partenaires européens illustre les vides juridiques d'une construction dont la solidité repose sur une bonne volonté réciproque. Cinq dossiers restent pendants : le régime de la pêche dans les eaux territoriales, le prix du pétrole de la mer du Nord, le fonctionnement de la politique agricole commune, l'avenir des intérêts néo-zélandais et le financement du Royaume-Uni au budget européen. Leur règlement rappelle les tensions des premières années de la CEE : d'un côté, un nationalisme volontiers agressif qui n'hésite pas, comme en avril 1980, à bloquer le relèvement des prix agricoles, de l'autre, des pays qui alternent des concessions mesurées – en 1975, l'autorisation d'importer du beurre néo-zélandais pour 5 ans – et des réponses dilatoires, telles celles qui furent faites à Margaret Thatcher, de juillet 1979 à mars 1982, quant au montant de la participation anglaise.

De fait, la Communauté des années 1980 offre deux des inconvénients majeurs contre lesquels elle s'était érigée : l'extension d'une zone commerciale de libre-échange au détriment de l'union douanière et la médiocrité des solutions européennes aux crises nationales. Depuis l'ouverture des négociations avec la Grèce, en 1976, la CEE a vu son centre de gravité politique se déplacer vers la Méditerranée, tandis que le quadrilatère Londres-Hambourg-Turin-Paris accroissait encore son importance économique. Dès lors, les réussites communautaires – la PAC ou le SME – sont elles-mêmes exposées à des crises ou des blocages partiels. Ainsi, les livres britannique et irlandaise ne participent pas au SME, tandis que la lire italienne dispose d'une marge de fluctuation étendue à 6 %. Du coup, il y a bien une structure monétaire et certains instruments communautaires, tel l'ECU (Unité de Compte Européenne), mais il n'y a pas de politique monétaire. Plus que la dislocation éventuelle de la Communauté, c'est la primauté des divergences/différences sur les convergences/ressemblances qui inquiète les dirigeants européens.

La perspective du marché unique européen de 1992, officialisée par l'accord de février 1986, rend ces interrogations préoccupantes. Pas moins de 300 directives communautaires seront nécessaires pour assurer le démantèlement des barrières douanières. Le problème du droit de veto n'a pas été évoqué et l'éventualité d'une Banque centrale européenne reste dans les limbes. Certes le coût d'une Europe non communautaire représente 2,5 % de son PIB, mais dans le contexte de crise actuel, ces handicaps pèsent moins que les peurs nationales.

AFRIQUE DU SUD

Capitale : Pretoria
Population : 33 220 000 hab.
Variation pop./an (1973-85) : 2,4 %
Superficie : 1 221 037 km²
PNB/habitant : 2 010 $
Taux de croissance/an (1973-85) : 2,4 %

Issue en 1961 de l'Union sud-africaine, la République d'Afrique du Sud a réussi à conserver son hégémonie sur l'Afrique australe, qui se compose désormais de trois ensembles distincts : l'Afrique du Sud, les trois protectorats britanniques (Botswana, Lesotho et Swaziland) et la Namibie. Si les protectorats ont accédé à l'indépendance entre 1966 et 1968, ils se trouvent en réalité dans une situation d'étroite dépendance politique et économique à l'égard de l'Afrique du Sud, qui dirige l'union douanière de l'Afrique méridionale. Quant à la Namibie, elle reste sous mandat sud-africain, malgré la vivacité des contestations soulevées par ce statut. Depuis 1976, la République d'Afrique du Sud a fini par accorder une indépendance de principe à des territoires bantous (politique des bantoustans), en vue d'édifier un État sud-africain multinational.

Si les structures institutionnelles du pays sont inspirées du modèle britannique, elles sont loin de lui ressembler en ce qui concerne la pratique démocratique. La politique d'apartheid, dont les premières manifestations remontent à 1913, vaut à l'Afrique du Sud un isolement international croissant et une situation intérieure parfois explosive. Quelques concessions ont été accordées par le président Botha : ainsi, la réforme de 1983-1984 accorde une place politique aux communautés métisse et asiatique, qui disposent d'assemblées séparées des institutions nationales pour régler leurs problèmes internes. Mais la rigueur de l'apartheid reste inchangée en ce qui concerne les Noirs.

Ceux-ci constituent 68 % de la population sud-africaine (non compris les *homelands* à forte majorité noire) tandis que les Européens ne sont que 18 %, les Indiens et Métis 10 %, les Asiatiques 3 %. De surcroît, le taux d'accroissement démographique des indigènes est très supérieur à celui des Blancs (+2,8 % par an contre +0,9 %).

Malgré l'important accroissement de la population, le PNB/habitant a augmenté de 1 % par an entre 1970 et 1980, et atteint aujourd'hui le troisième rang des pays africains, après le Gabon et la Libye.

L'agriculture sud-africaine ne représente que 15 % de la population active et 5,3 % du PNB, même si elle fournit le tiers des recettes d'exportation (or exclu). La production est très variable suivant les années, le pays parvenant difficilement à surmonter le problème de la sécheresse. Le maïs est la culture de base. Viennent ensuite le sucre, l'arachide, le tabac, le blé...

Phénomène original en Afrique, le secteur manufacturier est beaucoup plus important que le secteur agricole : sa contribution au PNB atteint 22,3 %. La localisation industrielle fait apparaître une très forte concentration au profit du sud du Transvaal (50 % de la production industrielle). Les branches les plus développées sont les industries lourdes et mécaniques : à elles seules, elles représentent plus de 10 % des recettes totales d'exportation. L'acier sud-africain est l'un des moins chers au monde, et a permis une étonnante prospérité de l'industrie automobile. L'industrie chimique s'est également bien développée. L'industrie agro-alimentaire (boissons comprises) constitue un relais efficace à la production agricole, puisqu'elle représente 20 % de l'activité manufacturière (mais seulement 2 % des recettes totales d'exportation). Enfin, les besoins de la population ne sont couverts qu'à 60 % par l'industrie textile, qui contribue peu aux recettes d'exportation.

L'atout majeur de l'industrie sud-africaine est constitué par le secteur minier, à la fois très important et en forte croissance. Il emploie 10 % de la population active et représente 16 % du PNB. Les ressources nationales placent l'Afrique du Sud au rang des toutes premières puissances minières du monde : elle occupe la première place pour la production d'or (50 % des recettes totales d'exportation), de chrome, de manganèse et de vanadium. Elle est en outre le deuxième producteur mondial pour le platine, les diamants, l'amiante, et le troisième pour l'uranium. Ses gisements sont souvent les plus importants au monde. Elle dispose également de réserves considérables de charbon et de fer à faible coût de revient. Les exportations minières (or exclu) représentent de ce fait 12 % des recettes totales d'exportation.

Les infrastructures de communication ont été développées de manière à permettre l'exploitation de ces richesses : le réseau ferré représente le tiers du réseau africain sub-saharien. Les nombreux ports sud-africains ont été dotés d'équipements modernes. De même, les routes ont été aménagées de façon à constituer un réseau dense (653 400 km) qui couvre le pays de façon satisfaisante.

La production électrique (essentiellement axée sur les centrales thermiques alimentées par le charbon national) doit satisfaire une consommation égale à celle de l'Europe de l'Ouest. Le nucléaire est encore peu développé (une centrale en fonctionnement à Koeberg).

L'Afrique du Sud est très dépendante de ses échanges avec l'extérieur. Les exportations représentent un quart de son PNB, et ont pour principaux clients les États-Unis, le Japon, la Suisse et le Royaume-Uni.

Depuis 1984, l'économie sud-africaine connaît une récession qui s'est relativement atténuée en 1986. Si les mesures d'austérité budgétaire et de lutte contre l'inflation ont permis un fort excédent de la balance des paiements en 1985, elles ne sont pas encore venues à bout de l'inflation, qui reste très supérieure à celle des partenaires commerciaux de l'Afrique du Sud (+13 % par an en 1983 et 1984). De plus elles ont pu aggraver le chômage qui reste élevé.

AUSTRALIE

Capitale : Canberra
Population : 15 970 000 hab.
Variation pop./an (1973-85) : 1,3 %
Superficie : 7 686 848 km^2
PNB/habitant : 10 840 $
Taux de croissance/an (1973-85) : 2,7 %

L'État fédéral d'Australie, membre du Commonwealth, a été fondé le 1er janvier 1901. Regroupant six États de taille et d'importance très diverses, la jeune fédération s'est dotée d'un régime très proche du système parlementaire britannique : le pouvoir est exercé par un Premier ministre qui dirige un gouvernement solidairement responsable devant la Chambre des Représentants. Une institution fédérale, le Sénat, assure la représentation des États.

Après des années de forte expansion, l'Australie connaît un certain déclin économique depuis le milieu des années 1970. Toutefois, l'arrivée au pouvoir de Robert Hawke en 1983 instaure une nouvelle phase : après des années de tension, le pays renoue avec un certain consensus social. De même, il semble que le pragmatisme du Premier ministre travailliste commence à donner des résultats en matière d'inflation et de chômage.

L'Australie demeure une grande puissance agricole : 6 % du territoire sont affectés à la production agricole (contre 32 % en France) et un dixième seulement de cette surface est doté de systèmes d'irrigation. Le secteur agricole emploie 11 % de la population active, et réalise plus du tiers des recettes d'exportation. Le blé et la canne à sucre sont les principales cultures, suivies de l'orge, du sorgho et des fruits. L'Australie a également misé sur l'élevage : elle est l'un des premiers producteurs mondiaux de viande et de produits laitiers, ainsi que de laine (qui cependant ne représente plus que 8 % des recettes totales d'exportation, contre 36 % en 1962). La balance commerciale de l'agriculture dégage chaque année un très large excédent.

La position de l'Australie dans le secteur minier est elle aussi satisfaisante. Le pays est autosuffisant pour la plupart des minerais et en exporte même un certain nombre : charbon, pétrole, gaz, uranium, et surtout argent et fer. Les activités minières sont en expansion : grâce à une intensification des investissements et de l'exploitation, la production de charbon a quintuplé en l'espace de vingt ans.

Les industries manufacturières, qui emploient 18 % de la population active, sont particulièrement performantes en ce qui concerne l'agro-alimentaire et le tabac. Il faut noter cependant que l'industrie nationale est très protégée vis-à-vis de la concurrence extérieure par des taxes élevées à l'importation. Le commerce extérieur demeure déséquilibré. L'Australie exporte beaucoup de produits agricoles et de matières premières, alors qu'elle importe essentiellement des biens à forte valeur ajoutée : machines, matériel de transport, biens manufacturés. Le commerce extérieur est donc largement déficitaire, cela d'autant plus que l'évolution des cours des matières premières dans les années 1980 ne lui est pas favorable. Les principaux partenaires commerciaux sont les États-Unis et les pays du Pacifique (le Japon seul draine un quart de ses échanges extérieurs).

Les difficultés économiques peuvent s'expliquer par un manque de compétitivité industrielle. En effet, la structure du commerce extérieur prouve que le potentiel énergétique et minier n'est pas relayé par un tissu industriel complet, ce qui implique l'obligation de recourir à des importations onéreuses. Aussi peut-on craindre que de simples politiques de stabilisation conjoncturelle ne soient impuissantes à résoudre vraiment la crise australienne, dans la mesure où celle-ci est liée à un problème stratégique.

AUTRICHE

Capitale : Vienne
Population : 7 756 000 hab.
Variation pop./an (1973-85) : 0,0 %
Superficie : 83 849 km^2
PNB/habitant : 9 150 $
Taux de croissance/an (1973-85) : 2,5 %

Située au centre de l'Europe, la République fédérale d'Autriche a proclamé sa neutralité permanente en 1955. Elle est régie par la constitution de 1920, rénovée en 1945. En vertu de ce texte, le président de la République n'exerce qu'un pouvoir modéré. Le chancelier, qui dispose de l'essentiel du pouvoir exécutif, est responsable avec son gouvernement devant le Conseil National *(Nationalrat)* constitué des représentants de la nation. Outre le Conseil National, le Parlement comprend un Conseil Fédéral *(Bundesrat)*, chargé de représenter les provinces fédérées.

Le territoire de l'Autriche étant essentiellement montagneux, la surface agricole utile ne représente qu'un cinquième du territoire. L'agriculture autrichienne est géographiquement spécialisée en fonction du relief, les plaines danubiennes accaparant la quasi-totalité des cultures céréalières tandis que les forêts et pâturages de montagne permettent l'exploitation forestière et l'élevage. Le secteur primaire s'est considérablement réduit dans les quinze dernières années : il n'emploie plus que 8,5 % de la population active, contre 17 % en 1971. Mais la production agricole se révèle satisfaisante en quantité : si le tiers des exploitations compte moins de 5 ha, les besoins nationaux sont cependant couverts à 90 %. L'agriculture est largement subventionnée, car les excédents destinés à l'exportation sont difficiles à écouler dans une Europe de plus en plus concurrentielle et régulièrement confrontée à des problèmes de surproduction. Cependant, les exportations de bois suffisent à redresser la balance commerciale de l'agriculture.

L'Autriche ne dispose de ressources minières qu'en quantité très limitée (fer, lignite, pétrole). Elle importe donc la majeure partie de sa consommation énergétique. En revanche, sa production électrique, complètement axée sur l'hydroélectricité, couvre les trois quarts des besoins nationaux.

L'industrie autrichienne est en quelque sorte coupée en deux : un tissu de PME performantes s'oppose aux très grandes entreprises appartenant à l'État en vertu de la tradition social-démocrate de l'Autriche. Ces entreprises sont parfois loin d'être rentables, l'interventionnisme de l'État n'ayant pas induit l'effort de modernisation nécessaire, malgré l'ampleur de l'aide publique au secteur nationalisé. De plus, la fiscalité pénalise les industries compétitives. C'est pourquoi la politique gouvernementale a été contrainte d'adopter un changement de cap, et de mettre en place un plan d'austérité.

L'activité industrielle est plus particulièrement spécialisée dans la chimie, les industries électroniques et les véhicules, tandis qu'on assiste, comme dans tous les pays occidentaux, au déclin du textile et de la sidérurgie.

Le commerce extérieur de l'Autriche est orienté vers les produits industriels de base (un tiers des exportations, 18 % des importations), les machines et le matériel de transport (un tiers des exportations et des importations) et les articles manufacturés. Les biens énergétiques représentent 15 % des importations. La RFA est de loin le premier partenaire commercial de l'Autriche : elle lui fournit 40 % de ses importations et reçoit 30 % de ses exportations.

Le tourisme, enfin, est une activité primordiale pour l'Autriche. En 1985, les recettes touristiques représentaient 5 % de son PNB. Il est particulièrement important pour le pays d'assurer le maintien de cette activité, car elle contribue à alléger le solde de la balance des paiements en compensant un lourd déficit commercial.

Politique de l'offre et désengagement de l'État tentent désormais de remédier à la perte de compétitivité de l'industrie et aux coûteux gaspillages accumulés pendant de nombreuses années. Mais cette orientation tardive, susceptible de remettre en cause la bonne maîtrise du taux de chômage, comporte des risques non négligeables sur le plan social.

BELGIQUE

Capitale : Bruxelles
Population : 9 910 000 hab.
Variation pop./an (1973-85) : 0,1 %
Superficie : 30 513 km²
PNB/habitant : 8 450 $
Taux de croissance/an (1973-85) : 1,4 %

En vertu de la constitution de 1831, considérablement modifiée depuis lors, la Belgique s'est dotée d'une monarchie. Elle est en réalité gouvernée par un Premier ministre et un gouvernement responsables devant la Chambre des Représentants. Le Sénat partage le pouvoir législatif avec la Chambre.

La Belgique est membre de l'OTAN depuis 1948, et de la CEE depuis 1957.

Il s'agit d'un pays d'industrialisation ancienne. Ses ressources charbonnières et l'action de grands groupes financiers ont constitué de puissants facteurs de développement. Mais le pays doit aujourd'hui opérer des reconversions souvent douloureuses. De surcroît, hormis le charbon et la pierre, la Belgique ne dispose d'aucune richesse naturelle. C'est pourquoi elle a choisi la filière nucléaire, qui lui fournit aujourd'hui les deux tiers de sa consommation d'électricité.

Le secteur primaire n'emploie que 3 % de la population active. L'agriculture, peu productive, fournit les trois quarts des besoins alimentaires nationaux. Le pays est autosuffisant en produits laitiers, viande, légumes et sucre mais la balance commerciale de l'agriculture est systématiquement déficitaire.

L'industrie offre un paysage contrasté : à côté de la Flandre relativement épargnée par la crise, la Wallonie apparaît appauvrie et en proie aux difficultés. Ancien noyau de l'industrie belge, elle doit faire face à l'effondrement de l'industrie charbonnière et à la crise du textile. La Belgique se consacre donc depuis quinze ans à une restructuration qui s'est révélée urgente. Les principales conséquences en sont un taux de chômage élevé, une baisse de l'activité et un fort accroissement de l'endettement : le service de la dette publique représente 22 % des dépenses budgétaires annuelles.

Depuis 1985, le gouvernement Maertens a imposé de sévères mesures d'austérité : les dépenses sociales, d'éducation et de santé ont été comprimées, de sorte que le déficit budgétaire a pu être réduit de façon importante. Des privatisations ont été opérées. L'inflation a été réduite de 7 points en trois ans : elle est quasiment nulle aujourd'hui. Le chômage a également baissé de manière assez nette depuis 1986.

De même, la balance commerciale a presque été ramenée à l'équilibre tandis qu'en 1985 la balance des paiements redevenait excédentaire pour la première fois depuis 1976.

Si des défis importants subsistent, l'économie belge commence à rencontrer un certain succès qui incite à poursuivre l'effort de reconversion.

CANADA

Capitale : Ottawa
Population : 25 610 000 hab.
Variation pop./an (1973-85) : 1,2 %
Superficie : 9 976 139 km^2
PNB/habitant : 13 670 $
Taux de croissance/an (1973-85) : 2,3 %

L'État fédéral du Canada est membre du Commonwealth. À ce titre, le chef de l'État est toujours la reine d'Angleterre, représentée par un gouverneur général. En 1982, les Canadiens se sont dotés d'une nouvelle Constitution.

Le Premier ministre est désigné par le gouverneur général. Il s'agit habituellement du chef du parti dominant à la Chambre des Communes. Celle-ci est élue au suffrage universel direct pour 5 ans. Comme dans tout système fédéral, un Sénat a pour mission de représenter les provinces.

Si la superficie du Canada représente plus de vingt fois celle de la France, la surface mise en valeur n'équivaut qu'à cinq fois le territoire français.

Son agriculture se caractérise à la fois par des rendements médiocres et par une production très importante en volume, qui fait du Canada le deuxième producteur mondial de céréales par habitant. La balance commerciale de l'agriculture dégage un excédent très important, la valeur des importations étant inférieure de moitié au montant des exportations (pêche incluse).

Grande puissance minière, le Canada bénéficie d'un sous-sol riche en produits énergétiques (pétrole, gaz naturel, charbon) mais aussi en métaux (zinc, fer, argent, cuivre, or). Le secteur industriel le plus dynamique est la construction automobile. Viennent ensuite l'industrie pétrolière et charbonnière, le papier...

C'est l'un des pays les plus commerçants au monde : il est le 7e exportateur mondial, et le tiers de son PIB est lié aux échanges extérieurs.

Ses relations avec les États-Unis sont très étroites : il est donc exposé en premier lieu aux variations de la conjoncture américaine, d'autant plus qu'il développe surtout la production des biens que son voisin américain est susceptible de lui acheter. Les États-Unis lui fournissent 71 % de ses importations, et reçoivent près des trois quarts de ses exportations.

La balance commerciale est constamment excédentaire, mais la balance des paiements connaît un déficit chronique du fait du déséquilibre important des échanges sur les services. Le Canada a connu quelques années de récession, mais a bénéficié de la reprise américaine du milieu des années 1980. Dans un contexte de croissance, le gouvernement s'efforce désormais de combattre l'endettement extérieur et le chômage (9 % de la population active à la fin de 1987).

Les liens privilégiés qu'entretient le Canada avec son puissant voisin sont cependant à double tranchant : ils ont eu un effet d'entraînement indéniable sur longue période ; mais un nouveau retournement de la conjoncture aux États-Unis remettrait immédiatement en question l'équilibre fragile de l'économie canadienne.

CHYPRE

Capitale : Nicosie
Population : 670 000 hab.
Variation pop./an (1973-85) : 0,7 %
Superficie : 9 251 km²
PNB/habitant : 3 790 $
Taux de croissance/an (1973-85) : 2,6 %

Ancienne colonie britannique, Chypre accède à l'indépendance en 1960. Le Président cherche à construire une nation proche de la Grèce, mais une rivalité grandissante oppose les deux communautés nationales : les Grecs (80 %) et les Turcs (20 %). En 1974, l'armée turque envahit le Nord de l'île, contraignant les 200 000 Grecs qui y étaient établis à chercher refuge au Sud. La République turque de Chypre-Nord est proclamée en 1983, et reconnue officiellement par le gouvernement turc. Mais les instances internationales la condamnent, et continuent à considérer le gouvernement de Nicosie comme seul représentant de la nation chypriote.

Depuis la sécession du Nord, deux rythmes de croissance économique coexistent, même si les statistiques officielles n'opèrent pas de distinction entre le Nord et le Sud. La partie turque du territoire est beaucoup moins dynamique et prospère que le Sud : en dépit du soutien turc (qui procure 40 % des recettes budgétaires), son PNB par habitant représente à peine le tiers de celui du Sud.

L'agriculture de Chypre, en 1986, ne contribue qu'à 11 % du PNB, avec 45 % de la population active au Nord, et 25 % au Sud. Avant 1974, la production se concentrait dans les plaines fertiles du Nord. Depuis, sa localisation s'est rééquilibrée au profit du Sud, d'autant plus que les moyens de production ont beaucoup vieilli dans la partie turque. Les cultures céréalières sont tournées vers la satisfaction des besoins nationaux, tandis que les agrumes, les pommes de terre et le vin sont largement destinés à l'exportation. Mais Chypre se heurte désormais à la régression de la demande mondiale (CEE en particulier). Au milieu des années 1980, la balance commerciale de l'agriculture cesse d'être positive.

L'industrie a souffert de la guerre, mais s'est considérablement développée dans le Sud à partir de 1975. Le déclin de la cimenterie et des produits pétroliers est compensé par l'expansion du textile, du cuir, des conserves et de la papeterie. En 1986, l'industrie contribue pour 25 % au PNB, et représente 58 % des exportations (40 % en 1975) : en raison de l'étroitesse du marché intérieur, le gouvernement a, en effet, choisi d'orienter le développement industriel vers l'exportation. Le sous-sol de Chypre ne contient que de l'amiante : sa dépendance énergétique est totale.

L'économie du Sud se tourne avec succès vers la prestation de services (les deux tiers du PNB) : depuis la fin des années 1970, elle constitue une base privilégiée pour les opérations à destination de Beyrouth. Les activités hôtelières et bancaires se sont largement développées. Le tourisme est une source croissante de revenus (12 % du PNB). En 1974, la quasi-totalité de la capacité hôtelière était concentrée dans le Nord : un vaste effort d'investissement et de construction a été nécessaire pour équiper le reste du territoire en infrastructures d'accueil.

Loin de provoquer une période de crise comme l'on pouvait s'y attendre, la sécession du Nord a finalement abouti au redéploiement de l'activité économique vers le Sud. Celui-ci crée désormais l'essentiel de la richesse nationale, tandis que le territoire turc est à la traîne.

DANEMARK

Capitale : Copenhague
Population : 5 120 000 hab.
Variation pop./an (1973-85) : 0,1 %
Superficie : 43 069 km^2
PNB/habitant : 11 240 $
Taux de croissance/an (1973-85) : 1,4 %

Le royaume du Danemark est une social-démocratie, régie par la Constitution du 5 juin 1953. La reine Margareth II (occupant le trône depuis 1972) n'a qu'une autorité symbolique, le Premier ministre et le gouvernement exerçant la réalité du pouvoir. Le gouvernement est responsable devant le Parlement monocaméral *(Folketing)* élu pour 4 ans au suffrage universel direct.

Le Danemark est l'un des pays les plus riches du monde : son PNB/habitant est nettement supérieur à celui de la France.

C'est dans le domaine agricole qu'il se révèle le plus compétitif. Pays de plaines au climat tempéré, il se prête très bien aux cultures (orge surtout), auxquelles sont consacrés les deux tiers de son territoire. Cependant, ce sont les produits de l'élevage (fromage, lard et viande) qui fournissent l'essentiel des recettes d'exportation de l'agriculture. Le secteur agricole, organisé autour des coopératives nées en 1866, n'emploie plus que 6 % de la population active, mais l'excédent de la balance commerciale de l'agriculture est très élevé. Le pays tire également des ressources non négligeables de la pêche (il se place au troisième rang parmi les pays européens).

L'activité industrielle est en progression constante depuis le début des années 1980. Elle se caractérise par un tissu de moyennes entreprises très dynamiques dont l'activité, notamment dans les secteurs de l'agro-alimentaire, de l'électronique et de la chimie, procure au Danemark 62 % des recettes totales à l'exportation. Jusqu'au début des années 1980, le Danemark devait importer la quasi-totalité de sa consommation d'énergie. Mais la découverte des gisements de gaz naturel de la mer du Nord a enrichi son patrimoine minier. L'exploitation de ces gisements (réserves estimées : environ 150 milliards de m^3 en 1987) lui permet d'exporter du gaz vers la Suède et la RFA.

Malgré sa compétitivité, l'économie danoise est fragilisée par une tradition de laxisme et d'endettement : depuis 1970 la balance des paiements est systématiquement déficitaire. Les pouvoirs publics sont donc obligés de recourir régulièrement à l'endettement extérieur : en 1986, l'encours de la dette atteint la moitié du PIB. Mais le gouvernement de Poul Schluter, constitué en décembre 1986, tente de réagir avec fermeté contre la dégradation désormais très préoccupante des finances du pays. L'un des axes principaux de la nouvelle politique vise à réduire les dépenses publiques. Mais cette politique de rigueur se heurte à une opposition générale : les ménages refusent la régression de leur pouvoir d'achat, les salariés redoutent un accroissement du chômage (qui touche déjà 11 % de la population active), et il est de plus en plus difficile au gouvernement de réunir une majorité parlementaire stable.

ESPAGNE

Capitale : Madrid
Population : 38 670 000 hab.
Variation pop./an (1973-85) : 0,9 %
Superficie : 504 782 km^2
PNB/habitant : 4 360 $
Taux de croissance/an (1973-85) : 1,4 %

Après le décès du général Franco en novembre 1975, Juan Carlos accède au trône. Avec l'aide de son Premier ministre A. Suarez, il va profondément réformer le régime autoritaire instauré par son prédécesseur, pour établir une monarchie parlementaire. Les premières élections démocratiques se tiennent en 1977. Le 29 décembre 1978, la nouvelle Constitution est adoptée par référendum. Le Parlement est composé d'un Congrès des députés *(Cortes)* élu au suffrage universel direct, et d'un Sénat représentant les provinces. Le Premier ministre et son gouvernement sont responsables devant le Congrès.

L'Espagne s'est longtemps tenue relativement à l'écart des échanges internationaux. Elle exprime désormais sa volonté d'ouverture, qui s'est concrétisée par son adhésion à l'OTAN en 1981, et à la CEE en 1986. Après une croissance soutenue jusqu'à la mort du général Franco, l'Espagne connaît des difficultés économiques qui entraînent une stagnation du revenu national.

Tant dans le secteur agricole que dans l'industrie, le pays offre un bilan contrasté.

Exception faite des vignes et des agrumes, l'agriculture se caractérise par des résultats insuffisants. Elle emploie encore 14,5 % de la population active, bien qu'on ait assisté à un exode rural important depuis quinze ans. Les productions végétales, très variées, priment sur l'élevage, mais leur rendements sont inférieurs de moitié à ceux de la France. Il est vrai que la structure de la propriété foncière n'est favorable ni à l'investissement, ni à une exploitation intensive : 2 % des propriétaires accaparent les deux tiers des terres. Parallèlement à cette exploitation peu productive, on trouve un secteur très compétitif : les agrumes, dont l'Espagne est le premier exportateur mondial. Les exportateurs d'agrumes vont tout particulièrement bénéficier de l'entrée de leur pays dans le marché de la CEE, puisque celle-ci est le premier importateur mondial d'oranges. Au total, grâce au dynamisme des agrumes et du vin, la balance commerciale de l'agriculture est presque équilibrée.

L'industrie espagnole, quant à elle, est en perte de vitesse. Elle ne s'impose que dans un seul créneau : les aciers (13 millions de tonnes par an). Les autres entreprises se dispersent dans une grande variété de productions, sans être particulièrement compétitives dans aucune d'elles. La construction navale, la sidérurgie et le textile déclinent sans être relayés par les industries de pointe. Longtemps protégée de la concurrence extérieure, l'industrie doit faire un vaste effort d'investissement pour atteindre une dimension internationale qui lui évite de souffrir de l'ouverture de l'Espagne aux échanges internationaux. De plus, le réseau de communications doit être amélioré afin de favoriser l'activité des régions périphériques, qui restent assez isolées : l'Espagne ne dispose que de 13 500 km de voies ferrées.

Le sous-sol espagnol comporte un grand nombre de minerais, mais au total, leur production n'est guère intéressante. Les besoins en produits miniers et pétroliers représentent ainsi 42 % des importations.

Le poids des importations et la faible capacité exportatrice de l'industrie expliquent la lourdeur du déficit de la balance commerciale : les importations ne sont couvertes qu'à hauteur de 70 % par les ventes. La balance des paiements est cependant équilibrée. En effet, aux recettes touristiques viennent s'ajouter les investissements étrangers, attirés par le bas niveau des salaires sur le territoire espagnol.

L'Espagne s'est lancée depuis le début des années 1980 dans un rigoureux programme de redressement qui n'est pas facilité par les habitudes de consommation des ménages. Il faut pourtant en passer par là, le taux de chômage étant maintenant deux fois plus élevé qu'en France.

FINLANDE

Capitale : Helsinki
Population : 4 920 000 hab.
Variation pop./an (1973-85) : 0,4 %
Superficie : 337 032 km²
PNB/habitant : 10 870 $
Taux de croissance/an (1973-85) : 2,9 %

Amputée et contrainte à payer de fortes réparations par le traité de Paris de 1947, la Finlande a su se redresser et s'affirmer en pays libre. Elle a développé ses échanges commerciaux avec l'URSS sur la base du traité de 1956, tout en conservant de très bonnes relations avec les pays occidentaux. Démocratie pluraliste, la Finlande connaît un régime semi-présidentiel. Le Président est assisté d'un Premier ministre et d'un gouvernement, collectivement responsables devant la Chambre des députés (Parlement monocaméral).

Sur une période relativement longue, le pays s'est toujours rèlativement bien préservé des aléas de la conjoncture internationale par des redressements menés sans perte de temps. C'est ce qui explique le caractère quasi continu de la croissance économique, même depuis le début de la crise. La Finlande fait aujourd'hui partie des pays les plus riches, avec un PNB par habitant supérieur à celui de la France.

L'agriculture, très mécanisée, représente peu de chose à côté de l'exploitation forestière : la forêt boréale couvre en effet les deux tiers du territoire. Les cultures, surtout axées sur les céréales, se limitent aux plaines côtières où le climat est plus tempéré que dans l'intérieur. L'élevage ne concerne que les bovins et porcins, et les animaux à fourrure. Sans le bois, qui fournit 37 % des recettes d'exportation, la balance commerciale de l'agriculture stricto sensu serait largement déficitaire. Mais bois et pêche inclus, elle dégage un très large excédent.

L'industrie finlandaise est active, bien que le pays manque de matières premières et de travailleurs qualifiés. Elle s'est orientée vers les produits dérivés du bois (5e producteur mondial de papier), la métallurgie et le matériel de transport (construction navale), sans oublier l'industrie du meuble, de la porcelaine et du verre.

La production hydroélectrique de la Finlande est élevée. De même, ses 4 centrales nucléaires lui fournissent environ 40 % de sa consommation d'électricité. Cependant, les besoins énergétiques de l'industrie surpassent très largement les capacités de la Finlande. Celle-ci est ainsi devenue très dépendante de l'URSS, qui lui fournit 85 % de ses achats de pétrole, la totalité de sa consommation de gaz naturel et également une partie de ses besoins en charbon.

Le coût de cet approvisionnement alimentant une inflation jugée excessive, le gouvernement limite, dans les années 1980, la croissance de la production industrielle.

En effet, le pays est décidé à ne pas négliger les marchés occidentaux : il a entamé un effort d'investissement pour pouvoir affronter la concurrence sur ces marchés et, en 1984, a signé un traité de suppression des droits de douane sur les échanges de produits industriels avec la CEE.

GRÈCE

Capitale : Athènes
Population : 9 970 000 hab.
Variation pop./an (1973-85) : 1,0 %
Superficie : 131 944 km²
PNB/habitant : 3 550 $
Taux de croissance/an (1973-85) : 2,4 %

La Grèce comprend une partie continentale (les quatre cinquièmes de son territoire) et une partie insulaire partiellement mise en valeur. Elle est membre de l'OTAN et de la CEE depuis 1980.

La Constitution rétablie le 11 juin 1975 après la chute du « régime des colonels » a été modifiée en 1986. Le rôle du Président est réduit à un pouvoir d'arbitrage, tandis que le Premier ministre gouverne réellement le pays sous le seul contrôle de la Chambre des députés.

À l'échelle mondiale la Grèce se situe parmi les pays relativement riches, mais, avec un PNB/habitant trois fois moins élevé que celui de la France, elle est l'un des pays les plus pauvres de l'Europe géographique.

La Grèce fait encore figure de pays agricole : l'agriculture emploie 30 % de la population active mais ne contribue plus qu'à 17,5 % du PIB. Il faut dire que les conditions d'exploitation sont médiocres : la montagne occupe près de la moitié des terres, le climat ne permet que les cultures méditerranéennes et les exploitations agricoles sont trop petites (plus des deux tiers d'entre elles comptent moins de 5 ha). S'y ajoutent l'insuffisance de l'irrigation et la sous-mécanisation, qui persistent du fait de trop faibles capacités d'investissement. Les productions végétales (céréales, vigne, fruits) sont de moins en moins affectées à l'autoconsommation, mais cherchent à s'insérer dans le processus industriel. L'élevage des ovins et des caprins parvient à s'accommoder des conditions physiques et climatiques, mais le cheptel de bovins ne se développe guère : son coût d'entretien est dissuasif. La balance commerciale de l'agriculture est structurellement déficitaire. L'agriculture ne participe plus qu'à hauteur de 22 % aux recettes d'exportation, contre 91 % en 1960.

Comme celui de l'agriculture, le développement de l'industrie est handicapé par la petite taille des entreprises : 95 % d'entre elles comptent moins de 10 salariés. La faiblesse du marché intérieur et des investissements, le manque de qualification et de productivité de la main-d'œuvre sont autant d'obstacles. Tandis que les industries traditionnelles déclinent (cuir, alimentation, textile), on attend toujours l'émergence de nouveaux secteurs à vocation exportatrice. De plus, la Grèce n'a pas la chance de disposer d'un riche sous-sol : son activité minière représente tout juste 2,5 % du PIB.

La balance commerciale est fortement déficitaire, les exportations couvrant à peine la moitié des achats à l'étranger. La situation de la balance des paiements est plus inquiétante : les investissements étrangers et les recettes touristiques ne parviennent plus à compenser le grave déséquilibre induit par la politique de relance menée à contre-courant de la conjoncture internationale de 1981 à fin 1985. La situation devenant catastrophique, le gouvernement a fini par mettre en place un plan de rigueur : augmentation des impôts, diminution des dépenses, dévaluation de la drachme, recours à l'endettement extérieur (qui représente 50 % du PIB à la fin de 1986). Malgré une légère amélioration en 1987, le retard de la Grèce sur ses partenaires européens est loin d'être rattrapé.

IRLANDE

Capitale : Dublin
Population : 3 540 000 hab.
Variation pop./an (1973-85) : 1,2 %
Superficie : 70 283 km²
PNB/habitant : 4 840 $
Taux de croissance/an (1973-85) : 2,6 %

La République d'Irlande, indépendante depuis 1921, est née de la partition imposée par les Anglais. Son président n'a qu'une autorité morale : c'est le Premier ministre qui gouverne. Il est responsable avec son cabinet devant la Chambre des Représentants.

Le poids de l'agriculture reste important (16 % de la population active), même si certains secteurs de l'industrie se développent rapidement.

L'élevage des bovins et ovins est le fer de lance de l'agriculture : il constitue l'activité principale de la myriade de petites exploitations qui alimentent ainsi l'industrie agro-alimentaire. Le beurre et les œufs, le bacon, le lard et la viande sont largement exportés vers la Grande-Bretagne. Les terres ne se prêtant guère aux cultures, celles-ci n'ont qu'une importance secondaire. Pour rationaliser la production, des efforts de restructuration ont été faits : la taille moyenne des exploitations a ainsi été portée à 17 ha, et pourrait encore être améliorée.

Les investissements étrangers, principalement anglo-saxons, ont vivement accéléré le développement industriel. De fait, la majorité des entreprises de pointe qui réalisent de bonnes performances à l'exportation sont à capitaux étrangers.

A côté de ces firmes compétitives, sont implantées des industries plus traditionnelles, comme la chimie, le textile, l'agro-alimentaire, l'industrie métallique... L'Irlande possède du cuivre et du plomb. Ses ressources énergétiques étaient insignifiantes jusqu'à la découverte récente de gisements off-shore de gaz et pétrole.

L'Irlande se heurte à des difficultés économiques conjoncturelles et structurelles. Aussi sa population, peu nombreuse, est-elle aussi peu soucieuse de demeurer dans une île sans grandes richesses (5 % de la population active a quitté le pays en 1985/1986 pour aller s'établir à l'étranger).

De surcroît, les indicateurs économiques ne sont guère favorables : le chômage s'est accru en 1985 et 1986 (17 % de la population active en 1987), ainsi que les déficits du budget et de la balance des paiements courants. Certes, la balance commerciale est équilibrée, et l'inflation a été ramenée à un niveau raisonnable.

Mais le déficit budgétaire atteint 8 % du PIB, et les ménages refusent la rigueur : ils l'ont démontré en désavouant, lors des élections législatives de février 1987, le gouvernement initiateur d'une proposition de réduction des dépenses sociales.

ISLANDE

Capitale : Reykjavik
Population : 240 000 hab.
Variation pop./an (1973-85) : 1,1 %
Superficie : 103 000 km²
PNB/habitant : 10 720 $
Taux de croissance/an (1973-85) : 2,1 %

L'Islande a dû attendre la Seconde Guerre mondiale pour accéder à une indépendance totale vis-à-vis du Danemark. Elle est membre de l'OCDE depuis 1948, et de l'OTAN depuis 1949. Gouvernée par un Premier ministre responsable devant le Parlement (composé d'une assemblée subdivisée en une chambre basse et une chambre haute), elle a à sa tête un Président qui ne dispose que d'une autorité morale.

L'économie est entièrement tournée vers la mer. Toutes les villes importantes sont des ports, et le centre de l'île est quasiment inhabité. Le sol volcanique ne lui permet de produire des végétaux qu'en quantité symbolique. Certes, l'élevage bovin et ovin est très productif, mais ce sont les ressources de la mer qui font vivre l'Islande. C'est pourquoi le pays dépend si étroitement des cours mondiaux du poisson, ainsi que du nombre des prises. Le moindre fléchissement de l'un ou de l'autre de ces facteurs affecte l'économie tout entière. Ainsi, la surexploitation des bancs de harengs a pu, en empêchant le renouvellement de l'espèce, provoquer une grave crise économique à la fin des années 1960. C'est la raison pour laquelle la pêche est désormais strictement contingentée.

L'Islande ne possède pour l'instant aucune ressource minière. Mais son potentiel hydroélectrique très important lui a permis de développer, à des fins exportatrices, la transformation de bauxite en aluminium (10 % des recettes d'exportation) et une industrie des engrais.

La moitié du commerce extérieur se fait avec les pays de la CEE, les États-Unis absorbant, quant à eux, 27 % des exportations islandaises. Le pays a connu une forte crise en 1983, avec une inflation de 86 %. Mais une conjonction d'événements favorables en 1986 (nombre de prises élevé, cours du poisson en hausse, dollar en baisse) lui a permis d'opérer un redressement spectaculaire. Cependant, l'endettement extérieur reste élevé (plus de 50 % du PIB), et si les dévaluations successives permettent de maintenir des prix compétitifs à l'exportation, elles contribuent en sens inverse au renchérissement de la dette.

C'est un pays très riche (le PNB par habitant, instable, est tantôt inférieur tantôt supérieur à celui de la France), qui n'est pas affecté par le chômage et qui, comme ses voisins nordiques, a mis en place une législation sociale avancée.

ISRAËL

Capitale : Jérusalem
Population : 4 300 000 hab.
Variation pop./an (1973-85) : 2,2 %
Superficie : 20 770 km²
PNB/habitant : 4 920 $
Taux de croissance/an (1973-85) : 2,7 %

État indépendant depuis le 14 mai 1948, Israël est une démocratie parlementaire dirigée, sous l'autorité morale du président de la République, par un Premier ministre responsable devant le Parlement monocaméral *(Knesseth)*. Très lié aux États-Unis, le pays doit régulièrement prendre les armes pour défendre son existence face à ses voisins arabes. Il a fini par signer avec l'Égypte un accord de paix mutuelle en 1979.

Fort d'une agriculture très productive malgré les problèmes de sécheresse, Israël est autosuffisant pour un grand nombre de produits. L'organisation socialiste de la production en grandes coopératives *(Moshavim el Kibboutzim)* alimente un courant d'exportation (agrumes et produits maraîchers) qui procure à Israël 10 % des recettes du commerce extérieur. Malgré des performances parfois exceptionnelles (la production de lait par tête de bétail est deux fois plus élevée que celle de la France), la balance commerciale de l'agriculture n'est pas encore équilibrée.

Dépourvu de ressources minières, Israël s'est tourné avec succès vers les industries de pointe, soutenues par un vigoureux effort de recherche scientifique : produits chimiques, armement, électronique, appareils de précision en constituent les pôles essentiels. Le pays bénéficie, il est vrai, d'une main-d'œuvre de très grande qualité : il y a même un excès de personnel qualifié par rapport aux besoins.

Les exportations israéliennes sont composées à plus de 90 % par des biens industriels : les deux tiers des recettes proviennent de la taille des diamants et de l'équipement électrique et électronique. Les industries plus traditionnelles comme l'agro-alimentaire et le textile sont essentiellement tournées vers le marché intérieur.

Depuis le début des années 1980, Israël est confronté à d'importantes difficultés : déséquilibre de la balance des paiements (largement issu du déficit de la balance commerciale), endettement extérieur égal à 150 % de son PNB (soit l'endettement par habitant le plus élevé au monde), inflation galopante (445 % en 1984, 206 % en 1985). Ces difficultés peuvent s'expliquer par le coût élevé des biens intermédiaires importés par le secteur industriel, par la lourdeur de la dépendance énergétique et par les charges pesant sur le budget de l'État : le service de la dette et les dépenses militaires absorbent à eux seuls 58 % des dépenses budgétaires ! Aussi, en 1984, un programme d'austérité est engagé et se fixe pour principal objectif la réduction des importations et l'accroissement des ventes à l'étranger, notamment par la compression de la demande intérieure.

Dès 1985, les premiers résultats se font sentir. Réduction de l'inflation, du déficit commercial et rééquilibrage de la balance des paiements se confirment l'année suivante, grâce à la baisse du prix du pétrole et aux bons résultats touristiques, sans oublier l'aide fournie par les États-Unis (15 % du PNB d'Israël).

ITALIE

Capitale : Rome
Population : 57 220 000 hab.
Variation pop./an (1973-85) : 0,3 %
Superficie : 301 225 km²
PNB/habitant : 6 520 $
Taux de croissance/an (1973-85) : 2,0 %

Évacuant définitivement les vestiges de la dictature mussolinienne, l'Italie adopte le 22 décembre 1947 sa Constitution actuelle. Les pouvoirs du président de la République sont très limités. Le pays est dirigé par le président du Conseil des ministres, responsable devant la Chambre des députés. La Constitution ne peut être révisée qu'à la majorité des deux tiers des membres de la Chambre. Enfin, la population peut s'exprimer hors des périodes électorales, à l'aide des procédures de démocratie directe. Depuis 1947, l'Italie connaît une instabilité gouvernementale qui vaut à Bettino Craxi (resté plus de trois ans en place) de détenir l'un des records de longévité sur toute la période.

Pays agraire aux lendemains de la Seconde Guerre mondiale, l'Italie a connu un remarquable développement industriel. En quarante ans, la population agricole a été très fortement réduite. Elle représente encore près de 12 % de la population active, mais ne contribue plus qu'à 6 % du PNB. La productivité est très faible. Plus des deux tiers des exploitations sont inférieures à 5 ha et les pressions syndicales ont fait monter les coûts salariaux de telle sorte que les investissements nécessaires ne peuvent être effectués. Une restructuration est de plus en plus nécessaire.

Les cultures prédominent sur l'élevage : blé et raisin couvrent plus du tiers des surfaces cultivées. L'Italie est le premier producteur mondial de vin. Mais la balance commerciale de l'agriculture est lourdement déficitaire, l'élevage étant largement fondé sur l'importation.

C'est l'industrie qui supporte l'économie italienne. Une croissance rapide a immédiatement succédé à la reconstruction, et s'est maintenue malgré quelques perturbations jusqu'au début des années 1970. Après une crise de croissance liée à la récession internationale, l'économie est à nouveau en progrès depuis 1983. Sur les quarante dernières années, le niveau de vie s'est considérablement élevé : +200 % en termes réels depuis 1945. Il est vrai cependant que cette moyenne dissimule le fossé qui s'est creusé entre le Nord où s'est concentrée la vie industrielle, et le Sud qui reste essentiellement agricole et pauvre.

Malgré une très lourde dépendance énergétique, l'industrialisation a été rapide. L'État a favorisé le développement de grandes entreprises publiques, par l'intermédiaire de l'IDI ou de l'ERI, tout en laissant croître librement le géant privé de l'automobile. Actuellement, la tendance est à une lente privatisation des entreprises nationales. À côté de ces deux pôles, un réseau de PME très dynamiques s'est rapidement constitué : 94 % des entreprises italiennes comptent moins de 100 salariés, et assurent la croissance des secteurs de l'habillement et des biens de consommation. Assez peu tournée vers les secteurs de pointe, l'industrie bénéficie d'une grande mobilité sectorielle et géographique de la main-d'œuvre. Quant au travail au noir, il est très important mais difficilement quantifiable. Selon les estimations, il représenterait le tiers du revenu national et concernerait de 4 à 6 millions de personnes.

Les comptes de l'Italie se sont fortement dégradés ces dernières années : malgré les recettes touristiques et les revenus des Italiens de l'étranger, le déficit de la balance des paiements s'est creusé. L'inflation et le déficit budgétaire ont obligé le gouvernement italien à s'endetter lourdement (la dette publique est égale au PIB). Mais l'année 1986 a été très favorable : conjuguées à une politique budgétaire rigoureuse, la baisse du prix du pétrole et la dépréciation du dollar ont permis un redressement des comptes et une croissance de la production. L'évolution du pays depuis le début des années 1980 a conduit certains à évoquer de nouveau le « miracle italien ».

LUXEMBOURG

Capitale : Luxembourg
Population : 360 000 hab
Variation pop./an (1973-85) : 0,3 %
Superficie : 2 586 km²
PNB/habitant : 13 380 $
Taux de croissance/an (1973-85) : 2,4 %

Très lié à la Belgique, le Grand Duché du Luxembourg est membre du Benelux, de la CEE et de l'OTAN. Il est gouverné par un Premier ministre responsable devant le Parlement monocaméral, le Grand-Duc n'ayant qu'une fonction cérémoniale.

Tirant jadis sa richesse de l'extraction du fer et des aciéries de la société Arbed, le pays a entamé et réussi une rapide reconversion. En 1974 encore, Arbed représentait 36 % de la population active et 30 % du PIB. L'extraction ayant cessé en 1981, l'activité des aciéries a commencé à décliner : elle ne représente plus que 12 % du PIB en 1986. Le Luxembourg ne possède par ailleurs que de petites industries diversifiées dans le textile, le cuir, le bois, l'agro-alimentaire, et son sous-sol ne comporte pas d'autres richesses que le fer. De même, le poids économique de l'agriculture est très secondaire, les terres étant rares et peu fertiles.

C'est pourquoi le gouvernement s'est immédiatement employé à compenser la perte des revenus de l'acier : une réglementation très libérale a attiré les multinationales, les activités bancaires et les assurances. Le Luxembourg est devenu une place financière active.

À partir de 1979, le gouvernement a mené une politique de rigueur énergique, qui a entraîné dans un premier temps une baisse de l'activité et du revenu national. Mais le taux de chômage a pu être limité aux alentours de 2 %, malgré la part importante de la population active concernée par l'activité sidérurgique. Cinq ans plus tard, la croissance reprenait. En 1986, la baisse du prix du pétrole a permis de dégager des ressources imprévues : le gouvernement en a aussitôt profité pour provoquer une reprise de la consommation intérieure, dans un contexte d'inflation maîtrisée. Le Luxembourg a su se reconvertir vers des activités génératrices de profit : son PNB par habitant est très nettement supérieur à celui de la France.

MALTE

Capitale : La Valette
Population : 380 000 hab.
Variation pop./an (1973-85) : 1,2 %
Superficie : 316 km²
PNB/habitant : 3 300 $
Taux de croissance/an (1973-85) : 7,9 %

Ancien protectorat britannique, Malte accède à l'indépendance en 1964. Le nouvel État reste membre du Commonwealth. Il est gouverné par un Premier ministre, le président n'ayant qu'une autorité symbolique. Malte a déclaré sa neutralité diplomatique, et fait partie du groupe des pays non alignés.

L'agriculture est très limitée, en raison de la petite taille du territoire (les terres cultivées ne représentent que 120 km² au total) et de la relative sécheresse du climat. Malte manque d'eau douce et doit en importer, bien qu'elle ait construit une grande usine de dessalement d'eau de mer. Sa production agricole se réduit à quelques primeurs (pommes de terre, oignons, tomates) ainsi qu'à l'horticulture, essentiellement destinées à l'exportation. Rapportées au nombre d'habitants, ses importations agricoles se situent parmi les plus élevées du monde.

L'économie est fondée sur l'industrie et le tourisme. Ces deux activités ont entraîné un véritable boom économique dans les années 1970.

La position géographique de l'île lui a permis de développer une industrie navale dynamique (construction et réparation), nationalisée en 1973, et en légère perte de vitesse dans les années 1980. L'industrie légère constitue l'autre grand secteur de l'industrie. Elle contribue largement aux exportations : textile, habillement, plastiques, etc.

Le tourisme est une activité très importante. Ses recettes compensent un déficit commercial chronique. Cependant, le nombre des visiteurs se réduit depuis 1980.

En 1982, l'intense croissance économique des années 1970 cède la place à une quasi-stagnation. Le chômage touche 12 % de la population active, et l'émigration augmente. Les relations avec la Grande-Bretagne se sont dégradées depuis l'évacuation de la dernière base militaire britannique en 1979. Aussi Malte s'est-elle tournée vers la Libye et l'URSS, notamment par la signature d'accords commerciaux. Néanmoins, en 1987, l'Italie, la RFA et le Royaume-Uni accaparent encore 62 % des flux du commerce extérieur.

NORVÈGE

Capitale : Oslo
Population : 4 170 000 hab.
Variation pop./an (1973-85) : 0,4 %
Superficie : 324 219 km^2
PNB/habitant : 13 890 $
Taux de croissance/an (1973-85) : 3,4 %

Régi par la Constitution de 1814, le royaume de Norvège est gouverné par un Premier ministre responsable devant le Parlement monocaméral *(Storting)*. Le roi n'a qu'une fonction cérémoniale.

La Norvège est un pays prospère, au PNB par habitant largement supérieur à celui de la France.

Seulement 3 % du territoire sont cultivables et le climat n'est guère propice aux productions végétales. L'agriculture s'est donc diversifiée vers l'élevage, la forêt et la pêche. Grâce à ces deux derniers secteurs, la balance commerciale de l'agriculture est largement excédentaire. Le secteur primaire reçoit d'énormes subventions de l'État, qui représenteraient 90 % du revenu agricole en 1986.

L'industrie traditionnelle est fondée sur le fer, le bois et le poisson. La construction navale a chuté de moitié depuis 1980. D'autres secteurs prennent donc le relais : informatique, industries électriques... Mais c'est l'abondance de ses ressources pétrolières (ses réserves la placent au 11e rang mondial) qui ont fait la richesse de la Norvège et lui permettent de connaître une croissance continue depuis le début des années 1970, à la mesure de l'augmentation des tarifs pétroliers. Largement excédentaire, la balance commerciale bénéficie en outre de l'accord de libre-échange conclu avec la CEE en 1973.

C'est dans un contexte de bonne santé économique qu'est intervenue en 1986 la chute des prix du pétrole. Elle a sérieusement amputé les ressources du pays, qui tirait du commerce des hydrocarbures plus de la moitié de ses recettes d'exportation. Tous les indicateurs économiques étaient bons, aussi les Norvégiens ont-ils refusé la politique de rigueur. Mais, si la relance keynésienne aussitôt pratiquée a accru le revenu national, elle a provoqué dans le même temps une hausse de l'inflation et un déséquilibre de la balance des paiements (pourtant traditionnellement excédentaire) qui ont rendu nécessaire d'énormes emprunts sur les marchés internationaux (10 % du PNB pour la seule année 1986). C'est pourquoi le gouvernement est revenu sans tarder à l'austérité.

NOUVELLE-ZÉLANDE

Capitale : Wellington
Population : 3 250 000 hab.
Variation pop./an (1973-85) : 0,6 %
Superficie : 268 676 km^2
PNB/habitant : 7 310 $
Taux de croissance/an (1973-85) : 1,3 %

Colonie britannique transformée en dominion en 1907, la Nouvelle-Zélande n'a acquis une indépendance totale qu'en 1947. Elle demeure membre du Commonwealth, et a calqué son système politique sur le parlementarisme britannique. Le Parlement se réduit cependant à une Chambre des représentants, élue pour 3 ans au suffrage universel. Le Premier ministre et son Cabinet sont responsables devant elle. Le Parti Travailliste et le Parti National sont les deux seuls groupements à dimension gouvernementale.

L'économie est centrée sur l'agriculture, qui fournit plus des deux tiers des recettes totales d'exportation. L'abondance des prairies a incité la Nouvelle-Zélande à constituer un immense troupeau d'ovins de 71 millions de têtes. Le pays exporte également des céréales, tandis que sa production fruitière (pommes, poires, kiwis...) est en expansion. Le bois fournit des ressources complémentaires intéressantes, ainsi que la pêche qui a bénéficié en 1978 de l'extension des espaces maritimes.

La balance commerciale de l'agriculture dégage un très fort excédent : 15 % du PIB en 1986.

L'industrie est loin d'être aussi compétitive que l'agriculture, même si le pays couvre l'essentiel de ses besoins en matière énergétique. Ses productions de gaz naturel, charbon et hydro-électricité sont pour l'essentiel destinées au marché intérieur. Le développement industriel résulte d'une stratégie de substitution aux importations. L'industrie du bois, de l'acier et de l'agro-alimentaire en constituent pour l'instant les pôles principaux. Mais la situation actuelle est préoccupante : jusqu'à présent très protégée de la concurrence extérieure, l'industrie nationale se caractérise par un manque de dynamisme qui finit par provoquer une stagnation, voire une décroissance du PNB en volume. Cet échec relatif du protectionnisme a décidé le gouvernement à assouplir les barrières aux frontières.

Le rétablissement des grands équilibres est urgent. La balance des paiements est constamment déficitaire. Une politique budgétaire trop laxiste (les dépenses publiques ont approché 40 % du PNB en 1981-1982) oblige la Nouvelle-Zélande à emprunter massivement sur le marché international depuis le début des années 1980 : son endettement implique aujourd'hui de lourdes charges de remboursement. Le gouvernement tente de lutter contre une inflation qui s'élevait encore à 13 % en 1986. Mais la nécessité de revenir à l'orthodoxie budgétaire risque, en provoquant un ralentissement de l'activité économique, de se traduire bientôt par une augmentation sensible du taux de chômage.

PAYS-BAS

Capitale : Amsterdam
Population : 14 560 000 hab.
Variation pop./an (1973-85) : 0,6 %
Superficie : 40 844 km^2
PNB/habitant : 9 180 $
Taux de croissance/an (1973-85) : 1,3 %

Les Pays-Bas sont membres de l'OTAN et de la CEE depuis l'origine. Monarchie parlementaire, ils se sont dotés d'une nouvelle Constitution en février 1983. La reine Beatrix, souveraine depuis 1980, n'a qu'une autorité symbolique, le pouvoir effectif appartenant au Premier ministre. Celui-ci est responsable devant le Parlement, qui comprend deux chambres : la Première Chambre représente les provinces et ne peut discuter les lois (elle se contente de les approuver ou de les refuser) ; la Seconde Chambre, élue au suffrage universel, détient la réalité du pouvoir législatif. Les deux chambres peuvent être dissoutes par le Premier ministre.

La richesse des Pays-Bas tient avant tout à la qualité exceptionnelle de l'agriculture et à d'importantes ressources de gaz naturel.

Le secteur agricole est extrêmement compétitif. Le pays a dû gagner sur la mer une part importante de son territoire, mais la place continue à manquer. C'est pourquoi les exploitants se sont spécialisés dans un élevage intensif en étable. Les rendements très élevés des vaches laitières et l'importance des troupeaux font des Pays-Bas le premier exportateur mondial de lait et de porcs. Quant aux cultures, elles sont également orientées vers l'exportation : premier exportateur mondial de pommes de terre, les Pays-Bas se sont lancés dans les cultures spéciales (lin, colza, chicorée), mais aussi dans une horticulture intensive qui leur permet d'accaparer les deux tiers des exportations mondiales de fleurs. La balance commerciale de l'agriculture dégage un solde nettement positif.

La découverte d'importants gisements

de gaz naturel en Groningue a fourni aux Pays-Bas des ressources imprévues : les exportations énergétiques représentent désormais le quart des exportations totales. Dans le même temps, les importations ont été fortement réduites, puisque les besoins nationaux en énergie sont couverts pour moitié par la production de gaz. L'industrie, où prédominent quelques grandes entreprises multinationales (Shell, Unilever, Philips...), n'occupe guère les créneaux à technologie avancée. Elle est davantage le reflet de la spécialisation déjà ancienne des Pays-Bas dans l'agro-alimentaire, la chimie et les constructions mécaniques et électriques.

La vulnérabilité qui caractérise l'économie extravertie des Pays-Bas (le commerce extérieur représente 45 % du PIB) s'est clairement manifestée en 1986. À la suite de la politique d'allégement de la pression fiscale menée depuis 1983, le gouvernement était parvenu à réunir tous les ingrédients d'une croissance maîtrisée : balance des paiements en équilibre, inflation quasiment nulle, situation favorable des entreprises... La baisse du prix du gaz a largement amputé les ressources attendues, et le gouvernement a été obligé de prendre le contre-pied de sa politique en augmentant les impôts pour compenser le déficit budgétaire (8 % du PIB en 1986).

PORTUGAL

Capitale : Lisbonne
Population : 10 290 000 hab.
Variation pop./an (1973-85) : 1,0 %
Superficie : 92 082 km²
PNB/habitant : 1 970 $
Taux de croissance/an (1973-85) : 2,1 %

Membre de l'OTAN et de la CEE, le Portugal est régi par la Constitution de 1976 révisée en 1982, qui organise un régime semi-présidentiel : le président de la République est élu pour 5 ans au suffrage universel direct et dispose d'un pouvoir d'arbitrage. Désigné par le Président, le Premier ministre conduit la politique de la Nation. Il est responsable devant le Parlement monocaméral (Assemblée de la République, élue pour 4 ans au suffrage universel direct).

Dépourvu d'atouts décisifs, le Portugal est le pays le moins riche de la CEE. Son sol peu fertile se prête mieux à l'élevage ovin qu'aux cultures. Jusqu'à présent, le pays n'a pas eu les moyens de compenser l'ingratitude du milieu naturel par la mécanisation ou le recours massif aux engrais. Cela s'explique dans une large mesure par l'inefficience des structures agricoles : les petites propriétés de subsistance coexistent avec les *latifundia* à exploitation extensive. L'agriculture dans son ensemble souffre d'une productivité trop faible et ne se modernise qu'avec lenteur. Les réformes agraires doivent être impérativement poursuivies. Bien que le secteur agricole emploie le quart de la population active, les productions sont trop faibles pour assurer la couverture des besoins nationaux : la balance commerciale de l'agriculture est systématiquement déficitaire.

En ce qui concerne l'industrie, le bilan doit être plus nuancé : en effet, les résultats sont faibles, mais on peut discerner quelques éléments encourageants. Certes l'industrie portugaise est globalement peu compétitive. Ses industries anciennes comme le textile, la chaussure ou le bois connaissent des difficultés. La chimie et la métallurgie sont plus performantes mais, de manière générale, les investissements restent très insuffisants. De plus, le manque de ressources sur le territoire national (hydroélectricité mise à part) oblige le pays à importer l'essentiel de sa consommation énergétique. Malgré tout, la croissance continue de l'activité industrielle est de bon augure. Grâce à l'entrée du Portugal dans la CEE, le handicap constitué par la faiblesse du marché intérieur se trouve en partie compensé par l'ouverture du marché communautaire. La concurrence imposée par les entrepreneurs européens devrait en outre inciter le pays à renforcer son effort de modernisation. Il faut noter que le Portugal a la chance de disposer pour cela d'une main-d'œuvre instruite et bon marché.

En 1987, la dette extérieure atteint 90 % du PNB, le chômage grimpe régulièrement jusqu'à plus de 12 % la même année. Une politique d'austérité a été mise en place pour restaurer les grands équilibres : ainsi, de 25 % en 1984, le taux d'inflation est ramené aux alentours de 11 % en 1986. Toutefois, la conjoncture favorable de 1986 a été immédiatement utilisée par le gouvernement, qui a opté pour une politique de croissance, tout en procédant à un assainissement financier. Il a ainsi tiré l'effet maximum de la baisse du prix du pétrole et de celle du dollar.

SUÈDE

Capitale : Stockholm
Population : 8 370 000 hab.
Variation pop./an (1973-85) : 0,2 %
Superficie : 449 964 km²
PNB/habitant : 11 890 $
Taux de croissance/an (1973-85) : 1,2 %

Pays neutre, la Suède est une monarchie parlementaire. Une nouvelle Constitution est entrée en vigueur le 1er janvier 1975. Le roi n'a qu'une fonction symbolique, le pouvoir étant exercé par le Premier ministre et son gouvernement, responsables devant le *Riksdag* (Parlement monocaméral).

Le territoire est boisé pour plus de la moitié, aussi les terres cultivables ne représentent-elles que 10 % de la superficie totale. La production agricole, concentrée dans le Sud du pays, est assez peu importante. Elle est constituée pour l'essentiel par les céréales, et par un cheptel bovin très productif. Le pays tend à l'autosuffisance alimentaire, exception faite de quelques produits comme les fruits et légumes.

C'est la production de bois qui occupe la majorité des employés du secteur primaire, et qui explique le solde largement excédentaire de la balance commerciale du secteur primaire. Les exportations de bois et de produits dérivés représentent à elles seules le quart des exportations totales.

La Suède extrait quelques métaux de son sous-sol (fer, argent et surtout uranium) mais ne dispose pas de ressources énergétiques, hormis un bon potentiel hydroélectrique. Elle a adopté un programme nucléaire ambitieux, qui lui confère le premier rang mondial de la production d'énergie nucléaire par habitant. En vertu de ce programme, douze centrales nucléaires auraient dû lui fournir 40 % de ses besoins en électricité dès 1990. Toutefois, l'incident de Tchernobyl semble devoir remettre en cause (au moins temporairement) les installations projetées.

L'industrie se caractérise par un secteur public très développé, les entreprises nationales contribuant à plus de 20 % du PIB. Les grands pôles industriels sont constitués par l'industrie métallique, les télécommunications, l'automobile, l'électronique... La construction navale, l'une des toutes premières du monde dans les années 1970, a fortement régressé.

La protection sociale du pays est extrêmement développée. Il en résulte des charges et des rigidités qui nuisent à la flexibilité de l'économie. En 1975, le gouvernement a mené une politique à contre-courant de la crise, qui s'est soldée par une sévère dégradation des comptes et des indicateurs économiques. De ce fait, le pays a cherché par la suite à s'adapter davantage aux évolutions et aux contraintes internationales. Les conditions favorables de l'année 1986 ont été très bien utilisées, la Suède parvenant à soutenir une bonne croissance tout en réduisant les déficits et l'endettement. Son PNB par habitant est sensiblement supérieur à celui de la France et le taux de chômage (3 %) se situe parmi les taux les plus faibles de l'OCDE.

SUISSE

Capitale : Berne
Population : 6 500 000 hab.
Variation pop./an (1973-85) : 0,1 %
Superficie : 41 293 km²
PNB/habitant : 16 380 $
Taux de croissance/an (1973-85) : 1,1 %

Composée de 20 cantons et 6 demi-cantons, la Confédération helvétique est régie par la Constitution de 1874. Le pouvoir exécutif appartient au Conseil fédéral, comprenant 7 membres élus pour 4 ans par l'Assemblée fédérale (Parlement bicaméral). La Présidence de la Confédération est assurée à tour de rôle par un membre du Conseil fédéral (rotation annuelle). La fonction législative revient aux deux chambres de l'Assemblée fédérale : le Conseil des États, représentant les cantons, et le Conseil national, élu pour 4 ans au suffrage universel direct.

Officiellement neutre, la Suisse est un pays très tourné vers l'extérieur : le quart de sa population active se compose d'étrangers (quatre langues officielles), le commerce extérieur est très dynamique.

La richesse de la Suisse est étonnante si l'on considère le manque d'atouts dont elle disposait au départ : le pays est petit, enclavé dans le continent, et dépourvu de ressources minérales. Le relief montagneux impose de strictes limites à l'agriculture : l'élevage est plus répandu que les cultures, et ne concerne pratiquement que les bovins. La production végétale est axée sur les céréales. L'exploitation agricole de la Suisse se caractérise globalement par une faible productivité qui rend nécessaires d'importantes subventions publiques.

Malgré l'absence de ressources en sous-sol, le pays a pu profiter d'un potentiel hydroélectrique important, dont l'aménagement permet de couvrir les deux tiers des besoins nationaux en électricité. Le reste est fourni par les centrales nucléaires. L'industrie est très tournée vers l'exportation. Les grands groupes multinationaux sont prédominants, surtout dans l'industrie pharmaceutique, le chocolat, l'horlogerie, qui constituent les principales branches exportatrices. En revanche, certaines industries à haute technologie comme l'informatique, les télécommunications et l'électronique sont encore peu développées.

Les insuffisances de l'agriculture sont compensées par une industrie forte. Mais la Suisse est aussi un pays de services : le secteur tertiaire occupe 55 % de la population active. Elle est surtout réputée pour ses activités bancaires et financières, cela même si, dans les années 1980, la place de Zurich a perdu du terrain sur les autres places financières internationales. Avec plusieurs millions de visiteurs chaque année, le tourisme procure à la Suisse l'équivalent de 15 % de ses revenus à l'exportation.

Elle est très dépendante de ses échanges extérieurs, puisque ses exportations de biens et services représentent 36 % de son PIB. Plus de la moitié du commerce se fait avec les pays de la CEE.

La balance commerciale accuse habituellement un déficit. Mais il est largement compensé par les surplus dégagés par les banques, les assurances et le tourisme. La situation économique est saine : inflation et chômage tournent autour de 1 % en 1986. Et surtout, le pays est riche : en 1985, le PNB par habitant est supérieur de 84 % à celui de la France.

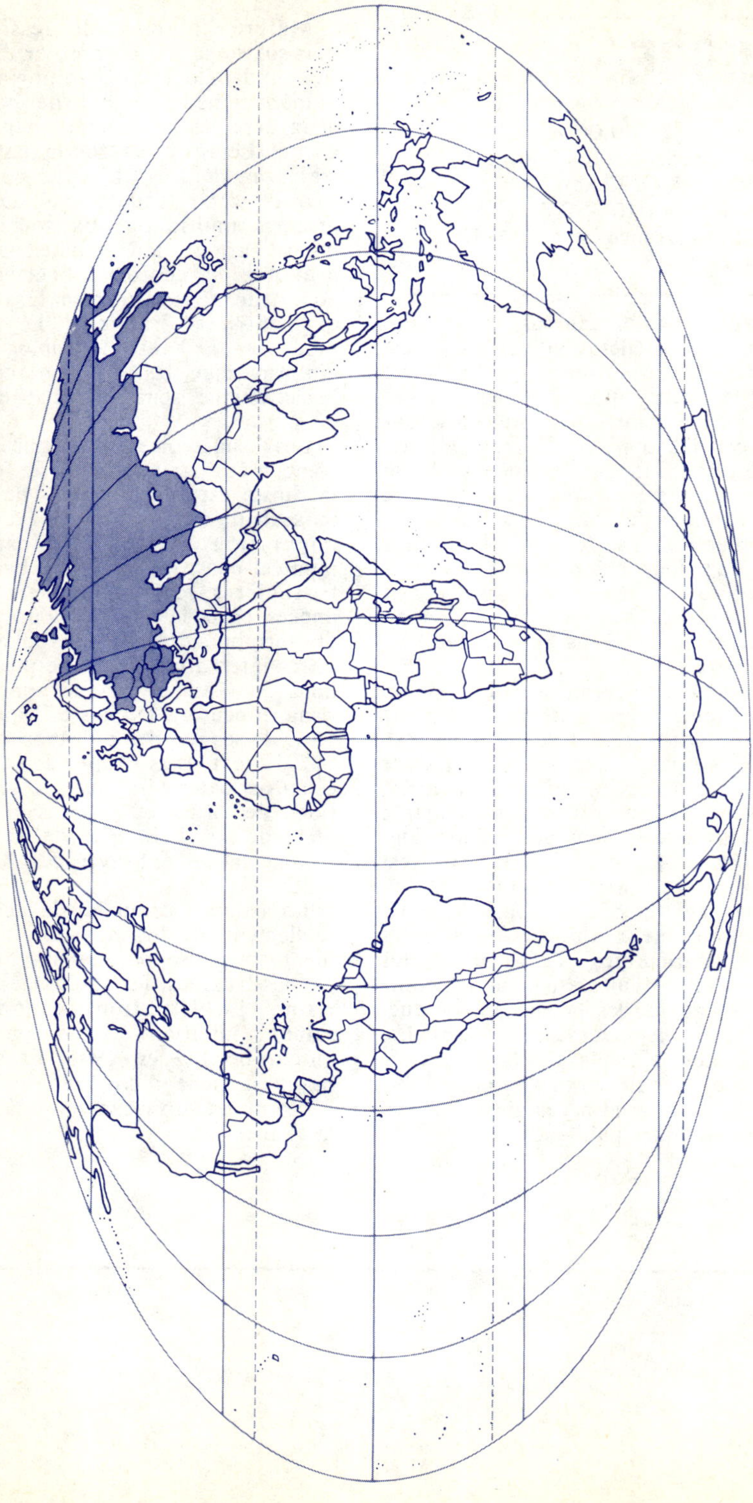

PAYS D'EUROPE DE L'EST À ÉCONOMIE PLANIFIÉE

URSS

F. Seurot

Capitale : Moscou
Population : 280 140 000 hab.
Variation pop./an (1973-85) : 0,9 %
Superficie : 22 402 200 km²
PNB/habitant : 6 299 $
Taux de croissance/an (1973-85) : n.d.

Un organigramme complexe

Le pouvoir est assuré par le Parti Communiste de l'Union Soviétique (PCUS) dont l'organe suprême est, en principe, le Congrès qui se réunit au moins une fois tous les cinq ans. Le Congrès élit le Comité Central qui compte environ 300 membres titulaires et qui se réunit au moins deux fois par an.

Le Bureau Politique dirige le Parti entre les sessions du Comité Central, il est composé de 13 membres titulaires et 9 membres suppléants. La gestion courante du parti et le recrutement de ses membres est du ressort du Secrétariat du Parti composé d'un secrétaire général et de plusieurs secrétaires. Depuis Staline, le secrétaire général dirige également le Bureau Politique et le gouvernement.

Le pouvoir législatif appartient au Soviet Suprême composé de deux chambres : le Soviet de l'Union et le Soviet des nationalités. Il est dirigé par le Présidium du Soviet Suprême. Ce Présidium, élu par le Soviet Suprême, est constitué par un président, qui est chef de l'État, un premier vice-président et quinze vice-présidents (un par république), un secrétaire et vingt et un membres.

Le pouvoir exécutif est assuré par le Conseil des Ministres qui comprend un président, plusieurs vice-présidents et les ministres et les présidents des Conseils des ministres des républiques fédérées.

Le Conseil des Ministres de l'URSS est un organe assez lourd de plus de 100 membres.

Un système politique à la fois fédéral et centralisé

L'URSS a connu quatre constitutions depuis la Révolution de 1917, la dernière date de 1977. Elle a été l'œuvre de Brejnev qui, sur ce point, a suivi les souhaits exprimés, en 1961, par Khrushchev. La constitution de 1936 correspondait à une société très différente de celle de l'URSS d'aujourd'hui et insistait par exemple sur la dictature du prolétariat alors que la constitution de 1977 déclare s'appliquer à une « société socialiste avancée » régie par l'« État du peuple tout entier ». Sur des points fondamentaux comme le rôle du Parti, la structure fédérale de l'URSS ou la propriété d'État, il n'y a pas de différences sensibles entre les deux constitutions.

Le principe du centralisme démocratique, consacré par la Constitution, allie la direction unique à l'initiative locale selon des modalités qui varient d'une administration à l'autre. Cela signifie notamment que le fédéralisme politique est soumis à l'unité du pouvoir d'État. Les républiques fédérées n'ont aucun pouvoir de décision politique ou idéologique, ce sont des échelons administratifs.

Le Parti communiste : source de tous les pouvoirs

Selon l'article 6 de la Constitution de 1977 : « le Parti communiste de l'Union soviétique est la force qui dirige et oriente la société soviétique ; il est le cœur de son système politique, des organisations publiques et sociales... » Le même article attribue au Parti un rôle idéologique majeur : « armé de la doctrine marxiste-léniniste, le Parti communiste définit l'orientation générale du développement de la société, de la politique intérieure et étrangère de l'URSS ; il conduit la grande œuvre créatrice du peuple soviétique et organise sa lutte pour la victoire du communisme de façon scientifiquement fondée ». En vertu de ces pouvoirs, le Parti contrôle les médias qui doivent diffuser les idées officielles à l'intérieur du pays. Il fixe les limites aux débats sur le fonctionnement du système social.

Le Parti communiste a, conformément à la constitution, le pouvoir de nommer les responsables politiques et administratifs. Il a, en fait, un pouvoir de monopole dans la désignation des candidats aux assemblées législatives. Cela ne signifie pas que tous les responsables et tous les députés sont membres du Parti mais tous les fonctionnaires importants sont nommés avec l'aval du Parti et tous les candidats aux assemblées législatives sont présentés par le « bloc des communistes et des sans-parti ». Toute autre candidature serait assimilée à celle d'un « anti-parti » et serait inacceptable.

Outre son pouvoir de nomination, le Parti exerce un droit de contrôle sur l'administration, y compris les activités des ministres. Ce droit de contrôle s'exerce aussi sur la gestion des entreprises, des kolkhozes, etc., par l'intermédiaire des échelons subalternes du Parti : sections locales ou d'entreprises.

Au niveau le plus élevé, le comité central du Parti décide des orientations du plan économique et du budget avant que le Soviet ne soit appelé à se prononcer.

Des syndicats au rôle ambigu

Les syndicats rassemblent tout le personnel d'une même branche industrielle, du balayeur au ministre. Le ministre parle donc parfois au nom des travailleurs de l'industrie qu'il gère.

Brejnev eut plusieurs fois l'occasion de rappeler que les syndicats ont pour fonction de vérifier si la discipline dans le travail est respectée. Ils coopèrent là avec le Parti et la direction de l'entreprise.

Les syndicats, regroupés en un conseil central des syndicats, sont organisés par grande branche d'activité. Ils ont deux fonctions essentielles :

1) Ils gèrent les services sociaux.

2) Ils interviennent en faveur des travailleurs, du moins dans certaines limites. Ils font partie des commissions mixtes qui doivent arbitrer les conflits lorsque la direction de la firme désire licencier un salarié. Il arrive que la presse reproche aux syndicats de défendre des cas indéfendables comme celui de travailleurs qui s'enivrent sur les lieux de travail mais assez souvent aussi les syndicats sont plus sévères que la direction. Les syndicats ont, par ailleurs, un droit de veto sur certains investissements qui mettent en jeu la santé des travailleurs. Il est impossible de dire si ce droit est largement utilisé.

De l'abolition du servage à la Révolution (1861-1917)

La population de la Russie connaît un très vif accroissement au XIXe siècle.

Partant de 14 millions d'habitants en 1722, elle s'élève à 36 millions en 1796 pour atteindre le chiffre de 161,7 millions d'habitants, en 1913, sur le territoire de l'Empire russe dont 137,2 millions sur la partie de l'Empire qui devient, en 1917, l'URSS. Le servage, qui liait les paysans à la terre et à leur maître, est aboli en 1861 sans que l'on ait mesuré l'ampleur des conséquences de cette mesure. L'abolition du servage, en dégageant pendant les décennies ultérieures un large volume de main-d'œuvre disponible, fut une des conditions de l'industrialisation alors que les promoteurs de cette réforme étaient plutôt hostiles à l'industrialisation.

Dans bien des régions, la rapide croissance de la population rurale provoque une détérioration du niveau de vie des paysans et suscite chez beaucoup d'entre eux le désir de travailler en ville dans l'industrie.

Parmi ceux qui restent à la terre se développe souvent le sentiment que les

Figure 1 :
Taux de croissance du produit national de l'URSS
(Taux annuels moyens)

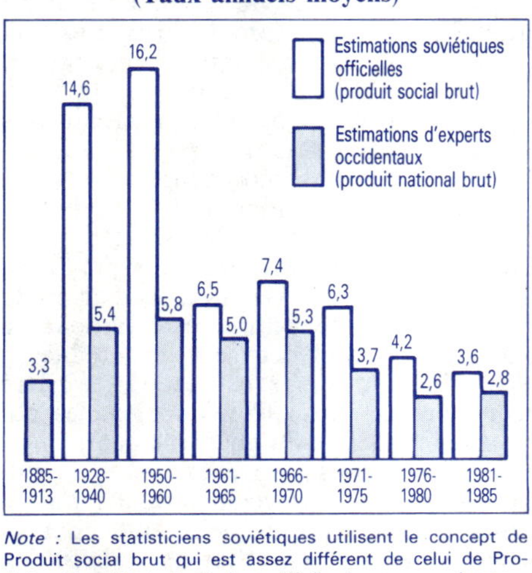

Note : Les statisticiens soviétiques utilisent le concept de Produit social brut qui est assez différent de celui de Produit national brut. Il est donc difficile de comparer les taux de croissance soviétiques à ceux des pays occidentaux, c'est pourquoi certains experts recalculent le Produit national brut de l'URSS avec plus ou moins de précision.

Sources :

Données des années 1885 à 1940 : Gregory - Stuart 1981 p. 332.

Données des années 1950 à 1985 : col 1, annuaire statistique de l'URSS ; col 2. CIA *Handbook of Economics Statistics*, 1985.

paysans n'ont pas beaucoup gagné à l'abolition du servage et c'est une des origines de la méfiance des paysans russes envers toute réforme décidée par le pouvoir central et destinée à améliorer leur sort.

La croissance démographique nécessite un fort accroissement de la production de biens alimentaires. Parfois la sécheresse provoque des famines dont celle de 1891, la dernière de l'époque tsariste et la plus meurtrière, qui marquera les esprits au point de dissimuler la lente amélioration du niveau de vie des populations rurales. En effet, malgré de sensibles différences entre les régions et des fluctuations d'année en année, la consommation des paysans s'accroît à la fin du XIXe siècle et jusqu'à la guerre de 1914-1918. Cela infirme l'hypothèse, parfois émise, selon laquelle l'industrialisation aurait été financée par la paupérisation des agriculteurs.

En Russie, comme dans les autres pays industrialisés, les chemins de fer sont un moteur de la croissance. En 1860, la Russie possède 1 600 km de voies ferrées, 30 000 en 1890 et 71 000 en 1913. Ce réseau permet de transporter les métaux et le charbon d'Ukraine vers la Russie centrale, il ouvre la Russie aux échanges internationaux et le blé russe concurrence les exportations américaines.

Vers 1870, l'État fait construire des arsenaux dans les ports de l'Empire et développe sa marine de guerre. Ses commandes à l'industrie, jointes à celles des compagnies privées de chemin de fer sont à l'origine de l'industrialisation. La métallurgie et la sidérurgie sont importantes dès 1890 et, liées à l'exploitation des mines de fer et de charbon, suscitent l'apparition de véritables pôles de croissance en Ukraine. La région de Moscou s'oriente au début du XXe siècle vers la fabrication de biens de consommation et l'industrie textile, alors que Saint-Pétersbourg, la capitale de l'Empire rebaptisée Leningrad, se spécialise plutôt dans les constructions mécaniques.

La rapide croissance de l'industrie s'accompagne de déséquilibres entre les secteurs développés (métallurgie, textile, certaines industries mécaniques) et les secteurs peu développés (chimie, armement, biens de consommation). La dépression économique de 1900 marque une pause dans la croissance de l'industrie qui reprend après la guerre russo-japonaise de 1905, au rythme élevé de 6 % par an.

Les sources de la croissance de la Russie tsariste

Il faut distinguer trois causes essentielles à la croissance économique de la Russie ; croissance remarquable car elle fut plus forte que celle des pays occidentaux à la même époque et la production industrielle s'accrut à un rythme largement comparable à celui de l'ère des premiers plans quinquennaux de Staline.

La première cause est la pression démographique. L'accroissement de population – celle-ci a presque quintuplé en 130 ans – force une partie de la population à quitter la terre et à travailler dans l'industrie. Il procure un débouché croissant aux produits industriels.

L'action de l'État est déterminante, notamment dans la première phase d'industrialisation (1890-1900). L'État intervient directement par des commandes publiques et indirectement par des politiques financière et monétaire appropriées.

Ainsi le passage à l'étalon-or, en 1897, fait du rouble une monnaie solide et recherchée, garantie par des réserves d'or considérables. C'est une des raisons de la confiance que manifestent les investisseurs étrangers en plaçant leurs capitaux en Russie.

Ces investissements étrangers, allemands, anglais et surtout français, jouent un rôle important. L'investissement étranger à long terme s'élève à 53 millions de roubles par an de 1885 à 1897 et à 189 millions de roubles par an de 1897 à 1913.

Dans la période 1885-1900, la Russie a cherché à attirer les capitaux étrangers mais, dans la période 1905-1913, les capitaux se placent en Russie parce que c'est le pays qui offre les meilleures perspectives de placement ; la croissance de la Russie attire les capitaux alors que dans la phase précédente ce sont les capitaux étrangers qui ont provoqué la croissance.

Contrairement à ce qu'ont affirmé les adversaires de la politique financière tsariste, les remboursements à l'étranger ne représentent pas une charge trop lourde pour la Russie. La charge de la dette est en 1912 de 188 millions de roubles pour un Revenu National d'environ 15 milliards de roubles soit un taux d'endettement inférieur à 2 %, un si faible pourcentage ferait rêver bien des ministres des Finances aujourd'hui.

Communisme de guerre et Nouvelle Politique Économique (NEP) (1917-1926)

La guerre de 1914-1917 et la guerre civile qui suivit la révolution affaiblirent l'économie de la Russie. Le pouvoir politique était faible et ne s'imposait pas aux provinces éloignées de Moscou en 1918. Lénine décida cependant de donner tout le pouvoir économique à l'État.

Ce fut la période du Communisme de guerre. L'État dirige tout, sauf l'agriculture que l'on abandonne, pour des raisons politiques, aux paysans. Le commerce privé est interdit et assimilé au crime de spéculation. Les entreprises sont nationalisées, souvent de façon spontanée sans ordre de Moscou. Des ouvriers, des apprentis de petites entreprises vendent les machines pour payer les fournisseurs. Le salaire mensuel d'un ouvrier moscovite lui permet de subvenir à ses besoins pendant 12 ou 13 jours ; il lui faut trouver d'autres sources de subsistance.

En août 1921, la paix enfin revenue, les dirigeants de l'URSS discutent de la nécessité de maintenir une économie centralisée. Ils choisissent de passer à un système économique donnant plus de place à l'initiative privée et au marché. C'est la NEP.

La réapparition du commerce privé transforme la structure des prix. Les prix des biens de consommation augmentent, ce qui stimule la production agricole. Celle-ci retrouve, en 1923, un niveau très proche de celui de 1913.

Les entreprises nationalisées sont regroupées en grandes unités appelées « trusts » qui achètent leurs instruments de production et leurs matières premières au secteur nationalisé et au secteur privé.

Le système bancaire reste nationalisé mais les banques octroient des crédits en fonction de critères de rentabilité commerciale plus qu'en fonction des objectifs industriels du gouvernement.

Les émissions trop abondantes de billets de banque provoquent une inflation quasi permanente à peine interrompue par les diverses tentatives de stabilisation monétaire dont la plus vigoureuse est, en 1923, la création d'une monnaie nouvelle, le « tchervonets », en partie gagée sur l'or.

La libéralisation économique sera de courte durée. En effet, la NEP suscite le développement d'une classe moyenne assez nombreuse, composée de petits propriétaires ruraux, des commerçants et des artisans. Le Parti communiste et son secrétaire général, Staline, voient dans cette évolution un danger potentiel pour le pouvoir socialiste.

Ce souci, joint au désir de contrôler l'ensemble des activités économiques, pousse les dirigeants de l'URSS à opter, en 1927-1928, pour une économie planifiée collectiviste. La collectivisation des terres s'effectue de 1930 à 1934 par confiscation des fermes privées. De violents affrontements entre l'Armée Rouge et les paysans font de nombreuses victimes qui viennent s'ajouter à celles de la famine de 1934.

L'idéologie contre l'économie (1927-1945)

Le premier plan quinquennal (1928-1932) connaît plusieurs versions dont la dernière et la plus ambitieuse date d'avril 1929. Il comporte une série d'objectifs pour cinquante branches industrielles et accorde une très nette priorité à l'industrie lourde (charbon, acier, pétrole, centrales électriques) à la production de machines et au développement des voies de communication (canaux et voies ferrées).

Le deuxième plan quinquennal (1933-1937) décide de la construction de 1 000 entreprises dans l'industrie lourde, 350 entreprises dans l'industrie légère et l'agro-alimentaire et de 150 entreprises dans l'industrie du bois. Le deuxième plan continue le programme de développement des transports du premier plan quinquennal.

Le troisième plan (1938-1942) se situe dans le même esprit que le deuxième plan mais il est vite suspendu par la Seconde Guerre mondiale.

En apparence du moins, les résultats globaux de cette politique ne sont pas négligeables. La production industrielle croît de 1928 à 1937 à un rythme très rapide (16 % par an selon les sources soviétiques ; 12 % par an selon les évaluations d'experts occidentaux) alors que les pays capitalistes sont confrontés à la plus grande crise économique de leur histoire. Seule l'Allemagne de Hitler connaît une croissance comparable à celle de l'URSS. Le Revenu national (qui comprend l'industrie, l'agriculture, les transports, les services, etc.) croît au taux annuel de 5 à 6 %. L'Union soviétique sort transformée des deux premiers plans quinquennaux.

On ne peut cependant pas parler de miracle économique. En effet, pendant les années d'industrialisation rapide, le taux de croissance du nombre de travailleurs dans l'industrie dépasse celui de la production industrielle. Ainsi, en deux ans (1931-1932) le nombre de travailleurs dans l'industrie s'accroît de 42 %. Cela signifie qu'un ouvrier produit, en moyenne, moins en 1937 qu'en 1928. La croissance industrielle résulte, comme en Allemagne, de la mise au travail d'un très grand nombre de bras supplémentaires (des chômeurs en Allemagne, des paysans en URSS). Entre 1929 et 1935, près de 18 millions de paysans s'installent en ville et 7 millions d'autres paysans deviennent travailleurs saisonniers dans la construction d'usines ou des moyens de transport prévus par le plan : routes, canaux, voies ferrées. La collectivisation de l'agriculture fournit à l'industrie une abondante main-d'œuvre peu qualifiée mais le prix à payer est lourd. L'agriculture est démantelée ; le bétail est abattu par les paysans ou meurt de froid car les fermes collectives sont mal équipées. Le nombre de bovins passe de 70 millions en 1928 à 38 en 1934, celui des porcs de 36 millions à 12, etc. La mort et la déportation de millions de paysans, de commerçants et d'artisans disloquent l'économie privée florissante sous la NEP et transforment les structures sociales de l'URSS.

Comme nous l'avons dit, le premier plan quinquennal est à peine adopté qu'il est remis sur le chantier et qu'est entamée une série de révisions à la hausse qui transforment de fond en comble la nature de la stratégie envisagée par le Gosplan. Les divers objectifs du plan sont mutuellement incompatibles. Ce qui préoccupe le plus Staline ce n'est pas de coordonner les diverses activités industrielles de façon cohérente mais c'est de gagner la course contre la montre qu'est pour lui la transformation de la société. Plus profonds sont les bouleversements économiques, plus rapide est la chute de la petite bourgeoisie citadine et paysanne. Il est clair que les termes militaires employés par Staline comme ceux de lutte, d'offensive, de front, etc., correspondent à la guerre qu'il engage contre l'esprit de la NEP. La planification n'est pas tant l'instrument de la stratégie d'industrialisation que l'arme employée par le Parti pour gagner cette guerre. Peu importe alors que les objectifs du plan soient cohérents ou non. Lorsque Bukharin remarque dans la *Pravda* en septembre 1928 qu'on ne peut construire les usines de demain avec les briques d'après-demain, il a raison du point de vue économique, mais il ne se place pas sur le terrain de la guerre idéologique qui est celui que Staline choisit.

Tableau 1 :
Quelques résultats de la collectivisation

	1928	1934
Cheptel bovin (en millions de têtes)	70	38
Porcs (en millions de têtes)	36	12
Moutons et chèvres (en millions de têtes)	146	50

La reconstruction et la recherche d'un nouveau système de gestion (1945-1965)

La guerre provoque des destructions considérables, que le démontage d'usines allemandes, tchèques ou hongroises et leur remontage en URSS ne compense pas. Le premier plan d'après-guerre, le quatrième plan quinquennal (1946-1950), a pour objectif de recréer les bases industrielles de l'URSS. Le cinquième plan (1951-1955) témoigne d'un effort important en faveur des transports, de l'énergie et de l'industrie légère. Le sixième plan (1956-1960) doit prolonger l'orientation donnée par le cinquième plan mais Khrushchev, comprenant qu'il est impossible de le réaliser, décide, en 1956, de transformer le système économique en supprimant de nombreux Ministères industriels et en créant des Conseils économiques régionaux (les *sovnarkhozes*) chargés d'élaborer les plans dans chaque grande région économique. Un plan septennal (1959-1965) remplace le plan quinquennal. Ses objectifs sont ambitieux et Khrushchev manifeste une confiance exagérée dans les possibilités offertes par le progrès technique dans l'industrie et par la réorganisation des kolkhozes dans l'agriculture. Il est ainsi prévu que le pouvoir d'achat des travailleurs s'accroîtra de 40 % en sept ans. Le système mis en place par Khrushchev ne donne pas satisfaction à ceux qui lui succèdent (Brejnev et Kossyguine) et il est abandonné lors de la réforme de 1965.

Figure 2 :
Structure du produit national (en %)

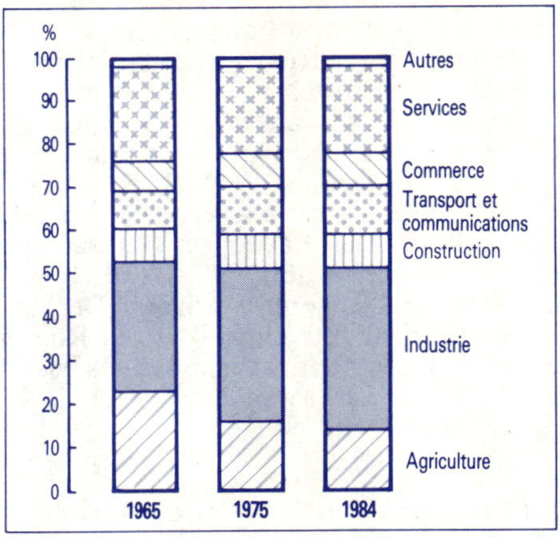

Le réformisme contrarié (1965-1979)

La lourdeur des procédures de planification rendait difficile le développement de la production de biens de consommation variés et de bonne qualité. De plus, la firme recevait des objectifs en volume : fabriquer tant de m^2 de verre à vitrine, tant de tonnes d'acier, etc. Il pouvait en résulter des productions de biens invendables.

Ainsi une entreprise qui produirait des chaussures de bonne qualité en réduisant un peu le volume de sa production serait pénalisée par rapport à celle qui produit beaucoup de chaussures invendables.

Tout objectif en volume conduit à une faible qualité des produits. Aussi les réformateurs ont suggéré de rejeter ce type d'objectifs chaque fois que le produit n'est pas de qualité fixe. Ainsi les chaussures, les circuits électriques, les réfrigérateurs, etc., sont des biens à qualité variable alors que l'acier est un bien à qualité à peu près fixe : une tonne d'acier ressemble beaucoup à une autre tonne d'acier alors que ce n'est pas vrai pour les vêtements, les chaussures et les biens de consommation ainsi que les produits incorporant une technologie assez avancée.

Aussi la nécessité d'une réforme est-elle proclamée dès 1963 par deux écoles de pensée très différentes :

– La première est celle des décentralisateurs qui pensent que l'économie planifiée doit laisser une grande place à l'initiative des chefs d'entreprise. La gestion courante doit être assurée par ceux qui, sur place, peuvent mieux juger des solutions à retenir. C'est l'école de la décentralisation.

– La seconde école, celle de la « décentralisation efficace », estime qu'il faut rationaliser les procédures administratives de direction de l'économie en donnant aux firmes des instructions telles que ces firmes réalisent rapidement ce qui correspond aux intentions profondes du pouvoir actuel.

Jusqu'en 1968, les deux écoles influencèrent également le comportement des responsables officiels. Vers 1968-1969 il parut clair qu'il fallait trancher entre les deux orientations possibles du système soviétique. La décentralisation menait inévitablement à une nouvelle NEP, c'est-à-dire à une extension considérable des activités régies par le marché et non par l'administration.

Les autorités politiques optèrent pour une recentralisation progressive et la réforme de 1965 apparaît rétrospectivement comme une expérimentation dont quelques éléments seulement survécurent.

La réforme annoncée officiellement par le premier ministre Kossyguine en septembre 1965 transformait considérablement la gestion des entreprises. Les objectifs en volume étaient remplacés par des objectifs en valeur (chiffre d'affaires ou valeur de production, profits, etc.). L'entreprise devrait payer un taux d'intérêt (fixé à 6 % en 1966) sur le capital détenu et le système de primes et de stimulants était entièrement rénové de sorte que la firme devenait responsable de son compte de profits et pertes. Ce système de gestion, appelé Khozrastchet, liait les bonus et primes perçus par l'entreprise au niveau de ses profits dont elle versait une part à l'État et répartissait le reste entre trois fonds :

– le fonds de stimulation qui sert au paiement de primes individuelles ou collectives ;
– le fonds socioculturel, géré par le syndicat de la firme, qui est utilisé pour financer les dépenses sociales et culturelles (logement, crèches, colonies de vacances, festivités, etc.) ;
– le fonds d'investissement qui finance certains investissements courants décidés par l'entreprise.

Cette réforme devait inciter les firmes à accroître leurs profits et la qualité de leur production. Mais la perspective de voir l'orientation de la production échapper au planificateur conduit les dirigeants soviétiques à atténuer le rôle du profit et la liberté de manœuvre des entreprises. Les objectifs en volume n'ont jamais disparu complètement et redeviennent prédominants à partir de 1970.

Seuls resteront, des nouveaux mécanismes institués en 1965, une réduction du nombre d'objectifs imposés à la firme et une légère augmentation du pouvoir de l'entreprise en matière de détermination des salaires et des petits investissements. Subsistera également une réforme administrative qui rétablit les Ministères économiques abolis par Khrushchev et supprime les sovnarkhozes que celui-ci avait instaurés. Elle décide aussi une réduction du nombre d'entreprises autonomes en créant les unions d'entreprises qui regroupent plusieurs firmes.

Un renouveau libéral ? (1980-1987)

À la fin de l'ère Brejnev et à l'époque Andropov, c'est-à-dire de 1980 à 1984, une certaine autonomie est accordée à certaines entreprises à condition qu'elles améliorent leur productivité, et des « brigades » de travail largement autogérées peuvent passer des contrats avec les entreprises pour l'exécution de certains chantiers. Ces expériences se poursuivent pendant la brève période Chernenko et sont largement développées par Gorbachev à partir de 1985.

Gorbachev cherche manifestement à introduire un style nouveau dans la direction de l'économie et à accroître les responsabilités des entreprises. En 1986 il révoque de nombreux dirigeants pour incompétence mais ne va pas encore jusqu'à modifier les mécanismes de planification. La plus grande innovation qui lui soit attribuable est la décision, à l'automne 1986, de développer le secteur privé de production, déjà autorisé par la Constitution mais encore embryonnaire voire clandestin. De petites entreprises familiales pourront se créer dans certains secteurs précis : cordonnerie, réparation automobile, etc., à condition de ne pas utiliser de salariés. Ce secteur emploie 300 000 personnes en 1988.

Une loi de 1987 et plusieurs décrets accroissent sensiblement l'autonomie de gestion des entreprises dont le directeur est désormais élu par les salariés. Les contrats directs entre firmes doivent progressivement se substituer aux directives du plan.

La pénurie agricole

Depuis la mort de Staline en 1953, l'agriculture est devenue l'objet de toutes les attentions du pouvoir soviétique. Une des causes de la chute de Khrushchev a d'ailleurs été son incapacité à assurer à l'URSS son indépendance alimentaire. Depuis 1965, c'est-à-dire depuis les débuts de l'ère Brejnev, l'agriculture est une priorité de la politique économique soviétique. Elle reçoit en effet un tiers de l'investissement total si on inclut la production de machines agricoles ; c'est-à-dire trois à cinq fois plus que l'agriculture des pays occidentaux.

L'agriculture soviétique est divisée en deux secteurs : le secteur socialisé qui comprend les kolkhozes (fermes collectives) et les sovkhozes (fermes d'État) et le secteur privé qui correspond aux petits lopins de terre qu'exploitent librement les kolkhoziens et les sovkhoziens ainsi que certains travailleurs de l'industrie. Ces lopins privés sont des terres qui restent propriété de l'État mais dont l'exploitation est abandonnée au secteur privé. Il est rare que la surface de ces lopins dépasse un demi-hectare.

Tableau 2 :
Exploitations agricoles

Nombre	1928	1940	1965	1985
Nombre de kolkhozes (en milliers)	33,3	236,9	36,9	26,2
Nombre de sovkhozes (en milliers)	1,4	4,2	11,7	22,8
Fermes privées (en millions)	25,6	3,6	0,0	0,0

Source : Narodnoe Khozjajstvo SSSR, 1922-1985.

Les travailleurs des sovkhozes sont des salariés, leur statut est comparable à celui des travailleurs de l'industrie. Les kolkhoziens, au contraire, sont en théorie des paysans qui se sont réunis en coopératives. Leur statut est moins avantageux que celui des travailleurs des sovkhozes bien que ces inégalités aient été largement réduites à la fin de l'époque de Brejnev (entre 1975 et 1980).

Les sovkhozes sont administrés par l'État et les kolkhozes par l'assemblée du kolkhoze. Comme le kolkhoze doit exécuter un plan impératif de production, son autonomie est en fait assez faible.

La production agricole s'est sensiblement accrue de 1965 à 1985 mais elle a augmenté moins vite que l'ensemble des dépenses consacrées à l'agriculture. En d'autres termes les coûts des produits agricoles croissent plus vite que la production. Entre 1966-1970 et 1980 le coût de production de la viande de bœuf et de mouton a doublé, ceux du lait et de la viande de porc ont augmenté de 70 %, alors que les prix et les salaires se sont accrus très faiblement. Afin de ne pas répercuter toutes les hausses de coût dans les prix de détail, l'État doit subventionner le commerce des produits alimentaires.

La faible productivité de l'agriculture soviétique résulte d'un faisceau de causes complexes. La superficie trop grande des kolkhozes et des sovkhozes est une cause souvent évoquée et la gestion de fermes de 7 000 hectares n'est pas chose aisée. Les facteurs climatiques, et la sécheresse certaines années en particulier, jouent un rôle non négligeable dans les faibles performances de l'agriculture soviétique. La bureaucratie de l'administration soviétique doit être également mentionnée ; les dates des semailles sont fixées pour chaque ferme par l'administration de Moscou. Les travailleurs des sovkhozes et des kolkhozes sont peu motivés, ils cessent leur travail à des heures déterminées quelles que soient les variations du climat.

Pour remédier à cette situation, les autorités soviétiques tentent de développer le travail en « zveno ». Le « zveno » est une petite équipe de travail autonome qui a la responsabilité globale d'une tâche jusqu'à l'étape finale (culture d'une parcelle donnée par exemple). Cette équipe est rémunérée selon les résultats obtenus et non pas proportionnellement à la quantité de travail fourni. L'avantage de cette forme d'organisation est qu'elle économise les coûts de surveillance et stimule les travailleurs. Le problème plus général de l'organisation de la production dans le kolkhoze ou le sovkhoze n'est pas résolu pour autant.

Le secteur privé produit au moins le quart des produits agricoles alimentaires de l'URSS ; son rôle est particulièrement important dans la production de viande et de produits laitiers quoique cette importance tende à décroître depuis 1970, date à laquelle les lopins fournissaient 35 % de la viande et 36 % des produits laitiers.

Incontestablement la productivité du secteur privé par hectare cultivé est beaucoup plus forte que celle du secteur socialisé. Mais si on considère la productivité par travailleur, la supériorité du lopin privé n'est plus aussi évidente. Le paysan consacre plus de temps à son lopin qu'à son travail sur le kolkhoze ou le sovkhoze. De plus sa famille (enfants, parents, beaux-parents, etc.) travaillent aussi sur le lopin privé. Ajoutons que le porc « privé » est nourri des restes du secteur socialisé, que la vache « privée » broute l'herbe du pâturage socialisé. Il n'est pas certain que l'on puisse aisément comparer les productivités des deux secteurs agricoles.

Un niveau de vie médiocre

L'éventail des salaires, assez large sous Staline, s'est rétréci progressivement et semble, depuis 1983 environ, s'élargir de nouveau. Il faut remarquer qu'on est parvenu à la situation paradoxale où un ingénieur dans le bâtiment gagne moins qu'un ouvrier et que dans l'industrie il gagne à peine 11 % de plus.

Le salaire est la partie essentielle du revenu d'un travailleur, mais il faut y ajouter les revenus indirects liés à la quasi-gratuité des services sociaux. Ainsi en 1985 le salaire moyen est de l'ordre de 190 roubles, mais il atteint 270 roubles si on y intègre la valeur des services sociaux (santé, éducation, crèches, colonies de vacances, etc.).

Le niveau de vie reste cependant très inférieur à ce qu'il est dans les pays capitalistes mais les comparaisons chiffrées sont délicates. Des relevés de prix à Moscou montrent qu'en 1982 le salaire mensuel moyen (services sociaux non compris) de l'ouvrier moscovite après impôt est d'environ 420 dollars alors que, après le paiement des impôts et des cotisations sociales, il reste à l'ouvrier anglais 742 dollars, 822 au français et 984 à l'américain. Peut-être est-il plus significatif de signaler que le panier de la ménagère correspondant à la vie d'une famille moscovite de quatre personnes coûte 18,6 heures de travail à Washington 22,2 à Paris, 25,7 à Londres et 53,5 à Moscou. L'ouvrier soviétique ne dépense que 12 heures de travail pour payer son loyer, c'est-à-dire quatre fois moins que l'ouvrier de Washington ; mais il lui coûte 11 fois plus d'heures de travail pour acheter un poste de télévision en couleur.

Le consommateur soviétique est assez bien fourni en biens durables, même s'ils n'ont pas la qualité des équipements occidentaux ou japonais – 85 % des familles soviétiques ont un appareil de radio ; 83 % un récepteur de télévision ; 70 % une machine à laver et 86 % un réfrigérateur mais 9 % seulement disposent d'une automobile.

La situation du logement n'est pas aussi bonne que les ambitieux programmes de construction lancés en 1970-1975 auraient pu le laisser espérer. Une famille sur cinq, au moins, vit en ville, dans un appartement collectif. C'est-à-dire qu'elle partage la salle de bains et la cuisine avec d'autres familles.

Le secteur des services est celui où l'économie soviétique a le plus de peine à créer les conditions d'une offre satisfaisante en qualité et suffisante en quantité. Les garages ne peuvent ainsi assurer en 1981, selon la presse soviétique, que 38 % des réparations d'automobiles. Le reste doit être effectué par les propriétaires qui bricolent avec plus ou moins de compétence et sans pièces détachées.

Cela s'explique par le fait que le secteur des services est moins développé en URSS que dans les pays occidentaux et que dans la plupart des autres pays socialistes. Ce secteur emploie un travailleur sur huit alors que ce rapport est de un sur trois aux États-Unis.

Le taux de croissance de la consommation par tête est nettement plus bas après 1970 que pendant les vingt années précédentes. La période 1966-1970 semble avoir été une période particulièrement faste pour le consommateur soviétique puisque la consommation alimentaire par tête crût au rythme annuel de 4,3 %, celle de biens durables au taux de 9,1 % par an et celle de services à celui de 4,3 % par an. Ces chiffres seraient approximativement de 2,3 % ; 7,5 % et 2,5 % pour la période 1970-1984.

L'économie parallèle ou souterraine

Par économie parallèle, on entend toutes les activités de production et d'échange qui s'accomplissent en dehors du circuit d'État. Certaines de ces activités sont illégales comme la revente d'objets volés, d'essence prise à l'entreprise par exemple, d'autres sont tolérées comme le travail « au noir » en dehors des heures de travail, certaines sont encouragées depuis l'automne 1986 comme certaines tâches à domicile ou la réparation automobile. De nombreuses activités parallèles ont un statut juridique ambigu à mi-chemin entre la tolérance et la répression sporadique. Le marché noir du logement entre dans cette catégorie ; la pénurie de logements dans les grandes villes engendre un marché florissant des sous-locations et un trafic d'influence permettant d'obtenir plus vite un logement d'État à loyer très bas. Il faut savoir qu'un couple non prioritaire attend une dizaine d'années à Moscou avant de recevoir un de ces logements par les voies officielles.

L'entretien des appartements (c'est-à-dire les travaux de plomberie, petite maçonnerie, la peinture et les plâtres) est le plus souvent assuré par l'initiative privée. Des ouvriers d'entreprises d'État font ces travaux en dehors (ou souvent pendant) des heures de travail avec des matériaux provenant de leur entreprise. Le décret Gorbachev de 1986 légalise ce type d'activités qui n'étaient pas illégales mais tout simplement ignorées officiellement.

Les pénuries de certains biens créent un commerce de revente d'occasion qui est parfois assuré par des magasins d'État spécialisés et parfois par de simples particuliers qui peuvent faire des bénéfices considérables. Une automobile d'occasion presque neuve se vend à un prix supérieur au prix de la voiture neuve. Une édition en russe des *Trois mousquetaires* se revend entre 25 et 30 roubles alors qu'avant d'être épuisée elle était disponible pour moins de deux roubles.

Figure 3 :
« L'inflation réprimée »

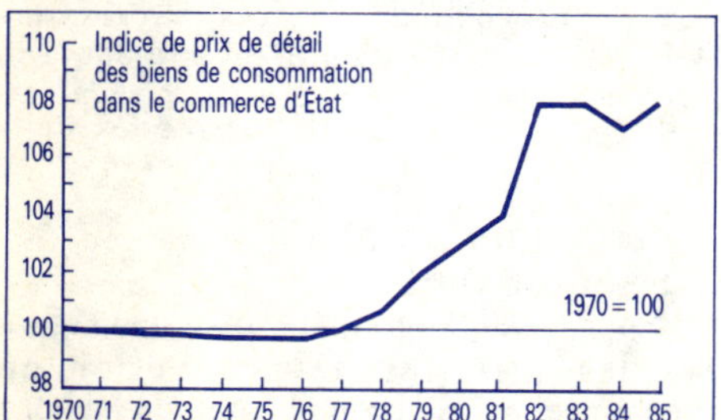

Les marchés kolkhoziens sont une forme parfaitement légale de commerce privé. Les paysans vendent en ville des légumes, des fruits, de la volaille ou de la viande de porc à des prix libres souvent dix fois supérieurs à ceux du commerce d'État. Il y a ainsi à Moscou 38 marchés kolkhoziens où 17 000 personnes vendent leurs marchandises soit un total de 300 000 tonnes de fruits et légumes par an, ce qui représente 14 % de la consommation des moscovites.

L'économie parallèle, en y incluant le commerce des marchés kolkhoziens, représente au total au moins 20 % de la consommation des ménages. Ce pourcentage est une estimation grossière de la moyenne nationale, il serait plus fort dans les grandes villes et plus faible dans les villes moyennes.

Inflation réprimée et épargne forcée

Il convient de distinguer, lorsqu'il est question des pays socialistes, deux types d'inflation : l'inflation par les prix qui se manifeste par une hausse des prix et l'inflation « réprimée » qui correspond à une situation où des contrôles administratifs empêchent les prix de monter alors qu'il existe des pressions à la hausse des prix. Caractéristique des économies socialistes, cette forme d'inflation est particulièrement grave en URSS.

Cette inflation réprimée s'entretient elle-même car la pénurie engendre la pénurie. Craignant de manquer plus tard de certains biens encore disponibles, les consommateurs les stockent en grande quantité, ce qui se traduit par une augmentation de la demande et une disparition des stocks disponibles dans les magasins.

Il n'existe pas de marchés parallèles, marchés noirs ou marchés d'occasion, pour tous les biens, ni dans toutes les communes. La population est donc amenée à conserver des sommes d'argent qu'elle aurait voulu dépenser. On parle alors d'épargne « forcée ».

L'inflation réprimée explique cette situation. On peut la définir comme un excédent de la demande sur l'offre, les prix étant administrés. Quelle est la cause de cette inflation ?

Dans tous les pays socialistes européens depuis 1975 les salaires versés croissent plus vite que la productivité réelle du travail.

Il y a plusieurs raisons à cela. La première est que les salaires sont, en volume global, déterminés à l'avance en fonction de l'évolution prévue de la productivité. Lorsque les objectifs du plan de production d'une entreprise sont révisés en baisse, il est rare que le volume des salaires à verser soit réduit en même temps. Une autre raison est que pour obtenir un peu plus de travail efficace de la part des travailleurs, il faut leur verser des primes importantes sans qu'il y ait de proportionnalité entre les primes et le gain de productivité. Pour réaliser leur plan de production, les entreprises doivent très souvent dépasser leurs plans des salaires.

Le système de stimulants engendre l'inflation. Celle-ci prend surtout la forme d'inflation réprimée et cette inflation réprimée vient à son tour affecter le système de stimulants de deux façons contradictoires.

En premier lieu, certains travailleurs refusent les stimulants monétaires parce qu'ils ne peuvent utiliser la monnaie (fuite devant la monnaie).

Un agent pessimiste cherchera à dépenser tout de suite ses revenus, son épargne sera nulle ou forcée. Il ne sera pas intéressé par des primes en monnaie, il aura tendance à fournir les efforts juste suffisants pour conserver son emploi et son salaire de base. Une promotion ne l'intéressera pas si elle implique des conditions de travail plus dures même si elle est assortie d'une forte augmentation de salaire.

En second lieu, d'autres travailleurs, disposant de possibilités d'emploi de leurs revenus, réclament des primes plus importantes.

De nombreux travailleurs acceptent de faire de gros efforts en échange de revenus supplémentaires. On ne peut en déduire que les primes sont recherchées par tous les travailleurs. S'il faut payer 1 000 roubles par mois un travailleur en Sibérie alors que le salaire moyen est de 180 c'est parce que personne n'accepte de partir pour 500 roubles.

Le solde global est d'ailleurs éloquent. Malgré les primes on manque de bras en Sibérie. Il y a donc plus de travailleurs qui sont indifférents aux stimulants monétaires que ne l'exige l'équilibre du marché du travail, en URSS comme dans les autres pays socialistes.

La délicate gestion du commerce extérieur

La planification du commerce extérieur obéit à des règles très simples. Le Gosplan détermine les besoins en importations et prévoit les exportations nécessaires pour financer ces achats. La liste des importations découle donc des plans de production et les biens les plus indispensables figurent en tête de liste alors qu'en queue de liste apparaissent les biens dont le plan de production pourrait à la rigueur se passer. En tête de la liste des exportations doivent se placer les biens dont l'économie nationale peut se dispenser le plus facilement pourvu que leur prix de vente leur laisse une bonne rentabilité ; la liste des exportations s'achève sur les biens dont la vente est la moins rentable ou dont l'économie soviétique ne peut se défaire qu'avec des coûts élevés.

Ce principe doit malheureusement se plier aux besoins des marchés mondiaux, si bien que des produits dont l'URSS pourrait se défaire sans problèmes ne sont pas toujours très demandés. Il faut concilier la rentabilité des exportations et les possibilités de l'économie nationale. Les variations de prix internationaux rendent très incertaine toute évaluation de la rentabilité des exportations futures et celle des coûts des importations.

Il est donc nécessaire de réviser fréquemment ces deux listes de biens et le planificateur n'a pas la maîtrise de l'évolution des exportations comme des importations même s'il n'y avait pas le problème des mauvaises récoltes qui peuvent allonger inopinément la liste des biens à importer et bouleverser les priorités.

La politique soviétique d'importation obéit à plusieurs objectifs très différents :

1) Compenser le déficit alimentaire de l'URSS.

2) Aider l'industrie à rattraper son retard technologique dans le secteur de l'informatique et la chimie.

3) Corriger les erreurs du plan, indépendamment de toute spécialisation internationale.

4) Profiter de certaines opportunités imprévues.

Les deux premiers objectifs sont structurels, les deux autres sont conjoncturels et donc imprévisibles à terme de deux ou trois ans. Les importations d'équipement, pour l'industrie chimique et l'informatique correspondent au deuxième objectif mais pour celui-ci comme pour le troisième, les capacités limitées d'absorption (indigestion) de techniques occidentales se traduiront par une tendance décroissante malgré les sursauts que certains gros contrats peuvent occasionner. Les secteurs où le plan est défaillant (objectif 3) sont souvent ceux qui sont les moins aptes à absorber des technologies occidentales, si bien que prévoir les défaillances du plan de production ne permet pas de prévoir les importations de l'URSS.

Les équipements occidentaux sont parfois peu et mal utilisés. En janvier 1981, le ministère de la métallurgie avait pour 1,5 milliards de roubles d'équipement, importé contre des devises, qui attendait de trouver une installation. Ainsi à côté des importations de technologie occidentale nécessaires à l'industrie soviétique, il en est d'autres dont la justification économique n'est pas évidente après coup. Il n'est pas certain que l'importation de technologie occidentale ait été très rentable pour l'industrie soviétique mal préparée à absorber les procédés techniques nouveaux. En revanche l'industrie chimique soviétique et bien sûr les capacités de l'URSS en moyens de calcul automatique et en informatique paraissent dépendre de l'importation d'équipements occidentaux. Il n'y a que ces deux secteurs dont on puisse dire, sans risque d'erreur, qu'ils seront encore de gros importateurs de technologie occidentale.

Un avenir incertain

La contrainte de paiement joue un faible rôle dans la tendance des importations soviétiques de machines occidentales. Les ventes soviétiques d'or et de gaz permettront de couvrir les importations correspondant aux objectifs 1 et 2. Il n'est pas certain qu'elles seraient en outre capables de financer durablement des importations supplémentaires.

Dans un plan quinquennal, les autorités soviétiques hésiteront à prévoir une forte dépendance des importations en provenance d'Occident puisque les ressources en devises, nécessaires pour les payer, sont largement imprévisibles.

On ne fait pas assez remarquer ce que le développement des importations soviétiques, lors des années 1974-1980, a pu avoir d'accidentel. L'augmentation du prix du pétrole enrichit, en 1974, certains clients de l'URSS comme l'Algérie, l'Irak et la Libye. Il s'ensuit alors un accroissement des exportations soviétiques vers ces pays qui n'avait pas été prévu par les planificateurs. Comme une bonne part de ces exportations est constituée par des armements sur lesquels nous ne disposons d'aucune donnée statistique, il est impossible de chiffrer ce flux d'échanges mais il ne fut pas négligeable. Il ne faut pas oublier qu'il en résulta un afflux de devises occidentales dont l'URSS put se servir pour financer ses importations. Voilà donc des exportations et des importations soviétiques payées en devises qui étaient imprévisibles.

L'amélioration considérable de ses termes de l'échange en devises a permis à l'URSS, pendant la période 1974-1980, d'importer des machines dont le besoin était supposé plutôt que démontré. L'industrie soviétique s'est ainsi livrée à des expérimentations assez peu coûteuses. Cette époque semble révolue. Actuellement les besoins en devises de l'URSS pour payer ses importations de blé sont couverts par ses exportations d'or et de combustible, mais le rapport : prix du gaz/prix du blé n'évoluera probablement plus aussi favorablement que dans le passé.

■ Pour en savoir plus

J.-Ch. Asselain, *Histoire économique. De la révolution industrielle à la Première Guerre mondiale,* Presses de la Fondation Nationale des Sciences Politiques et Dalloz, Paris, 1985.

J.-Ch. Asselain, *Plan et profit en économie socialiste,* Presses de la Fondation Nationale des Sciences Politiques, Paris, 1981.

M. Lavigne, *Les économies socialistes,* Paris, Armand Colin, 1979.

F. Seurot, *Les économies socialistes,* Presses Universitaires de France, Paris, 1983.

F. Seurot, *Inflation et emploi dans les économies socialistes,* Presses Universitaires de France, Paris, 1981.

La planification soviétique

Des relations hiérarchiques strictes

Depuis 1928, l'économie de l'URSS est une économie planifiée. Il y avait eu des tentatives de planification en 1919-1920 (plan d'électrification dit plan Goelro) mais c'est Staline qui fit d'une économie socialiste une économie planifiée.

La planification économique, en URSS, consiste en une administration de l'économie selon une hiérarchie à trois niveaux, c'est d'ailleurs pour cette raison que l'on considère que la caractéristique d'une économie planifiée est la primauté des relations hiérarchiques verticales par opposition aux relations contractuelles horizontales propres à une économie de marché.

Ces trois niveaux sont, de haut en bas :

1) Le Gosplan, office central du plan qui ne dépend que du Conseil des Ministres.
2) Les Ministères industriels (industries mécaniques, industrie automobile, etc.).
3) Les entreprises, en général regroupées en unions d'entreprises.

À ces trois niveaux de conception et d'exécution du plan, il faut ajouter le Gossnab (Office de fournitures, qui joue un grand rôle dans l'exécution courante du plan. C'est le Gossnab qui fournit aux entreprises les matériaux qui lui sont nécessaires. En principe, le Gossnab exécute les consignes du Gosplan mais, en fait, ses bureaux jouissent d'une certaine autonomie.

Plusieurs plans coexistent

Il existe trois formes de planification :

1) La planification à long terme (15 ans)

Un plan à long terme a pour objet de coordonner les diverses prospectives à long terme, tant économiques que démographiques ou technologiques.

2) La planification quinquennale

Le plan quinquennal couvre, comme son nom l'indique, une période de cinq ans. Il consiste en une prévision, année par année, de la production des principales marchandises. Il ne contient pas de consignes directes aux directeurs d'entreprises et n'est donc pas impératif quoique depuis 1981 on ait tenté de bâtir des plans quinquennaux impératifs pour les grandes unions d'entreprises. Cette tentative n'a pas encore abouti à des résultats concrets.

3) La planification annuelle

Le plan annuel est le véritable plan d'orientation de l'activité, il est impératif pour l'entreprise. L'objectif annuel de production d'un bien découle de l'objectif prévu pour cette année-là par le plan quinquennal. Il y a cependant des modifications, souvent importantes, entre les prévisions, année par année, du plan quinquennal et les objectifs du plan annuel. Ce dernier est lui-même fréquemment modifié en cours d'année, si bien que cela n'a plus de sens de dire que le plan annuel a été exécuté. Depuis 1980 une vigoureuse campagne est menée contre cette instabilité du plan annuel sans que l'on puisse encore en percevoir les résultats.

La difficile élaboration du plan

Le plan de production, qu'il soit annuel ou quinquennal, est préparé par le Gosplan à partir des directives du Conseil des Ministres. Le Gosplan dresse une première série d'objectifs que les différents ministères industriels subdivisent en objectifs distincts pour les principales entreprises et, après que celles-ci ont fait connaître leurs remarques et exprimé leurs besoins, eu égard à ces objectifs, le Gosplan modifie ses prévisions et établit une nouvelle liste corrigée d'objectifs qui sont examinés de la même façon. Cette procédure est assez lourde et dépend de la qualité des informations que fournissent les firmes.

Elles sont amenées à exagérer leurs besoins car elles ne peuvent calculer avec une grande précision les quantités de matériaux, d'énergie, etc., qui lui seront indispensables.

Le nombre de produits dont la planification et la distribution sont décidées au niveau central (Gosplan) s'est accru régulièrement depuis 1968, passant de 2 700 en 1968 à 4 000 en 1981.

Cet accroissement est particulièrement sensible dans le secteur de la métallurgie et dans celui des industries mécaniques.

Il est à noter que ce chiffre de 4 000 était celui de 1964, c'est-à-dire avant les réformes de décentralisation.

La monnaie : moyen de contrôle de l'exécution du plan

En dehors des échelons de conception et d'exécution du plan, il existe des structures de contrôle. Le Parti Communiste joue ce rôle ainsi que les agences de la banque centrale (Gosbank) selon un principe appelé « contrôle par le rouble ».

Le principe de ce contrôle est simple. Les firmes reçoivent une dotation budgétaire correspondant à leurs achats de matériel, de machines etc., tels que leur plan les a prévus. Cette dotation budgétaire prend la forme d'un crédit sur le compte de l'entreprise auprès de la Gosbank. Ce compte ne peut être débité que pour des transactions inscrites dans le plan.

La Gosbank vérifie si un paiement est conforme à une livraison de marchandises prévue par le plan de l'entreprise.

La Gosbank contrôle ainsi si la firme exécute bien le plan.

Le Conseil d'Aide Économique Mutuelle

F. Seurot

Le Conseil d'Aide Économique Mutuelle (CAEM appelé aussi COMECON selon le sigle anglais) est un organe international de coopération créé en 1949. Il compte actuellement dix membres : l'URSS, la Bulgarie, la Hongrie, la Pologne, la RDA, la Roumanie, la Tchécoslovaquie, la Mongolie, le Viêt-nam et Cuba. Le CAEM a pour mission de coordonner les plans de production et d'échange de ses dix membres et de permettre à chacun de profiter des ressources et des progrès technologiques des autres. Bien que les responsables du CAEM affirment régulièrement que son objectif est l'intégration économique des pays-membres, le CAEM n'est pas un marché commun. Les entreprises d'un pays n'ont pas accès direct à l'ensemble du CAEM même si des pas en ce sens ont été faits en 1985-1986. L'inconvertibilité des monnaies est un obstacle encore décisif. Le troc bilatéral entre membres du CAEM reste d'un usage courant alors qu'il constitue la négation même de l'intégration des marchés.

Une structure assez lourde

Quoique créé en 1949, le CAEM n'a pas eu de structures précises ni de statuts pendant plusieurs années à tel point que la plupart des observateurs occidentaux considéraient cette organisation comme purement symbolique. Après la mort de Staline, les pays socialistes ont cherché à rationaliser leurs échanges et ont trouvé commode de le faire dans le cadre du CAEM auquel il devenait nécessaire de donner une structure réelle. Un conseil de ce type paraissait constituer une institution appropriée à la préparation de négociations commerciales approfondies. On voulait éviter les gaspillages des échanges de la période 1949-1956. En effet, à cette époque, plusieurs pays fabriquaient les mêmes biens sans se concerter en perdant, faute de coopération, du temps et de l'information.

Le CAEM reçut ses statuts en 1959, ils furent modifiés en 1962 et en 1974. Ses objectifs étaient ambitieux : assurer la spécialisation de la production entre les pays et favoriser la coopération scientifique et technique. Il devait aussi permettre de rapprocher les niveaux de développement des divers pays socialistes et rapprocher les pays pauvres et ruraux des pays riches et hautement industrialisés.

Le CAEM est plus vaste, géographiquement, que la CEE (Communauté Économique Européenne : le Marché commun d'Europe occidentale), il couvre 450 millions d'habitants contre 270 pour la CEE. Administrativement, le CAEM n'a pas les compétences de la CEE. Il n'est pas, contrairement à la CEE, un organisme supranational habilité à prendre des décisions qui s'imposent aux États-membres et apte à les faire appliquer. Le CAEM est un organisme international mais pas supranational. Périodiquement certains responsables, surtout soviétiques, souhaitent accroître les pouvoirs du CAEM, mais les « petits » pays s'opposent à toute supranationalité, l'hostilité de la Roumanie à ces tentatives est la plus connue et la plus résolue. Ne pouvant empiéter sur les souverainetés nationales, le CAEM est plutôt un service d'études doublé d'une enceinte de débats et de discussions. Il ne peut émettre que des avis ou des recommandations.

L'instance suprême du CAEM est la session du conseil qui est une réunion, en général annuelle, des premiers ministres des États-membres. On y discute les grandes orientations et les problèmes généraux de coopération entre pays socialistes. En dessous se situe le comité exécutif, qui se réunit chaque trimestre et qui coordonne les activités des comités spécialisés (comité de la planification, de la recherche scientifique, etc.). À côté de ces comités, une série de commissions permanentes (au nombre de 23 en 1987) examinent les problèmes relatifs aux principales branches de l'économie. Un secrétariat coordonne administrativement cet ensemble complexe et représente le CAEM à l'extérieur. Cette bureaucratie est assez lourde et emploie environ 100 000 personnes.

Part relative du CAEM et de l'URSS dans le commerce total de chaque pays de l'Europe de l'Est (en %)

		Part du CAEM		Part de l'URSS	
		1970	1984	1970	1984
Bulgarie	Export	75,7	74,3	53,8	55,7
	Import	73,0	78,5	52,2	59,0
Hongrie	Export	61,8	49,6	33,9	30,1
	Import	62,3	48,8	33,2	29,1
Pologne	Export	60,6	65,1	35,2	39,0
	Import	67,0	72,9	38,4	46,4
RDA	Export	68,6	62,5	38,0	38,1
	Import	66,1	63,5	40,1	41,8
Roumanie	Export	50,1	42,0	28,6	19,3
	Import	48,1	52,6	25,5	26,5
Tchéco-slovaquie	Export	64,7	70,8	32,2	43,4
	Import	63,8	76,3	32,7	46,8
Total (6 pays)	Export	64,2	61,0	36,5	37,1
	Import	63,8	65,6	36,9	42,3
URSS	Export	54,3	51,3	–	–
	Import	57,0	52,9	–	–

Source : Courrier des pays de l'Est, Panorama de l'Europe de l'Est, 1987.

Les échanges commerciaux sont décidés par des accords bilatéraux à long terme (cinq ans en général) conclus lors de la mise en œuvre des plans quinquennaux de chaque pays. Les divers plans de production nationaux sont ainsi coordonnés par les bureaux du CAEM.

Les plans quinquennaux de production de tous les pays adhérant au CAEM commencent et finissent en même temps (1981-1985, 1986-1990). Il est ainsi possible de mettre au point des accords bilatéraux, pour une période de cinq ans, portant sur les échanges et la coopération économique. Un accord entre la Tchécoslovaquie et l'URSS pour 1986-1990 peut être pris en compte dans les plans quinquennaux de ces deux pays. Il existe aussi des accords multilatéraux associant à un même projet trois ou quatre pays.

Les prix du commerce entre membres du CAEM

Les prix utilisés dans le commerce entre deux membres du CAEM n'ont pas de relation directe avec les prix pratiqués à l'intérieur de ces pays. Il y a une cloison assez étanche entre les systèmes de prix intérieurs et les prix du commerce international. Dans le cas le plus général, une entreprise spécialisée dans le commerce extérieur achète des marchandises à une firme nationale, par exemple en Tchécoslovaquie, elle la paie en couronnes (monnaie tchécoslovaque) selon les prix intérieurs ; puis elle revend ces biens à la Hongrie à des prix qui n'ont rien à voir avec les sommes qu'elle a payées en couronnes. Depuis 1982, ce système s'est légèrement assoupli, de grandes firmes d'Allemagne de l'Est ou de Hongrie peuvent directement acheter ou vendre à l'étranger et certaines firmes soviétiques sont dans une situation comparable depuis 1986.

Les différents pays du CAEM ne paient pas la même marchandise au même prix au même fournisseur. Ainsi l'URSS vend son gaz et son pétrole à des prix différents à ses divers alliés du CAEM. Remarquons à ce propos que les prix de l'énergie et des matières premières livrées par l'URSS à ses partenaires sont inférieurs de 10 % à 30 % aux cours mondiaux lorsqu'il s'agit de flux commerciaux prévus dans les accords quinquennaux bilatéraux. Certaines livraisons, plus ou moins imprévues, ont lieu à des prix beaucoup plus proches des cours mondiaux et elles sont souvent payables en devises occidentales.

La crise de 1973-1974 a servi de révélateur des rigidités des mécanismes du CAEM. La hausse des cours mondiaux n'a pu être répercutée dans les prix du commerce entre membres du CAEM qu'en violant les règles de détermination des prix des échanges entre pays socialistes. En effet, jusqu'en 1975, les prix utilisés dans ces échanges étaient fixés pour une période de cinq ans par des séries d'accords bilatéraux. Ces prix étaient calculés à partir de la moyenne des prix mondiaux des cinq années précédentes. Un tel système était assez rigide puisque les variations des cours mondiaux des matières premières ne se répercutaient sur les prix du commerce Est-Est qu'avec un retard parfois important. En 1975, ce retard parut inacceptable et on décida que les prix seraient désormais établis chaque année, au lieu de tous les cinq ans, à partir des prix mondiaux des cinq années précédentes. Ce que le système des prix gagne en souplesse, la planification le perd en rigueur. Comment planifier, à horizon de cinq ans, les coûts de production alors que les prix des importations varient tous les ans ?

Un système financier complexe

Le CAEM comprend deux banques parmi ses organes permanents : la Banque Internationale de Coopération Économique (BICE) et la Banque Internationale d'Investissement (BII). La BICE est la banque des paiements entre pays-membres du CAEM. Son rôle est capital car les monnaies des divers pays ne sont pas convertibles entre elles ; il faut donc des modalités particulières de paiement et de calcul des soldes. La BICE utilise une monnaie de compte appelée le « rouble transférable ». Cette monnaie est une unité de compte dont la valeur est fixée à 0,987 grammes d'or, comme celle du rouble soviétique. Elle n'est pas un moyen de paiement mais un étalon de mesure en lequel sont comptabilisés les transferts et les dettes des pays du CAEM les uns envers les autres. Créances et dettes sont donc libellées en roubles transférables et un pays créditeur peut théoriquement utiliser ses soldes en roubles transférables à acheter des biens disponibles chez ses partenaires en dehors des échanges prévus par les accords bilatéraux. Cette possibilité est toute théorique dans la mesure où il y a peu de biens disponibles hors plan et un pays créancier ne sait pas toujours que faire de ses créances. Ce système de paiements avantage systématiquement les pays débiteurs d'autant plus qu'un pays créditeur en roubles transférables ne peut ni convertir sa créance en devises occidentales ni acheter des biens en dehors du CAEM. On comprend que les créanciers structurels soient désireux de modifier ce système. Un pays créancier en roubles transférables et débiteur sur les marchés occidentaux ne peut opérer de compensation et doit modifier radicalement la structure de son commerce extérieur, voire celle de sa production, pour rééquilibrer ses deux balances commerciales : la balance en devises et la balance en roubles transférables.

Dans certains cas la BICE fournit à un pays en difficulté des devises occidentales. Elle les prête à court terme et à de faibles taux d'intérêt. Elle trouve ces devises sur les marchés occidentaux (notamment les euromarchés).

La Banque internationale d'investissement est spécialisée dans le crédit à moyen et long terme. Elle finance ainsi de gros projets d'investissement concernant plusieurs pays-membres. Il est à noter qu'une part des crédits qu'elle accorde sont en devises occidentales. Dans ce cas, elle transforme en un crédit à long terme des liquidités qu'elle emprunte à court terme.

On voit que les banques du CAEM sont loin d'être passives sur les marchés financiers internationaux.

On peut, à ce niveau, se poser la question suivante : ne serait-il pas plus simple et plus rationnel de rendre les monnaies des pays du CAEM convertibles entre elles ? La réponse à cette question a divisé les experts, occidentaux ou du CAEM, mais il semble finalement que la convertibilité présenterait, du point de vue des intéressés, plus d'inconvénients que d'avantages. La convertibilité suppose, en effet, que si la Tchécoslovaquie possède des zlotys, elle peut acheter ce qu'elle désire à la Pologne et réciproquement. Ce n'est donc plus le plan polonais qui déciderait de la distribution des biens. Comment une firme tchèque utiliserait-elle ses zlotys si la production polonaise reste affectée par le plan polonais ? La convertibilité n'a de sens que s'il existe un véritable marché dans le CAEM. Or les forces de marché ne peuvent cohabiter avec une planification nationale impérative. La convertibilité n'est pas possible à moins de transformer le système économique. Tout au plus pourrait-on envisager une convertibilité limitée, tronquée qui n'aurait pas les avantages de la libre convertibilité des monnaies.

La crise mondiale et l'endettement des pays du CAEM

Bien que les prix intérieurs soient isolés des prix mondiaux, l'inflation mondiale des années 1973-1982 a eu des conséquences importantes sur l'équilibre des économies des pays du CAEM. On ne peut, en effet, maintenir durablement un mur entre les variations des cours mondiaux et les prix nationaux. Si les prix des importations d'énergie et de matières premières augmentent sans relâche, on ne peut maintenir la stabilité des prix intérieurs qu'en accroissant les subventions aux entreprises. Il en résulte un déséquilibre budgétaire qui devient insupportable au bout de quelques années si la situation ne se retourne pas. Les gouvernements sont bien obligés de réagir après un délai plus ou moins long ; ils augmentent alors les prix intérieurs. De toute façon, il n'est pas rationnel de laisser une entreprise acheter à bas prix des matières premières qu'elle n'hésitera pas à gaspiller si elles ne lui coûtent pas cher alors que le pays se les procure à l'étranger à des prix qui doublent périodiquement. Ainsi des pays qui importent des matières premières, dont les prix grimpaient, et qui exportent des produits manufacturés, dont les prix stagnaient, ont fini par ajuster leurs coûts de production aux variations des prix mondiaux. Ce fut le cas de la Hongrie, de la Tchécoslovaquie, de la RDA et de la Pologne.

Les ajustements de prix ne suffisent pas toujours et les pays du CAEM ont recouru à des politiques de limitation des importations pour résorber l'endettement en devises provoqué par la hausse des prix des importations.

Les pays du CAEM ont estimé, jusqu'en 1982 environ, qu'ils pouvaient s'endetter en devises à condition que ces crédits correspondent à l'achat de technologies avancées qui permettraient de moderniser leur appareil industriel. Ils espéraient qu'à la phase d'endettement succéderait une phase de développement des exportations de produits finis vers les pays occidentaux. Les crédits de 1975-1980 devaient financer la production de 1980-85 qui, elle-même, serait d'assez bonne qualité pour conquérir les marchés occidentaux. Ce pari ne fut pas tenu ; en partie parce que les technologies importées n'ont pas eu les effets escomptés ; en partie parce que la récession en Occident s'est poursuivie et a limité les importations occidentales ; en partie aussi parce que la production des pays du CAEM est concurrencée avec succès, tant du point de vue de la qualité que de celui des prix, par celle des Nouveaux Pays Industriels d'Asie. Vers 1982, les pays du CAEM ont perdu l'espoir de rembourser leurs dettes grâce à une relance des exportations vers l'Ouest et ont décidé de restreindre leurs importations. Ces politiques d'austérité ont pesé sur les consommateurs – en réduisant les importations de biens de consommation – et sur les entreprises – en freinant l'investissement. L'endettement s'est stabilisé dans la plupart des pays du CAEM et certains se sont nettement désendettés (la Roumanie par exemple).

Perspectives et réformes

Le problème que doit résoudre le CAEM d'ici la fin du siècle est de vaincre certaines rigidités. Les échanges internationaux fluctuent sans cesse, les prix varient, de nouveaux pays producteurs de biens manufacturés surgissent. Dans cet univers changeant, le CAEM doit s'adapter pour permettre à ses membres de profiter pleinement de leurs complémentarités. En effet l'URSS peut fournir les autres pays en énergie et en matières premières conjointement avec la Pologne qui exporte du charbon et la Hongrie qui exporte de la bauxite. En échange, la Tchécoslovaquie et la RDA peuvent vendre à leurs partenaires des équipements à technologie assez avancée. Ces flux commerciaux ne peuvent toujours se planifier bilatéralement avec un horizon quinquennal. Il faut introduire un peu de souplesse.

Dans cet esprit, les grandes entreprises hongroises et les combinats de RDA peuvent désormais nouer directement des liens techniques et commerciaux avec d'autres entreprises des pays capitalistes ou du CAEM.

En URSS, un décret d'avril 1986 permet à 70 grandes entreprises et à 21 ministères soviétiques d'accéder directement aux marchés étrangers. Les offices du commerce extérieur qui, jusque-là, servaient d'écran entre eux et le marché mondial sont intégrés dans ces firmes ou ces ministères. De plus, en janvier 1987, est réglementée la création d'entreprises mixtes, à la fois soviétiques et étrangères, autorisées à produire des biens sur le territoire soviétique. Ces petites réformes ne sont pas une atténuation sensible du principe du monopole d'État du commerce extérieur. Il faut y voir simplement une simplification administrative des relations entre les entreprises d'État et les marchés internationaux.

Il reste un préalable à lever, celui de la difficulté d'introduire des prix qui reflètent à la fois les coûts et les conditions de demande. Seules des réformes de grande envergure, transformant d'abord les prix intérieurs, peuvent y parvenir.

ALBANIE

Capitale : Tirana
Population : 3 020 000 hab.
Variation pop./an (1973-85) : 2,0 %
Superficie : 28 748 km²
PNB/habitant : 825 $
Taux de croissance/an (1973-85) : n.d.

Une économie en voie d'industrialisation

Le gouvernement communiste mis en place en 1944 se fixe comme objectif l'industrialisation du pays. Il décide de suivre les principes fixés par Staline dans ses différents écrits et l'État albanais reste le dernier au monde qui soit dirigé officiellement selon les textes écrits par Staline, notamment dans ses *Problèmes économiques du socialisme en URSS* qui date de 1952. Priorité fut donc donnée à l'industrie lourde, ce qui n'était peut-être pas ce qui correspondait le mieux aux ressources du pays. L'industrie lourde qui représentait 20 % de la production industrielle en 1950 voit sa part dépasser 43 % en 1985.

La rupture avec la Yougoslavie, en 1948, lorsque celle-ci fut exclue du Kominform (l'organisation des pays socialistes dirigée par l'URSS) oblige l'Albanie à réduire ses programmes d'investissement et à s'associer encore plus étroitement à l'URSS. Le premier plan quinquennal (1951-1955) est établi selon les méthodes soviétiques de planification et donne, sur le modèle soviétique, la priorité à l'industrie lourde.

Le second plan quinquennal (1956-1960) est marqué par une intense coopération avec les autres pays socialistes. Des ingénieurs soviétiques, tchèques et allemands de l'Est organisent le développement des industries minières.

Si l'Albanie a bénéficié d'une importante aide de la part de l'URSS de 1945 à 1960, les choix politiques du dirigeant albanais Enver Hodja fermèrent après 1960 l'Albanie à toute influence étrangère. Enver Hodja condamna en effet Khrushchev comme révisionniste et s'engagea aux côtés de Mao Zedong qui ne put guère aider l'Albanie sur le plan économique, encore qu'il lui octroya quelques crédits.

On estime à 500 millions de dollars la valeur des prêts et des dons que fit la Chine à l'Albanie de 1954 à 1975. En 1970, l'académie chinoise des sciences équipe l'université de Tirana d'un laboratoire de recherche sur les radiations atomiques. L'aide technologique prit des formes variées mais on ne peut guère l'estimer de façon précise.

Une économie fermée à l'extérieur

L'aide chinoise cesse à partir de 1980 après que les dirigeants albanais eurent rompu avec ceux qu'ils considéraient comme de nouveaux révisionnistes. La rupture avec la Chine fit perdre à l'Albanie 50 % de ses importations. La pureté idéologique reste la base de toute l'organisation économique albanaise. Ainsi la Constitution interdit d'emprunter à un pays étranger et l'Albanie règle directement ses achats à l'Occident avec les devises que lui procurent ses exportations de chrome et de pétrole en refusant de dépenser plus que ses recettes qui fluctuent avec le cours mondial du chrome et du pétrole. La chute du prix du pétrole de 1983 força cependant l'Albanie à s'endetter quelque peu auprès de banques occidentales.

L'agriculture est collectivisée intégralement et les dernières vaches « privées » ont été regroupées dans des fermes d'État en 1981. L'agriculture albanaise est donc probablement la plus étatisée du monde et le lopin privé que peuvent librement exploiter les paysans ne doit pas dépasser 200 m². L'agriculture reste une activité essentielle bien que sa part dans le Produit National ait sensiblement diminué depuis une trentaine d'années, passant de 76 % du produit national en 1950 à 38 % en 1978.

L'Albanie n'a pas besoin d'importer d'énergie parce qu'elle dispose d'une appréciable production d'hydro-électricité dont elle exporte une partie en Yougoslavie et en Grèce. C'est sa principale richesse.

L'industrie est dans l'ensemble assez en retard par rapport à celle de ses voisins. Les équipements et les machines sont souvent des modèles chinois périmés que les techniciens albanais entretiennent en fabriquant eux-mêmes les pièces détachées nécessaires.

Les échanges extérieurs sont réduits au strict minimum (700 millions de dollars en 1985), les partenaires de l'Albanie sont nombreux et aucun ne représente une part importante des échanges de l'Albanie puisque son principal partenaire, la Yougoslavie, ne compte que pour 15 % du commerce international albanais.

Le niveau de vie est le plus bas d'Europe mais l'Albanie s'enorgueillit de ne compter ni chômeurs, ni clochards, officiellement en tout cas. Mais les consommateurs ne disposent pas de biens durables (électroménager) ni d'automobiles privées.

BULGARIE

Capitale : Sofia
Population : 8 960 000 hab.
Variation pop./an (1973-85) : 0,3 %
Superficie : 110 912 km²
PNB/habitant : 5 905 $
Taux de croissance/an (1973-85) : n.d.

Un pays en voie d'industrialisation

Selon les statistiques officielles, le Produit National Brut par tête de la Bulgarie serait égal à celui de l'Espagne. En fait les statistiques bulgares ne sont guère comparables à celles des pays occidentaux et en réalité le PNB par tête bulgare est certainement très inférieur aux 4 130 dollars annoncés (en 1984). La qualité des terres et le climat lui permettent de développer des cultures méditerranéennes. Ses richesses minières sont faibles, le charbon et le minerai de fer sont d'extraction difficile et de qualité très médiocre.

À partir de 1948, la Bulgarie s'industrialise sur le modèle soviétique avec l'objectif avoué de se suffire dans toutes les branches de l'industrie. Des aciéries sont créées ainsi que des usines de construction de machines. Vers 1965 la Bulgarie possède une industrie qui couvre à-peu-près tous les secteurs. La qualité de la production est assez faible et les coûts élevés car rien, ni les ressources naturelles, ni les traditions nationales, ne prédisposaient la Bulgarie à devenir un pays industriel. Le prix à payer a donc été élevé, il a fallu investir beaucoup et consommer très peu. L'industrialisation bulgare est un modèle réduit de l'industrialisation soviétique de 1928 à 1940. Mais l'URSS avait des ressources inépuisables alors que la Bulgarie a dû utiliser des matières premières nationales de faible qualité et exporter une grande part de sa production agricole vers l'URSS pour se procurer l'énergie (gaz et pétrole) et les machines nécessaires.

De réformes en réformes

Le « Nouveau Système de Planification et de Gestion de l'Économie Nationale » est mis en place en décembre 1965 avec pour objectif d'améliorer la planification centralisée. Aucune référence n'est faite aux mécanismes de marché. Le nombre des objectifs impératifs fixés par le plan aux firmes est réduit à quatre : volume de production de chaque bien fabriqué par l'entreprise, volume des facteurs de production à recevoir, limite supérieure des investissements à entreprendre, niveau des exportations. En 1968, un certain nombre d'objectifs supplémentaires sont ajoutés, ce qui rendait plus étroite encore la subordination des entreprises à l'égard du plan ; le niveau exact et la nature des investissements sont ainsi décidés par le plan ainsi que le niveau des salaires. La concentration industrielle s'accélère avec la constitution, en 1963, d'unions d'entreprises (les DSO). L'autonomie de ces DSO s'accroît, en 1966, lorsque leur est reconnu le droit de passer directement certains contrats avec leurs fournisseurs et leurs clients (si ces derniers sont des entreprises). La réforme des prix institue trois catégories de prix : des prix fixés par l'État, des prix libres et des prix à flexibilité limitée. Il ne faut pas exagérer la portée de cette réforme des prix ; les prix s'adaptent très peu et très mal aux variations des coûts ou à celles de la demande. Dans les faits, les prix bulgares sont encore moins flexibles que les prix soviétiques.

Depuis 1968, les DSO contribuent de façon décisive à l'élaboration du plan et participent largement à la fixation des objectifs qui leur sont imposés. Plus audacieuse que la réforme soviétique de 1965 quant au rôle officiel des grandes entreprises, la réforme bulgare est plus prudente quant à la nature des objectifs des firmes : les objectifs en volume n'ont jamais été concurrencés par des objectifs en valeur ou par des objectifs synthétiques en termes de profit.

L'investissement croît à un rythme plus modéré que dans le passé et il y a, depuis 1980, assez peu de nouveaux projets d'investissement. Le capital disponible est affecté au remplacement ou à l'extension des équipements existants.

Le « nouveau mécanisme économique », introduit le 1er janvier 1982, est inspiré par les réformes hongroises. D'abord appliqué à l'agriculture, il consiste en un accroissement de l'autonomie des entreprises en matière de gestion de la production. Les salaires doivent être de plus en plus liés aux performances de l'entreprise et celle-ci devrait, en principe, être jugée sur la qualité de ses produits autant que sur leur quantité.

Les constructions mécaniques sont le secteur industriel qui a connu la plus forte croissance. Elles représentent près du tiers de la production industrielle et emploient le quart des travailleurs de l'industrie. Ce secteur comprend notamment, en Bulgarie, la construction de machines agricoles, des moteurs électriques, des moteurs de camions, de nombreux équipements pour l'électronique. En 1987 une nouvelle réforme accroît l'autonomie des entreprises produisant pour l'exportation et encourage le développement de l'artisanat privé.

L'agriculture

L'agriculture bulgare souffre des mauvaises conditions hydrologiques du pays. Il n'est pas exagéré de parler d'une véritable pénurie d'eau. Les efforts d'irrigation menés depuis longtemps ne semblent pas apporter de solution viable ; les travaux sont souvent mal faits et les agriculteurs qui s'occupent du suivi de l'irrigation sont mal payés et peu motivés.

La Bulgarie est un gros producteur de coton et de tabac : on consomme des cigarettes bulgares dans nombre de pays socialistes. Ces cultures traditionnelles restent importantes mais tendent à reculer devant le développement de la vigne et des pâturages.

Les lopins privés sont plus importants que dans la plupart des autres pays socialistes. Ils occupent 11 % des terres cultivées et produisent 42 % de la viande, 36 % des légumes et 13 % des céréales. En 1985, après les mauvaises récoltes, le gouvernement a encouragé le secteur privé à produire plus de viande et a ordonné aux fermes collectives de lui livrer du fourrage.

En effet, à partir de 1977 le consommateur bulgare commence à ressentir les effets de la stagnation de la production de biens de consommation. L'année 1980 fut particulièrement dure car les mauvaises récoltes provoquèrent une réduction de l'offre de produits alimentaires.

HONGRIE

Capitale : Budapest
Population : 10 630 000 hab.
Variation pop./an (1973-85) : 0,2 %
Superficie : 93 030 km²
PNB/habitant : 1 940 $
Taux de croissance/an (1973-85) : 4,2 %

Société rurale et planification à la soviétique

Entre les deux guerres, la Hongrie est gouvernée par un « régent », ce qui démontre l'attachement de la population à la monarchie des Habsbourg qui régnait sur l'Autriche-Hongrie. C'est jusqu'à la guerre un pays agricole assez prospère avec une petite industrie médiocrement mécanisée. Lorsque des élections libres ont lieu, en novembre 1945, le Parti communiste ne réunit que 17 % des voix mais occupe certains ministères importants dans le gouvernement d'union nationale. En 1947, le Parti communiste obtient 22 % des voix mais prend le pouvoir et atteint, en 1949, 96 % des voix dans des élections où la pluralité des candidatures est interdite.

Avant que le Parti communiste ne détienne tous les pouvoirs, une réforme agraire de grande ampleur est réalisée par redistribution des grandes propriétés aux petits paysans. En 1946, de nombreuses entreprises sont nationalisées ainsi que les mines de charbon et les centrales électriques.

En 1946 et 1947, le grand objectif de la politique économique à court terme est le rétablissement de la stabilité monétaire et financière. L'inflation est très élevée (jusqu'à 1 000 % par jour) et les réparations de guerre exigées par l'Union soviétique mettent à mal le budget de l'État puisqu'elles dépassent la moitié du Revenu national d'avant-guerre. Il se révèle nécessaire de changer de monnaie, le pengö est remplacé par le forint ; les salaires sont bloqués ainsi que les prix des denrées alimentaires.

De 1947 à 1968, l'économie hongroise est gérée comme l'économie de l'URSS, selon un système de planification centralisée impérative. La première marque tangible de libéralisation de l'économie hongroise est, en 1956, l'abolition du système de livraisons obligatoires de produits agricoles à l'État. Mais ce n'est qu'en 1968 que l'industrie est concernée par le mouvement de réformes.

Si, dès 1957, l'agriculture hongroise est réformée et libérée de nombreuses contraintes administratives, le modèle hongrois n'est devenu que très graduellement un modèle d'économie socialiste de marché et cela a été reconnu officiellement pour la première fois, en 1984, par la résolution du Conseil des ministres sur l'orientation du développement du système économique.

Depuis 1968, le principe général retenu pour gérer l'économie est, selon les termes employés par Bela Csikos-Nagy, directeur du Conseil de la politique industrielle de la Hongrie, que l'État ne peut appliquer les instruments directs d'intervention dans l'économie que là et quand la régulation indirecte s'avère inefficace. La politique monétaire et financière joue ainsi un rôle essentiel alors qu'elle est pratiquement négligeable dans les autres pays socialistes.

Les réformes et le « modèle hongrois »

La réforme hongroise est un processus lent et discontinu qui dure de 1968 à 1985. Elle peut être assimilée, en première analyse, à une légalisation et un encouragement des activités de marché qui sont parfois appelées « l'économie parallèle » en ce sens qu'elles sont parallèles aux circuits d'État. On considère qu'il y a un modèle hongrois qui est une forme originale de socialisme et l'essence de ce modèle est constituée par le fait que l'économie parallèle devient progressivement l'économie officielle. Les étapes de ce processus sont nombreuses : autorisation d'activités marchandes, multiplication des secteurs où cette autorisation est valable, accès au crédit d'État pour les activités privées, critères de gestion privée pour les entreprises publiques, etc. Tout cela suppose des bouleversements dans la structure des revenus et des emplois et c'est pourquoi la réforme a été progressive et parfois freinée provisoirement.

Une planification indirecte

L'office central de planification élabore trois types de plan :

a) Le plan à long terme (actuellement ce plan a pour horizon l'an 2000).

b) Le plan quinquennal établi en correspondance avec les autres pays-membres du CAEM (c'est-à-dire l'URSS, la RDA, la Pologne, la Bulgarie, la Roumanie et la Tchécoslovaquie) afin de coordonner les échanges entre les pays du CAEM.

c) Le plan annuel.

Depuis 1968, le plan n'inclut plus de directives impératives pour les entreprises, sauf lorsqu'il s'agit de respecter des accords internationaux. Il n'impose pas aux entreprises le volume ou la nature de leur production pas plus qu'il ne contient de consignes très strictes quant aux salaires ou au niveau de l'embauche. L'autonomie des entreprises est réelle. L'État intervient cependant indirectement dans leur gestion par les conseils qu'il prodigue et par l'utilisation des subventions et des impôts comme incitations à suivre ces conseils. Le budget de l'État est l'instrument de la politique économique du gouvernement hongrois et les dépenses publiques représentent, depuis 1975, environ 60 % du revenu national (c'est-à-dire du total des dépenses).

Soumises indirectement à certaines contraintes étatiques, les entreprises préparent leurs propres plans dans le cadre des grandes orientations retenues pour le plan national. Elles ne sont pas tenues d'exécuter leurs plans et l'État influence d'ailleurs beaucoup cette exécution en faisant varier des paramètres qu'il contrôle comme le niveau des impôts payés par les entreprises, le montant des subventions, les règles de détermination des salaires ou les crédits bancaires. Notons que l'État détermine la nature, l'affectation générale et le taux des crédits. On comprend qu'une entreprise ne cherche pas vraiment à s'opposer à des sollicitations pressantes des pouvoirs publics.

L'État reste le maître dans deux domaines :

a) Il peut prendre toutes les mesures nécessaires à l'exécution de contrats internationaux.

b) Il détermine la politique d'investissements.

Les investissements d'État représentent la moitié du total des investissements industriels. Ces investissements d'État concernent aussi bien les grands projets industriels que certaines activités jugées prioritaires, quelle que soit leur ampleur. L'autre moitié des investissements est représentée par les investissements des entreprises. Ils sont décidés par la firme en accord avec son ministère pour les projets un peu importants.

Une entreprise autonome mais soumise

Les entreprises sont d'assez grande dimension comparativement aux entreprises occidentales ; il y a assez peu de petites entreprises d'État. Une économiste hongroise, Eva Ehrlich, a comparé la répartition des travailleurs dans les grandes et petites entreprises hongroises avec celle qu'elle a calculée sur un échantillon d'entreprises de divers pays capitalistes (Autriche, Belgique, Italie, Japon, France et Suède). Elle montre que les firmes hongroises emploient en moyenne deux fois plus de travailleurs que les firmes « capitalistes » et que les entreprises de plus de 1 000 salariés emploient 41 % de la main-d'œuvre industrielle en Hongrie au lieu de 19 % dans les pays capitalistes.

Ainsi, même dans la petite Hongrie, on observe qu'est respectée la tradition selon laquelle les économies socialistes préfèrent les grandes et très grandes entreprises. La concentration industrielle est un élément dominant de la vie économique hongroise. Depuis 1980, le gouvernement s'efforce de réduire la tendance au monopole qui prévaut dans de nombreux secteurs et on peut considérer que s'est engagé un lent processus de restructuration de l'industrie où les petites unités de production, plus souples et plus proches des clients que les grandes, verront leur rôle s'élargir. Un obstacle à ce processus, et qui explique sa lenteur, est que les très grosses firmes sont mieux placées pour obtenir des avantages de l'État, ne serait-ce qu'en raison de la personnalité de leurs directeurs.

L'intervention de l'État dans la vie économique prend la forme d'innombrables micro-interventions dans tous les domaines si bien que nombre d'économistes hongrois, dont le plus célèbre est Janos Kornai, estiment que le système économique hongrois est resté, malgré les réformes, un système bureaucratique assez éloigné d'une économie de marché. L'État joue un rôle décisif dans la vie des entreprises pour tout ce qui touche la création ou la disparition d'entreprises, la nomination des dirigeants, le volume et la structure de la production, les prix, les salaires, le crédit et l'investissement. Dans certains domaines cette intervention prend la forme de consignes données aux entreprises, dans d'autres elle se manifeste par des marchandages entre la firme et la hiérarchie administrative. Certaines entreprises ont plus de pouvoir de négociation que d'autres. Ce système économique est appelé par Kornai le « contrôle bureaucratique indirect » par opposition au système soviétique qui serait un « contrôle bureaucratique direct ».

En 1985, la gestion de l'entreprise d'État a été modifiée ; la firme est désormais gérée par un conseil composé pour 51 % de délégués élus par les salariés et pour 49 % de responsables des divers services de l'entreprise. Cette réforme a sans aucun doute inspiré la loi Gorbachev de février 1987 qui introduit en URSS un soviet de gestion élu et aux pouvoirs étendus. La réforme de 1985 dispose également que le directeur de l'entreprise hongroise est élu, autre disposition reprise par la loi Gorbachev.

L'entreprise hongroise est soumise à une double dépendance. Elle dépend de l'administration qui est au-dessus d'elle et elle dépend de ses clients et de ses fournisseurs qui sont au même niveau qu'elle. Il y a donc à la fois une dépendance verticale et une dépendance horizontale. Les relations hiérarchiques (verticales) sont prédominantes pour tout ce qui concerne la promotion des cadres et la sélection des dirigeants d'entreprises même si, depuis 1985, ceux-ci doivent être élus par un conseil représentant les travailleurs. En 1986, les directeurs anciennement nommés ont été réélus à cinq exceptions près (sur environ un millier d'entreprises) et de toute façon les autorités administratives ont un droit de veto pour la présélection des candidats et pour le choix final.

Un système de prix original mais complexe

Les révisions de prix en 1979 introduisent, dans le système hongrois, le principe des « prix concurrentiels » qui sont des prix de gros liés aux prix du marché mondial. Le nombre de prix flexibles s'est donc accru, passant de 57 % des prix de gros en 1979 à 67 % en 1980. L'objectif des autorités hongroises est d'éviter que les entreprises ne gaspillent certains biens de production parce que leur prix en Hongrie est très bas comparativement aux prix mondiaux. À partir de 1980, outre ces prix de concurrence qui sont libres sur le marché intérieur à condition de ne pas dépasser les prix d'exportation, il y a les prix « proportionnels » qui intègrent la valeur des importations incluses dans la fabrication de la marchandise, ces prix varient donc parallèlement aux prix des importations. Les biens des secteurs indépendants du commerce extérieur voient leurs prix administrés par l'État qui les calcule sur la base des coûts domestiques. De plus l'État fixe pour l'énergie et les matières premières des prix à-peu-près semblables aux cours mondiaux. La rationalité de ce système de prix repose sur le désir de voir les entreprises choisir leurs facteurs de production en fonction de leurs raretés réelles.

Le crédit reste dans la main de l'État

Le système bancaire hongrois est très centralisé. Les entreprises demandent plus de crédits que les autorités monétaires ne sont disposées à en accorder. Les règles d'octroi du crédit sont plus administratives que commerciales. Les recettes de l'État proviennent en grande partie des impôts et taxes payés par les entreprises, qui reçoivent parfois aussi des subventions publiques si bien que les relations financières entre les firmes et l'État sont incroyablement complexes. On a calculé qu'il existait 300 sortes d'impôts et de subventions liant les entreprises au budget de l'État. Une conséquence fâcheuse de cet état de fait et qui est souvent dénoncée par les économistes hongrois, est qu'il est impossible de prévoir quel montant total d'impôts paiera une entreprise car les taux de tous ces impôts sont susceptibles de varier inopinément en cours d'année. La firme se sent donc dans un état d'insécurité permanente.

L'attribution de crédits d'investissement par l'État n'est pas guidée par un critère de profit et, comme le remarque l'économiste Janos Kornai de l'Académie hongroise des sciences, on pourrait presque dire que c'est le contraire et c'est pourquoi on cherche à assouplir les circuits financiers. La part de l'investissement financée par l'État est passée de 40 % en 1970 à 20 % en 1985, le crédit bancaire ayant pris le relais du budget. L'attribution des crédits bancaires est de plus en plus déterminée par le jeu de l'offre et de la demande. Le taux moyen de l'intérêt des prêts à la construction est de l'ordre de 13 % soit au moins 5 % de plus que le taux d'inflation.

Agriculture : collectivisation et marché

Il y a eu deux grandes vagues de collectivisation de l'agriculture : la première vers 1950 et la seconde dix ans plus tard. Les deux tiers des terres cultivables ont été collectivisées et confiées à des coopératives agricoles dont les membres, c'est-à-dire les paysans, ont été autorisés à cultiver un petit lopin de terre privé et à posséder un peu de bétail. Les fermes d'État conservent un rôle important à côté des coopératives et il reste des fermes privées.

	1966	1984
Fermes d'État	16,4	15,3
Coopératives	48,4	51,1
Lopins privés	23,7	18,4
Fermes privées et production des citadins (jardins)	11,5	15,2
	100	100

Par leur importance – elles couvrent 64 % des terres cultivées – les coopératives, qui correspondent aux kolkhozes en URSS, demeurent le secteur primordial de l'agriculture hongroise. Leur structure et leur organisation ont varié avec les réformes économiques. Gérées d'abord comme des fermes d'État, les coopératives ont acquis une assez large autonomie et ne reçoivent plus d'objectifs impératifs de production depuis 1966.

À la tête des coopératives on trouve un président élu qui dirige ces grandes exploitations d'une surface moyenne de 4 500 hectares.

Les livraisons obligatoires à l'État qui payait des prix très bas ont été la règle générale jusqu'aux réformes de 1956-1957. Il restait peu de produits à commercialiser librement même si formellement les coopératives avaient le droit de vendre leurs surplus.

Maintenant les coopératives sont libres de vendre leur production aux organes du commerce d'État ou de la vendre elles-mêmes à la clientèle. Comme elles ont une assez grande marge d'autonomie dans l'utilisation de leurs profits, elles sont incitées à en faire et donc à produire ce qui plaît le plus aux consommateurs. Elles sont même autorisées à fabriquer des biens industriels et il n'est pas rare qu'elles gèrent des restaurants, qu'elles construisent des bâtiments, qu'elles produisent des objets divers, etc. La production de produits non agricoles représente 34 % de leur production totale. C'est un moyen efficace et original d'employer la main-d'œuvre inoccupée lors des temps morts de l'année, en dehors des saisons des récoltes par exemple.

Lopins privés et fermes d'État

On compte, en Hongrie, 15 millions de ces parcelles. La taille de ces lopins est réglementée (leur surface moyenne est de 0,55 hectare) mais leur usage est libre. Les agriculteurs y produisent surtout de la viande, de la volaille, des légumes et des produits laitiers, qu'ils vendent sur des marchés libres aux prix que détermine le jeu de l'offre et de la demande. Les paysans consacrent une bonne part de leur temps et de celui de leur famille à cultiver ces lopins dont l'exploitation est en général très profitable. Loin d'être considérés comme des survivances d'une économie bourgeoise, ces lopins sont désormais une partie intégrante de la vie de la coopérative qui leur apporte une aide précieuse en leur fournissant des semences, des moyens de transport, des engrais et en prêtant ou en louant des machines agricoles. Il y a une répartition des tâches entre la coopérative et les parcelles privées. L'une produit les céréales, les betteraves, le fourrage, etc., et entretient les machines ; les autres produisent de la viande, du lait, de la volaille et des légumes.

Nombre de citadins possèdent un jardin, un potager ou un verger. Leur production de légumes, de fruits et de volaille est très loin d'être négligeable et une partie est vendue sur les marchés libres, ce qui prouve que cette production est supérieure à la consommation des familles de ces citadins. Il subsiste des fermes privées, parfois très mécanisées, souvent très performantes qui fournissent régulièrement les marchés libres.

D'une dimension moyenne d'environ 10 000 hectares, occupant 26 % des terres cultivées, les fermes d'État correspondent aux sovkhozes en URSS. Leur importance reste stable depuis les réformes de 1966-1968, mais leur mode de gestion a évolué parallèlement aux variations des règles d'organisation des firmes industrielles. Elles sont, comme les entreprises industrielles, soumises à la fois à un contrôle administratif – peut-être un peu moins tatillon que dans l'industrie – et aux pressions de la clientèle. Elles sont contraintes de subir la concurrence des coopératives et des fermes privées ; ce qui les pousse à adopter un comportement compétitif et à se plier aux désirs des consommateurs.

Le point fort de l'agriculture hongroise est le développement régulier de la production en quantité et en qualité. Son point faible est que ces résultats ont été obtenus à des coûts très élevés. L'agriculture absorbe une part importante de l'investissement. La productivité reste faible. La productivité du capital d'abord car les investissements sont massifs et rapportent assez peu ; la productivité du travail également car les paysans travaillent dur et longtemps sur les parcelles privées ; la productivité du sol enfin car la taille des exploitations n'est pas optimale : il y a trop de très grandes fermes d'État et de petites parcelles privées et pas assez d'exploitations de taille moyenne, employant peu de bras comme c'est la règle dans les pays à agriculture très développée.

La production de céréales se développe régulièrement et place la Hongrie au 14e rang mondial des producteurs de blé et au 12e rang des producteurs de maïs. Abandonnant les cultures céréalières aux fermes d'État et aux grandes coopératives, le secteur privé fournit 30 % des légumes, 60 % des pommes de terre, 50 % des fruits et cherche à améliorer ses performances dans la production de viande où il rencontre des difficultés liées aux faibles dimensions des parcelles et au manque d'équipement. Le secteur privé a développé l'élevage des porcs et représente dans ce domaine 40 % de la production nationale. Le point faible de l'agriculture est actuellement l'élevage bovin qui stagne depuis plus de vingt ans. Dans l'ensemble la Hongrie est cependant le pays socialiste qui produit le plus de viande par habitant. Cela explique que beaucoup de ses voisins la contemplent avec envie.

La privatisation de l'économie

Il y a, à la vérité, deux secteurs privés dans l'industrie et les services. L'un est clandestin, plus ou moins toléré par les autorités depuis les débuts du socialisme et souvent appelé « économie parallèle » ou « seconde économie » : il correspond grosso modo au travail au noir des employés du secteur d'État. Un tel secteur privé existe dans toutes les économies socialistes et pas seulement d'ailleurs dans les pays socialistes. L'autre secteur privé, qui caractérise le modèle hongrois, est l'ensemble d'activités de production officiellement reconnues comme privées. C'est un « petit capitalisme » très vivant qui prospère à l'ombre de l'État socialiste. On peut même remarquer en Hongrie quelques entreprises qui sont à la fois privées et publiques. Elles sont la propriété conjointe de l'État et d'intérêts privés.

Un secteur privé florissant

Le développement du secteur privé est la caractéristique la plus intéressante du modèle hongrois. Il témoigne d'une rupture idéologique profonde. En effet, l'orthodoxie marxiste-léniniste affirme que, dans une économie socialiste en transition vers le communisme, les vestiges du système petit-bourgeois de la propriété privée et de la production privée doivent disparaître face aux progrès du socialisme et tout particulièrement face aux succès du secteur socialisé. Comme ces succès ne semblent pas se manifester, les réformateurs hongrois ont décidé, après bien des hésitations et des volte-face plus ou moins inopinées, d'étendre le secteur privé au détriment du secteur public.

À l'origine d'ailleurs, le secteur privé s'est développé, depuis la réforme de 1968, de façon spontanée. Les autorités ont toléré plutôt qu'encouragé les initiatives privées et le point de vue gouvernemental a oscillé entre le désir de réglementer étroitement les activités privées, celui de faire l'aveugle, et parfois, la reconnaissance d'une forme réduite de propriété privée des moyens de production. Comme exemple de cette dernière attitude, il convient de citer le décret de 1980 qui permet aux particuliers de gérer, pour leur propre compte, de petits commerces et des hôtels, appartenant jusque-là au secteur public. L'État se trouve dans la situation du propriétaire qui vend le fonds, mais pas les murs, au plus offrant et l'attribution de ces établissements se fait par enchères publiques. Ces « gérants » privés sont autorisés à employer des salariés dans la limite de quinze personnes. Ainsi s'est créé un véritable salariat privé. Cette forme de leasing n'est pratiquée pour l'instant que dans certaines branches comme la restauration et le commerce. Les gros équipements restent la propriété de l'État, le commerçant paie un loyer à l'État et exploite le fonds à ses risques et périls. Environ 40 % des restaurants et 12 % des commerces sont gérés de cette façon.

Il est permis de constituer des collectivités de travail autonomes dans le secteur des services et des transports. De nombreuses entreprises privées de services se sont créées sur ce modèle, allant des pompes funèbres à l'édition.

Autorisé avant la réforme de 1968, l'artisanat privé s'est épanoui depuis 1978-1980, tandis que les entraves réglementaires à son activité étaient abolies. Il y a ainsi un excédent de taxis privés et de boulangeries privées à Budapest.

Certes il existe des garde-fous qui préservent la prédominance du secteur socialisé. Il est interdit de constituer des entreprises privées de grandes ou moyennes dimensions. Le nombre maximum de salariés qu'un patron capitaliste est autorisé à avoir est en règle générale de sept, sans compter les membres de sa famille. Pour ouvrir une petite entreprise, il faut une autorisation de l'État qui est de plus en plus libéralement accordée. Nous assistons ainsi au développement d'un capitalisme artisanal et commercial qui emploie en 1985 au moins 170 000 personnes contre 91 000 en 1975. Ces petits artisans et commerçants ont un niveau de vie très élevé par rapport aux normes hongroises.

La privatisation touche largement le logement. Après la guerre tous les immeubles d'habitation furent nationalisés et gérés par l'administration. La tendance actuelle est à la privatisation rapide du secteur du logement. En 1980, 71 % des logements étaient privés. En 1984, 85,7 % des constructions de logements étaient réalisées par le secteur privé.

Témoignant de cette prospérité du secteur privé, le nombre d'automobiles privées a été multiplié par 13,7 entre 1966 et 1984, sans d'ailleurs que les garages et stations-service se développent au même rythme.

Les Hongrois appellent seconde économie l'économie privée non officielle. Cela ne signifie pas qu'elle regroupe des activités illégales, une bonne part des transactions nouées dans cette sphère sont parfaitement légales. Il s'agit plus simplement d'activités privées non organisées selon un statut juridique précis. Elles ne s'exercent pas dans le cadre d'entreprises privées juridiquement constituées. Les familles des paysans travaillant sur le lopin privé, les retraités exerçant une activité professionnelle, les travailleurs des entreprises publiques consacrant une partie de leurs loisirs (et de leur temps de travail lorsqu'ils s'absentent irrégulièrement) à un travail privé sont les acteurs de cette seconde économie.

Ensemble le secteur privé organisé et la seconde économie fournissent 56 % de la construction de bâtiments d'habitation, 87 % des services de réparation et d'entretien et occupent un tiers du temps total de travail. On estime qu'ils représentent au moins 20 % du Produit national et environ 20 % des emplois et il se développe rapidement en raison de son efficacité. Ainsi des commerces et hôtels déficitaires, lorsqu'ils étaient gérés par l'administration, ont dégagé de gros bénéfices malgré les loyers très élevés qui furent demandés aux gestionnaires privés. (Pour une entreprise qui faisait quelques bénéfices, le loyer demandé était souvent égal à quatre ou cinq fois le bénéfice annuel de la période de gestion publique.)

En 1984, les autorités hongroises ont opté clairement pour un renforcement de l'initiative privée. Le marché et la concurrence occupent une place importante dans les discussions et, en octobre 1984, une loi a été votée qui précise les règles de concurrence et qui définit, pour l'interdire, la concurrence déloyale. Il est prévu que les prix seront progressivement libérés afin que la structure des prix reflète les prix d'un marché de concurrence.

L'économie privée revêt de nombreuses formes, et les trois quarts de la population y participent, que ce soit à temps plein ou à temps partiel. Il est possible d'occuper un emploi à temps plein dans une entreprise d'État, voire dans l'administration, tout en travaillant quelques heures par jour ou par semaine dans une petite entreprise privée ou dans une officine libérale. On peut cumuler les fonctions, les revenus et les statuts de salarié de l'État et de petit entrepreneur privé. Il est nécessaire d'obtenir de l'employeur public du temps libre et ce type de revendication l'emporte souvent sur les revendications salariales.

Crise économique et politiques d'austérité

La Hongrie importe la plus grande part des matières premières et la moitié de l'énergie qu'elle consomme. L'augmentation du prix de ces produits a provoqué un appauvrissement évalué par les spécialistes hongrois à 10 % du Revenu national. Pour compenser cette perte, priorité fut donnée à l'exportation et à la croissance. Jusqu'en 1979, les autorités hongroises tentèrent de concilier ces objectifs avec celui de l'élévation régulière du niveau de vie. A partir de 1979, on note un renforcement de la politique d'austérité et toute la politique économique fut orientée vers le rétablissement de l'équilibre de la balance des paiements.

En effet, la Hongrie subit, en 1973-1978, le choc de la crise mondiale de plein fouet. Le renchérissement des matières premières importées cause un déficit de ses paiements avec l'étranger qu'elle ne peut résorber sans adopter des mesures énergiques. Elle tente d'abord, de 1973 à 1977, d'isoler l'économie hongroise de l'extérieur sans adapter les entreprises aux nouvelles conditions de la concurrence internationale. À partir de 1978 elle opte pour une politique de réformes structurelles profondes qui s'accompagneront, à partir de 1982, d'une sévère politique d'austérité.

La Hongrie demande à adhérer, en novembre 1981, au Fonds Monétaire International (FMI) et à la Banque Mondiale. Son adhésion, effective à partir de mai 1982, lui permet de recevoir immédiatement des prêts importants de ces organismes et de la part de la Banque des Règlements Internationaux (BRI). Pour rembourser ses emprunts, la Hongrie adopta une série de mesures d'austérité qui, en réduisant la consommation intérieure et l'investissement, permirent de dégager d'importants surplus des exportations sur les importations. Le forint est dévalué de 3,1 % en 1982, de 12,9 % en 1983 et de 8,5 % en 1984 ce qui renchérit les importations et ralentit la demande intérieure de produits importés.

À partir de 1979, le taux d'investissement a fléchi en Hongrie, l'État ayant décidé de réduire ses subventions aux entreprises et le salaire réel stagne depuis cette date. Cela a permis de réduire la consommation intérieure et de dégager un surplus exportable. Ce mouvement a été stimulé à partir de 1982 par des dévaluations importantes.

La politique d'austérité de la Hongrie a des conséquences sévères sur le niveau de vie des ménages qui a baissé de 7 % entre 1983 et 1986. Si certains petits entrepreneurs privés jouissent d'un haut niveau de vie, les retraités et les ouvriers peu qualifiés ont vu leur sort se détériorer. Les succès de la politique d'austérité sont réels mais ne doivent pas être surestimés. La dette extérieure par habitant est la plus forte de celle des pays socialistes, dépassant largement celle de la Pologne, et la Hongrie n'a pas réussi à rembourser une partie du capital dû, même si elle a su payer les intérêts. Il est peu probable que la situation s'améliore dans les années qui viennent.

La Hongrie paie son pétrole plus cher que les pays occidentaux car le prix du pétrole soviétique est calculé à partir de cours mondiaux des cinq années précédentes. Les coûts de production hongrois sont donc moins influencés par la baisse des prix mondiaux que les coûts de ses concurrents d'Occident ou des pays sous-développés. La qualité des produits hongrois ne s'améliore pas au point qu'ils puissent concurrencer les produits occidentaux à prix égal. Or comme les coûts en énergie baissent moins en Hongrie qu'en Occident, il n'y a aucune possibilité de voir les exportations hongroises vers l'Ouest connaître un rapide développement.

On voit se dessiner clairement les contours d'une politique d'austérité (d'un type classique en Occident) où la relance des exportations et le contrôle des importations s'appuient sur une limitation de la demande intérieure et sur une réduction du déficit des services publics (opération vérité des prix).

La Hongrie a ainsi obtenu quelques succès dans la recherche des grands équilibres en employant des politiques conjoncturelles comparables à celles que préconisent des gouvernements conservateurs en Occident.

POLOGNE

Capitale : Varsovie
Population : 37 460 000 hab.
Variation pop./an (1973-85) : 0,9 %
Superficie : 312 677 km²
PNB/habitant : 2 120 $
Taux de croissance/an (1973-85) : n.d.

De crise en crise

À l'issue de la Seconde Guerre mondiale, la Pologne devient un pays socialiste lié à l'Union soviétique. Après une phase de reconstruction qui dure jusqu'en 1950, un plan sexennal (1950-1955) jette les bases d'une industrialisation massive. Les investissements sont importants. En 1956 se produit la première crise sociale grave, des émeutes qui font une centaine de morts amènent un changement de responsables politiques. Les causes de la crise de 1956 sont liées à la baisse du pouvoir d'achat des salariés et à l'intensification des normes de travail en usine. Le niveau de vie des travailleurs s'améliore après 1956 au détriment de l'investissement. À partir de 1965, l'investissement reprend toute son importance car la croissance de la production tend à fléchir et les autorités attribuent cette tendance à l'insuffisance des investissements.

En 1970-1971, une nouvelle crise secoue la Pologne ; des comités de grève exigent une transformation des structures économiques et une politique d'amélioration du niveau de vie. En 1971 comme en 1956, la crise se résout par un changement de responsables politiques. La nouvelle administration dirigée par E. Gierek commence par geler les prix des biens de consommation et cherche à réorganiser la vie économique. La « nouvelle stratégie économique », adoptée en 1971, a pour ambition de moderniser l'appareil de production tout en accroissant régulièrement le niveau de vie des travailleurs. Ces deux objectifs devaient se révéler contradictoires après quelques années.

Réformes : les limites de la grande entreprise

Outre l'objectif d'améliorer les méthodes de planification centralisée, elles visent à développer les exportations afin d'équilibrer la balance des paiements. Un autre objectif majeur, spécifique à la Pologne, consiste en une réforme des structures agricoles. Il s'agit notamment de réduire les effectifs des ouvriers-paysans. Cette catégorie de travailleurs est formée d'ouvriers de petites entreprises qui exploitent en même temps une petite ferme (souvent de moins de deux hectares). La situation ainsi créée provoque une faible productivité de l'agriculture et un très fort absentéisme à l'usine, surtout pendant la période des récoltes. Les réformateurs polonais ont pensé, comme leurs collègues des autres pays socialistes, que l'accroissement de la taille des entreprises était une condition de l'amélioration de la productivité. Mais les ouvriers-paysans ne peuvent travailler que dans des usines proches de leurs champs, il y a là un obstacle à la concentration industrielle. Réforme agraire et réforme industrielle sont donc indissolublement liées en Pologne.

De grandes firmes, appelées « Grandes Organisations Économiques » (Wielkie Organizacje Gospodazcze ou WOG) furent créées par regroupement d'usines existantes ; mais cette restructuration ne fut pas aussi complète que le souhaitaient les réformateurs parce qu'on ne put vaincre la résistance des travailleurs des petites entreprises. Certaines WOG sont restées des agents d'exécution du pouvoir central alors que d'autres ont accru leur pouvoir d'initiative grâce à la personnalité de leur directeur ou tout simplement par le hasard des circonstances.

Les partisans de la concentration industrielle avancent les arguments habituels en termes d'économies d'échelle mais aussi parfois soutiennent le principe d'une organisation monopolistique comme méthode d'exécution du plan. Cette argumentation sera à la base de la constitution des combinats, en RDA, à partir de 1980. On peut craindre cependant comme l'économiste Pajestka, un des pères de la réforme polonaise, que les inconvénients du monopole l'emportent sur ses avantages parce qu'il supprime toute concurrence.

Du point de vue de l'évolution du niveau de vie, il faut souligner que la hausse des salaires nominaux fut très importante (7,2 % par an en moyenne de croissance du pouvoir d'achat, lors du quinquennat 1971-1975) mais le volume des biens de consommation ne s'est pas accru au même rythme. Il en résulte une épargne forcée considérable ainsi que des files d'attente. L'endettement polonais en devises devient important en raison du recours au crédit extérieur pour financer les importations d'équipement. L'accroissement important de la production (9,8 % par an de 1971 à 1975) fut réalisé grâce à un investissement massif croissant au rythme de 18,4 %, la part de la consommation dans la production nationale nette passant de 72 % en 1970 à 62,2 % en 1975. Le consommateur portait la charge de la modernisation.

Niveau de vie : un espoir contrarié

L'augmentation sensible du niveau de vie entre 1970 et 1975 a fait naître, dans la population, l'espoir d'une transformation du mode de vie. En même temps, la Pologne devenait, provisoirement, la onzième puissance industrielle du monde. La population, et tout particulièrement la classe ouvrière, n'a pas compris que de graves difficultés surviennent en 1976 et les a attribuées à des erreurs ou à l'inconscience du pouvoir politique. Les hausses de salaires très supérieures à l'accroissement du volume de biens de consommation rendaient inévitables soit des pénuries, soit de fortes hausses des prix, soit un peu des deux.

Tableau 1 :
Inflation en Pologne
(taux de croissance
de l'indice des prix de détail)

1976	1977	1978	1979	1980	1981	1982	1983	1984	1985	1986
5,5	6,0	7,3	6,8	7,8	21,2	200,8	22,3	15	14,7	17,7

Source : Annuaire statistique polonais et A. Kozminski : *Le développement économique et la politique industrielle en Pologne, Revue d'études comparatives Est-Ouest,* 1986/4.

Le plan 1976-1980, adopté en 1975, cherchait à rétablir l'équilibre entre importations et exportations d'une part et entre investissement et consommation d'autre part. On espérait que les investissements antérieurs permettraient de produire des biens exportables et que les exportations croîtraient beaucoup plus vite que les importations ; c'est-à-dire que la tendance des années 1971-1975 s'inverserait en 1976-1980. En 1976, une nouvelle crise éclate parce que les prix des biens de consommation augmentaient plus vite que les revenus. De 1976 à 1980, le gouvernement polonais s'efforça de réduire la dépendance de la Pologne vis-à-vis de l'extérieur, de poursuivre quelques investissements essentiels et de maintenir le pouvoir d'achat des salariés, notamment des moins bien payés, par une surveillance des prix. Ce programme fut appelé en 1976 la « manœuvre socio-économique ». C'était en quelque sorte l'inverse de la « nouvelle stratégie économique » de la période précédente. Il était prévu que les revenus croîtraient moins vite qu'auparavant et que les importations d'équipement seraient ralenties. La « manœuvre » échoua parce que la réduction du taux d'investissement bloqua la croissance ; de grands projets furent abandonnés et le renchérissement de certaines importations accentua l'endettement. La production des biens de consommation ne se développa pas aussi vite que prévu et la productivité de l'agriculture ne s'améliora guère en raison notamment du morcellement croissant des exploitations agricoles (les fermes de moins de 2 hectares représentaient 30,5 % des exploitations individuelles en 1978 contre 20,9 % en 1950).

En 1981, le gouvernement choisit de pratiquer une politique brutale de vérité des prix, qui se traduisit par une hausse sans précédent de la plupart des prix des biens de consommation, et de restauration de l'équilibre financier des entreprises.

La réforme de 1982 augmente le degré d'autonomie des entreprises. En matière d'investissement, elle met l'accent sur les possibilités d'autofinancement des firmes. Une entreprise peut donc jouer sur ses prix de vente et s'assurer un profil dont une part servira à financer les investissements qu'elle décide. L'obstacle à la réalisation d'une telle décentralisation de l'économie réside dans les difficultés qu'éprouvent les firmes à s'approvisionner en matières premières et en machines. Les firmes sont donc conduites à s'en remettre aux autorités centrales pour leur accorder des priorités de livraison. L'autonomie des entreprises est restée théorique ; dans les faits, les autorités de Varsovie ont conservé l'essentiel de leurs prérogatives.

Tableau 2 :
La structure du Revenu national en Pologne en %

	1950	1960	1970	1980	1986
Industrie	26,3	46,9	54,6	52,1	47,3
Construction	7,4	9,7	9,8	10,1	12,9
Agriculture	51,7	25,8	17,3	15,8	15,4
Transports et communications	?	5,3	6,7	7,2	6,2
Commerce et services	?	10,3	9,9	12,8	16,0
Erreurs et omissions		2,0	1,7	2,0	2,2
Total	100	100	100	100	100

Source : Annuaire statistique des pays-membres du CAEM, 1986.
Note : Le Revenu national, dans la conception des pays socialistes, n'inclut pas les services rendus par l'administration.

Les années 1980-1983 ont été particulièrement dures pour les Polonais tant du point de vue des hausses de prix que de celui des revenus. Les salaires ont augmenté de 31 % en 1981 alors que l'offre de biens de consommation continuait de baisser et que les investissements diminuaient de 62 %. Le Produit National (PNB) a baissé de 6 % en 1980, de 12 %

en 1981 et de 5,5 % en 1982. En prix constants, le PNB de 1983 était de 8 % inférieur à celui de 1975 et de 13 % à celui de 1980.

Des difficultés persistantes

Le creux de la vague a été atteint en 1982 ; en 1983, le PNB augmente de 5,8 % puis de 5,6 % en 1984 et de 3 % en 1985. Ces taux de croissance sont inférieurs aux taux de décroissance des années précédentes si bien que le niveau de vie n'a pas rattrapé celui des années 1975-1978. Aussi, en 1985, la consommation individuelle est, à prix constants, inférieure d'environ 7 % à celle de 1978.

La reprise relative de 1983 a été due à l'amélioration de la productivité du travail, notamment dans l'extraction de matières premières. Les restrictions apportées aux importations de biens de consommation ont permis d'acheter des machines et des pièces détachées. Le plan triennal de redressement 1983-1985 est marqué par l'abandon de toute stratégie à long terme, et par la seule ambition d'aider les entreprises à équilibrer leurs comptes, jointe au désir de rattraper les retards d'investissement. Ainsi de 1982 à 1985 l'investissement croît beaucoup plus vite que la production.

À la fin de 1985, l'endettement de la Pologne était de l'ordre de 28 milliards de dollars ; il atteint, en 1987, 35 milliards de dollars auxquels s'ajoute une dette envers ses partenaires socialistes de 5 à 6 milliards de roubles. Il faut donc poursuivre l'effort d'exportation. En 1984 et en 1985, la Pologne a connu un excédent de sa balance commerciale en devises fortes, mais cela ne suffit pas à alléger son endettement.

En novembre 1986, le gouvernement a renforcé la politique d'austérité et se propose de réduire graduellement les subventions aux prix, même si cela doit réduire le niveau de vie des ménages. De telles mesures ne provoqueront de graves remous que si l'offre de biens de consommation, et notamment de produits alimentaires, augmente. Les bonnes récoltes de 1986 sont, de ce point de vue, plutôt encourageantes.

Le plan quinquennal 1986-1990 retient trois priorités :

– l'accroissement de la consommation des ménages ;
– la modernisation de l'industrie et des économies de matières premières ;
– le développement des exportations.

Ces trois objectifs sont difficilement compatibles si le taux de croissance de la production n'est pas très élevé. Si des arbitrages doivent être opérés entre ces trois priorités il semble admis que la consommation individuelle croisse à un rythme égal à la moitié de celui de la croissance du Produit National, et les exportations à un taux proche du double.

Lenteur des progrès agricoles

L'agriculture polonaise est la moins collectivisée de celles des pays socialistes. Près de 80 % des terres cultivées appartiennent à des agriculteurs indépendants. La taille moyenne de ces exploitations privées est très inférieure à ce qu'exigent les normes techniques actuelles : 5 % des fermes privées dépassent 15 hectares et 60 % ont moins de 5 hectares, et cette situation ne s'améliore que très lentement.

Le gouvernement Gierek fit beaucoup pour développer et rationaliser l'agriculture privée. En 1971 les autorités cherchèrent à réduire le nombre de paysans-ouvriers. Pour améliorer la productivité de l'agriculture, on s'efforça d'avantager les agriculteurs à part entière. Il s'agit d'attirer vers les villes certains paysans, ce qui provoque de gros problèmes de logement et de couverture sociale de ces anciens agriculteurs. Il est très coûteux de favoriser la vente des terres car, d'un côté, il convient d'assurer au vendeur un bon niveau de vie en ville et, d'un autre côté, il faut permettre à l'acheteur de payer ses terres et d'acheter les machines nécessaires. Des pensions sont versées aux agriculteurs âgés qui quittent la terre et un fonds national des terres achète des fermes afin d'éviter un effondrement du prix des terres. Ce fonds les revend, en accordant des conditions de crédit avantageuses, aux agriculteurs à plein temps. Pour que ces agriculteurs puissent s'équiper et rembourser leurs emprunts, il est nécessaire qu'ils fassent des bénéfices suffisants, ce qui conduit à une hausse des prix agricoles. L'État achète plus cher leurs produits aux paysans sans pouvoir répercuter intégralement ces hausses dans les prix de vente au consommateur.

Pour aider les agriculteurs à investir, l'État leur a acheté leurs produits à des prix croissants et les a revendus à perte. Les subventions aux prix de détail de biens alimentaires sont passées de 17 milliards de zlotys en 1970 à 170 milliards en 1979. Les exportations de viande ont été réduites à partir de 1977, pour maintenir la consommation intérieure ; cela a accentué le déficit du commerce extérieur. Il est compréhensible que l'État ait cherché à rompre cette spirale subventions-déficits en élevant les prix de détail ; il est également compréhensible que la population urbaine ait réagi face à cette baisse brutale de son pouvoir d'achat. Les causes des émeutes de 1976 sont bien là. Mais il serait faux de croire que le niveau de vie des paysans a évolué plus favorablement que celui des ouvriers. Les agriculteurs ont payé de plus en plus cher les facteurs de production qu'ils achetaient et, en prix constants, le revenu des fermes privées a augmenté de 20 % entre 1970 et 1974 alors que celui des travailleurs des villes s'accroissaient de 30 %. De 1975 à 1981, le revenu des fermiers a stagné alors que celui des citadins augmentait de 10 %. Encore en 1987 près de la moitié des familles d'agriculteurs dépendent largement d'un revenu non agricole. Après 1981 le désir de réduire les importations de biens alimentaires a amené le gouvernement à privilégier la production agricole. De bonnes conditions climatiques ont favorisé cette entreprise mais le pouvoir d'achat des agriculteurs a baissé en 1982 parce que les prix agricoles ont moins progressé que les coûts de production. À partir de 1983, la production de céréales fut bonne mais le cheptel bovin s'est réduit de 22 % en deux ans. La situation des agriculteurs s'est stabilisée et le plan 1986-1990 prévoit une croissance sensible de la production agricole et le développement des industries agro-alimentaires.

RÉPUBLIQUE DÉMOCRATIQUE ALLEMANDE

Capitale : Berlin
Population : 16 620 000 hab.
Variation pop./an (1973-85) : – 0,1 %
Superficie : 108 178 km²
PNB/habitant : 11 000 $
Taux de croissance/an (1973-85) : n.d.

Tableau 1 :
La structure du Revenu national en RDA en %

	1950	1960	1970	1980	1986
Industrie	51,2	62,7	57,7	68,7	63,3
Construction	5,1	5,1	8,3	5,9	7,4
Agriculture	17,7	12,1	12,6	8,4	12,2
Transports et communications	5,8	4,8	6,1	4,2	5,2
Commerce et services	18,2	13,0	12,3	9,7	8,5
Erreurs et omissions	2,0	2,3	3,0	3,1	3,4
Total	100	100	100	100	100

Source : Annuaire statistique des pays-membres du CAEM, 1986.
Note : Le Revenu national, dans la conception des pays socialistes, n'inclut pas les services rendus par l'administration.

De la centralisation à la décentralisation économique

Correspondant au secteur d'occupation soviétique, la RDA a été très vite organisée sur le modèle stalinien. Banques, transports et grandes entreprises ont été nationalisés très vite mais les petites entreprises sont restées longtemps privées.

En 1963, la RDA fut le premier pays socialiste à adopter une réforme économique réduisant sensiblement le rôle de la planification centrale. Elle servit d'expérience aux autres pays, dont l'URSS, qui se lancèrent à leur tour dans les réformes à partir de 1965. Le « nouveau système économique » lancé en RDA consistait en une décentralisation effective des décisions économiques. La redistribution du pouvoir de décision resta ambiguë et les ministères industriels ne se laissèrent jamais totalement déposséder de leurs prérogatives. La réforme des prix et des stimulants fut assez profonde. Les firmes étaient incitées à faire du profit et donc à vendre plus de biens dont les prix sont élevés. Les prix industriels furent recalculés, entre 1964 et

1967, à partir des coûts de production. Ces prix, peu flexibles car ils ne variaient pas lorsque la demande variait, exercèrent une influence imprévue : les firmes furent incitées à réduire voire abandonner la fabrication des produits peu rentables et à augmenter fortement les prix des objets très coûteux. Ces mouvements de prix ont rendu instable la structure des coûts des entreprises qui ne pouvaient plus prévoir les prix des facteurs de production qu'elles allaient recevoir.

En même temps que les droits des entreprises étaient élargis, on procéda à une refonte des structures industrielles. La concentration des usines fut rapidement menée et des « unions d'entreprises » furent créées à partir de 1967 : les VVB (Vereinigung Volkseigener Betriebe). Ces grandes firmes, devenues des centres de décision relativement autonomes, ont pris des initiatives dans le domaine des investissements. Ayant le droit d'utiliser la part de profit qui leur restait à financer les investissements de leur choix, elles optèrent pour l'agrandissement des ateliers produisant des biens que la réforme des prix rendait rentables. Les diverses VVB se sont portées sur le marché des mêmes équipements et se sont fait concurrence si bien que le prix de certaines machines a largement augmenté. La réforme paraît, dès 1970, porteuse de risques pour l'équilibre économique. Les coûts de production ne sont pas maîtrisés. Des biens et des machines, fort utiles à certaines entreprises, ne sont plus fabriqués parce que leur prix n'est pas intéressant. Il faut interdire à une firme de cesser la production d'un bien encore demandé. En 1970 l'autonomie des entreprises est réduite à son niveau de 1963 tandis que les prix sont gelés, en 1971, jusqu'en 1975, date à laquelle ce blocage est reconduit jusqu'à 1980. On ne cherche plus à lier directement les prix aux coûts de production.

La recentralisation et la recherche de l'efficacité

En 1980, les prix furent révisés, pas tant pour les ajuster aux variations de l'ensemble des coûts que pour inciter les entreprises à économiser des produits importés et notamment de l'énergie. De plus, afin d'éponger une partie de l'épargne des ménages, les prix de certains biens de consommation, inchangés depuis dix ans, furent substantiellement augmentés (automobiles, magnétophones, machines à laver, etc.). Des augmentations de prix ont complété cette politique au début de chaque année depuis 1981. Le principe de la stabilité des prix imposé en 1970 est désormais abandonné.

À partir de 1971 une nouvelle stratégie économique est définie qui met l'accent sur la nécessité d'utiliser au maximum les technologies de pointe dans la production de tous les biens y compris les biens de consommation. Une sorte de « contrat social » est proposé aux travailleurs : s'ils travaillent dur et acceptent de s'adapter à des techniques nouvelles, le niveau de vie s'améliorera et la qualité des biens de consommation sera garantie. Des investissements massifs sont consentis dans les industries de pointe, le Conseil des ministres, l'office du plan et les ministères industriels organisent la production car les VVB ont perdu l'essentiel de leur pouvoir et la foi dans les vertus de l'informatique et de la planification scientifique des dirigeants de l'ère Ulbrich est souvent tournée en dérision par les nouveaux responsables de l'économie mis en place par Honecker, lui-même au pouvoir à partir de 1971. Le niveau de vie s'améliore en effet sensiblement.

Tableau 2 :
Biens durables pour 100 ménages

	Automobiles	Réfrigérateurs	Machines à laver	Téléviseurs
1960	3,2	6,1	6,2	16,7
1970	15,6	56,4	53,6	73,6
1980	38,1	108,8	84,4	105,0
1983	43,7	125,0	94,0	114,1

Source : Einheit, 1984 n° 9-10.

Lorsque la production nationale est insuffisante, la RDA achète des biens à l'étranger : 10 000 Volkswagen furent importées en 1977 ; 10 000 Mazdas et 6 000 Citroëns en 1981.

Les chocs pétroliers de 1973 et 1979 furent très graves pour la RDA. En 1975, l'URSS augmente le prix de ses livraisons de pétrole sans tout à fait l'aligner sur le cours mondial mais le coup est rude pour la RDA qui en est un gros importateur : la RDA importe d'URSS entre 27 et 35 %, selon les années, de l'énergie qu'elle consomme. Les équipements et les biens manufacturés qu'exporte la RDA n'ont pas vu leurs prix augmenter comme ceux des produits primaires. Les termes de l'échange de la RDA se sont détériorés de 13 % à la suite du premier choc pétrolier. En 1979, la situation est encore pire car les prix soviétiques s'ajustent presque aux prix mondiaux et, en 1982, la RDA paie la tonne de pétrole soviétique dix fois plus cher qu'en 1973 tandis que l'URSS limite le volume de ses exportations. De 1976 à 1983, la RDA accumule un déficit commercial de 3,4 milliards de roubles transférables envers l'URSS. Pour rétablir les équilibres fondamentaux, les autorités ont dû mener une politique d'austérité assez sévère en réduisant les importations, la consommation nationale et même l'investissement. En même temps, la RDA mène une politique assez agressive d'exportations à l'Est comme à l'Ouest. Elle est excédentaire dans ses échanges avec les autres pays socialistes, sauf l'URSS, et elle vend de plus en plus à l'Ouest en pratiquant des prix concurrentiels. Ses exportations en devises occidentales ont augmenté régulièrement (de 31,2 % en 1981 et de 20,4 % en 1982 qui furent les années les plus offensives). Sa dette en devises a été réduite de cette façon et grâce à la persévérance de sa politique d'austérité passant de 10 milliards de dollars en 1981 à 8,5 en 1982 et à 6,7 en 1983.

Si la RDA a subi de plein fouet les chocs pétroliers de 1973 et 1979, sa façon de les absorber a été largement conditionnée par les liens très privilégiés qu'elle conserve avec l'autre Allemagne : la RFA. Les choix économiques de la RDA ne sont pas pris dans un contexte comparable à celui des autres pays socialistes. La RDA peut recourir à des crédits peu coûteux en à peu près n'importe quelles circonstances. Il a suffi, fin 1984, au gouvernement de RDA d'assouplir légèrement les conditions de circulation entre les deux Allemagne pour recevoir un crédit de 950 millions de deutsche Marks garanti par le gouvernement fédéral de Bonn, peu après que la Bavière eut accordé un autre crédit d'un milliard de deutsche Marks.

Une organisation industrielle originale : le modèle allemand

En 1980, l'industrie a été concentrée en 132 combinats dont chacun emploie en moyenne 25 000 travailleurs et regroupe près de trente entreprises. Le directeur du combinat est l'interlocuteur responsable du ministre compétent.

Chaque combinat est dans une situation qui rappelle celle d'un monopole. La production, le choix des techniques, la nature des primes et des hausses de salaire sont discutés entre le directeur du combinat et les autorités centrales. Les deux interlocuteurs ne sont pas tout à fait égaux ; le directeur possède sur les usines de son combinat une somme d'informations dont personne d'autre n'a connaissance. Son pouvoir est donc considérable. Lorsqu'un combinat a le monopole de la production de certaines machines ou d'automobiles ou de calculatrices, le ministre ne peut prendre le risque d'interrompre la production par des décisions irréfléchies. Il se pose un problème de contrôle des combinats qui n'est que partiellement résolu par les relations de fournisseur à client entre les combinats eux-mêmes. Un autre problème est soulevé par le fonctionnement des combinats, c'est celui des relations entre les entreprises membres du combinat. Le directeur du combinat a de grands pouvoirs hiérarchiques sur les directeurs des usines. Il peut favoriser certaines au détriment des autres bien que cela ne soit guère dans son intérêt. Plus vraisemblables sont les difficultés liées à l'inégale connaissance qu'il a des diverses entreprises qu'il dirige. Chacune avait son histoire et la répartition des tâches lors de la constitution du combinat n'a pas été toujours simple.

Le statut du directeur d'un combinat est complexe et ambigu. Il est à la fois : 1) le délégué de son ministre et donc responsable de l'exécution des directives de ce dernier ; 2) le représentant du combinat auprès des autorités centrales ; 3) un entrepreneur tenu de réaliser des profits et de promouvoir le progrès technologique. Il est le personnage clé de l'industrie. Ses responsabilités sont encore accrues par le fait que les entreprises de commerce extérieur sont intégrées désormais dans les combinats. Cette mesure a probablement inspiré la réforme du commerce extérieur décidée par M. Gorbachev pour l'URSS en 1986. Les directeurs de combinats sont les chefs d'entreprise qui jouissent du plus de pouvoir dans les économies socialistes à part peut-être les chefs d'entreprise hongrois. Mais alors que la réforme hongroise va clairement dans le sens d'une restauration des mécanismes de marché, les responsabilités et l'autonomie du directeur du combinat s'exercent dans le cadre d'une économie centralisée où le marché joue peu de rôle. Les directeurs de combinat sont simplement une pièce essentielle de la structure de décision de ce système centralisé. Certains directeurs ont radicalement transformé la structure et les responsabilités de certaines des entreprises regroupées dans le combinat qu'ils dirigent ; ils ont, par exemple, spécialisé certaines unités de production ou regroupé les centres de recherche. Bien des pouvoirs, autrefois dévolus aux ministères, appartiennent désormais au directeur de combinat. La loi de 1982, qui précise le partage des pouvoirs, insiste sur la responsabilité des combinats dans l'établissement des stratégies industrielles à long terme, responsabilités qu'ils exercent dans le cadre d'objectifs assez généraux définis par les autorités centrales.

L'État dirige les combinats d'une manière indirecte qui rappelle parfois les mécanismes mis en place en Hongrie en 1968. Il modifie, par exemple, le mode de calcul des profits ou leur utilisation. N'ayant souvent qu'un interlocuteur pour chaque produit : le directeur du combinat intéressé, le gouvernement n'a aucune difficulté à faire connaître sa politique en ce qui concerne ce produit. Ainsi fut-il relativement aisé de répartir la pénurie d'énergie et de pétrole. Ainsi est-il facile de répartir l'investissement entre les firmes d'une même branche. L'industrie est-allemande est donc un ensemble de monopoles dont chacun dialogue en permanence avec l'État.

La réforme industrielle est pour l'instant un succès car les gains de productivité réalisés depuis 1982 se confirment d'année en année et, en 1986, la production industrielle s'est accrue de 8,6 %.

Agriculture et artisanat

L'agriculture est largement industrialisée et spécialisée. Les fermes sont en général des coopératives, proches administrativement du kolkhoze soviétique et, dans 10 % des cas, des fermes d'État analogues aux sovkhozes. La RDA est dans le peloton de tête des nations quant aux taux d'utilisation de pesticides et d'engrais chimiques. La production est importante mais, compte tenu des moyens employés en machines, en produits chimiques, et en hommes, les rendements ne sont pas très élevés. Il semble que les fermes, et notamment celles d'élevage, soient de dimensions trop grandes pour que la gestion soit rationnelle.

Il apparaît ainsi que le système économique de la RDA n'est pas aussi centralisé qu'on le dit souvent. J. Berliner dans sa typologie des modèles de socialisme retient quatre modèles qui, du plus centralisé au plus décentralisé, sont le modèle réactionnaire, le modèle conservateur, le modèle libéral et le modèle radical. Il fait de la Hongrie un exemple de modèle radical et de la RDA un exemple de modèle libéral ressemblant à la NEP des années 1921-1928 en URSS. En effet, en RDA, les petites entreprises privées ont toujours eu droit de cité dans l'artisanat, les services, le commerce et l'agriculture. Il existe de petites unités de production, publiques ou privées, qui suivent les lois du marché de plus ou moins près. Depuis 1976, le petit artisanat privé (Handwerk) est encouragé et de nouvelles entreprises se créent régulièrement. Ce secteur privé, qui emploie 400 000 personnes, produit environ 4 % du revenu national.

ROUMANIE

Capitale : Bucarest
Population : 23 170 000 hab.
Variation pop./an (1973-85) : 0,8 %
Superficie : 237 500 km²
PNB/habitant : 1 706 $
Taux de croissance/an (1973-85) : n.d.

Lorsque, après la Seconde Guerre mondiale, la Roumanie devient une république socialiste, elle est un pays agricole assez peu développé. L'industrialisation accélérée menée depuis 1945 n'a pas réussi à en faire une véritable puissance industrielle.

Une économie socialiste centralisée

L'économie est très centralisée et les pouvoirs de l'État central sont très

Structure du Revenu national en %

	1950	1960	1970	1980	1984	1985
Industrie	43,4	42,1	59,1	59,3	61,6	62,7
Bâtiment	6,2	8,9	10,6	9,3	8,0	7,8
Agriculture	27,6	34,9	19,5	15,2	16,4	16,2
Transports et Communications	5,8	5,2	5,9	7,0	6,2	6,0
Commerce et services	11,6	6,2	3,4	7,4	–	–

étendus. Cette centralisation est souvent rendue responsable des difficultés de l'industrie roumaine. Une ébauche de réforme est introduite en 1967. Elle institue dans la gestion des firmes un système de direction collective où un comité de direction a le pouvoir de s'opposer aux décisions du directeur d'entreprise. Ce comité, véritable « pouvoir législatif » de la firme, est le conseil d'administration permanent alors que le directeur est le « pouvoir exécutif » chargé d'exécuter les décisions du comité. Cette réforme n'a jamais été vraiment appliquée et le gouvernement roumain a vite rejeté toute décentralisation. Au contraire, il crée en 1969 de nouvelles entités industrielles – de grandes unités de production appelées « centrales » – en regroupant les entreprises existantes. Les directions de branche des ministères industriels qui dirigeaient les firmes perdent leurs prérogatives et certaines d'entre elles sont supprimées. La « centrale » est l'interlocuteur direct du ministère. Il serait inexact d'interpréter cette réforme comme le début d'une décentralisation des décisions ; ce n'est qu'une simple réorganisation administrative permettant un contrôle plus efficace des activités des firmes ainsi regroupées. Dès 1969, alors que les autres pays socialistes cherchent encore les moyens de décentraliser les décisions économiques, les fonctionnaires de l'office roumain de planification sont explicitement invités à définir les voies d'un centralisme renforcé. Les comités de direction sont supprimés en 1971 et, à partir de 1973, les firmes reçoivent des objectifs de production en volume qui ont la forme d'une fourchette dont la limite supérieure est la proposition inscrite, pour l'année, dans le plan quinquennal et dont la limite supérieure représente les ambitions récentes du planificateur.

Malgré les tentatives de décentralisation réalisées dans tous les autres pays socialistes et malgré la réforme Gorbachev, en URSS, le chef de l'État roumain, N. Ceausescu, a souvent affirmé qu'il n'était pas question de renforcer le rôle de l'initiative privée et que les expériences tentées dans les autres pays socialistes ne correspondaient pas aux réalités roumaines.

La Roumanie dépend de plus en plus de l'URSS qui lui a livré, en 1986, 4 millions de tonnes de charbon et 5 millions de tonnes de pétrole sans parler du gaz et de l'électricité. La Roumanie doit payer en produits agricoles alors que les produits alimentaires sont sévèrement rationnés en Roumanie depuis 1981. Les experts internationaux sont d'accord pour affirmer que la Roumanie devrait restructurer son industrie et réduire progressivement le rôle de l'industrie lourde et que la politique d'indépendance économique par la création d'industries de base a finalement rendu la Roumanie très dépendante à la fois de l'Ouest et de l'Est.

Une économie en crise

La croissance économique s'est ralentie vers 1966-1970 et les difficultés se multiplient à partir de cette période. L'industrie lourde prend une trop grosse part de l'investissement et la qualité de ses produits reste médiocre. L'agriculture, paralysée par la bureaucratie, ne satisfait pas les besoins des consommateurs. Le pouvoir décide d'abord de maintenir les importations à un niveau élevé mais la Roumanie ne peut faire face à des charges de remboursement, d'autant plus qu'elle importe beaucoup de pétrole afin de maintenir ses capacités de raffinage. Déclarée en rupture de paiement en 1981, la Roumanie est contrainte d'adopter une politique d'austérité draconienne. Les importations sont réduites, la consommation intérieure est rationnée comme dans un pays en guerre. Le FMI a accordé des crédits importants à la Roumanie à partir de 1982.

La politique d'austérité a fini par produire ses fruits. En 1985, la Roumanie a réalisé un excédent de la balance commerciale de 2,5 milliards de dollars grâce à une réduction sévère de ses importations. La dette en devises se réduit régulièrement mais l'arrêt de certaines importations d'équipement accélère le vieillissement de l'industrie. La sévérité des rationnements en biens alimentaires, chauffage, etc., a provoqué des émeutes populaires à Brasov en novembre 1987.

TCHÉCOSLOVAQUIE

Capitale : Prague
Population : 15 530 000 hab.
Variation pop./an (1973-85) : 0,5 %
Superficie : 127 869 km²
PNB/habitant : 7 643 $
Taux de croissance/an (1973-85) : n.d.

Une réforme avortée

La Tchécoslovaquie, et tout particulièrement la Bohême, est un pays de vieille tradition industrielle même si une bonne partie des manufactures était, avant 1945, dirigée et encadrée par des ingénieurs et des ouvriers de souche allemande qui furent chassés, après 1945, lors de la grande « purification du sol national ».

À partir de 1945, toute l'industrie est nationalisée ainsi que le crédit et les activités financières. Il y eut sur ce point accord entre les communistes et les sociaux-démocrates. En 1948, le parti communiste prend le pouvoir et l'économie est organisée sur le modèle stalinien de planification centralisée, en même temps que l'agriculture est collectivisée. La Tchécoslovaquie devient vite, avec la RDA, le pays socialiste d'Europe de l'Est le plus doué dans le domaine industriel. Le système de planification était cependant trop rigide pour que la croissance de l'industrie puisse atteindre de hauts niveaux. Capable de produire une gamme diversifiée de biens, la Tchécoslovaquie souffrait du système stalinien de priorité aux industries lourdes.

À partir de 1966, la Tchécoslovaquie s'engage dans la voie des réformes économiques accordant un grand rôle aux forces du marché. Les prix sont modifiés et intègrent les variations de coûts de production en ce qui concerne les prix libres du moins. À côté de ces prix libérés qui augmentent rapidement, la réforme de 1966 institue des prix « limités », c'est-à-dire des prix dont les marges de variations sont limitées à l'avance et des prix « fixés » qui sont déterminés par l'État et ne fluctuent pas en fonction de l'offre et de la demande.

En 1968, les nouveaux dirigeants, menés par Dubcek, décident de laisser aux entreprises un très large pouvoir d'initiative aussi bien pour ce qui touche les prix qu'en ce qui concerne le choix des marchandises à produire. Le socialisme de marché va plus loin que les réformes hongroises, les seules auxquelles il puisse être comparé. L'intervention soviétique et l'arrivée au pouvoir d'une nouvelle équipe interrompent l'expérience tchécoslovaque et l'économie retrouve le système de gestion précédent, un peu amendé au niveau de la nature des priorités, et, en janvier 1970, les prix sont administrativement bloqués à leur niveau de janvier 1969 pour les prix de gros et de juin 1969 pour les prix de détail.

Taux de croissance du Revenu national, en %, par an

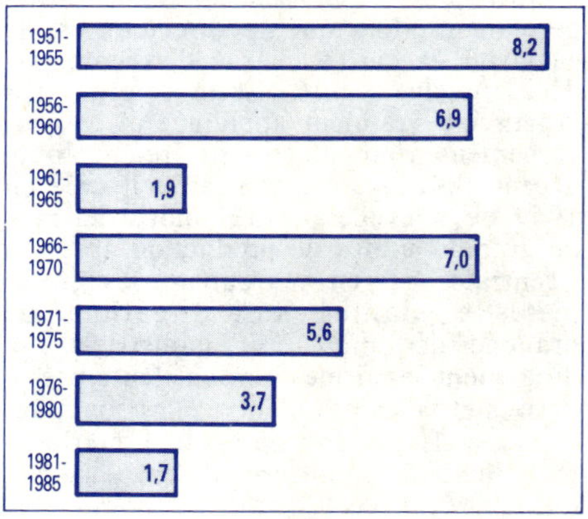

Source : A. Dawson, *Planning in Eastern Europe*, Londres, 1987.

Structure du Revenu national de la Tchécoslovaquie en %

	1950	1960	1970	1980	1986
Industrie	62,5	63,4	62,1	65,0	61,2
Construction	8,7	10,7	11,3	10,6	10,9
Agriculture	16,7	15,2	10,5	7,5	7,4
Transports et communications	2,8	3,0	3,8	4,2	3,7
Commerces et services	8,7	7,0	11,3	12,3	16,2
Erreurs et omissions	0,6	0,7	0,1	0,4	0,6
Total	100	100	100	100	100

Source : *Annuaire statistique des pays-membres du CAEM*, 1986.
Note : Le Revenu national, dans la conception des pays socialistes, n'inclut par les services rendus par l'administration.

Une industrie moderne

L'économie de la Tchécoslovaquie se caractérise par un niveau technique très élevé en comparaison de celui de ses voisins. L'agriculture est mécanisée et les fermes coopératives ont une grande autonomie de gestion.

L'économie tchécoslovaque connaît, comme toutes les économies socialistes, un sensible ralentissement de la croissance à partir de 1976-1978. Par rapport à la décennie précédente la productivité du travail et surtout du capital évolue défavorablement. Aussi l'utilisation des matières premières se développe plus vite que la création de valeur ajoutée. Tandis que la production de biens finis par l'industrie s'est réduite de 1975 à 1980, les dépenses en machines et matières premières ont augmenté de 3,2 %. La Tchécoslovaquie est victime d'une structure industrielle déséquilibrée : en effet, dans les années 1950-1970, les secteurs et les techniques utilisant beaucoup d'énergie et de matières premières ont été privilégiés. Les disproportions introduites à cette époque entraînent, en 1975-1985, un renchérissement sensible de la production car la machine industrielle tchèque est très forte consommatrice de ces biens dont les prix ont fortement augmenté.

YOUGOSLAVIE

Capitale : Belgrade
Population : 23 270 000 hab.
Variation pop./an (1973-85) : 0,8 %
Superficie : 255 804 km^2
PNB/habitant : 2 070 $
Taux de croissance/an (1973-85) : 3,6 %

Devenue un pays communiste après la Seconde Guerre mondiale, la Yougoslavie s'inspire d'abord du modèle stalinien. Le premier plan quinquennal (1947-1951) accorde la priorité à l'industrie lourde et prévoit de nombreuses livraisons d'équipements soviétiques. L'agriculture est collectivisée en 1948-1949. L'URSS et la Yougoslavie rompent leurs relations en 1949 et la Yougoslavie se tourne vers les États-Unis qui lui apportent une aide massive.

À partir de 1950, les autorités yougoslaves cherchent à inventer un nouveau mode de gestion socialiste et, en 1950, une première loi décide que le conseil ouvrier – organe de gestion de l'entreprise – sera élu au scrutin secret par le personnel. Le conseil ouvrier élit le comité de gestion qui contrôle l'activité du directeur dont les pouvoirs propres sont assez faibles. Les profits de l'entreprise sont partagés entre les travailleurs, après déduction des fonds nécessaires à l'investissement. Les intérêts des travailleurs et leur politique vont dans le sens d'une réduction de la part des profits affectée aux investissements et aux fonds collectifs. Ces conflits ne peuvent être réglés que par l'intervention des autorités de tutelle qui sont les autorités locales ou régionales beaucoup plus souvent que le pouvoir central.

Un système économique original

L'originalité du système yougoslave réside dans ce que la propriété sociale des moyens de production n'est pas entendue comme la propriété de l'État. L'État central intervient peu dans la gestion des entreprises, la planification centralisée de type soviétique est rejetée au profit du marché (c'est-à-dire des relations directes entre les entreprises sans passer par l'État). Le plan de développement économique et social est purement indicatif. Il a pour but de coordonner les prévisions des entreprises. Il est établi après une longue période, deux ans en général, de préparation et de discussion entre les représentants de 32 000 entreprises. Le plan reflète les préoccupations du gouvernement central, qui sont de réduire l'inflation et le déficit des paiements extérieurs. Les plans yougoslaves sont révisables et leurs objectifs (qui sont des indications et non des directives) ne sont pas toujours poursuivis avec détermination.

La planification souple devient l'instrument de coordination des activités économiques. Parallèlement, l'agriculture est partiellement décollectivisée et le nombre de coopératives agricoles passe de 6913 en 1950 à 507 en 1957.

Depuis 1953, l'économie yougoslave n'a connu que des modifications mineures dans l'organisation générale de l'administration économique et les diverses réformes entreprises n'ont pas altéré l'esprit décentralisateur et autogestionnaire de 1950.

La réforme la plus importante est celle de 1965 qui accentue le glissement vers une économie libérale de marché. Les banques locales voient leur autonomie renforcée et peuvent se faire concurrence mais elles sont dirigées par un conseil où les représentants des entreprises clientes de la banque sont majoritaires. Les firmes obtiennent le droit de répartir leur fonds des salaires et leur investissement comme elles l'entendent.

Le système bancaire est original. Il est articulé en trois échelons :

– Les banques nationales, au nombre de deux, qui sont la banque de Yougoslavie et la banque des républiques. Elles exécutent la politique monétaire nationale et la gestion des changes.

– Les « banques associées » (il y en a en moyenne une par république) sont responsables des crédits à l'investissement dans leur région.

– Les « banques intérieures » et les « banques de base » gèrent la trésorerie des entreprises et s'occupent des dossiers de crédit ordinaires.

L'irresponsabilité monétaire des banques provoque une inflation de crédit et la Yougoslavie n'a cessé de connaître des taux d'inflation très élevés. Pour limiter l'inflation, des plans de stabilisation sont périodiquement adoptés ; ils sont suivis de plans de relance pour réduire le chômage qui était préoccupant bien avant la crise mondiale de 1974 ; mais, alors, les Yougoslaves trouvaient facilement un emploi à l'étranger.

La décentralisation du pouvoir économique se renforce régulièrement et les entreprises n'ont pas en face d'elles un État central mais la région ou la commune. Au sein des organismes communaux se croisent les influences des banques, des entreprises et des dirigeants politiques locaux. Les intérêts particuliers exercent leur pression sans rencontrer de contre-pouvoir. Les entreprises déficitaires sont maintenues artificiellement en activité grâce à des crédits, à-peu-près gratuits, des banques. Les entreprises performantes n'obtiennent pas d'avantages importants.

À partir de 1970, les républiques et les régions autonomes acquièrent des pouvoirs de plus en plus étendus en matière de commerce extérieur et de crédit aux entreprises. Dans ces domaines toute initiative importante de l'État central doit recevoir l'approbation unanime des républiques et des régions.

En 1970 et 1975 les grandes entreprises sont subdivisées en unités plus petites : « les organisations de base de travail associé », car il paraissait difficile d'appliquer les principes autogestionnaires dans des firmes de grande taille.

L'industrie occupe environ 2,5 millions de travailleurs principalement employés dans les constructions mécaniques, la métallurgie, l'agro-alimentaire et le textile. La croissance de la production industrielle a été très forte de 1948 à 1970, puis la productivité s'est détériorée. Les difficultés d'importer les produits chimiques et les métaux spéciaux indispensables sont présentées comme une des causes essentielles de cette stagnation. Tant que la Yougoslavie devra limiter ses importations pour stabiliser sa dette, elle ne pourra relancer l'activité de la plupart de ses industries. Elle conserve cependant quelques atouts. Les équipements importés (près de la moitié du stock de machines) sont modernes et de bonne qualité, la main-d'œuvre est très qualifiée, du moins en Slovenie et en Croatie. Il n'est pas interdit d'espérer qu'une éventuelle reprise de l'activité mondiale ait d'importantes répercussions sur l'industrie yougoslave.

L'inflation et la dette

Depuis 1970 environ la Yougoslavie se développe grâce à des crédits occidentaux considérables qui lui permettent d'importer ce qui lui paraît nécessaire. L'inflation est difficilement contenue et les politiques anti-inflationnistes freinent la croissance. En effet, l'économie yougoslave a été durement frappée, depuis 1976, par la crise mondiale. La croissance de la production s'est ralentie, le plan 1976-1980 prévoyait une croissance de 7,0 % par an (le taux réalisé est de 5,7 %) ; les prix ont augmenté plus vite que prévu (30 % en 1980 alors qu'on espérait « seulement » 17 %) ; le déficit des paiements s'est creusé. Les priorités de la politique économique sont claires : rétablir l'équilibre des paiements et réduire le taux d'inflation (14,4 % de 1976 à 1979, 22 % en 1979, 30 % en 1980, 80 % en 1985). Le prix à payer est l'abandon de la politique d'investissement massif dans l'industrie, ainsi que la stagnation, voire le recul, de la consommation privée.

L'endettement en devises de la Yougoslavie est considérable et elle a été conduite à économiser les matières premières et les importations que les entreprises avaient tendance à gaspiller. Dépensant plus qu'ils ne gagnent, les Yougoslaves – entreprises et particuliers – ont dû, en 1982, accepter un plan d'austérité plutôt sévère qui vise principalement à économiser les devises (l'essence et le tourisme à l'étranger ont été rationnés). Malgré tout le taux de chômage reste d'au moins 14 % et celui de l'inflation de 80 % en 1985. L'État ne parvient pas à contrôler le dérapage des salaires qui augmentent beaucoup plus vite que la productivité du travail.

La croissance économique a été stable de 1965 à 1980 en s'élevant à environ 5 % à 6 % par an. Depuis 1980, le taux de croissance est très faible (entre + 1,7 % et – 1,3 % selon les années) et certaines régions pauvres vivent dans des conditions assez difficiles. Les autorités et les économistes yougoslaves incriminent la politique laxiste des banques et la gestion souvent démagogique des entreprises autogérées. Alors que la productivité du travail dans l'industrie diminue, parce que l'on gonfle les effectifs sans accroître la production, le salaire moyen augmente sans relâche. Il a fallu réduire les investissements pour payer les salaires notamment dans les régions du Sud peu et mal industrialisées. Cela a contribué à réduire encore la productivité du travail. S'approvisionnant à crédit, la Yougoslavie est un des treize pays les plus endettés du monde et elle doit payer chaque année 4 milliards de dollars, sa dette totale avoisinant 20 milliards de dollars.

L'économie yougoslave est, en 1985-1986, dans une situation difficile. Le

Figure 1 :
La croissance économique
(taux annuels de croissance en %)

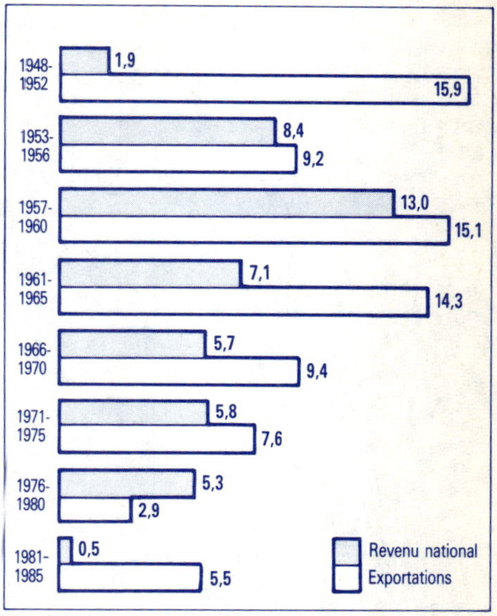

Source : Courrier des pays de l'Est et annuaires statistiques yougoslaves.

taux annuel d'inflation est de l'ordre de 130 % par an et elle est incapable d'assurer le remboursement de ses dettes. Le 31 mars 1987, les pays créanciers ont accepté de rééchelonner la dette yougoslave, mais ce ballon d'oxygène ne fait que repousser les échéances. Les salaires augmentent plus vite que les prix et on ne sait pas trop quand le gouvernement prendra les mesures d'assainissement qui rendraient confiance à ses créanciers et les inciteraient à consentir de nouveaux prêts.

Si l'endettement extérieur est à court terme le problème économique majeur de la Yougoslavie, à long terme les plus grosses difficultés qu'aura à surmonter la Yougoslavie sont dues à l'écart croissant entre les régions riches et les régions pauvres. La Yougoslavie s'enfonce dans un dualisme – régions industrielles riches et régions sous-développées de type Tiers Monde – qui peut mettre son unité en péril.

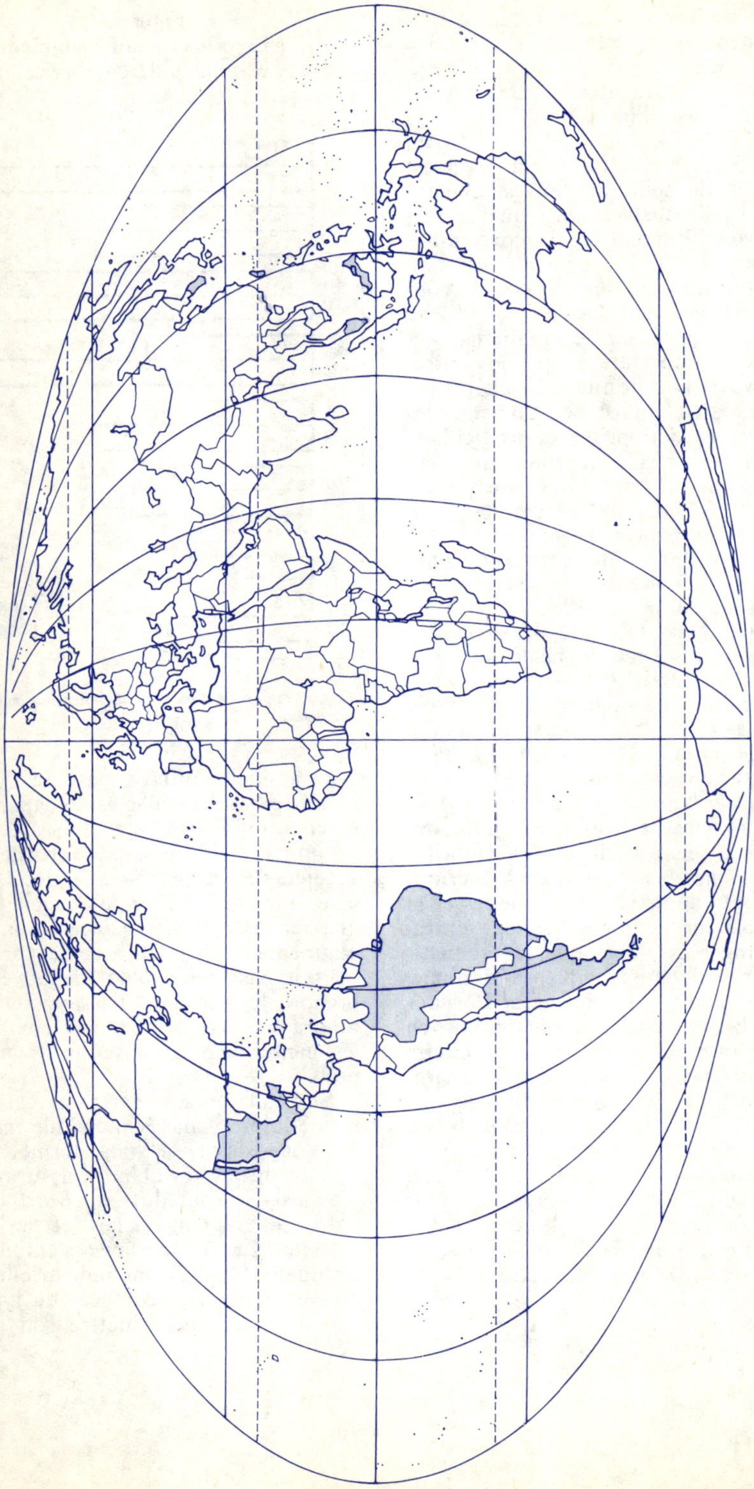

NOUVEAUX PAYS INDUSTRIELS

BRÉSIL

Institutions et vie politique :
C. Benoist-Lucy
Croissance, enjeux :
J. Généreux

Capitale : Brasilia
Population : 138 490 000 hab.
Variation pop./an (1973-85) : 2,3 %
Superficie : 8 511 965 km²
PNB/habitant : 1 640 $
Taux de croissance/an (1973-85) : 3,8 %

Des institutions stabilisées

Colonie portugaise jusqu'en 1815, monarchie indépendante en 1822, le Brésil devient en 1889 une République fédérale. Le gouvernement détient l'essentiel des pouvoirs, mais chacun des 23 États peut se doter d'une constitution et d'un gouvernement.

Le Président détient le pouvoir exécutif. Il est élu pour six ans ainsi que le vice-président, par un collège électoral comprenant les membres du Parlement fédéral et les délégués des législatures des États.

Le Congrès, composé de deux chambres, exerce l'activité législative. Le Sénat assure aux États une représentation égalitaire (3 sièges par État). Ses membres sont élus pour 8 ans, et renouvelés par 1/3 et 2/3 tous les quatre ans. La Chambre des Députés, elle, assure une représentation proportionnelle à la population. Ses membres, actuellement au nombre de 479, sont élus pour 4 ans.

La structure judiciaire est dominée par une Cour Suprême, dont les juges sont nommés par le Président avec l'approbation du Sénat.

De la dictature à la démocratie

À partir de 1930, les institutions brésiliennes ont été dénaturées par des coups d'État militaires et une succession d'administrations répressives : peu de liberté politique, pleins pouvoirs accordés au Président en 1968, élections directes abolies en 1969. Tous les partis ont été dissous en 1965 pour établir un parti gouvernemental, l'Arena (National Renewal Alliance) et un parti d'opposition, le MDB (Brazilian Democratic Movement).

L'insatisfaction croissante de la population permet au MDB d'obtenir la majorité des voix aux élections législatives de 1978, mais le découpage des circonscriptions l'empêche d'obtenir la majorité des sièges. C'est donc un Président de l'Arena qui est élu en 1979. Il prononce la dissolution des partis afin de revenir à un système multipartiste : le MDB se transforme en PMDB et s'agrandit en 1981 en fusionnant avec le Parti Populaire nouvellement créé, l'Arena devient DSP (Democratic Social Party), le PFL (Liberal Front Party) est fondé en 1984 pour soutenir le candidat du PMDB à l'élection présidentielle, et on voit éclore plusieurs partis de gauche, dont deux communistes.

Malgré le découpage favorable au DSP, le PMDB obtient la majorité des sièges à la Chambre des Députés en 1982. Pour l'élection présidentielle indirecte de 1985, une Alliance Démocratique est formée par le PMDB et le PFL. Leur candidat, Tancredo Neves, est élu Président ; mais gravement malade, il est incapable d'assumer ses fonctions. Après son décès trois mois plus tard, il est remplacé par le vice-président José Sarney, cofondateur du PFL. Celui-ci fait adopter un amendement constitutionnel qui rétablit l'élection du Président et du Parlement au suffrage universel direct, et qui réduit la durée du mandat présidentiel à 4 ans. Il est alors décidé que ce mandat expirera en 1988, date à laquelle se tiendra la première élection présidentielle au suffrage direct.

CROISSANCE

De la colonie sucrière au café républicain (1500-1929)

De l'arrivée des Portugais, en 1500, jusqu'à la grande dépression des années 1930, le développement du Brésil a reposé sur l'exportation d'un ou deux produits primaires. Sa prospérité s'est trouvée très dépendante de l'évolution des économies occidentales et des fluctuations de prix sur les marchés mondiaux. L'histoire économique du Brésil est marquée, jusqu'au début du XXe siècle, par une succession de booms et de récessions, au gré des fluctuations du cours mondial de la principale marchandise exportée.

Après une courte période d'exportation exclusive du bois, les Portugais développent la culture de la canne à sucre dans le nord-est du pays (le Nordeste), utilisant la main-d'œuvre d'esclaves indiens et surtout africains. La première phase d'expansion est liée au négoce du sucre qui culmine vers 1650 où il représente 95 % des exportations brésiliennes. Celso Furtado, économiste brésilien de renommée internationale, estime que le revenu par tête en 1600 dépassait celui de bien des pays européens à la même époque.

Après 1650, le prix du sucre ne cesse de baisser, mais les découvertes d'or et de diamant vont assurer le relais. Les exportations de produits minéraux constitueront l'activité principale jusqu'au début du XIXe siècle. La « ruée vers l'or » a deux conséquences importantes pour le développement ultérieur du pays. Elle déplace le cœur de l'économie du Nordeste vers le sud, et stimule la colonisation portugaise. De 170 000 en 1650, la population passe à 1,5 millions en 1750 et 3,3 millions en 1800. La faible progression des prix des produits miniers amène une longue période de stagnation économique et l'essor du coton et du café qui devient l'activité dominante au milieu du XIXe siècle.

Cette période est aussi marquée par d'importants bouleversements politiques. En 1808, le Portugal, occupé par les troupes françaises, transfère la cour de Lisbonne à Rio de Janeiro. Le fils du roi décidant par la suite de s'installer dans la colonie, le Brésil devient indépendant en 1822, sous la direction de l'Empereur Pedro Ier. Son successeur, Pedro II, est déposé en 1889 et la première République est instituée.

L'exportation de café continuera à dominer l'économie du Brésil jusqu'au début des années 1930, où il représente 70 % des exportations. Avec l'abolition du commerce des esclaves en 1851, le développement des plantations de café a requis une forte immigration de main-d'œuvre, provenant pour l'essentiel d'Europe du Sud. La population croît alors rapidement : 6,7 millions en 1850, 32 millions dans les années 1920.

Figure 1 :
Croissance comparée du Brésil

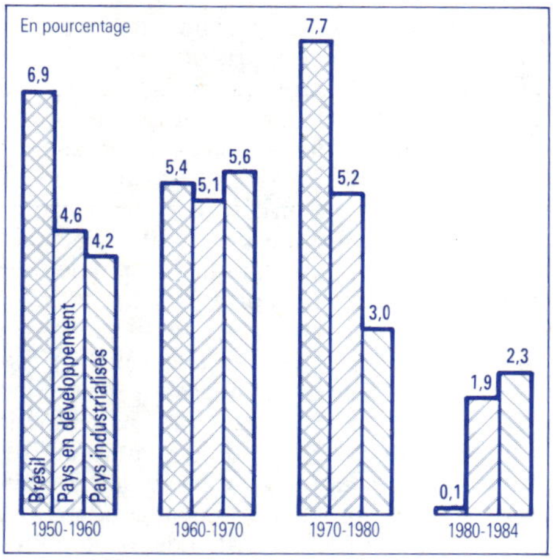

Au début du XXe siècle, l'industrialisation se limite à de petites manufactures artisanales (alimentation et habillement). Cependant, l'administration républicaine accorde plus d'importance à l'industrie que ne l'avait fait la cour impériale. Des tarifs protecteurs sont établis, les industries naissantes sont assistées. Le textile et l'agro-alimentaire commencent alors à se développer, peu avant la Première Guerre mondiale, et sont aussi stimulés par l'interruption des importations de produits manufacturés européens durant la guerre. Mais c'est surtout la dépression mondiale des années 1930 qui va réorienter le Brésil, de l'économie de plantation vers l'économie industrielle. À la veille de la crise, le Brésil est encore un pays agraire, déjà divisé en un Nordeste pauvre (région du sucre) et un Sud plus avancé, mais dont la prospérité dépend étroitement du café.

Le développement autocentré (1930-1964)

La crise se traduit d'abord par un recul important des exportations agricoles. En 1932, les recettes extérieures sont inférieures de 37 % à celles de 1927. Le Brésil est alors contraint de limiter ses importations, et les petits industriels sont incités à y substituer des produits locaux. La Seconde Guerre mondiale renforce l'industrie nationale, car les pays européens reprennent leurs achats de matières premières, mais cessent leurs exportations de produits manufacturés.

De plus, jusqu'au début des années 1960, les gouvernements successifs adoptent une politique très favorable à l'industrialisation : crédits subventionnés, restrictions aux importations, appel aux capitaux étrangers. La stratégie de substitution aux importations amène alors un développement autocentré, reposant sur la demande intérieure, rompant ainsi avec quatre siècles de croissance extravertie. En 1949, la part des importations dans les biens de consommation non durables n'est déjà plus que de 4 %. Pour les biens de consommation durables, elle passe de 65 % en 1945 à 2 % en 1964. Pour les biens d'équipement elle descendra de 64 à 10 % durant la même période. Ainsi, pour la première fois dans l'histoire du Brésil, la demande intérieure devient le moteur de la croissance.

Mais cette stratégie cumule de profonds déséquilibres. Les tarifs douaniers sont souvent démesurés par rapport aux besoins de protection réelle des industries brésiliennes : ils sont maintenus dans des secteurs où la substitution aux importations est déjà presque totale. On supprime ainsi les effets stimulants de la concurrence sur la productivité. Les importations de technologie qui, elles, ont été favorisées, ne sont pas toujours adaptées au marché du travail brésilien : elles nécessitent peu de main-d'œuvre et des travailleurs qualifiés, alors que le Brésil dispose en abondance d'une main-d'œuvre rurale sans qualification. Ce déséquilibre est renforcé par l'accent mis sur les biens de consommation durables qui correspondent aux besoins des classes les plus aisées. Pour compenser en partie les inégalités de revenu, le gouvernement maintient à des niveaux artificiellement bas les prix des produits alimentaires. Mais cette politique favorable aux populations urbaines accentue la pauvreté dans les campagnes.

La politique économique restreint aussi les exportations. Les industries exportatrices sont handicapées par les restrictions d'importations. La protection douanière maintient un prix intérieur supérieur au prix international. Cela décourage les investissements dans les secteurs exportateurs et encourage l'accumulation des capacités de production dans les autres secteurs. Aussi, durant cette période, malgré une forte croissance du commerce mondial, les exportations brésiliennes stagnent et restent dominées par des produits primaires aux cours aléatoires. Or dans le même temps, la structure des importations se transforme, pour ne plus comprendre que des biens sophistiqués, incorporant la technologie indispensable à l'industrie. Le Brésil devient ainsi de plus en plus dépendant de l'étranger, et, en négligeant ses exportations, il s'expose à de sérieux problèmes de paiements extérieurs.

Enfin, une politique monétaire et budgétaire particulièrement laxiste accélère l'inflation : 15 % au début des années 1950, 20 % en 1960. La conjonction de ses déséquilibres débouche sur une crise grave au début des années 1960. L'inflation s'emballe : elle atteindra 100 % en 1964. L'érosion du pouvoir d'achat alimente l'agitation sociale, et les grèves se multiplient. Dans les campagnes, l'influence des grands propriétaires a empêché l'extension aux paysans des mesures sociales accordées aux ouvriers. Mais devant la montée des revendications, notamment celles des ligues paysannes, les gouvernements populistes (Kubitschek 1956-60), Quadros 1960-61, Goulart 1961-64) adoptent quelques mesures, rarement appliquées d'ailleurs, en faveur des petits paysans et des ouvriers agricoles. L'inquiétude croissante des grands propriétaires contribuera au renversement du gouvernement Goulart en 1964. La situation économique du Brésil est alors particulièrement grave. Il ne peut plus faire face au remboursement de sa dette extérieure ; le taux de croissance passe de 10 % en 1961 à 15 % en 1963 ; le PNB par tête baisse en 1963. En avril 1964, les militaires prennent le pouvoir. Ils le conserveront jusqu'en mars 1985.

Figure 2 :
Structure de la production

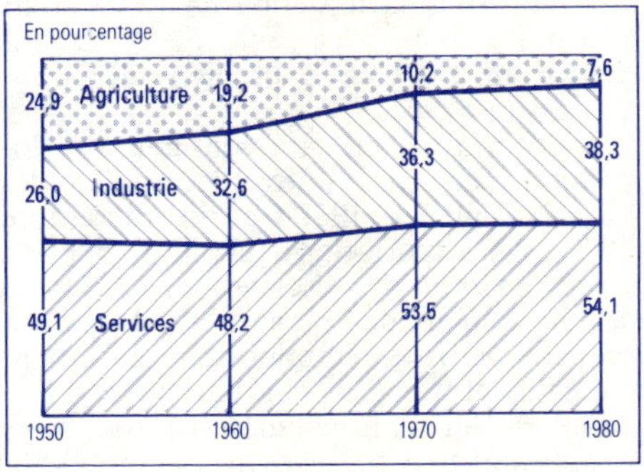

Le miracle éphémère (1964-1974)

Au prix de la suppression des libertés publiques, d'une répression parfois sanglante dans les campagnes, de la torture et d'autres atteintes aux droits de l'homme, la gestion du Brésil par les militaires présente au début les apparences du succès. Les militaires pratiquent d'abord une politique de stabilisation très rigoureuse qui se traduit en particulier par une baisse importante du pouvoir d'achat. À moyen terme, la lutte contre l'inflation est menée par une réforme fiscale et monétaire qui accroît les revenus de l'État. Pour faciliter un financement non inflationniste du déficit budgétaire, on développe les marchés financiers permettant de mobiliser l'épargne privée. Les actifs financiers sont indexés sur l'inflation, mettant ainsi les épargnants à l'abri d'une érosion rapide du pouvoir d'achat de leur épargne. Les nouveaux dirigeants parviennent assez rapidement à rétablir l'équilibre interne et externe. Le taux d'inflation redescend en dessous de 20 % après 1969.

À partir de 1968, la politique économique redevient expansionniste. Pour atteindre leurs objectifs industriels, les militaires renforcent le capitalisme d'État : contrôle des prix, contrôle des salaires, entreprises publiques pour les infrastructures et les industries lourdes. Les entreprises privées brésiliennes contrôlent les industries traditionnelles. Pour les secteurs les plus modernes on fait appel aux capitaux d'entreprises multinationales : celles-ci assureront 60 % des progrès de la production manufacturière enregistrés entre 1965 et 1971. En 1971, on estimait ainsi la répartition du capital industriel entre le gouvernement, les firmes étrangères, et les capitaux privés brésiliens : 18,5 %, 34,4 % et 47,1 % respectivement.

Les militaires rompent aussi avec les tendances autarciques antérieures et cherchent à nouveau une forte croissance des exportations. Un important programme d'incitations fiscales est mis en place en leur faveur. Les tarifs douaniers sont un peu réduits et les importations moins contingentées. La période 1968-1974, à tort ou à raison, a souvent été appelée le « miracle économique brésilien ». Les performances macro-économiques sont en effet impressionnantes. Durant ces années, on enregistre un rythme de croissance annuel de 11,5 % pour le PIB et de 14 % pour la production industrielle. Les exportations augmentent de 27 % par an. Elles restent dominées par les produits primaires mais n'en atténuent pas moins de façon considérable la contrainte des paiements extérieurs. De plus elles améliorent la crédibilité externe du Brésil qui n'a alors aucune difficulté à emprunter à l'étranger.

Mais la performance globale masque une aggravation des inégalités. Les incitations fiscales diverses améliorent la rentabilité du capital. En revanche les salaires sont comprimés : leur part dans les coûts de production passe de 18 % en 1960 à 5,8 % en 1980. Seuls les salaires des rares travailleurs qualifiés augmentent en réponse à une forte demande. L'afflux vers les centres urbains d'une main-d'œuvre rurale sans qualification maintient la plupart des rémunérations à un niveau très bas et accentue le contraste entre la pauvreté de masse et le luxe d'une infime minorité. De plus, le succès macro-économique va s'évanouir dans les années 1970 sous la pression d'une succession de chocs extérieurs.

Tant qu'il y aura des banques (1974-1982)

Le premier choc intervient en 1973-74. Le Brésil dépend à 80 % des importations pour sa consommation de pétrole. Or la facture pétrolière du Brésil passe de 606 millions de dollars en 1973 à 2,6 milliards en 1974. Après un léger excédent en 1973, la balance commerciale est déficitaire en 1974 et 1975. En 1979, nouveau choc pétrolier : cette fois, la facture double. Le Brésil réagit en relançant l'exploration pétrolière et les recherches de nouvelles sources d'énergie. Il obtient un certain succès dans ces deux directions. La production locale passe de 171 000 barils par jour (bpj) en 1979, à 339 000 bpj en 1983. Dans le même temps sa consommation passe de 1,13 millions bpj à 961 000 bpj. En particulier le plan Proalcool développe l'utilisation de l'alcool, tirée par l'essentiel de la canne à sucre, dans la fabrication d'un carburant automobile. Cette seule méthode permettait d'économiser 130 000 bpj en 1983.

Cette politique n'a pas que des aspects positifs. En effet, craignant une récession, le gouvernement poursuit une politique fortement expansionniste sans tenir compte de son coût financier : crédit subventionné, exonérations fiscales, garanties accordées aux emprunts intérieurs et extérieurs. Le déficit budgétaire représentera 8 % du PIB en 1980 et 17 % en 1982. (Rappelons, à titre de comparaison, qu'en France on commence à considérer le déficit excessif quand il dépasse 3 % du PIB.) Au début des années 1980, les disponibilités monétaires augmentent de plus de 70 % par an et l'inflation dépasse à nouveau les 100 %. Pourtant les autorités se refusent toujours à pratiquer une politique de stabilisation.

Le ralentissement de la croissance dans les pays industriels limite les gains à l'exportation. Pour assurer ses importations indispensables le Brésil doit alors recourir de plus en plus à l'endettement. Cette méthode de financement lui est facilitée par une bonne crédibilité extérieure. Si la flambée de la dette brésilienne date bien de cette époque, elle trouve aussi son origine dans la politique menée durant les années du « miracle ». L'ampleur des besoins de financement public asséchait les ressources d'épargne interne et rendait nécessaire le recours à des ressources étrangères. De plus, en maintenant les taux d'intérêt à un niveau inférieur au taux d'inflation, l'État incitait à un endettement généralisé du secteur public et du secteur privé. De 1972 à 1980 la dette extérieure passe de 9,5 à 55 milliards de dollars. La grande majorité des prêts ont été consentis par des banques commerciales et à taux variables.

Ainsi, tant qu'il y avait des banques pour financer sa fuite en avant, le Brésil pouvait différer l'ajustement aux nouvelles conditions de l'économie mondiale. Mais deux nouveaux chocs extérieurs devaient mettre un terme à ce processus. En premier lieu, les années 1980 sont marquées par une hausse importante des taux d'intérêt dans le monde, consécutive notamment à la politique monétaire des États-Unis. Le *LIBOR,* taux de référence des prêts internationaux, passe de 6,5 % en 1977 et 19 % en 1980. Malgré cela le Brésil continue à s'endetter, et de plus, à taux variable et en dollar, s'exposant ainsi au coût maximum lié à une hausse continue des taux d'intérêt et de la devise américaine.

Le coup fatal sera porté en 1982 par le recul brutal des exportations. 1982 est une année de récession particulièrement profonde dans la plupart des pays industriels. Le volume des exportations brésiliennes qui progressait de 16 % l'an 1977-81 baisse de 9 % en 1982. La capacité de remboursement du Brésil commence à inquiéter les Banques étrangères déjà échaudées par les difficultés de paiement du Mexique et de l'Argentine. Elles restreignent leurs crédits. La fuite en avant n'est plus possible ; l'ajustement est inévitable.

Une crise qui rétablit la démocratie

Au terme de l'accord passé avec le FMI en janvier 1983, le Brésil bénéficie d'une facilité de paiement de 4,2 milliards de dollars qui conditionne par ailleurs la négociation avec les banques commerciales en vue du rééchelonnement de ses dettes. En contrepartie le gouvernement s'engage à mettre en œuvre un plan de stabilisation draconien. Ce dernier sera appliqué assez scrupuleusement et produira des résultats satisfaisants en matière d'équilibre externe.

Le cruzeiro est dévalué régulièrement pour refléter l'écart d'inflation avec les partenaires commerciaux. Ceci rétablit la compétitivité externe des produits brésiliens, souvent érodée dans le passé par une surévaluation de la monnaie. Les compressions de dépenses publiques et le resserrement du crédit accentuent la récession : le PIB baisse de 3,2 % en 1983 ; cette année-là, la production industrielle est de 15 % inférieure à son niveau de 1981. Les salaires, en partie désindexés, ne suivent plus l'évolution des prix et le pouvoir d'achat des travailleurs diminue. Cette cure un peu brutale porte quelques fruits. En effet, la balance des paiements s'améliore rapidement ; en 1984 on enregistre une reprise de la production et de l'emploi dans l'industrie.

Cependant, l'assainissement du secteur public est moins évident. La pratique des prêts subventionnés se maintient dans l'agriculture et pour les autres secteurs exportateurs. Malgré la réduction des dépenses courantes, le déficit budgétaire recule difficilement, en raison de la charge croissante constituée par le remboursement de la dette. La plus grande partie de la dette publique est indexée sur l'inflation et, de ce fait, la charge des intérêts croît chaque année de façon importante. Ce coût lié à l'indexation ne pourrait diminuer que si le secteur public dégageait un excédent des recettes sur les dépenses courantes, dégageant ainsi des ressources pour racheter les dettes émises dans le passé. Avec un déficit global représentant 19 % du PIB en 1983 et 16 % en 1984, le déséquilibre budgétaire accumulé au cours des années précédentes continue à alimenter l'inflation qui dépassait déjà les 200 % en 1983 !

Après 20 ans de gestion militaire, les mêmes déséquilibres qui avaient condamné la démocratie en 1964 sapent à nouveau l'autorité et la crédibilité du pouvoir en place. Devant la montée des tensions internes, les militaires ont amorcé à la fin des années 1970 un lent processus de libéralisation. Il aboutit en 1985 à l'élection d'un civil à la présidence de la République, Tancredo Neves, principal leader de l'opposition, mais président éphémère que la maladie emporte trois mois seulement après son élection.

Le plan Cruzado

C'est donc au vice-président José Sarney qu'incombe la tâche délicate du redressement économique. Il entreprend une courageuse réforme monétaire pour s'attaquer à l'inflation. Le plan Cruzado (mars 1986) limite considérablement les possibilités d'indexation des salaires sur l'inflation, et interdit l'indexation de la plupart des contrats inférieurs à un an. Tous les prix sont bloqués. Le cruzeiro est remplacé par une nouvelle unité monétaire, le cruzado, avec un taux de conversion de 1 cruzado pour 1 000 Cruzeiro.

Mais la mise en œuvre de ce plan se heurte à de fortes résistances. Le blocage des prix est particulièrement difficile à faire respecter. Et lorsqu'il a quelque efficacité il entraîne aussi des pénuries. Bien des producteurs de matières premières et de produits alimentaires, notamment, préfèrent stocker ou limiter leur production plutôt que de vendre à prix fixé. Le gouvernement se voit contraint d'ordonner à des entreprises publiques, comme le monopole pétrolier Petrobras, d'importer de la viande !

Ces difficultés ne semblent pas avoir sérieusement entamé la popularité de José Sarney dont le parti remporte une victoire éclatante aux élections de novembre 1986. C'est qu'à côté de cet effet pervers, le plan Cruzado a rétabli le pouvoir d'achat de la monnaie et stimulé ainsi la demande intérieure, en particulier pour les biens durables. Ceci est favorable à la croissance : pour 1987 le taux de croissance du PIB est estimé entre 7 et 8 %. Par ailleurs la gestion de la dette extérieure a été plus heureuse que dans bien d'autres pays débiteurs : en 1987 le Brésil ne dépense pas plus de 2,5 % de son PIB pour le service de la dette. Mais, à près de 4,5 % l'inflation reste bien supérieure à l'objectif gouvernemental.

Cependant il ne faut pas confondre rééquilibrage à court terme et développement à long terme. À cet égard le retour du pouvoir aux civils est un cadeau empoisonné. Parmi les dix premiers pays du monde par son produit national, le Brésil n'a pas encore surmonté la pauvreté de masse et le sous-développement rural. Or il paraît pour longtemps condamné à une rigueur budgétaire peu propice à la transformation de la puissance industrielle en véritable développement.

La croissance pour qui ?

La persistance d'une pauvreté de masse et d'une concentration extrême des richesses constitue le trait le plus marquant du développement brésilien. La distribution du revenu y est l'une des plus inégales au monde, et l'expansion industrielle rapide a plutôt eu tendance à accentuer les inégalités. De 1960 à 1980, seule la part des plus riches s'est améliorée dans la distribution du Revenu national. Celle des 5 % les plus fortunés est en effet passée de 27,7 à 38 %, quand la part des 50 % les plus pauvres régressait de 17,7 à 12,6 %. Le plus frappant est de constater qu'en 1980 1 % seulement de la population accaparait une fraction du revenu supérieure à celle des 50 % les plus pauvres.

Certes, en dépit d'une part relative plus faible pour la plupart des catégories sociales, le niveau de vie absolu s'est amélioré. Mais il subsiste des indices inquiétants de pauvreté. Par exemple, prenons le salaire minimum officiel comme un standard reflétant la façon dont la société brésilienne estime le minimum vital. On peut constater qu'en 1970 58 % de la population avait un revenu inférieur à ce standard. C'était encore le cas pour le tiers des Brésiliens en 1980, et la politique de stabilisation de 1983 risque fort d'avoir aggravé la situation en ce domaine. Et encore, cette mesure globale cache des cas bien plus dramatiques dans les régions les plus défavorisées. Ainsi, dans le Piaui, un État du Nordeste, le recensement de 1970 indiquait un revenu inférieur au salaire minimum pour 90 % des travailleurs.

Figure 3 :
Structure de la population active

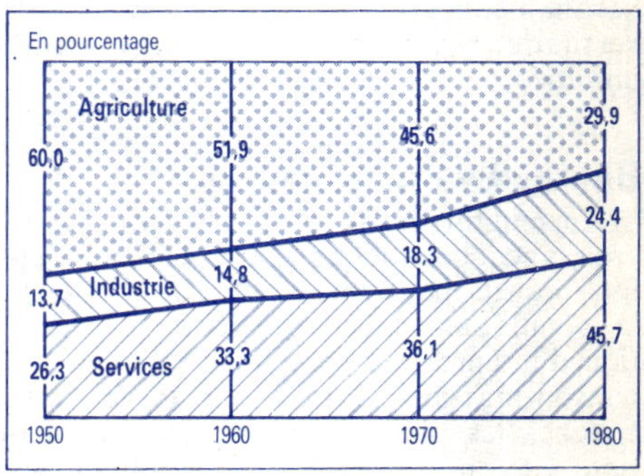

Une enquête officielle de 1975 estimait que 37 % des enfants de moins de 18 ans souffraient de malnutrition, dont 20 % de malnutrition grave contrariant de façon définitive le développement normal de l'individu. Dans le Nordeste, l'espérance de vie était de 53 ans en 1978 contre 61 ans dans l'ensemble du pays. Le taux d'alphabétisation n'y est que de

56 % au lieu de 76 % en moyenne nationale. Sans parler de la répression politique ni de l'anéantissement plus ou moins systématique de la civilisation des tribus indiennes, on voit que le coût humain de la croissance brésilienne est particulièrement élevé.

La logique économique veut qu'on compare les coûts au rendement. La révolution industrielle en Europe a aussi engendré un coût humain considérable. Toute la question est de savoir si le mode de développement résorbe ce coût ou tend au contraire à l'aggraver. Pour les économistes pro-gouvernementaux, la montée des inégalités constituait jusqu'au milieu des années 1980 un coût social inévitable dans le contexte brésilien. L'abondance d'une main-d'œuvre peu qualifiée maintient les rémunérations à un niveau très bas. A l'inverse les taux de salaires des cadres et des techniciens qualifiés ont tendance, vu leur rareté, à atteindre des niveaux démesurés par rapport à leur productivité réelle. Cet état de fait est cependant transitoire. La croissance industrielle est censée diffuser les progrès économiques en créant des emplois non agricoles, et l'État, en améliorant l'éducation et l'enseignement universitaire, réduit la rente des travailleurs qualifiés.

Bidonvilles champignons

Cependant, jusqu'ici, il est clair que la croissance brésilienne n'a guère eu d'effets positifs pour une grande majorité de la population. La stratégie de substitution d'importation a favorisé les biens de consommations durables réservés aux couches les plus riches de cette population. Ces industries étant en outre assez capitalistiques, elles ont peu contribué à absorber l'excédent de main-d'œuvre rurale. Cette politique, abandonnée durant le « miracle » des années 1968-1974, a retrouvé ensuite les faveurs de l'administration face aux problèmes de paiements extérieurs. De toute façon, la politique de soutien aux exportations adoptée durant le « miracle » n'a pas que des effets positifs sur l'emploi et la répartition des revenus. Les exportations restent essentiellement agricoles et créent donc peu d'emplois nouveaux dans l'industrie. Les mesures utilisées (exonérations fiscales, contrôle des salaires) sont plus favorables aux profits qu'aux salariés. Dans l'agriculture, elles bénéficient surtout aux grands propriétaires terriens et aux plantations tournées vers le marché mondial.

La pression démographique n'arrange rien : une population de 130 millions d'habitants augmentant au rythme de 2 % par an. Fuyant la misère rurale, attirés par l'espoir d'un travail salarié, 3 millions d'habitants supplémentaires viennent s'entasser chaque année à la périphérie des villes. De 1940 à 1979 le taux d'urbanisation de la population est passé de 31 % à 60 %. La plupart des migrants n'ont pas les moyens d'obtenir et de conserver un appartement urbain. Alors ils s'entassent dans des terrains vagues transformés en bidonvilles, les *favelas,* tristement célèbres. Les *favelas* regroupent près de 2 millions d'habitants à Rio de Janeiro, plus de 3,5 millions dans le grand São Paulo. L'envers du « miracle » est là : insalubrité, absence d'eau potable et de réseaux d'égouts, des millions d'enfants abandonnés, la délinquance, la maladie, la malnutrition, le chômage chronique.

Tableau 1 :
Distribution du revenu :
inégalité croissante

Catégorie de revenu (centiles)*	Part de chaque catégorie en % du revenu national		
	1960	1970	1976
1- 10	1,9	1,2	1,0
11- 20	2,0	2,2	2,2
21- 30	3,0	2,9	2,7
31- 40	4,4	3,7	3,2
41- 50	6,1	4,9	4,4
51- 60	7,5	6,0	5,1
61- 70	9,0	7,3	6,7
71- 80	11,3	9,9	9,8
81- 90	15,2	15,2	14,5
91-100	39,6	46,7	50,4
96-100	28,3	34,1	37,9
99-100	11,9	14,7	17,4

* Un centile représente 1 % de la population.
1-10 : les 10 % les plus pauvres.
91-100 : les 10 % les plus riches.

Telle est la situation sociale que les militaires lèguent aux civils. Le constat d'une telle misère dans la 9e ou 10e puissance économique du monde est particulièrement affligeant pour l'ensemble du Tiers Monde. Elle risque de répandre l'idée que la croissance n'ouvre pas la voie au développement. Pour surmonter la pauvreté, deux voies sont ouvertes aux dirigeants civils : une plus grande attention au développement rural, une industrialisation plus intensive en travail répondant mieux aux besoins de consommation de la population. Si les possibilités paraissent considérables en matière agricole, toute réorientation profonde de la politique économique devra au préalable sortir du piège de la dette.

La terre gaspillée

Longtemps négligée par les responsables de l'économie, l'agriculture est réapparue dans les priorités gouvernementales avec la nécessité d'accroître les recettes à l'exportation. Mais ce regain d'intérêt ne change rien aux facteurs fondamentaux de la pauvreté rurale (blocage des structures foncières et faible productivité) et a souvent contribué à accentuer davantage les inégalités existantes.

La répartition des terres a très peu évolué depuis l'époque coloniale. Les *latifundios* sont toujours dominants. En 1975, 1,8 % des paysans possédaient 54 % des terres. A l'autre extrême, les exploitations de moins de 10 ha représentaient 2,8 % des terres que se partageaient plus de la moitié des paysans. De plus le gigantisme des grandes propriétés n'est pas associé à une meilleure productivité, au contraire. L'étendue du pays a favorisé un développement agricole procédant plus par extension des surfaces cultivées que par élévation des rendements à l'hectare. L'agriculture est plus extensive qu'intensive. De 1920 à 1975, les surfaces cultivées ont pratiquement doublé. La politique de colonisation de l'Amazonie a renforcé cette tendance. Les paysans s'installant dans les zones tropicales ont bénéficié d'avantages fiscaux et de prêts importants. Mais cette politique, loin d'offrir de nouvelles perspectives à des petits propriétaires ou des paysans sans terre, a surtout profité aux grands domaines du Sud ou à des firmes multinationales qui ont constitué à moindre frais des domaines gigantesques, quitte, dans bien des cas, à limiter l'utilisation de leurs propriétés initiales.

L'incitation systématique à l'extension des surfaces cultivées engendre un gaspillage massif du potentiel agricole, particulièrement inquiétant dans un pays qui connaît encore des révoltes de la faim. Ainsi, alors que 38 % des terres sont appropriées, 5 % seulement sont cultivées. Pourquoi ? Parce que les grandes exploitations sont très largement sous-utilisées. Au milieu des années 1970, le taux d'utilisation sur les exploitations de 100 à 1 000 ha était inférieur à 11 % ; il dépassait à peine 4 % sur les domaines de plus de 1 000 ha qui représentaient alors 43 % des terres appropriées. Les petits paysans, limités par la superficie de leur propriété, l'utilisent de façon plus intensive et plus productive. Ainsi, dans le Nordeste, on a estimé que les fermes de plus de 500 ha qui couvrent 50 % des terres cultivées contribuent pour seulement un tiers à la production régionale. Les petits exploitants (– de 10 ha) possèdent 1,4 % des terres, mais assurent 7 % de la production de la région.

Le sous-emploi des terres amène aussi celui des hommes. Le sous-emploi sur les grands domaines va de pair avec la surpopulation des petites parcelles familiales qui utilisent entre 25 et 45 fois plus de travail à l'hectare. Une redistribution partielle des terres sous-utilisées améliorerait le niveau de vie des petits paysans et développerait l'emploi d'ouvriers agricoles. Compte tenu des écarts de rendements signalés plus haut, cela contribuerait aussi à améliorer la productivité globale de l'agriculture. Pour une fois, l'efficacité économique ferait bon ménage avec l'équité sociale. Une réforme agraire modeste, prévue en ce sens en 1964, n'a jamais été appliquée. La Banque Mondiale estime que l'application du Statut de la terre de 1964 doublerait le nombre de personnes capables d'assurer leur subsistance dans des conditions acceptables. Par ailleurs, on a estimé que cette réforme augmenterait de 15 à 25 % la production agricole.

L'une des conséquences les plus dramatiques du mode de développement agricole du Brésil est le recul des cultures vivrières. Les cultures subventionnées destinées à l'exportation (soja, café) ou l'extension de la canne à sucre pour la production d'alcool chassent les petits paysans et leurs cultures traditionnelles. Les bases de la nourriture populaire voient leur production stagner : viande de bœuf, riz, haricot noir. Leurs prix ont tendance à augmenter, aggravant la misère des *favelas*. Le Brésil ne pourra plus longtemps brader l'agriculture de subsistance pour payer une industrialisation qui n'a profité qu'à une minorité privilégiée. À court terme cependant, il paraît impossible de freiner l'effort d'exportation agricole, face à l'urgence d'un retour à l'équilibre des paiements extérieurs.

Tableau 2 :
La dette brésilienne

	1970	1980	1985
En % du PIB			
– Dette extérieure totale	n.d.	29,0	51,3
– Service de la dette	0,9	3,3	3,7
En % des exportations			
– Dette extérieure totale	n.d.	301,6	365,1
– Service de la dette	12,5	34,5	26,6

Source : World Debt Tables, 1986-87 Édition.

Le piège de la dette

La marge de manœuvre de la politique économique restera très étroite d'ici la fin des années 1980. Le service de la dette extérieure du Brésil (remboursement du principal plus intérêts) représente 80% de ses recettes d'exportations. La dette totale accumulée dépassait 100 milliards de dollars en 1984 et devrait dépasser 110 milliards en moyenne dans les années 1986-1990. Le Brésil devra continuer à emprunter, simplement pour assurer le remboursement des dettes antérieures. Le financement de nouveaux projets de développement par des emprunts à l'étranger est donc exclu. Or depuis l'élection du leader de l'opposition à la tête de l'État, la pression populaire en faveur d'une politique expansionniste est plus forte. La tâche la plus urgente du gouvernement civil consiste à sortir du piège de la dette extérieure en dégageant d'autres sources de financement.

Dans ce but, l'État ne peut guère accroître une charge fiscale déjà élevée, ni abaisser les salaires du secteur public qui ont déjà fait les frais de la stabilisation de 1983. En revanche il peut privatiser une partie du secteur public. Cela améliorerait sans doute la rigueur de gestion des entreprises concernées et la vente des part de l'État réduirait d'autant son besoin de financement. Des économies importantes peuvent aussi être tirées de l'abandon des subventions multiples qui subsistent encore, notamment pour la production de canne à sucre ou les exportations de produits manufacturés dont la compétitivité est désormais satisfaisante. Le gouvernement peut encore réaliser des économies dans le système de sécurité sociale dont le déficit n'a cessé de s'aggraver ces dernières années. Le système des retraites est particulièrement coûteux, les droits maximaux étant exigibles après 35 années de travail, quel que soit l'âge. Une étude récente montrait que 60 % des personnes à la retraite avaient commencé à toucher leur pension vers 55 ans. Enfin le Brésil a toujours la possibilité d'attirer l'épargne étrangère, non plus sous la forme des prêts bancaires, mais en adoptant une attitude plus libérale à l'égard des investissements étrangers directs.

Le retour à une croissance rapide dépend de cette capacité à mobiliser de nouvelles ressources d'épargne. La capacité exportatrice du Brésil est importante et sa crédibilité externe sera vite rétablie s'il fait face à ses engagements passés et reprend le contrôle de l'inflation. Quelles que soient les pressions qui s'exercent inévitablement à la base sur le pouvoir civil, celui-ci a tout intérêt à éviter un nouveau dérapage inflationniste qui risquerait de transformer la croissance inégale en croissance zéro.

■ Pour en savoir plus

C. Furtado, *Le Brésil après le miracle,* Éditions de la Maison des Sciences de l'Homme, Paris, 1987.

P. Monbeig, *Le Brésil,* Collection Que sais-je ? PUF, Paris, 1983.

J. Brasseul, *L'internationalisation de l'industrie brésilienne depuis 1964.* Problèmes d'Amérique latine, n° 65, 3e trimestre 1982.

A. Miroux, *Agriculture et balance des paiements au Brésil.* Problèmes d'Amérique latine, n° 65, 3e trimestre 1982.

MEXIQUE

Institutions et vie politique :
C. Benoist-Lucy
Croissance, enjeux :
J. Généreux

Capitale : Mexico
Population : 79 560 000 hab.
Variation pop./an (1973-85) : 2,8 %
Superficie : 1 972 547 km²
PNB/habitant : 2 080 $
Taux de croissance/an (1973-85) : 4,2 %

INSTITUTIONS ET VIE POLITIQUE

Un régime présidentiel

En vertu de la Constitution du 5 février 1917, le Mexique est une République fédérale réunissant 31 États (chacun étant doté d'une Constitution, d'un gouverneur et d'une assemblée législative) ainsi qu'un District Fédéral dont le gouverneur est nommé par le Président.

Le Président, chef de l'exécutif, est élu au suffrage direct pour 6 ans. Sa prééminence s'explique par sa position de leader du parti dominant, son influence sur les législateurs et l'étendue de ses possibilités d'intervention dans la vie économique et culturelle.

Le Congrès se compose d'un Sénat et d'une Chambre des députés. Le Sénat compte 64 membres élus au scrutin direct pour 6 ans, et la Chambre des députés 400 membres élus pour 3 ans. Selon un système original, 100 sièges de la Chambre sont réservés aux partis minoritaires, et leur sont distribués en proportion de leur représentation. Le Congrès mexicain n'a qu'un rôle secondaire en ce qui concerne la détermination de la politique nationale.

Le système judiciaire est dominé par une Cour Suprême dont les 21 membres sont nommés à vie par le Président, après approbation du Sénat.

Stabilité remarquable de l'échiquier politique

Depuis 60 ans, la vie politique du Mexique est dominée par un parti de gauche modérée, le PRI (Parti de la Révolution Institutionnelle), qui a remporté à une écrasante majorité toutes les élections qui se sont tenues depuis 1928. Ainsi, aux élections de 1982, le PRI a obtenu l'intégralité des sièges au Sénat et son leader Miguel de la Madrid a été élu Président avec 75 % des voix contre 7 autres candidats. Plus récemment, en 1985, 289 sièges sont revenus aux candidats PRI à la Chambre, sur les 300 qui sont attribués directement lors du vote. L'opposition est très morcelée : on dénombre en effet, à côté du PRI, une dizaine de partis. Deux d'entre eux seulement ont accédé en 1985 à la représentation à la Chambre à l'issue de l'attribution directe des sièges : le PAN (Parti de l'Action Nationale, premier parti d'opposition) et le PARM (Parti de la Révolution Mexicaine). Le premier, conservateur et proclérical, est favorable à la limitation du rôle économique du gouvernement, le second est assez proche du PRI. Un troisième parti, le PDM (Parti Démocratique Mexicain) d'obédience catholique romaine, commence à bénéficier d'une audience comparable à celle du PARM. En juillet 1988, si l'élection du candidat PRI à la présidence de la République n'est acquise que d'extrême justesse, le parti conserve une large majorité parlementaire à l'issue des élections législatives.

CROISSANCE

Une croissance déséquilibrée (1940-1974)

Le développement industriel du Mexique est un phénomène relativement récent. Sous la dictature de Porfirio Diaz (1876-1910) l'économie était dominée par les investissements étrangers (essentiellement américains) ; le secteur industriel constituait une enclave concentrée dans les activités extractives et tournée vers l'exportation, sans effet déterminant sur le développement du pays et le niveau de vie du plus grand nombre. De 1910 à 1940, le Mexique connaît une période de troubles révolutionnaires et de croissance ralentie : 1 % par an durant les deux premières décennies et 2,9 % dans les années 1930. En revanche le PNB réel est décuplé de 1940 à 1980, propulsant ainsi le Mexique dans les rangs des NPI.

La Seconde Guerre mondiale favorise ce décollage. En effet dans les puissances occidentales, l'effort de guerre limite les capacités de production disponibles pour la production de biens d'équipement et de consommation. Le Mexique trouve

Figure 1 : Croissance comparée du Mexique

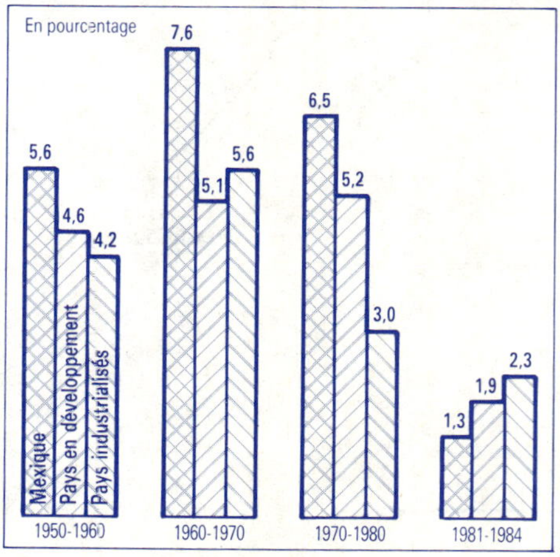

ainsi des opportunités d'exportation des produits de base et de l'industrie légère, notamment vers le voisin américain. Dans le même temps la pénurie de biens d'équipements incite au développement d'une industrie domestique. Cette stratégie de substitution aux importations caractérise le développement mexicain, au moins jusqu'au début des années 1970. L'abondance des ressources naturelles, une forte expansion démographique et une concentration urbaine rapide favorisent également une croissance autocentrée, c'est-à-dire peu ouverte à l'échange international et reposant d'abord sur l'expansion de la demande intérieure.

Comme dans tous les NPI, le rôle de l'État est déterminant. Surtout au démarrage : de 1940 à 1946, 60 % des investissements émanaient du secteur public. Ce dernier contrôle l'essentiel de la production des métaux, la sidérurgie, la pétrochimie, l'infrastructure. Par ailleurs le gouvernement protège les industries légères par des tarifs douaniers élevés. Mais le secteur privé a aussi son importance. Les entreprises étrangères sont bien implantées dans les productions les plus sophistiquées, les biens de consommation durables et les biens d'équipement. En revanche les entrepreneurs locaux contrôlent les biens de consommation non durables exigeant peu de capital et de technologie. Il faut souligner que le secteur privé domestique a joué un rôle plus important qu'au Brésil. En effet l'État a imposé aux investisseurs étrangers l'association avec des producteurs locaux. Par ailleurs il a longtemps mené une politique budgétaire rigoureuse, limitant ainsi l'expansion des dépenses publiques et l'accélération de l'inflation. Le taux d'inflation relativement faible (jusqu'en 1980) a par ailleurs favorisé l'épargne privée en évitant la fuite devant la monnaie, si fréquente dans les pays d'Amérique latine.

En terme de puissance économique, la performance du Mexique est incontestable. La part de l'industrie dans le produit national s'est développée (35,4 % en 1981) ; le PIB par tête a doublé en 20 ans (1960-1980). Ces progrès sont d'autant plus remarquables que la forte pression démographique constituait une sévère contrainte : une population multipliée par 3,6 de 1940 à 1981. Ils n'ont pas été accompagnés des troubles monétaires et politiques constatés dans d'autres NPI (en particulier Brésil et Corée du Sud). On comprend pourquoi le Mexique a souvent été considéré comme un bon élève du Tiers Monde.

Mais la performance globale cache de profonds déséquilibres.

Figure 2 :
Structure de la production

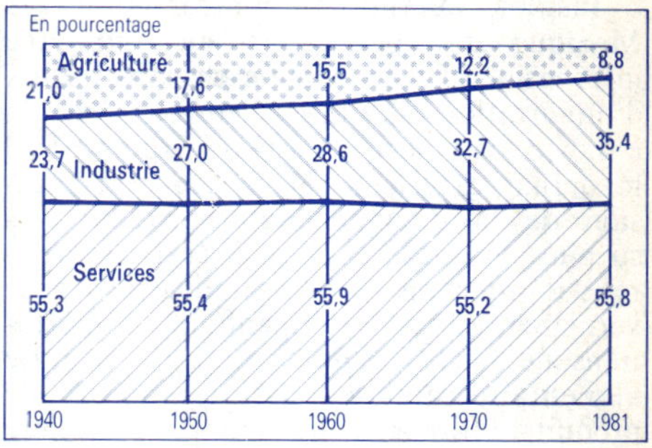

Tout d'abord, les fruits de la croissance ont été très inégalement répartis. En 1975, les 20 % les plus pauvres recevaient moins de 2 % du revenu national, quand les 20 % les plus riches en recevaient 60 %. L'écart avait alors plutôt tendance à s'accentuer. 45 % des familles pouvaient être classées comme pauvres : disposant d'un revenu inférieur à la moitié du revenu moyen du pays.

Ces inégalités se sont trouvées renforcées par le retard de l'agriculture. Elle est longtemps restée en marge du développement. La productivité y est très faible : en 1981 elle occupait 35 % de la population active pour produire seulement 8,8 % du PIB. De 1965 à 1979, en plein *boom* industriel, la production agricole ne progressait que de 23 % par an, c'est-à-dire à un rythme très inférieur à l'accroissement naturel de la population. Il s'ensuit un déficit alimentaire chronique que seule une extension massive des importations a pu compenser.

Mais le déséquilibre atteint aussi l'industrie. Contrairement à la stratégie ordonnée de « remontée de filières » pratiquée en Corée du Sud, la politique industrielle a mis l'accent sur certains secteurs (sidérurgie, chimie de base) en négligeant l'interdépendance des différents stades du processus de production. Ainsi, dans les années 1970, on a stimulé la production automobile pour répondre à la pression de la demande intérieure. Les produits de base ne manquaient pas. Mais à tous les niveaux intermédiaires du processus de production (éléments de véhicules, pièces détachées) les capacités de production étaient insuffisantes. Pour surmonter ces « goulets d'étranglement » il a fallu importer 35,7 % des biens intermédiaires (contre 12,6 % en 1970). Ainsi le déséquilibre interne alimente aussi un déséquilibre externe.

Jusqu'à la fin des années 1960, le Mexique était peu ouvert au commerce international. La stratégie de substitution d'importation assurait l'équilibre de la balance commerciale. Mais, après 1970 le déficit extérieur s'accentue : la pression de la demande interne réduit les surplus exportables des industries légères ; d'importants projets industriels gouvernementaux développent les importations de biens d'équipement. La pénurie alimentaire stimule aussi les achats de produits étrangers. La manne pétrolière qui survient à cette époque ne suffira pas à éponger le déficit. Il semble au contraire qu'elle ait aggravé les déséquilibres.

Du boom pétrolier au krach financier (1974-1982)

En 1921, le Mexique était un pays leader dans la production mondiale de pétrole. Mais, en 1938, l'industrie pétrolière fut nationalisée, les compagnies étrangères expropriées, et, en guise de représailles, un blocus fut installé contre le pétrole mexicain dans les années 1940. La production régressa rapidement. De plus les autorités étaient convaincues de la faiblesse des réserves, et le pétrole vénézuélien coûtait moins cher. Aussi, peu d'efforts de recherche furent-ils entrepris jusqu'aux années 1970.

En 1974 commence une série de découvertes pétrolières qui ramène le Mexique au 4e rang des producteurs mondiaux. En 1981 la PEMEX, le monopole d'État, annonçait une production journalière de 2,6 millions de barils et des réserves de 300 milliards de barils. La moitié de la production étant exportée, le Mexique en retire d'importantes ressources en devises : 311 millions de $ en 1976 et 10,4 milliards en 1980. Mais cette véritable manne est un cadeau empoisonné. L'administration du président Lopez Portillo (1976-1982) accorde une place prépondérante au secteur pétrolier. L'essentiel des investissements publics lui sont consacrés en 1977-1981. L'économie mexicaine s'est alors trouvée de plus en plus dépendante de cette seule industrie : en 1982 elle assurait les trois quarts des recettes à l'exportation. En allégeant la contrainte des paiements extérieurs, les recettes pétrolières ont retardé l'effort du rééquilibrage des échanges commerciaux. Le gouvernement a voulu utiliser ses ressources supplémentaires pour maintenir un taux de croissance élevé dans un contexte de récession mondiale. Il s'est lancé dans une politique particulièrement expansionniste : en quatre ans (78-82) le poids des dépenses publiques dans le PIB passe de 32 à 48 %, et celui du déficit budgétaire de 6,7 à 18 %. Certes, il en résulte une croissance exceptionnelle (8,4 % par an de 1978 à 1981) et pour la première fois depuis longtemps l'emploi croît plus vite que la population active. Mais la pression sur les prix est excessive : 100 % d'inflation en 1982. Pour maintenir l'inflation en dessous des 30 %, le gouvernement doit multiplier les subventions, les contrôles de prix, et conserver un taux de change artificiellement élevé (pour éviter un renchérissement trop brusque des importations). Mais l'inflation et le taux de change surévalué défavorisent les exportations : malgré le pétrole, le déficit extérieur se creuse, passant de 3 milliards de $ en 1978 à 16 milliards en 1981. Au lieu de changer de politique pour résorber ce déficit, les autorités préfèrent le financer par un endettement accru : en trois ans et demi (fin-78 à mi-82) la dette extérieure passe de 50 à plus de 85 milliards de dollars. L'économie mexicaine dépend alors totalement des recettes pétrolières et du crédit international. Or, à partir de 1981 le prix du pétrole est à la baisse et le coût du crédit à la hausse. De plus, l'économie américaine, qui absorbe 60 % des exportations mexicaine, connaît en 1982 une profonde récession. Cette conjonction d'événements défavorables précipite la crise de 1982 : durant l'été le Mexique doit suspendre le paiement de sa dette extérieure.

Une économie assistée ? (1983-1988)

Dès lors, l'économie mexicaine tente un redressement difficile qui nécessite régulièrement le recours à une forme d'assistance financière internationale. Le nouveau président élu en juillet 1982, Miguel de la Madrid, accepte un plan de stabilisation draconien élaboré avec le FMI. Ce dernier accorde des facilités de crédit qui permettent ensuite au Mexique de renégocier le paiement de sa dette avec ses créanciers. En contrepartie le Mexique met en œuvre un programme d'ajustement particulièrement sévère : les dépenses publiques redescendent en dessous de 40 % du PIB en 1984 alors que les impôts augmentent ; en 1983, le volume des subventions publiques baisse de 40 %, le pouvoir d'achat des salaires chute de 20 % dans le secteur public et celui du salaire minimum recule de 16 %. La même rigueur prévaut en matière monétaire. La progression du crédit est limitée, le taux de change officiel est dévalué. Cette politique se traduit pas une récession brutale en 1983 : le PIB réel baisse de 4,7 %. Mais le rythme annuel d'inflation tombe en dessous de 65 % à la fin de l'année, et surtout, la balance des paiements connaît une amélioration spectaculaire : un excédent de 5,5 milliards de $.

La dette mexicaine

	1970	1980	1985
En % du PIB			
– Dette extérieure totale	n.d.	31,9	58,3
– Service de la dette	2,0	4,4	6,6
En % des exportations			
– Dette extérieure totale	n.d.	233,2	327,6
– Service de la dette	23,6	32,1	36,9

Source : World Debt Tables, 1986-87 Édition.

Mais le redressement marque le pas. En 1985 l'échec du premier plan d'austérité est patent. L'inflation est toujours de 58 %, malgré une baisse des salaires réels de 36 % par rapport à 1982. La chute continue des cours pétroliers et le tremblement de terre de septembre 1985 accentuent la crise financière. Les travaux de reconstruction à Mexico ont été estimés à 4 milliards de dollars. La dette extérieure culmine alors à 97 milliards de dollars, deux fois plus qu'en 1982.

À l'initiative du Secrétaire américain au Trésor, James Baker, un nouveau plan d'assistance financière est mis en place durant l'été 1986. Mais désormais les grandes banques attendent, pour accorder les nouveaux prêts, que le gouvernement mexicain s'engage à modifier sa politique économique de façon plus fondamentale. En effet, on reproche au Mexique un gaspillage de fonds considérable essentiellement dû à l'inefficience d'un secteur public pléthorique et à l'abri de la concurrence. Le président Miguel de la Madrid a donc amorcé un processus de libéralisation important. Sur 1 150 entreprises publiques, seules 690 subsistent fin 1986. La prise de contrôle d'entreprises mexicaines par des investisseurs étrangers est désormais partiellement admise. Le Mexique adhère au GATT en juillet 1986, et prend ainsi l'engagement d'une ouverture progressive à la concurrence internationale.

On le voit, d'ici la fin de la décennie, la marge de manœuvre est particulièrement étroite. L'ouverture à la concurrence peut améliorer la productivité mais elle peut aussi développer les importations et accentuer à court terme le problème des paiements extérieurs. Elle suppose que le Mexique soit en mesure de juguler rapidement l'inflation. Cela suppose rigueur monétaire et budgétaire. Cette logique est favorable au redressement financier. Mais elle expose le Mexique à un ralentissement de l'activité difficile à soutenir longtemps dans un pays marqué par le sous-emploi chronique de la population active et la pénurie agricole. Le redressement financier, quoique indispensable pour attirer à nouveau les investisseurs, ne résout pas les déséquilibres fondamentaux de l'économie mexicaine.

Figure 3 :
Structure de la population active

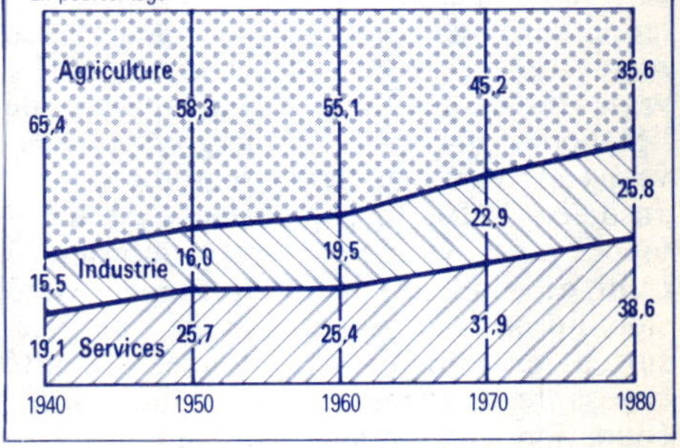

Le chômage déguisé

Le plus urgent des dilemmes est celui de la création d'emplois. En cela d'ailleurs, la situation du Mexique n'a rien d'exceptionnel pour un pays en développement et, qui plus est, un pays d'Amérique latine. L'introduction de la technologie moderne dans le Tiers Monde a souvent produit un déséquilibre entre les ressources en main-d'œuvre et la capacité d'emploi de l'économie. La chute des taux de mortalité induit une forte expansion démographique. Or les techniques modernes reposent davantage sur les biens d'équipement, que sur l'utilisation intensive du travail. Elles ne peuvent donc créer suffisamment d'emplois dans un pays à forte natalité.

Ainsi, au Mexique, la population a pratiquement doublé de 1900 à 1950 ; de 1950 à 1980 elle a presque triplé, passant de 25,8 à 71,6 millions d'habitants. Jusqu'aux années 1970, le taux d'accroissement naturel de la population est resté supérieur à 3 % par an, malgré une industrialisation rapide. Contrairement aux prévisions habituelles, la modernisation de l'économie, les progrès du revenu, du niveau d'éducation, de l'urbanisation, du travail féminin hors de l'agriculture, ne se sont pas traduits aussi rapidement qu'au Brésil, par exemple, par une diminution du nombre d'enfants par famille et du taux de natalité. Il est vrai qu'en la matière le gouvernement a longtemps refusé d'intervenir. Depuis 1972, cependant, il a mis en place un programme intensif de limitation des naissances, avec pour objectif une population maximum de 100 millions en l'an 2000.

Mais le problème posé par l'expansion démographique n'est pas d'abord celui du nombre absolu d'habitants : avec 36 habitants au km^2 en 1981, la densité de la population mexicaine est loin derrière celle du Japon (310) lequel est par ailleurs nettement moins bien pourvu en ressources naturelles que le Mexique. La vraie difficulté tient à l'incapacité de l'économie mexicaine à intégrer les nouveaux arrivants sur le marché du travail. Jusqu'en 1970, la population s'est développée à un rythme nettement inférieur à celui de l'emploi. Il s'ensuit une extension du sous-emploi et de la pauvreté, surtout en milieu rural, et une difficulté croissante à gérer les coûts humains : éducation, formation, équipements sociaux. Malgré un niveau de vie moyen situant le Mexique parmi les « pays à revenu intermédiaire », au début des années 1980, près de la moitié de la population subsiste à peine au seuil de la malnutrition et un enfant sur deux n'est pas scolarisé. En 1977 un tiers de la population touchait un revenu équivalent au minimum de subsistance et un habitant sur sept avait un niveau de vie encore inférieur à ce minimum.

Malgré l'écart entre les créations d'emplois et l'extension de la population en âge de travailler, le Mexique a toujours eu un des taux de chômage officiels les plus faibles de l'Amérique latine. Ainsi, de 1973 à 1979, le taux de chômage a oscillé entre un minimum de 6,1 % et un maximum de 8,6 %, ce qui n'est pas considérable dans la mesure où la population augmentait à un rythme supérieur à 3 %. Mais le chômage ouvert et déclaré n'est pas la manifestation essentielle du sous-emploi. L'expérience montre qu'en période de récession, par exemple, les Mexicains tendent plutôt à se retirer du marché du travail pour s'occuper tant bien que mal dans des activités de services peu productives ou dans les campagnes. La plupart des estimations indiquent que sous-emploi et chômage officiel représentaient 40 à 50 % de la population active (10 millions de personnes).

Les perspectives en matière d'emploi ne sont donc guère encourageantes. Même avec un taux de croissance supérieur à 6 %, avant la crise de 1982, l'économie mexicaine ne créait que 150 000 emplois par an. Or, dans les années 1980, ce sont 800 000 nouveaux venus, en âge de travailler, qu'il faudrait intégrer tous les ans. De plus le Mexique, engagé dans une politique de rigueur nécessaire au redressement financier, ne peut, à court terme, escompter une croissance économique aussi forte qu'avant 1982. À défaut d'en stimuler le rythme de façon spectaculaire, seule une réorientation du mode de croissance vers des activités plus intensives en travail permettra de relever le défi du chômage.

La pénurie alimentaire

La situation de l'agriculture mexicaine rappelle un peu les inquiétudes de Malthus : la menace d'une population se développant plus vite que les ressources alimentaires. Dans les années 1940, les performances de l'agriculture étaient satisfaisantes : la production augmentait de 8,2 % par an. Mais depuis les années 1950 les progrès se sont faits de plus en plus lents : 4,6 % de 1950 à 1966 ; 2,3 % de 1966 à 1970 ; 1,7 % de 1970 à 1974. Ainsi dès les années 1960 la production alimentaire se développe à un rythme nettement inférieur à celui de la population. La productivité du travail dans l'agriculture est inférieure au tiers de la productivité moyenne dans le pays. Vers 1979, 40 millions de Mexicains disposaient de rations alimentaires insuffisantes ou mal équilibrées.

Cette situation entretient le chômage déguisé : un tiers de la population tire encore sa subsistance de l'agriculture alors qu'elle ne contribue même pas à 9 % du produit national. Une masse improductive reste ainsi dans les campagnes. Ceux qui décident d'émigrer vers les villes viennent gonfler des faubourgs mal équipés pour les accueillir et trouvent rarement un emploi stable : la population de Mexico augmente de 750 000 habitants par an quand l'économie mexicaine tout entière n'a jamais créé plus de 150 000 emplois par an !

La faible productivité agricole rend nécessaire l'importation de produits alimentaires surtout depuis les années 1970, durant lesquelles le *boom* pétrolier a exercé une forte pression sur la demande : ces importations sont décuplées de 1972 à 1980 si bien que, pour la première fois en trente ans, la balance commerciale des échanges agricoles est déficitaire (de 500 millions de $ en 1980).

Ces difficultés s'expliquent en partie par des entraves naturelles à la productivité agricole : une situation climatique peu favorable et instable, et des limites à l'extension des terres cultivables. La surface cultivée s'étendait de 6,1 % par an sur la période 1944-1966, et de 2,6 % seulement de 1966 à 1979. Mais la chute des gains de productivité est encore plus grave : les rendements s'amélioraient de 6,6 % l'an au cours de la première période et de 1,9 % durant la seconde. Les efforts de modernisation au lieu de diffuser les progrès ont maintenu, voire accentué, le dualisme de l'agriculture. L'irrigation, le recours à des techniques modernes intensives en capital ont favorisé les grandes exploitations dont la production est pour une bonne part destinée à l'exportation. En revanche, ces efforts restent sans effets notables sur les petits paysans qui assurent pourtant l'essentiel de la production destinée à la consommation locale. De plus le blocage des prix imposé aux producteurs agricoles, dans un contexte d'inflation pour les autres produits, a freiné l'évolution du revenu des paysans. L'incitation, à investir, à entretenir et améliorer les terres s'en est trouvée fortement réduite : la terre est souvent considérée comme un moyen annexe de revenu et de subsistance.

Certains progrès ont cependant été réalisés sous l'administration du président José Lopez Portillo (1976-1982). Un programme ambitieux a été mis en place pour réduire les importations, stimuler les productions destinées à la consommation locale, améliorer la productivité, l'alimentation et le revenu des populations rurales : le Système Alimentaire Mexicain (SAM). Les prix à la production sont relevés pour les produits prioritaires, le coût du crédit abaissé, des engrais et pesticides sont distribués gratuitement, les prix à la consommation sont subventionnés pour un panier de 30 produits correspondant à l'alimentation de base de la population, l'État partage les risques de la production agricole avec les paysans en garantissant un revenu minimal compensant les aléas climatiques.

Ces efforts semblent avoir porté leurs fruits. La production agricole augmentait de 4 % en 1977 et de 8 % en 1981. Mais ces progrès résultent de la redistribution d'une manne pétrolière dont on a déjà souligné l'érosion depuis 1981. En contrepartie des facilités du FMI, le Mexique a dû s'engager dans un programme de réduction des subventions qui remet en cause le SAM. Ainsi, la poursuite de l'effort de modernisation suppose un retour durable vers des taux de croissance élevés et l'équilibre financier.

Panne de carburant, ou de moteur ?

Dans quelles conditions le Mexique peut-il retrouver des taux de croissance élevés ? L'expérience des années 1970 a montré le danger qu'il y avait à trop compter sur un seul « carburant » pour alimenter l'expansion. De toute façon, les revenus pétroliers pourront difficilement se développer au rythme exceptionnel de 70 % l'an qui prévalait en 1978-1982. Étant donné la faible progression de la demande mondiale de pétrole, une augmentation trop rapide de la production mexicaine risquerait d'accentuer encore la tendance à la baisse des prix. Si les revenus pétroliers se stabilisent, comment financer la reprise de l'investissement ? La capacité d'endettement externe est absorbée pour un bon moment par le remboursement des dettes antérieures. Le Mexique doit d'abord rétablir sa balance des paiements pour restaurer la confiance des marchés financiers internationaux.

De 1974 à 1982 les carburants de la croissance étaient le pétrole et la dette, après 1982, il faut en changer. Pour trouver d'autres ressources, le Mexique peut stimuler l'épargne et l'investissement privés et développer les exportations non pétrolières.

Le développement de l'investissement privé suppose un secteur privé plus dynamique et plus libre. Les blocages de prix, la multiplication des réglementations, la concurrence inégale avec de grandes entreprises d'État (un tiers de la production industrielle), la nationalisation des banques en 1982, n'incitent guère les entrepreneurs à développer l'investissement. Au contraire la tendance récente était plutôt à la fuite des capitaux vers les États-Unis. Le gouvernement de Miguel de la Madrid a annoncé un certain désengagement de l'État et la dénationalisation d'une partie du système bancaire. La reprise de l'investissement privé national ou étranger dépend étroitement de la confiance des investisseurs dans la volonté du gouvernement de laisser au secteur privé un rôle plus important et plus libre dans l'économie mexicaine.

Enfin, accroître les recettes d'exportations non pétrolières suppose une plus grande ouverture extérieure et l'expansion des industries légères plus intensive en travail. La proximité du marché américain offre en ce domaine de nombreuses possibilités. Une plus grande diversification géographique du commerce constitue une source potentielle importante de gains à l'exportation : les produits mexicains ne représentent qu'une part infime sur les différents marchés mondiaux. Une réorientation vers des secteurs moins capitalistiques présenterait en outre l'avantage de créer plus d'emplois. Dans le contexte actuel du commerce mondial, un effort accru à l'exportation sera difficile sans une plus grande ouverture aux importations. Ainsi, pour changer de « carburant », l'économie mexicaine pourrait bien réviser aussi le moteur de sa croissance. Cette économie peu ouverte sur l'extérieur, s'appuyant sur la demande intérieure et soumise au leadership de l'État, dépendra désormais davantage de ses performances à l'exportation et de l'extension du secteur privé.

Enfin, il faut souligner que ces nouvelles difficultés et les choix stratégiques qu'elles appellent en matière de politique économique, risquent de se situer dans un climat d'agitation politique. L'élection vivement contestée du président Salinas de Gortari, en juillet 1988, est en effet l'occasion de manifestations de l'opposition, sans précédent dans l'histoire récente du Mexique.

■ Pour en savoir plus

Ch. Rudel, *Mexique : des mayas au pétrole,* Paris, Karthala, 1983.

M. Humbert, *Le Mexique,* Paris, Presses Universitaires de France, 1980.

CORÉE DU SUD

Capitale : Séoul
Population : 47 570 000 hab.
Variation pop./an (1973-85) : 1,5 %
Superficie : 98 484 km²
PNB/habitant : 2 180 $
Taux de croissance/an (1973-85) : 7,1 %

Institutions et vie politique : C. Benoist-Lucy
Croissance, enjeux : J. Généreux

Les apparences d'un régime parlementaire

La Constitution adoptée par la République de Corée le 27 octobre 1980 semble dans la logique du régime parlementaire : elle donne le pouvoir exécutif à un président assisté d'un Conseil d'État et le pouvoir législatif à l'Assemblée Nationale. Pour rompre avec la tradition autoritaire du président Park (1961-1979), la Constitution limite le mandat présidentiel à une durée de 7 ans non renouvelable. Il est désigné par un collège électoral composé de 5 000 membres élus au suffrage direct. Mais l'agitation populaire contraint le président Chun à accepter une réforme qui conduit, en décembre 1987, à l'élection du président Roh Tae Woo au suffrage universel direct. Le Président dispose de pouvoirs très importants : nomination et révocation des membres du Conseil d'État (un Premier ministre et 15 à 30 ministres), possibilité de prendre des décrets d'urgence, de soumettre des questions importantes au référendum et de dissoudre l'Assemblée Nationale.

L'Assemblée Nationale *(Kuk Hoe)* est composée de 276 membres élus pour 4 ans selon un système original alliant la proportionnelle au système majoritaire : les deux tiers (184) des députés sont élus au scrutin direct et secret ; sur les 92 sièges restants, 61 sont attribués au parti ayant obtenu la plus forte représentation au terme du scrutin, et 31 sont divisés entre les autres partis ayant obtenu plus de 5 sièges, en proportion du nombre de sièges obtenus. Cependant, la Constitution dispose qu'aucun parti ne peut se voir attribuer plus de 153 sièges (majorité absolue : 139 sièges). L'Assemblée assume la fonction législative, révise la Constitution à la majorité des 2/3 qu'aucun parti ne peut réunir seul. En outre, elle exerce un certain contrôle politique : elle doit approuver les décrets d'urgence pris par le Président, et peut voter la défiance du Premier ministre (sauf dans l'année qui suit sa prise de fonctions).

Une pratique contraire à la démocratie

Durant les années 60, un système bipartite est né de la rivalité entre le DRP *(Democratic Republican Party)* créé en 1963, chargé de promouvoir l'image personnelle du président Park, et le NDP *(New Democratic Party)* fondé en 1967 pour unifier les courants d'opposition. Jusqu'en 1979, le DRP restera le « parti du Président », tandis que la montée de l'opposition entraîne la répression : décrets d'urgence, arrestations, et exil des principaux leaders du NDP.

En octobre 1980, le nouveau Président, le général Chun, dissout les partis pour mettre fin au bipartisme. Aux élections législatives de 1981, huit nouveaux partis obtiennent une représentation à l'Assemblée. En 1985, seulement cinq d'entre eux étaient représentés (les autres sont constitutionnellement dissous, dès lors qu'ils n'ont pas obtenu au moins 2 % des voix) :

– DJP *(Democratic Justice Party* – 148 sièges), parti majoritaire du président Chun, fondé en 1981 par d'anciens membres du DRP et du NDP.

– NKDP *(New Korean Democratic Party* – 68 sièges), principale force d'opposition, qui absorbe le DKP (Democratic Korean Party – 35 sièges). Il obtient presque autant de voix que le DJP, mais il se heurte à la répression et à la reprise des arrestations, et se voit privé de l'essentiel de ses prérogatives législatives. Il consacre désormais ses efforts à une pétition populaire en faveur d'une élection présidentielle au suffrage direct.

– KNP *(Korean National Party* – 25 sièges), formé par d'anciens membres du DRP.

– NCC *(New Conservative Club)* créé en décembre 1985 par le courant centre-droit du NKDP. Ce dernier perd ainsi 12 sièges.

La croissance assistée (1953-1961)

Vassale de la Chine durant trois siècles, colonie japonaise de 1910 à 1945, la Corée sort de la Seconde Guerre mondiale divisée entre la République de Corée (sud, sous protection américaine) et la république populaire démocratique (nord, communiste). Dès lors s'installe entre les deux nouvelles républiques un antagonisme qui culmine avec la guerre de Corée (1950-1953). Du fait de ce conflit, la Corée du Sud se trouve privée des matières premières industrielles concentrées dans le nord du pays, et contrainte à un effort important de défense nationale.

L'expansion démographique des années 1950 élimine vite les surplus de production agricole autrefois exportés vers le Japon. Les devises manquent pour financer l'effort militaire et l'approvisionnement en matières premières. Aussi, dans un premier temps, l'industrialisation est lente et dépend entièrement de l'aide étrangère. Dans les années 1950 l'essentiel du déficit commercial est financé par des dons américains. Jusqu'au milieu des années 1960, la Corée restera l'un des pays les plus assistés du monde.

Durant cette période, le taux de crois-

Figure 1 :
Niveau et composition sectorielle du PIB, 1955-1981.

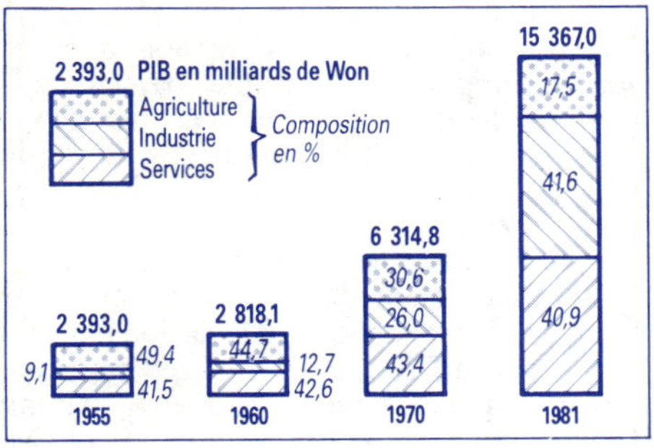

Source : Banque Mondiale, *World Tables,* the third édition, 1983, vol I, Economic Data.

sance n'a rien d'exceptionnel (5,1 % par an). L'administration du président Syngman Rhee est surtout absorbée par l'effort de reconstruction et le maintien de l'ordre. L'essentiel de la politique économique se résume à la réforme agraire qui redistribue la terre aux paysans. Dans un pays où l'agriculture occupe encore 66 % de la population active en 1960, cette réforme aura pour effet d'élever le niveau de vie moyen de la population et d'assurer une croissance plus égalitaire que dans la plupart des autres pays en développement. Au début des années 1960, la Corée reste un pays essentiellement agraire et dépendant.

Le *Boom* planifié (1962-1979)

En 1961, le coup d'État qui amène le général Park Chung Hee au pouvoir marque une rupture dans la stratégie de développement, et le point de départ d'un véritable *boom* coréen. Le gouvernement met en place une planification active et donne la priorité aux industries légères tournées vers l'exportation et bénéficiant d'une main-d'œuvre bon marché : textile, habillement, activités d'assemblage (radios, téléviseurs...) Il normalise ses relations avec le Japon et accède ainsi à la technologie et à l'expérience d'un pays qui a autrefois adopté avec succès une stratégie similaire. La production industrielle croît de 15 % par an durant le premier plan quinquennal (1962-66), puis de 21,1 % au cours du second (1967-1971).

À partir de 1970, le gouvernement infléchit sa stratégie en faveur de l'industrie lourde. Le recul de la présence militaire américaine en Asie (retrait du Viêt-nam) décide le gouvernement à développer sa propre industrie d'armement. De plus, la montée du protectionnisme aux États-Unis et au Japon l'incite à diversifier à la fois la nature et la destination de ses exportations. Ces nouvelles contraintes internationales renversent les priorités gouvernementales en faveur de la sidérurgie, la pétrochimie, la construction navale, l'électronique. Dans le même temps, le monde rural se transforme : on subventionne la production massive du riz destiné à l'exportation ; un mouvement national d'entraide communautaire, le *Saemaul Undong,* contribue à améliorer les équipements des villages (sanitaires, chauffage, électrification), l'habitat, la conservation des sols et leur irrigation.

Bilan : en moins de vingt ans le revenu par tête a été multiplié par 20, le produit national par 30 et le montant des investissements par 90. La Corée du Sud qui, en 1961, comptait parmi les pays les plus pauvres, se trouve, durant les années 1970, dans le peloton de tête des NPI.

Une stabilisation exemplaire (1980-1984)

Les subventions publiques et les crédits accordés par les banques nationales aux secteurs prioritaires provoquent une véritable surchauffe de l'économie. Le premier choc pétrolier n'entame pas la croissance coréenne : le taux de croissance dépasse les 11 % au cours du 3e plan (1972-76) et les 12 % au cours du 4e (1977-81). Mais la réorientation brutale des ressources vers l'industrie lourde est inflationniste : elle crée de la monnaie, distribue du pouvoir d'achat, stimule donc la demande des ménages, tout en négligeant ou pénalisant la production des biens de consommation. Résultat : les prix s'emballent. 17 % d'inflation en moyenne entre 1972 et 1981, avec un maximum de 28,6 % en 1980 ! La compétitivité extérieure des produits coréens régresse, le déficit commercial s'amplifie, contraignant la Corée à un endettement massif auprès des banques étrangères : la dette extérieure progresse de 21 % par an à partir de 1977. Un coup d'arrêt était inévitable, mais il va être accentué par une conjonction d'événements défavorables en 1979 : un deuxième choc pétrolier, des récoltes désastreuses, une grave crise politique consécutive à l'assassinat du président Park. En 1980, le PNB baisse de plus de 6 % !

L'administration du président Chun Doo Hwan (élu le 27 août 1980) donne alors la priorité à la maîtrise de l'inflation et à une certaine libéralisation de l'économie. 1980 est une année d'extrême rigueur : restrictions budgétaires, contraction du crédit, baisse des salaires réels, hausse de 60 % des prix de l'énergie. Par ailleurs, le gouvernement condamne désormais l'allocation bureaucratique des crédits d'investissement, qui a développé des capacités de production excédentaire dans les industries lourdes et pénalisé les petites et moyennes entreprises. En sens inverse, la nouvelle administration cherche à promouvoir l'activité des PME et à contrôler l'extension des très grandes entreprises. Les banques sont dénationalisées, les marchés de capitaux ouverts aux investisseurs étrangers. Dès lors, les choix d'investissements devront répondre davantage à des exigences de rentabilité privée qu'à des priorités administratives.

À certains égards cette période de stabilisation est plus spectaculaire encore que la précédente. La plupart des autres pays en développement n'ont pu contenir l'inflation (autour de 2,5 %) et restaurer l'équilibre de la balance commerciale qu'au prix d'une forte contraction des importations et de la production. En Corée du Sud, l'inflation a pu être maîtrisée très rapidement (2 % en 1983) sans compromettre la croissance économique (9,5 % en 1983, 7 % en 1984). Après un léger ralentissement en 1985 (4 % de croissance), dû au recul sensible des exportations, le taux de progression du PIB remonte autour de 7 %. Le sixième plan quinquennal prévoit un taux de croissance moyen de 7,2 % pour la période 1987-1991 et 3 800 dollars de revenu par habitant en 1991.

Un capitalisme d'État

L'économie coréenne présente sans conteste les caractéristiques d'une économie capitaliste : un grand nombre d'entreprises privées, souvent de petite taille, réalisant des profits substantiels, et un taux de faillite élevé dans les premières années d'existence. Mais, comme pour le Japon, cette dominante privée n'empêche nullement l'État de jouer un rôle déterminant dans la définition des objectifs et la mise en œuvre du développement économique.

Le « décollage » coréen s'est accompagné d'une planification centralisée, qui s'appuie sur des études économiques et sur un appareil statistique particulièrement performant pour un pays en développement. L'État a, en outre, disposé de moyens efficaces pour contrôler l'application de ses directives.

En premier lieu, l'État coréen intervient directement dans la production par l'intermédiaire de sociétés nationales qui sont souvent à l'origine du démarrage des principales industries : Korea Mining Development Corporation dans les mines, Korea Electric Company dans l'énergie, Korea Oil Corporation pour la raffinerie, Pohang Steel Company pour la sidérurgie, etc. En 1972, elles représentaient plus de 13 % de la production manufacturière.

Figure 2 :
Mutation de la population active, 1960-1981

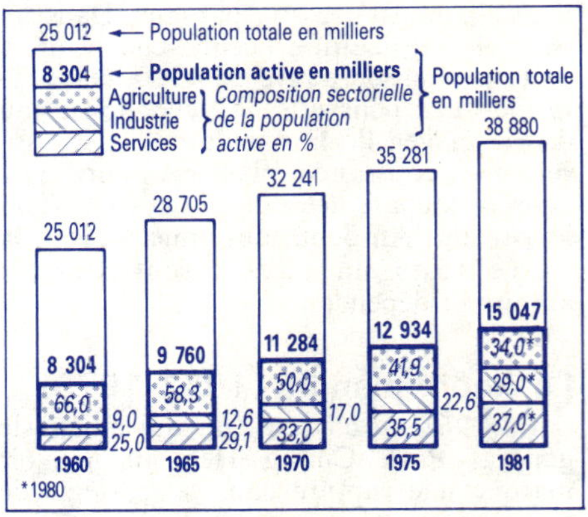

Source : Banque Mondiale, World Tables, the third édition, 1983, vol II, Social Data.

Jusqu'à une époque très récente, le gouvernement a exercé une tutelle étroite sur les sociétés privées, à travers le contrôle des grandes banques : en effet, les entreprises coréennes sont financées à plus de 70 % par des crédits bancaires ; en outre, elles doivent avoir une banque principale, qui leur est imposée par décision administrative. Grâce à cette maîtrise totale du crédit et des taux d'intérêt, l'administration pouvait stimuler ou asphyxier l'activité d'une entreprise. Rien d'étonnant dès lors à ce que les objectifs du Plan aient été le plus souvent dépassés ?

D'une façon plus générale, l'expansion coréenne a été nourrie par une politique d'argent facile et de déficit budgétaire. Jusqu'à la fin des années 1970, le gouvernement ne s'est jamais inquiété des pressions inflationnistes. L'inflation n'entamait pas encore suffisamment la compétitivité des produits exportés, qu'une politique de dévaluations régulières du *won* contribuait par ailleurs à maintenir.

De la couture à l'exportation d'usines : la remontée des filières

La politique industrielle de cet État capitaliste a accordé la primauté à l'exportation. La principale réussite coréenne est d'avoir évité le piège qui guette un développement axé sur l'exportation : une industrie moderne entièrement dépendante de l'étranger pour ses approvisionnements et ses débouchés, enclavée dans un pays agraire et pauvre qui ne bénéficie guère d'une industrialisation orientée en fonction des intérêts de quelques firmes multinationales.

Tout d'abord, les centres de décisions économiques sont restés nationaux : jusqu'aux années 1980, la Corée s'est très peu ouverte aux investisseurs étrangers, et on a vu que l'État avait lui-même organisé le financement du développement. De plus, la remontée des filières a permis d'assurer progressivement une plus grande indépendance dans les approvisionnements de l'industrie. L'effort s'est concentré d'abord sur l'aval des processus de production, aux stades les plus rudimentaires, afin de rentabiliser au maximum l'atout majeur de la Corée : une main-d'œuvre abondante et bon marché. Mais ensuite, cette industrie légère a servi de base à un développement en amont du processus de production, dans les branches utilisant moins de travail et davantage de capital. Dans le textile, par exemple, on passe de la production de fils et de tissus à celle de fibres synthétiques, puis des fibres synthétiques à la chimie organique. Dans les années 1970, avec la nouvelle priorité aux industries lourdes, la Corée aborde la production des machines textiles, puis des machines-outils. Le même type de remontée s'opère dans les filières métallique et électronique.

Dynamiques et compétitives, les industries légères (en aval) offrent un débouché aux industries lourdes (en amont), permettant de financer leur expansion et de substituer aux importations des matériaux et équipements nationaux. Dans une dernière étape, la Corée exporte à son tour des biens d'équipements, des usines clefs en main, de la technologie, notamment vers des pays en développement qui en sont au stade des industries de main-d'œuvre. Au terme de cette mutation accélérée, la Corée possède un tissu industriel diversifié où dominent trois secteurs : le textile, qui assurait, en 1980, 19,5 % des emplois industriels et 31 % des exportations de produits manufacturés ; les industries mécaniques, électriques et électroniques (21,8 % des emplois et 17,3 % des exportations en 1980) ; la chimie et la pétrochimie (20,6 % des emplois). Pays pauvre et dépendant en 1960, la Corée des années 1980 commence à concurrencer les plus grandes puissances industrielles sur les produits les plus sophistiqués (cf. machines-outils à commande numérique).

Miracle, mode ou modèle de développement ?

Devant cette réussite exemplaire obtenue sous l'impulsion d'une planification centralisée, la tentation est grande d'évoquer un « miracle » coréen et d'y chercher un « modèle » de croissance pour d'autres pays en développement. En fait, il n'y a pas de miracle coréen. Le coût humain de l'industrialisation n'est pas négligeable : la population est peu rémunérée, accepte des durées de travail de 55 à 60 heures par semaine et est privée de protection sociale. Les dépenses de santé et d'éducation sont restées à la charge des ménages. Le gouvernement a attendu les années 1980 pour manifester son intention de prendre en charge les dépenses sociales. Certes, l'élévation rapide du niveau de vie a dégagé une épargne privée susceptible de financer ces coûts humains. Mais ce progrès économique a impliqué la soumission à un pouvoir particulièrement autoritaire et répressif. Constater la performance ne dit pas amener à en occulter le coût.

De plus, le succès coréen ne constitue ni un hasard, ni le seul résultat d'une planification clairvoyante. Il reflète aussi l'accumulation préalable de nombreuses conditions favorables au décollage industriel : la cohésion sociale, renforcée par la réforme agraire et par une distribution relativement équitable des ressources, stimulée par la menace d'une agression de la Corée du Nord ; une agriculture d'un niveau technique déjà élevé au début du siècle, et modernisée par la colonisation japonaise ; un tissu de petites et moyennes industries déjà bien développé sous l'occupation, contribuant à la formation de la main-d'œuvre. Les plus importants des *Jae Bull* sont constitués avant 1962 (Samsung, Daewoo, Hyundai). Les circonstances historiques se trouvaient aussi favorables au *boom* coréen : il se produit en effet dans une période de forte expansion du commerce mondial, au moment où les grandes firmes multinationales cherchent à délocaliser les activités fortement utilisatrices de main-d'œuvre vers les pays de bas salaires. Grâce à sa situation géopolitique, la Corée du Sud a bénéficié en outre d'un soutien financier exceptionnel des pays occidentaux qui, jusqu'au milieu des années 1960, lui a permis d'importer la technologie moderne à moindre frais.

La spécificité coréenne, si l'on considère tous ces facteurs, empêche de construire à partir de la stratégie de ce pays un « modèle » de développement. Bien sûr, il y a lieu de reconnaître dans l'exemple coréen un mode de croissance réussie à certains égards. Mais il serait d'autant plus abusif de l'ériger en modèle qu'il risque, à la fin des années 1980, d'être sérieusement remis en cause.

Préserver l'équilibre social

Au lendemain de la guerre de Corée (1950-1953), la grande masse de la population était rurale et pauvre. Jusqu'aux années 1970, l'industrialisation rapide a contribué à une répartition plus équitable des revenus. La réforme agraire a d'abord permis une distribution assez égalitaire du revenu agricole. L'extension des emplois industriels a ensuite amélioré uniformément le niveau de vie des populations migrant vers les villes. Le revenu des 40 % habitants les plus pauvres a augmenté aussi vite que celui des 20 % les plus riches. En 1970, la première catégorie recevait 19,6 % du revenu national et la seconde 41,6 %. Le contraste avec les NPI d'Amérique latine est frappant. Au Brésil par exemple, dans les années 1970, le groupe des plus pauvres ne recevait que 9 % du revenu alors que, au sommet de la hiérarchie, seulement 10 % de la population en retenait 50 %. En Corée, le « gâteau » de la croissance a donc été plus également réparti qu'ailleurs. Et il a aussi progressé plus vite : de 1970 à 1981, le pouvoir d'achat des salariés de l'industrie a crû au rythme annuel de 9,1 %. Cette amélioration des conditions de vie du plus grand nombre a assurément contribué à faire accepter un mode de développement particulièrement autoritaire. À l'inverse, la montée des inégalités et le ralentissement de la croissance qui ont été constatés dans la période récente menacent cet équilibre social.

En effet, après 1970, la répartition des revenus est devenue plus inégalitaire. La priorité donnée aux industries lourdes a contraint de nombreuses PME à fermer leurs portes. Beaucoup d'entrepreneurs individuels ont fait faillite, les autres ont vu leur part de revenu régresser au profit des grands groupes, les *Jae Bull.* Par ailleurs, après 1978, la baisse des prix relatifs des produits agricoles a creusé l'écart entre les niveaux de vie rural et urbain. En 1978, les 20 % les plus riches représentaient 46,7 % du revenu national et la part des plus pauvres avait reculé à 15,4 %. À cette montée des inégalités vient s'ajouter un recul important du pouvoir d'achat dans la première moitié des années 1980, consécutif à la politique anti-inflationniste du gouvernement.

Si la restriction des libertés politiques n'a plus de contrepartie économique pour la grande majorité des Coréens, les tensions déjà très vives avec la classe dirigeante ne peuvent que s'accentuer et menacer l'homogénéité sociale qui a largement contribué aux succès économiques. La discipline militaire imposée depuis vingt-cinq ans aux Coréens a souvent été efficace au plan économique, mais elle est de plus en plus incompatible avec les aspirations d'une population dont le niveau d'éducation s'est très rapidement développé. Beaucoup estiment que les progrès politiques sont en retard sur le niveau de développement atteint par les pays. En 1980, l'adoption d'une nouvelle constitution et l'élection du général Chun à la présidence de la République ont suscité des espoirs de libéralisation politique. Le général Chun succédait en effet au président Park assassiné en 1979 après dix-huit ans d'un régime autoritaire et répressif. Et la nouvelle constitution, en posant notamment que le mandat présidentiel serait désormais limité à une durée de sept ans non renouvelable, paraissait apporter ce progrès politique attendu par les Coréens. Cependant, malgré les engagements pris, l'administration Chun a vite reproduit les caractéristiques du régime autoritaire institué par le président Park. En effet, alors que les opposants autrefois exilés ont été autorisés à revenir en Corée, les voies légales de contestation restent si limitées qu'au lieu de voir s'instaurer une libéralisation, on assiste en fait à une recrudescence de la répression.

Finalement, le président Chun permet une réforme constitutionnelle qui débouche sur l'élection du président Roh Tae Woo en décembre 1987. Successeur quasiment désigné par le général Chun, il est vivement contesté, et la Corée connaît une nouvelle vague d'émeutes.

La détermination de l'opposition et l'ampleur de son soutien populaire indiquent clairement que le progrès économique ne pourra plus remplacer pour les Coréens l'exercice normal des libertés politiques.

De la rhétorique libérale à la libéralisation

Le libéralisme économique est à l'ordre du jour depuis le début des années 1980. Ce nouveau credo gouvernemental s'articule autour d'un désengagement de l'État qui permettrait aux mécanismes de marché de jouer un rôle plus important dans l'allocation des ressources.

La nécessité d'une telle libéralisation ne fait guère de doute. Certes, la planification centralisée a sorti la Corée du sous-développement. Mais après 1970, on l'a vu, elle a introduit des distorsions graves dans le fonctionnement de l'économie. Le développement d'une industrie lourde n'était pas en soi un mauvais choix. Mais les capacités de production mises en place ont souvent été excessives par rapport aux besoins domestiques ou aux possibilités d'exportation. Avec des taux d'intérêt fixés à un niveau inférieur à celui de l'inflation, les grandes entreprises des secteurs prioritaires ont bénéficié d'un crédit gratuit, et même profitable. Mais en supprimant le coût réel du financement, le gouvernement réduisait aussi l'incitation à rechercher les projets d'investissement les plus rentables, et détournait ainsi des fonds que des banques privées auraient autrement utilisés à financer les projets les plus performants. On a déjà souligné les effets inflationnistes de cette politique monétaire. Par ailleurs, la diversification industrielle de la Corée rend une planification centralisée beaucoup plus délicate. Enfin, la montée des tensions politiques et sociales amène le gouvernement à se préoccuper davantage des équipements collectifs et de la protection sociale. Toutes ces raisons justifient un certain recul du dirigisme économique au profit d'un fonctionnement plus libre des marchés.

Depuis 1980, le gouvernement a beaucoup attiré l'attention sur ce type d'arguments et sur ses intentions libérales. Cependant, jusqu'à présent, la libéralisation de l'économie est restée assez superficielle. Seule transformation radicale : les banques ont été privatisées et leur autonomie de décision élargie. La réglementation des taux d'intérêt a également été assouplie. Pourtant, le système de prêts à intérêts bonifiés pour les secteurs désignés par l'administration fonctionne toujours. De plus, la dénationalisation des banques ne stimule pas vraiment la concurrence dans la mesure où elles ont été rachetées pour l'essentiel par les grands groupes industriels. Plus que d'une diffusion du pouvoir économique, il s'agit en réalité d'un transfert du pouvoir au profit de quelques trusts très liés à l'administration. L'État continue à organiser lui-même les restructurations industrielles, et à financer directement des projets de développement ou de recherche. Sur le plan commercial, le gouvernement a réduit la liste des produits interdits à l'importation, mais on ne peut parler de véritable ouverture des frontières en l'absence d'une révision notable des tarifs douaniers. Les pressions des pays occidentaux en ce sens sont pourtant de plus en plus vives.

Ainsi, la volonté libérale du gouvernement passe difficilement du discours théorique aux faits. La libéralisation probable du régime politique, en ouvrant plus largement le débat sur les grandes options économiques, ne semble pas devoir accélérer le processus de libéralisation économique. Or, les pesanteurs bureaucratiques ou simplement politiques pourraient constituer un handicap dans une période où le mode de développement de la Corée du Sud doit s'adapter rapidement au nouvel environnement international.

Figure 3 :
L'insertion dans l'économie mondiale, 1962-1980

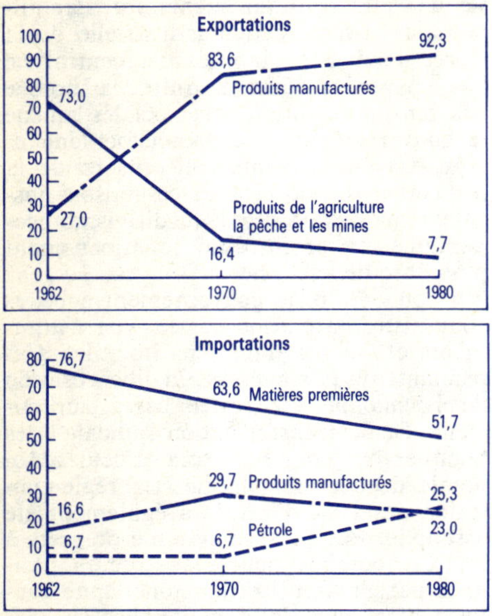

Source : Major statistics on Korea Economy, 1981, Economic Planning Board, Séoul.

Un Japon, ça suffit !

Dans les années 1960, l'insertion de la Corée dans l'économie mondiale ne posait guère de problèmes. Elle se spécialisait dans les produits à faible valeur ajoutée incorporant beaucoup de main-d'œuvre. L'avantage comparatif qu'elle tirait d'un coût du travail particulièrement faible lui permettait de pratiquer des prix inférieurs à ceux des pays industriels, malgré une inflation plus forte. Elle rencontrait peu d'obstacles protectionnistes dans la mesure où elle ne concurrençait pas les pays industriels pour les produits à forte valeur ajoutée, et restait constamment déficitaire dans ses échanges extérieurs. En 1962, les produits de l'agriculture, la pêche et les mines constituaient près des trois quarts de ses exportations ; 22 % de celles-ci étaient destinées au Japon et 43 % aux États-Unis, ces deux partenaires fournissant l'essentiel de la technologie et des biens d'équipement. La Corée était ainsi insérée dans une division du travail harmonieuse, sans conflit d'intérêt majeur.

Dès 1980, la situation est radicalement différente. Les produits manufacturés représentent 92,3 % de ses exportations, mais 23 % seulement de ses importations. Progressivement, elle se met à produire sur place ses propres biens d'équipement, limitant ainsi les débouchés des pays industrialisés. L'industrie légère (textile, habillement, bois) ne représente plus que 52 % des exportations manufacturières, contre 85 % en 1966. Ses exportations incorporent de plus en plus de capital et de technologie : acier, machines-outils, usines clés en mains, etc. Cette réorientation vers des branches à haute technicité est une nécessité. En effet, dans les industries de main-d'œuvre, la Corée subit désormais la concurrence d'autres pays en développement où les salaires sont souvent plus bas : Chine populaire, Bangladesh et Indonésie dans le textile, Pakistan, Inde et Malaisie dans la construction. De plus, les entreprises japonaises ou occidentales qui avaient profité des bas salaires pour faire sous-traiter par des pays asiatiques des opérations de montage ou d'assemblage ont désormais tendance à rapatrier ces opérations en les automatisant.

Ainsi, de complémentaire, la spécialisation industrielle de la Corée devient concurrente de celle des pays industriels. Après des décennies de déficit commercial avec les États-Unis, la Corée a approché les deux milliards d'excédent en 1983. En février 1986, la première automobile coréenne (la *Excel* de la firme Hyundai) est entrée sur le marché américain. Aussi les Américains commencent-ils à craindre l'émergence d'un nouveau Japon susceptible de « rafler » en quelques années des marchés importants. C'est pourquoi ils accentuent leur pression pour obtenir une plus grande ouverture du marché coréen. On accuse également la Corée de recourir au dumping. Les consommateurs coréens paient souvent, pour un produit identique, un prix deux fois supérieur au prix à l'exportation. Les entreprises coréennes peuvent ainsi compenser les pertes à l'exportation par les recettes intérieures. Des mesures de rétorsion à l'encontre des exportations coréennes pourraient se développer en l'absence d'une libéralisation réelle du marché intérieur. Or la Corée du Sud ne peut ralentir ses exportations, de même qu'elle ne peut guère se permettre de stimuler ses importations. En effet, les exportations restent le moteur principal de l'expansion. Par ailleurs, le déficit chronique de la balance des paiements s'est traduit dans les années 1970 par l'accumulation d'une dette extérieure considérable : près de 50 milliards de dollars en 1986 qui font de la Corée le 4e pays débiteur du monde. Une forte croissance des exportations reste donc la condition nécessaire au maintien de la croissance et au remboursement de la dette. Elle s'impose aussi pour couvrir le montant des achats de matières premières, qui représentent les trois quarts des achats à l'étranger. Pour cette même raison, la Corée n'a guère les moyens d'accélérer ses importations de produits manufacturés.

La Corée apparaît ainsi particulièrement dépendante de ses performances sur les marchés extérieurs, dans une période où ceux-ci ont plutôt tendance à s'abriter de la concurrence étrangère. Son mode de développement extraverti n'est pas pour autant dans l'impasse. Mais son insertion dans l'économie mondiale est de plus en plus délicate et devrait infléchir l'évolution de l'économie coréenne dans deux directions. La première devrait être le développement des technologies de pointe à haute valeur ajoutée, consommant peu d'énergie et de matières premières. Déjà engagé, notamment dans l'électronique, ce mouvement exigera un effort considérable de recherche et de formation professionnelle. Il explique pour l'essentiel l'ouverture récente de la Corée aux investisseurs étrangers. Mais dans cette stratégie la Corée se trouve en concurrence à la fois avec les NPI d'Asie et les pays les plus avancés. Une inflexion plus fondamentale consisterait en une croissance plus autocentrée, c'est-à-dire reposant davantage sur l'expansion de la demande intérieure. 40 millions de consommateurs dont le pouvoir d'achat devrait continuer à progresser régulièrement, un vaste réseau industriel bien diversifié, d'importants besoins en infrastructures et en équipements collectifs représentent une demande intérieure potentielle considérable. Mais toute expansion de la demande intérieure se traduira par des besoins accrus en matières premières industrielles. Jusqu'au début des années 1990, la dépendance à l'égard de la capacité d'exportation restera donc une caractéristique dominante de l'économie coréenne.

Pour en savoir plus

J.-R. Chaponnière, *La République de Corée, un nouveau pays industriel,* Notes et Études documentaires, n° 4667-4668.

CEPII, *Corée, Mexique : deux expériences de développement face à la crise,* Économie Prospective Internationale, n° 10, 2e trimestre 1982.

P. Judet, *Les nouveaux pays industriels,* les Éditions Ouvrières, Paris, 1981.

P. Hasan et D.C., *Rao, Korea : « Policy issues for long-term development »,* Rapport pour la Banque Mondiale, The John Hopkins University Press, 1979.

Korea : adjustment model for the 1980's ?, World Financial Markets, revue de la Banque Morgan, mars 1984.

ARGENTINE

Capitale : Buenos Aires
Population : 31 030 000 hab.
Variation pop./an (1973-85) : 1,6 %
Superficie : 2 766 889 km²
PNB/habitant : 2 130 $
Taux de croissance/an (1973-85) : -0,4 %

La guerre des Malouines met fin au régime militaire institué en 1976. Le 10 décembre 1983, l'élection de Raul Alfonsin à la présidence de la République confirme le retour à la démocratie pluraliste. Élu pour 4 ans au suffrage universel direct, le président est le détenteur du pouvoir. Il n'est pas responsable devant le Parlement, composé de deux assemblées élues au suffrage universel direct : la Chambre des députés et le Sénat.

L'économie sort lentement d'une longue récession entamée à la fin des années 1960, et qui s'est nettement aggravée en 1976 puis 1980. C'est une grande puissance agricole, qui dispose de nombreux atouts pour réussir son industrialisation.

L'agriculture emploie 12 % de la population active, et fournit un tiers des recettes d'exportation. L'excédent de la balance commerciale agricole est l'un des plus élevés au monde. La production est diversifiée : céréales, canne à sucre, thé, vin (5ᵉ producteur mondial), élevage bovin (5ᵉ cheptel au monde). Mais le pays se heurte à la surproduction des pays industriels : en 1986, les ventes de viande ne représentent plus que 10 % des recettes totales d'exportation, contre 28 % en 1970. C'est pourquoi l'accent a été mis par exemple sur les produits d'alimentation de l'élevage, qui offrent de meilleurs débouchés.

À partir des années 1930, la campagne s'est dépeuplée à un rythme accéléré. Les structures agricoles étaient en effet dominées par un petit nombre de propriétaires, maîtres d'immenses exploitations : le manque de terres disponibles et l'industrialisation ont attiré les agriculteurs vers les villes. Les ports se sont étendus, Buenos Aires est devenue l'une des plus grandes métropoles du monde (le tiers de la population totale en 1986), tandis que l'intérieur du pays se vidait de ses habitants. Depuis la fin des années 1960, l'agriculture se modernise activement. Il est vrai qu'elle a pris des années de retard sur ses concurrentes étrangères. Cette modernisation est surtout le fait des exploitations inférieures à 1 200 ha (ce qui, en Argentine, correspond aux petites et moyennes exploitations). Les grands domaines couvrent encore la moitié de la surface agricole, mais leur taille ne permet qu'une exploitation très extensive. De nombreuses parcelles sont laissées en friche : le pays dispose d'un énorme potentiel agricole inutilisé. L'industrialisation ne débute qu'après la crise de 1929. Un afflux massif d'immigrés (7 millions) entraîne une urbanisation rapide. Le développement industriel va se concentrer dans les ports. Un réseau de transport s'est déjà constitué au XIXᵉ siècle grâce aux capitaux européens. À partir de 1947, l'État va prendre en charge les grands équipements. Une stratégie de substitution aux importations va axer le développement de l'industrie vers les biens de consommation courante.

Mais une diversification se manifeste à partir de 1958 : le pays s'ouvre aux investissements étrangers, et de nombreuses multinationales viennent implanter leurs activités sur le sol argentin. Pharmacie, moteurs, électronique, ciment vont ainsi s'ajouter à l'industrie nationale des biens de consommation. Si cet apport de capitaux enrichit l'économie, il a aussi des effets pervers. Les investisseurs nationaux sont réduits à un rôle de sous-traitant et n'obtiennent le plus souvent que des participations minoritaires. Le niveau de vie s'abaisse progressivement, et l'incitation à investir diminue.

L'industrie reste principalement tournée vers le marché intérieur, et ne possède pas de secteur compétitif au plan international. C'est pourquoi le projet de création d'un marché commun sud-américain avec le Brésil et l'Uruguay peut constituer une chance exceptionnelle pour l'industrie argentine : elle pourra rechercher la meilleure spécialisation en fonction des besoins de ses partenaires, et bénéficier de marchés réservés.

L'Argentine dispose de ressources naturelles et minières qui favorisent la constitution d'une industrie puissante. Un vaste réseau fluvial a permis l'édification de barrages destinés à la production électrique et à l'irrigation. Les réserves d'uranium ont favorisé l'établissement d'un programme nucléaire. Mais surtout, les productions de pétrole et de gaz (respectivement 23 millions de tonnes et

14 milliards de m³) couvrent la quasi-totalité des besoins. Les réserves de gaz sont très importantes : 650 milliards de m³ en 1986. En ce qui concerne le pétrole, la prospection off-shore a été entreprise dès la fin des années 1970.

Depuis l'élection de Raul Alfonsin, un programme de redressement économique a été mis en place : augmentation des tarifs des services publics, gel des prix et des salaires, nationalisations, lutte contre la spéculation... Les gouvernants ont préféré une politique d'extrême rigueur au programme progressif proposé par le FMI. De 680 % en 1985, le taux d'inflation a été ramené à 90 % l'année suivante grâce à l'établissement d'une nouvelle unité monétaire : l'austral (1 austral = 1 000 pesos). La balance des paiements est déficitaire en raison du déséquilibre important sur les échanges de services. Le déficit budgétaire représentait encore 10 % du PIB en 1984, mais il se réduit progressivement, à mesure que l'État allège le poids du secteur public. L'endettement extérieur reste extrêmement lourd, mais des rééchelonnements sont régulièrement négociés.

BRUNEÏ

Capitale : Bandar
Population : 240 000 hab.
Variation pop./an (1973-85) : 3,7 %
Superficie : 5 765 km²
PNB/habitant : 17 580 $
Taux de croissance/an (1973-85) : 2,4 %

Ancien protectorat britannique, le sultanat de Bruneï a accédé à l'indépendance en janvier 1984. Il reste membre du Commonwealth, et a adhéré à l'ASEAN dès 1984.

L'économie repose sur les hydrocarbures, qui représentent, en 1985, 72 % du PIB et 99 % des exportations. Les gisements de pétrole ont été découverts à la fin des années 1920. Mais les réserves seront en voie d'épuisement à la fin du siècle. Elles se limitent en effet à 194 millions de tonnes pour le pétrole et 200 milliards de m³ pour le gaz (les productions annuelles tournant autour de 8 millions de tonnes et 10 milliards de m³). En 1986, le Japon est le principal acheteur du gaz exporté par Bruneï. L'extraction pétrolière est assurée par la Bruneï Shell, dont le capital est partagé entre l'État et le groupe Shell.

L'économie doit impérativement se diversifier pour ne pas sombrer dans la pauvreté lorsqu'elle sera privée de ses revenus pétroliers. Jusqu'à présent, cette diversification a été gênée par l'insuffisance des infrastructures, l'étroitesse du marché intérieur et la faiblesse de l'investissement privé. Un Bureau de Développement Économique a été créé en 1976 afin de promouvoir le développement du secteur privé. Il est notamment chargé d'étudier et d'autoriser les projets d'implantation de firmes étrangères ou nationales. Le secteur privé demeurant étroitement contrôlé par les immigrés chinois, des sources de financement ont été dégagées pour aider les entrepreneurs locaux ; de même, les travailleurs nationaux sont envoyés de plus en plus couramment à l'étranger, afin d'obtenir une qualification qui leur permette de concurrencer la main-d'œuvre immigrée, et de concourir ainsi au développement du secteur privé.

Le cinquième Plan, qui couvre la période 1986-1990, se fixe pour principal objectif de remédier à la dépendance de Bruneï vis-à-vis des seuls hydrocarbures. Les solutions retenues sont axées sur une stratégie de substitution aux importations, d'autosuffisance alimentaire et d'amélioration des infrastructures de communication et de transport. En 1985, un plan à long terme (20 ans) envisage diverses possibilités de développement : industrie du verre, de l'optique et des microprocesseurs sur la base des ressources nationales en silice ; essor des activités bancaires et financières. Jusqu'ici, les Plans Nationaux ont échoué dans leurs tentatives de diversification de l'économie. C'est pourquoi les dépenses budgétaires sont en net accroissement, en attendant d'être relayées par l'investissement privé.

Le pays dispose de deux atouts pour réussir sa reconversion : sa richesse (en 1986, son PNB par habitant est le plus élevé au monde) et ses liens de coopération économique avec Singapour.

HONG KONG

Capitale : Hong Kong
Population : 5 530 000 hab.
Variation pop./an (1973-85) : 2,3 %
Superficie : 1 045 km^2
PNB/habitant : 6 220 $
Taux de croissance/an (1973-85) : 8,7 %

Au milieu du XIXe siècle, la Chine cède officiellement le territoire de Hong Kong et la presqu'île de Kowloon à la couronne britannique. Par la suite, les Nouveaux territoires seront ajoutés à Hong Kong pour composer un ensemble placé sous administration britannique jusqu'en 1997. Le pouvoir est exercé par un gouverneur nommé par la reine d'Angleterre. Il est assisté d'un Conseil exécutif, dont il désigne les membres. Le conseil législatif, chargé d'approuver les lois et les dépenses publiques, est formé seulement pour partie par des membres élus ; les autres membres sont désignés par le gouverneur.

Hong Kong connaît l'une des plus fortes densités de peuplement au monde : 5 240 habitants/km^2. Dans les années 1970, le gouvernement est parvenu à limiter le taux d'accroissement naturel, mais une forte immigration, chinoise puis vietnamienne, a remis en cause cette stabilisation. En 1980, les pouvoirs publics ont mis fin à l'immigration chinoise illégale. Mais cela n'a pas résolu le problème de la sur-occupation de l'espace. Dès 1953, le gouvernement a mis en place un vaste programme de construction de logements. Plus de 36 000 appartements ont été construits en 1984, et ce rythme élevé devrait se maintenir. Cependant, le nombre des familles inscrites sur les listes d'attente dépasse 150 000 et les loyers sont quatre fois plus chers que dans les capitales occidentales. Le dixième de la population vit dans des logements de fortune, édifiés jusque sur les eaux. La densité urbaine gêne la circulation automobile : la ville compte de nombreux quartiers piétonniers, et les habitants se déplacent au moyen des transports en commun.

Depuis des décennies, Hong Kong connaît une forte croissance. Le secteur primaire n'existe pratiquement pas : l'agriculture est très limitée et le territoire est démuni de toute matière première. L'économie est fondée sur le secteur tertiaire, qui représente plus des deux tiers du PNB. Le tiers restant revient à l'industrie, qui s'est particulièrement développée depuis 1974 : jusqu'en 1984, le taux de croissance annuel de la production industrielle atteint 14 %.

L'État n'a qu'une stratégie : celle de la libre entreprise. Les pouvoirs publics se sont toujours refusés à subventionner les entrepreneurs, mais certains mécanismes mis en place pour favoriser la croissance industrielle se rapprochent beaucoup des subventions indirectes. Le protectionnisme est incompatible avec le rôle traditionnel de port franc, aussi l'industrie n'est-elle pas protégée. Les dépenses publiques se limitent pratiquement à la construction d'infrastructures de transport, et aux interventions dans le domaine social (près de la moitié de la population vit dans des logements plus ou moins subventionnés par l'État), et l'éducation (18 % du budget de l'État).

En raison de la croissance des exportations, le gouvernement a dû négocier des accords commerciaux avec la CEE, les États-Unis, et les Pays scandinaves. La part relative du textile a diminué avec la diversification des activités. Cependant, il accapare encore près de la moitié de la population active employée dans le secteur manufacturier, et fournit 40 % de la valeur ajoutée dégagée par l'industrie. La concurrence des nouveaux pays d'Asie et les difficultés d'insertion sur les marchés occidentaux ont incité Hong Kong à développer la mode et la haute couture. Les structures de production ont été modernisées, et l'accent mis sur la qualité. Cette stratégie a eu des résultats positifs : dès 1976, le déclin des activités textiles ralentit.

Depuis les années 1960, une industrie légère s'est développée autour des biens destinés au grand public : hi-fi, téléphones, télévisions, radios. De même, l'horlogerie et l'industrie du jouet ont commencé à prendre une part importante dans la production et, surtout, dans les exportations : Hong Kong est le premier exportateur mondial de montres. La qualité s'est encore améliorée depuis la réorganisation du secteur horloger en unités de production plus importantes. De 1950 à 1980, la croissance de l'investissement a été très forte. L'État y a pris une part modeste, concentrée dans le bâtiment, puis dans la construction de routes. Mais il n'existe pas d'incitation aux dépenses en recherche et développement : la stratégie de Hong Kong n'est pas l'innovation, mais l'imitation. Les investissements étrangers sont recherchés par des missions de promotion, qui voyagent notamment aux États-Unis, en Grande-Bretagne, en RFA, au Japon... Les grandes entreprises étrangères sont particulièrement intéressées par les activités de sous-traitance, exercées par de très petites unités de production à faibles coûts salariaux. En 1985, la participation financière étrangère concerne 11 % de la main-d'œuvre industrielle, et contribue pour 17 % aux exportations de biens manufacturés. Le commerce extérieur est très important. En 1986, les exportations représentent 92 % du PNB. La balance commerciale est toujours en léger déséquilibre, tandis que les échanges de services dégagent un solde positif.

Si la croissance industrielle a été forte, ce sont encore les activités de services (commerce, activités financières et tourisme) qui constituent la principale source de revenus : environ 68 % du PNB. Grâce à son statut de port franc, Hong Kong constitue un entrepôt à bon marché que la Chine utilise de plus en plus. Le transport maritime reste très dynamique en dépit de la crise mondiale.

Centre d'opérations off-shore (dont les bénéfices sont exemptés d'impôts), Hong Kong est la troisième place financière du monde. Une réglementation très libérale et une faible pression fiscale attirent les établissements financiers et bancaires étrangers. Les changes sont parfaitement libres. Hong Kong est aussi le troisième centre mondial du commerce de l'or.

Le tourisme constitue une importante source de revenus. Plus de la moitié des recettes touristiques revient au commerce (habillement, bijoux, objets électroniques...). Le nombre des visiteurs augmente régulièrement (3,4 millions en 1986). Un dixième d'entre eux ne fait qu'un court séjour avant de se rendre à Macao ou en Chine. C'est pourquoi Hong Kong cherche à disposer d'attractions touristiques propres, en insistant particulièrement sur l'aménagement des plages, l'entretien des temples et les activités culturelles. Mais le dynamisme du tourisme aboutit à la saturation d'un parc hôtelier difficile à étendre en raison de la rareté des sols.

La Chine est le second partenaire commercial après les États-Unis. Elle est le seul fournisseur de Hong Kong dans des domaines primordiaux comme l'approvisionnement en eau. Des liens économiques plus étroits se sont tissés à la faveur du renforcement de la coopération entre Hong Kong et les entreprises implantées en Chine dans la zone de Guangdong. De surcroît, l'accord de 1984 entre la Chine et la Grande-Bretagne a fait disparaître le climat d'incertitude quant à l'avenir : à l'expiration du bail britannique en 1997, Hong Kong reviendra à la Chine. Mais cette dernière a consenti à en faire une zone administrative spéciale, assurée de conserver durant 50 ans son autonomie économique et financière, et son statut de port franc. Hong Kong aura ses propres institutions, mais les nominations aux postes clés relèveront du gouvernement de Beijing (Pékin), ainsi que les questions de politique extérieure et de défense. S'il est impossible de prévoir l'avenir à très long terme, du moins cette solution intermédiaire a-t-elle été favorablement accueillie par les habitants de Hong Kong.

MACAO

Capitale : Macao
Population : 390 000 hab.
Variation pop./an (1973-85) : 3,9 %
Superficie : 16 km²
PNB/habitant : 3 455 $
Taux de croissance/an (1973-85) : n.d.

Macao est une ville État qui se compose de deux îles et d'une petite péninsule, au sud de la Chine. Sous domination portugaise depuis 1557, Macao se déclare indépendante de la Chine en 1849. En 1974, elle est réintégrée à cette dernière, mais demeure sous administration portugaise (elle est dirigée par un gouverneur représentant Lisbonne). Elle reviendra définitivement à la Chine en 1999, mais son économie restera organisée sur le mode capitaliste jusqu'en 2050.

Depuis 1970, le PNB par habitant s'est accru à un rythme accéléré. De 1970 à 1985, il a quadruplé. Bien que ralentie à partir de 1980, la croissance reste supérieure à celle de la plupart des pays industrialisés.

En raison de l'exiguïté du territoire et du manque d'eau, l'agriculture est totalement absente. Seule, la pêche allège un peu le lourd déficit de la balance commerciale agricole.

L'économie est fondée sur le textile et le tourisme. Mais la limitation des débouchés textiles incite le territoire à redéployer ses activités. En effet, les AMF fixent aux exportations textiles de Macao un taux de croissance maximum de 6 % par an. Les plus petites entreprises ont dû fermer leurs portes, tandis que s'intensifie l'activité des délégations commerciales chargées de conquérir de nouveaux marchés à l'étranger. Dans le même temps, on assiste à une sélectivité croissante dans la politique d'accueil des investissements étrangers, le gouvernement donnant désormais la priorité aux projets de diversification. Depuis la fin des années 1970, l'industrie s'est ainsi tournée vers le traitement des matières plastiques, l'électronique, le jouet... Le secteur de la construction est en pleine expansion (+15 % en 1985 par rapport à l'année précédente) et a pu absorber une grande partie des employés du textile en reconversion.

Le gouvernement cherche également à développer les activités de services (le secteur tertiaire occupe 62 % de la population active), et tout particulièrement les secteurs touristique (25 % du PNB) et bancaire. Le tourisme a légèrement fléchi depuis 1980, aussi un programme de développement a-t-il été mis en place : de nouveaux hôtels ont été construits avec la participation des grandes chaînes américaines, qui tablent sur une forte reprise du tourisme (le nombre des chambres d'hôtel de luxe a triplé entre 1981 et 1986) ; de nombreuses formules touristiques visent à accroître les visites historiques et la durée des séjours, tandis que l'on procède à une restauration générale des sites. Le nombre des touristes transitant par Macao pour se rendre en Chine s'est très nettement accru : + 55 % en 1983-1984. Les habitants de Hong Kong viennent souvent sur le territoire pour la durée du week-end, attirés notamment par la florissante industrie du jeu. Ces deux types de visiteurs fournissent la majeure partie des recettes touristiques de Macao.

Dans le domaine monétaire, Macao a acquis une certaine indépendance depuis la fin des années 1970. En 1977, le lien entre la monnaie nationale (le pataca) et l'escudo portugais est supprimé, la valeur du pataca se déterminant désormais par rapport au dollar Hong Kong. De même, la prise de décisions en matière monétaire ne relève plus de la Banco Nacional Ultramarino, mais de l'IEM (Instituto Emissor de Macau), créé en 1980. Enfin, un Fonds officiel a su trouver des ressources pour garantir la stabilité des changes. Des mesures de stimulation du secteur bancaire ont été mises en œuvre en 1982. La réglementation favorise l'implantation des banques et stimule la concurrence interbancaire, afin d'assurer un soutien financier à la croissance des diverses activités industrielles. À terme, Macao pourrait devenir une place financière off-shore, centre de l'activité des banques internationales en Asie.

L'économie de Macao est tournée vers l'exportation. Malgré la récession mondiale, ses ventes à l'étranger ont augmenté en valeur de 30 % par an entre 1978 et 1980. En 1984, la hausse des importations se limite à 18 % : l'excédent commercial a quadruplé par rapport à l'année précédente. Les principaux fournisseurs sont Hong Kong et la Chine (65 % des importations), les États-Unis représentant 20 % des échanges avec l'extérieur. La politique de diversification industrielle commence à porter ses fruits : en 1984, la part du textile dans les exportations est réduite à 70 %, contre 87 % en 1980. Ce sont principalement les industries du jouet (10 % des exportations), des fleurs artificielles et de l'électronique qui ont accru leur part dans les ventes.

La Chine populaire devient un partenaire important. Le territoire de Macao étant progressivement saturé, elle a institué dans son voisinage une zone réservée à l'implantation de firmes multinationales *(Chinese Zhuhai Special Economic Zone)*, avec lesquelles Macao coopère étroitement en constituant des *joint venture*. De même, la Chine comble partiellement les graves insuffisances de Macao en matière d'électricité et d'eau. Cette coopération devrait logiquement se développer jusqu'à la restitution du territoire à la Chine.

MALAISIE

Capitale : Kuala Lumpur
Population : 16 110 000 hab.
Variation pop./an (1973-85) : 2,4 %
Superficie : 329 749 km²
PNB/habitant : 2 050 $
Taux de croissance/an (1973-85) : 6 %

Sous la domination du Royaume-Uni depuis la fin du XVIIIe siècle, la Malaisie accède à l'indépendance en 1957, et se constitue en État fédéral. Réunissant 13 États, le pays est gouverné par un souverain (choisi tous les 5 ans parmi les sultans des différents États) assisté d'un Premier ministre. Les institutions, de type parlementaire, comprennent une Chambre des députés élue au suffrage universel direct, et un Sénat composé de représentants des États et de la Fédération.

Grâce à l'agriculture et à l'exploitation de ses ressources minières, la Malaisie a connu une forte croissance économique depuis le début des années 1960 : +7 % en moyenne jusqu'en 1976. De 1976 à 1980, le taux de croissance a atteint 8,5 % par an, mais il a ensuite chuté sous l'influence de la récession internationale. En 1985, le PNB par habitant a baissé de 3 % par rapport à 1984. L'accroissement démographique, très rapide dans les années 1960, s'est ralenti après 1970. La population est inégalement répartie dans l'espace : 83 % des habitants vivent dans la partie continentale du pays (un tiers de la superficie totale).

Tournée vers l'exportation, l'agriculture est très importante pour l'économie (20 % du PNB). Malgré la rapidité de l'exode rural, elle emploie encore 35 % de la population active en 1986. Deux secteurs coexistent : l'un, sous contrôle public, est spécialisé dans les cultures productives, tandis que l'autre, traditionnel, composé à 80 % d'exploitations inférieures à deux hectares, est peu rentable et parfois très pauvre. Le riz est la principale culture de subsistance.

Les produits de l'agriculture ont constitué jusqu'en 1980 le premier poste exportateur du pays (plus du tiers des recettes d'exportation). La Malaisie est le premier producteur mondial d'huile de palme et de caoutchouc, qui représentent 90 % de sa production agricole. Une diversification s'est opérée vers le cacao, l'huile de coprah, la pêche, mais le bois occupe toujours le troisième rang des exportations agricoles (après l'huile et le caoutchouc). L'excédent de la balance commerciale agricole, bois inclus, s'élève chaque année à 15 % du PNB.

L'étain était à l'origine la seule grande production minière de la Malaisie. Elle en est toujours le premier producteur mondial, mais le pétrole et le gaz constituent désormais l'essentiel de l'activité minière. Cependant, l'avenir à long terme n'est plus garanti : la production d'étain est limitée par la diminution des réserves et l'augmentation des coûts de production. De même, les réserves de pétrole, au rythme de production actuel, seront épuisées dans 20 ans : c'est pourquoi le gouvernement, depuis 1980, impose une limite stricte à la production.

L'industrie a connu une croissance importante depuis 1960, principalement grâce aux investissements étrangers. Axée sur une stratégie de substitution aux importations, elle s'est développée en liaison avec les ressources nationales (caoutchouc, huile), puis vers l'électronique et le textile. En 1985, sa contribution au PNB s'élève à 20 %.

Le pays est très dépendant de son commerce extérieur : en 1985, les exportations ont représenté plus de la moitié du PNB. Une importante dégradation des termes de l'échange explique la récession économique que connaît la Malaisie depuis 1980. Ses prix à l'exportation ont fortement baissé. Elle s'est donc trouvée dans l'obligation de contracter ses importations de biens d'équipement et biens intermédiaires : la production industrielle a régressé, surtout dans l'électronique, le textile, et dans le secteur, jusqu'alors en pleine expansion, de la construction. La baisse des recettes intervient dans un contexte d'accroissement des dépenses publiques, dû à la défaillance de l'investissement privé : la dette extérieure s'est rapidement alourdie depuis 1980. Elle atteint 55 % du PNB en 1985, et son financement devient délicat. En dépit d'une politique de soutien de la production et du niveau de l'emploi, le chômage a augmenté de plus d'un point en 1985 par rapport à 1984. L'économie malaise ne bénéficie pas du contexte commercial le plus favorable pour financer son redéploiement.

SINGAPOUR

Capitale : Singapour
Population : 2 590 000 hab.
Variation pop./an (1973-85) : 1,3 %
Superficie : 581 km^2
PNB / habitant : 7 420 $
Taux de croissance / an (1973-85) : 7,9 : %

Comptoir commercial britannique depuis 1819, Singapour devient colonie de la couronne en 1867. Le territoire accède à l'indépendance en 1958, et entre dans la Fédération malaise en 1963. Les divergences politiques devenant de plus en plus aiguës, Singapour quitte la Fédération deux ans plus tard et se proclame République indépendante. Le président de la République ne gouverne pas : c'est le Premier ministre qui détient le pouvoir réel. Il est responsable devant l'Assemblée unique, élue au suffrage universel direct.

À partir de 1819, l'essor des activités commerciales a enrichi le territoire et attiré l'immigration asiatique. En 1985, les Chinois constituent l'ethnie dominante (les trois quarts de la population). Après la Seconde Guerre mondiale, le *baby boom* a coïncidé avec une importante vague d'immigration, ce qui a donné un taux annuel de croissance démographique de 4,5 % jusqu'à la fin des années 1950. La densité de peuplement avoisinant les 4 000 habitants au km^2, le gouvernement a fini par mettre en place une politique de stricte limitation des naissances. En 1986, le taux de croissance démographique est stabilisé à 1,3 %.

Pendant plus d'un siècle, le commerce a été le seul facteur d'expansion économique. Mais l'essor des pays voisins a remis en cause l'hégémonie commerciale de Singapour, et le territoire est entré vers 1950 dans une période de ralentissement de la croissance. En 1960, un premier plan de développement économique (1960-1965) est mis en place. Il fixe une stratégie d'industrialisation afin de remédier aux deux principales faiblesses de l'économie : le chômage et le déficit commercial.

D'abord axée vers le textile, le bois et l'agro-alimentaire, l'industrie va bénéficier d'une main-d'œuvre instruite et bon marché. Mais très vite l'étroitesse du marché intérieur incite le gouvernement à orienter le développement industriel vers l'exportation. Dès 1965, les secteurs à haute technologie et forte valeur ajoutée constituent une cible privilégiée. Afin d'en accélérer le développement, les pouvoirs publics mettent en place un dispositif complet de réglementation, destiné à attirer les investissements étrangers dans les secteurs de pointe : exemptions fiscales pour les revenus tirés de l'exportation, amortissement accéléré, libre transfert du capital, des bénéfices et des dividendes, etc. De 1974 à 1984, les investissements sont multipliés par 6. Aux trois quarts étrangers, ils sont principalement le fait des États-Unis, de la CEE (Grande-Bretagne surtout) et du Japon.

En 1980, le gouvernement met en place des incitations à la recherche et au développement au sein du secteur privé. Une campagne est développée sur le thème de la productivité, tandis qu'une politique d'augmentation des salaires favorise une allocation plus rationnelle de la force de travail. Pour compenser le manque de travailleurs qualifiés, l'accent est mis désormais sur la robotisation. Dans le même temps, un important effort est consacré à la formation technique de la main-d'œuvre locale : des instituts de technologie ont été créés par l'État, en collaboration avec des pays étrangers (Japon, RFA, France) ou de grandes entreprises (Philips). En 1984, le taux de chômage n'était plus que de 2,7 %, contre 10 % en 1970.

En 1960, l'industrie représentait 11,5 % du PIB, et le commerce 35 %. Depuis 1985, la contribution de l'industrie manufacturière au PIB (23 %) dépasse celle du commerce (18 %). Le secteur pétrolier et la construction de machines représentent les deux tiers de la production industrielle. Ce sont aussi les secteurs qui dégagent la plus forte valeur ajoutée. Mais ils se heurtent aujourd'hui à la concurrence des pays voisins : ceux-ci bénéficient de coûts salariaux moins élevés dans le secteur industriel ; d'autre part, ils ont développé leur propre industrie de raffinage (cf. Malaisie, Corée du Sud), ce qui diminue d'autant les débouchés de Singapour.

En 1984, les importations représentent 150 % du PNB, et les exportations 126 %. Le port de Singapour (4e port mondial) a une forte activité de transit : une grande part des biens qui y sont débarqués sont réexportés, après avoir éventuellement été transformés par l'industrie nationale. Depuis 1960, la balance commerciale est structurellement déséquilibrée en raison de la forte croissance industrielle qui a rendu nécessaires des importations de plus en plus nombreuses. Les importations sont constituées à 60 % par les matières premières (pétrole surtout), les machines et les biens d'équipement. La quasi-totalité de la consommation alimentaire est également importée. Mais le déséquilibre permanent des échanges ne doit pas dissimuler une évolution significative dans leur structure : en 1960, les exportations étaient composées à 93 % de produits étrangers, réexpédiés après avoir transité par le port de Singapour. En 1984, les produits nationaux représentent les deux tiers des exportations. En vingt ans seulement, Singapour est devenue une nation industrielle capable de concurrencer les pays occidentaux sur les marchés internationaux.

TAÏWAN

Capitale : Taipei
Population : 19 323 000 hab.
Variation pop. / an (1973-85) : n.d.
Superficie : 36 168 km²
PNB / habitant : 3 142 $
Taux de croissance / an (1973-85) : n.d.

En 1895, le traité de Shimonoseki reconnaît l'annexion de l'île de Taïwan par les Japonais. Ceux-ci vont largement contribuer à son développement en en faisant une colonie d'exploitation. En 1945, l'île est restituée à la Chine. Dès l'avènement de la Chine populaire de Mao Zedong de 1949, Taïwan, dirigée par Tchang Kaï-chek, devient le bastion des nationalistes. Ces derniers espèrent reconquérir la Chine continentale. Pendant vingt ans, le gouvernement de Taïwan incarne la seule légalité chinoise, et représente la Chine dans les institutions internationales. L'île reçoit une aide puissante des États-Unis, à la fois économique et diplomatique. Mais la reconnaissance progressive de la Chine populaire par la communauté internationale interdira finalement à Taïwan de représenter l'ensemble de la Chine : en 1971, sa délégation est expulsée des instances de l'ONU. En 1979, les États-Unis renoncent à entretenir des relations diplomatiques avec Taïwan et mettent fin à leur traité de défense mutuelle. Le Congrès américain vote cependant une loi qui permet aux deux États de maintenir leurs relations économiques et culturelles.

Taïwan a connu un développement économique exceptionnel après la Seconde Guerre mondiale. Confronté par la suite à l'isolement diplomatique, puis à la crise économique mondiale, le pays n'en a pas moins poursuivi une forte expansion dans les années 1980.

Son processus de développement a bénéficié de trois facteurs décisifs : les acquis du colonialisme japonais, l'aide américaine à partir des années 1950, et la stratégie économique agressive du gouvernement.

En exploitant l'île, les Japonais ont fortement contribué à son développement. L'agriculture japonaise ne pouvant satisfaire les besoins croissants de sa population, Taïwan devint, malgré son relief montagneux et l'abondance de ses forêts (seulement le quart des terres est cultivable), un précieux auxiliaire du Japon en matière alimentaire. Au départ, l'action des Japonais s'est concentrée sur la diversification de la production agricole et sur l'augmentation des rendements des rizières. Un vaste réseau d'irrigation fut mis en place, puis, toujours grâce à l'aide japonaise, une industrie de conditionnement alimentaire commença à se développer. Enfin, les Japonais construisirent des infrastructures de transport afin de relier l'intérieur du pays aux villes côtières, dont les ports furent aménagés pour assurer le transport par bateau vers le Japon.

En 1945, lorsque Taïwan est rendue à la Chine, elle dispose d'une agriculture bien développée, d'un réseau de transport complet et d'une industrie spécialisée dans les activités issues de l'agriculture : engrais en amont et agro-alimentaire en aval. En 1949, l'arrivée des 2 millions de réfugiés nationalistes avec leur chef Tchang Kaï-chek, élève le niveau de la consommation intérieure : le gouvernement développe encore davantage l'agriculture afin d'éviter un trop fort accroissement des importations. La loi agraire de 1953 limite la taille des exploitations agricoles et redistribue les terres afin de stimuler l'incitation à travailler : 90 % des agriculteurs sont désormais propriétaires de la terre qu'ils exploitent. Cette réforme est un succès : la productivité s'accroît de manière significative et, dans le même temps, l'augmentation des revenus des agriculteurs favorise le développement d'un milieu rural accueillant et socialement stable. Au milieu des années 1980, l'agriculture emploie encore 18 % de la population active. La production agricole a triplé entre 1952 et 1985. Les rendements des rizières ont doublé sur la même période, et sont désormais nettement plus élevés que la moyenne mondiale. L'agriculture est diversifiée vers la canne à sucre, les patates douces, le thé. La pêche, dont la production provient pour un quart des exploitations piscicoles, fournit également des ressources qui compensent la faiblesse de l'élevage. Cependant, la croissance démographique (8 millions d'habitants en 1952, 19 millions en 1984) et l'augmentation du niveau de vie rendent nécessaires des importations de produits alimentaires. Malgré le caractère compétitif de l'agriculture, la balance commerciale agricole accuse un fort déficit.

À partir de 1950, Taïwan bénéficie d'une puissante aide américaine. Jusqu'en 1967, ce sont en effet les investissements étrangers qui vont concourir au développement. Les ressources minières de Taïwan sont négligeables : l'aide américaine permet d'importer les produits de base et les biens d'équipement nécessaires à la croissance économique. Au départ, le gouvernement axe sa stratégie sur la substitution aux importations. Les industries légères se développent grâce au financement américain, tandis que de sévères mesures protectionnistes protègent le marché intérieur. Mais très rapidement l'accroissement de la production va se heurter à la faiblesse du marché intérieur. Textile et chimie manquent de débouchés. De surcroît, les marchés extérieurs se ferment à la production nationale, en réponse aux barrières douanières imposées par le gouvernement de Taïwan.

Aussi ce dernier est-il rapidement contraint à adopter une autre stratégie. Dès le milieu des années 1950, la tendance va s'inverser : Taïwan se tourne résolument vers l'exportation. Les barrières douanières sont allégées de façon à s'aligner sur les pratiques des partenaires commerciaux. La dévaluation de la monnaie favorise la compétitivité-prix des exportations. En 1975, un allégement fiscal est consenti à certaines entreprises exportatrices pour les inciter à réaliser des économies d'échelle. Le gouvernement leur accorde également le remboursement des droits de douane sur les produits intermédiaires utilisés dans la fabrication de biens destinés à l'exportation. Dans les années 1980, l'État incite les industries à haute technologie à consacrer un certain pourcentage de leurs bénéfices à la recherche et au développement..

Entre 1961 et 1973, la production industrielle augmente en moyenne de 17 % par an. En 1986, l'industrie occupe 40 % de la population active, et fournit la moitié du PNB et plus de 90 % des exportations. Pendant vingt ans, le textile constituait le premier poste exportateur. Il est dépassé depuis 1984 par les machines et l'électronique.

Une réglementation très avantageuse a favorisé les investissements étrangers, qui se sont rapidement développés vers les créneaux à forte valeur ajoutée. À partir de 1966, trois zones franches sont successivement créées (une quatrième est en projet). Elles sont exclusivement réservées à l'implantation des entreprises multinationales spécialisées dans les industries de pointe (électronique, optique...). À la fin de 1977, 267 usines étaient implantées dans ces zones. Elles avaient investi 400 millions de dollars US, créé 80 000 emplois, et surtout apporté sur le territoire de l'île les plus récentes innovations technologiques.

Entre 1952 et 1960, le quart de la formation de capital relève des investissements américains. En 1984, les États-Unis demeurent les premiers investisseurs. Cependant, depuis 1967, les investissements étrangers sont fortement relayés par les sources de financement nationales. L'État et le secteur public investissent pratiquement autant que les entreprises privées. Depuis le milieu des années 1970, l'État a lancé un énorme programme de développement des infrastructures : construction de centrales nucléaires (trois centrales sont en service en 1985), développement et électrification des chemins de fer, aéroports (ouverture en 1979 du nouvel aéroport international de Taipei), aménagement de nouveaux ports, création d'une industrie pétro-chimique... Ces investissements sont financés par les emprunts à l'extérieur et auprès des ménages, et par les dépenses inscrites au budget de l'État.

L'endettement extérieur reste faible : il représente seulement le tiers des réserves en devises. La balance des paiements est structurellement excédentaire. Les taux de chômage et d'inflation sont faibles, même si le pays a connu de courtes périodes d'emballement des prix en 1975 et 1980. De 1970 à 1985, le taux de croissance paraît relativement insensible à la récession mondiale (6,5 % par an). Cependant, les fluctuations de l'activité peuvent être importantes : de 1984 à 1985, à la suite d'une contraction des importations américaines, le taux de croissance passe de 11 % à 5 %.

Il est vrai que les exportations représentent plus de la moitié du PIB et rendent l'économie très dépendante des débouchés extérieurs. De surcroît, Taïwan n'a pas vraiment diversifié sa clientèle, puisque les États-Unis absorbent à eux seuls la moitié des exportations : un fléchissement de la demande américaine entraîne une réduction immédiate de l'activité économique.

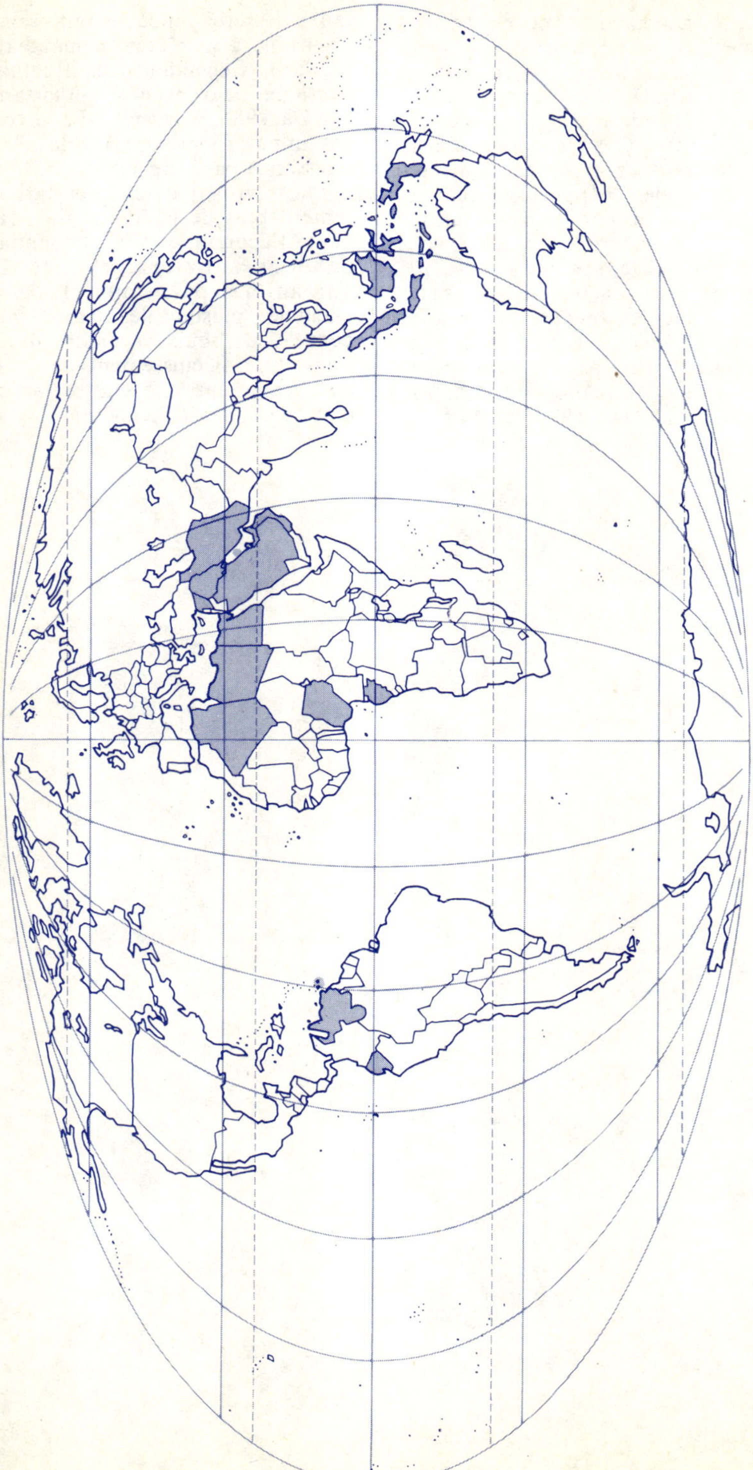

PAYS EXPORTATEURS DE PÉTROLE

ALGÉRIE

Institutions et vie politique :
C. Benoist-Lucy
Croissance, enjeux :
J. Généreux

Capitale : Alger
Population : 22 420 000 hab.
Variation pop./an (1973-85) : 3,1 %
Superficie : 2 381 741 km²
PNB/habitant : 2 530 $
Taux de croissance/an (1973-85) : 5,8 %

Une stabilisation récente

En 1962, la jeune république indépendante d'Algérie se trouve handicapée par des divisions profondes au sein du FLN (Front National de Libération), où s'affrontent « l'aile politique » et « l'aile militaire ». Si Ahmed Ben Bella, chef politique du FLN, parvient à former le premier gouvernement légal de l'Algérie, et à se faire élire président en 1963, il est déposé dès 1965 par un coup d'État militaire mené par le Colonel Houari Boumediene.

Celui-ci organise l'Algérie et, en 1976, fait valider des options retenues par trois référendums populaires. Le peuple va approuver la Charte Nationale, qui fixe les principes de la citoyenneté, reconnaît en l'islam la religion officielle, confirme la construction d'une société socialiste et désigne le FLN comme force clé de la société algérienne. Enfin, le peuple ratifie la Constitution du 19 novembre 1976, après avoir confirmé H. Boumediene dans ses fonctions.

En 1979, après le décès du colonel Boumediene, le FLN retient la candidature du colonel Bendjedid Chadli, élu président en février. Ayant affermi son contrôle politique, le nouveau Président consent à libérer A. Ben Bella, détenu depuis 14 ans pour opposition au régime.

Un État fort

Au nom de l'unité d'exercice du pouvoir, la constitution de 1976 concentre le pouvoir exécutif entre les mains du Président, élu pour 5 ans au suffrage populaire. Commandant en chef des forces armées et placé à la tête du Conseil de Haute Sécurité et de la Cour Suprême, il est en outre le personnage central du FLN, dont il nomme le Bureau Politique.

Le Président peut désigner un ou plusieurs vice-présidents, et doit choisir un Premier ministre. Il coordonne les réunions du FLN, ainsi que celles du gouvernement. Enfin, il dispose de l'initiative législative.

Le Parlement comporte une seule chambre, l'Assemblée Nationale Populaire, dont les 281 membres sont élus pour 5 ans par le peuple, sur présentation d'une liste de 843 candidats fixée par le FLN. L'Assemblée, qui siège moins de 6 mois par an, peut légiférer à son gré, sauf en ce qui concerne la défense nationale.

Un parti unique

La constitution de 1976 établit un parti unique, le FLN, désigné comme la force d'avant-garde de la Nation. Fondé en 1954, le FLN défend les choix gouvernementaux (socialisme, non-alignement, politique pro-arabe) et choisit les candidats aux élections.

Quelques autres partis, établis à l'étranger, cherchent à gagner une influence. Il s'agit du Mouvement pour la Démocratie d'Algérie, fondé par Ben Bella en 1984 pour promouvoir le pluralisme et la démocratie, du Front des Forces Socialistes, du Parti de l'Avant-Garde Socialiste (pro-soviétique) et, enfin, du Front Polisario, qui lutte pour la libération du Sahara occidental.

CROISSANCE

L'héritage colonial (1830-1962)

L'histoire de l'Algérie illustre bien les bouleversements qui accompagnent souvent le processus de colonisation. Les structures économiques pré-coloniales sont caractérisées par un artisanat concentré dans les villes (Alger, Constantine, Tlemcem) et un secteur agricole dominant. En 1830, l'Algérie connaissait un développement et un niveau de vie voisins de ceux de l'Espagne ou de l'Italie. Mais cette base économique se trouve radicalement transformée par la colonisation française. Dans l'agriculture, les meilleures terres sont appropriées par les colons qui développent souvent des cultures destinées à l'exportation vers la métropole de préférence aux cultures répondant aux besoins de la population indigène. Par ailleurs, l'intégration à l'espace économique français entraîne un déclin rapide de l'artisanat local qui subit la concurrence des produits manufacturés français. Il se constitue ainsi une économie duale à dominante agraire : un secteur moderne de grandes exploitations aux mains des colons, et un secteur traditionnel à faible productivité assurant la subsistance de la population locale. Jusqu'à la Seconde Guerre mondiale les exportations de produits agricoles sont le seul moteur de la croissance algérienne. Il n'existe aucune tendance spontanée à la substitution d'une production locale aux importations des produits industriels puisque l'intégration à la France limite les pénuries de biens manufacturés et interdit toute protection douanière pour d'éventuelles industries « naissantes ».

Aussi le mouvement d'industrialisation est-il très lent. Il sera stimulé par l'isolement de l'Algérie au cours des années 1943-45, et par la pénurie de produits industriels qui en résulte. C'est surtout l'essor rapide de la production pétrolière dans les années 1950 qui soutient ce mouvement. Malgré cela, l'Algérie reste, à la veille de l'indépendance, un pays agraire et dominé. Le secteur industriel ne représente que 27 % de la production globale, et encore, la moitié de ce secteur ne consiste qu'en la transformation simple de produits agricoles. L'essentiel de la population vit toujours d'une agriculture de subsistance. La croissance démographique excède les capacités d'emploi locales et l'émigration vers la France s'accélère. La situation économique se trouve aggravée par 8 années d'une guerre d'indépendance (1954-1962) qui se solde par une perte considérable en capital humain : le départ des 9/10e de la population européenne, c'est-à-dire de la plupart des chefs d'entreprise, cadres, techniciens, administrateurs, enseignants, médecins. Les usines sont fermées, les grandes exploitations agricoles abandonnées, de nombreux établissements publics détruits ou endommagés par des attentats. C'est dans cet environnement précaire que la nouvelle équipe dirigeante doit définir une stratégie de développement.

Pétro-socialisme (1962-1978)

Les premières années de l'indépendance sont marquées par une lutte pour le contrôle du pouvoir qui ne favorise guère la mise en œuvre d'une politique économique cohérente. La politique industrielle semble d'abord soutenir les industries légères créatrices d'emplois et susceptibles de limiter les importations de produits manufacturés. mais les priorités se trouvent renversées en même temps que le régime présidentiel de Ben Bella, à la suite du coup d'État qui amène le colonel Boumediene au pouvoir (juin 1965).

La nouvelle direction politique renforce la socialisation de l'économie et opte pour une stratégie de croissance industrielle à tout prix reposant sur les industries lourdes et en particulier les hydrocarbures. La socialisation reflète la philosophie révolutionnaire héritée de la guerre d'indépendance. Mais elle s'explique aussi et surtout par l'état du pays après le départ des Français : anarchie du secteur agricole après l'abandon des exploitations par leurs propriétaires, absence de cadres et de capitaux privés pour prendre le relais.

Dans l'agriculture, les terres des anciens colons sont progressivement nationalisées et sont transformées en fermes d'État autogérées par les paysans. Dans les années 1970, la socialisation s'étend aux terres appartenant à des Algériens qui n'en assurent pas eux-mêmes l'exploitation. Ainsi, de 1971 à 1979, 22 000 propriétaires ont dû, soit cultiver eux-mêmes leurs terres, soit les redistribuer à des paysans sans terre regroupés en coopératives. Plus de 6 000 coopératives de ce type ont ainsi été constituées.

En 1966, les activités minières sont nationalisées à l'exception des hydrocarbures ; il en est de même des banques et des assurances. En 1968, c'est le tour des entreprises manufacturières appartenant à des sociétés étrangères, et, en 1971, celui des compagnies pétrolières françaises. Les activités passant ainsi sous le contrôle de l'État sont alors confiées à des entreprises publiques, souvent géantes, telle la SONATRACH qui, à partir de 1971, contrôle l'ensemble du secteur des hydrocarbures. Enfin, l'État prend aussi le monopole des transports et du commerce extérieur. Le secteur privé subsiste sous la forme des petites exploitations agricoles traditionnelles, dans le commerce de détail et dans le secteur des biens de consommation.

Fort de cette emprise absolue sur l'économie, le gouvernement met en œuvre la stratégie dite des industries industrialisantes. Le marché intérieur paraît trop étroit (13 millions d'habitants en 1970) pour fonder une expansion rapide sur la demande intérieure et la substitution aux importations, à l'instar des N.P.I. d'Amérique latine. Par ailleurs une croissance extravertie, fondée sur l'exportation de produits de main-d'œuvre, est rejetée parce qu'elle représente une menace grave pour l'indépendance nationale. L'alternative semble donc le développement des industries lourdes (énergie et sidérurgie)

Figure 1 : Croissance comparée de l'Algérie

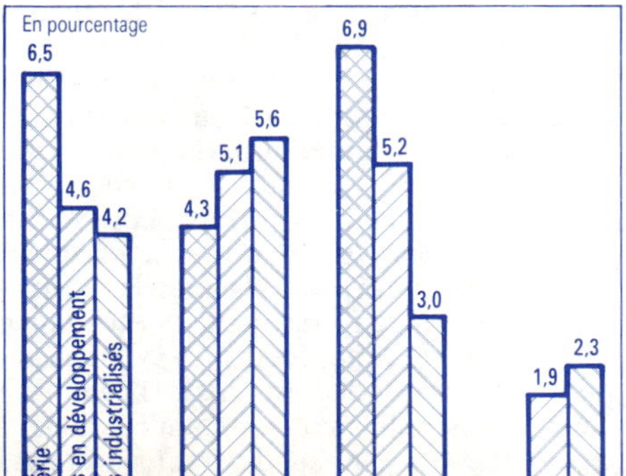

dont on espère qu'il entraînera à sa suite la croissance de l'économie dans son ensemble. Ce choix est favorisé par l'extension de la production de pétrole et de gaz naturel depuis les années 1950, dans un contexte de forte demande mondiale pour les hydrocarbures. Les ressources tirées du pétrole assurent le financement de la sidérurgie qui dispose en outre d'une énergie bon marché.

Cette orientation a deux inconvénients évidents : elle crée peu d'emplois et accentue la dépendance extérieure d'un pays qui ne produit pas la technologie moderne. Mais ceci est perçu comme un sacrifice indispensable à court terme. A moyen et long terme, on s'attend à ce que les industries lourdes favorisent le développement d'industries légères qui créeront les emplois nécessaires pour absorber les surplus d'une population rurale en forte expansion. Ainsi la sidérurgie devrait faciliter la création d'industries mécaniques, le pétrole devrait stimuler la chimie, puis la pharmacie, etc. Suivant ainsi le modèle de croissance socialiste, déjà expérimenté par l'Inde une vingtaine d'années auparavant, le gouvernement algérien réussit à développer les industries de base. Mais sa réussite s'arrête là.

Figure 2 :
Structure de la production

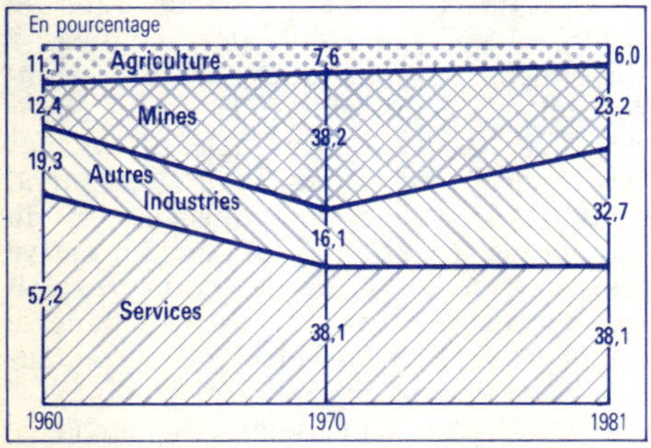

L'oasis industrielle

Si l'on mesurait la performance économique par la seule industrialisation, celle de l'Algérie serait appréciable : l'industrie représentait en 1981 près de 56 % du PIB contre 31,7 % en 1960. Mais les activités se diversifient très lentement : plus des deux tiers de la production industrielle de 1970, et plus de 40 % de celle de 1981, provenaient d'activités extractives. De plus, l'industrie n'absorbe pas la population active dont elle n'occupait que le quart en 1980 (et 15 % en 1970). La performance globale de l'économie est peu impressionnante. Jusqu'au début des années 1970 elle reste inférieure à la moyenne des pays en développement ; seules les mines, l'industrie manufacturière et l'administration se développent, tandis que l'agriculture stagne et que les services sont en déclin.

Ainsi, dans les années 1970, l'Algérie ressemble à une oasis industrielle noyée dans un désert agraire qui ne bénéficie pratiquement pas de l'industrialisation rapide. Les effets d'entraînement prévus par les planificateurs se font attendre. En revanche, les effets pervers sont immédiats. La mise en place de vastes complexes industriels intégrant les techniques les plus modernes nécessite l'importation des équipements, mais aussi de la main-d'œuvre qualifiée qui fait défaut sur place. Par conséquent, cette industrialisation ne profite qu'à une fraction très limitée de la population. Le sous-développement du plus grand nombre se traduit notamment par la persistance de taux de natalité particulièrement élevés (48 ‰ en 1981) qui ont de plus tendance à augmenter encore depuis 1977. De 1960 à 1981, la population a presque doublé. L'industrie créant trop peu d'emplois pour la main-d'œuvre locale, l'agriculture retient la moitié des actifs en 1970, et encore le quart en 1980. En outre, dans les années 1980, le taux de chômage dépasse les 20 %.

L'agriculture a été négligée. Mobilisant le quart de la population active elle ne produit que 6 % du PIB (en 1981). Non seulement la productivité est très faible, mais de plus, la production a baissé de 8,7 % par an entre 1970 et 1976. Cette insuffisance a conduit l'Algérie à des importations massives de produits agricoles. En 1980, elle devait acheter à l'étranger 70 % de son alimentation, contre 27 % seulement en 1969. Le déficit extérieur s'en trouve aggravé.

La balance commerciale est restée constamment déficitaire jusqu'en 1974. Le quadruplement du prix du pétrole qui intervient alors permet un léger excédent commercial. Mais les difficultés reviennent avec le renversement de tendance des prix du pétrole depuis 1981. L'Algérie reste ainsi à la merci de l'évolution des cours sur le marché mondial du pétrole. Elle n'a pas su diversifier ses ressources en devises qui proviennent toujours à 95 % des ventes d'hydrocarbures. Dans ces conditions, l'équilibre précaire des échanges extérieurs n'est maintenu qu'au prix d'une limitation autoritaire des importations de biens de consommation.

La stratégie des « industries industrialisantes » produit ainsi une économie déséquilibrée : pénurie alimentaire, pénurie des biens de consommation, déséquilibre extérieur, chômage. A la fin des années 70, plus personne ne nie vraiment l'échec de cette stratégie. La mort du colonel Boumediene (1978) et l'investiture du président Chadli marquent l'ouverture d'un débat qui débouche sur une réorientation importante de la politique économique.

Libéralisme et révolte populaire (1979-1988)

Comme dans beaucoup d'autres pays en développement, les années 1980 sont marquées par une tentative de libéralisation de l'économie. Dans le plan 1980-1984, l'industrie reste la base du modèle de développement, mais les investissements sont réorientés vers des secteurs plus légers : textiles, logement, alimentation, matériaux de construction. Une plus grande attention est désormais portée aux équipements sociaux, à la santé et à l'éducation. À cette révision des objectifs correspond un ajustement des méthodes : déconcentration des entreprises d'État et libéralisation progressive du secteur privé.

Dans le secteur public, les entreprises dont la gestion est jugée défectueuse sont restructurées. Les grands monopoles qui contrôlaient des secteurs entiers, comme SONATRACH, ou SONITEX dans les textiles, ont ainsi été démantelés en plusieurs unités plus spécialisées. On entreprend par la même occasion un effort de déconcentration géographique afin de décongestionner les grandes villes au profit des zones rurales. Par ailleurs, l'attitude hostile à l'égard du secteur privé laisse la place à un mouvement, lent mais réel, de libéralisation du commerce intérieur et des industries de biens de consommation.

Jusqu'en 1985, cette nouvelle politique a permis une croissance relativement rapide (5 à 6 % l'an), une amélioration de la productivité agricole, le développement de l'emploi et l'amélioration des équipements sociaux. Mais le ralentissement marqué des recettes tirées des ventes d'hydrocarbures contraint ensuite le gouvernement à freiner le rythme des investissements et à limiter les importations. Avec moins de 3 % en 1986, la croissance du PIB passe en dessous du rythme d'accroissement démographique. Par ailleurs de nombreux points noirs subsistent comme la pénurie de logements et de biens de consommation ou la montée inquiétante du chômage des jeunes.

Les algériens, et en premier lieu les jeunes, attendent toujours les bienfaits du libéralisme annoncés depuis 1979. Jusqu'ici la libéralisation de l'économie a plutôt accentué les frustrations en offrant aux minorités aisées un accès plus facile aux biens de luxe, et elle n'a guère combattu la corruption des bureaucrates. Dans ce contexte difficile, en octobre 1988, une pénurie de semoule suffira à déclencher des émeutes réprimée par l'armée avec une rare violence. Au-delà des revendications économiques c'est désormais le régime politique qui se trouve violemment contesté.

Figure 3 :
Structure de la population active

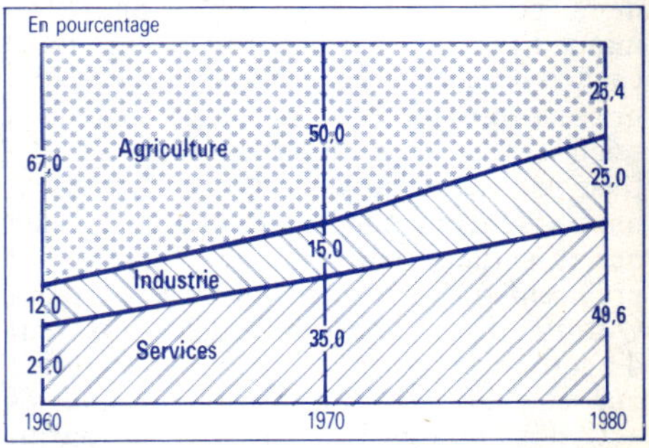

À la recherche d'une indépendance perdue

L'agriculture et la consommation ont longtemps été immolées sur l'autel de l'industrialisation. La conquête de l'indépendance économique justifiait le sacrifice. Mais l'échec de la stratégie de développement se traduit en réalité par une accentuation de la dépendance extérieure de l'Algérie. L'économie algérienne est extravertie malgré elle : la part des exportations dans le PIB passe d'un quart en moyenne dans les années 1960 à presque un tiers dans les années 1970. De plus, au lieu de diversifier ses marchés et ses sources d'approvisionnement, elle est de plus en plus dépendante des pays industriels à économie de marché. Ces derniers absorbaient 90,7 % des exportations algériennes en 1980, contre 67,1 % en 1970.

La dépendance de l'économie algérienne est d'abord technologique. Contrairement à la voie suivie par la plupart des NPI, l'importation des équipements les plus sophistiqués et des techniques les plus modernes n'a pas permis l'acquisition d'un savoir-faire ouvrant la voie au développement ultérieur d'une technologie nationale. La nécessité d'importer la technologie n'est cependant pas l'élément le plus inquiétant. Rappelons que le Japon, par exemple, est longtemps resté entièrement dépendant de l'achat de techniques étrangères. Le plus frappant dans l'expérience algérienne est l'incapacité à former une main-d'œuvre locale qualifiée pour reproduire ou simplement entretenir les équipements importés. Le système de production ne reste en état de fonctionnement qu'au prix d'une assistance continue et fort coûteuse de techniciens étrangers. Ce genre de services absorbe plus du tiers des recettes d'exportations.

Dépendante pour la reproduction du capital technique, l'Algérie l'est également pour le maintien du capital humain. En dépit d'efforts importants dans ce domaine, la majorité du corps enseignant universitaire dans les matières scientifiques et techniques reste constituée par des étrangers. Les cadres techniques sont en nombre insuffisant. Ceux qui effectuent leurs études à l'étranger préfèrent souvent ne pas rentrer au pays. Quand ils y rentrent, ils cherchent d'abord des postes dans l'administration qui sont souvent plus attrayants que les activités productives. L'Algérie paraît pour longtemps condamnée à importer, non seulement la technologie, mais aussi le personnel qualifié qu'elle nécessite, accentuant ainsi le déséquilibre sur le marché du travail.

On a déjà souligné la dépendance alimentaire. Les importations alimentaires représentaient 19 % des importations totales en 1983, et 70 % de la consommation intérieure. On comprend que le plan 1985-1989 donne la priorité absolue à l'autosuffisance alimentaire. Mais comment l'atteindre sans un ralentissement sensible de l'expansion démographique et des progrès considérables de la productivité agricole ?

La dépendance financière est la résultante naturelle du déséquilibre extérieur. Les recettes pétrolières ne suffisant pas à financer les importations, l'Algérie a dû contracter une dette importante envers ses partenaires commerciaux. En 1981, la dette publique représentait plus de 35 % du PIB, c'est-à-dire plus qu'au Mexique ou au Brésil (en 1978, elle avait même dépassé 50 % du PIB). Rapporté à la capacité de remboursement de l'Algérie, ce niveau d'endettement n'est pas considéré comme vraiment alarmant dans les milieux financiers. Mais il est important, et dans un contexte de stagnation des recettes pétrolières, la capacité d'endettement nouveau est limitée. Les planificateurs ont d'ailleurs inscrit la réduction de la dette parmi les objectifs du plan 1985-1989.

Ainsi, loin de lui assurer l'indépendance, la stratégie adoptée au milieu des années 1960 a entretenu une situation analogue à celle qui est souvent décriée comme la résultante inévitable de la colonisation : un pays spécialisé dans les produits de base dont la demande mondiale est peu dynamique et tirant l'essentiel de ses ressources de l'exportation de quelques-uns de ces produits. L'Algérie vit encore essentiellement de l'exploitation et de l'exportation de ressources naturelles. Les industries développées n'ont pas été suffisamment « industrialisantes ». Elles ont simplement exploité une rente pétrolière qui dispensait momentanément d'améliorer la performance des autres secteurs. Le changement de stratégie en cours était d'autant plus urgent que la rente pétrolière est amenée à disparaître.

L'après-pétrole est déjà commencé

Le pétrole n'a donc pu servir à la conquête de l'indépendance. Mais, de plus, il cessera tout simplement d'être une ressource vers l'an 2000. D'où l'urgence d'un développement industriel reposant sur d'autres secteurs. Les réserves en gaz naturel sont abondantes et le gouvernement compte bien sur les exportations de gaz pour assurer la relève des recettes pétrolières. Cependant l'évolution des prix depuis 1980 n'est guère favorable. La politique de gaz cher pratiquée par l'Algérie ces dernières années a engendré des difficultés d'écoulement sur le marché, et la production a dû être réduite par rapport aux objectifs ambitieux d'extraction élaborés à la fin des années 1970. De toute façon, sur un milliard de recettes tiré des hydrocarbures, 400 millions servent au remboursement de la dette et 300 autres millions financent des importations de biens de consommation.

Même si le gaz naturel prend le relais du pétrole les ressources dégagées pour des projets de développement resteront donc limitées. L'abondance de gaz naturel constitue de ce fait un atout à double tranchant : en maintenant l'Algérie dans une situation de dépendance à l'égard d'une rente naturelle, incertaine, et de toute façon limitée dans le temps, elle risque de différer les ajustements nécessaires pour assurer à long terme une croissance régulière et équilibrée.

La dépendance extérieure
(%)

	1960	1970	1980
Exportations [1]	31,1	22,0	34,1
Importation [1]	48,0	29,1	32,7
Exportations [2]			
– vers les pays industriels à économie de marché	50 [3]	67,1	90,7
– de produits agricoles	39 [3]	20,5	0,8
– de combustibles, minerais et métaux	57,2 [3]	72,8	98,9
– d'autres produits manufacturés	3,8 [3]	6,7	0,3

1) en % du PIB
2) en % du total des exportations
3) en 1965.

Pour limiter sa dépendance extérieure, l'Algérie pourrait diversifier ses recettes à l'exportation, limiter les importations agricoles et de biens de consommation en y substituant une production nationale plus importante, pénétrer le marché mondial en exportant des produits manufacturés des industries légères. Une telle orientation permettrait aussi de mieux satisfaire les besoins de la population longtemps négligés au profit d'une industrialisation qui n'a toujours pas porté ses fruits en ce qui concerne le niveau de vie du plus grand nombre. Pour ces raisons, le plan 1980-1984 fixait comme priorité n° 1 la production de biens de consommation, afin de limiter les importations et de stimuler les exportations.

Si le diagnostic des dirigeants algériens sur la nécessaire réorientation de leur politique paraît correct, la mise en œuvre de cette nouvelle stratégie sera particulièrement délicate, surtout en matière de commerce extérieur. La part de l'Algérie dans les exportations mondiales de produits finis est infime. De plus la compétitivité externe des produits algériens est très faible. En effet, malgré le recours aux techniques et aux équipements les plus sophistiqués, entretenus par des techniciens européens, la qualité des produits manufacturés reste très moyenne et, en tout cas, en deçà du niveau indispensable pour affronter la concurrence internationale. Au problème de la qualité, s'ajoute celui des prix qui, le plus souvent, dépassent largement ceux offerts sur le marché mondial par les partenaires occidentaux.

Mal préparée pour la compétition internationale, l'Algérie ne pourra, en outre, étendre sensiblement ses parts de marché à l'étranger, sans accepter en contrepartie une plus grande ouverture de ses propres frontières. Étant donné la pénurie chronique de biens de consommation, alimentant déjà un marché noir florissant, une telle ouverture accentuera le déficit extérieur, tant que les entreprises locales resteront incapables de satisfaire la demande intérieure. Par conséquent, l'amélioration de la productivité intérieure est un préalable indispensable à l'application de la nouvelle politique économique. La question est de savoir si la planification autoritaire, utilisée sans grand succès dans le passé, est susceptible d'améliorer l'efficacité des entreprises. L'administration Chadli semble penser, au contraire, qu'un excès de bureaucratisation et une attitude trop hostile à l'économie de marché ont nui jusqu'ici aux gains de productivité. Mais, de là à adopter vraiment le libéralisme économique, il reste plus d'un pas à franchir.

Quelle libéralisation ?

Les bienfaits de l'étatisation sont désormais contestés. La prolifération d'entreprises d'État a donné naissance à une nouvelle classe privilégiée et peu appréciée du grand public : les technocrates. Les déficits chroniques des entreprises publiques, les campagnes de presse contre la corruption des hauts fonctionnaires et des managers, ont discrédité les bureaucrates.

L'inefficacité du secteur industriel public vient pour une bonne part de la politique d'investissement. L'utilisation des techniques les plus modernes dans des industries lourdes entraîne la mise en place de capacités de production gigantesques, surdimensionnées par rapport aux besoins nationaux et aux possibilités d'exportation. Par conséquent, les grandes entreprises fonctionnent souvent au tiers de leur capacité de production et avec des effectifs trop nombreux. Dans de telles conditions, la production ne peut jamais atteindre le seuil de rentabilité.

Dans les fermes d'État autogérées, les travailleurs sont théoriquement rémunérés par le partage des profits de l'exploitation agricoles. Dans la pratique, ils reçoivent des avances sur leur part dans le profit final. Mais, très vite, les avances ont été garanties même si la ferme ne faisait pas de profit. Ainsi, le revenu agricole est assuré quelle que soit la productivité réelle du travail. Dès lors, l'incitation à l'efficacité, liée au partage du profit, se trouve sérieusement limitée.

Le monopole étatique du commerce extérieur engendre des lenteurs et des rigidités dans l'appareil de production : les entreprises ne peuvent pas importer directement les matières premières ou les pièces détachées lorsqu'elles leur font défaut. Enfin, comme dans toutes les économies planifiées, la multiplication des réglementations, des contrôles administratifs, des pénuries engendrées par l'inefficacité du secteur public, stimule le développement d'une économie souterraine qui s'alimente clandestinement en biens de consommation, de l'autre côté de la Méditerranée.

Si la nouvelle politique économique reconnaît officiellement les inconvénients de l'étatisation, on peut s'interroger sur la portée réelle du mouvement de libéralisation en cours. Le démantèlement des grandes entreprise d'État engagé depuis 1980 suffira-t-il à améliorer la productivité ? Déconcentrer des groupes géants qui n'avaient d'autre raison d'exister que la raison administrative ne constitue pas en soi un gain d'efficacité. Il faut aussi disposer des cadres compétents et au courant des affaires en nombre suffisant pour gérer les nouvelles entreprises spécialisées. Les rapports entre les nouvelles unités issues d'une même grande entreprise doivent être des rapports d'échange libre et de concurrence ; autrement le démantèlement n'est qu'un artifice administratif.

Dans le secteur privé, une certaine libéralisation est en cours. L'existence d'un secteur privé n'est plus contradictoire avec le principe de la révolution socialiste. Mais c'est la simple reconnaissance d'un fait : le rôle effectif et indispensable du secteur privé. La propriété privée reste dominante dans l'agriculture, le commerce, la construction et les biens de consommation courante.

Après la révolte des jeunes ?

L'option libérale du Président Chadli se heurte à deux types d'obstacles, l'un lié à la conjoncture, l'autre politique. En premier lieu, elle intervient dans un contexte de baisse puis d'effondrement des cours du pétrole qui, avec le gaz (souvent indexé sur le pétrole dans les contrats algériens), représente l'essentiel des ressources en devises du pays. Le gouvernement est donc contraint durablement de pratiquer une politique d'austérité, alors que la libéralisation de l'économie avait fait naître l'espoir d'un véritable mieux être pour les classes populaires. Les émeutes d'octobre 1988 manifestent tragiquement cet espoir déçu.

Par ailleurs, la libéralisation est restée trop timide pour avoir des effets majeurs. On ne peut s'attendre à une extension rapide de la production privée sans garanties sérieures pour les intérêts à long terme des « capitalistes non exploiteurs ». Pour l'instant, il n'est pas question de privatiser la grande industrie, ni de remettre en cause le monopole d'État sur le commerce extérieur. L'expérience de l'Union Soviétique, dans les années 1970, a bien montré comment « un peu de marché libre » dans « beaucoup de planification » peut servir à simplement discréditer la voie libérale. De fait, la technocratie en place n'a guère intérêt à une libéralisation qui par nature limite son pouvoir, ni au démantèlement des multiples règlementations qui nourrissent l'industrie de la corruption.

Les progrès restent insuffisants parce que la stratégie ancienne n'a pas encore été suffisamment remise en cause. En cela les évènements d'octobre 1988 justifient l'option libérale des années 1980. Mais en affaiblissant le Président Chadli, ils risquent aussi de renforcer momentanément les partisans d'un retour en arrière, encore nombreux dans une administration et une classe politique qui ne gagnent rien au libéralisme.

■ Pour en savoir plus

M.-E. Benissad, *Économie du développement de l'Algérie : 1962-1982,* Economica, Paris, 1982.

M.-E. Benissad, *L'économie algérienne contemporaine,* P.U.F., Collection Que sais-je ?, n° 1870, Paris, 1979.

L'OPEP

J. Généreux

La création de l'OPEP (1960-1969)

Au début des années 1960, l'exploitation du pétrole dans les pays exportateurs est, pour l'essentiel, assurée par de grandes compagnies internationales, les Majors. Elles bénéficient d'une concession et reversent aux pays hôtes une part de leurs bénéfices et de la valeur du pétrole extrait. Les cinq principaux exportateurs, Arabie Saoudite, Koweit, Irak, Iran et Venezuela représentent alors 90 % du commerce mondial de l'or noir. Or, depuis le début de l'année 1959, les prix officiels des grandes compagnies ont tendance à baisser. Pour résister à la baisse prévisible de leurs revenus les cinq pays se rencontrent à Bagdad et, le 15 septembre 1960, créent l'Organisation des Pays Exportateurs de Pétrole, dont le siège est établi à Vienne. De nouveaux membres viendront par la suite élargir l'organisation : Qatar (1961), Libye et Indonésie (1962), Abu Dhabi (1967), Algérie (1969), Nigeria (1971), Équateur et Dubaï (1973), Sharjah (1974), Gabon (1975) (N.B. : Abu Dhabi, Dubaï et Sharjah constituent les Émirats Arabes Unis).

Les années 1960 sont marquées par l'abondance des produits pétroliers dans le monde. Aussi l'attitude de l'OPEP est-elle seulement défensive. En négociant avec les compagnies pétrolières, elle parvient ainsi à stabiliser les prix affichés qui servent de base au calcul des royalties. Mais, en 1969, l'arrivée au pouvoir du colonel Kadhafi et la forte croissance de la demande mondiale de pétrole renversent le rapport des forces en faveur de l'OPEP. En Libye, le colonel Kadhafi obtient des compagnies concessionnaires une augmentation des prix affichés et, surtout, élève le taux d'imposition sur les bénéfices de 50 à 55 %. Cette dernière mesure sera alors adoptée par l'ensemble des pays de l'OPEP durant l'hiver 1970-1971. Ainsi, contrairement à l'opinion courante, c'est en 1970 que va réellement débuter la flambée des prix pétroliers.

Figure 1 :
a) Évolution du prix nominal du pétrole OPEP

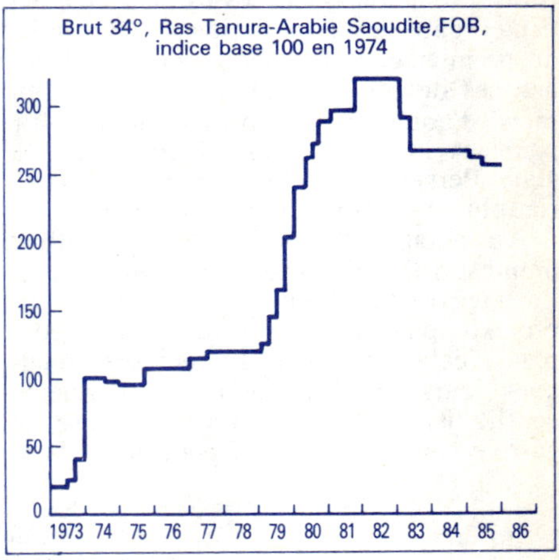

b) Évolution du prix réel[1] du pétrole OPEP

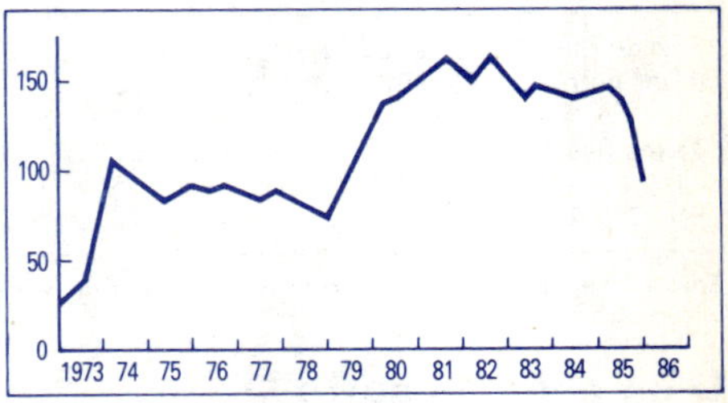

1) Déflaté par l'évolution moyenne des prix à l'exportation des pays de l'OCDE.
Source : John Evans, *OPEC, its member states and the world energy market,* Longman, 1986.

L'âge d'or (1970-1975)

La forte croissance des pays industrialisés renforçait leur dépendance vis-à-vis de l'OPEP pour les approvisionnements énergétiques. D'autant plus que le rythme des découvertes de nouvelles réserves marquait alors un très net recul par rapport aux années 1950 et 1960. La dépréciation du dollar qui suit l'abandon de sa convertibilité en or, le 15 août

1971, diminue la valeur des recettes pétrolières et exacerbe les revendications des pays exportateurs. Dans le même temps l'OPEP amorce une politique de contrôle de plus en plus direct de la production. Les pays « durs », d'inspiration socialiste, l'Algérie, la Libye et l'Irak, optent pour la nationalisation des installations pétrolières. Les pays plus modérés, comme l'Arabie Saoudite et le Koweit, prennent des parts dans le capital des sociétés étrangères. Le poids des États producteurs ne cesse ainsi de s'affirmer dans les négociations. À la veille du premier choc pétrolier (oct. 1973), les hausses de prix obtenues par rapport au mois d'août 1970 représentaient 70 % pour les bruts d'Arabie Saoudite et du golfe Persique, un doublement au Nigeria, plus d'un doublement en Libye.

Au début des années 1970, l'OPEP prend ainsi conscience de sa force réelle. La guerre du Kippour va lui offrir un prétexte pour la manifester avec encore plus d'éclat en 1973. En octobre, quelques jours après le début du troisième conflit israélo-arabe, l'OPEP utilise le pétrole comme une arme politique à l'encontre des pays industriels et plus particulièrement ceux qu'elle considère comme les alliés d'Israël. Elle réduit de 5 % l'ensemble des exportations et décrète un embargo total sur les livraisons destinées aux États-Unis, aux Pays-Bas, au Portugal et à l'Afrique du Sud. En novembre, l'OPAEP (pays arabes uniquement) portera à 25 % la réduction de ses exportations.

La chute de la production disponible, dans un contexte de forte reprise de la demande mondiale, renforce la position de l'OPEP dans la fixation des prix. Par une série de décisions unilatérales, elle multiplie par quatre le prix affiché qui atteint 11,6 $ le baril au 1er janvier 1974. De plus, les États modérés du golfe Arabo-Persique, qui avaient jusque-là limité à 25 % leur prise de contrôle des installations pétrolières, décident de porter leur participation à 60 %. Les compagnies étrangères voient donc diminuer leur concession et doivent acheter une part croissante de leur pétrole aux gouvernements. Ceci augmente encore le prix de revient moyen du pétrole pour les pays importateurs.

Tableau 1 :
Prix de détail des produits pétroliers en Europe occidentale (dollars/baril)

	1969	1972	1975	1978	1981	1984
Prix de détail H.T.	5,49	7,60	17,65	23,65	45,55	39,00
(dont pétrole brut FOB)	(1,06)	(1,55)	(10,75)	(12,65)	(32,63)	(28,80)
Taxes des pays consommateurs	7 56	8,13	13,30	17,74	22,44	21,00
Prix T.T.C.	13,05	15,73	30,97	41,39	67,99	60,00

Source : John Evans, *OPEC, its member states and the world energy market*, Longman, 1986.

D'un choc à l'autre (1976-1980)

Dans les années qui séparent le premier choc pétrolier du deuxième, l'OPEP va connaître ses premières difficultés. La récession économique frappe l'ensemble des pays industrialisés et limite la progression de leur demande de pétrole. Ils constituent une Agence Internationale de l'Énergie (AIE) qui examine les moyens d'économiser le pétrole et de développer des sources d'énergie de remplacement. L'accélération de l'inflation mondiale réduit le pouvoir d'achat des pays pétroliers, ce qui est particulièrement gênant pour les États à forte population ayant des besoins d'importation élevés pour leur industrialisation (Algérie, Iran, Nigeria). En revanche, les pays du golfe Persique et l'Arabie Saoudite, moins pressés par l'urgence du développement, préfèrent ne pas trop aggraver la situation économique des pays consommateurs de pétrole qui pourraient être tentés d'accélérer le processus de substitution. Les divisions fondamentales entre les pays de l'OPEP apparaissent au grand jour en décembre 1976, à la conférence de Doha (Quatar). L'unité des prix est brisée : l'Arabie Saoudite et les Émirats Arabes Unis augmentent leur prix de 5 %, les autres membres relèvent le leur de 10 %. L'Arabie Saoudite parvient à stabiliser les prix en 1977-78, mais cela ne dure pas longtemps. La crise iranienne va entraîner un nouveau choc pétrolier.

La Révolution islamique interrompt, dès la fin de 1978, les exportations de l'Iran. Elle intervient au moment où les pays occidentaux amorçaient une reprise de leur consommation pétrolière. Les difficultés réelles et anticipées d'approvisionnement provoquent une flambée rapide des cours sur le marché libre. À cette époque, le marché libre n'est cependant utilisé que pour des transactions d'appoint. L'essentiel du commerce pétrolier se fait à partir de contrats à long terme conclu entre les États et les compagnies pétrolières. Les prix officiels des pays de l'OPEP suivent quand même la tendance du marché libre (prix *spot*). Mais ils réagissent dans le désordre. De décembre 1978 à mai 1980, le prix officiel augmente de 120 % pour le brut saoudien, de 140 % pour les autres pays du golfe, de 160 % pour le Venezuela et l'Indonésie. De plus les pays producteurs écoulent une part croissante de leur production sur le marché libre à un prix supérieur au prix officiel. Si le deuxième choc pétrolier paraît aux yeux du monde occidental comme une nouvelle « victoire » de l'OPEP, elle n'en sort pas moins divisée, c'est-à-dire mal préparée à affronter le retournement du marché pétrolier qui intervient au début des années 1980. Ayant déjà bien du mal à partager l'abondance des recettes pétrolières, l'OPEP sera bien plus embarrassée pour répartir leur pénurie.

L'OPEP est-elle morte ? (1981-1987)

À la fin de l'année 1980, le prix plafond de l'OPEP atteignait 41 $ le baril. Mais la conjonction de trois facteurs inverse la tendance des prix. Tout d'abord, la récession s'installe à nouveau dans les pays industrialisés. Leur taux de croissance moyen passe de 4,1 % en 1978 à 1,6 % en 1981 et – 0,2 % en 1982. De plus, les différents programmes en faveur des économies d'énergie, et le développement d'énergies nouvelles commencent à porter leurs fruits. La demande mondiale de pétrole passe de 52 millions de barils/jour en 1979 à 45 millions en avril 1981. Enfin des pays extérieurs à l'OPEP ont considérablement accru leur production pétrolière : le Mexique et les gisements off-shore de la mer du Nord jouent le rôle le plus important, mais on peut aussi noter l'apparition ou le développement des exportations en provenance de la Chine, l'Égypte, la Colombie, la Malaisie, le Zaïre, le Cameroun.

Une offre plus abondante, une demande en régression amènent inévitablement un recul des prix. Sur le marché libre le prix passe de 36 $ le baril en 1980, à 26-27 $ le baril en 1984. Pour la première fois dans son histoire, l'OPEP décide une réduction du prix officiel qui passe alors à 29 $, le 14 mars 1983. Créée à l'origine pour défendre les revenus tirés du pétrole, l'OPEP doit dans les années 1980 organiser une baisse des prix. Le problème est désormais d'éviter une guerre des prix entre producteurs. L'OPEP définit un plafond de production et répartit des quotas entre les différents pays membres.

Figure 2 :
Le poids de l'OPEP

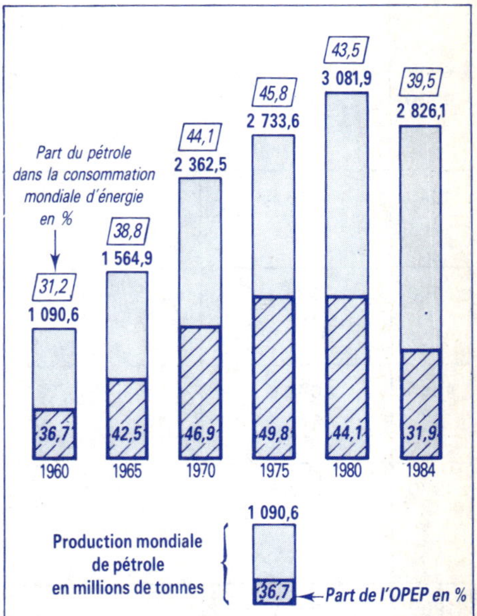

Source : John Evans, *OPEC, its member states and the world energy market*, Longman, 1986.

L'Arabie Saoudite reprend en partie le contrôle de l'organisation. Par l'importance de sa production, et grâce aux stocks flottants qu'elle détient en permanence, elle pourrait inonder le marché à tout moment pour dissuader quiconque de dépasser son quota. Mais concrète-

Tableau 2 :
Croissance et répartition de la production de pétrole (1860-1985)

Années	Production annuelle mondiale (millions de tonnes)	Variation par rapport au total précédent (%)	Taux de croissance annuel durant la décennie précédente (%)	Part des principaux producteurs dans la production mondiale (%)
1860	0.07	–	–	États-Unis : 98.
1870	0.8	+ 1,039	+ 27.6	États-Unis : 91.
1880	4.0	+ 418	+ 17.5	États-Unis : 88, Russie : 11.
1890	10.4	+ 155	+ 10.0	États-Unis : 60, Russie : 38.
1900	20.3	+ 95	+ 6.9	Russie : 51, États-Unis : 43.
1910	44.6	+ 120	+ 8.2	États-Unis : 64, Russie : 21, Europe de l'Est : 6, Asie : 6.
1920	93.7	+ 110	+ 7.7	États-Unis : 64, Mexique : 23, URSS : 4, Asie : 4, Moyen-Orient : 2.
1930	199.4	+ 112	+ 7.8	États-Unis : 63, Venezuela : 10, URSS : 7, Asie : 4, Mexique : 3, Moyen-Orient : 3.
1940	296.9	+ 49	+ 4.1	États-Unis : 64, URSS : 11, Venezuela : 9, Moyen-Orient : 5, Asie : 4, Mexique : 2.
1950	532.1	+ 79	+ 6.0	États-Unis : 52, Moyen-Orient : 17, Venezuela : 14, URSS : 7, Asie : 2, Mexique : 2.
1960	1,090.6	+ 105	+ 7.4	États-Unis : 35, Moyen-Orient : 25, URSS : 14, Venezuela : 13, Asie : 3, Canada : 2.
1970	2,362.5	+ 117	+ 8.0	Moyen-Orient : 29, États-Unis : 23, URSS : 15, Afrique : 13, Venezuela : 8, Asie : 3, Canada : 3.
1980	3,081.9	+ 31	+ 2.7	Moyen-Orient : 30, URSS : 20, États-Unis : 16, Afrique : 10, Asie : 7, Europe de l'Ouest : 4, Venezuela : 4, Mexique : 3, Canada : 3.
1985	2,777.4	– 10	+ 0.2	URSS : 21, Moyen-Orient : 19, États-Unis : 18, Asie : 10, Afrique : 9, Europe de l'Ouest : 7, Mexique : 5, Venezuela : 3, Canada : 3.

Source : John Evans, *OPEC, its member states and the world energy market*, Longman, 1986.

ment, les sources de dissensions internes demeurent entières et sont renforcées par le contexte de crise mondiale. Des pays comme le Nigeria ou l'Algérie qui ont de sérieux problèmes de développement acceptent difficilement une réduction de leurs recettes. Les pays ayant les plus faibles réserves de pétrole ont, en outre, intérêt à en tirer le maximum de revenus à court terme. Au contraire les pays à réserves abondantes comme l'Arabie Saoudite cherchent davantage à stabiliser le prix du pétrole à moyen terme. Aussi les Saoudiens acceptent-ils de jouer le rôle stabilisateur du producteur résiduel qui n'atteint pas toujours son quota maximum alors que certains pays dépassent sensiblement le leur. Mais ce compromis délicat ne peut tenir bien longtemps.

Tableau 3 :
Quotas et production effective
(milliers de barils de pétrole par jour)

	Quota avant novembre 1984	Quota en novembre 1984	Production en mai 1985	Production moyenne en 1984
Algérie	725	663	600	645
Équateur	200	183	280	256
Gabon	150	137	150	157
Indonésie	1,300	1,189	1,200	1,482
Iran	2,400	2,300	1,800	2,106
Irak	1,200	1,200	1,200	1,194
Koweit	1,050	900	900	1,154
Libye	1,100	990	1,100	1,075
Nigeria	1,300	1,300	1,450	1,387
Qatar	300	280	300	400
Arabie Saoudite	5,000	4,353	2,500	4,651
Émirats Arabes Unis	1,100	950	1,050	1,138
Venezuela	1,675	1,555	1,600	1,820
Total	**17,500**	**16,000**	**14,130**	**17,265**
Zone neutre			400	
Total			**14,530**	

Source : John Evans, *OPEC, its member states and the world energy market,* Longman, 1986.

Tableau 4 :
Répartition des capacités mondiales de raffinage
1949-1984 en %

	1949	1959	1969	1979	1984
Amérique du Nord	60.3	46.6	27.9	25.3	23.0
Amérique latine/Caraïbes	12.0	11.6	10.8	10.8	10.6
URSS/Europe de l'Est/Chine	9.7	13.6	15.4	18.5	22.7
Moyen-Orient	7.9	5.9	4.8	4.4	4.8
Europe de l'Ouest[1]	7.4	16.2	28.6	25.6	21.2
Asie/Australie[2]	2.1	3.0	4.9	6.3	7.6
Japon	0.3	2.6	6.1	6.6	6.7
Afrique	0.3	0.5	1.5	2.5	3.4
Capacité mondiale[3]	*11,700*	*24,570*	*46,860*	*80,075*	*74,690*
Pourcentage de variation par rapport au total précédent	–	*+ 110.0*	*+ 90.7*	*+ 70.9*	*– 6.7*

1) Yougoslavie inclue.
2) Chine et Japon exclus.
3) Barils par jour.

Source : John Evans, *OPEC, its member states and the world energy market,* Longman, 1986.

Tableau 5 :
OPEP[1] : l'incidence des revenus pétroliers sur la balance des paiements 1970-1984 en milliards de dollars

Années	A Revenus pétroliers	B Exportations fab	C Importations fab	D Balance commerciale (B-C)	E Balance des services	F Balance courante (D-E)
1970	7.53	16.88	9.66	7.22	6.44	0.78
1971	11.02	21.57	11.31	10.26	6.95	3.31
1972	13.63	24.69	13.78	10.91	6.80	4.11
1973	22.81	40.07	20.31	19.76	12.74	7.02
1974	89.19	120.81	36.38	84.43	17.43	67.00
1975	90.23	110.44	56.15	54.29	22.87	31.42
1976	107.52	132.44	69.97	62.47	28.52	33.95
1977	122.62	148.68	87.91	60.77	36.92	23.85
1978	114.59	141.66	93.38	48.28	46.63	1.65
1979	192.51	211.59	100.10	111.49	51.37	60.12
1980	274.91	294.58	130.07	164.51	58.20	106.31
1981	249.19	267.12	151.21	115.91	63.55	52.36
1982	201.90	215.69	151.46	64.23	76.02	−11.79
1983	164.59	180.42	135.40	45.02	64.57	−19.55
1984	157.44	176.97	125.00	51.97	56.05	− 4.08

1) Pays membres en 1975.

Source : John Evans, *OPEC, its member states and the world energy market*, Longman, 1986.

Du contre-choc au troisième choc (1988-?)

En dépit des accords, bien des pays pratiquent des rabais plus ou moins occultes pour vendre leur pétrole en dessous des prix officiels de l'OPEP. Même l'Arabie Saoudite a enfreint les règles de l'organisation en 1984, en échangeant des Boeings 747 contre du pétrole. C'est dire l'état de dissolution du cartel, qui, à proprement parler n'existe plus vraiment dès que l'unité de prix est rompue. Devant l'incapacité des diverses conférences de l'OPEP à rétablir une véritable discipline des prix, l'Arabie Saoudite renonce à assumer le rôle du producteur résiduel en juillet 1985. Finalement la conférence de décembre 1985 reconnaîtra que la priorité de l'organisation n'est plus la défense des prix mais la reconquête des parts de marché. Cette nouvelle stratégie va être en partie couronnée de succès puisque la part de l'OPEP dans la production mondiale de pétrole remonte de 29,5 % début 1985 à 32,6 % à la mi-1986. Mais cette progression n'a été obtenue qu'en gonflant la production mondiale bien au-delà des besoins courants des pays consommateurs. Cette abondance de pétrole amène un nouvel effondrement des cours. Sur le marché libre le prix du baril brut redescend en dessous de 9 $ durant l'été 86 (avant de se stabiliser autour de 16-17 $ début 1987). On a pu alors parler de « contre-choc » ou de « choc pétrolier à l'envers ».

Cependant un nouveau retournement du marché pétrolier pourrait ressouder un peu l'organisation. Pour certains professionnels, un troisième choc pétrolier n'est pas exclu à priori. Par exemple, un blocage du détroit d'Ormuz (dans le golfe Persique), réduirait de 7 % la production mondiale, posant à nouveau un sérieux problème d'approvisionnement aux pays consommateurs. De plus, certains des facteurs ayant contribué à la baisse des prix pourraient n'être que passagers. Après la récession, l'économie mondiale pourrait connaître une reprise de l'activité (comme en 1984). Le recul des prix du pétrole a par ailleurs entraîné l'abandon ou le report de certains projets d'énergies de substitution.

Une étude de l'AIE estime que d'ici l'an 2000, la consommation des pays industrialisés aura quand même tendance à baisser, même si la croissance économique se maintient au niveau de 1984. Mais cette baisse sera plus que compensée par une consommation accrue par les pays producteurs eux-mêmes et par les besoins plus importants des autres pays en développement. En conséquence, toujours selon l'AIE, le bilan mondial laisserait apparaître dès 1990 une demande excédentaire par rapport à l'offre de pétrole. Les prix devraient alors recommencer à monter. Toutefois, si cette perspective se réalisait, elle ne signifierait pas nécessairement un renforcement de l'OPEP. Les cartels ne meurent pas seulement de leur incapacité à partager la hausse ou la contraction des profits. Ils disparaissent aussi faute de pouvoir contrôler une fraction suffisamment importante du marché. Or d'ores et déjà, les deux tiers du pétrole disponible sur le marché sont produits hors-OPEP.

■ Pour en savoir plus

L. Mihailovitch et J.-J. Pluchard, *L'OPEP,* Collection Que sais-je ?, n° 1903, PUF, Paris, 1985.
P. Terzian, *L'étonnante histoire de l'OPEP,* Les Éditions Jeune Afrique, Paris, 1983.
J.-P. Olsem, *L'énergie dans le monde,* Hatier, Paris, 1984.

ARABIE SAOUDITE

Capitale : Riyad
Population : 12 010 000 hab.
Variation pop./an (1973-85) : 4,8 %
Superficie : 2 149 690 km^2
PNB/habitant : 8 860 $
Taux de croissance/an (1973-85) : 6,6 %

Fondé en 1932, le royaume d'Arabie Saoudite est largement la création du roi Ibn Sa'ud, qui a consacré 30 ans à la restauration du pouvoir détenu par ses ancêtres jusqu'au XIXe siècle. Après une phase de mise en place du régime, le roi Fayçal (à qui furent délégués les pouvoirs royaux dès 1958, mais qui ne devint roi qu'en 1964) procéda à une certaine modernisation économique et sociale : abolition de l'esclavage, mise en place d'une politique fiscale, restriction des dépenses extravagantes de la royauté.

En revanche, les conditions d'exercice du pouvoir politique sont restées inchangées, en dépit de nombreuses tentatives de coup d'État. Le roi d'Arabie Saoudite, chef suprême de la religion nationale, exerce un pouvoir sans partage. Le pays ne connaît ni élections, ni partis politiques : la législation ne s'établit que par décrets royaux. Comme ses prédécesseurs, le roi Fahd (monarque depuis 1982) s'est attribué le poste de Premier ministre, cumulant ainsi les fonctions exécutive et législative. Dans les années récentes, une tentative de modernisation de la machine gouvernementale a abouti à la création des départements ministériels nécessaires à la gestion de plus en plus complexe des affaires du pays. Mais tous les postes stratégiques ont été attribués aux membres de la famille royale, ce qui permet au roi Fahd de conserver aisément l'entier contrôle de l'action gouvernementale.

Le système judiciaire comprend, outre les tribunaux de droit commun, une Cour de Cassation et un Conseil Suprême de Justice chargés d'assurer le respect d'une légalité amplement fondée sur la loi religieuse islamique, et, à un degré moindre, sur les lois tribales et les règles coutumières.

En 1980, le gouvernement saoudien a annoncé la création d'un comité dirigé par le prince Nayif, ministre de l'Intérieur. La mission de ce comité était d'élaborer un recueil juridique de base reproduisant pour l'essentiel les principes islamiques. Par la suite, le roi Fahd a fait appel aux enseignants, leur demandant de moderniser la loi islamique. Cependant, à ce jour, aucune modification sensible dans le système en vigueur n'a été constatée.

Le développement de l'économie saoudienne est dominé par l'essor du secteur pétrolier. Le pétrole, découvert en 1938, ouvre l'Arabie au monde moderne, et, en moins de trente ans, bouleverse complètement cette société pastorale. Les revenus pétroliers ont crû assez lentement durant les années 1950 et 1960. Mais ils explosent dans les années 1970 (ils sont multipliés par 5 entre 1973 et 1974), à la suite des deux chocs pétroliers. Le gouvernement, fort de cette nouvelle aisance financière, met en place une planification active et relativement efficace. Le deuxième Plan (1975-1980) permet une extension considérable des infrastructures de transport et de communications. En 1982, le pays comptera 22 000 kilomètres de routes (contre moins de 200 kilomètres en 1950). Durant la période suivante (1980-1985) la priorité va au développement agricole. Dans un pays où l'on ne peut cultiver que les oasis ou les zones irriguées, une part importante des besoins agricoles sont satisfaits par les importations. Les Saoudiens cherchent alors à améliorer leur indépendance alimentaire. Un effort particulier est aussi accompli en matière d'éducation et de formation, pour réduire le recours à la main-d'œuvre étrangère. Si l'on comptait moins de 20 000 élèves, tous niveaux confondus, en 1950, et 547 000 en 1970, ils approchent les deux millions en 1984. Le quatrième Plan (1985-1990) est marqué par la réduction des recettes pétrolières. Il donne la priorité à d'autres sources de revenus, dans l'industrie et les services financiers notamment, et cherche à développer le rôle du secteur privé dans l'économie.

Les Saoudiens ont eu la sagesse de ne pas axer tout leur développement sur les ventes de pétrole. Dès 1970, le gouvernement souhaitait limiter la dépendance du pays à l'égard des exportations de pétrole brut. Si l'on exclut le pétrole, le taux de croissance du PIB a tout de même atteint une moyenne de 11,6 %, durant le premier Plan (1970-1975), et de 15 %, durant le deuxième (1975-1980).

L'agriculture ne représente que 2,5 % du PIB, mais employait encore 25 % de la population active en 1985. Production et productivité sont encore insuffisantes. Les conditions d'exploitation sont, il est vrai, particulièrement difficiles. Le manque d'eau limite les surfaces cultivables à seulement 1 % des terres. Le gouvernement a dû effectuer des investissements considérables pour l'irrigation, seul moyen d'étendre le potentiel agricole. Par ailleurs, il soutient activement les producteurs : subventions à l'investissement, prêts sans intérêts, engrais chimiques distribués à moitié prix. Malheureusement, la chute des revenus pétroliers a contraint les autorités à limiter leur effort financier en faveur du secteur agricole. L'agriculture souffre aussi d'un manque de main-d'œuvre. La population rurale a été attirée par le développement urbain et la plupart des travailleurs agricoles sont désormais des immigrés.

L'exploitation du pétrole constitue l'activité principale de l'Arabie Saoudite. 3e producteur mondial (1er parmi les pays de l'OPEP), elle dispose aussi de réserves considérables qui autoriseraient 128 années d'une production équivalente à celle de 1985. Aussi les Saoudiens ont-ils intérêt à la stabilité du marché à long terme, à l'inverse de pays moins bien dotés en réserves qui cherchent eux à vendre le maximum de pétrole à moyen terme et au prix le plus élevé possible. Cela explique le rôle majeur joué par les Saoudiens pour imposer la discipline au sein de l'OPEP. Mais, après le retournement des cours à la baisse (1981), assurer le respect des quotas de l'OPEP n'a pas été chose facile. Quand les recettes d'exportations s'effondrent, certains pays sont tentés d'accroître leur production et leurs parts de marché (voir le chapitre « OPEP »). Grâce à leur capacité de production, les Saoudiens contrarient cette tendance à jouer cavalier seul au détriment de l'organisation. En effet, ils peuvent menacer leurs partenaires indisciplinés d'inonder le marché, ce qui provoquerait un nouvel effondrement des cours. Mais cette menace cesse d'être effective quand le producteur dominant est lui-même confronté à une forte contrainte financière, qu'une baisse des cours viendrait renforcer. Aussi, jusqu'en 1985, l'Arabie Saoudite s'est-elle contentée de jouer le rôle du producteur résiduel : celui-ci ne produit la totalité du quota autorisé que si le marché n'est pas déjà saturé par la production des quotas attribués aux autres pays membres. Concrètement cela signifie que les Saoudiens ont sacrifié momentanément leurs revenus pétroliers pour maintenir la cohésion de l'OPEP. Ainsi, leur production qui dépassait les 7 millions de barils par jour, au début de l'année 1982, dépassait à peine les 2 millions de barils par jour en juin 1985. En dépit de ce sacrifice, les désaccords ont persisté au sein de l'OPEP. Confrontée par ailleurs à une baisse considérable de ses ressources, l'Arabie Saoudite a finalement renoncé à son rôle de producteur résiduel, à la fin de l'année 1985. La chute du prix du pétrole brut consécutive à cette décision (moins de 10 $ le baril en juillet 1985) a contraint les autres pays de l'OPEP à resserrer leurs rangs et à accepter un rétablissement de la production saoudienne. Néanmoins, l'instabilité des recettes pétrolières renforce l'incitation à diversifier davantage les activités du pays.

Les Saoudiens ont déjà largement développé les industries de transformation associées au pétrole : raffinage et pétrochimie. Leur problème majeur consiste à distribuer à l'extérieur une production sans débouchés suffisants sur le marché intérieur. Les problèmes de commercialisation sont atténués par la constitution d'entreprises communes (joint venture) entre l'État et des sociétés étrangères qui assurent une bonne part des débouchés dans leur pays d'origine. Mais cela n'empêche pas certaines réactions protectionnistes comme le montrent, en particulier, les obstacles rencontrés par les exportations de polyéthylène dans les pays de la CEE.

Le gouvernement cherche aussi à stimuler le développement d'entreprises privées dans des industries plus légères et moins liées au pétrole. Les industries les plus dynamiques sont les matériaux de construction et le bâtiment, les équipements électriques, les plastiques et les industries alimentaires. Le gouvernement a également amorcé une privatisation de ses parts dans les grandes entreprises publiques. Le potentiel de diversification industrielle est également étendu par l'abondance de ressources naturelles encore peu ou pas exploitées : charbon, bauxite, fer, or, argent, et uranium.

Cette diversification est d'autant plus nécessaire à moyen terme que la modernisation accélérée du pays et la pénurie agricole engendrent des besoins substantiels en importations. La contrainte financière qui en résulte était largement compensée par les revenus pétroliers dans les années 1970, mais c'est moins le cas dans les années 1980, et la balance des paiements est déficitaire à partir de 1982. Pour éviter une trop grande dépendance à l'égard de revenus pétroliers fluctuants, le pays doit satisfaire lui-même une part croissante des besoins du secteur non pétrolier.

Enfin, le développement social n'a pas été négligé. On a déjà souligné l'effort accompli en matière d'éducation. Plus de 11 000 établissements d'éducation ont été construits entre 1970 et 1984. Durant la même période, le nombre d'hôpitaux a doublé. Près d'un million de travailleurs bénéficient de la sécurité sociale, soit cinq fois plus qu'en 1970. Au total, l'Arabie Saoudite apparaît comme un exemple d'utilisation relativement efficace de la rente pétrolière.

BAHREIN

Capitale : Manama
Population : 410 000 hab.
Variation pop./an (1973-85) : 4,6 %
Superficie : 622 km²
PNB/habitant : 9 560 $
Taux de croissance/an (1973-85) : 5,2 %

Après deux siècles de domination persane et 57 ans de présence britannique, Bahrein devient en 1971 un État indépendant. Dès la même année, l'émirat signe un traité d'amitié avec la Grande-Bretagne, et un accord militaire avec les États-Unis. Il refuse d'entrer dans la fédération des Émirats Arabes Unis, mais appartient au Conseil de Coopération du Golfe. En 1973, la Constitution met en place une monarchie parlementaire. Un Parlement est élu au suffrage universel, mais presque immédiatement il entre en conflit ouvert avec l'émir. En 1975, le Parlement est dissous, la Constitution suspendue et les leaders de l'opposition arrêtés. Dès lors, assisté d'un Premier ministre, l'émir règne sans contre-pouvoirs.

Producteur de pétrole, Bahrein bénéficie d'une diversification industrielle supérieure à celle des pays de l'OPEP : il est moins dépendant de ses revenus pétroliers que la plupart d'entre eux, et souffre donc moins de la baisse des prix du pétrole.

L'agriculture ne contribue que pour 1 % à la formation du PIB. Les cultures se limitent pratiquement aux tomates et aux dattes ; encore voit-on les surfaces des palmeraies régresser du fait de l'urbanisation. Les importations alimentaires constituent le troisième poste des achats à l'étranger, après les biens d'équipement et le pétrole brut : la balance commerciale de l'agriculture accuse un fort déficit.

La production de pétrole débute dès les années 1930. Mais les réserves sont très limitées : au rythme de production actuel (qui ne dépasse plus 2 millions de tonnes par an), elles seront épuisées en 1995. Les réserves de gaz sont plus abondantes, aussi la production se développe : elle atteint 4,5 milliards de m³. Compte tenu des réserves connues, ce niveau de production peut se maintenir jusqu'en 2018.

Les revenus pétroliers ont permis le développement de l'industrie. Elle est axée sur la production d'aluminium, la réparation navale et le raffinage pétrolier (capacité de raffinage de 12 millions de tonnes), dont le principal client est l'Arabie Saoudite. Mais le secteur tertiaire occupe une place prépondérante dans l'emploi national (60 % de la population active), et dans la formation du PIB (64 %), Bahrein étant devenu, à la faveur de la perte d'influence régionale de Beyrouth, une base pour l'activité bancaire du Golfe.

En 1983, l'émirat connaît une croissance économique record : +10 %. Mais en 1984, pour la première fois depuis de nombreuses années, la balance des paiements est déséquilibrée. Une politique de rigueur budgétaire est alors mise en place. Le PNB en volume régresse de 5 % en 1986. Cependant, l'émirat conserve un PNB par habitant voisin de celui de la France. De surcroît, la diversification de ses activités limite les risques de récession généralisée.

ÉGYPTE

Capitale : Le Caire
Population : 49 610 000 hab.
Variation pop./an (1973-85) : 2,6 %
Superficie : 1 001 449 km²
PNB/habitant : 680 $
Taux de croissance/an (1973-85) : 8,1 %

En juillet 1952, le roi Farouk est renversé par les militaires. La République d'Égypte est proclamée le 16 janvier 1953. Proche de l'URSS, l'Égypte de Nasser veut devenir le chef de file du panarabisme. Mais elle est défaite par Israël en 1956, 1967, 1968-1970, et de nouveau en 1973, alors qu'Anouar El Sadate a succédé à Nasser, décédé en 1970. À partir de 1974, le nouveau chef de l'État transforme radicalement sa stratégie diplomatique et économique. Il rompt avec l'URSS et, en 1979, signe un traité de paix avec Israël. Il est assassiné le 6 octobre 1981 ; son vice-président, Hosni Moubarak, prend sa place à la tête de l'État.

L'année 1974 marque pour l'Égypte le début d'une croissance économique soutenue. La découverte d'importants gisements de pétrole s'ajoute à l'amélioration du contexte économique et politique. Leur exploitation fournit à l'Égypte le moyen de financer son développement industriel, tandis qu'une politique de privatisation vise à accroître la productivité et à améliorer le dynamisme de l'économie.

L'agriculture emploie encore plus du tiers de la population active, mais elle est loin désormais d'assurer l'autosuffisance alimentaire du pays. La production n'a pu suivre le rythme de l'accroissement démographique. L'agriculture, il est vrai, souffre d'un manque de terres cultivables. Le territoire est désertique à 96 %, et l'absence de pluies abondantes rend l'irrigation indispensable à toute culture. L'alourdissement de la facture alimentaire de l'Égypte devient un handicap pour l'économie tout entière.

Le secteur minier constitue l'un des principaux atouts de l'Égypte. Il se concentre sur le fer, le phosphate et, plus récemment, le pétrole. La production de pétrole est en progression régulière. Dans les années 1980, elle varie autour de 40 millions de tonnes, pour des réserves qui se montent en 1988 à 350 millions de tonnes. Mais en dépit du rythme soutenu de l'extraction, les revenus pétroliers ont chuté de 75 % en 1986 par rapport à l'année précédente.

Axé dans un premier temps sur la substitution aux importations, le développement industriel se tourne progressivement vers l'exportation. L'industrie se répartit en trois branches principales : le textile, qui fournit le tiers de la production industrielle, l'agro-alimentaire, et enfin, l'industrie lourde (aciéries, cimenteries, complexe d'aluminium, armement...). Des raffineries de pétrole ont été construites, principalement autour de Suez. Le réseau de pipelines s'est développé, mais les transports fluviaux et ferroviaires ont besoin d'être modernisés.

Les achats à l'étranger ne sont couverts qu'au tiers par les exportations. Ces dernières concernent essentiellement les produits pétroliers (57 %) et les productions textiles à base de coton (22 %). Les créneaux d'exportation de l'Égypte sont relativement vulnérables, alors qu'elle doit faire face à des importations croissantes de produits alimentaires (25 %), de machines et appareils électriques (20 %), et de matériel de transport (12 %). Les recettes touristiques de l'Égypte ont baissé de 30 % en 1985-1986, aussi le gouvernement s'attache-t-il à aménager les plages bordant la mer Rouge, afin d'attirer les touristes européens pendant l'hiver. En dépit des nombreux transferts de revenus des Égyptiens travaillant à l'étranger, la balance des paiements accuse un fort déficit.

De même, malgré les revenus supplémentaires issus de l'aide des pays occidentaux (environ 8 % du PNB) et des redevances perçues sur le trafic dans le canal de Suez, l'endettement extérieur de l'Égypte atteint les trois quarts de son PNB. C'est pourquoi le FMI a soumis l'octroi de nouveaux prêts à la mise en place d'une politique d'austérité. Les subventions publiques, en particulier, doivent être réduites (les subventions à l'alimentation atteignent 10 % du PNB). Mais la précarité du climat social interdit au gouvernement de prendre des mesures trop brutales en vue de réduire les déficits.

ÉMIRATS ARABES UNIS

Capitale : Abu Dhabi
Population : 1 380 000 hab.
Variation pop./an (1973-85) : 10,2 %
Superficie : 83 600 km²
PNB/habitant : 19 120 $
Taux de croissance/an (1973-85) : 9,1 %

Depuis 1971, les Émirats Arabes Unis (EAU) regroupent sept émirats auparavant placés sous la domination du Royaume-Uni. Le nouvel État fédéré demeure proche du monde occidental. La Fédération se compose d'Abu Dhabi, Dubaï, Sharjah, Ajman, Umm-Al-Quaim, Fujeirah et Ras-Al-Khaimah. Chacun des émirats conserve une large autonomie, sauf en ce qui concerne la politique extérieure et la défense. Les Émirats sont membres du Conseil de coopération du Golfe. La Fédération est dirigée par un Conseil suprême formé des souverains de chacun des émirats, et par un gouvernement fédéral présidé par le chef de l'État d'Abu Dhabi. Ce dernier est de loin le plus important des sept États fédérés : il réalise plus de 60 % du PIB des Émirats, et contribue au budget fédéral à hauteur de 80 %.

Le PNB par habitant situe les Émirats au second rang mondial, bien que la population ait augmenté de plus de 50 % entre 1980 et 1986. Ces pays connaissent en effet une immigration record : la main-d'œuvre étrangère constituerait plus des deux tiers de la population active. La richesse exceptionnelle de ces États tient à leurs ressources en hydrocarbures, qui représentent 95 % des recettes totales d'exportation. Les réserves connues de pétrole atteignent 4,4 milliards de tonnes, celles de gaz se montent à 2 800 milliards de m³. La production de pétrole des Émirats dépend des quotas fixés par l'OPEP. Elle fait apparaître une très forte concentration au profit d'Abu Dhabi (près de 70 % de la production des EAU) et de Dubaï (près de 30 %).

Les revenus pétroliers ont favorisé un développement industriel accéléré, surtout à Abu Dhabi et Dubaï : auparavant spécialisée dans le seul traitement des hydrocarbures, l'industrie se diversifie vers la pétrochimie, la cimenterie... Les Émirats importent beaucoup de machines et de matériel de transport (40 % de leurs importations totales).

Fortement subventionnée, la production agricole a augmenté, mais les importations alimentaires sont très importantes : elles s'élèvent à 10 % des importations totales.

La balance commerciale dégage un excédent dont l'ampleur varie en fonction des prix du pétrole. Dans les années favorables, les exportations peuvent atteindre le double des importations. Les Émirats ont la chance de bénéficier de faibles coûts d'extraction pétrolière. Ils connaissent cependant des difficultés depuis le début des années 1980. La croissance de la population due à l'immigration provoque une baisse régulière du revenu par habitant. Et surtout, la Fédération montre des signes de faiblesse : les États fédérés ne parviennent pas à se mettre d'accord sur leur degré d'intégration, tandis qu'Abu Dhabi et Dubaï coordonnent insuffisamment leurs politiques et maintiennent un train de vie élevé en dépit de la décroissance du PNB global (le budget d'Abu Dhabi est trois fois supérieur à celui de la Fédération).

ÉQUATEUR

Capitale : Quito
Population : 9 650 000 hab.
Variation pop./an (1973-85) : 2,9 %
Superficie : 283 561 km²
PNB/habitant : 1 160 $
Taux de croissance/an (1973-85) : 4,0 %

L'histoire de l'Équateur au XXe siècle est marquée de coups d'État militaires. Le régime semble connaître une période de stabilisation depuis l'adoption d'une nouvelle Constitution en 1978, qui établit un régime présidentiel et démocratique. La population équatorienne a crû au rythme rapide de 2,9 % l'an depuis le début des années 1970, et le PNB par habitant demeure l'un des plus faibles de l'Amérique latine. Les inégalités sociales sont très marquées, et le niveau de vie de la population urbaine (45 % de la population totale) s'accroît plus vite que celui d'une population rurale très endettée.

L'agriculture emploie encore près de la moitié de la population active, mais sa contribution au PIB est tombée au-dessous de 15 %. Si la plupart des exploitations sont inférieures à 5 ha, les grandes exploitations occupent plus de la moitié de la surface cultivable. Un processus de modernisation a été engagé (lois agraires de 1964, 1972...). Les grandes cultures des hautes plaines des Andes (pomme de terre, blé, maïs) et l'élevage sont surtout destinés au marché intérieur, tandis que le développement des plantations de café, de bananes et de cacao est pour l'essentiel tourné vers l'exportation. La pêche fournit également des recettes d'exportation intéressantes. Au total, la balance commerciale de l'agriculture dégage un fort excédent.

Le pétrole est à l'origine du développement industriel : extrait depuis 1917, il est exporté en quantités importantes depuis 1972. Le pays adhère à l'OPEP en 1974. Il en est le plus petit producteur après le Gabon. Cependant, la production a augmenté depuis 1980, car l'énergie consommée dans le pays est à 70 % d'origine thermique : la moitié du pétrole extrait est consacrée à satisfaire la demande intérieure. C'est pourquoi le gouvernement cherche désormais à développer l'hydro-électricité, afin de préserver la vocation exportatrice du pétrole.

Au départ, l'essor industriel a été dirigé vers les industries agro-alimentaires (à partir du café, des bananes, du cacao) et les biens de consommation. Mais une diversification s'est opérée au profit de la construction d'infrastructures. Les revenus pétroliers permettent d'importer des biens d'équipement et des produits intermédiaires, alors même que les exportations de produits manufacturés restent dérisoires : en effet 95 % des recettes d'exportation proviennent des ventes de pétrole et de produits agricoles et alimentaires.

L'Équateur est très dépendant du commerce extérieur, qui représente entre 25 et 30 % de son PIB. En 1986, il est particulièrement affecté par la baisse du prix du pétrole, d'autant plus qu'il se trouve déjà en mauvaise posture financière : le déficit budgétaire, structurellement élevé, est alourdi par les charges croissantes de la dette extérieure. Cette dernière devant encore augmenter en 1987 et 1988, des rééchelonnements ont dû être négociés avec le FMI et le Club de Paris.

GABON

Capitale : Libreville
Population : 1 170 000 hab.
Variation pop./an (1973-85) : 1,5 %
Superficie : 267 667 km²
PNB/habitant : 3 340 $
Taux de croissance/an (1973-85) : 0,9 %

Ancienne colonie française, le Gabon a accédé à l'indépendance le 17 août 1960. La Constitution du 17 février 1961, modifiée en 1967, institue un régime semi-présidentiel, qui va prendre deux ans plus tard une tonalité nettement autoritaire : le Bloc Démocratique Gabonais (BDG) est déclaré parti unique. Élu pour 7 ans au suffrage universel direct, le Président assure la direction du pouvoir exécutif et dispose de pouvoirs très étendus face à l'Assemblée nationale.

De 1970 à 1976, le Gabon réussit à faire tripler son PNB par habitant. Mais le sous-peuplement du pays contribue fortement à ce résultat. Les estimations sur le chiffre exact de la population varient du simple au double : la Banque mondiale publie un chiffre de 695 000, l'ONU celui de 1 170 000, alors qu'un décret officiel du Gabon annonce 1 232 000 habitants. Libreville regroupe, à elle seule, près du tiers de la population. Depuis 1977, la baisse des recettes pétrolières a provoqué un recul constant et marqué du revenu par habitant.

La production agricole est secondaire : elle se limite aux petites exploitations de subsistance, et ne couvre qu'une infime partie des besoins nationaux. Les terres cultivées représentent à peine 1 % de la superficie totale. De plus, les campagnes sont sous-peuplées en raison de l'exode des hommes vers l'exploitation forestière et minière. Les seules productions exportées sont le café, le cacao et l'huile de palme, et encore elles ne représentent que 1 % des recettes d'exportation. En sens inverse, les produits alimentaires représentent 15 % des importations totales. La forêt, l'une des richesses du pays, couvre les trois quarts du territoire : c'est l'exportation du bois qui compense l'important déficit de la balance commerciale agricole. Le Gabon est spécialisé dans l'okoumé, bois que l'on trouve uniquement dans quelques régions du continent africain. Une politique de reboisement vise à assurer le maintien d'une production soutenue.

L'essentiel des ressources du pays provient de son sous-sol. La production de pétrole, surtout off-shore, a débuté en 1957. Elle est assurée à 80 % par la société semi-publique Elf-Gabon. Depuis 1957, de nouveaux gisements ont été découverts, mais l'extraction y est plus coûteuse. Membre de l'OPEP, le Gabon en est le plus petit producteur, mais tire du pétrole 83 % de ses recettes totales d'exportation. Le pays dispose aussi de ressources en gaz naturel, qui sont principalement destinées à l'usage intérieur. Mais surtout, il est riche d'autres minerais comme l'uranium et le manganèse. La production, jusqu'à présent entravée par l'insuffisance du réseau ferré, va bénéficier de l'achèvement du Transgabonais. Le pays est le 4e producteur mondial de manganèse, et l'extraction d'uranium a plus que quintuplé de 1972 à 1985. À elle seule, la France achète les trois quarts de la production d'uranium.

Le secteur industriel reste peu développé, puisqu'il contribue pour seulement 3,6 % au PIB. Il est surtout lié aux activités forestières, pétrolières, minières. Ainsi, le Gabon possède un centre de raffinage pétrolier qui dispose d'une large capacité excédentaire. L'essentiel des besoins en produits manufacturés est couvert par les importations faites dans le cadre de l'Union Douanière et Économique de l'Afrique Centrale (UDEAC). Le marché national se révèle trop limité pour qu'une industrie diversifiée puisse se développer sur le territoire, même si des tentatives ont été faites pour implanter des activités fondées sur le sucre, l'huile végétale ou les alcools.

Depuis 1986, l'économie connaît d'importantes difficultés : baisse des recettes d'exportation, aggravation de la dette extérieure... Le succès relatif du programme d'austérité mis en place à la fin des années 1970 (en liaison avec le FMI) est remis en cause. De sévères coupes budgétaires sont nécessaires, et les projets d'investissement sont réduits à partir de 1986. La structure des exportations paraît, à terme, trop dépendante des ressources naturelles. Cependant le Gabon peut compter sur une aide annuelle extérieure provenant pour les deux tiers de la France, qui demeure par ailleurs son partenaire commercial privilégié.

INDONÉSIE

Capitale : Djakarta
Population : 166 940 000 hab.
Variation pop./an (1973-85) : 2,3 %
Superficie : 1 904 569 km²
PNB/habitant : 530 $
Taux de croissance/an (1973-85) : 6,3 %

Ancienne colonie hollandaise, l'Indonésie proclame son indépendance le 17 août 1945, en dépit de l'opposition des Pays-Bas. Une Union néerlando-indonésienne est constituée en 1949, mais dénoncée par l'Indonésie cinq ans plus tard. Une démocratie parlementaire secouée par les rébellions séparatistes va fonctionner tant bien que mal. En 1957, le régime redevient autoritaire : c'est la « démocratie dirigée », qui se rapproche de la Chine de Mao et quitte l'ONU. À la suite d'une tentative de coup d'État communiste en 1965, l'armée opère une répression sanglante (500 000 morts) sous la direction du général Suharto. Celui-ci écarte Soekarno et prend le pouvoir en 1967. Il mène une politique anticommuniste et antichinoise. Candidat unique, il se fait élire président tous les 5 ans depuis 1968. Mais le régime doit faire face à des oppositions politiques et musulmanes grandissantes.

Par sa population, l'Indonésie est le 5e pays du monde. Près de 60 % de ses habitants vivent dans une pauvreté absolue. Le chômage concerne près du tiers de la population active. Sur les seules îles de Java et Madura, qui ne représentent que 7 % de la superficie, vivent les deux tiers des Indonésiens. Les densités peuvent atteindre 1 000 à 1 500 habitants au km² dans les plaines, ce qui entraîne de graves problèmes d'alimentation. Les tentatives du gouvernement pour inciter la population à se redéployer vers les autres îles se sont soldées par un échec.

L'agriculture emploie 55 % de la population active. Le riz, pour lequel le pays obtient de bons rendements, constitue la production alimentaire de base. Les subventions gouvernementales ont fait doubler la production en quinze ans. Les cultures céréalières sont aussi très importantes, cependant le pays n'est pas autosuffisant. Les produits alimentaires représentent 5,5 % des importations totales, tandis que les exportations de caoutchouc, café, tabac et sucre sont en baisse. Ce sont la pêche et le bois (les deux tiers du pays sont couverts de forêts) qui permettent à la balance commerciale des produits primaires de dégager de larges surplus.

Membre de l'OPEP, l'Indonésie dispose d'importantes ressources minières. Ce secteur emploie 18 % de la population active et assure 70 % des recettes d'exportation. Les hydrocarbures constituent la richesse majeure du sous-sol : les réserves de pétrole se montent à 1 000 millions de tonnes, celles de gaz à 1 000 milliards de m³. Leur exploitation est assurée à 90 % par des sociétés américaines. Près de la moitié des exportations d'hydrocarbures est destinée au Japon. L'Indonésie extrait aussi de la bauxite, du cuivre, du nickel, du charbon...

Le secteur secondaire ne représente que 15 % du PNB (c'est la proportion la plus faible de tous les pays de l'ASEAN). Il concerne surtout les textiles, les engrais, le ciment, les produits chimiques. Les exportations de biens manufacturés sont très faibles (5 % des exportations totales). L'île de Java est équipée de bonnes infrastructures de transport, mais le développement des autres îles est entravé par de grandes insuffisances dans ce domaine : Java seule accapare 70 % des voies ferrées de l'Indonésie. De plus, les communications entre les îles sont de mauvaise qualité.

La balance commerciale est toujours positive, bien que la tendance d'affaiblissement de l'excédent se soit accentuée en 1986 avec la chute des prix du pétrole. En revanche, la balance des paiements accuse un déficit structurel du fait d'un très fort déséquilibre sur les échanges de services. L'endettement externe représente la moitié du PNB, et pourtant l'investissement demeure très insuffisant. Des charges lourdes pèsent sur le budget en raison de l'aide consentie par l'État aux nombreuses entreprises publiques. En outre, l'accroissement trop massif d'une population mal répartie dans l'espace gêne la poursuite du développement économique.

IRAK

Capitale : Bagdad
Population : 16 450 000 hab.
Variation pop./an (1973-85) : 3,6 %
Superficie : 434 924 km²
PNB/habitant : n.d.
Taux de croissance/an (1973-85) : n.d.

Jusqu'à la Révolution du 14 juillet 1958, l'Irak est dirigé par la monarchie hachémite, très proche du Royaume-Uni en dépit de violentes manifestations populaires antibritanniques. En 1958, les militaires du général Kassem prennent le pouvoir et proclament la République, mais coups d'État et complots se succèdent. La Constitution de 1970 érige le socialisme en principe directeur, et conforte le pouvoir autoritaire du président de la République. Les grands postes de l'État sont contrôlés par le parti Baas, qui se tourne vers l'URSS (1969 : traités de coopération, 1972 : nouvel accord d'amitié et de coopération) et s'oppose à Israël. En 1980, l'Irak déclenche une guerre contre l'Iran. Celle-ci, en se prolongeant, divise le monde arabe et enlise l'Irak dans des difficultés économiques. L'Irak souhaite désormais mettre un terme à ce conflit, mais l'Iran a longtemps refusé toute conciliation avec le régime de Saddam Hussein.

L'économie irakienne est très socialisée : 78 % du PNB et 90 % des importations proviennent d'entreprises et organismes publics. L'agriculture emploie 30 % de la population active, mais la balance commerciale agricole reste fortement déséquilibrée. Le pays est divisé entre les campagnes pluvieuses du Nord assurant l'essentiel de la production de céréales et de l'élevage, et la plaine mésopotamienne, encore peu mise en valeur, où prédominent les grandes propriétés faiblement productives. En 1958, on a tenté une réforme agraire, mais la réorganisation s'est soldée par une baisse de la production. L'autosuffisance alimentaire demeure un objectif prioritaire, et les pouvoirs publics y consacrent d'importantes subventions. Mais les achats de produits alimentaires constituent encore 11 % des importations totales, et les mauvais résultats des fermes d'État et des coopératives sont désormais dénoncés.

L'économie est fondée sur la production de pétrole. Les réserves s'élèvent à 5 800 millions de tonnes (6e rang mondial). Membre de l'OPEP, l'Irak produisait 130 millions de tonnes en 1980. Le conflit avec l'Iran a sévèrement amputé les exportations de pétrole : dès 1981, la production se réduisait à 44 millions de tonnes. De surcroît, la destruction par les Iraniens de la raffinerie de Bassorah a réduit la capacité nationale de raffinage. L'Iran ayant bloqué le golfe Persique, les exportations s'acheminent désormais par oléoducs, via la Turquie. Grâce au soutien de l'Arabie Saoudite, la production a pu reprendre progressivement pour atteindre 84 millions de tonnes en 1986. Mais la chute des prix du pétrole a annulé les effets de l'augmentation de la production.

L'Irak a développé son industrie dans les secteurs non pétroliers : aciéries, cimenteries, textiles, traitement du soufre et des phosphates nationaux. La capacité de production électrique s'est trouvée fortement réduite par les bombardements iraniens et israéliens, mais elle est en reprise depuis lors. De vastes projets ont été engagés dans le domaine des transports (2 400 km de voies ferrées ont été construites entre 1981 et 1985) et des communications (l'Irak compte 10 millions d'abonnés au téléphone). Mais les difficultés budgétaires sont telles que de nombreux projets ont dû être reportés.

L'Irak est dans une situation financière très préoccupante. La dette extérieure s'accroît : depuis 1980, les coûts de reconstruction et de développement et les dépenses militaires (le budget de défense représente plus de 25 % du PNB) ont gonflé les dépenses, alors que la chute du prix du pétrole comprime les recettes. L'Irak est extrêmement dépendant de ses ventes pétrolières, qui représentent 40 % du PNB. Leur réduction dans les années 1980 explique la chute brutale du PNB par habitant. Le gouvernement a dû entamer une politique d'une rare rigueur, axée sur la compression des importations. Il en résulte un appauvrissement général de la population.

IRAN

Capitale : Téhéran
Population : 45 910 000 hab.
Variation pop./an (1973-85) : 3,1 %
Superficie : 1 648 000 km^2
PNB/habitant : n.d.
Taux de croissance/an (1973-85) : 2,2 %

La dynastie des Pahlavi est demeurée à la tête de l'Iran de 1925 à 1979. Le dernier Shah, Mohammed Reza, a mené une action moderniste tout en utilisant la répression pour se maintenir au pouvoir. En 1977-1978, la contestation se développe et le Shah perd l'appui des États-Unis : il doit quitter l'Iran en février 1979. L'Imam Khomeiny rentre à Téhéran après quinze ans d'exil, et fait proclamer la République islamique le 31 mars 1979. Le régime se radicalise. Khomeiny en est le chef suprême, les affaires étant conduites par le président de la République élu pour 5 ans au suffrage universel. La prise d'otages à l'ambassade américaine renforce la coupure entre l'Iran et le monde occidental, et, en septembre 1980, le pays doit faire face à la première attaque irakienne. En 1987, l'Iran est économiquement affaibli, et relativement isolé au plan international.

Entre 1970 et 1977, le PNB par habitant a augmenté de 60 %. Il est en diminution depuis lors : en 1986, il rejoint pratiquement son niveau de 1970, l'accroissement rapide de la population s'étant accompagné d'une baisse de la production en volume. L'économie a été complètement désorganisée par la Révolution islamique et la guerre contre l'Irak. En avril 1986, le chômage touche au minimum 15 % de la population active, et bien davantage si l'on tient compte du chômage déguisé.

Le quart des meilleures terres cultivables est en friche depuis 1979, faute de propriétaires désignés. L'agriculture emploie 25 % de la population active, mais l'exode rural et les besoins de l'armée lui retirent chaque année une partie de sa main-d'œuvre. Faiblement productif, le pays est loin de l'autosuffisance alimentaire, et doit importer chaque année le tiers de sa consommation de céréales, ainsi qu'une partie de ses besoins en viande. Le déficit de la balance commerciale agricole s'aggrave régulièrement depuis 1980.

Le secteur pétrolier fournit plus de 90 % des recettes totales d'exportation. Mais la production, qui s'élevait à 262 millions de tonnes en 1978, a considérablement chuté en 1980-1981 (respectivement 74 et 66 millions de tonnes). Elle n'a commencé à se relever qu'en 1982, et évolue d'ailleurs le plus souvent au mépris des quotas et des prix fixés par l'OPEP. Les attaques irakiennes contre le terminal de l'île de Kharg ou la raffinerie d'Abadan ont limité les capacités d'exportation. La construction de nouvelles raffineries a été accélérée. Pour l'avenir, l'Iran dispose de très importantes réserves de gaz (15 % des réserves mondiales). Les exportations de gaz n'ont été développées que récemment grâce à la construction de nouveaux pipe-lines, notamment vers l'URSS. Le sous-sol iranien renferme également des richesses en plomb, soufre, fer, charbon, cuivre, uranium... Mais dans des années de trouble, leur exploitation n'a guère pu être favorisée.

Le secteur industriel a énormément souffert depuis 1979. Le Shah avait tenté de développer une industrie moderne. Mais les nationalisations opérées par l'Imam Khomeiny n'ont été accompagnées d'aucune politique industrielle. Le manque de matières premières explique aussi la forte chute de la production. L'acier, le cuivre et la pétrochimie restent les trois secteurs prédominants, tandis que le raffinage pétrolier a été en partie détruit par les Irakiens.

Les exportations iraniennes sont constituées pour l'essentiel de produits pétroliers. S'y ajoutent des fruits, du coton, des tapis et quelques biens industriels. L'Iran reste très dépendant de ses partenaires commerciaux, pour la plupart européens. Dans un effort de diversification, les exportations se sont tournées vers la Turquie et les pays du Tiers Monde. Malgré la réduction des importations, le déficit commercial demeure important. Le déficit budgétaire, lui aussi, s'est creusé en raison de la chute des revenus pétroliers et de l'augmentation de l'effort militaire (qui se situe aux alentours de 15 % du PNB). Ce dernier se poursuit au prix d'un affaiblissement constant du niveau de vie des habitants.

KOWEÏT

Capitale : Koweït City
Population : 1 790 000 hab.
Variation pop./an (1973-85) : 5,7 %
Superficie : 17 818 km²
PNB/habitant : 14 270 $
Taux de croissance/an (1973-85) : 6,0 %

Ancien protectorat britannique, le Koweït accède à l'indépendance en juin 1961. L'Irak convoitait vivement la principauté, mais le Koweït a pu le faire renoncer à ses prétentions, grâce au soutien des Britanniques. Dès lors, il ne reste plus entre les deux États qu'un contentieux sur le tracé des frontières du Chatt al-'Arab. Depuis la restauration en 1981 d'une Assemblée élue au suffrage universel, la monarchie autoritaire du Koweït évolue vers un régime de type parlementaire. Le pays est l'un des membres fondateurs du Conseil de Coopération du Golfe.

Le PNB par habitant du Koweït reste parmi les plus élevés du monde, même s'il a connu une régression à partir de 1980-1981. En réalité, le PNB en volume a continué à progresser, mais la population s'est trouvée rapidement accrue par une vague importante d'immigration : en 1986, la population immigrée représente 60 % de la population totale.

L'apport économique de l'agriculture est dérisoire. Le manque d'eau rend les cultures difficiles et rares. Des projets ambitieux visent à développer la production agricole qui, pour l'instant, reste fondée sur l'élevage, activité traditionnelle des Bédouins. Près des trois quarts des besoins alimentaires sont couverts par les importations (12 % des importations totales) : la balance commerciale de l'agriculture accuse régulièrement un déficit considérable.

Le pétrole est à l'origine de la grande prospérité du Koweït : les réserves prouvées représentent près de 13 % des réserves mondiales. La production, qui varie en fonction des quotas fixés par l'OPEP, représente, bon an mal an, 85 % des recettes à l'exportation. Le pays dispose également d'importantes réserves de gaz (1 000 milliards de m^3) mais elles sont encore peu exploitées car elles se trouvent pour l'essentiel mélangées aux gisements de pétrole.

Le gouvernement a utilisé les revenus pétroliers pour développer l'industrie (seulement 4,5 % du PIB). Elle s'est d'abord constituée en liaison directe avec l'extraction de pétrole, par la construction de trois grandes raffineries. Puis elle s'est diversifiée vers les secteurs de la construction, de la chimie, des biens d'équipement. Le port de Koweït City a pu être totalement modernisé. Les importations de biens d'équipement et de matériel de transport représentent 44 % des importations totales, celles de produits manufacturés 20 %. Elles proviennent surtout des États-Unis, du Japon et de la RFA. Mais, dans les années 1980, les importations ont été comprimées afin de limiter les effets négatifs de la baisse des recettes pétrolières sur la balance commerciale.

Malgré la volonté gouvernementale de combattre l'inflation par la maîtrise du déficit budgétaire, ce dernier reste important et connaît des aggravations ponctuelles en fonction de la situation du marché pétrolier (cf. 1983, 1986). L'endettement extérieur, qui dépassait le tiers du PNB en 1983, a été réduit en 1984 et 1985, mais la baisse des prix du pétrole en 1986 remet en question cette évolution. Malgré tout, la balance des paiements continue à dégager un important excédent, et les indicateurs économiques témoignent d'une certaine souplesse d'adaptation aux variations de la conjoncture mondiale. À la fin des années 1970, le Koweït consacrait de 8 à 15 % de son PIB à l'aide aux pays arabes et au Tiers Monde en général. Mais l'évolution défavorable des ventes pétrolières dans les années 1980 a conduit à une très forte contraction de l'aide extérieure, qui était presque nulle en 1984, et à peine plus élevée en 1985.

LIBYE

Capitale : Tripoli
Population : 3 740 000 hab.
Variation pop./an (1973-85) : 4,0 %
Superficie : 1 759 540 km²
PNB/habitant : 7 500 $
Taux de croissance/an (1973-85) : 1,3 %

Ancienne colonie italienne, la Libye du roi Idris Ier devient indépendante le 24 décembre 1951, et conclut des traités d'alliance militaires et économiques avec la Grande-Bretagne et les États-Unis. Le 1er septembre 1969, la monarchie est renversée par un coup d'État militaire conduit par le colonel Muammar al-Kadhafi. Celui-ci fait évacuer les bases militaires britanniques et américaines, nationalise la British Petroleum, et noue des relations étroites avec l'URSS. Il s'octroie des pouvoirs accrus en 1971, et crée un parti unique : l'Union socialiste arabe. Sous l'impulsion du colonel Kadhafi, le pays consacre une part importante de son PNB au budget militaire.

Le PNB en volume s'est constamment dégradé dans les années 1980 : en 1987, il ne représente plus que le tiers de son niveau de 1970. Les résultats de l'année 1986 sont particulièrement médiocres en raison de la baisse du prix du pétrole : le PNB global a chuté d'un quart. En 1987, la Libye conserve tout de même la première place des pays africains pour le PNB par habitant.

L'agriculture n'emploie plus que 16 % de la population active, contre 50 % au début des années 1970. Mais elle ne contribue qu'à 2 % du PIB. Les conditions naturelles sont extrêmement défavorables puisque le désert couvre 95 % du territoire. Des dépenses très importantes ont été engagées pour développer le secteur agricole, mais les résultats ne semblent pas concluants. La production demeure centrée sur l'élevage (ovins, caprins et chameaux), bien que les cultures céréalières tentent une difficile progression. La dépendance alimentaire de la Libye est très lourde, la production ne couvrant que 20 % des besoins nationaux. Les importations de produits d'alimentation s'élèvent à 15 % des importations totales.

Le développement repose sur les ressources pétrolières. Le secteur pétrolier représente 99 % des recettes d'exportation et emploie 5 % de la population active. Les réserves prouvées s'élèvent à 2 000 millions de tonnes. Mais le pays souffre de la baisse des recettes pétrolières. En 1986, à volume constant, la valeur de la production a chuté de moitié par rapport à l'année précédente.

Des efforts ont été faits pour diversifier l'industrie traditionnellement cantonnée au secteur agro-alimentaire, au tissage et à la tannerie. Une industrie nationale de traitement des hydrocarbures a ainsi été développée, afin d'assurer au pays une certaine indépendance. Des aciéries (alimentées par les gisements nationaux) et des cimenteries ont été construites pour contribuer à l'effort d'équipement du pays : modernisation des ports, construction de routes, etc. Plusieurs projets ont dû cependant être retardés en raison de difficultés budgétaires croissantes.

La Libye est extrêmement dépendante du commerce extérieur, qui représente 45 % de son PNB. Ses principaux partenaires sont l'Italie et la RFA. Jusqu'en 1980, les États-Unis recevaient le tiers des exportations libyennes. En 1986, les relations entre les deux pays se sont dégradées et les Américains ont mis fin à tout approvisionnement en provenance de la Libye. De plus, la réduction des revenus pétroliers a amputé l'excédent de la balance commerciale, aussi la Libye a-t-elle sensiblement comprimé ses importations de biens de consommation, pour pouvoir continuer à importer des produits de base, des machines et du matériel de transport (52 % des importations totales). Il en résulte des difficultés d'approvisionnement en produits de consommation courante sur le marché national.

NIGERIA

Capitale : Lagos
Population : 98 520 000 hab.
Variation pop./an (1973-85) : 2,8 %
Superficie : 923 768 km²
PNB/habitant : 760 $
Taux de croissance/an (1973-85) : 0,3 %

Accédant à l'indépendance le 1er octobre 1960, le Nigeria se constitue en Fédération. Les États membres bénéficient d'une assez large autonomie, mais l'affrontement des ethnies distend rapidement les liens fédéraux. En 1966, un coup d'État militaire porte les Ibos au pouvoir. Ceux-ci s'emploient à centraliser le pouvoir au détriment du Nord du pays. Les Nordistes réagissent par un nouveau coup d'État et les massacres d'Ibos se multiplient. Le 30 mai 1967, les Ibos déclarent l'indépendance du Biafra. Une guerre meurtrière s'ensuivra, jusqu'à la reddition des Ibos en 1970. L'intégrité du Nigeria est finalement préservée au prix d'un million de morts. Depuis 1976, une succession de coups d'État rythme la vie politique du pays. Les civils ont gouverné pendant une courte période, mais un pouvoir militaire et autoritaire s'installe à nouveau en 1983. Le nouveau coup d'État réussi par le général Babangida en 1985 ne modifie en rien la nature du régime.

On peut diviser l'évolution économique du Nigeria en trois grandes périodes. Jusqu'à la fin des années 1960, l'économie est centrée sur l'agriculture. Puis les ressources pétrolières font du Nigeria le premier exportateur de pétrole d'Afrique. À partir de 1981, la baisse du prix du pétrole entraîne une vive récession. La chute des recettes d'exportation conduit à une réduction des importations et au gonflement de la dette extérieure. L'activité économique décline : le PNB diminue de 12,5 % en termes réels de 1981 à 1983. Les immigrés en situation illégale sont massivement expulsés en février 1983.

Le Nigeria est de loin le pays le plus peuplé d'Afrique. L'ONU estime sa population à 98 millions d'habitants, et son taux d'accroissement naturel à 3,4 % (taux de natalité : 50‰, taux de mortalité : 17‰). La population est très jeune (près de la moitié est âgée de moins de 15 ans). Elle est inégalement répartie dans l'espace, en fonction des lieux d'implantation des ethnies dominantes : Peuls au nord, Yorubas à l'est, Ibos au sud-est. La zone ouest est beaucoup moins peuplée. La population urbaine ne représente que 22 % de la population totale en 1986, mais s'accroît au rythme rapide de 8 à 10 % par an.

En 1960, l'agriculture constituait 50 % du PNB, et les trois quarts des recettes d'exportation. En 1986, elle ne représente plus que 26 % du PNB et 3 % des recettes d'exportation. L'emploi agricole occupait encore 70 % de la population active en 1981, mais seulement 50 % en 1986. Cette évolution, largement imputable au développement rapide du secteur pétrolier, a eu des effets négatifs. Autosuffisant en 1960, le Nigeria connaissait en 1980 un très faible taux de couverture des besoins alimentaires. Le cacao est la seule denrée qui soit encore largement exportée. En revanche, le pays ne parvient plus désormais à satisfaire la demande nationale d'huile de palme, alors qu'il en a été le premier producteur mondial. De même, les productions de caoutchouc et de coton sont devenues insuffisantes. Quant à l'élevage, il a été durement touché par les épidémies de 1983 qui ont tué 1,5 million de bêtes. Enfin, le déboisement pose un grave problème : seulement un cinquième du territoire est couvert de forêts, alors que le bois fournit 60 % de l'énergie de base. Le Nord du pays se trouve ainsi menacé par la progression du désert.

Depuis 1983 et le retour des militaires au pouvoir, le développement agricole a été élevé au rang de priorité nationale. Des mesures fiscales ont été prises pour relancer l'investissement, les importations ont été freinées et les prix agricoles augmentés, tandis que le gouvernement mettait en place un dispositif d'aide au retour à la terre. Les résultats ont été immédiats : la production s'est accrue de 7 % en 1984, de 10 % en 1985.

Le pétrole demeure le support du développement économique. Il contribue pour 15 % au PNB et fournit 95 % des recettes d'exportation. Membre de l'OPEP depuis 1971, le Nigeria en est le 5e producteur. Il a subi les effets du contre-choc pétrolier. Les recettes de 1986 représentent le tiers de celles de 1980. Le pays fournit principalement les États-Unis, la RFA, la France et les Pays-Bas. Il s'est doté d'importantes capacités de raffinage qui restent sous-utilisées. Outre les réserves de pétrole, le Nigeria possède les premières réserves de l'Afrique en gaz naturel. Le pays tente maintenant d'exploiter le gaz mélangé au pétrole, au lieu de le gaspiller en le brûlant à la torche. Le sous-sol est également riche de réserves de lignite, fer, uranium et charbon.

Le secteur industriel est très diversifié. Hormis le raffinage pétrolier et les aciéries, il concerne le textile, les boissons, le tabac, le savon... Les investissements publics et étrangers suppléent à l'insuffisance marquée de l'investissement privé. La production industrielle est très dépendante des fournitures étrangères, ce qui explique qu'elle ait chuté d'un tiers entre 1982 et 1985, suivant ainsi le mouvement de baisse des importations. Les efforts gouvernementaux pour promouvoir le développement d'une industrie agro-alimentaire ont connu peu de succès. Cependant ils se poursuivent et s'étendent à tous les secteurs, dans le but d'alléger la contrainte extérieure et, à terme, les investissements publics. La production énergétique nécessite encore un important effort d'investissement : les coupures d'électricité sont fréquentes. En revanche, le réseau de transport est relativement développé.

Après quelques années d'un important excédent commercial grâce aux recettes pétrolières, la balance commerciale accuse un déficit en 1981 et 1982. Une limitation massive des importations (contrôles, taxes et licences d'importation) a permis de rééquilibrer les échanges, mais elle a aussi freiné la production intérieure. Malgré les efforts de diversification, le pétrole reste pratiquement la seule source de recettes à l'exportation. Jusqu'en 1977, l'endettement du Nigeria était très faible. Mais l'ampleur des projets d'investissement puis la baisse des revenus pétroliers ont conduit le pays à alourdir sa dette extérieure. En 1986, le service de la dette représente 43 % des recettes annuelles d'exportation. Un rééchelonnement s'est révélé nécessaire. Le programme d'austérité mis en place à partir de 1983 n'épargne que l'agriculture, qui continue à bénéficier des dépenses publiques. Les autres projets d'investissement ont été remis à plus tard. L'avenir du pays reste étroitement lié au cours du pétrole, qui commande directement l'activité intérieure et le niveau des échanges commerciaux.

OMAN

Capitale : Mascate
Population : 2 000 000 hab.
Variation pop./an (1973-85) : 4,4 %
Superficie : 212 457 km²
PNB/habitant : 7 080 $
Taux de croissance/an (1973-85) : 8,1 %

En 1970, le sultan Qaboos Bin Saïd accède au pouvoir après la destitution de son père. Le sultanat d'Oman s'ouvre alors sur l'extérieur, tandis que ses ressources pétrolières lui permettent de connaître une forte croissance économique. Occupant une position stratégique déterminante (à la fermeture du détroit d'Ormuz), le pays adhère en 1981 au Conseil de Coopération du Golfe. De 1965 à 1984, le PIB par habitant a augmenté en termes réels de 6 % par an.

Le poids de l'agriculture est dérisoire : 1,8 % du PIB. Les surfaces cultivées n'occupent que 0,2 % de la superficie totale, et sont consacrées pour moitié à la production de dattes. Les autres cultures sont très variées : fruits, poivre et légumes, destinés pour l'essentiel au marché intérieur. L'irrigation est indispensable ; elle est largement subventionnée par l'État. La pêche occupe 10 % de la population active, et le nombre des prises est en augmentation, ce qui permet d'en exporter une part non négligeable. La balance commerciale de l'agriculture accuse un fort déficit, qui a tendance à s'aggraver du fait de l'augmentation de la demande intérieure.

Les hydrocarbures représentent 45 % du PIB, et fournissent 90 % des revenus de l'État. Le sultanat ne faisant pas partie de l'OPEP, la production de pétrole est en progression constante : 16 millions de tonnes en 1982, 27 millions de tonnes en 1986. Les réserves prouvées se montent à 540 millions de tonnes, ce qui assure une vingtaine d'années de production (sous réserve que celle-ci ne dépasse pas son niveau de 1986). Le Japon achète plus des deux tiers des exportations de pétrole.

Oman dispose également de ressources en gaz naturel. Les réserves sont de 170 milliards de m³. Mais la production a longtemps été exclusivement réservée à la satisfaction des besoins nationaux, et son augmentation est un fait récent. Enfin, le cuivre et le chrome représentent le tiers des exportations non pétrolières.

Les revenus pétroliers ont permis la naissance d'une industrie (cimenterie surtout), dominée par les petites et moyennes entreprises. À l'inverse des pays voisins, Oman a relativement peu développé le secteur bancaire.

Si les exportations sont principalement composées de matières premières, en revanche les machines, le matériel de transport et les biens manufacturés constituent les deux tiers des importations. Lors de la baisse des prix du pétrole en 1986, le pays augmente sa production pétrolière et comprime les dépenses publiques. Le budget reste cependant en déficit en raison de l'importance des dépenses militaires : bien qu'Oman ne soit pas en guerre, il est obligé de consacrer près de 40 % des ressources de l'État au budget de défense, afin de préserver sa position stratégique au bord du détroit d'Ormuz. Il bénéficie par ailleurs de l'aide des États attachés à la sécurité du trafic maritime dans le détroit (4 % du PNB).

QATAR

Capitale : Doha
Population : 330 000 hab.
Variation pop./an (1973-85) : 6,8 %
Superficie : 11 000 km²
PNB/habitant : 15 980 $
Taux de croissance/an (1973-85) : –2,3 %

Lié à la Grande-Bretagne depuis le milieu du XIXe siècle, le Qatar proclame son indépendance en septembre 1971. Il refuse de faire partie des Émirats Arabes Unis, mais adhère en 1981 au Conseil de Coopération du Golfe. En 1982, il conclut un accord de sécurité avec l'Arabie Saoudite. Le pays est dirigé à partir de 1972 par le cheikh Khalifa, qui mène une politique de modernisation.

En 1985, le PNB par habitant situe le Qatar au troisième rang mondial, derrière Bruneï et les Émirats Arabes Unis. Le PNB global a baissé de 2,3 % par an entre 1973 et 1985, mais la baisse du PNB par habitant a été beaucoup plus rapide (–9,4 % par an) en raison d'une très forte croissance de la population.

L'agriculture est loin d'assurer l'indépendance alimentaire du pays. Les terres cultivables ne représentent que 0,3 % du territoire, et appartiennent en totalité à l'État. Les cultures sont essentiellement légumières ; l'élevage et la pêche fournissent des ressources limitées. Les importations alimentaires représentent 13 % des importations totales. Cependant, la production se développe. Le taux de couverture s'est largement amélioré pour certaines catégories de produits (légumes et produits de l'élevage).

L'exploitation des ressources du sous-sol a permis au Qatar de s'enrichir rapidement. La production de pétrole fournit plus de 90 % des recettes d'exportation. En fonction des quotas fixés par l'OPEP, elle varie aux alentours de 16 millions de tonnes. Les réserves sont finalement assez limitées (430 millions de tonnes). Mais pour l'avenir le Qatar dispose d'importantes réserves de gaz (3 130 milliards de m³). La production a considérablement augmenté avec la découverte de nouveaux gisements. Elle procure déjà plus de 5 % des recettes d'exportation.

L'industrie s'est développée dans le secteur des hydrocarbures, en dépit des tentatives gouvernementales pour la diversifier vers les engrais ou l'ammoniaque. Le pays importe des machines, du matériel électrique, des textiles... Les recettes pétrolières ont permis de mener à bien de nombreux projets d'infrastructures. À partir de 1983, du fait de la baisse du prix du pétrole, le budget de l'État accuse un déficit. Mais le gouvernement s'attache à contrôler les dépenses budgétaires. La balance commerciale continue à dégager des surplus. Le Japon et la Grande-Bretagne restent les principaux partenaires commerciaux, suivis des pays arabes.

SYRIE

Capitale : Damas
Population : 10 610 000 hab.
Variation pop./an (1973-75) : 3,4 %
Superficie : 185 180 km²
PNB/habitant : 1 630 $
Taux de croissance/an (1973-85) : 6,3 %

En 1946, la France perd définitivement son mandat sur la Syrie. Jusqu'à l'arrivée au pouvoir du général Hafez El-Assad en 1970, le pays connaît une succession de coups d'État et de crises politiques. Désormais le régime est dominé par l'armée et le parti Baas. En octobre 1980, la Syrie signe avec l'URSS un traité d'amitié et de coopération. Poursuivant un objectif de domination régionale, la Syrie s'oppose à Israël, et occupe le Liban depuis juin 1976. Dans les années 1980, c'est grâce à l'aide soviétique que la Syrie peut poursuivre son effort militaire. Elle y consacre plus de 30 % de ses dépenses budgétaires annuelles, ce qui induit une pénurie de biens de consommation sur le marché intérieur. Après quinze années de croissance, le pays entre vers 1980 dans une phase de récession.

L'agriculture emploie 30 % de la population active, mais ne contribue que pour 20 % à la formation du PIB. Le réseau d'irrigation reste insuffisant, et les rendements sont très faibles. Second poste exportateur après le pétrole, le coton est la principale culture commerciale. Mais le déficit de la balance commerciale agricole s'accroît ; il représente 4,5 % du PNB en 1986.

La production de pétrole constitue l'essentiel de l'activité minière. Elle ne représente que 10 millions de tonnes par an, mais les réserves connues seront épuisées avant la fin du siècle. Les exportations pétrolières contribuent aux deux tiers des recettes d'exportation. Cependant, le pétrole extrait sur le territoire national étant de médiocre qualité, la Syrie doit également en acheter : ses importations de pétrole représentent plus du tiers des importations totales. Comme ces dernières sont deux fois et demie supérieures aux exportations totales, la balance commerciale du pétrole accuse en fin de compte un solde négatif. Hormis l'industrie liée au pétrole (deux grandes raffineries), le développement est axé vers le phosphate, la sidérurgie, le textile, le ciment et le raffinage du sucre. En dépit des mesures d'encouragement prises par le gouvernement, les investissements étrangers sont encore peu développés. Au milieu des années 1980, la production industrielle est en perte de vitesse.

Un déséquilibre important de la balance commerciale, et la réduction des envois de fonds des Syriens installés à l'étranger accentuent le déficit de la balance des paiements. Non compris la dette militaire vis-à-vis de l'URSS, la dette extérieure de la Syrie représente environ 20 % de son PNB. Pour s'assurer de nouvelles ressources, le gouvernement tente, jusqu'à présent sans grand succès, de relancer le tourisme.

La croissance économique est hypothéquée par l'ampleur des dépenses militaires. Or, l'entrée des troupes syriennes à Beyrouth le 2 mars 1987 semble confirmer qu'elles ne se réduiront pas à la fin des années 1980.

TRINITÉ ET TOBAGO

Capitale : Port of Spain
Population : 1 200 000 hab.
Variation pop./an (1973-85) : 1,6 %
Superficie : 5 130 km²
PNB/habitant : 6 010 $
Taux de croissance/an (1973-85) : 3,6 %

Au début du XIXe siècle, la Trinité devient colonie britannique. Annexée plus tard par la Grande-Bretagne, l'île de Tobago lui est rattachée en 1889. En 1962, les deux îles accèdent à l'indépendance, tout en demeurant dans le cadre du Commonwealth. Le pouvoir est exercé par le Gouverneur général, représentant de la Couronne britannique. Il est assisté d'un Premier ministre.

La population se compose pour 45 % de Noirs et 43 % d'Indiens, ces derniers constituant les descendants de la main-d'œuvre importée de l'Inde et du Pakistan dans la seconde moitié du XIXe siècle. Depuis 1961, le parti de la communauté noire détient la majorité à la Chambre des Représentants, les Indiens se regroupant dans l'opposition. À la fin des années 1960, la montée du chômage et les rivalités ethniques entraînent des troubles. L'opposition boycotte les élections de 1971, et les émeutes se multiplient. Les militaires américains basés à Chaguaramas doivent aider le Gouverneur à rétablir l'ordre. Au milieu des années 1980, la situation semble se stabiliser.

Les ressources respectives de la Trinité et de Tobago sont très inégales : la population est concentrée à 96 % sur le territoire de la Trinité, qui détient de surcroît la quasi-totalité des ressources géologiques et minières. La Trinité est industrielle, tandis que Tobago développe sa vocation touristique. Les deux îles constituent l'État le plus riche des Caraïbes. Si le peuplement est celui d'un pays antillais, les ressources minières et la structure de l'économie le rapprochent davantage de l'Amérique du Sud, et tout particulièrement du Venezuela (tout proche des côtes de la Trinité).

De 1970 à 1982, le PNB par habitant s'accroît d'environ 3 % en moyenne, mais son évolution est assez chaotique. En 1982, les îles entrent dans une période de récession.

Autrefois très importante, l'agriculture ne représente plus que 2 % du PIB alors qu'elle emploie 14 % de la population active. Pourtant, les sols cultivés sont nombreux (près du tiers de la superficie totale) et de bonne qualité. Mais les cultures vivrières (racines, maïs, riz, légumes), de même que l'élevage et la pêche, ne couvrent pas la totalité des besoins nationaux. Les cultures d'exportation (sucre surtout, puis café, cacao, agrumes, coprah) régressent malgré les efforts tentés pour stabiliser la production. La balance commerciale agricole est structurellement déséquilibrée. Aussi le gouvernement cherche-t-il à relancer la production agricole afin de remédier à la dépendance alimentaire vis-à-vis de l'extérieur.

L'économie repose sur l'exploitation des hydrocarbures. Les produits pétroliers représentent 45 % du PIB et 95 % des exportations. L'industrie nationale de raffinage traite la totalité du pétrole extrait (8 millions de tonnes par an). Environ 10 millions de tonnes de pétrole brut sont importés d'Arabie Saoudite, d'Indonésie et du Venezuela, afin d'utiliser à plein les capacités de raffinage (19 millions de tonnes). Dans les années 1980, la baisse du prix du pétrole constitue le facteur essentiel de la récession économique. De plus, les réserves pétrolières sont en voie d'épuisement : 80 millions de tonnes à la fin de 1987. Pour l'avenir, le gaz naturel (390 milliards de m^3 de réserves) offre un relais intéressant. La production est encore destinée au marché intérieur, mais la prospection se poursuit et les pouvoirs publics sont décidés à mettre l'accent, dans les années 1990, sur les infrastructures nécessaires à une exploitation plus intense.

Longtemps axée sur le raffinage pétrolier et la pétrochimie, l'industrie s'est diversifiée. Diverses mesures (fiscalité, aménagement de zones industrielles) ont contribué au développement du tissu industriel autour de plusieurs secteurs : ciment, textile, montage de véhicules, électro-ménager, agro-alimentaire. Répondant à une stratégie de substitution aux importations, cette diversification s'est accompagnée de mesures protectionnistes mal acceptées par les partenaires du CARICOM (communauté économique des Caraïbes, réunissant depuis 1973 Trinité et Tobago, la Jamaïque, la Guyane et la Barbade).

Les activités tertiaires sont dynamiques, et l'administration publique a accru ses effectifs grâce aux recettes budgétaires tirées des exportations de pétrole. La part du tourisme dans la formation du PIB se limite à 2 %, ce qui est très peu par rapport aux autres pays des Caraïbes. Mais l'effort d'aménagement des belles plages du sud-ouest de Tobago devrait attirer un nombre croissant de visiteurs.

Depuis le début des années 1980, la balance commerciale n'est plus en équilibre, en dépit de la contraction des importations. Le solde de la balance des paiements est lui aussi négatif, obligeant le pays à accroître son endettement extérieur. L'inflation se réduit progressivement, mais le chômage demeure un souci majeur pour le gouvernement : dans les années 1980, il concerne 20 % de la population active. De plus, la baisse structurelle des recettes pétrolières risque de mettre en péril le maintien des emplois publics. Enfin, le redéploiement industriel induit dans un premier temps une réduction des importations et un renforcement des barrières douanières, difficilement compatibles avec les engagements pris envers les pays membres du CARICOM. Tous ces éléments rendent malaisée la tâche du gouvernement, alors même que l'économie doit s'émanciper d'une dépendance trop grande à l'égard des seuls hydrocarbures.

VENEZUELA

Capitale : Caracas
Population : 17 790 000 hab.
Variation pop./an (1973-85) : 3,3 %
Superficie : 912 050 km^2
PNB/habitant : 3 110 $
Taux de croissance/an (1973-85) : 1,3 %

Depuis la chute du régime militaire en 1958, la démocratie est de plus en plus ancrée dans les mœurs politiques du Venezuela. Membre de l'OPEP, le pays tente d'avoir des relations équilibrées avec tous ses voisins, y compris Cuba, avec laquelle il a renoué des relations diplomatiques en 1974.

La population vénézuélienne croît au rythme de 3,3 % par an. Elle est jeune (50 % de moins de 20 ans) et très urbanisée (à 80 %). Le pays se caractérise par une grande inégalité de revenus.

Le secteur primaire emploie 14 % de la population active. Relativement délaissé à partir des années 1950, il est en déclin : en 1985, il ne contribue plus que pour 7 % au PIB, contre 45 % en 1955. La surface cultivée ne représente que 4 à 5 % du territoire, tandis que 15 % sont consacrés à l'élevage. Le cacao et le café constituent pratiquement les seules productions encore exportées. En 1984, le pays importait 40 % de sa consommation alimentaire. Aussi le gouvernement a-t-il décidé de mettre en place un programme de développement en faveur de l'agriculture, largement axé sur les subventions publiques. Les résultats ont été sensibles dès 1985-1986.

Le Venezuela dispose de nombreuses matières premières, et en particulier de pétrole et de gaz. Nationalisée en 1976, l'industrie pétrolière représente 20 % du PIB et surtout 95 % des recettes d'exportation. L'Amérique du Nord reçoit plus de la moitié des exportations pétrolières, l'Europe un peu moins du quart. Avec ses 12 raffineries, le Venezuela a la 1re capacité de raffinage des pays de l'OPEP. Il est le 3e producteur de l'OPEP, et le 8e du monde. Cependant, au rythme de production actuel, les réserves (3 200 millions de tonnes) seront épuisées dans 40 ans. Les réserves de gaz (1 300 milliards de m^3) devraient constituer un puissant appoint.

L'industrie emploie 23 % de la population active et contribue au PIB pour 23 %. Le secteur pétrolier fournit la moitié de la production industrielle. Le pays a profité de la faiblesse de ses coûts de production électrique pour développer la production d'aluminium. Largement exportée, celle-ci est devenue la seconde source de revenus après le pétrole. Le Venezuela importe surtout des machines, du matériel de transport et des produits chimiques. La moitié de ses échanges extérieurs se fait avec les États-Unis.

Les infrastructures de transport doivent encore être développées : si de nombreux ports ont été équipés (La Guaira, Maracaïbo...), le réseau routier ne compte que 23 000 km de routes goudronnées pour une superficie supérieure de 75 % à celle de la France.

À l'exception de 1982, le budget de l'État est habituellement équilibré. Mais l'endettement extérieur est considérable, et a été encore aggravé par la chute des revenus pétroliers et la surévaluation du bolivar jusqu'en 1983 : la dette extérieure est égale aux deux tiers du PNB. Généralement, l'excédent de la balance commerciale fait plus que compenser le déséquilibre sur les échanges de services. En 1986, cependant, la valeur des exportations baisse de plus de 40 % par rapport à l'année précédente : la balance des paiements, habituellement excédentaire, accuse un déficit. Les taux d'inflation et de chômage restent élevés, mais, dans le moyen terme, le Venezuela semble plus à même de s'adapter aux nouvelles contraintes que bien d'autres pays exportateurs de pétrole.

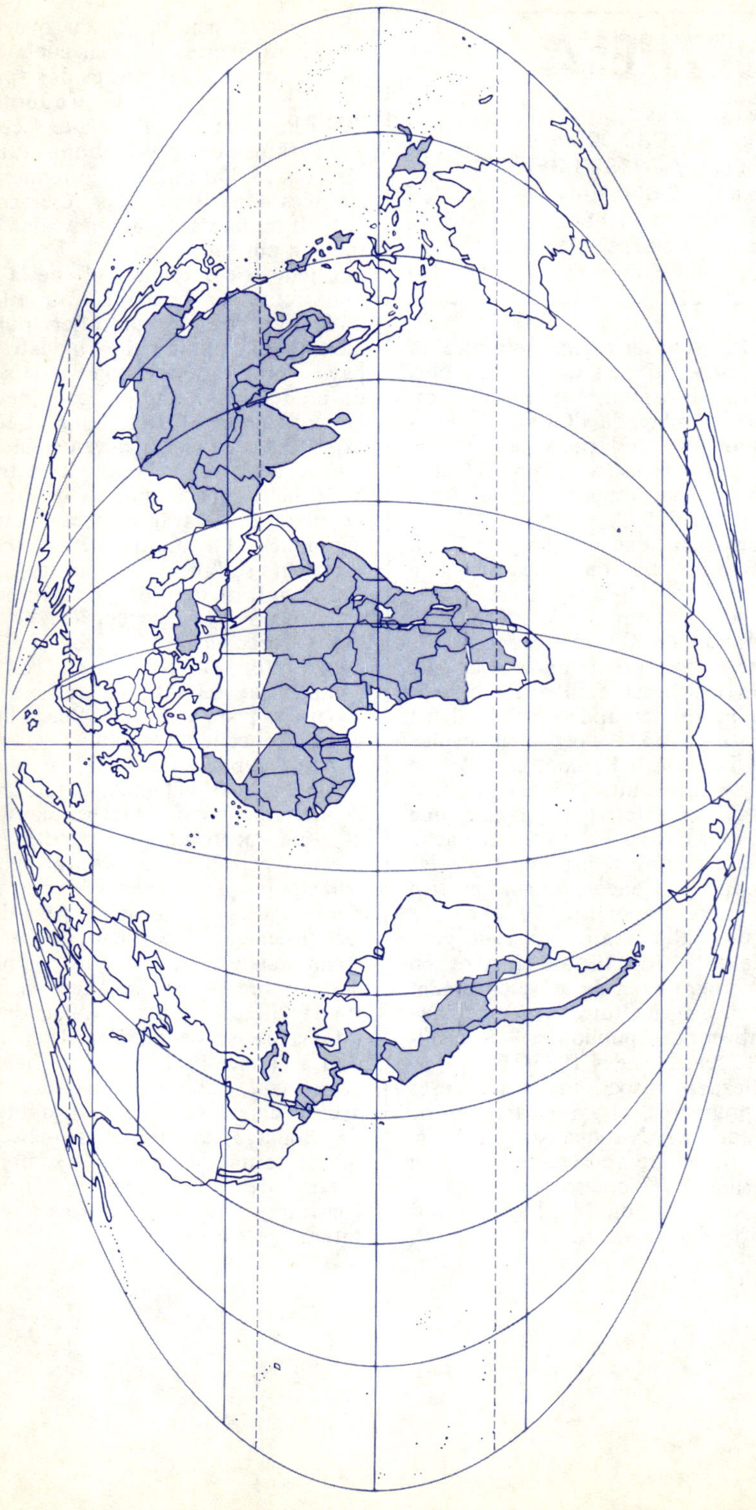

PAYS EN DÉVELOPPEMENT À FAIBLE REVENU

CHINE

F. Lemoine

Capitale : Beijing (Pékin)
Population : 1 072 220 000 hab.
Variation pop./an (1973-85) : 1,4 %
Superficie : 9 596 961 km²
PNB/habitant : 310 $
Taux de croissance/an (1973-85) : 7,0 %

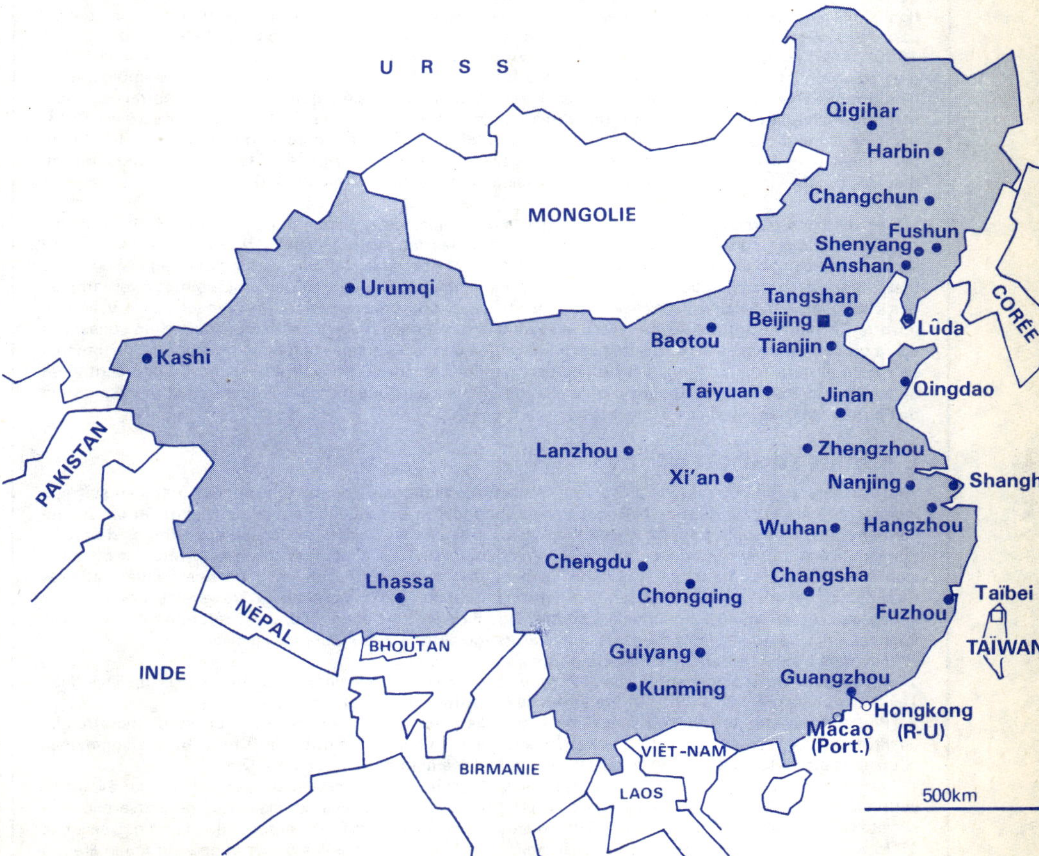

Cinq constitutions en 33 ans

Le système politique de la Chine est celui d'un pays où le Parti communiste détient le monopole du pouvoir depuis 1949. L'organisation formelle, constitutionnelle, de la vie politique a peu d'importance dans la prise de décision, dont le processus est entièrement interne au parti. Avec cette particularité qu'en Chine la Révolution culturelle, de 1966 à 1970, a « pulvérisé » le pouvoir et l'appareil du parti ainsi que celui de l'État ; l'un et l'autre se sont progressivement reconstitués dans les années 1970 et le début des années 1980 marque pour les institutions une période de stabilisation. Depuis 1949 la Chine a connu 5 constitutions (1949, 1954, 1975, 1978, 1982), le Parti communiste chinois 5 statuts (1956, 1969, 1977, 1982). Le système se caractérise aussi par l'existence de deux hiérarchies parallèles, celle de l'administration d'État et celle du Parti et par la forte coalescence des deux, grâce à la double appartenance des dirigeants, membres des instances de l'un comme de l'autre (au niveau local comme au niveau central). Cependant les options maoïstes (« la politique aux commandes ») ont donné au rôle du Parti une extension sur laquelle tentent de revenir les réformes entreprises depuis 1979. Celles-ci visent à mettre fin à la confusion des pouvoirs, notamment dans le domaine économique. Rappelons ainsi que les communes populaires, qui ont été le mode d'organisation des campagnes chinoises de 1958 à 1982, cumulaient les fonctions politiques, administratives, économiques, et que les entreprises étaient depuis la Révolution culturelle dirigées par un comité révolutionnaire (composé des représentants des masses, du parti, de l'armée). Circonscrire l'action du parti à la sphère idéologique et politique, créer un système juridique qui règle les relations entre l'État et la société, ont été les marques de la politique menée par les successeurs de Mao Zedong depuis 1979.

Le plus grand parti du monde

Ses 40 millions de membres en font le plus grand parti communiste du monde. La base (cellules de quartiers, de villages, d'usines) soutient une organisation pyramidale qui suit les divisions de l'administration territoriale du pays (mais l'Armée Populaire de Libération a sa propre organisation de membres du parti). Le Congrès National est en principe élu tous les cinq ans (mais il n'y a pas eu d'élection de 1956 à 1969) par les congrès provinciaux ; il compte plus de 1 500 représentants et n'est guère qu'une chambre d'enregistrement ; il élit la plus haute instance du parti, le Comité central (environ 200 membres) dont l'importance effective dans la prise de décision est variable selon les époques ; le Comité central désigne à son tour d'une part, un secrétariat d'une dizaine de membres qui, aboli en 1966 mais restauré en 1979, est l'instance d'organisation et de coordination ; d'autre part, un bureau politique dont le comité permanent (une demi-douzaine de personnes) est le lieu de décision ultime. L'appareil central comporte d'autres organes importants comme la commission centrale de contrôle de la discipline et la commission militaire.

Les relations personnelles (nées de l'origine provinciale, de la formation ou de l'expérience) et les options politiques conduisent à la formation de groupes au sein de l'élite dirigeante. La vie du parti communiste chinois est ainsi rythmée par des conflits qui prennent un tour plus ou moins aigu selon qu'ils mettent aux prises des factions cohérentes et permanentes regroupées sur des programmes alternatifs ou des coalitions temporaires, formées à propos de questions précises. Dans le premier cas il y a crise ouverte (révolution culturelle), mais dans le second la divergence d'opinions n'empêche pas un consensus sur la procédure de prise en décision dans le Parti. Ces dernières années le fonctionnement du Parti tend à se « normaliser » comme l'indiquent d'une part le déplacement du pouvoir au sein du Comité central en faveur du secrétariat et des tâches d'organisation, d'autre part une baisse très nette de la représentation de l'armée dans les instances dirigeantes.

L'administration d'État

L'organe suprême du pouvoir d'État est l'Assemblée Nationale Populaire, élue pour 5 ans au suffrage indirect. Elle élit le président de la République, aux fonctions essentiellement protocolaires, et un Comité permanent qui exerce le pouvoir législatif entre les sessions annuelles. Le Conseil des Affaires d'État (le gouvernement) détient le pouvoir exécutif ; il se compose d'une cinquantaine de ministères et commissions, auxquels s'ajoutent une vingtaine de bureaux ; outre ses fonctions générales (justice, affaires étrangères, sécurité...) l'État assure en effet la direction de l'économie à travers ses organismes spécialisés, qu'ils soient fonctionnels (commissions du plan, de l'économie, de la réforme, ministère des finances...) ou sectoriels (ministères de l'agriculture, du pétrole, des industries chimiques...).

L'administration territoriale comporte plusieurs échelons :

1) Un niveau régional constitué par 22 provinces, trois municipalités autonomes (Pékin, Shanghai, Tientsin) et cinq régions autonomes (peuplées de minorités ethniques).

2) Plusieurs niveaux locaux : les municipalités et districts urbains (environ 600) et les districts ruraux (environ 2 000), ces derniers étant eux-mêmes divisés en cantons. Entre 1979 et 1983 les communes populaires dissoutes ont en effet laissé place au rétablissement des cantons (84 000).

Le fonctionnement des institutions provinciales et locales a été durablement perturbé par la révolution culturelle. De 1964 à 1981 il n'y a pas eu d'élections aux assemblées populaires et les gouvernements ont été remplacés par des comités révolutionnaires (dominés par des représentants de l'armée). Une loi de 1979 a rétabli, à chaque échelon, une assemblée populaire élue (tous les 5 ans et au suffrage indirect à l'échelon provincial, tous les 3 ans à l'échelon local), désignant un gouvernement. La structure de ces gouvernements est le reflet, simplifié au fur et à mesure que l'on descend dans la hiérarchie, de celle du gouvernement central. Aux différents échelons les organes de l'administration relèvent à la fois du gouvernement local correspondant et de l'administration centrale.

Tentatives de modernisation avant 1949

La Chine n'a pas connu de modernisation économique au XIXe siècle, ni dans la première moitié du XXe siècle. C'est pour elle au contraire une période de déclin marquée par l'affaiblissement de l'État, les désordres sociaux et la pénétration étrangère. L'influence étrangère provoque certes des tentatives de modernisation et un capitalisme chinois éclot dans les villes côtières (Shanghai, Canton) et le long des voies de communication (fleuves et chemins de fer en construction). Il connaît son âge d'or dans les années 1920 mais il reste circonscrit à quelques îlots dans un monde préindustriel ; l'économie moderne ne se diffuse pas au monde rural où sévissent famines et révoltes endémiques. De 1927 à 1937 le pays connaît la guerre civile (entre le Parti communiste et le guomintang), puis l'invasion japonaise de 1937 à 1945 ; la lutte entre nationalistes et communistes reprend en 1947 et s'achève en 1949 par la victoire du Parti communiste chinois qui proclame la République Populaire de Chine le 1er octobre 1949.

Figure 1 :
Taux de croissance moyen annuel

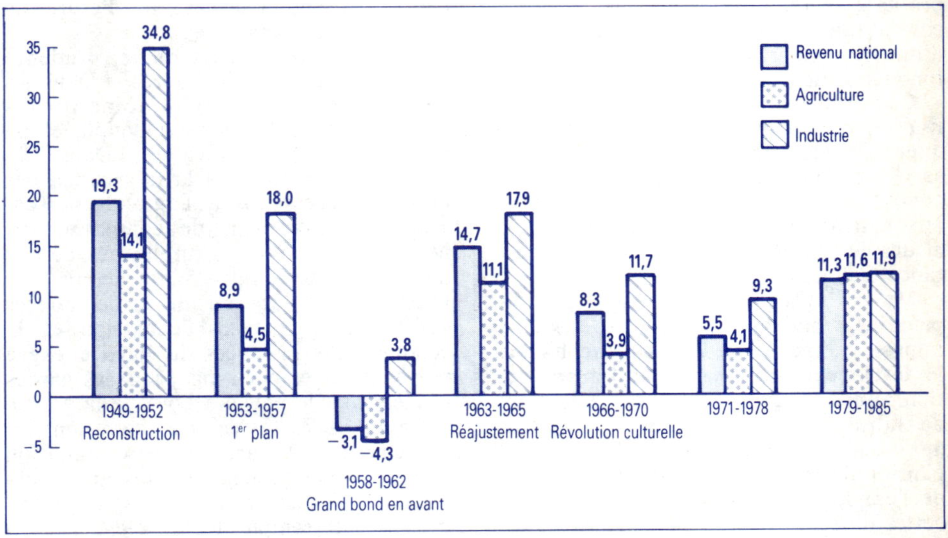

Source : Bureau d'état des statistiques, Pékin.

Le modèle soviétique (1949-1957)

Un des principaux atouts du nouveau gouvernement réside dans l'unité du pays enfin rétablie. En juin 1950 il édicte une réforme agraire qui élimine la classe des propriétaires fonciers et assure une distribution égalitaire des terres (près de la moitié de la superficie cultivée change de mains), et à une loi sur le mariage qui émancipe les femmes. Sa priorité immédiate consiste aussi à maîtriser l'hyperinflation et à restaurer l'économie dévastée par la guerre. Grâce à une politique de coopération avec la bourgeoisie, la reconstruction de l'économie est achevée dès 1952 (les productions ont retrouvé leur niveau d'avant-guerre). Les dirigeants chinois engagent alors l'économie sur la voie toute tracée par l'Union soviétique. Premier État communiste, ayant concilié révolution et modernisation économique, l'URSS fournit à la Chine un modèle de stratégie industrielle et d'organisation de l'économie ainsi d'ailleurs qu'une aide financière et technique substantielle. En effet la tension des relations internationales, qui culmine lors de la guerre de Corée (1950-1952), a renforcé les liens entre les deux pays qui ont signé en février 1950 un traité d'alliance et d'assistance mutuelle.

À partir de 1952 l'État étend son emprise sur l'ensemble de l'économie : en 1953 il s'assure le monopole des principaux produits agricoles, impose aux paysans un système de livraisons obligatoires à prix fixes, décide la collectivisation des terres que Mao Zedong précipite en 1955. En 1955 aussi, il accélère la nationalisation des entreprises industrielles et commerciales. Une administration économique centralisée est mise en place qui comporte notamment une commission de planification, des ministères spécialisés par secteurs qui prennent la tutelle des entreprises ; celles-ci ont une autonomie réduite, une activité régie par le plan que leur assigne la hiérarchie administrative qui fixe les prix et répartit les produits ; elles versent la quasi-totalité de leurs profits au budget de l'État dont elles reçoivent en contrepartie des subventions d'investissement et le cas échéant de fonctionnement.

Conformément au schéma d'industrialisation suivi par l'URSS, le plan quinquennal 1953-1957 donne la priorité aux secteurs « lourds » de l'industrie. L'URSS contribue à la réalisation des grands projets industriels en fournissant des plans et des équipements à crédit, et une assistance technique.

Malgré la croissance économique rapide, le premier plan s'achève sur une impasse : l'inertie de l'agriculture bloque le développement d'ensemble. La production alimentaire dépasse à peine le seuil de subsistance. La faiblesse des surplus agricoles commercialisables limite l'expansion de la population urbaine, et donc de l'emploi industriel, et plafonne les recettes d'exportation et donc les capacités de paiements extérieurs. La priorité en faveur des industries lourdes se révèle trop coûteuse en capital.

Variantes maoïstes (1958-1978)

Lancé par Mao Zedong en 1958 le « grand bond en avant » tente de briser les contraintes économiques et sociales, et de trouver un raccourci sur la voie du développement. La mobilisation des masses, l'émancipation des esprits à l'égard de tous modèles doit permettre à la Chine de pallier la pénurie de capital, de développer simultanément agriculture et industrie, de rattraper l'Angleterre en 15 ans. Les communes populaires, qui regroupent à partir de 1958 les coopératives rurales récemment créées, forment le cadre où s'organisent des armées de travailleurs pour les grands travaux (irrigation, routes...), où prolifèrent les industries rurales (notamment les petites aciéries), où s'expérimente une socialisation poussée du mode de vie. Après quelques mois d'exaltation en 1958, le grand bond se conclut par un désastre : les récoltes s'effondrent (en 1962 la production des céréales est inférieure de 20 % à celle de 1957) plongeant la Chine dans une grave crise économique. La rupture avec l'URSS, qui retire son aide technique en 1960, aggrave encore la situation. On estime qu'entre 1959 et 1962 10 à 15 millions de personnes sont victimes de la famine et que le coût démographique total (y compris le déclin de natalité) du désastre économique est de l'ordre de 60 millions de personnes.

Une politique économique prudente fait suite aux « années noires ». Dans les campagnes le fonctionnement des communes populaires est assoupli, et on rétablit les lopins individuels. Dans l'industrie la priorité va à la fabrication des produits nécessaires à l'agriculture (engrais), et aux biens de consommation. Mais la révolution culturelle qui débute en 1965 interrompt l'élan acquis par l'économie chinoise au milieu des années 1960. La lutte pour l'épuration et la conquête des instances du Parti engagée par Mao et ses partisans (dont les gardes rouges) met le pays au bord de la guerre civile en 1967. Les campagnes restent relativement à l'écart de cette agitation dont les répercussions les plus graves résident finalement dans le gaspillage humain : interrompu depuis 1966 l'enseignement supérieur ne reprend, et très progressivement, qu'à partir de 1970. Près d'une génération d'étudiants aura ainsi fait défaut au pays qui manquait déjà de cadres, d'ingénieurs, de spécialistes de bon niveau. Par ailleurs, l'accent mis sur l'autosuffisance locale, la réduction du rôle de la planification centrale, et le rejet des critères de rationalité économique dans la gestion des entreprises (« plutôt rouge qu'expert »), marquent durablement le système économique.

De 1970 à 1977 les convulsions politiques perdent de leur violence mais dans la politique économique coexistent des mesures pragmatiques (en faveur d'une gestion stricte des entreprises, d'importations d'équipements) et la réaffirmation d'idéaux révolutionnaires (égalitarisme, émulation morale, etc.). Après la mort de Mao en septembre 1976, la lutte pour la succession élimine les maoïstes du pouvoir (la bande des quatre est arrêtée fin 1976 et Hua Guo Feng évincé en 1980).

Dès la fin de 1978 (au 3e plénum du Comité central du Parti) s'amorce la « démaoïsation » de l'économie : on dénonce la stratégie suivie depuis vingt ans, la stagnation du niveau de vie, l'anarchie de la gestion des entreprises, le gaspillage des ressources, etc.

Changement de cap (1979-1987)

À partir de 1979 la nouvelle politique économique fait sentir ses effets.

Dans l'agriculture s'opère une véritable révolution silencieuse : de 1979 à 1983 les communes populaires sont progressivement démantelées et laissent place à un mode d'exploitation familiale des terres ; celles-ci restent propriété collective mais sont cédées à bail aux paysans (baux de 15 ans). À partir de 1983 l'État libéralise le commerce des produits agricoles : il met fin à son monopole des produits essentiels, puis (en 1985) au système de livraisons obligatoires à prix fixes qui était imposé aux paysans depuis le début des années 1950. Ces derniers négocient désormais des contrats de vente avec l'État ou bien écoulent leurs produits sur les marchés libres. Ces nouvelles conditions d'activité jointes au relèvement des prix, à la production et aux incitations en faveur de la spécialisation des exploitations, ont donné une vigoureuse impulsion à la productivité du travail : ceci constitue un retournement de tendance spectaculaire. En effet de 1957 à 1977 la croissance des productions avait reposé sur une amélioration des rendements à l'hectare mais s'accompagnait d'une baisse de la production par travailleur. Entre 1978 et 1984 l'ensemble de la production agricole augmente davantage qu'au cours des 20 années antérieures.

Le mode d'organisation et de gestion du reste de l'économie est la cible de réformes de plus en plus radicales dans leur conception. Vingt ans d'instabilité politique ont laissé l'économie chinoise dans un état de semi-anarchie-semi-planification. Aussi dans un premier temps (à partir de 1979) des mesures sont prises pour rationaliser et dynamiser la gestion des entreprises publiques : elles sont autorisées à conserver une partie de leur profit pour investir et distribuer des suppléments de salaires et à commercialiser librement la partie de la production dépassant le plan. En même temps le gouvernement libère les initiatives privées et stimule l'activité des entreprises coopératives qui constituent désormais la sphère la plus dynamique de l'économie chinoise. À partir de 1984 les réformes visent non plus la seule gestion des entreprises mais l'ensemble du système économique, et préconisent de substituer à la planification centralisée et impérative une combinaison du plan et du marché. La décision du Comité central du Parti, d'octobre 1984, prévoit une planification impérative réduite au minimum, l'utilisation d'instruments indirects de régulation macro-économique (prix, fiscalité, taux d'intérêt, l'extension des mécanismes de marché. Mais la mise en œuvre de ces réformes se révèle malaisée : dans une économie jusque-là « administrée » sur le modèle importé d'URSS, le desserrement des contrôles centraux laisse libre cours à une explosion de la demande qui excède les capacités de production du pays. Les réformes analogues introduites en Hongrie ont déjà montré qu'en réduisant le champ des plans impératifs on ne suscite pas automatiquement d'autres mécanismes de régulation. Les entreprises conservent leur penchant à maximiser leurs productions à tout prix et à surinvestir, car les sanctions financières demeurent théoriques. Ainsi l'application de la loi sur les faillites, adoptée fin 1986, ne peut être systématique dans un pays où 15 % des entreprises publiques fonctionnent à perte. L'inertie des comportements trouve un terrain particulièrement favorable dans le sous-emploi et la pénurie : au jour le jour, la création d'emplois s'impose comme un impératif social et politique majeur ; par ailleurs la rareté des produits émousse sérieusement la concurrence, qui ne joue guère ni sur les prix ni sur la qualité. Les banques auxquelles les réformes ont confié un rôle actif dans le financement des investissements, notamment dans le soutien des petites entreprises, continuent souvent à opérer comme des guichets-distributeurs de fonds : faute de préparation et d'outils pour sélectionner les projets, elles ne résistent pas aux demandes pressantes de prêts, et les pressions inflationnistes imposent un retour périodique à des mesures de centralisation.

L'ouverture aux techniques et aux capitaux étrangers est une des composantes de la nouvelle stratégie. En juillet 1979, le gouvernement a autorisé les investissements directs de sociétés étrangères sur son territoire, comptant ainsi acquérir et assimiler les techniques modernes de production et de gestion. Pour attirer les investisseurs, il a également créé quatre « zones franches » sur la façade maritime du pays (dont deux près de Hong Kong) où les sociétés jouissent d'avantages fiscaux et sont exemptées de droits de douanes. En 1984 il a aussi autorisé quatorze villes côtières (dont Pékin et Shanghai) à accorder des conditions privilégiées aux investisseurs étrangers.

L'administration du commerce extérieur a elle aussi été soumise à des réformes qui ont dynamisé l'exportation : intéressement des entreprises aux revenus en devises, multiplication et diversification des corporations de commerce extérieur. De fait, de 1979 à 1984 la Chine a réussi une remarquable percée dans le commerce international (passant du 36e au 18e rang des exportateurs mondiaux).

Après avoir été très sélective la politique d'importation de la Chine a cédé sous la pression de la demande interne créant en 1985 et 1986 un important déficit commercial (14 et 12 milliards de dollars). Membre du FMI et de la Banque Mondiale depuis 1980 et de la Banque asiatique de développement depuis 1986, la Chine est devenue un acteur à part entière sur la scène économique internationale.

Un bilan mitigé

Instable mais rapide, la croissance de l'économie chinoise a porté la Chine aux premiers rangs mondiaux pour nombre de productions agricoles et industrielles ; malgré le doublement de la population depuis 1949 (de 540 millions à 1,035 milliard), des progrès considérables ont été accomplis dans le domaine de la santé (l'espérance de vie est une des plus élevées du Tiers Monde, 67 ans) et de l'éducation (70 % des adultes savent lire). Néanmoins les comparaisons internationales concourrent encore dans l'ensemble à la placer parmi les pays les plus pauvres du monde, à un niveau de développement intermédiaire entre celui de l'Inde et ceux des pays d'Asie du Sud (Indonésie, Philippines), et donc très largement en retrait de celui des nouveaux pays industriels de la région (Corée du Sud, Taiwan). Certes le PNB (300 $ par tête en 1986) est un indicateur particulièrement sujet à caution pour un pays comme la Chine dont le système spécifique de prix internes rend les comparaisons en termes monétaires peu fiables. Mais la place qu'y tient encore l'agriculture (qui emploie 70 % de la population active) comme le niveau des productions industrielles par habitant confirment cette position. L'effort d'industrialisation soutenu dans les secteurs lourds depuis 1949 et que double depuis 1979 l'essor de branches plus « modernes » (automobiles, radio, téléviseurs) conduit à des niveaux de production par tête nettement supérieurs à ceux de l'Inde, mais très faibles si on les compare aux niveaux atteints dans les pays d'Asie du Sud-Est qui ont développé leurs productions manufacturières dans le cadre d'opérations internationales de sous-traitance et d'assemblage (Indonésie, Malaisie). La généralisation de l'enseignement primaire contraste avec le sacrifice de l'enseignement supérieur (la Chine a relativement 10 fois moins d'étudiants que l'Inde) qui est un de ses plus sérieux handicaps dans sa course à la modernisation.

Ainsi les transformations structurelles et les progrès qualitatifs qui signalent le véritable décollage d'une économie sont encore à venir et s'inscrivent au programme de la Chine d'ici l'an 2000. Les dimensions du pays rendent considérables les difficultés et les enjeux de cette stratégie de modernisation.

Perspectives démographiques

Ce n'est pas avant le début des années 1970 que la Chine a adopté une politique durable de contrôle des naissances. La forte natalité qui a prévalu jusqu'à la fin des années 1960 confronte les dirigeants actuels à une arrivée massive de générations en âge de travailler et de fonder une famille. Conscients des obstacles que pose cette croissance démographique à la modernisation économique, les dirigeants ont renforcé depuis 1978 le contrôle des naissances : ils tentent depuis 1980 de généraliser « l'enfant unique », afin de limiter à environ 1,2 milliard la population chinoise en l'an 2000. L'objectif est difficile à tenir puisqu'en 1981 plus de la moitié des naissances étaient celles d'un deuxième ou troisième enfant ! Pourtant, l'accroissement naturel de la population marque un net ralentissement : il est actuellement d'environ 1,1 % par an, près de deux fois moins élevé qu'il n'a été en moyenne de 1949 à 1978. Le taux de natalité, qui a diminué de moitié en 20 ans (de 35 % à 18 %), et le taux de mortalité (8 %) sont relativement faibles pour un pays parvenu à ce niveau de développement. À l'horizon 2000, la politique démographique actuelle conduit à une chute de l'effectif scolaire (– 22 millions), d'où un allégement des charges du système éducatif qui devrait y gagner en qualité. Il faut aussi s'attendre à un vieillissement de la population, ce qui, compte tenu de l'évolution des structures familiales, appellera sans doute la mise en place d'un système de soutien social.

Figure 2 : Pyramide des âges au 1er juillet 1982

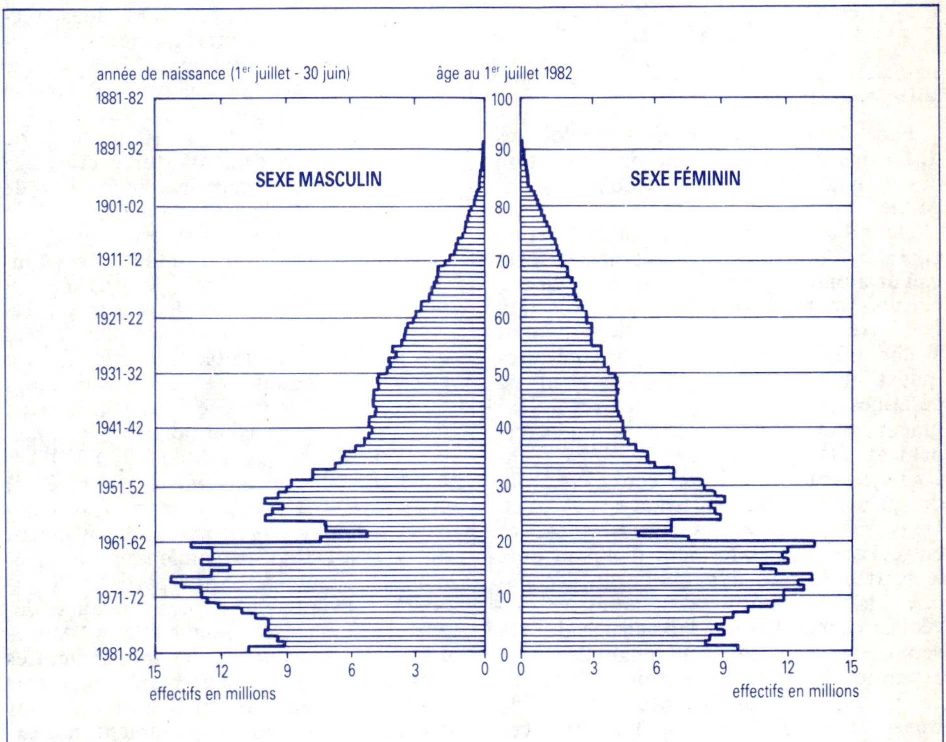

Emploi : le raz de marée

Les effectifs qui arrivent en âge de travailler posent un problème d'emploi particulièrement aigu, jusqu'à la fin du siècle. Dans les années 1980 la population d'âge actif augmente de 13 millions par an, dans les années 1990 encore de 9 millions par an (soit plus de 200 millions en tout). À ce raz de marée démographique s'ajoutent les effets de l'exode rural désormais en cours. Jusqu'en 1978 l'État a interdit l'émigration vers les villes, et le secteur rural a absorbé plus de la moitié de l'accroissement de la main-d'œuvre (140 millions sur 220), au prix d'un net déclin de la productivité du travail agricole. Or, la nouvelle politique à l'égard des zones rurales libéralise l'émigration paysanne vers les bourgs et petites villes qui, selon des prévisions officielles chinoises, devront absorber, d'ici l'an 2000, 150 millions de travailleurs, actuellement sous-employés dans l'agriculture. La part de la population active occupée dans ce secteur devrait diminuer de moitié d'ici l'an 2000.

Figure 3 :
Perspectives de l'emploi en Chine

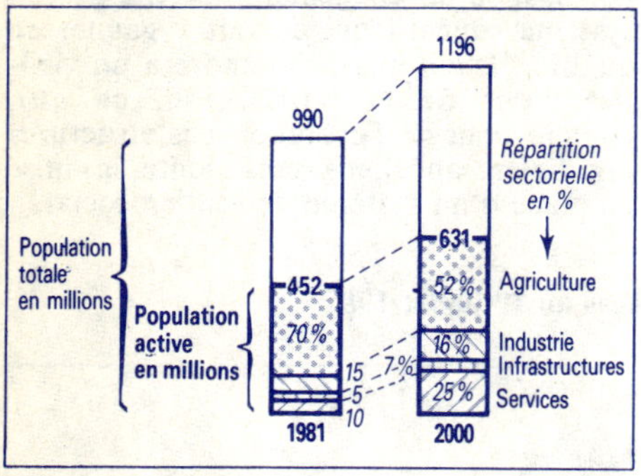

Source : Banque Mondiale.

Face à cet impératif de l'emploi, les dirigeants optent pour une diversification des activités tant à la ville qu'à la campagne.

Dans l'agriculture, cette diversification consiste à développer les activités à forte valeur ajoutée (petit élevage, pisciculture, cultures maraîchères) et la spécialisation des terres ; cette dernière a déjà conduit à une très forte expansion des cultures industrielles (coton, soie, tabac), et de certaines productions alimentaires (oléagineux, sucre, thé). Désormais, le gouvernement doit prendre des mesures d'encouragement aux cultures céréalières afin de préserver l'autosuffisance du pays. Dans les bourgs et les petites villes, les entreprises rurales forment d'ores et déjà le secteur le plus dynamique de l'économie : la libéralisation des initiatives privées et coopératives et l'expansion des revenus des paysans ont engendré une expansion sans équivalent de l'artisanat, de la petite industrie, des services de transport et de commerce. En 1986, ces activités rurales non agricoles occupaient plus de 20 % de la main-d'œuvre ; une profonde transformation de la physionomie des campagnes chinoises est ainsi en cours.

Dans l'économie urbaine, on encourage aussi l'élargissement de la palette d'activités, et notamment de celles qui créent beaucoup d'emplois pour peu d'investissement en capital. À cet égard, le secteur tertiaire, longtemps négligé et sous-développé en Chine, est exemplaire ; il devrait représenter, en l'an 2000, 25 % du PNB (contre 20 % actuellement). L'afflux de main-d'œuvre joue aussi en faveur de la croissance accélérée des industries textiles, agro-alimentaires, du bâtiment, de l'artisanat. Dans l'industrie urbaine, les entreprises coopératives, grâce à leur gestion plus flexible, font preuve de beaucoup plus de vitalité que les entreprises d'État.

Une infrastructure déficiente

La pression de l'emploi impose à la Chine une croissance économique rapide (les prévisions officielles tablent sur un taux de 7 à 8 % en moyenne jusqu'à la fin du siècle), qui doit s'accompagner de changements structurels. Or, deux secteurs font goulot d'étranglement : les infrastructures et l'énergie. L'un comme l'autre bénéficient d'une priorité dans la politique d'investissement de l'État.

L'immensité du pays (10 millions de km^2), les cloisonnements qui y créent le relief, les fortes inégalités régionales de développement, l'accent mis pendant la période maoïste sur l'autosuffisance locale font de la Chine un monde économique faiblement intégré. Rapportée au nombre d'habitants, la longueur du réseau de transport est un des plus faibles du monde. L'ensemble du système est engorgé, archaïque, et l'accélération des échanges intérieurs liée à la politique de modernisation est conditionnée par l'amélioration du réseau routier (900 000 km mais 180 000 km seulement sont revêtus) et ferroviaire (50 000 km dont 1/6 seulement à double voie), par l'accroissement de la production de camions et de locomotives diesel (80 % du parc est à vapeur). L'aviation civile connaît aussi depuis 1979 un essor spectaculaire. Autres directions prioritaires : les infrastructures portuaires qui, par leur capacité et leur équipement insuffisants, entravent les échanges extérieurs (notamment les exportations de charbon). On sait que le port de Hong Kong a une capacité sept fois plus grande que tous les ports chinois réunis. La Chine a aussi entrepris de rattraper son retard dans le domaine des télécommunications : l'équipement en téléphone devrait passer de 2 pour mille en 1985 à un 3 pour cent d'habitants en l'an 2000.

Pour remédier à l'inadaptation des productions chinoises dans la plupart de ces secteurs, le gouvernement doit importer les techniques de fabrication et l'essentiel des équipements : centraux et lignes téléphoniques, locomotives, avions...

La pénurie énergétique

La Chine est dans une situation énergétique tendue : pour gagner des devises elle exporte du pétrole et du charbon, mais au prix d'une pénurie intérieure qui cause une sous-utilisation de ses capacités de production industrielle. Or, la modernisation de l'économie ne peut qu'engendrer une montée de la demande d'énergie même si des économies importantes sont possibles. Le développement des industries chimiques indispensables pour l'économie du pays (engrais, textiles synthétiques), l'essor des transports, l'amélioration du niveau de vie de la population tendent à accroître la consommation d'énergie. D'un autre côté, la marge d'économie dans l'utilisation de l'énergie est considérable puisque actuellement la Chine, avec un PNB six fois moindre que celui du Japon, consomme à peu près autant d'énergie ; une situation qui est liée tant à la vétusté de nombreux équipements dont le rendement énergétique est faible qu'à une politique de prix trop bas pour l'énergie, n'incitant pas à une utilisation rationnelle.

La rénovation progressive des équipements industriels, les revalorisations des produits énergétiques décidées par le gouvernement devraient à l'avenir rendre la croissance économique chinoise moins vorace en énergie et préserver l'équilibre énergétique du pays face à des perspectives de production incertaines. Certes, la production de charbon devrait atteindre 1,3 milliard de tonnes en l'an 2000 (+ 70 % par rapport à 1984) grâce notamment à la coopération financière internationale (celle du Japon et de la Banque Mondiale). Mais à l'inverse, la production pétrolière risque de plafonner rapidement, si de nouveaux gisements ne sont pas découverts. L'exploration des réserves pétrolières de la mer de Chine, concédée depuis 1979 à de grandes sociétés internationales, n'a pas donné de résultats spectaculaires et la dépression du marché mondial du pétrole au milieu des années 1980 freine les opérations internationales d'investissement dans ce secteur. Par ailleurs, la Chine dispose d'un énorme potentiel hydroélectrique, mais dont l'exploitation exige des investissements très élevés.

Le retard technologique

La politique maoïste a implanté dans les campagnes les « cinq petites industries » (fabrication d'acier, de ciment, d'engrais, de petit matériel agricole, d'hydroélectricité) et ainsi délibérément accentué le dualisme des structures industrielles qui fait coexister des ateliers utilisant des techniques simples (et beaucoup de main-d'œuvre), et des usines modernes, souvent importées. La prolifération de petites unités de production s'est faite au détriment des performances économiques et techniques d'ensemble elle explique en partie la médiocre qualité des produits, les consommations excessives d'énergie et les coûts de production élevés. Leur rôle doit cependant être apprécié dans un contexte plus large : celui d'un pays où elles permettent d'éluder des difficultés considérables de transport et un rationnement administratif rigide. D'ailleurs, la politique actuelle donne un nouveau souffle au développement des activités industrielles et agricoles, dans un cadre institutionnel différent qui fait essentiellement appel aux initiatives et à l'épargne individuelles.

Le dualisme industriel apparaît ainsi comme une des caractéristiques durables de l'économie chinoise, liée à la nécessité de créer des emplois non agricoles. Mais d'autres facteurs concourrent à la médiocre efficacité dans l'utilisation des ressources : le retard technologique et les défauts d'organisation de la majorité des entreprises industrielles.

L'équipement technique des entreprises chinoises est largement issu des machines et des modèles fournis par les Soviétiques dans les années 1950. Malgré des importations ponctuelles de matériels occidentaux dans les années 1960 et 1970, leur niveau technologique a, en moyenne, 20 à 30 ans de retard par rapport aux standards occidentaux ; ce retard est particulièrement manifeste dans les secteurs qui font la 3e révolution industrielle (électronique, télécommunication).

Pour accélérer la modernisation de cet appareil industriel les dirigeants, à partir de 1979, ont décidé de développer l'importation de technologies et d'équipements occidentaux, mais en privilégiant la rénovation des entreprises existantes plutôt que la création de nouvelles unités de production. Bien entendu, le succès de cette politique dépendra des capacités d'assimilation du pays – lesquelles sont handicapées par le manque d'ingénieurs et de techniciens – et des mécanismes de diffusion des progrès techniques à travers l'ensemble du pays.

Le mode d'organisation et de gestion des entreprises est, de l'aveu même des Chinois, au moins aussi archaïque que leur niveau technologique. Manque de coordination et cloisonnements caractérisent l'administration de l'industrie. Chaque ministère sectoriel tend à s'ériger en bureaucratie autonome, « autosuffisante », à intégrer les productions amont qui lui sont nécessaires (équipements, produits intermédiaires) afin de se garantir un approvisionnement adéquat que la pénurie et les déficiences de la planification rendent incertain. Les entreprises adoptent un comportement analogue, qui se traduit par une très faible spécialisation dans le secteur des constructions mécaniques notamment, et entrave la standardisation des équipements, la diffusion des améliorations technologiques ; ainsi il n'y a guère en Chine d'atelier de fabrication à la chaîne.

Autres manifestations de la mauvaise utilisation des ressources : la coexistence dans bien des secteurs de stocks importants et de pénuries (en raison de l'inadaptation qualitative de l'offre à la demande), et la tendance des entreprises à surinvestir sans se soucier de la rentabilité de leurs investissements.

Les réformes de gestion et de planification introduites depuis 1979 visent à améliorer l'efficacité de l'utilisation des ressources mais se heurtent à l'inertie des comportements tant des entreprises que de la bureaucratie.

L'ouverture et ses limites

La stratégie d'ouverture adoptée par les successeurs de Mao vise à concilier les objectifs traditionnels de substitution des produits nationaux aux importations, et une politique tournée vers l'exportation. Elle a rencontré d'incontestables succès. L'accélération de la croissance économique sous l'effet des réformes internes s'est accompagnée d'un progrès rapide de la Chine dans le commerce international.

Cette montée est allée de pair avec une concentration croissante de ses échanges dans la région Asie-Pacifique au profit principalement des deux grandes puissances économiques, les États-Unis et le Japon. Le dynamisme de ses exportations, qui lui a assuré jusqu'en 1984 un équilibre extérieur global, s'appuie sur quatre facteurs : le deuxième choc pétrolier et la compétitivité de ses industries textiles, l'ouverture du marché américain et d'étroites connexions avec Hong Kong qui joue un rôle d'intermédiaire entre la Chine et le reste du monde. Mais ses gains semblent actuellement plafonner et les déficits commerciaux importants de 1985 et 1986 soulignent les faiblesses de son mode d'insertion dans l'économie mondiale.

Figure 4 :
Géographie du commerce extérieur de la Chine (1985)

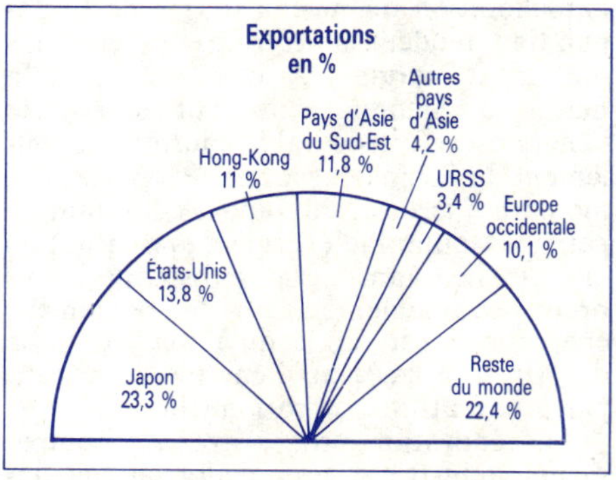

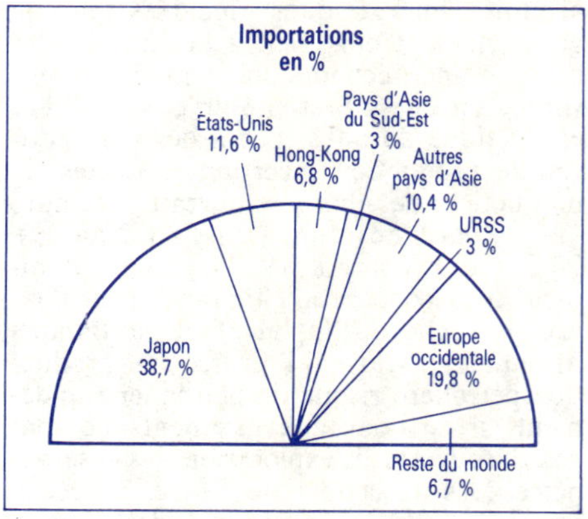

La baisse des prix du pétrole (26 % des exportations chinoises en 1985), le plafonnement des débouchés internationaux pour les produits textiles (24 % des exportations chinoises en 1985) affectent directement les perspectives commerciales de la Chine. La diversification de ses exportations risque d'être contrainte par son retard industriel par rapport à celui de ses voisins d'Asie du Sud-Est.

L'ouverture, qui a dans un premier temps remporté des succès relativement faciles car partiellement liés à des effets de rattrapage, accuse désormais la banalisation du cas de la Chine parmi les pays du Tiers Monde et sa vulnérabilité au contexte économique international. La Chine peut-elle mener de front une stratégie de développement qui maintient de nécessaires priorités en faveur des secteurs « lourds » et de ses infrastructures, et d'éventuelles politiques de spécialisation à l'exportation ?

Figure 5 :
Structure du commerce extérieur chinois par grandes catégories de produits en 1985, en %

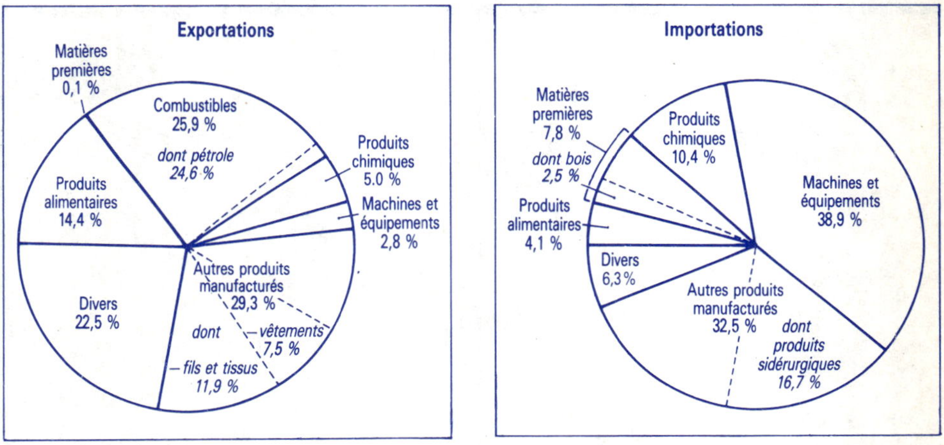

Les efforts de la Chine pour attirer investissements étrangers et transferts de technologies afin de s'insérer dans la division internationale du travail dans les secteurs les plus porteurs de la demande mondiale (industries mécaniques, électriques et électroniques) ont donné jusqu'à présent des résultats décevants. Les investissements étrangers, après avoir vigoureusement démarré entre 1983 et 1985 (les capitaux investis ont atteint environ 5 milliards de dollars), ont été affectés en 1986 par les mesures prises par le gouvernement chinois pour contrôler les importations. D'une manière générale ce sont les sociétés de Hong Kong qui ont fourni l'essentiel des capitaux étrangers investis en Chine, et elles n'effectuent guère de transferts de technologie avancée. En fait Hong Kong a délocalisé en Chine des fabrications peu capitalistiques pour profiter des bas coûts de la main-d'œuvre et améliorer la compétitivité de ses produits. Certes l'orientation de ces investissements vers les industries légères et les services hôteliers contribue à redresser les déséquilibres structurels de l'économie chinoise, qui souffre du sous-développement de ces deux sphères d'activité. Leur essor présente aussi l'avantage de correspondre à une forte demande intérieure et d'être créateur d'emplois. La coopération avec Hong Kong dans le secteur textile a déjà permis à la Chine de diversifier sa production et d'améliorer son accès aux marchés étrangers. Elle espère obtenir des succès analogues dans le domaine de l'électronique. Pour la Chine l'acquisition de technologies passe davantage par la coopération avec les sociétés des pays occidentaux (États-Unis, Belgique, Grande-Bretagne, RFA, France) dans le domaine de l'aéronautique, des télécommunications, de l'informatique, de l'automobile, mais ce type d'investissements n'a pas pris l'ampleur escomptée.

Autre source de déception, les investisseurs étrangers sont principalement attirés par des perspectives d'accès au marché intérieur chinois et contribuent de manière insuffisante à promouvoir les exportations chinoises. La plupart des entreprises à capital mixte sino-étrangères n'équilibrent pas leurs comptes en devises.

Pour en savoir plus

M.-C. Bergère, *La République Populaire de Chine de 1949 à nos jours,* Armand Colin, 1987.
F. Lemoine, *L'économie chinoise,* Collection Repères, Édition La Découverte, 1986.
C. Aubert (sous la direction de), *Les réformes en Chine,* Revue Tiers Monde, n° 108 octobre-décembre 1986, PUF.
J. Guillermaz, *Le parti communiste chinois au pouvoir,* Petite bibliothèque Payot, 1979.
C. Aubert, Y. Chevrier, J.-L. Domenach, Hua C.-M., R. Lew, W. Zafanolli, *La société chinoise après Mao,* Fayard, 1986.

INDE

Institutions et vie politique :
C. Benoist-Lucy
Croissance, enjeux :
J. Généreux

Capitale : New Delhi
Population : 766 140 000 hab.
Variation pop./an (1973-85) : 2,2 %
Superficie : 3 287 590 km²
PNB/habitant : 250 $
Taux de croissance/an (1973-85) :
4,3 %

ET VIE POLITIQUE

Une République parlementaire

Selon la Constitution, fréquemment révisée, du 26 janvier 1950, l'Inde est une République parlementaire fédérant 22 États et 9 territoires.

Le gouvernement national est conduit par un Président, désigné pour 5 ans par un collège électoral composé des membres élus du Parlement national et des législatures des États. Le Premier ministre est élu par les membres du parti majoritaire et dirige effectivement l'action du gouvernement, collectivement responsable devant le Parlement.

Le Parlement bicaméral de l'Union se compose d'une chambre haute élue au suffrage indirect (*Rajya Sabha,* 250 membres) et d'une chambre basse élue au suffrage direct (*Lok Sabha,* 542 membres). Le Parlement a autorité exclusive pour légiférer sur les affaires de l'Union, les législatures des États bénéficiant de la même exclusivité pour leurs propres affaires. Enfin, une liste de questions faisant l'objet d'une compétence concurrente des Parlements de l'Union et des États a été fixée ; elle assure la prééminence de l'Union en cas de conflit.

Chaque État est dirigé par un gouverneur (nommé pour 5 ans par le Président) et par une législature élue au suffrage populaire. Quant aux territoires, ils sont directement administrés par le gouvernement central de New Delhi.

À la recherche de la stabilisation

La première élection générale de 1952 a mis en scène plus de cent partis et groupements, mais l'INC (*Indian National Congress*) a dominé la vie politique jusqu'en 1969, date à laquelle il s'est divisé en deux partis : l'un soutenant Indira Gandhi, l'autre regroupant les factions opposées.

L'INC-Gandhi gagne les élections de 1972. Mais en 1975, après avoir été accusée de corruption électorale, Indira Gandhi déclare l'état de siège, censure la presse et fait arrêter 700 leaders de l'opposition. Plusieurs partis forment alors le *Janata Party,* qui remporte les élections de 1977.

L'INC-Gandhi se divise après sa défaite, ceux qui restent fidèles à Indira Gandhi formant en 1978 l'INC-I (Indira). Le Janata, divisé entre plusieurs factions, éclate finalement en 1979, ce qui permet à l'INC-I de remporter les 2/3 des sièges aux élections de 1980. Après l'assassinat d'Indira Gandhi, sous l'impulsion de son fils Rajiv, l'INC-I obtient plus des 3/4 des sièges en 1984.

CROISSANCE

De la réciprocité générale...

La société traditionnelle précoloniale reposait essentiellement sur le système des castes. Chaque individu, par sa naissance, appartient à un groupe défini par un degré de « pureté » plus ou moins élevé qui le situe dans la hiérarchie sociale : au sommet, les Brahmanes qui se distinguent par la connaissance des textes sacrés, au plus bas, et même hors-castes, les *intouchables.* Les castes sont rigoureusement séparées : leurs règles de vies *(dharma)* sont différentes, les mariages inter-castes sont prohibés, le souci de pureté limite toute forme de contact entre elles. S'il est possible de s'enrichir sur le plan matériel, il est impossible de changer de caste si ce n'est dans des vies futures. Cette séparation entraîne une forte interdépendance. Spécialisé dans une tâche ou un ensemble de tâches particulières, chaque groupe doit fournir à la communauté un certain nombre de biens ou services. En contrepartie, il bénéficie des prestations des autres groupes.

On le voit, d'un point de vue économique, ce système organise en fait une division du travail relativement poussée. Naturellement, cette division du travail rend chaque catégorie sociale dépendante des autres et suppose une économie d'échange. Mais dans la société indienne précoloniale, l'échange monétaire est exclu. Au sein de la communauté villageoise, il n'y a pas de propriété privée. Les paysans livrent une partie de leur récolte aux classes non agricoles, mais ont un droit sur les prestations des autres corps de métier. De leur côté, les artisans ont un droit sur une partie des récoltes. Il s'agit d'un système de réciprocité générale.

... À l'usure généralisée

La colonisation européenne va bouleverser cette économie traditionnelle. C'est au XVIIe siècle que les compagnies marchandes étendent leur influence de façon systématique le long du littoral indien. Les Anglais accentuent progressivement leur contrôle sur le pays, d'abord par la Compagnie des Indes qui s'assure la place dominante durant la seconde moitié du XVIIIe siècle, puis par l'administration directe d'un gouvernement impérial à partir de 1858. Le développement d'une administration et d'une armée locales nécessite d'importants moyens financiers assurés par des prélèvements fiscaux. Pour faciliter ces derniers, les Anglais transforment les anciens collecteurs des souverains Moghols (XVIe et XVIIe siècle) en véritables propriétaires de la terre.

La propriété et l'échange monétaire transforment profondément le monde rural. Les paysans doivent faire face à des échéances fiscales fixes et élevées. Ils consacrent alors une part croissante de leur activité aux cultures commerciales d'exportation au détriment des cultures vivrières. L'Inde devient un des premiers pays exportateurs de thé, de coton, de jute. Très souvent, cependant, les récoltes sont sous-payées par les commerçants qui servent d'intermédiaire entre les paysans et les acheteurs anglais. Les recettes sont alors insuffisantes pour faire face aux prélèvements fiscaux, les paysans s'endettent auprès des commerçants à des taux d'usure particulièrement lourds. Lorsqu'ils ne peuvent plus rembourser, ils revendent leur droit d'occupation de la terre, et quand ils ont épuisé cette source de financement ils sont contraints de travailler gratuitement pour l'usurier jusqu'à l'extinction de leur dette. Au terme de ce processus d'usure généralisée, à la veille de l'indépendance, les usuriers possédaient la moitié des terres. La paupérisation du monde rural qui en résulte va contribuer à bloquer le « décollage » économique de l'Inde.

La contre-révolution industrielle

Une des conséquences les plus directes de la « monétarisation » de l'économie rurale est le recul de l'agriculture vivrière répondant aux besoins de consommation de la population. Mais, dans les autres cultures, les rendements restent également faibles. Le poids des prélèvements obligatoires limite l'incitation à investir pour améliorer la productivité. Les grands propriétaires préfèrent placer leur fonds dans les prêts usuraires que dans la modernisation des techniques. L'Inde se trouve ainsi plongée dans un dilemme malthusien. La colonisation favorise l'expansion démographique (baisse de la mortalité) mais limite celle de la production alimentaire. Le XIXe siècle est tragiquement marquée par la récurrence de grandes famines.

Le blocage du développement s'opère aussi au plan industriel. A la fin du XVIIIe, l'artisanat pré-industriel était très prospère, en particulier dans la plaine du Gange. Le textile bénéficiait de la forte demande européenne pour les cotonnades indiennes. Mais, bien vite, la pression des industriels anglais met un terme à cette concurrence d'autant plus gênante qu'à l'origine l'industrie textile anglaise est la moins efficace. Des droits de douanes élevés sont imposés aux importations indiennes, mais les articles manufacturés d'Angleterre entrent en Inde presque en franchise. La métropole n'achète plus que des matières premières ; l'artisanat indien est condamné au déclin ; nombre d'artisans retournent à la campagne et viennent grossir la masse des paysans sans terre. Un processus analogue élimine les effets d'entraînement qu'aurait pu avoir l'extension des chemins de fer. 407
Non seulement les lignes ne sont pas construites en fonction des besoins du pays mais simplement pour relier les centres de production aux ports d'exportations, mais de plus, la production sidérurgique qu'elles nécessitent constituera d'abord un débouché pour l'industrie anglaise, au lieu d'être développée sur place en exploitant le charbon et le fer indiens. La domination coloniale agit comme une contre-révolution industrielle, bloquant toute possibilité d'un *take-off* (décollage) à l'anglaise fondé sur le textile et relayé par le chemin de fer.

Figure 1 :
Croissance comparée de l'Inde

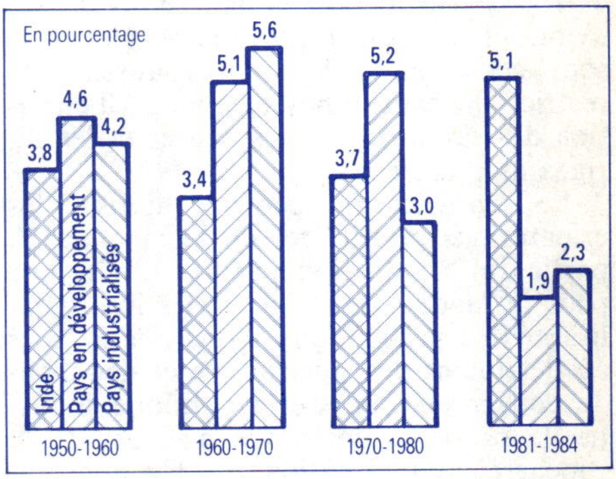

Après la Première Guerre mondiale, le déclin économique et politique de la Grande-Bretagne favorise une plus grande autonomie de développement. Les difficultés économiques de la métropole entraînent des rapatriements massifs de capitaux investis en Inde, laissant ainsi la place à un capitalisme indien naissant. Mais, à la veille de l'indépendance, l'industrie n'occupe pas un dixième des actifs et est essentiellement constituée de très petites entreprises. Plus d'un siècle de colonisation a stoppé la croissance économique, mais pas celle de la population : 347 millions d'habitants environ, en 1947, soit 100 millions de plus qu'au début du siècle. Le spectre de la famine reste encore associé à l'éventualité d'une mauvaise récolte. L'Inde indépendante va devoir affronter le défi du développement dans des conditions nettement plus défavorables que celles qui prévalaient au XIXe siècle.

Le socialisme indien (1947-1964)

Après l'indépendance, proclamée le 15 août 1947, l'Inde devient un État fédéral combinant la démocratie à l'anglaise et la planification centralisée du type soviétique. Sous la direction de Jawaharalal Nehru, l'État s'assure progressivement une position dominante, voire de monopole, dans l'armement, les transports, les télécommunications, l'énergie, les mines, la sidérurgie. Cependant le secteur public ne dépassera pas 19 % du PIB (en 1976). Le secteur privé reste important, en particulier dans les industries légères. Mais il est sous surveillance. Toute décision importante est soumise à l'approbation de l'administration qui accorde des licences, pour la création d'une entreprise, pour les projets d'investissements, pour les importations. Les prix sont contrôlés. Les salaires aussi. Des restrictions sont imposées quant à l'élévation des salaires pour les cadres et les dirigeants d'entreprise.

La planification centrale définit les orientations prioritaires de l'économie. A partir du 2e plan (1956-1961) l'Inde opte pour le modèle des « industries industrialisantes » : priorité aux industries lourdes au détriment de l'agriculture et des biens de consommation. Cette politique industrielle est mise en œuvre à l'abri de la concurrence internationale ; les importations sont contingentées ; l'implantation de firmes étrangères est limitée.

Dans l'agriculture, l'option socialiste ne se manifeste guère dans la réforme agraire. Certes, les collecteurs d'impôts de l'administration coloniale sont évincés. Mais, la propriété privée n'est pas remise en cause. Elle est simplement plafonnée à un maximum d'ha par propriétaire, variable selon les États. Mais les plafonds légaux seront rarement respectés. En fait, la politique agricole vise surtout la mise en place d'institutions communautaires. Les villages sont regroupés en « blocs de développement » disposant d'une assistance financière et technique de l'État pour l'amélioration des techniques et le développement des infrastructures rurales. Pour combattre le règne de l'usurier on favorise aussi la création de coopératives de crédit.

La croissance industrielle est alors rapide : 7,5 % par an de 1951 à 1964. Mais la guerre sino-indienne (1962), une série de mauvaises récoltes et des difficultés de paiements extérieurs amène une récession qui contraint le gouvernement à freiner ses ambitions industrielles et manifeste un premier échec du socialisme à l'indienne. La mort de Nehru (1964), et l'arrivée au pouvoir de sa fille, Indira Gandhi, marque ainsi une première révision de la stratégie de développement.

La révolution verte

En effet, à partir de 1965 une attention plus importante va être accordée à l'amélioration de la productivité agricole. Ce qu'on a alors appelé la « révolution verte » consiste en l'introduction de nouvelles variétés de céréales, à rendement particulièrement élevé, à maturation plus courte, permettant plusieurs récoltes annuelles sur un même sol. Elle nécessite le recours à l'irrigation et un usage abondant d'engrais et de pesticides, donnant ainsi du travail supplémentaire aux populations rurales. Mais au début, les effets bénéfiques pour l'ensemble du pays se font attendre. On a tendance à irriguer d'abord les régions qui sont déjà les plus favorisées (comme le Punjab) ; l'achat annuel de nouvelles semences et d'engrais nécessite des fonds rarement disponibles pour les petits exploitants. Les inégalités s'accentuent, renforçant les tensions sociales dans un pays déjà divisé par la diversité des langues, des religions et des régions.

Durant les années 1970 s'accumulent les obstacles au développement du pays. Une guerre avec le Pakistan (1971) provoquée par le soutien apporté par l'Inde à l'indépendance du Pakistan oriental. Elle se solde par la création du Bangladesh. Pour l'économie indienne cela représente la charge supplémentaire de millions de réfugiés et celle de l'aide économique au nouvel État indépendant, le pays le plus pauvre du monde avec le Tchad et l'Éthiopie. Dans l'industrie, la production est gênée par des pénuries d'énergie et par les lenteurs bureaucratiques. Les deux chocs pétroliers (1973 et 1979) viennent multiplier la facture pétrolière de l'Inde.

Le gouvernement de Mme Gandhi se heurte à une opposition de plus en plus active. L'administration est quelque peu discréditée. En effet, le système des « licences » est l'occasion privilégiée d'une corruption des fonctionnaires à grande échelle, et la multiplication des contrôles et des réglementations engendre une économie parallèle : marché noir, fraude fiscale, dessous-de-table, etc. Face à la montée de l'opposition, Mme Gandhi opte pour la fermeté (état d'urgence de 1975 à 1977). Mais elle sera désavouée par l'électorat, notamment à la suite d'une campagne de stérilisations masculines plus ou moins forcées, et perd le pouvoir de mars 1977 à janvier 1980.

NPI ou PMA ?

Le bilan économique de trente années de « dynastie » Nehru est mitigé. La croissance de l'économie indienne est incontestable ; En terme de PIB, elle est alors la treizième puissance économique du monde. Grâce aux rendements de la révolution verte, l'agriculture constitue désormais des stocks suffisants pour affronter les années de mauvaise récolte. L'industrie s'est diversifiée et a su évoluer vers les secteurs modernes : les machines-outils, l'aéronautique, l'électronique. Dans les pays de l'OPEP, elle construit des centrales électriques et concurrence les entreprises occidentales pour la fourniture des biens d'équipement. Certaines études n'hésitent pas à intégrer l'Inde au groupe des nouveaux pays industriels. Pourtant, si l'on rapporte le PIB à la population, le niveau de vie moyen de l'Inde la situe au contraire aux côtés des pays les plus pauvres (260 $ par tête en 1982), et augmente moins vite dans les années 1970 que dans les années 1950. Les trois quarts de la population active sont toujours employés dans l'agriculture et la pauvreté rurale n'a guère reculé. Même la performance globale paraît médiocre comparée à celle des autres pays en développement : de 1970 à 1981 le taux de croissance moyen est de 3,6 %, contre 5,2 % dans l'ensemble du monde en développement. Or, face à l'explosion démographique (700 millions en 1982), l'Inde a plus que toute autre nation besoin d'une forte croissance. La planification socialiste n'a pas répondu aux attentes en ce domaine et, après son retour aux affaires, Indira Gandhi adopte une démarche plus libérale.

Figure 2 :
Structure de la production

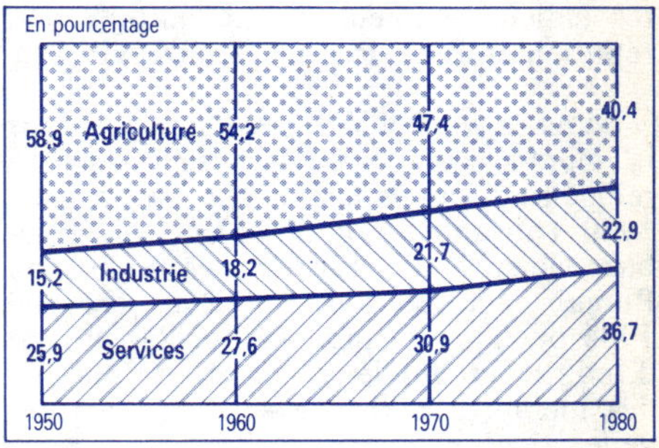

La voie libérale après Indira ?

Comme en Chine, et comme en Algérie, l'idéologie socialiste des premiers temps est mise de côté au profit d'un pragmatisme nouveau qui cherche avant tout la croissance, la modernisation et l'efficacité économique. Concrètement cette politique se manifeste par une double ouverture, externe et interne.

Les barrières douanières qui isolaient l'industrie indienne de la concurrence internationale sont progressivement allégées ou levées. La liberté est particulièrement grande pour les importateurs de technologie. Les sociétés étrangères sont invitées à développer leurs investissements. Jusqu'alors les sociétés étrangères ne pouvaient pas détenir plus de 40 % du capital dans des entreprises indiennes. L'instauration de cette mesure avait fait fuir plusieurs firmes importantes, dont IBM. Désormais la règle des 40 % n'est plus absolue. Quand les sociétés étrangères apportent de la technologie, elles peuvent être autorisées à détenir entre 60 et 100 % du capital.

Au plan interne, on assouplit les réglementations qui pèsent sur les entreprises privées. L'extension des capacités de production était souvent interdite sous prétexte d'éviter les monopoles. En conséquence, des secteurs entiers de l'économie restaient inaccessibles aux grandes entreprises qui se trouvent souvent être aussi les plus performantes. Avec la nouvelle réglementation, les augmentations de capacité de production illicites pratiquées dans le passé ont été légalisées et les sociétés peuvent croître de façon importante sans demander de licence. Le contrôle des prix a également été assoupli. Le potentiel de croissance lié à cette libéralisation n'est pas négligeable si l'on en juge par l'énergie que la société indienne dépensait à contourner les réglementations : plusieurs économistes indiens estiment que le marché noir représenterait environ 50 % du PNB.

Mais la voie libérale est menacée par la montée des dissensions régionales et religieuses qui depuis la fin des années 1970 entraînent régulièrement des troubles violents. La révolte des Sikhs, au Punjab, écrasée dans le sang en juin 1984 par l'armée indienne, et l'assassinat d'Indira Gandhi le 31 octobre 1984 par des membres Sikhs de sa garde personnelle, ajoutent une nouvelle source d'instabilité politique.

Cependant, le succès massif remporté aux élections de janvier 1985 par Rajiv Gandhi, le fils d'Indira, à la tête du parti du Congrès, semble indiquer un désir d'unité chez la plupart des Indiens. De plus, Rajiv, qui succède à sa mère au poste de Premier ministre, n'a jamais particulièrement adhéré aux thèses socialistes. Au contraire, dès son arrivée au pouvoir, il annonce son intention d'accentuer l'ouverture extérieure de l'économie, la libéralisation du secteur privé et la lutte contre les pesanteurs et la corruption bureaucratique. Dans un premier temps on constate en effet une accélération des réformes : réforme fiscale, léger recul des barrières douanières, multiplication des accords de *joints ventures* (entreprises communes) avec des firmes étrangères.

Mais à partir de 1986, la libéralisation de l'économie marque le pas. Elle se heurte à la résistance d'une partie de la classe politique, de fonctionnaires et d'industriels qui ont su tirer profit d'une économie peu ouverte à la concurrence. La montée des tensions politiques et des problèmes régionaux tend aussi à accaparer l'attention et l'énergie du gouvernement.

Reste de toute façon une question majeure : la libéralisation suffira-t-elle à sortir l'Inde du non-développement qui caractérise encore plus de la moitié de la population ? Si cette nouvelle stratégie a quelque chance d'améliorer l'efficacité dans l'industrie, elle n'a hélas ! guère de prise sur les deux plus graves handicaps de l'Inde : la pression démographique et la pauvreté en milieu rural.

ENJEUX

Un milliard en l'an 2000

L'évolution démographique constitue la contrainte majeure du développement en Inde. Ce pays est l'un des premiers où l'on a pu constater la révolution démographique liée à la baisse du taux de mortalité. Après avoir progressé de 6 % seulement en trente ans, de 1891 à 1921, la population augmente de 44 % dans les trois décennies suivantes. Le mouvement s'accélère dans les années 1960 et le nombre d'habitants double presque de 1951 à 1981. Selon le dernier recensement (1981) l'Inde comptait 684 millions d'habitants et le rythme d'expansion était alors plus important que prévu. En effet, à la fin des années 1970 des estimations optimistes avançaient que le taux d'accroissement naturel n'était plus que de 1,9 % par an, soit un recul sensible par rapport au 2,3 % des années 1960. Mais les dernières estimations disponibles indi-

Figure 3 :
Structure de la population active

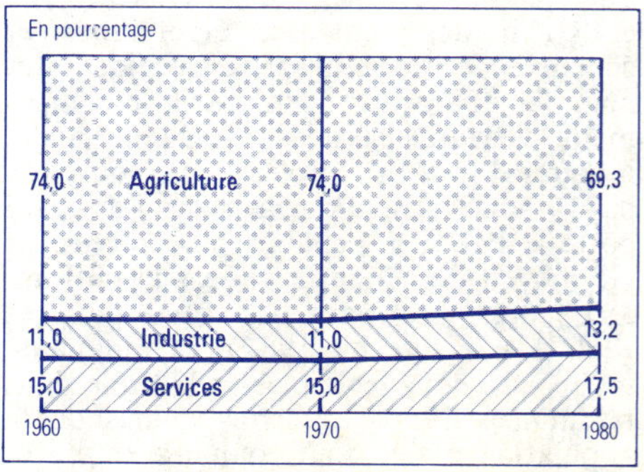

quent une progression de 2,2 à 2,4 %. À ce rythme, la population indienne dépasserait le milliard en l'an 2000, et, progressant deux fois plus vite que la population chinoise, l'Inde pourrait devenir, au XXIe siècle, la nation la plus peuplée du monde.

Il faut attendre les années 1960 pour voir la mise en place d'une véritable politique de planning familial à l'échelle nationale. Mais les résultats sont peu convaincants. Le gouvernement a d'abord tenté la diffusion massive du stérilet. Mais en 1979-1980, 620 000 femmes seulement utiliseraient cette méthode contraceptive. Elle comportait trop de risques pathologiques pour une population mal nourrie et mal suivie sur le plan médical. Sous l'administration d'Indira Gandhi, des campagnes de stérilisation masculine ont été organisées. Mais, malgré les incitations financières pour les volontaires, cette politique s'est toujours heurtée à de vives réticences. En 1975, moins d'un cinquième des couples étaient « protégés » par contraceptif ou à la suite d'une stérilisation.

En 1976, Indira Gandhi tente de donner une nouvelle impulsion au contrôle des naissances en instaurant des mesures coercitives : la naissance d'un troisième enfant peut entraîner la perte d'avantages économiques et sociaux ; pour les fonctionnaires elle peut même provoquer leur révocation. De plus, les indemnités ne sont plus seulement versées aux volontaires pour la stérilisation mais aussi aux agents chargés de les « convaincre ». Cette dernière innovation incita de nombreux agents à certains excès de zèle et à des stérilisations forcées, qui provoquèrent des protestations violentes dans les couches les plus pauvres de la population. Celles-ci relâchent alors leur appui au parti du Congrès. C'est l'une des raisons de la défaite électorale qui retire le pouvoir à Mme Gandhi de 1977 à 1979. Depuis son retour au pouvoir, elle a renoncé à toute mesure autoritaire en ce domaine. On est donc revenu à la politique d'information et d'incitation financière. En 1980, le contrôle des naissances ne concernait pas le quart des couples en âge de procréer. Malgré l'ampleur des moyens matériels mobilisés par le 6e plan (1980-1985) le planning familial continue à rencontrer de sérieuses difficultés.

En l'absence de méthodes aussi autoritaires que celles de la Chine, le contrôle des naissances suppose avant tout une élévation sensible du niveau de vie et d'éducation de la population. En 1971, 18 % des femmes étaient alphabétisées. Les parents comptent encore sur leur fils pour procéder aux rites religieux après leur mort, et sur leurs enfants en général pour subvenir à leurs besoins dans leur vieillesse. Or les taux de mortalité infantile restant élevés (plus de 12 % en 1981 !), les parents cherchent encore à avoir le plus d'enfants possible. Aussi, une réduction des taux de natalité est inséparable d'une amélioration de la protection maternelle et infantile et d'une élévation du niveau de vie du plus grand nombre. La solution du problème démographique paraît donc difficilement envisageable dans un avenir proche. Cette perspective est d'autant plus inquiétante que la stratégie d'industrialisation adoptée par l'Inde aboutit à une croissance sans développement laissant la majeure partie de la population dans une situation d'extrême pauvreté.

Vaincre la pauvreté

Au début des années 1980, les statistiques officielles permettaient d'estimer que près de la moitié de la population disposait d'un revenu inférieur au seuil de pauvreté. Le sous-développement des campagnes en est la principale source : en 1981, 140 millions de paysans sans terre et 160 millions de paysans possédant moins d'un ha, superficie considérée par la Banque Mondiale comme le minimum de subsistance.

La lutte contre la pauvreté a toujours été un objectif majeur depuis l'indépendance. Mais concrètement, jusqu'à la fin des années 1970, la priorité a été accordée à la croissance industrielle qui ne profite pourtant qu'à une fraction infime de la nation. En effet 80 % de la population vit à la campagne, ou plutôt survit, le plus souvent à un niveau de consommation très bas. Si les famines ont disparu, le problème alimentaire n'est pas résolu. La consommation de céréales par habitant n'a presque pas changé depuis les années 1960, et 60 % de la population n'atteint pas le seuil nutritionnel de 2 100 calories par jour défini par l'Organisation Mondiale de la Santé (OMS). En milieu rural, les infrastructures de bases (routes, électricité, eau potable) font encore défaut dans de nombreux villages. Dans un tel contexte tout programme sanitaire a une portée limitée.

La stratégie des industries industrialisantes a aggravé le problème en drainant l'essentiel des moyens financiers vers des activités créant peu d'emplois. En conséquence, la proportion de la population active occupée dans l'agriculture n'a presque pas changé depuis le début du siècle ; elle était même plus importante de 1970 (74 %) qu'en 1901 (72 %). Le faible dynamisme de l'emploi industriel engendre du chômage. Estimé à plus de 20 millions de personnes par la commission du plan, au début des années 1980, toute mesure officielle risque fort de sous-évaluer le sous-emploi probable dans les campagnes.

Dans un pays à forte population, la lutte contre la pauvreté passe nécessairement par un mode de croissance utilisant au maximum ses ressources en main-d'œuvre. Le 6e plan a marqué un progrès en ce sens. Mais les perspectives réelles de création d'emplois restent peu encourageantes. D'après les études de la Banque Mondiale, on peut estimer que, même en embauchant au maximum de ses possibilités, l'industrie actuelle ne pourrait pas occuper un quart des actifs. Ainsi, à court et à moyen terme la bataille du développement devra être menée en milieu rural.

Le potentiel de richesses et d'emplois dans l'agriculture est encore largement sous-exploité. La productivité reste faible, comparée au potentiel, et même les années de bonnes récoltes, des millions d'Indiens souffrent de la faim. Selon la plupart des experts, le plein emploi des ressources agricoles de l'Inde permettrait de nourrir une population triple de la population actuelle. En effet, on peut doubler la superficie irriguée (60 millions d'ha en 1982) et améliorer les installations déjà en place qui, bien souvent, ont été conçues comme un simple complément à la mousson et non comme la source principale d'approvisionnement en eau. Par ailleurs, les progrès considérables de la révolution verte ont encore peu touché le riz qui représente 40 % de la production de céréales. Ils pourraient aussi multiplier les rendements des petits paysans qui manquent seulement de moyens financiers pour appliquer les nouvelles techniques. En ce domaine, le potentiel d'amélioration du niveau de vie à la base est considérable. Les petits paysans sont de bons agriculteurs : leurs rendements moyens à l'hectare sont souvent supérieurs à ceux des gros propriétaires. Le simple développement du crédit en leur faveur, en généralisant la révolution verte partout où cela est possible, relèverait rapidement leur revenu. Une redistribution des terres conforme aux législations que les États n'ont jamais fait respecter aurait le même effet.

Le paradoxe du progrès agricole est qu'une amélioration de la productivité ne crée pas d'emploi, au contraire. Pour assurer l'autosuffisance alimentaire, les gains de productivité sont impératifs, mais ils risquent d'aggraver le problème du sous-emploi. Comment l'agriculture pourra-t-elle alors offrir du travail aux millions de jeunes qui, on l'a vu, ne pourront s'employer dans l'industrie ? Des possibilités sont ouvertes : développer l'exploitation forestière, les constructions de canaux pour l'irrigation, les constructions de logement... À terme cependant, l'emploi industriel devra prendre le relais. L'Inde est donc condamnée à poursuivre une politique de croissance duale : industrialisation et développement rural. La voie est étroite. Le réalisme qui caractérise la nouvelle politique économique est un atout certain. À condition, toutefois, que cette nouvelle stratégie ne soit pas compromise par l'instabilité politique.

L'empire éclaté ?

L'Inde est née dans la division et la violence. En 1947, 200 000 personnes sont mortes dans les affrontements liés à l'indépendance et à la partition de l'ancienne colonie en deux États (Inde et Pakistan). C'est une mosaïque de castes, de langues, de religions qui constitue autant de sources de division qui tendent à s'aggraver et à se manifester avec de plus en plus de violence, depuis la fin des années 1970.

Les distinctions de castes et la discrimination à l'égard des *intouchables* ont officiellement été abolies par la Constitution. Cela n'empêche pas le système de perdurer, surtout en milieu rural. Afin de protéger les basses castes ou les tribus non intégrées au système par l'hindouisme, la Constitution et les réglementations ont prévu des protections particulières. Des places leurs sont réservées dans les établissements d'éducation ainsi que des postes dans la fonction publique. Cette pratique a été étendue dans les années 1960, suscitant alors de nombreuses protestations contre la réservation des postes. Les troubles entre différentes communautés sont fréquents et tendent à se multiplier depuis quelques années. Les *intouchables* font souvent les frais de ces conflits : plusieurs centaines d'entre eux ont ainsi été tués en 1979-80, notamment dont le Bihar et l'Uttar Pradesh.

À ces conflits internes à la communauté hindoue s'ajoutent les dissensions entre communautés religieuses. Plus de 80 millions de musulmans suivent toujours la loi islamique restée en vigueur en contradiction avec le principe constitutionnel d'égalité devant la loi. Là encore, les affrontements entre musulmans et hindous n'ont jamais cessé. 200 morts près de Bombay, en mai 1984, à la suite d'une profanation dans un temple hindou. Quand le conflit religieux coïncide avec le sentiment nationaliste le résultat peut être tragique. Ainsi, en Assam, les hindous ont très mal supporté l'afflux croissant de réfugiés musulmans quittant le Bangladesh. En 1983 une série de massacres entre les deux communautés ont fait plus de 5 000 morts. Tous ces incidents créent en sus des tensions supplémentaires avec le Pakistan musulman qui partage toujours avec l'Inde une frontière contestée dans le Cashemire.

Enfin, l'Inde est aussi déchirée par la montée de revendications régionalistes. Elle a d'abord été activée par les tentatives de Delhi pour imposer l'hindi comme langue officielle. Mais face à la violence des protestations, l'État fédéral a dû différer l'application de la Constitution en ce domaine. Le problème est aussi économique. Les niveaux de développement divergent entre les États et tous ne considèrent pas la politique économique centrale de l'Union comme étant la plus conforme à leurs intérêts. Ainsi, les États du Nord-Est, où le revenu par tête est de 40 % inférieur à la moyenne nationale, ne cachent pas leur volonté d'une plus grande autonomie par rapport à Delhi.

C'est aussi une rivalité économique qui sous-tend la révolte des Sikhs au Punjab. La division religieuse ne paraît pas déterminante : jusqu'au début des années 1980, les Sikhs ont toujours vécu en paix au milieu des diverses communautés et sans jamais prendre part à leurs affrontements. Mais les Sikhs représentent la majorité de la population du Punjab, l'État le plus riche, qui a le plus profité de la révolution verte et produit à lui seul la moitié du riz et du blé consommé dans le pays. Cependant les effets bénéfiques de la révolution verte commencent à plafonner. Les Sikhs estiment avoir bien plus contribué au développement du pays qu'ils n'ont tiré avantage de leur rattachement à l'Union. À présent ils souhaiteraient voir s'installer chez eux les nouvelles industries que Delhi, au contraire, implante dans des régions plus pauvres. Ils réclament aussi une part plus importante dans la répartition des eaux fluviales. La répression sanglante des extrémistes Sikhs, en juin 1984, ne fait qu'aggraver la tendance séparatiste du Punjab. Elle provoque, en guise de représailles, l'assassinat d'Indira Gandhi. Sous le gouvernement de Rajiv on assiste plutôt à un pourrissement de la situation. Le problème n'est pas en voie d'être réglé, comme en témoigne tragiquement le massacre d'un groupe de pèlerins hindous par un commando sikh en juillet 1987.

La montée de violence de ces dernières années manifeste les contradictions nées d'un développement trop inégal et d'un pouvoir trop centralisé pour une nation si peu homogène. Cependant, l'Inde vit avec ces contradictions depuis 40 ans, et le risque d'éclatement n'est pas dans l'immédiat très sérieux. À moins qu'une autre menace n'apparaisse bientôt : celle de ces centaines de millions de pauvres qui ne se sont encore presque jamais manifestés en tant que tels.

■ Pour en savoir plus

G. Étienne, *Inde : la fin de l'État de grâce,* Politique Internationale, n° 35, printemps 1987.

S. Ewenczyk et P. Weibel, *L'Inde et le non-développement,* Collection Profil Société, n° 1004, Hatier, Paris, 1981.

I. Milbert, *L'Inde : évolution politique, économique et sociale,* Notes et Études Documentaires, n° 4639-4640, La Documentation Française, Paris, 15 octobre 1981.

AFGHANISTAN

Capitale : Kaboul
Population : 18 610 000 hab.
Variation pop./an (1973-85) : n.d.
Superficie : 647 497 km²
PNB/habitant : n.d.
Taux de croissance/an (1973-85) : n.d.

Indépendant depuis 1919, l'Afghanistan s'érige en République après le coup d'État communiste du 27 avril 1978. Les révoltes contre le régime provoquent l'intervention soviétique le 27 décembre 1979. Jusqu'à leur retrait en 1988, les troupes soviétiques soutiennent le régime face à la résistance nationale.

L'économie est fondée sur l'agriculture, qui occupe 58 % de la population active, contribue pour la moitié à la formation du PNB et fournit 80 % des exportations. En raison de rendements insuffisants, les cultures céréalières ne parviennent pas à couvrir les besoins alimentaires. Mais les produits de l'élevage et les fruits secs permettent à l'agriculture de dégager un excédent commercial.

Le gaz naturel constitue la principale ressource minière et l'hydro-électricité est bien développée. En revanche, l'industrie ne participe que pour 10 % à la formation du PNB, malgré les plans de modernisation successifs. Grâce à l'impulsion financière et technique donnée par l'URSS, les échanges extérieurs du pays sont toutefois proches de l'équilibre. La dette extérieure représente le tiers du PNB et est contractée pour l'essentiel auprès de l'URSS. L'Afghanistan demeure un pays très pauvre, l'espérance de vie à la naissance est de 36 ans, et seuls 20 % des Afghans sont alphabétisés. Depuis la fin des années 1970, l'aide occidentale sensiblement réduite est relayée par l'aide soviétique.

ANGOLA

Capitale : Luanda
Population : 8 980 000 hab.
Variation pop./an (1973-85) : 3,1 %
Superficie : 1 246 700 km²
PNB/habitant : 806 $
Taux de croissance/an (1973-85) : 0,0 %

Jusqu'en 1972, l'Angola est une colonie portugaise en pleine croissance économique. La guerre d'indépendance débute en 1961, et se transforme en guerre civile. En 1975, trois ans après le retrait hâtif des Portugais, la Démocratie populaire d'Angola est proclamée. Soutenu par Cuba, le MPLA prend le pouvoir, mais de très fortes oppositions persistent, notamment celle de l'UNITA. En 1987, l'aide cubaine et soviétique se renforce : 37 000 soldats cubains se trouvent désormais sur le sol de l'Angola, tandis que l'URSS fournit une aide à l'importation de matériel d'armement, estimée à 1 milliard de dollars sur 5 ans. Les États-Unis, quant à eux, apportent une aide à l'UNITA, mais elle reste très faible comparée aux dépenses soviétiques.

Malgré le manque de statistiques précises, on constate une importante détérioration de l'économie depuis 1974-1975.

En ce qui concerne l'agriculture, le recul est très net. En 1974, le pays n'importait que 10 % de ses besoins alimentaires ; en 1984, il en importe la moitié. Et pourtant, la consommation a baissé, et la population souffre de plus en plus de la famine. Les coopératives et fermes d'État instaurées à partir de 1975 sont improductives : l'Angola était le second exportateur mondial de café en 1974 ; en 1986, sa production est plus de dix fois inférieure à son niveau de 1974. Les récoltes de coton et de maïs ont, elles aussi, fortement régressé. Seul, le sucre se maintient grâce à l'aide cubaine. L'industrie a beaucoup souffert de la guerre. Alors qu'elle connaissait un taux de croissance annuel de 19 % avant 1974, la production s'est réduite de moitié sur les dix années suivantes (le bâtiment, toutefois, résiste mieux que les autres secteurs). L'activité industrielle a pratiquement disparu du centre et de l'est du pays. À l'origine, les transports routiers et ferroviaires étaient de bonne qualité, mais ils se dégradent du fait des attentats et du manque d'entretien.

Le sous-sol de l'Angola est l'un des plus riches d'Afrique, surtout en ce qui concerne le fer, le pétrole et les diamants. L'hydro-électricité satisfait à la totalité des besoins électriques du pays. Un nouveau barrage est construit à Kapanda par l'URSS et le Brésil. Malgré ces atouts, l'activité minière est très ralentie : plusieurs mines de diamants sont contrôlées par les rebelles, et l'extraction du fer est presque totalement interrompue depuis 1975. Mais les maquis ne peuvent bloquer la production de pétrole, qui provient essentiellement de gisements off-shore placés sous la garde des militaires cubains : les revenus pétroliers demeurent relativement indépendants des conflits, et permettent au gouvernement de ralentir la chute du PNB en volume. Cependant, la baisse des prix du pétrole dans les années 1980 entraîne l'apparition d'un déficit commercial. Les dépenses militaires sont élevées : entre 10 et 20 % du PNB, selon les estimations. En 1986, le seul entretien des militaires cubains absorbe près de 40 % des recettes pétrolières.

BANGLADESH

Capitale : Dacca
Population : 100 620 000 hab.
Variation pop./an (1973-85) : 2,5 %
Superficie : 143 998 km²
PNB/habitant : 150 $
Taux de croissance/an (1973-85) : 4,5 %

Ancien Pakistan oriental, le Bangladesh obtient son indépendance en 1971, avec l'aide militaire de l'Inde. Surpeuplé, le pays se situe parmi les pays les plus pauvres du monde. Plus des trois quarts de sa population vivraient au-dessous du seuil de pauvreté. De ce fait, le pays bénéficie d'une aide extérieure très importante : 84 % de ses programmes de développement dépendent d'un financement international.

Bien que près des trois quarts des exploitations se situent au-dessous de 0,8 ha, l'agriculture constitue le secteur clé de l'économie. Elle emploie 80 % de la population active et contribue pour 62 % à la formation du PIB. Au prix d'un vigoureux effort de productivité, les productions agricoles sont en augmentation. Le pays n'est désormais plus très loin de l'autosuffisance alimentaire. À elle seule, la culture du jute fournit 58 % des recettes d'exportation.

Axé sur le traitement du jute et du coton, le secteur industriel demeure peu développé. Il n'emploie que 8 % de la population active, et représente 12 % du PNB. Le pays est riche en gaz naturel (335 milliards de m³ de réserves), ce qui permet le développement de l'industrie des engrais azotés. Mais le déficit commercial reste très important (égal à 150 % de la valeur des exportations) et l'endettement extérieur s'accroît rapidement.

BÉNIN

Capitale : Porto Novo
Population : 4 040 000 hab.
Variation pop./an (1973-85) : 2,9 %
Superficie : 112 622 km²
PNB/habitant : 270 $
Taux de croissance/an (1973-85) : 4,5 %

Indépendant depuis 1960, le Dahomey se transforme en République populaire du Bénin (1975). L'orientation socialiste du régime se traduit dans l'adoption de la Constitution du 9 septembre 1977 : le parti marxiste devient parti unique. Malgré un taux de croissance économique relativement élevé, le Bénin reste un pays très pauvre.

L'agriculture emploie les deux tiers de la population active. Axée sur la substitution aux importations, elle ne tire pas parti de ses atouts pour développer les cultures d'exportation. Les résultats des coopératives socialistes sont décevants.

L'industrie progresse, mais sa part dans la formation du PNB ne dépasse pas 11 %. La production de pétrole est encore peu importante. Par ailleurs les rares ressources minières localisées dans le Nord (fer, calcaire) sont difficilement exploitables. Entre 1975 et 1981, les importations augmentent au rythme de 17 % par an. Les exportations, quant à elles, demeurent très faibles. Le déficit de la balance commerciale atteint 40 % du PNB. De plus, la récession que connaît le Nigeria se répercute sur l'économie nationale. La dette extérieure progresse pour atteindre 80 % du PNB en 1986. C'est pourquoi le gouvernement se tourne vers le FMI, et se voit contraint d'introduire des éléments de libéralisme dans l'économie dirigée.

BHOUTAN

Capitale : Thimbu
Population : 1 450 000 hab.
Variation pop./an (1973-85) : 2,0 %
Superficie : 47 000 km^2
PNB/habitant : 160 $
Taux de croissance/an (1973-85) : n.d.

Très dépendant de l'Inde en matière économique, le royaume du Bhoutan reste un pays rural. L'agriculture emploie 93 % de la population active et contribue pour 45 % à la formation du PNB. Le maïs, le riz et l'élevage constituent l'essentiel de la production agricole, et assurent une quasi-indépendance alimentaire.

Éparpillée en petites unités de production artisanales, l'industrie est peu développée (11 % du PNB). Elle se concentre sur le traitement des ressources agricoles, forestières et minérales. Le commerce extérieur s'effectue pour la plus grande partie avec l'Inde. Celle-ci a financé aux deux tiers la construction de la centrale hydro-électrique de Chukha, qui permet de dégager une production excédentaire destinée à l'exportation. Le Bhoutan est très dépendant de l'aide étrangère (Inde et pays de l'OCDE), qui fournit la totalité des recettes budgétaires.

BIRMANIE

Capitale : Rangoon
Population : 39 410 000 hab.
Variation pop./an (1973-85) : 2,0 %
Superficie : 676 552 km^2
PNB/habitant : 190 $
Taux de croissance/an (1973-85) : 5,9 %

Indépendante depuis le 4 janvier 1948, la Birmanie se compose d'une mosaïque de peuples regroupés au sein d'une structure fédérale. Gouvernée depuis 1962 par les militaires, elle devient une démocratie populaire : la Constitution de 1974 pose les bases d'une société socialiste à parti unique. Les investissements publics (80 % de l'investissement total) ont sans doute permis de réduire la malnutrition et le manque d'hygiène, mais la Birmanie demeure l'un des pays les plus pauvres du monde.

L'économie est fondée sur l'agriculture, qui emploie près des deux tiers de la population active et contribue pour 39 % à la formation du PNB. Dominée par la propriété privée, l'activité agricole reste très traditionnelle. Le pays est exportateur de riz et de bois. La culture du pavot fait l'objet d'une contrebande active, qui représenterait 10 % du PNB.

Le secteur minier (pétrole surtout) est contrôlé par l'État et participe pour 6 % à la formation du PNB. Malgré les efforts du gouvernement, l'industrie ne se développe qu'assez lentement. Elle représente moins de 10 % du PNB, et n'emploie que 8,5 % de la population active. Les outils de production vieillissent et les réseaux de transport sont insuffisants pour permettre le développement des exportations. Le commerce extérieur reste faible, et la balance des paiements constamment déséquilibrée : en 1986, l'endettement extérieur dépasse la moitié du PNB, et la Birmanie doit recourir à l'aide du FMI.

BOLIVIE

Capitale : La Paz
Population : 6 550 000 hab.
Variation pop./an (1973-85) : 2,7 %
Superficie : 1 098 581 km²
PNB/habitant : 470 $
Taux de croissance/an (1973-85) :
– 0,6 %

Après onze années de dictature militaire, les civils reviennent au pouvoir en 1982. Mais ils ne parviennent guère à assurer la stabilité et l'unité du pouvoir. La Bolivie se situe parmi les pays les plus pauvres d'Amérique latine, et connaît en outre un fort taux d'accroissement démographique (2,7 % par an). Depuis 1979, l'économie s'est littéralement effondrée. En 1984, le PNB par habitant se situe aux deux tiers de son niveau de 1978.

Au milieu des années 1980, l'agriculture ne contribue plus qu'à 17 % du PNB (contre 30 % en 1960), mais elle emploie toujours près de 50 % de la population active. Elle a été moins touchée que les secteurs minier et industriel par la crise des années 1980. Pommes de terre, maïs, manioc et élevage sont principalement destinés au marché intérieur, tandis que le café et la canne à sucre constituent les grandes cultures d'exportation. À côté de cette agriculture officielle, la production illégale de coca est, elle, en expansion depuis 1980 : l'accroissement du chômage y est pour beaucoup puisqu'on a assisté à une « reconversion » en masse des chômeurs vers les accueillantes activités de contrebande. La valeur ajoutée dégagée par la culture de la coca est en effet beaucoup plus élevée que celle de l'agriculture légale.

Dominé aux deux tiers par les entreprises publiques, le secteur minier connaît une grave crise depuis le début des années 1980. Certes, les hydrocarbures et l'hydroélectricité garantissent au pays l'indépendance énergétique, mais les cours de ses principales productions exportatrices (étain, gaz naturel et argent) ont fortement baissé. Certaines mines d'étain ont dû être fermées : en 1986, le coût d'extraction est trois fois supérieur au prix de vente ! La crise minière se répercute gravement sur le commerce extérieur. En effet, le secteur minier fournit 90 % des recettes d'exportation. De même la récession de l'industrie est liée à celle du secteur minier : jusqu'à la fin des années 1970, la prospérité industrielle était largement le fait des branches spécialisées dans le traitement et la transformation des minerais.

En 1986, la Bolivie ne peut plus assumer sa situation de débiteur. Elle ne parvient pas à limiter l'accroissement du déficit budgétaire. L'inflation est encore de 5 000 % en mai 1985. La dette extérieure est supérieure au PNB global. Le commerce extérieur se dégrade au moment précis où le pays a un urgent besoin de devises. Aussi la Bolivie fait-elle appel au FMI, qui exige la mise en place d'un sévère programme de redressement. Le 1er janvier 1987, le boliviano remplace le peso (1 boliviano = 1 million de pesos). Dès 1987, la situation financière du pays présente une amélioration. Mais le programme d'austérité accentue le chômage, qui vient à son tour alimenter les réseaux du trafic de cocaïne : celui-ci représenterait environ un tiers du PNB en 1987. Le gouvernement est aujourd'hui embarrassé par le développement de cette économie parallèle. Il doit en effet s'attacher à détruire le secteur le plus dynamique de l'économie, à la fois créateur d'emplois et de revenus, et facteur de rééquilibrage de la balance des paiements.

BOTSWANA

Capitale : Gaborone
Population : 1 130 000 hab.
Variation pop./an (1973-85) : 4,3 %
Superficie : 581 730 km²
PNB/habitant : 840 $
Taux de croissance/an (1973-85) : 11,0 %

Ancien protectorat britannique (Bechuanaland), le Botswana accède à l'indépendance en 1966, et se constitue en démocratie pluraliste. Depuis 1970, le pays connaît une croissance économique exceptionnelle, malgré la présence de facteurs défavorables : le territoire est aux deux tiers désertique, l'accroissement démographique est très rapide (4,3 % par an), et 60 % de la population est âgée de moins de 21 ans.

Par ailleurs, le développement de la production agricole est quasiment impossible en raison du manque d'eau. Aussi l'agriculture concerne-t-elle surtout l'élevage bovin qui, sans cesse menacé par les possibilités de sécheresse, fournit pourtant d'importantes recettes à l'exportation. La balance commerciale agricole est lourdement déficitaire. Pour l'avenir, l'écart entre les taux de croissance respectifs de la population et de la production agricole ne pourra que se creuser.

L'économie est fondée sur les richesses minières, qui représentent la moitié du PNB en 1988. Le Botswana est le troisième producteur mondial de diamants (qui sont par ailleurs de haute qualité). Le pays produit également du nickel et du cuivre. Mais la production, qui avait beaucoup augmenté à partir de 1972, souffre dans les années 1980 de la chute des cours mondiaux.

Malgré les efforts du gouvernement, la contribution de l'industrie au PNB reste dérisoire, et rend nécessaire l'importation de produits de consommation courante. Pour cette raison, le Botswana entretient d'étroites relations économiques avec l'Afrique du Sud, en dépit d'un manque d'affinités politiques.

L'importance des échanges commerciaux rend le pays vulnérable. En 1985, les exportations représentent 90 % du PNB. Dans les années 1980-1982, la baisse des prix des produits miniers entraîne un important déficit commercial. Mais le redressement est rapide : dévaluation de la monnaie, réduction des importations, et fort accroissement des recettes d'exportation de diamants permettent de dégager un large excédent. La stratégie gouvernementale de développement repose sur l'investissement et la formation, en vue d'acquérir une plus grande indépendance vis-à-vis de l'extérieur. Cet effort est facilité par les apports de fonds étrangers (aides et prêts), qui financent 40 % des dépenses publiques en 1984-1985.

BURKINA FASO

Capitale : Ouagadougou
Population : 6 750 000 hab.
Variation pop./an (1973-85) : 2,3 %
Superficie : 274 200 km²
PNB/habitant : 140 $
Taux de croissance/an (1973-85) : 2,7 %

Ancienne colonie française, la Haute-Volta devient indépendante en 1960. Dans les années 1980, elle connaît une succession de coups d'État. En 1984, elle prend le nom de République démocratique et populaire du Burkina Faso. Très exposé à la sécheresse, le pays est l'un des plus pauvres au monde. De ce fait, l'émigration est très importante.

L'agriculture représente les deux tiers du PNB. Axée sur les activités de subsistance, elle est très peu productive malgré la nationalisation des sols et l'augmentation du budget agricole décidées en 1984 sous la présidence de T. Sankara. Grâce à l'aide du FED, les investissements ont toutefois été développés dans les secteurs du coton (40 % des recettes d'exportation), de l'arachide et du riz.

Faute des infrastructures nécessaires,

les ressources minières (or, zinc, argent et manganèse) ne sont pas encore véritablement exploitées. Axée sur la substitution aux importations, la production industrielle reste limitée. L'étroitesse du marché intérieur et les problèmes de financement risquent de surcroît d'en limiter le développement. Cependant, elle pourra bénéficier de la construction d'une voie ferrée vers Abidjan et d'une station hydro-électrique sur la rivière Kompienga.

Le déficit de la balance commerciale est chronique. En 1986, il atteint le double de la valeur des exportations. Mais le Burkina Faso dispose de deux ressources appréciables : les transferts des nationaux établis à l'étranger et l'aide internationale, essentiellement fournie par le FED, la Libye et la France.

BURUNDI

Capitale : Bujumbura
Population : 4 850 000 hab.
Variation pop./an (1973-85) : 2,3 %
Superficie : 27 834 km^2
PNB/habitant : 240 $
Taux de croissance/an (1973-85) : 3,5 %

Indépendant depuis 1962, le Burundi est une monarchie jusqu'en 1966. La République est alors proclamée. En 1976, l'armée prend le pouvoir et se fixe pour objectifs l'unification et la modernisation du pays. L'URSS, la Chine et la Libye apportent une aide militaire, tandis que l'aide économique demeure essentiellement le fait des pays occidentaux. Très peuplé, le Burundi reste un pays pauvre. Cependant, le PNB par habitant progresse de 2,1 % par an de 1965 à 1983, en dépit d'un taux d'accroissement démographique de 2,3 %.

L'économie est fondée sur l'agriculture, qui emploie 94 % de la population active et contribue pour 60 % à la formation du PNB. La production est encore orientée vers l'autoconsommation, à l'exception de celle de café (84 % des recettes totales d'exportation). Avec l'aide du Fonds Européen de Développement, le Burundi développe la culture du théier, du palmier à huile et de la canne à sucre.

Les activités minières et industrielles sont peu développées. Le réseau routier est en mauvais état, ce qui conduit à privilégier le transport par voie fluviale. Le Burundi demeure très dépendant de l'aide étrangère. En 1976, il crée la Communauté économique des pays des grands lacs, avec le Rwanda et le Zaïre, mais les projets de développement se révèlent trop ambitieux : ils conduisent à des déficits permanents, une inflation accrue et un lourd endettement extérieur. Aussi le Burundi se voit-il forcé de libéraliser son économie, en échange de l'aide du FMI. Cependant, le développement autarcique reste l'objectif à long terme.

CAMEROUN

Capitale : Yaoundé
Population : 10 450 000 hab.
Variation pop./an (1973-85) : 3,2 %
Superficie : 475 442 km^2
PNB/habitant : 810 $
Taux de croissance/an (1973-85) : 7,1 %

En 1960, le Cameroun accède à l'indépendance, et se dote d'une Constitution inspirée du fédéralisme. Cependant, l'évolution politique du pays se caractérise par une orientation centralisatrice. Ainsi, en 1966, est créée l'Union Nationale Camerounaise, nouveau parti unique. Puis la nouvelle Constitution du 20 mai 1972 rétablit un État unitaire, même si des éléments de déconcentration subsistent.

Depuis 1970, le Cameroun connaît une

croissance économique quasi continue. D'abord fondée sur l'agriculture (exportation de café et de cacao), l'économie connaît après 1979 un nouveau bond, lié à l'exploitation pétrolière. Le PNB par habitant croît de 10 % en 1985.

L'agriculture emploie encore les trois quarts de la population active, et contribue pour un quart au PNB. Elle représente la moitié des recettes d'exportation. Constitué pour l'essentiel de petites exploitations, le secteur agricole bénéficie du soutien gouvernemental. Les cultures vivrières concernent surtout le millet, le plantain, le manioc, l'igname, etc. L'agriculture d'exportation est assurée pour une part par les exploitations paysannes (cacao, café, coton), et pour le reste par de grands établissements agro-industriels fournissant de l'huile de palme, du latex, des bananes, du thé et de la canne à sucre. La pêche artisanale procure des revenus complémentaires, issus du commerce du poisson séché. Le bois est également une ressource très appréciable (6 % des exportations totales en 1985). Ainsi, bois inclus, la balance commerciale agricole est structurellement excédentaire.

L'industrie s'est rapidement développée. De 18 % en 1979, sa part dans la formation du PNB est passée à 35 % en 1984. La priorité est accordée au développement national et régional, dans le cadre de l'UDEAC (Union Douanière et Économique de l'Afrique Centrale). Aussi l'industrie est-elle dominée par le traitement des matières premières (raffinage du pétrole, traitement de la bauxite, ciment, caoutchouc). La production de pétrole débute en 1977. Mais les réserves sont très limitées. Aussi le gouvernement camerounais ne mise-t-il pas à long terme sur le pétrole, mais s'attache dès à présent à affecter ses revenus au financement du développement. Le gaz naturel fournira dans l'avenir un appoint précieux. Sa production est très faible dans les années 1980, mais les réserves sont évaluées à 115 milliards de m^3. La consommation électrique nationale est couverte à 95 % par l'hydro-électricité. La moitié de la production hydro-électrique est absorbée par l'industrie de l'aluminium.

De 1975 à 1985, le budget annuel du pays est multiplié par 5. Au sein des dépenses publiques, on remarque une formidable augmentation des dépenses en capital (multipliées par 15 sur la même période). Les perspectives économiques sont favorables. Le pays dispose en effet de nombreuses ressources en matières premières, et a su maintenir un secteur agricole compétitif. D'autre part, la politique gouvernementale, qui associe planification indicative et libéralisme, est susceptible de porter remède à l'insuffisance de l'épargne nationale, en attirant les investissements étrangers.

La dette camerounaise s'est accrue. Elle représente environ 50 % du PNB en 1986. Cependant, le Cameroun bénéficie d'un accès facile aux sources de financement extérieures du fait de son appartenance à la zone franc, de la santé de son commerce extérieur et du niveau désormais raisonnable de son inflation.

RÉPUBLIQUE CENTRAFRICAINE

Capitale : Bangui
Population : 2 740 000 hab.
Variation pop./an (1973-85) : 2,3 %
Superficie : 622 984 km²
PNB/habitant : 270 $
Taux de croissance/an (1973-85) : 0,6 %

République indépendante le 13 août 1960, Empire de Centrafrique sous la domination du colonel J.-B. Bokassa en 1976, le pays redevient une République en 1979 à la suite de l'intervention française. Depuis 1981, le général Kolingba exerce un pouvoir autoritaire. L'économie centrafricaine connaît un taux de croissance rapide de 1966 à 1970. Par la suite, les problèmes politiques contribuent à son déclin : le PNB n'augmente que de 0,6 % par an en moyenne entre 1973 et 1985, alors que la population s'accroît dans le même temps à un rythme annuel de 2,3 %.

L'économie repose sur l'agriculture, qui emploie 80 % de la population et contribue pour un tiers à la formation du PNB. Les cultures d'exportation (café et coton) font l'objet de programmes de développement soutenus par le FED, l'AID et la France. Ajoutées au bois, elles permettent à la balance commerciale agricole de dégager un large excédent, bien que la croissance de la production agricole soit inférieure de moitié à l'accroissement de la population.

Le secteur minier est dominé par l'exploitation des mines de diamant. L'extraction est en déclin mais fournit encore plus du quart des recettes d'exportation. L'industrie est peu développée et se limite à quelques secteurs (cuir, textile...). Le réseau de communication est peu étendu et de mauvaise qualité.

La République centrafricaine demeure très dépendante de l'aide étrangère, tant financière que technique. Pour obtenir de nouveaux crédits du FMI, le gouvernement a dû réduire le déficit budgétaire, notamment en diminuant le nombre des fonctionnaires et en augmentant la pression fiscale.

CHILI

Capitale : Santiago
Population : 12 330 000 hab.
Variation pop./an (1973-85) : 1,7 %
Superficie : 756 945 km^2
PNB/habitant : 1 440 $
Taux de croissance/an (1973-85) : 1,8 %

Le coup d'État militaire du 11 septembre 1973 renverse le gouvernement d'unité populaire de Salvador Allende. Depuis lors, la junte militaire au pouvoir est dirigée par le général Augusto Pinochet. L'opposition politique est de plus en plus vive. En septembre 1986, le régime se durcit encore après l'attentat manqué contre le chef de l'État.

Entre 1975 et 1981, le Chili connaît une forte croissance économique (+5 % par an en moyenne, qui repose sur une stratégie de libre entreprise. Mais la réussite de cette politique n'est que temporaire : si les investissements et la production s'accroissent, l'augmentation des importations devient excessive, et le Chili doit s'endetter dans des proportions excessives. En 1982, l'inflation et l'endettement provoquent une crise de confiance : le PNB en volume chute de 15 %. L'année suivante, le gouvernement revient à un libéralisme modéré, et un redressement s'amorce.

En 1967, devant l'augmentation des importations alimentaires, le gouvernement met en place une réforme agraire. Elle permet d'exproprier les *latifundia* dépassant 80 ha de terres irriguées. Des centres de production d'État et des villages-coopératives sont créés, surtout sous le gouvernement d'Allende. Mais cette réforme, bien qu'utile, n'empêche pas le pays d'être toujours importateur net de produits alimentaires.

Soumise à une grande variété de climats, l'agriculture est extrêmement diversifiée : élevage, canne à sucre, céréales, maïs, pommes de terre, fruits et légumes... Mais ce sont l'exploitation forestière et la pêche qui permettent à la balance commerciale agricole de dégager un excédent.

La croissance du Chili est fondée sur des ressources minières très importantes. Le pays possède le quart des réserves mondiales de cuivre, et en est le premier producteur. Le cuivre assure près de la moitié des recettes d'exportation et, ajouté aux nitrates, 80 % des revenus gouvernementaux. Il s'ensuit une certaine vulnérabilité, qui s'est vérifiée depuis 1980 : en 1986, les recettes tirées des exportations de cuivre ont baissé de 20 % par rapport à 1980.

Le protectionnisme a favorisé le développement de l'industrie. L'État a mis en place des mécanismes d'encouragement à la création d'entreprises privées ou publiques, ces dernières exerçant leur activité dans les secteurs clés (énergie électrique et pétrole, sidérurgie, pétrochimie). Les barrières douanières ont disparu dans les années 1970. Dans les années 1980, l'industrie représente 20 % du PNB et 33 % des exportations. Les principales branches d'activité sont le textile, l'automobile, la chimie, les biens de consommation et les produits à base de caoutchouc.

Dans les années 1980, les accords avec

le FMI sont apparus nécessaires à la gestion d'une dette qui s'élève à 180 % du PNB, plaçant le Chili au premier rang mondial pour l'endettement par habitant. La limitation massive des importations permet de dégager un excédent commercial, mais le service de la dette représente plus du double de cet excédent en 1985. Le ralentissement de la croissance économique s'est traduit dans les premiers temps par une forte aggravation du taux de chômage. De 16 % en 1983, il a cependant été ramené aux alentours de 13 % en 1986.

COLOMBIE

Capitale : Bogota
Population : 29 190 000 hab.
Variation pop./an (1973-85) : 1,9 %
Superficie : 1 138 914 km²
PNB/habitant : 1 320 $
Taux de croissance/an (1973-85) : 3,8 %

La démocratie colombienne est à la fois la plus ancienne et la plus stable de l'Amérique latine. Elle est dirigée par un président de la République élu pour 4 ans au suffrage universel direct. Le Parlement se compose d'une Chambre des représentants et d'un Sénat, tous deux élus au suffrage universel direct. Le pays connaît une croissance économique assez régulière, toutefois très ralentie au début des années 1980. L'année 1986 marque un net redressement.

L'économie reste fondée sur l'agriculture, qui emploie près de 30 % de la population active, contribue pour 25 % à la formation du PNB, et fournit les trois quarts des recettes d'exportation. La culture du café est prépondérante : elle occupe 25 % de la surface cultivée. La Colombie est le second producteur et exportateur mondial de café, qui lui procure la moitié de ses recettes à l'exportation. La culture de la marijuana est également la source d'importants profits illégaux. Elle permet aux petits agriculteurs d'augmenter leurs revenus, la marijuana se vendant plus cher que les cultures traditionnelles. Aussi, tout comme en Bolivie, le gouvernement se heurte-t-il, dans sa lutte contre le trafic de la drogue, à deux constatations : ce trafic améliore le niveau de vie des populations rurales, et il exerce un effet favorable sur le solde de la balance des paiements.

L'activité minière est importante pour le pays. Elle est en augmentation depuis 1983. Autoconsommée en totalité, la production de pétrole passe de 8 millions de tonnes en 1983 à 20 millions de tonnes en 1987. De même, la production de charbon va s'accroître à la fin des années 1980 avec la mise en exploitation de l'énorme gisement de Cerrejon (la Colombie dispose des plus importantes réserves charbonnières d'Amérique latine). La production d'or n'est pas négligeable : 27 000 tonnes en 1986. La Colombie est aussi le principal producteur mondial d'émeraudes. L'énergie électrique est fournie aux trois quarts par l'hydro-électricité. Les investissements publics dans ce secteur sont très importants, et la capacité de production est en augmentation.

Le développement industriel bénéficie de plusieurs atouts : l'existence de matières premières minières et agricoles, l'importance du marché intérieur, élargi de surcroît aux États proches dans le cadre du pacte andin, et enfin, le faible coût d'une main-d'œuvre de bonne qualité. Les industries de base (raffinage des hydrocarbures, ciment, chimie, acier) sont peu nombreuses. L'industrie est surtout spécialisée dans les biens de consommation, diversifiés et en rapide croissance : alimentation, textile, construction mécanique et électrique, etc. Les activités du secteur tertiaire se sont élargies (transport routier, tourisme).

Déficitaire dans les années 1980, la balance commerciale est très dépendante des cours du café. L'apparition du déficit commercial oblige le gouvernement à limiter les importations. La structure du commerce extérieur de la Colombie reste celle d'un pays sous-développé. C'est pourquoi l'effort d'investissement concerne en particulier les secteurs à forte valeur ajoutée. L'inflation est encore de 20 % en 1986, et le chômage, qui ne concernait que 7 % de la population active en 1981, a doublé en l'espace de 5 ans. La dette extérieure s'accroît rapidement dans les années 1980. En 1986, elle représente 40 % du PNB. Mais le gouvernement, tout en cherchant à adopter une gestion plus rigoureuse, est également soucieux de maintenir la paix sociale. C'est pourquoi il a adopté un mode de redressement progressif plutôt qu'une austérité trop radicale.

CONGO

Capitale : Brazzaville
Population : 1 790 000 hab.
Variation pop./an (1973-85) : 3,1 %
Superficie : 342 000 km²
PNB/habitant : 1 020 $
Taux de croissance/an (1973-85) : 7,7 %

Le 15 août 1960, le Congo accède à l'indépendance. Le Président Youlou entend conserver d'étroites relations avec les pays occidentaux, mais il est renversé par une Révolution socialiste en 1963. À la suite du coup d'État de 1968, la République populaire du Congo est proclamée (1er janvier 1970). Cependant, jusqu'en 1979, quatre textes constitutionnels et cinq chefs d'État tentent en vain d'apporter leur solution à l'instabilité du régime. En février 1979, Denis Sassou N'guesso est élu à la présidence de la République par le parti unique, le Parti Congolais du Travail. Bien qu'il ait clairement marqué son adhésion aux principes marxistes, le Président est obligé d'adopter une attitude modérée : confronté au milieu des années 1980 à des difficultés économiques croissantes, le pays est de plus en plus tributaire de l'aide des pays occidentaux.

Employant le tiers de la population active, l'agriculture ne contribue plus qu'à 7 % du PNB. À la fin des années 1970, la production commence à régresser : en 1986, elle se situe à 80 % de son niveau de 1975. Le secteur agricole semble souffrir du monopole détenu par l'Office national de commercialisation des produits agricoles. L'institution des fermes d'État se révèle également être un échec : elles sont aujourd'hui délaissées au profit de l'agriculture d'autosubsistance.

Depuis les années 1970, le secteur minier connaît une évolution inverse à celle de l'agriculture. En 1986, il contribue pour 28 % au PNB et procure 90 % des recettes d'exportation (contre 5 % en 1969). Les mines de potasse ont été fermées, et le Congo exploite depuis 1978 des gisements de pétrole off-shore. Très coûteuse, l'extraction est assurée par la société Elf. Les réserves étant assez limitées (86 millions de tonnes en 1988), la production annuelle s'est stabilisée à 6 millions de tonnes. Le pays produit aussi du fer, du plomb, du zinc et des diamants. Quant à l'industrie, elle est peu développée. Axée sur le traitement du bois et des produits agricoles, elle ne représente que 9 % du PNB.

De 1973 à 1983, le PNB s'accroît rapidement (7,9 % par an en moyenne). Mais le développement économique est exclusivement lié au boom de l'activité pétrolière. En 1986, la baisse du prix du pétrole ampute de moitié les recettes escomptées, et se traduit par une réduction de 25 % du PNB en volume. Le budget de fonctionnement des pouvoirs publics doit faire l'objet de coupes sévères. La planification est bouleversée : l'État est obligé d'annuler les investissements prévus pour l'année en cours.

L'URSS ne peut guère accroître le montant de son aide. Dès lors, la France constitue une planche de salut. Il est vrai qu'elle trouve un intérêt à apporter son soutien au Congo : elle lui fournit les deux tiers de ses importations, et demeure soucieuse d'entretenir de bonnes relations avec un État africain francophone. C'est pourquoi la société Elf continue à verser à l'État congolais des redevances sur l'exploitation pétrolière, bien que celle-ci soit devenue déficitaire du fait de coûts de production élevés et de la baisse des prix de vente.

Au début des années 1980, l'endettement extérieur du Congo dépasse le PNB global. Au printemps 1986, le FMI met au point un plan de rééchelonnement de la dette, tandis que l'aide de la France et, dans une moindre mesure, de la Chine et de l'URSS, permet au gouvernement d'éviter la banqueroute.

CORÉE DU NORD

Capitale : Pyon Yang
Population : 20 880 000 hab.
Variation pop./an (1973-85) : 2,6 %
Superficie : 120 538 km^2
PNB/habitant : n.d.
Taux de croissance/an (1973-85) : n.d.

Depuis 1948, la Corée du Nord est dirigée par Kim II-Sung, chef du gouvernement jusqu'en 1972, puis président de la République. En vertu de la Constitution du 27 décembre 1972, il est désigné pour 4 ans par l'Assemblée populaire suprême (élue pour la même durée au suffrage universel). Le fils de Kim II-Sung est le second personnage de l'État, et semble destiné à assumer la succession de son père. Le parti communiste contrôle tous les rouages de l'État. Depuis 1962, ses candidats officiels sont invariablement élus, le taux de participation électorale atteignant 100 %.

L'économie de la Corée du Nord est régie par un système de planification centrale, axé sur un objectif d'autarcie économique : indépendance alimentaire, priorité aux industrie lourdes et au secteur minier, refus de tout lien de coopération économique avec les pays occidentaux constituent les orientations déterminées par le gouvernement dès les années 1950. L'État est propriétaire du sol, des moyens de production et des transports. Au lendemain de la partition coréenne, l'essentiel des structures industrielles était concentré sur le territoire de la Corée du Nord. Mais la volonté de développement autonome entraîne rapidement l'infériorité technologique et commerciale de la Corée du Nord par rapport à sa voisine du Sud.

L'agriculture emploie 40 % de la population active et contribue pour 20 % à la formation du PNB. Les cultures occupent le cinquième du territoire. Grâce aux travaux de terrassement et d'irrigation, les trois quarts des terres fournissent deux récoltes par an. Les rendements des rizières sont très élevés, et la constante progression de leur production permet au pays non seulement de satisfaire la totalité des besoins nationaux, mais encore de devenir exportateur de riz dans les années 1980. Assez limitées, les ressources de l'élevage sont complétées par celles de la pêche (1,5 million de tonnes de prises par an). L'objectif d'indépendance alimentaire est quasiment atteint.

La Corée du Nord dispose d'importantes ressources minières : charbon (production annuelle : 40 millions de tonnes), fer, plomb, zinc. En revanche, elle est dépourvue d'hydrocarbures, qu'elle doit importer d'URSS. L'activité du secteur minier fournit 6 % du PNB, mais un effort de modernisation devient nécessaire : l'équipement se révèle souvent trop vieux pour assurer un rythme d'extraction satisfaisant.

Dans les années 1950, le gouvernement oriente l'essentiel des investissements vers le développement de l'industrie lourde (acier, ciment, engrais, biens d'équipement). Les apports technologiques restent exclusivement soviétiques. La construction mécanique, la métallurgie et la chimie lourde sont très développées, mais depuis la fin des années 1970 c'est le textile qui connaît la croissance la plus spectaculaire : +78 % entre 1978 et 1984. Malgré tout, l'industrie souffre d'un manque de compétitivité technologique. La Corée refuse toujours de s'ouvrir, même partiellement, aux principes de l'économie de marché. Elle a longtemps dédaigné la fabrication de biens de consommation, et ne peut donc prendre pied sur les marchés concurrentiels. Ses exportations, dix fois inférieures à celles de la Corée du Sud, sont largement destinées aux pays en voie de développement. Plus de la moitié des échanges se fait avec l'URSS et la Chine.

Depuis 1976, la Corée du Nord se trouve dans une situation financière critique : dans l'incapacité de faire face aux charges de la dette extérieure (contractée pour un tiers auprès de pays socialistes), elle a dû signer un accord avec le Japon pour trouver les ressources nécessaires à la reprise des remboursements. Une certaine ouverture aux pays occidentaux apparaît désormais inévitable.

COSTA RICA

Capitale : San José
Population : 2 670 000 hab.
Variation pop./an (1973-85) : 2,8 %
Superficie : 50 700 km²
PNB/habitant : 1 290 $
Taux de croissance/an (1973-85) : 1,8 %

Colonie espagnole jusqu'en 1821, le Costa Rica se proclame République indépendante en 1920. La nouvelle Constitution de 1948 fonde un régime semi-présidentiel et démocratique : le Président et l'Assemblée législative sont tous deux élus pour 4 ans au suffrage universel direct, et le Président n'est pas rééligible. En vertu de sa doctrine pacifiste, le gouvernement supprime l'armée nationale en 1949 et se rapproche des États-Unis.

De 1970 à 1978, le pays connaît une croissance économique rapide. Mais une grave récession se produit en 1979 : en trois ans, le PNB par habitant retombe à son niveau de 1970. Il faut attendre 1982 pour observer une reprise, amplement confirmée depuis lors. C'est ce qui explique la relative faiblesse du taux de croissance moyen indiqué pour la période 1973-1985 : ce chiffre ne résulte pas d'un manque de dynamisme économique, mais d'une crise ponctuelle.

L'économie est fondée sur une agriculture très dynamique, largement vouée à l'exportation. Elle occupe le quart de la population active et représente également le quart du PNB. Le café et la banane fournissent plus de la moitié des recettes d'exportation. Le café seul représente 10 % du PNB. Aussi la baisse de son prix de vente en 1987 risque-t-elle de se répercuter sur l'ensemble de l'économie. La balance commerciale agricole dégage un excédent très important : entre 12 % et 15 % du PNB selon les années.

Le Costa Rica dispose de ressources minières inexploitées : cuivre, bauxite, et surtout pétrole. En matière énergétique, son effort s'est surtout concentré sur l'équipement hydro-électrique. L'industrie occupe une place croissante dans la formation du PNB (25 % en 1986). Elle est axée sur la substitution aux importations (biens de consommation et agro-alimentaire).

S'effectuant principalement avec les États-Unis et les États d'Amérique centrale, les échanges extérieurs sont traditionnellement déséquilibrés. En 1982, le gouvernement Monge applique une politique d'austérité pour lutter contre l'inflation (120 % en 1981-1982) et le déséquilibre des comptes. Après une brève chute, le PNB se remet à progresser. L'inflation est ramenée à 12 % dès 1984, et les déficits se réduisent progressivement.

L'endettement extérieur reste préoccupant : égal au PNB en 1984, il lui est nettement supérieur en 1985. L'aide du FMI se révèle indispensable : des rééchelonnements sont négociés, et le Costa Rica est soutenu par les États-Unis et la Banque mondiale. Depuis 1986, privatisations et allégement de la fiscalité constituent les instruments de la politique économique. En 1988, on ignore si le décès du président Arias risque de remettre en cause ces options, ou même la fameuse stabilité politique du pays.

CÔTE-D'IVOIRE

Capitale : Yamoussoukro
Population : 10 160 000 hab.
Variation pop./an (1973-85) : 4,3 %
Superficie : 322 463 km²
PNB/habitant : 620 $
Taux de croissance/an (1973-85) : 3,2 %

Le 7 août 1960, la Côte-d'Ivoire accède à l'indépendance sous l'impulsion du Parti Démocratique de la Côte-d'Ivoire (PDCI) et de son leader, M. Félix Houphouët-Boigny. Celui-ci devient président de la République, et est réélu tous les 5 ans depuis 1965, date de la première élection présidentielle au suffrage universel direct. Dans les années 1960, le Président met fin à l'opposition politique et le PDCI devient le seul parti légal. Dans le même temps, la Côte-d'Ivoire cherche à rassembler les pays africains hostiles au socialisme dans plusieurs organisations de coopération internationale.

L'influence française reste très sensible en Côte-d'Ivoire. Elle se manifeste notamment à travers la participation aux investissements, l'existence d'une communauté française de 50 000 personnes et la présence militaire. Enfin, la Côte-d'Ivoire appartient à la zone franc.

Jusque dans les années 1980, le taux de croissance économique est très élevé. En moyenne annuelle, le PNB augmente de 11 % entre 1960 et 1970, et se maintient autour de 6 à 7 % entre 1970 et 1980. Depuis 1980, la situation se détériore sous l'effet de la baisse des prix à l'exportation (café, cacao, bois), et de la sécheresse de 1982-1984.

Les facteurs démographiques apparentent la Côte-d'Ivoire aux pays sous-développés : s'accroissant désormais à un rythme annuel de 4 %, la population est très jeune (la moitié des habitants sont âgés de moins de 20 ans) et se divise en une soixantaine d'ethnies. Mais, en dépit de la rapidité de l'accroissement démographique, le progrès social a largement accompagné la croissance économique depuis 1970. La formation permet une africanisation de l'encadrement et l'émergence d'élites nationales, tandis qu'une politique d'augmentation des salaires améliore le niveau de vie.

Depuis 1960, le développement économique bénéficie d'un cadre politique et réglementaire très stable, qui constitue un puissant facteur d'attraction sur les investissements étrangers. Tous les secteurs de l'économie se déploient de façon harmonieuse, l'État animant l'expansion de l'ensemble tout en adoptant un mode de direction libéral.

Dans les années 1970, l'agriculture d'exportation connaît une progression remarquable. En 1986, le secteur agricole fournit le tiers du PNB et les trois quarts des recettes d'exportation. Le café est la principale culture d'exportation : la Côte-d'Ivoire en est le quatrième producteur mondial. Elle est devenue le premier producteur de cacao, la production ayant doublé entre 1970 et 1979. Café et cacao fournissent plus de la moitié des recettes d'exportation : d'où la vulnérabilité de l'économie aux variations des cours mondiaux, qui se manifeste notamment en 1987. Le bois demeure la troisième source de revenus à l'exportation. Les productions d'huile de palme et de caoutchouc ont considérablement augmenté grâce à un programme intensif de plantation. Les cultures vivrières sont assez diversifiées, mais ne couvrent pas la totalité des besoins alimentaires. Aussi le gouvernement cherche-t-il à développer les productions destinées à la consommation intérieure : riz, blé, sucre... En dépit des importations de produits alimentaires, la balance commerciale agricole dégage un excédent massif.

Soutenue par une demande intérieure croissante, l'industrie se développe rapidement depuis 1960. Elle se concentre sur la transformation des produits agricoles : huileries, conserveries, textile, transformation du café (café soluble), du latex et du bois. L'activité minière du pays est presque inexistante, exception faite de l'exploitation en déclin des mines de diamant. Cependant, grâce à la découverte de gisements de pétrole offshore, la Côte-d'Ivoire a pu réduire de beaucoup sa dépendance pétrolière. Du même coup, elle a développé le raffinage pétrolier et l'industrie chimique.

Jusqu'en 1975, le taux de croissance annuel des exportations est de 9 %. Dans les années 1980, la balance commerciale reste excédentaire, mais le surplus est affecté par la baisse des prix agricoles (café en particulier) sur les marchés mondiaux. De ce fait, la dette extérieure augmente rapidement, l'État ayant à faire face à des dépenses de fonctionnement et d'investissement élevées, et maintenant sa politique de soutien des prix agricoles. De 1978 à 1983, l'endettement extérieur est multiplié par deux. Au milieu de 1984, un rééchelonnement des remboursements est négocié avec le FMI. Mais en 1985 le gouvernement doit recourir à des emprunts massifs pour compenser la perte de revenus résultant de la sécheresse de 1983/1984 : la dette extérieure dépasse alors le PNB. En mai 1987, la Côte-d'Ivoire est contrainte à se déclarer insolvable : de nouveaux rééchelonnements devront s'accompagner d'une politique de rigueur très stricte. Bien qu'il soit particulièrement dépendant des fluctuations du commerce extérieur, le pays dispose de plusieurs atouts pour mener à bien son redressement : l'économie est équilibrée, et les taux d'inflation et de chômage restent faibles. Par ailleurs, son appartenance à la zone franc et sa stabilité politique et sociale lui facilitent l'accès aux sources internationales de financement.

CUBA

Capitale : La Havane
Population : 10 250 000 hab.
Variation pop./an (1973-85) : 0,8 %
Superficie : 110 861 km²
PNB/habitant : n.d.
Taux de croissance/an (1973-85) : n.d.

Indépendante depuis 1902, Cuba devient une République protégée par les États-Unis. Après la prise du pouvoir par Fidel Castro en 1959, le pays se rapproche de l'URSS. Il adhère au CAEM en 1972, et sa dépendance économique et politique à l'égard de l'Union soviétique se fait plus étroite.

Cuba tire de très importantes recettes de son agriculture, contrôlée à 80 % par les fermes d'État. La canne à sucre représente 50 % des recettes d'exportation en 1986 (86 % en 1978). Cuba en est le 4e producteur et le 1er exportateur mondial. L'URSS achète 60 % de la production de canne à sucre, à un prix trois fois supérieur au cours mondial, ce qui permet à la balance commerciale agricole de dégager un énorme excédent, comptant parmi les plus élevés du monde.

Le nickel constitue la seconde source de recettes à l'exportation. Le pays est également riche de chrome, cuivre et cobalt. L'énergie intérieure est surtout fournie par les importations de pétrole soviétique à prix subventionné. Selon les statistiques cubaines, l'industrie représenterait, en 1985, 43 % du PSG (Produit Social Global, qui ne peut en aucun cas donner lieu à des comparaisons internationales), au lieu de 48 % en 1975. Les principales sources de devises de Cuba sont tirées de l'aide soviétique sous toutes ses formes et, dans une bien moindre mesure, des recettes touristiques.

L'endettement extérieur, contracté pour les deux tiers auprès de l'URSS, atteint 70 % du PNB. Or l'URSS annonce en 1987 une réduction de 10 % de son aide à Cuba pour les cinq années suivantes. Aussi le gouvernement doit-il pratiquer une politique d'austérité accrue, tout en marquant une volonté d'ouverture vis-à-vis des pays occidentaux. En tout état de cause, le niveau de vie, déjà très bas, devra encore se réduire.

RÉPUBLIQUE DOMINICAINE

Capitale : Saint-Domingue
Population : 6 420 000 hab.
Variation pop./an (1973-85) : 2,4 %
Superficie : 48 734 km²
PNB/habitant : 810 $
Taux de croissance/an (1973-85) : 2,9 %

Occupée depuis le début du XVIe siècle par les Espagnols, la République dominicaine accède à l'indépendance en 1844. Les Espagnols se désintéressent du territoire et émigrent massivement : lors de l'indépendance, le pays ne compte que 125 000 habitants.

Soumise à la tyrannie du général Trujillo de 1930 à 1961, la République dominicaine connaît ensuite une période d'instabilité sous la domination de l'armée. En 1965, les désordres intérieurs se multiplient jusqu'à provoquer une intervention militaire américaine. De 1966 à 1978, Joaquin Balaguer gouverne le pays : il mène une politique économique sage, tout en limitant strictement les ouvertures à la démocratie. Après un intermède de libéralisation démocratique sous la présidence d'Antonio Guzman, puis une phase de trouble économique et social à la suite de l'élection de Salvador Jorge Blanco en 1982, Joaquin Balaguer revient au pouvoir en 1986, après des élections marquées par les émeutes et la violence. Bénéficiant d'une certaine crédibilité sur le plan international, le nouveau Président libéralise progressivement l'économie.

Depuis 1945, l'amélioration des conditions d'hygiène et de santé entraîne une augmentation des naissances et un tassement du taux de mortalité. En 1960, le taux d'accroissement démographique atteint 3,5 % par an. Au milieu des années 1970, il se stabilise aux alentours de 2,4 %.

Occupant près de la moitié de la population active, l'agriculture est axée sur l'exportation. Elle contribue pour 18 % à la formation du PNB, et fournit 55 % des recettes à l'exportation. Le sucre est la toute première culture : il réalise à lui seul 35 % des recettes d'exportation. Viennent ensuite le café, le cacao et le tabac. Les cultures vivrières sont moins développées.

Au milieu des années 1980, le poids de l'État dans le secteur agricole est jugé excessif par le nouveau Président : la commercialisation du sucre et du riz est exclusivement assurée par un organisme public, tandis que l'État est propriétaire d'une partie importante des terres cultivées. La redistribution de ces terres semble désormais constituer l'un des objectifs prioritaires du gouvernement Balaguer.

L'activité du secteur minier, elle aussi, est tournée vers l'exportation. Elle est assez peu importante et concentrée sur l'or, le ferro-nickel et l'argent. Les ventes d'or et d'argent procurent 20 % des recettes à l'exportation, tandis que la part du ferronickel varie de 3 à 10 %. L'industrie emploie 20 % de la population active, et fournit 20 % du PNB. La moitié de la production industrielle est liée au raffinage du sucre, l'autre moitié s'est développée en fonction d'une stratégie de substitution aux importations (les branches principales en sont le ciment, le textile, le cuir...).

En 1984-1985, le PNB en volume décroît de 9 %. Le pays est très fortement touché par le chômage, qui concerne 30 % de la population active (en outre, on estime à 30 % le nombre de travailleurs sous-employés). Le déficit du budget est important, de même que celui de la balance commerciale. Au milieu des années 1980, la progression de l'endettement extérieur (80 % du PNB) contraint le pays à adopter, sous l'égide du FMI, un strict programme de redressement : limitation du déficit budgétaire à 3 % du PIB au maximum, restrictions aux importations, dévaluation. En échange, de nouveaux prêts sont consentis. Dès 1986, le PNB en volume se stabilise et l'inflation est réduite à 10 % au lieu de près de 40 % l'année précédente.

ÉTHIOPIE

Capitale : Addis-Abeba
Population : 44 930 000 hab.
Variation pop./an (1973-85) : 2,7 %
Superficie : 1 221 900 km²
PNB/habitant : 110 $
Taux de croissance/an (1973-85) : 2,2 %

En 1974, l'empereur Haïlé Sélassié est renversé par les militaires. La Constitution est abrogée et l'Éthiopie se rapproche des pays marxistes. En 1987, la population ratifie la transformation de l'Éthiopie en démocratie populaire.

La contribution de l'agriculture à la formation du PNB est ramenée de 50 % à 44 % à la suite des sécheresses des années 1980. Le secteur emploie 80 % de la population active et réalise plus de 85 % des recettes d'exportation. Les cultures vivrières (céréales, maïs) se développent grâce à l'aide internationale. Il en est de même pour les cultures d'exportation : café (60 % des recettes totales d'exportation), coton, thé, sucre.

L'apport des pays occidentaux au secteur industriel est resté limité. La construction, l'agro-alimentaire et le textile représentent 15 % du PNB. Les peaux et cuirs représentent plus de la moitié des exportations industrielles. Seules, les mines d'or sont exploitées, alors que l'Éthiopie semble également riche en zinc, cuivre et potasse. Le pays reste faiblement consommateur d'énergie (hydroélectricité, géothermie, pétrole importé d'URSS).

L'équilibre des finances publiques se dégrade fortement en raison de l'importance des dépenses militaires dans les années 1980 (entre 27 et 47 % des dépenses budgétaires selon les années). La dette extérieure représente la moitié du PNB en 1987, la dette militaire à l'égard de l'URSS étant estimée au double. En échange de l'aide du FMI, le gouvernement a mis en place une politique de rigueur.

GHANA

Capitale : Accra
Population : 14 040 000 hab.
Variation pop./an (1973-85) : 2,7 %
Superficie : 238 537 km^2
PNB/habitant : 390 $
Taux de croissance/an (1973-85) : – 0,6 %

Indépendant en 1957, le Ghana connaît une grande instabilité politique jusqu'en 1981. Le 30 décembre 1981, le capitaine Jerry Rawlings revient au pouvoir, dissout les partis et suspend la Constitution. Il oriente son pays vers l'adhésion aux principes marxistes. En 1957, le PNB par habitant est le plus élevé parmi les pays d'Afrique noire. Au milieu des années 1980, c'est un pays endetté, qui doit redresser une économie perturbée par les changements politiques successifs.

L'agriculture emploie 60 % de la population active et contribue pour un tiers à la formation du PNB. La culture du cacao fournit la moitié des recettes d'exportation. Le gouvernement a engagé un programme visant à stopper la régression de sa production.

L'industrie ne représente plus que 10 % du PNB, contre 22 % en 1973. Très diversifiée, elle a souffert des restrictions imposées aux importations. L'or et les diamants constituent les principales ressources minérales. Déclinant dans les années 1970, la production d'or est de nouveau en hausse, et réalise 25 % des recettes d'exportation en 1986. Depuis 1978, le pays produit également du pétrole. Sa production électrique lui assure l'autosuffisance, et il dispose de 1 000 km de voies ferrées et d'un réseau routier dense quoique insuffisamment entretenu.

La détérioration de l'économie au début des années 1980 incite le gouvernement Rawlings à suivre les prescriptions du FMI. Cette orientation conduit à une très nette amélioration depuis 1984, ce qui facilite l'accès du Ghana aux sources de financement internationales.

GUATEMALA

Capitale : Guatemala
Population : 8 190 000 hab.
Variation pop./an (1973-85) : 2,8 %
Superficie : 108 889 km^2
PNB/habitant : 1 240 $
Taux de croissance/an (1973-85) : 1,8 %

Indépendant depuis 1839, le Guatemala se heurte depuis la fin des années 1970 à une grave déstabilisation politique. À partir de 1977, les coups d'État se succèdent et la lutte entre les militaires et les oppositions armées s'accentue, créant un climat d'insécurité générale qui se répercute sur l'économie : le PNB en volume diminue d'environ 25 % entre 1980 et 1985. En 1987, le pays a cependant un espoir de renouer avec la paix et la croissance : un président de la République démocrate, M. Vinizio Cerezo, est élu en novembre 1985. Dans l'année qui suit son arrivée au pouvoir, le Président parvient à restaurer un début de confiance et à stopper la baisse du PNB.

L'économie est encore fondée sur l'agriculture. La population est aux deux tiers rurale. Le secteur agricole emploie 58 % de la population active, et représente 25 % du PNB et 60 % des exportations. Les cultures vivrières occupent les trois quarts des agriculteurs. Dominées par les grandes compagnies américaines, les cultures commerciales concernent le café (28 % des recettes à l'exportation), la canne à sucre (9 %), puis le coton et la banane.

Le sous-sol est riche de quelques gisements de cuivre, de plomb et de zinc. La production nationale de pétrole couvre environ 20 % des besoins. Le développement de l'industrie s'accélère dans les années 1980 : contribuant pour 15 % au PNB en 1980, elle y participe pour 20 %

en 1986, alors qu'elle n'occupe que 18 % de la population active. Le secteur est dominé par les petites structures de production. L'agro-alimentaire demeure la branche la plus performante. Cependant, l'expansion industrielle est freinée par les incertitudes relatives au Marché Commun de l'Amérique Centrale (le MCCA) : en effet, les conflits persistent entre certains pays membres, notamment entre le Nicaragua et le Honduras. Tant que la paix ne sera pas rétablie, le fonctionnement du Marché Commun paraît compromis.

Les infrastructures de transport demeurent médiocres. L'investissement est trop faible : il atteint à peine 10 % du PIB. La balance commerciale se redresse légèrement, grâce à la limitation des importations. Elle a été équilibrée en 1984, mais subit le contrecoup des variations de prix des produits agricoles (café surtout). Les États-Unis sont toujours le premier partenaire commercial du Guatemala, et lui fournissent de surcroît une aide financière non négligeable. Dans les années 1980, le solde de la balance des paiements est systématiquement négatif. Aussi l'endettement extérieur s'est-il accru, le service de la dette absorbant plus de 30 % des recettes d'exportation en 1986.

Rigueur monétaire et relance du secteur touristique font partie du programme fixé par le gouvernement de M. Cerezo. Ces mesures ont donné leurs premiers résultats dès 1986. Toutefois, l'économie entière serait pénalisée si le bas niveau du prix du café persistait au-delà de 1987.

GUINÉE

Capitale : Conakry
Population : 6 220 000 hab.
Variation pop./an (1973-85) : 2,0 %
Superficie : 245 857 km²
PNB / habitant : 320 $
Taux de croissance / an (1973-85) : 2,0 %

Le 2 octobre 1958, la Guinée accède à l'indépendance. Sous l'impulsion de Sékou Touré, elle choisit un mode de développement socialiste. La mort de Sékou Touré en 1984 remet en cause les options du régime. L'armée prend le pouvoir, libéralise l'économie et renoue de bonnes relations avec la France. Malgré son potentiel agricole et minier, la Guinée s'est peu développée depuis l'indépendance.

L'agriculture emploie 80 % de la population active et fournit le tiers du PNB. Bien que son développement ait toujours constitué une priorité pour le gouvernement, ses progrès se montrent limités : les rendements restent faibles et les productions ne parviennent pas à assurer l'autosuffisance alimentaire.

Le secteur minier représente le quart du PNB, et fournit plus de 95 % des recettes d'exportation. L'extraction de bauxite en constitue l'activité principale. Dans les années 1980, le gouvernement tente de relancer la production de diamants et d'or, s'associant dans ce but à des consortiums étrangers. La production industrielle est très faible (5 % du PNB). Les ressources de bauxite n'ont pas donné naissance à une industrie de l'aluminium, le traitement se limitant à la transformation de bauxite en alumine. L'industrie se réduit donc à quelques produits de substitution aux importations. Depuis le début des années 1980, on assiste à la réapparition du secteur privé : le gouvernement a fortement réduit les subventions aux entreprises publiques, et anime un mouvement de privatisation. Dans la logique de l'adhésion aux conventions de Lomé et du rapprochement avec la France, la Guinée bénéficie d'une aide extérieure beaucoup plus importante que par le passé.

HAÏTI

Capitale : Port-au-Prince
Population : 5 360 000 hab.
Variation pop./an (1973-85) : 1,7 %
Superficie : 27 750 km^2
PNB / habitant : 350 $
Taux de croissance / an (1973-85) : 2,6 %

Après vingt ans de dictature, un régime transitoire est installé le 7 février 1986. En mars 1987, une nouvelle Constitution est ratifiée par référendum populaire. Mais depuis, le pays est en proie au désordre, les anciennes milices du dictateur faisant obstacle à l'installation de la démocratie, tandis que l'armée ne peut se résoudre à abandonner le pouvoir aux civils.

La distribution des revenus est extrêmement inégalitaire. Sous l'autorité du Président Duvalier, 1 % des Haïtiens recevaient 44 % du revenu national. La moitié de la population est en situation de chômage ou de sous-emploi.

Largement vouée à l'autosubsistance, l'agriculture emploie les deux tiers de la population active et ne fournit qu'un tiers du PNB. Le café constitue la seule culture commerciale. Elle procure 27 % des recettes d'exportation (40 % en 1979). Cependant, Haïti ne parvient pas à s'assurer l'indépendance alimentaire : les importations de produits agricoles représentent encore le quart de sa consommation.

La moitié seulement du pays est électrifiée, et les quelques gisements de bauxite, cuivre et or ne sont pas exploités. L'industrie réalise 20 % du PNB et 50 % des recettes à l'exportation. Deux secteurs se juxtaposent : le premier, gêné par un outil de production vieilli, est spécialisé dans des créneaux à faible valeur ajoutée, alors que le second regroupe les activités de sous-traitance pour le compte de sociétés américaines. Les États-Unis constituent le principal partenaire économique d'Haïti : ils lui fournissent une aide importante et accaparent près des deux tiers des flux du commerce extérieur. L'assistance internationale représente le quart du budget de l'État. En 1987, le gouvernement entame une politique de libéralisation de l'économie, tandis que le FMI prescrit une réduction des importations.

HONDURAS

Capitale : Tegucigalpa
Population : 4 510 000 hab.
Variation pop./an (1973-85) : 3,5 %
Superficie : 112 088 km^2
PNB / habitant : 730 $
Taux de croissance / an (1973-85) : 3,4 %

Indépendant depuis 1823, le Honduras a longtemps représenté le cas typique de la République bananière, développée grâce aux grandes compagnies américaines. L'importance stratégique du territoire s'est renforcée depuis le début de la Révolution sandiniste au Nicaragua. Après une période d'instabilité politique, le pays renoue avec la démocratie en 1980.

Depuis 1965, le Honduras est le pays le plus pauvre de l'Amérique centrale. Le chômage y touche plus du quart de la population active. Cependant, dans les années 1980, le PNB global est en progression (à l'inverse, il diminue dans plusieurs pays voisins).

Les régions caraïbes sont beaucoup plus actives et peuplées que l'Est du pays (celui-ci ne regroupe que 8,5 % de la population sur 45 % de la superficie totale). La mise en valeur des plaines de l'Ouest (un quart de la population totale) est en effet plus ancienne. Elle est fondée sur les plantations bananières effectuées sous l'impulsion de grandes compagnies américaines : Standard Fruit et United Fruit. L'exploitation bananière représente à elle seule le tiers de la valeur totale de l'agriculture. Le secteur agricole emploie 53 % de la population active et fournit 80 % des recettes d'exportation. Les cultures commerciales concernent en premier lieu la banane (30 % des recettes d'exportation), le café (25 %), le bois (la forêt couvre 45 % du territoire), puis la canne à sucre, l'élevage, le coton. Les terres cultivables ne représentent que 15 % de la superficie totale, et sont presque en totalité exploitées. Les possibilités de développement des cultures apparaissent désormais limitées.

Malgré d'importantes réserves de plomb, zinc, argent et or, le secteur minier ne contribue que pour 2 % à la formation du PNB. L'industrie est encore peu développée (15 % du PNB) et stagne. Son activité se concentre essentiellement dans le secteur de l'agro-alimentaire. En 1987, le gouvernement prend une série de mesures destinées à favoriser l'investissement national et étranger dans l'industrie. Les ressources énergétiques continuent à manquer, malgré l'important effort d'équipement des sites hydro-électriques (l'hydro-électricité fournit la quasi-totalité de la consommation électrique nationale). De même, les infrastructures de transports demeurent médiocres.

En dépit des restrictions aux importations, le déficit de la balance commerciale progresse régulièrement. Le pétrole et les produits alimentaires représentent 40 % des importations, qui ne peuvent guère être davantage comprimées. Les États-Unis demeurent de loin le premier partenaire commercial. Ils fournissent en outre une aide importante au gouvernement du Honduras (plusieurs centaines de millions de dollars).

L'accroissement de la dette extérieure (qui égale le PNB) rend nécessaire une politique de rigueur budgétaire et financière, dont le FMI et les États-Unis ont contribué à tracer les grandes lignes. Dans le même temps, une politique de lutte contre le sous-emploi et d'encouragement au secteur privé sera mise en place par le gouvernement.

JAMAÏQUE

Capitale : Kingston
Population : 2 370 000 hab.
Variation pop./an (1973-85) : 1,1 %
Superficie : 10 991 km²
PNB / habitant : 940 $
Taux de croissance / an (1973-85) : – 2,5 %

Ancienne colonie britannique, la Jamaïque accède à l'indépendance en 1962. Elle reste membre du Commonwealth, et calque ses institutions sur le modèle britannique.

Jusqu'en 1972, le pays s'enrichit. L'économie est principalement fondée sur les plantations sucrières héritées de la période coloniale, et sur l'exploitation intensive des gisements de bauxite. En 1972, l'arrivée au pouvoir du People's National Party de M. Manley marque un renversement de la politique économique. L'alourdissement des taxes à l'exportation de bauxite entraîne une chute de moitié de la production. La politique de hausse des salaires et l'accroissement des dépenses sociales créent de graves difficultés budgétaires. Les comptes des entreprises se dégradent et le chômage s'accroît. Dès 1973, la récession économique s'amorce. Elle se poursuit à un rythme accéléré de 1974 à 1980.

En 1980, le FMI impose des coupes sévères dans les dépenses sociales. C'est dans un climat de violents troubles sociaux que se tiennent les élections anticipées. Le scrutin donne la majorité au parti conservateur de M. Edward Seaga. Le nouveau gouvernement restaure le libéralisme, cherche à attirer les capitaux étrangers, ouvre l'économie sur l'extérieur en abaissant les droits de douane, et choisit une voie de développement axée sur la coopération et la complémentarité avec les États-Unis. Mais le redressement est difficile : en 1984, la Jamaïque est à nouveau confrontée à une sévère récession.

Toutes les cultures d'exportation (sucre, banane, agrumes, café, cacao...) sont en crise. L'agriculture ne contribue que pour 8 % à la formation du PNB, alors qu'elle emploie le tiers de la population active. Les campagnes sont pauvres et surpeuplées (densité moyenne = 200 hab/km²).

La reconversion des agriculteurs sous-employés apparaît difficile : le secteur minier ne crée pratiquement pas d'emplois ; l'industrie, développée dans les secteurs de la cimenterie, du raffinage pétrolier et des biens de consommation, n'occupe que 11 % de la population active (et fournit 20 % du PNB) ; le secteur tertiaire est déjà hypertrophié : il regroupe plus de la moitié de la population active et contribue pour les deux tiers à la formation du PIB. Seul, le tourisme est très actif (deuxième source de revenus après le secteur minier) et créateur d'emplois. En 1987, le chômage touche plus du quart de la population active.

Le plan d'austérité visant à réduire le déficit commercial et l'inflation aggrave les inégalités et le chômage : la tension du climat social constitue un handicap supplémentaire. C'est pourquoi le gouvernement privilégie la dévaluation de la monnaie, parmi ses instruments d'intervention. En 1987, la dette extérieure serait de près de deux fois supérieure au PNB global. Cependant, la Jamaïque peut compter sur l'aide des États-Unis qui, en 1987, représente 14 % de son PNB.

JORDANIE

Capitale : Amman
Population : 3 660 000 hab.
Variation pop./an (1973-85) : 2,9 %
Superficie : 97 740 km²
PNB / habitant : 1 560 $
Taux de croissance / an (1973-85) : 8,9 %

Un émirat de Transjordanie sous mandat britannique naît du démembrement de l'Empire ottoman après la Première Guerre mondiale. Le 24 avril 1949, après l'annexion de la Cisjordanie, il se transforme en un Royaume Hachémite de Jordanie placé sous l'autorité de l'émir Abdallah. Deux ans plus tard, l'émir est remplacé par le roi Hussein. En 1967, la guerre « des Six jours » se solde par la perte de la riche province de Cisjordanie. Face aux difficultés politiques et militaires, le régime se transforme en une monarchie absolue qui réprime sévèrement les menées palestiniennes en 1970 (« septembre noir ») et parvient à résister à de nombreux complots. Après 1978-1979, le pays refuse de s'intégrer au processus de restauration de la paix initié par la conférence de Camp David.

Malgré le conflit avec Israël, l'importance des dépenses militaires (15 % du PNB en 1986) et la perte de la Cisjordanie, l'économie jordanienne résiste remarquablement aux chocs des années 1970 : vigoureusement soutenu par l'aide des pays arabes pétroliers, l'effort national de développement conduit à un taux annuel de croissance économique proche de 9 %. Très vive jusqu'en 1980, la croissance se ralentit toutefois par la suite.

La perte de la Cisjordanie a rompu l'équilibre agricole. Malgré les progrès de l'irrigation et de la mécanisation, l'agriculture ne représente plus que 6 % du PNB. Les importations de produits alimentaires s'élèvent à 15 % des importations totales, et le déficit de la balance commerciale agricole atteint 12 % du PNB au milieu des années 1980.

La croissance économique est fondée sur l'exploitation intensive des ressources en phosphates (40 % des recettes d'exportation), qui alimentent l'industrie des engrais. Dans les années 1980, les gisements de potasse deviennent un second pôle de développement industriel. La capacité de raffinage pétrolier est excédentaire : le traitement du pétrole brut d'Arabie Saoudite permet à la Jordanie d'exporter quelques produits raffinés. Mines et industrie contribuent désormais à 30 % de la formation du PNB. La création de zones de libre-échange favorise les échanges commerciaux. Mais l'acheminement des marchandises destinées à l'exportation devient problématique : le réseau de transport doit être modernisé.

En 1985, les importations sont près de quatre fois supérieures aux exportations. Mais le déficit commercial est compensé par les recettes touristiques (13 % du PNB) et les envois de fonds des nombreux Jordaniens établis à l'étranger (près d'un quart du PNB). En outre, les troubles politiques au Moyen-Orient ont donné une impulsion aux activités bancaires et commerciales. Cependant, la balance des paiements accuse un léger déficit depuis 1982, après avoir dégagé un solde positif durant les années 1970. Il est vrai que l'aide étrangère commence à se réduire, la Jordanie ayant désormais constitué les bases d'un développement autonome. Au milieu des années 1980, une politique d'austérité apparaît nécessaire. En effet, la Jordanie a financé sa croissance au moyen de l'endettement extérieur : en 1986, l'encours de la dette dépasse le PNB global.

KAMPUCHÉA

Capitale : Phnom Penh
Population : 7 490 000 hab.
Variation pop./an (1973-85) : n.d.
Superficie : 181 035 km²
PNB/habitant : n.d.
Taux de croissance/an (1973-85) : n.d.

Ancienne colonie française, le Cambodge accède à l'indépendance en 1954. Le prince Norodom Sihanouk est déchu en 1970 par l'Assemblée. Le nouveau régime cherche à se rapprocher des États-Unis, mais en 1975 les Khmers rouges prennent le pouvoir et créent le nouvel État du Kampuchéa démocratique. Le chef des Khmers rouges, Pol Pot, soumet le pays à une sévère dictature, renversée quatre ans plus tard par une intervention militaire vietnamienne. Depuis 1979, le nouveau régime se rapproche de l'URSS.

L'économie est fondée sur l'agriculture. Elle emploie 78 % de la population active et procure la quasi-totalité des recettes à l'exportation. Malgré l'absence d'engrais, la production de riz augmente de 50 % entre 1981 et 1984. Cependant, l'autosuffisance alimentaire n'est pas encore atteinte. Seules, les exportations de caoutchouc rétablissent l'équilibre de la balance commerciale agricole.

Le caoutchouc constitue également la base de l'industrie nationale. Celle-ci emploie seulement 4 % de la population active et se développe peu, du fait du manque de machines, de techniciens, d'infrastructures. De surcroît, les affrontements entre l'armée vietnamienne et les Khmers rouges gênent l'expansion économique. Le Kampuchéa ne vit pratiquement que de l'agriculture et de l'aide extérieure, fournie pour l'essentiel par les pays de l'Est.

KENYA

Capitale : Nairobi
Population : 21 160 000 hab.
Variation pop./an (1973-85) : 4,0 %
Superficie : 582 646 km²
PNB/habitant : 290 $
Taux de croissance/an (1973-85) : 4,3 %

Le Kenya accède à l'indépendance en 1963. L'État demeure libéral bien que le président de la République, se heurtant à de graves difficultés économiques et politiques depuis 1978, doive recourir au soutien de l'armée pour se maintenir en place. Le Kenya connaît une croissance économique soutenue, mais elle se répercute très imparfaitement sur le niveau de vie en raison de l'accroissement très rapide de la population (+4 % par an).

L'agriculture contribue pour un tiers à

la formation du PIB et emploie 76 % de la population active. La production de subsistance représente la moitié de la production agricole, l'autre moitié étant vouée à l'exportation (thé et café). La balance commerciale est toujours excédentaire. En 1986, le surplus dépasse 9 % du PNB.

L'industrie est relativement développée (16 % du PNB). Comme l'agriculture, elle est pour partie axée sur la substitution aux importations, et pour le reste consacrée à l'exportation : produits pétroliers (30 % des recettes d'exportation), agro-alimentaire, tabac, textile...

Le tourisme est actif (4 % du PNB). Il est devenu la troisième source nationale de devises. Bien que les importations se soient récemment accrues et diversifiées, le solde de la balance commerciale demeure négatif. Depuis les années 1970, la balance des paiements est également déséquilibrée. En échange de l'octroi de nouveaux prêts par le FMI, le gouvernement a consenti à appliquer une politique de redressement. L'économie du Kenya est relativement équilibrée, mais les perspectives de développement risquent de se heurter à une expansion démographique excessive.

LAOS

Capitale : Vientiane
Population : 4 220 000 hab.
Variation pop./an (1973-85) : 1,6 %
Superficie : 236 800 km²
PNB/habitant : n.d.
Taux de croissance/an (1973-85) : n.d.

Le Laos accède à l'indépendance en 1949, et s'associe à la France dans le cadre de l'Union française. À l'issue d'une guerre civile, l'opposition communiste prend le pouvoir en décembre 1975, abolit la monarchie et proclame la République démocratique populaire du Laos. Depuis lors, le pays se rapproche du Viêt-nam, du Kampuchéa et de l'URSS. En 1975, l'économie laotienne doit surmonter l'arrêt de l'aide américaine (égale au triple du budget de l'État). Le Laos est l'un des pays les plus pauvres du monde et sa population souffre de malnutrition. La dégradation de la situation contraint le gouvernement à introduire une certaine libéralisation économique.

L'agriculture (bois compris) emploie 80 % de la population active, et contribue pour 84 % à la formation du PNB. Se heurtant à de très fortes résistances, le programme de collectivisation des exploitations agricoles est périodiquement freiné. Le riz occupe plus des trois quarts de la surface cultivée. Le bois fournissait 70 % des recettes d'exportation en 1974, mais il a considérablement régressé.

Le Laos possède des ressources minières (gypse, potasse, fer) mais elles sont très peu exploitées du fait de l'insuffisance des infrastructures de communication. La contribution de l'industrie à la formation du PNB est dérisoire (6 %). Dominée par les entreprises publiques peu performantes, la production est axée sur le traitement du riz, la minoterie et le textile.

En 1979, les exportations ne couvraient que 28 % des importations, mais le développement de la production hydroélectrique permet une nette amélioration du taux de couverture : il atteint 42 % en 1983, les exportations d'électricité atteignant 50 % des exportations totales. La dette extérieure s'accroît et le pays demeure très dépendant de l'aide étrangère, fournie pour les deux tiers par les pays socialistes.

LESOTHO

Capitale : Maseru
Population : 1 560 000 hab.
Variation pop./an (1973-85) : 2,4 %
Superficie : 30 355 km²
PNB/habitant : 480 $
Taux de croissance/an (1973-85) : 7,1 %

Le 4 octobre 1966, le Lesotho accède à l'indépendance dans le cadre du Commonwealth. En 1986, un coup d'État porte au pouvoir le général Justin Lekhanva, qui resserre les relations du Lesotho avec l'Afrique du Sud. Depuis 1971, le pays connaît une très forte croissance économique, qui se ralentit toutefois au début des années 1980.

Employant le tiers de la population active, l'agriculture souffre de la suroccupation des sols et de l'émigration des exploitants vers l'Afrique du Sud. Elle est loin d'assurer l'autosuffisance alimentaire : bien que les produits agricoles fournissent les trois quarts des recettes d'exportation, la balance commerciale de l'agriculture est déficitaire.

L'industrie est peu développée (8 % du PNB). Le tiers de la population active masculine travaille en Afrique du Sud, en particulier dans le secteur minier : celui-ci attire plus de 80 % des travailleurs émigrant du Lesotho. Si cette perte de main-d'œuvre se révèle défavorable à l'agriculture, elle procure en devises des recettes très importantes.

Le Lesotho possède d'importantes réserves d'eau. Aussi l'Afrique du Sud est-elle en train d'explorer les possibilités de construction de plusieurs barrages. Cette richesse ouvre des perspectives de recettes très importantes pour le développement économique du pays. En outre, son appartenance à l'Union douanière de l'Afrique méridionale lui permettra d'orienter au mieux ce développement.

LIBAN

Capitale : Beyrouth
Population : 2 710 000 hab.
Variation pop./an (1973-85) : 0,0 %
Superficie : 10 400 km²
PNB/habitant : n.d.
Taux de croissance/an (1973-85) : n.d.

Auparavant sous mandat français, le Liban devient totalement indépendant en 1946 et adopte un régime parlementaire. De 1958 à 1966, la stabilité et la prospérité reposent sur l'équilibre entre les différentes communautés composant la population. Par la suite, du fait de la politique d'accueil des Palestiniens sur le sol libanais, le pays devient le théâtre du conflit israélo-arabe. En 1975, les affrontements entre Palestiniens et milices chrétiennes marquent le début de la guerre civile. Les armées syrienne puis israélienne occupent le pays. L'économie est désorganisée par la perte de l'identité nationale et les luttes armées. De 1969 à 1974, le PIB augmente de 70 %. Malgré l'absence de statistiques, on estime que son niveau en 1987 est inférieur à celui de 1972.

L'économie est fondée sur les activités de services. L'agriculture ne représente que 5 % du PNB en 1987. Le cheptel a beaucoup souffert de la guerre, et la majorité des petits paysans parvient difficilement à survivre. Les productions fruitières régressent. Le hachisch constitue la seule culture florissante : dans le Nord du pays, elle occupe 80 % des surfaces cultivées, contre 10 % en 1970. Quant à l'industrie, axée sur le traitement des hydrocarbures et les biens de consommation, elle connaît de graves difficultés. Les capacités de production ne sont plus utilisées qu'à 40 %.

Les services représentent encore les trois quarts du PNB. Au début des années 1970, Beyrouth était une place financière et bancaire très active. L'insécurité et l'effondrement de la monnaie depuis 1984 entraînent un déplacement de ces activités vers Chypre ou la Jordanie. Fort d'un remarquable réseau hôtelier, le tourisme fournissait 20 % du PIB avant 1975 ; il a aujourd'hui quasiment disparu. En revanche, les transports maritimes et aériens ont été moins touchés. La balance commerciale est lourdement déficitaire, mais la balance des paiements se maintient grâce aux envois de fonds des Libanais installés à l'étranger. Quant à la dette extérieure, elle a doublé en 1984.

Dans les années 1980, le processus de paupérisation de la population s'accélère. L'émigration est importante, et entraîne en fin de compte un appauvrissement inquiétant du tissu culturel, intellectuel et économique. Une amélioration de la situation économique est indissociable d'une évolution politique plus favorable.

LIBERIA

Capitale : Monrovia
Population : 2 220 000 hab.
Variation pop./an (1973-85) : 3,3 %
Superficie : 111 369 km²
PNB/habitant : 470 $
Taux de croissance/an (1973-85) : 1,4 %

La République du Liberia est fondée en 1847. La minorité afro-américaine exerce le pouvoir jusqu'au coup d'État militaire du 12 avril 1980. Depuis 1979, l'économie connaît une sévère récession. Lourdement endetté, le pays reste très dépendant de l'aide américaine.

L'agriculture emploie 72 % de la population active. Caoutchouc et café constituent les principales cultures d'exportation. La subsistance de la population repose sur la culture du riz, du manioc et de l'huile de palme.

Grâce à d'importants gisements de diamants et de minerai de fer à très haute teneur, le secteur minier fournit plus des deux tiers des recettes d'exportation. Un programme de développement vise à diversifier la production (or, bauxite, cuivre, manganèse, uranium...). L'exploitation minière est à l'origine du développement des infrastructures de transport et de la flotte commerciale, qui est devenue la première au monde, loin devant celle du Japon. L'industrie est dominée par les entreprises de petite taille, les grandes firmes ne se trouvant pratiquement que dans les secteurs du caoutchouc et des boissons. L'État cherche à promouvoir le développement de grandes raffineries et cimenteries. Néanmoins, l'industrialisation reste géographiquement limitée et souffre du nombre trop restreint des entrepreneurs.

MADAGASCAR

Capitale : Antananarivo
Population : 10 300 000 hab.
Variation pop./an (1973-85) : 2,9 %
Superficie : 587 041 km²
PNB/habitant : 250 $
Taux de croissance/an (1973-85) : – 0,7 %

Madagascar devient indépendante le 26 juin 1960. Auparavant ouvert sur le monde occidental, le pays s'engage depuis 1975 sur la voie du socialisme révolutionnaire.

L'agriculture contribue pour 40 % à la formation du PNB et fournit 80 % des recettes d'exportation (café, vanille). Malgré les programmes de développement, les productions se sont au mieux maintenues depuis 1975. Le pays manque de ressources énergétiques et tente de développer l'hydro-électricité afin de réduire la facture pétrolière. Essentiellement axée sur les produits de substitution aux importations, l'industrie contribue pour 19 % à la formation du PNB. Les nationalisations se sont révélées peu favorables à son expansion.

Ne parvenant pas à assumer le service de la dette extérieure, Madagascar se tourne en 1981-1982 vers le FMI. Une politique d'austérité est mise en place, tandis que l'aide extérieure s'accroît. Au milieu des années 1980, le FMI parvient à imposer la suppression du monopole d'État sur la commercialisation des produits agricoles, qui constituait un réel obstacle à l'accroissement des productions.

MALAWI

Capitale : Lilongwe
Population : 7 280 000 hab.
Variation pop./an (1973-85) : 3,1 %
Superficie : 118 484 km²
PNB/habitant : 170 $
Taux de croissance/an (1973-85) : 2,6 %

Ancienne colonie britannique, le Malawi accède à l'indépendance le 6 juillet 1964. S'appuyant sur le parti unique, le Président exerce un pouvoir autoritaire et mène une politique de coopération avec l'Afrique du Sud.

L'économie repose sur l'agriculture, qui emploie 90 % de la population active. La culture du maïs assure la subsistance des populations, tandis que le tabac, le thé, le sucre et, dans une moindre mesure, l'arachide, fournissent 95 % des recettes d'exportation. Le gouvernement tente de réduire la vulnérabilité du pays aux variations des cours mondiaux en diversifiant les productions destinées à l'exportation. Ainsi, le pays devient exportateur de céréales au milieu des années 1980.

Les ressources minérales (bauxite surtout) ne sont pas encore exploitées à grande échelle. L'industrie demeure limitée au traitement de produits de base (thé, tabac, textile, bois). Avec l'aide du FMI, le gouvernement procède périodiquement au rééquilibrage des comptes. Les déficits se réduisent, mais la dette extérieure est très importante (égale au PNB fin 1987). Enclavé à l'intérieur de l'Afrique australe, le Malawi demeure très dépendant de l'accès aux réseaux de transport des pays voisins pour l'acheminement de ses marchandises. Aussi subit-il le contrecoup des troubles qui règnent au Mozambique, le transport vers les ports de ce dernier étant moins sûr, plus lent et plus coûteux.

MALI

Capitale : Bamako
Population : 8 440 000 hab.
Variation pop./an (1973-85) : 2,5 %
Superficie : 1 240 000 km²
PNB/habitant : 140 $
Taux de croissance/an (1973-85) : 3,6 %

En 1960, le Soudan s'érige en État indépendant et prend le nom de Mali. Depuis le coup d'État de 1968, le général Moussa Traoré exerce un pouvoir autoritaire. Cependant, le régime semble s'orienter vers une certaine libéralisation : depuis 1979, président de la République et Assemblée nationale sont élus au suffrage universel direct.

L'agriculture demeure un secteur de première importance. Elle emploie 73 % de la population active et contribue pour

40 % à la formation du PNB. Cependant, l'objectif d'autosuffisance alimentaire est périodiquement remis en cause par les sécheresses. Les ressources minières ne sont pas négligeables : le Mali ne produit qu'un peu d'or et de diamants, mais le développement des infrastructures permettrait l'exploitation des gisements de bauxite, de manganèse et de pétrole. Concentrée autour de Bamako, l'industrie est peu importante. Seul, le secteur du textile reste dominé par les capitaux privés ; c'est aussi le plus performant.

Dans l'avenir, le Mali pourrait devenir exportateur d'hydroélectricité. De plus, le déficit commercial est largement compensé par les envois de fonds des deux millions de Maliens établis à l'étranger, et par l'aide extérieure (20 % du PNB). Enfin, le climat social est favorable au développement du tourisme. Cependant, la portée de ces atouts est limitée par l'importance de la dette extérieure, qui dépasse le PNB.

MAROC

Capitale : Rabat
Population : 22 480 000 hab.
Variation pop./an (1973-85) : 2,4 %
Superficie : 446 550 km²
PNB/habitant : 610 $
Taux de croissance/an (1973-85) : 4,1 %

Ancienne colonie française, le Maroc accède à l'indépendance en 1956. Malgré les tentatives de coups d'État militaires (1971-1973) et les oppositions politiques, la monarchie parvient à s'assurer un ferme contrôle de l'État. La troisième Constitution de 1972 amorce cependant une libéralisation du régime. A la suite de la « marche verte » de 1975, opérée dans le but de récupérer l'ex-Sahara espagnol, le roi Hassan II renforce son prestige intérieur au prix d'un isolement diplomatique.

L'économie marocaine est désavantagée par l'importance des dépenses militaires engagées dans la lutte contre le front Polisario, la baisse du prix des phosphates et la forte croissance démographique (50 % de la population est âgée de moins de 17 ans). Néanmoins, le pays ne manque pas d'atouts, notamment en ce qui concerne les richesses naturelles.

L'agriculture emploie 50 % de la population active mais ne contribue que pour 13 % au PNB. Les rendements céréaliers sont très faibles en raison des problèmes de sécheresse, particulièrement marqués au début des années 1980. Agrumes et légumes réalisent 30 % des exportations totales ; l'élevage et la pêche sont développés. Cependant, la balance commerciale agricole connaît un déficit chronique. L'amélioration des rendements, sensible depuis 1985-1986, permet d'espérer une meilleure indépendance alimentaire dans les années à venir.

Si le pays est riche de gisements de charbon, fer, plomb, zinc (pour l'essentiel peu exploités), il possède surtout les deux tiers des réserves mondiales de phosphates, et en est le premier exportateur. L'activité industrielle (16 % du PNB) se concentre sur le traitement des phosphates, bien qu'une politique de diversification tende à développer les secteurs de l'industrie lourde (aciéries, raffineries, cimenteries), du textile et de l'agro-alimentaire. De même, une diversification géographique est recherchée, le tissu industriel apparaissant trop concentré au profit de la région de Casablanca. Le pays bénéficie d'infrastructures satisfaisantes : une dizaine de ports bien équipés, un réseau ferré dessiné en fonction des nécessités de transport des phosphates, 57 000 km de routes.

La structure du commerce extérieur reste celle d'un pays en voie de développement. Il arrive que le déficit commercial égale la valeur totale des exportations. Malgré les revenus du tourisme et les envois de fonds des Marocains de l'étranger, la balance des paiements est déséquilibrée. La dette extérieure dépasse le PNB. La combinaison du libéralisme économique et d'une politique d'austérité semble toutefois couronnée de succès. C'est pourquoi le FMI consent volontiers au Maroc des rééchelonnements de dette, en échange du renforcement de la rigueur (réduction des programmes d'investissement).

MAURITANIE

Capitale : Nouakchott
Population : 1 950 000 hab.
Variation pop./an (1973-85) : 2,1 %
Superficie : 1 030 700 km²
PNB/habitant : 410 $
Taux de croissance/an (1973-85) : 2,3 %

Indépendante depuis le 28 novembre 1960, la République islamique de Mauritanie connaît jusqu'en 1978 une grande stabilité politique. Mais, affaibli par la guerre menée contre le front Polisario, le régime est renversé par un coup d'État militaire le 10 juillet 1978. Depuis lors, le pays est gouverné sous l'égide d'un Comité militaire du Salut national. L'économie de la Mauritanie est peu productive dans son ensemble, la moitié du PNB relevant de la vente de permis de pêche et de l'aide extérieure.

L'agriculture emploie plus des deux tiers de la population active, et ne contribue plus que pour 15 % à la formation du PNB (contre 44 % en 1960). Dans les années 1980, les productions agricoles (millet et sorgho) régressent en raison des sécheresses ; en revanche, la pêche seule fournit des recettes d'exportation égales à 10 % du PNB.

Le pays est riche en fer et, dans une moindre mesure, en cuivre. En 1985, le fer procure le tiers des recettes d'exportation. Afin de permettre le développement des activités minières, les capacités électriques et les infrastructures de transport sont constamment améliorées. En revanche, l'industrie est très peu active.

La balance commerciale est excédentaire mais l'endettement extérieur atteint plus du double du PNB. En échange de l'appui du FMI, le gouvernement limite les dépenses budgétaires et pratique une politique d'austérité.

MONGOLIE

Capitale : Ulan Bator
Population : 1 940 000 hab.
Variation pop./an (1973-85) : 2,8 %
Superficie : 1 565 000 km²
PNB/habitant : n.d.
Taux de croissance/an (1973-85) : n.d.

En 1921, l'URSS reconnaît l'indépendance de la Mongolie extérieure, qui s'érige en République populaire de Mongolie. Admise à l'ONU en 1961, la Mongolie demeure très proche de l'URSS : elle adhère au CAEM en 1962 et, en 1965, signe un traité de paix et d'amitié avec l'URSS. En 1948, l'État adopte une planification centralisée reposant sur les plans quinquennaux.

Les structures agricoles sont dominées par les fermes d'État et les coopératives. En raison de la rudesse du milieu physique et d'une population peu nombreuse, les cultures n'occupent que 1 % de terres. En revanche, l'élevage est bien développé, et permet à l'agriculture de dégager un excédent commercial.

Recevant une aide importante de l'Union soviétique, la Mongolie développe en priorité son industrie lourde puis, dans une moindre mesure, le secteur des biens de consommation. Elle extrait un peu de pétrole, du cuivre et du molybdène. Une usine de traitement des métaux non ferreux est construite grâce aux capitaux soviétiques. Le pays demeure extrêmement dépendant de l'aide de l'URSS, qui lui permet de financer de lourdes importations en provenance du CAEM, et des dépenses militaires très élevées (15 % du PNB). Malgré tout, une grande partie de la population connaît la pauvreté du fait de la faiblesse du revenu par tête et de la pénurie de biens de consommation courante.

MOZAMBIQUE

Capitale : Maputo
Population : 14 170 000 hab.
Variation pop./an (1973-85) : 2,6 %
Superficie : 801 590 km^2
PNB/habitant : n.d.
Taux de croissance/an (1973-85) : n.d.

Ancienne colonie portugaise, le Mozambique accède à l'indépendance le 25 juin 1975, à l'issue d'une longue guerre de décolonisation. Le pouvoir est exercé par le Président du Frelimo, parti marxiste unique. L'économie se dégrade à partir de 1973, en raison de l'insécurité entretenue par la guérilla et des accidents climatiques.

L'agriculture emploie les trois quarts de la population active et contribue pour près de la moitié à la formation du PNB. Toutefois, depuis 1975, les productions agricoles régressent du fait du départ des Portugais, de l'insécurité générale et de nationalisations peu efficaces. En outre, lors de la sécheresse de 1983-1984, la production chute de 75 % dans le Sud du territoire. L'agriculture assure 75 % des recettes d'exportation ; cependant, sa balance commerciale accuse un déficit alors même qu'une grande partie de la population souffre de la famine.

Le sous-sol est riche (charbon, fer...) mais demeure très peu exploité. Les deux tiers de la consommation d'énergie sont couverts par le bois de chauffage. En revanche, la production d'hydroélectricité permet de dégager des surplus à l'exportation. La production industrielle devient dérisoire : en 1987, elle se situe à la moitié de son niveau de 1975 en raison du manque de matières premières et du climat d'insécurité. Les attentats limitent l'activité des ports, et ont réduit à néant le tourisme naguère florissant. L'aggravation des déficits et de l'endettement extérieur a conduit le pays à adhérer au FMI et à la Banque mondiale en 1984. Dans le même temps, les dirigeants semblent renoncer progressivement au marxisme dogmatique.

NÉPAL

Capitale : Katmandou
Population : 17 130 000 hab.
Variation pop./an (1973-85) : 2,6 %
Superficie : 140 797 km^2
PNB/habitant : 160 $
Taux de croissance/an (1973-85) : 3,1 %

Indépendant depuis 1923, le royaume himalayen du Népal tente de trouver son équilibre entre ses deux puissants voisins, l'Inde et la Chine. Le régime politique commence à se libéraliser, mais l'économie souffre de l'enclavement du territoire, et du relief presque exclusivement montagneux.

L'agriculture emploie 91 % de la population active, contribue pour 59 % à la formation du PNB et assure 60 % des recettes d'exportation. Les cultures sont diversifiées mais le pays manque d'engrais. L'industrie ne représente que 10 % du PNB. Elle reste axée sur le traitement des produits de base et les biens de consommation. Malgré son potentiel hydro-électrique, le Népal doit financer de lourdes importations de pétrole (44 % des importations totales).

Les exportations se limitent pratiquement aux vêtements de coton : le déficit de la balance commerciale atteint le triple de leur valeur totale. Malgré l'importance de l'aide internationale (Europe, Inde, Chine, Japon), le Népal fait toujours partie des 25 pays les moins développés du monde. La quasi-absence de voies de communication contribue largement à cette stagnation.

NICARAGUA

Capitale : Managua
Population : 3 380 000 hab.
Variation pop./an (1973-85) : 3,1 %
Superficie : 130 000 km²
PNB/habitant : 850 $
Taux de croissance/an (1973-85) : – 1,0 %

En 1979, les sandinistes renversent le dictateur Anastasio Somoza. Depuis lors, la junte sandiniste détient le pouvoir et bâillonne l'opposition. Proche de Moscou, le régime doit faire face à la guérilla menée par les commandos somozistes, basés au Honduras et soutenus par les États-Unis.

L'économie du Nicaragua repose sur l'agriculture. Forte de terres fertiles, celle-ci emploie 45 % de la population active, contribue pour un quart à la formation du PNB et assure les trois quarts des recettes d'exportation. Axées sur la canne à sucre, le maïs, le coton, le café, les productions baissent du fait de l'état de guerre qui prévaut depuis la fin des années 1970.

Dépourvu de ressources énergétiques, le Nicaragua importe du pétrole soviétique. La production électrique est très faible, et le bois de chauffage fournit à lui seul 56 % de la consommation d'énergie : le développement industriel en est sensiblement freiné. Orientée vers le traitement des produits agricoles, l'industrie ne fonctionne, en 1982, qu'à 60 % de ses capacités de production. Depuis lors, la situation ne cesse de s'aggraver, en raison de l'insécurité entraînée par la guerre civile.

Les dépenses militaires représentent la moitié des dépenses publiques : le déficit budgétaire ne cesse de s'aggraver. De 1979 à 1986, le PNB par habitant chute de 25 %. En 1979, l'excédent commercial cède la place à un déficit croissant : en 1986, il est égal à la valeur des exportations. Le gouvernement ne peut plus faire face aux remboursements de la dette extérieure. En échange de l'application d'un programme d'austérité, des rééchelonnements sont consentis par le FMI. En 1981, les États-Unis suspendent leur aide ; l'URSS et Cuba accroissent la leur.

NIGER

Capitale : Niamey
Population : 6 700 000 hab.
Variation pop./an (1973-85) : 3,0 %
Superficie : 1 267 000 km²
PNB/habitant : 200 $
Taux de croissance/an (1973-85) : 3,5 %

Le Niger accède à l'indépendance le 3 août 1960. Le Président est renversé en 1974 par un coup d'État militaire. Cependant, le nouveau régime se montre soucieux de conserver des relations privilégiées avec la France et d'associer les civils à l'exercice du pouvoir.

L'agriculture demeure traditionnelle. L'autosuffisance alimentaire est périodiquement remise en cause par les sécheresses. Particulièrement touchés, le cheptel, le coton et l'arachide régressent depuis les années 1970, contribuant au marasme économique.

En revanche, le secteur minier connaît une forte croissance. Sous contrôle français, l'exploitation de l'uranium fournit 70 % des recettes d'exportation. Le Niger subit le contrecoup de la baisse du prix de vente de l'uranium depuis 1981, même si la France continue à verser à l'État des redevances supérieures à celles qui résulteraient normalement des cours mondiaux. L'industrie demeure limitée au traitement des produits agricoles et à la substitution aux importations (textile, petit équipement...). Elle ne contribue que pour 8 % à la formation du PNB.

Dans les années 1978, le déficit commercial et l'endettement extérieur s'accroissent. En 1983, la dette atteint la moitié du PNB. En échange des rééchelonnements consentis par le FMI, le gouvernement favorise le développement de l'industrie et tente de rétablir l'équilibre des comptes.

OUGANDA

Capitale : Kampala
Population : 16 020 000 hab.
Variation pop./an (1973-85) : 3,2 %
Superficie : 236 036 km²
PNB/habitant : n.d.
Taux de croissance/an (1973-85) : – 1,2 %

Ancienne colonie britannique, l'Ouganda accède à l'indépendance le 9 octobre 1962. Affaibli par la dictature d'Idi Amin Dada, puis par l'instabilité politique, le pays connaît une récession quasi continue depuis 1970.

Forte d'un sol fertile et d'un climat favorable, l'agriculture emploie 90 % de la population active, et procure 97 % des recettes d'exportation. Les cultures vivrières sont très diversifiées, à l'inverse de l'agriculture d'exportation qui repose essentiellement sur le café (90 % des recettes d'exportation).

L'activité minière a quasiment disparu, et l'industrie est très affaiblie : liée au traitement des produits agricoles, elle ne représente plus que 4 % du PNB en 1986, contre 12 % en 1970. Le tourisme ne renaît que lentement et rend nécessaire la construction de nouvelles infrastructures. L'Ouganda fait partie des 20 pays les plus pauvres du monde, malgré l'aide très importante fournie par la Banque mondiale, la CEE et le FMI depuis le début des années 1980. La pacification du territoire semble être la condition d'une amélioration durable.

PAKISTAN

Capitale : Islamabad
Population : 99 160 000 hab.
Variation pop./an (1973-85) : 3,0 %
Superficie : 796 095 km²
PNB/habitant : 380 $
Taux de croissance/an (1973-85) : 6,2 %

En 1947, le Pakistan se sépare de l'ancien empire des Indes et s'érige en État indépendant. Amputé du Bangladesh en 1971, il est gouverné par les militaires à partir de 1977. En 1985, les premières élections législatives sont suivies de l'abrogation de la loi martiale instaurée en juillet 1977.

L'agriculture emploie plus de la moitié de la population active et représente encore le tiers du PNB. Blé, riz et maïs sont cultivés sur les rives de l'Indus à des fins de subsistance, tandis que le coton fournit le tiers des recettes d'exportation. Mais malgré l'augmentation des productions depuis 1975, le Pakistan n'a pas encore atteint l'autosuffisance alimentaire.

De 1949 à 1984, le taux de croissance de la production industrielle atteint 7,8 % en moyenne annuelle. En 1987, l'industrie compte pour 20 % dans la formation du PNB. Le nouveau régime cherche à réduire la part du secteur public et à stimuler l'investissement privé, pour diversifier les activités encore dominées par l'agro-alimentaire et le textile.

Bien que les exportations se composent pour 55 % de biens manufacturés, la balance commerciale est systématiquement déséquilibrée. De même, en dépit des envois de fonds des deux millions de Pakistanais établis à l'étranger, la balance des paiements accuse un déficit chronique. L'endettement extérieur représente environ 45 % du PNB. Avec l'aide du FMI, le gouvernement entreprend de libéraliser l'économie.

PANAMA

Capitale : Panama
Population : 2 230 000 hab.
Variation pop./an (1973-85) : 2,3 %
Superficie : 77 082 km²
PNB/habitant : 2 020 $
Taux de croissance/an (1973-85) : 4,1 %

Ancienne colonie colombienne, Panama accède à l'indépendance en 1903. Inauguré en 1914, le canal lui confère une importance géopolitique mondiale. Sous concession américaine depuis sa mise en service, le canal fait l'objet d'un traité conclu en 1977 entre Panama et les États-Unis : la pleine souveraineté de Panama sur le canal et la zone adjacente sera rétablie en 1999, l'administration du canal relevant jusqu'à cette date d'une commission américano-panaméenne.

L'économie de Panama est fondée sur les activités de services, qui représentent plus des deux tiers du PNB. L'agriculture et l'industrie y contribuent chacun pour environ 10 %. Le secteur agricole est dynamique. Ajoutées à la pêche (3e rang mondial pour les prises de crevettes), les cultures d'exportation, fondées sur la banane et la canne à sucre, permettent à l'agriculture de dégager un excédent commercial. Les ressources minérales (cuivre) commencent seulement à être exploitées. Une grande partie des besoins en énergie est couverte par la production hydro-électrique. Quant à l'activité industrielle, elle se répartit en deux secteurs d'importance comparable : celui des biens de consommation (agro-alimentaire surtout) et celui de la construction.

La zone bordant le canal constitue le centre vital de Panama : elle comporte les deux villes principales (Panama et Colon), la première étant spécialisée dans les services bancaires, la seconde regroupant de nombreuses activités de zone franche (second rang mondial après Hong Kong pour la valeur du trafic).

Le lourd déficit de la balance commerciale est compensé par les revenus tirés de l'activité du canal (7 % du PNB). Accrue lors de la récession de 1983-1984, la dette extérieure représente 115 % du PNB en 1986. Aussi le gouvernement a-t-il été contraint d'adopter une politique de rigueur, afin qu'un rééchelonnement lui soit consenti par le FMI. Dans le même temps, l'État cherche à préserver un taux de croissance minimal pour éviter une aggravation du chômage (qui touche 20 % de la population active en 1985).

PAPOUASIE

Capitale : Port Moresby
Population : 3 400 000 hab.
Variation pop./an (1973-85) : 2,6 %
Superficie : 461 691 km²
PNB/habitant : 710 $
Taux de croissance/an (1973-85) : 1,4 %

Indépendante depuis 1975, la Papouasie-Nouvelle-Guinée est désormais membre du Commonwealth. Dans un cadre très démocratique, le pouvoir est exercé par un Premier ministre responsable devant le Parlement élu au suffrage universel direct. Le pays connaît parfois des problèmes internes liés aux rivalités tribales et aux mouvements séparatistes : ainsi, en 1975, l'île de Bougainville se déclare indépendante. Pour éviter la rupture totale, le Premier ministre lui concède l'autonomie, en la dotant d'un statut spécial de province.

L'agriculture emploie 80 % de la population active et fournit le tiers du PNB. La culture traditionnelle en jardins prédomine dans les montagnes de Nouvelle-

Guinée. Mais grâce aux cultures commerciales (café, cacao, coprah, hévéa) le commerce de produits agricoles dégage un très large excédent. Les exportations agricoles sont cependant dépassées par les ventes de produits miniers : la production d'or, cuivre et argent fournit la moitié des recettes d'exportation. L'industrie est encore peu développée (10 % du PNB) mais pourra bénéficier de l'exploitation des gisements de pétrole récemment découverts.

Le réseau de transports est extrêmement rudimentaire, et la communication interne demeure secondaire par rapport aux relations avec l'étranger, assurées par voie aérienne ou maritime (toutes les villes importantes sont des ports). Le commerce extérieur est très dynamique. Mais dans les années 1980 la baisse des prix agricoles contribue au ralentissement de la croissance et à l'augmentation de la dette extérieure. Aussi le gouvernement s'attache-t-il à stimuler l'investissement dans l'agriculture, afin de remédier à l'archaïsme des moyens de production. À moyen terme, les recettes tirées de l'exploitation pétrolière devraient aider le pays à financer son effort de développement.

PARAGUAY

Capitale : Asuncion
Population : 3 810 000 hab.
Variation pop./an (1973-85) : 2,5 %
Superficie : 406 752 km^2
PNB/habitant : 940 $
Taux de croissance/an (1973-85) : 7,2 %

Indépendant dès 1811, le Paraguay est gouverné depuis 1954 par le général Alfredo Stroessner. Depuis lors en état de siège permanent, le pays est marqué par la corruption et les atteintes aux libertés. Cependant, l'ère de la « fin de règne » est entamée, et les institutions financières internationales (FMI, Banque mondiale) insistent sur la nécessité d'une meilleure transparence en matière économique, au moment où le Paraguay commence à s'ouvrir activement sur l'extérieur.

L'économie est fondée sur le secteur primaire. L'agriculture emploie 43 % de la population active et fournit 30 % du PIB. En 1987, elle représente 90 % des exportations, mais sa part a déjà commencé à décroître au profit de l'hydro-électricité. La fertilité des terres permet une large indépendance alimentaire. Le soja et le coton représentent les deux tiers des exportations ; viennent ensuite le bois (en déclin) et la viande bovine.

Excepté le calcaire et l'argile, le sous-sol est dépourvu de richesses (mais l'exploration est loin d'être achevée). En revanche, le pays dispose d'un potentiel hydroélectrique remarquable. Grâce à l'aide du Brésil, un immense barrage vient d'être achevé sur le site d'Itaipu. Commencée en 1986, la vente de la production d'Itaipu aux pays voisins (Brésil en tête) devrait rapporter 115 millions de dollars en 1990, soit l'équivalent de la moitié des exportations réalisées en 1986. Employant 13 % de la population active pour contribuer au PIB à hauteur de 17 %, le secteur industriel est encore peu développé, et reste dominé par les entreprises de petite taille.

Le déficit commercial n'est pas loin d'égaler la valeur totale des exportations. Mais la coopération avec les grands pays latino-américains et le développement de l'hydroélectricité ouvrent de nouvelles perspectives : déploiement de l'industrie, réduction de la facture pétrolière, élargissement des possibilités d'irrigation...

De plus, le pays bénéficiera de l'aide des institutions financières internationales, dès lors qu'il consentira à adopter une meilleure transparence des changes et un programme d'assainissement des structures économiques.

PÉROU

Capitale : Lima
Population : 20 210 000 hab.
Variation pop./an (1973-85) : 2,4 %
Superficie : 1 285 216 km²
PNB/habitant : 960 $
Taux de croissance/an (1973-85) : 1,0 %

En mai 1980, le Pérou commence à renouer avec la démocratie après douze ans de dictature militaire. L'économie est forte de nombreux atouts, notamment en matière agricole et minière.

L'agriculture et la pêche emploient 37 % de la population active et contribuent pour 15 % à la formation du PNB. La balance commerciale agricole est toujours excédentaire ; cependant, en 1987, les cultures commerciales (café, coton, sucre) ne fournissent plus que 6,5 % des recettes d'exportation, contre 20 % en 1975. De même, l'industrie de la pêche (l'une des plus développées au monde) se heurte à l'épuisement des réserves, et ne réalise plus que 4,5 % des recettes. En revanche, la culture illégale de la coca se montre très prospère. L'apport de devises issu du trafic de cocaïne serait égal aux recettes d'exportation.

Le secteur minier n'emploie que 2 % de la population active, mais assure les deux tiers des exportations totales. Le pétrole représente 20 % des exportations et couvre les deux tiers des besoins intérieurs en énergie. Les réserves seront épuisées en 1997, mais l'exploitation des gisements de gaz récemment découverts permettra d'assurer le relais. Le Pérou est également riche d'argent, cuivre, zinc, étain... L'industrie est axée sur le traitement des matières premières agricoles et minières. Elle contribue pour un quart à la formation du PNB. Toutefois, les équipements doivent impérativement être renouvelés. Cette modernisation passe nécessairement par une augmentation des importations (et peut-être par une remise en cause temporaire de l'excédent commercial). L'encours de la dette extérieure est proche du PNB, mais le mode de développement autarcique adopté par le gouvernement dans les années 1980 est en contradiction avec les prescriptions du FMI, ce qui ne facilite pas les négociations de rééchelonnement de dette.

PHILIPPINES

Capitale : Manille
Population : 55 000 000 hab.
Variation pop./an (1973-85) : 2,7 %
Superficie : 300 000 km²
PNB/habitant : 600 $
Taux de croissance/an (1973-85) : 3,9 %

Colonie espagnole durant plus de trois siècles, puis américaine à partir de 1898, les îles Philippines accèdent à l'indépendance en juillet 1946. Ferdinand Marcos se maintient au pouvoir de 1965 à 1986, grâce au soutien de l'armée et des milieux d'affaires. Mais il est renversé en 1986, à la suite de l'élection de Corazon Aquino à la présidence. Celle-ci soumet une nouvelle Constitution au référendum populaire. Face aux rebelles communistes et musulmans et à l'opposition de l'armée, elle s'efforce de promouvoir l'unité nationale.

L'agriculture emploie la moitié de la population active. Bois et pêche inclus, elle contribue pour 25 % à la formation du PNB : les deux principales productions, riz et maïs, occupent les trois quarts des surfaces cultivées, mais les rendements sont faibles en raison de la prédominance des *latifundia*. Une réforme agraire est nécessaire, mais la redistribution des terres se heurte à l'opposition parfois violente des propriétaires. Les exportations de noix de coco, sucre et bois permettent à la balance commerciale agricole de dégager un excédent non négligeable.

Les ressources minières des Philippines sont encore peu exploitées, et ne représentent que 2 % du PNB. Cependant, la dépendance énergétique a pu être réduite de 95 % en 1973 à 55 % en 1985 : la production de pétrole, l'hydroélectricité et la géothermie se développent. L'industrie n'emploie que 10 % de la population active, et fournit pourtant le quart du PNB. Elle permet de réaliser d'importantes recettes à l'exportation (plus de la moitié des recettes totales en 1983). Les industries agro-alimentaires, chimiques, électroniques et l'habillement constituent les branches les plus actives. Mais l'industrie nationale demeure très protégée par l'institution de tarifs douaniers élevés.

Le gouvernement de Mme Aquino se heurte à d'importantes difficultés économiques : en premier lieu le chômage et l'endettement extérieur (le service de la dette dépasse les recettes totales d'exportations). Or une certaine réussite économique est nécessaire à la stabilisation du régime. C'est pourquoi les pays occidentaux (États-Unis et Japon en particulier) apportent leur soutien au gouvernement, lui permettant par exemple de pratiquer une politique de relance en doublant le déficit budgétaire pour 1987.

RWANDA

Capitale : Kigali
Population : 6 270 000 hab.
Variation pop./an (1973-85) : 3,3 %
Superficie : 26 338 km^2
PNB/habitant : 290 $
Taux de croissance/an (1973-85) : 5,4 %

Indépendant depuis le 1er juillet 1962, le Rwanda est soumis à de graves affrontements ethniques. Devant la persistance des désordres, l'armée prend le pouvoir en juillet 1973. Depuis lors, le Président cherche à réaliser l'intégration nationale.

L'économie souffre tout particulièrement de l'enclavement du territoire : le pays est tributaire des réseaux de transport des pays voisins, et toutes les marchandises sont grevées de coûts de transport élevés. Par ailleurs, le taux d'accroissement démographique reste très élevé et la densité de la population risque, à terme, de poser de graves problèmes du fait de l'épuisement des sols.

Exception faite du café et du thé, l'agriculture est essentiellement axée sur l'autoconsommation. La croissance des productions vivrières est inférieure à celle de la population, bien que les trois quarts du territoire soient cultivés et que les rendements deviennent relativement élevés. Le café fournit à lui seul 65 % des recettes d'exportation. Aussi, pour réduire la dépendance du pays vis-à-vis des variations des cours mondiaux, le gouvernement tente, avec l'aide de la CEE et de la FAO, de diversifier les productions destinées à la vente.

Limitée au traitement des produits de base, l'industrie demeure très peu développée. Quant au secteur minier, il est dominé par les firmes belges et exporte de l'étain et du tungstène vers la CEE et les États-Unis. Encore peu exploitées, les réserves de gaz naturel situeraient le Rwanda parmi les pays les plus riches du monde. Dans l'avenir, le réseau de transport devra être modernisé afin d'assurer des liaisons plus efficaces avec les pays limitrophes.

Le Rwanda reçoit une aide extérieure très importante (l'une des plus élevées d'Afrique). Elle provient des pays de la CEE, de l'ONU, de la Chine. À partir de 1984, le gouvernement met en place un programme de rigueur afin de résorber les déficits. Ne sont maintenus que les projets vitaux pour le pays : ceux qui concernent l'agriculture et les infrastructures.

SALVADOR

Capitale : San Salvador
Population : 4 910 000 hab.
Variation pop./an (1973-85) : 3,0 %
Superficie : 21 041 km²
PNB/habitant : 710 $
Taux de croissance/an (1973-85) : – 0,6 %

Indépendant depuis 1821, le Salvador est gouverné à partir de 1945 par une succession de factions militaires rivales. Dans les années 1970, les oppositions deviennent de plus en plus vives, mais les scrutins sont biaisés par la fraude et la violence. Napoleon Duarte prend la présidence de la junte en 1980. Depuis le début de l'année 1981, l'offensive des guérilleros a conduit le pays dans une guerre civile. Élu président de la République en 1984, Napoleon Duarte consacre ses efforts à stabiliser le climat politique.

La guerre civile désorganise l'économie salvadorienne : en 1985, le PIB rejoint son niveau de 1960, tandis que le chômage et le sous-emploi touchent 40 % de la population active.

L'économie est fondée sur l'agriculture, qui représente 23 % du PNB et 75 % des recettes à l'exportation. Occupant 40 % de la population active, elle se divise en deux grands secteurs : maïs, riz et haricot sont destinés à la satisfaction du marché intérieur, tandis que le café, à vocation commerciale, réalise 60 % des recettes à l'exportation. Le partage des terres demeure un sujet de conflit social. En effet, l'essentiel des terres cultivées est concentré au profit d'un très petit nombre de propriétaires.

Quasiment dépourvu de ressources minières, le Salvador développe l'hydroélectricité. Mais la multiplication des attentats gêne considérablement l'activité industrielle. De même, l'affaiblissement de la demande intérieure et le manque de capitaux expliquent que l'industrie ne fonctionne qu'à la moitié de ses capacités de production. La dette extérieure double entre 1979 et 1983 ; elle atteint la moitié du PNB en 1986. Si le gouvernement Duarte a réussi à stopper la dégradation de l'économie depuis 1984, il a en revanche échoué dans ses tentatives de restauration de la paix.

SÉNÉGAL

Capitale : Dakar
Population : 6 610 000 hab.
Variation pop./an (1973-85) : 2,8 %
Superficie : 196 192 km²
PNB/habitant : 370 $
Taux de croissance/an (1973-85) : 2,0 %

Indépendant depuis le 20 juin 1960, le Sénégal est gouverné jusqu'en 1980 par le Président Senghor, leader de l'Union Progressiste Sénégalaise (UPS). Il est remplacé en janvier 1981 par son Premier ministre, Abdou Diouf, qui libéralise le régime et maintient de bonnes relations avec la France. À partir de 1973, la croissance économique est modérée en raison des fluctuations des cours de l'arachide et des phosphates.

L'agriculture reste essentiellement monoculturale : l'arachide couvre 40 % des terres cultivées ; sa production occupe plus d'un million de personnes et fournit près de la moitié des recettes d'exportation. Le gouvernement tente de diversifier les productions en développant le riz, le coton et le sucre. La pêche est active : elle réalise 17 % des recettes d'exportation.

L'activité du secteur minier (14 % du PNB) repose sur l'exploitation des phosphates. D'importants gisements de fer ont été découverts à l'est du pays, mais leur extraction nécessite la construction d'infrastructures coûteuses. En revanche, les réserves de marbre et d'or devraient fournir à court terme des recettes complémentaires. L'industrie contribue pour un quart à la formation du PNB. Lié en premier lieu à l'arachide, l'agroalimentaire représente la moitié de la production totale. Mais le textile est dynamique, et les investissements de la France et des pays arabes accélèrent l'émergence d'un secteur chimique. La bonne qualité des infrastructures de transport permet l'expansion du tourisme (4 % du PNB).

Pour l'avenir, le développement économique du Sénégal se heurte à plusieurs faiblesses : la lenteur de la diversification des activités, la relative inefficacité des investissements (orientés en fonction de leur rentabilité immédiate), l'hypertrophie du secteur public et, enfin, l'expansion excessive de la demande intérieure, qui creuse les déficits du budget et de la balance commerciale. Des rééchelonnements de dette ont dû être négociés avec le FMI. En échange, le gouvernement pratique une politique d'austérité : réduction des dépenses publiques et augmentation des impôts et taxes.

SIERRA LEONE

Capitale : Freetown
Population : 3 670 000 hab.
Variation pop./an (1973-85) : 2,1 %
Superficie : 71 740 km²
PNB/habitant : 370 $
Taux de croissance/an (1973-85) : 1,9 %

La Sierra Leone devient indépendante le 27 avril 1961. La République est proclamée en 1971 et l'APC (All People's Congress) devient parti unique en 1978. En 1985, le chef des armées succède au Président Stevens, ancien leader de l'APC.

L'économie reste fondée sur l'agriculture, qui emploie 73 % de la population active, mais ne contribue que pour un tiers à la formation du PNB. Les cultures vivrières ne parviennent pas à assurer la subsistance des populations. L'État a longtemps fixé des prix agricoles trop bas, encourageant ainsi la contrebande et l'exode rural.

Le développement économique repose sur les richesses minières. Exploités par les offices publics, les diamants et la bauxite réalisent de 65 à 85 % des recettes d'exportation selon les années. L'industrie, en revanche, est peu développée : elle ne représente que 6 % de la population active et 7 % du PNB. Depuis 1977, le déficit budgétaire se creuse et l'inflation augmente. À partir de 1985, le gouvernement finit par appliquer les prescriptions du FMI, le changement de politique constituant une condition nécessaire à l'obtention de nouveaux prêts.

SOMALIE

Capitale : Mogadiscio
Population : 4 760 000 hab.
Variation pop./an (1973-85) : 2,8 %
Superficie : 637 657 km²
PNB/habitant : 270 $
Taux de croissance/an (1973-85) : 2,5 %

Réunissant un protectorat britannique et une colonie italienne, la République de Somalie naît le 1er juillet 1960. Après dix ans d'un gouvernement autoritaire à parti socialiste unique, une Constitution plus libérale est adoptée en 1979. Dans le même temps, la Somalie se rapproche des pays occidentaux.

Le pays n'est plus très loin de l'autosuffisance alimentaire. L'élevage nomade assure les trois quarts des recettes d'exportation, les ventes de bananes fournissant approximativement le quart restant. L'industrie de la pêche se développe activement avec l'aide de la CEE et de la FAO.

Le pays dispose de ressources minières (gypse, uranium, fer, charbon, zinc), mais elles restent inexploitées. Contrôlée par les entreprises d'État, l'industrie est peu productive (8 % de la population active pour 6 % du PNB). Cependant, des projets de développement industriel sont mis en place, et l'économie se libéralise. Le déficit de la balance des paiements est structurellement élevé, et la dette extérieure dépasse le PNB en 1986. Les résultats du plan d'austérité mis en place en 1980 sont remis en cause par la chute des ventes de bétail en 1984. Mais, depuis la dévaluation de janvier 1985, la situation s'améliore. L'aide jadis fournie par les pays socialistes est relayée depuis 1977 par celle des pays arabes et des États-Unis.

SOUDAN

Capitale : Khartoum
Population : 22 180 000 hab.
Variation pop./an (1973-85) : 2,9 %
Superficie : 2 505 813 km²
PNB/habitant : 330 $
Taux de croissance/an (1973-85) : 4,0 %

Ancienne colonie britannique, la République démocratique du Soudan accède à l'indépendance le 1er janvier 1956. La Constitution institue un régime parlementaire mais, dès 1958, un coup d'État militaire met fin à la démocratie. Après une phase d'alternance au pouvoir des civils et des militaires, le général Nemeiry est élu à la présidence. En 1972, il met fin à la guerre civile qui ensanglante le Sud du territoire. Mais, en 1983, la famine et la politique d'islamisation accélérée provoquent de nouveaux soulèvements des populations non musulmanes du Sud. Sous les ordres du colonel Garang, l'opposition entame la guérilla contre le pouvoir islamique. En 1987, la paix n'est toujours pas rétablie.

L'agriculture ne suffit plus à assurer la subsistance des populations. Employant 80 % de la population active, le secteur agricole représentait 40 % du PNB en 1983. Dans les années suivantes la sécheresse réduit cette part à 20 %. Quatre millions de personnes sont dès lors exposées à la famine.

En 1987, l'industrie ne contribue plus que pour 9 % à la formation du PNB. Les nationalisations de 1971 ont étendu le secteur public, qui contrôle l'industrie du sucre, du ciment, des tanneries. En revanche, textile, construction et boissons sont dominés par la propriété privée. Désormais, le développement industriel se heurte à la pénurie de matières premières et de pièces détachées, et aux problèmes de transport et d'énergie. Le service de la dette atteint près du double de la valeur totale des exportations. Pourtant, l'aide internationale ne se relâche guère depuis 1971. Mais le déficit de la balance des paiements est structurel : dévaluations, prêts du FMI et plans d'austérité se succèdent depuis les années 1970 sans provoquer d'amélioration durable. En 1987, la situation apparaît bloquée : la guerre civile et la famine empêchent le Soudan de relancer son économie pour rembourser son énorme dette.

SRI LANKA

Capitale : Colombo
Population : 16 120 000 hab.
Variation pop./an (1973-85) : 1,8 %
Superficie : 65 610 km²
PNB/habitant : 370 $
Taux de croissance/an (1973-85) : 5,1 %

Ancienne colonie britannique, Ceylan devient indépendante en 1948 et prend le nom de Sri Lanka en 1972. La nouvelle Constitution de 1978 institue un régime présidentiel. Dans les années 1980, le pays est confronté aux violentes rivalités ethniques qui opposent la majorité cingalaise aux minorités tamoules. Selon la Banque mondiale, le Sri Lanka fait partie des 24 pays les plus pauvres au monde.

L'agriculture emploie encore 46 % de

la population active, mais ne contribue plus que pour un tiers à la formation du PNB. Deux secteurs coexistent : le premier, tourné vers les cultures commerciales (thé, puis caoutchouc et noix de coco), procure la moitié des recettes à l'exportation ; le second, fondé sur la culture du riz, assure la subsistance des populations.

Très variées, les ressources minières sont quantitativement peu importantes : elles ne fournissent que 2,5 % du PNB. Encore dominée par les grandes entreprises publiques, l'industrie est spécialisée dans l'agro-alimentaire. Le gouvernement s'efforce de réduire la part de l'État en vue de diversifier la production. Les investissements étrangers sont encouragés.

Depuis les années 1970, les termes de l'échange se dégradent : la balance commerciale est structurellement déficitaire. Mais les envois de fonds des nationaux établis à l'étranger permettent de réduire le solde négatif de la balance des paiements. Depuis 1980, le gouvernement mène une politique d'austérité destinée à lutter contre l'inflation (de 25 % en 1980, elle est ramenée à 2 % en 1985) et l'aggravation des déficits. L'aide extérieure est très importante : elle représente plus de 10 % du PNB.

SURINAM

Capitale : Panamaribo
Population : 380 000 hab.
Variation pop./an (1973-85) : 0,2 %
Superficie : 163 265 km²
PNB/habitant : 2 570 $
Taux de croissance/an (1973-85) : 1,8 %

Ancienne Guyane hollandaise, le Surinam accède à l'indépendance en 1975. Pendant cinq ans, il est régi par une constitution de type parlementaire. Mais les difficultés économiques et la multiplication des partis gênent l'action du gouvernement. En 1980, un coup d'État met fin au système démocratique. Un Conseil national militaire est créé ; le colonel Desi Bouterse, chef de la junte militaire, s'empare du pouvoir. La Constitution est suspendue, le Parlement dissous et les partis interdits : l'armée et les syndicats constituent le fondement du régime. En 1982, les partisans de la démocratie tentent de renverser le régime militaire. Le colonel Bouterse opère une répression sévère, faisant exécuter les responsables de l'opposition. Les relations avec les Pays-Bas se détériorent, et finalement, les Néerlandais décident de suspendre l'aide au Surinam.

C'est le plus petit État d'Amérique latine après la Guyane française. Malgré l'exiguïté des sols cultivables (1 % de la superficie totale), l'agriculture est un succès : les exportations de riz et de crustacés compensent largement les achats de céréales et de fruits et légumes.

Fondée sur l'extraction et la transformation de la bauxite (35 % du PNB), l'économie du Surinam est très dépendante des exportations d'alumine et d'aluminium (80 % des exportations totales en valeur). Mais depuis 1986 le maquis des rebelles se concentre autour des gisements de bauxite, entraînant un quasi-arrêt de l'extraction. Asphyxiée, l'économie s'effondre littéralement : les importations sont comprimées, la production en volume chute de 10 % en 1985 et en 1986, et sans doute davantage en 1987. De plus, l'aide néerlandaise (10 % du PNB du Surinam) reste conditionnée, pour l'avenir, au respect des droits de l'Homme.

TANZANIE

Capitale : Dar Es Salaam
Population : 22 460 000 hab.
Variation pop./an (1973-85) : 3,4 %
Superficie : 945 087 km²
PNB/habitant : 270 $
Taux de croissance/an (1973-85) : 1,7 %

Proclamée le 27 avril 1964, l'union du Tanganyika et de Zanzibar donne naissance à la Tanzanie (29 octobre 1964). Les deux États conservent des institutions séparées, en dépit de la création d'un parti unique en 1977. Regroupé autour de l'adhésion au socialisme et au non-alignement, le pays est gouverné par un Président élu pour 5 ans au suffrage universel direct. La Tanzanie fait partie des pays les moins avancés. Entre 1980 et 1986, le PNB par habitant ne cesse de décroître.

L'agriculture emploie 90 % de la population active et assure 80 % des recettes d'exportation (café, puis coton, thé, noix de cajou). L'augmentation des prix agricoles devrait supprimer l'un des principaux obstacles au développement des cultures vivrières.

En 1984, la production industrielle se situe à 37 % de son niveau de 1978. Mais l'adoption en 1986 des mesures libérales prônées par le FMI vise à doubler la part de l'industrie dans le PNB. Cependant, les aléas de l'alimentation en électricité doivent être résolus. Le secteur minier se réduit à l'exploitation des mines de diamant. Il ne représente officiellement que 0,6 % du PNB, mais l'extraction illégale est elle aussi très importante. La prospection pétrolière se montre décevante, ce qui oblige le pays à recourir à des importations massives de pétrole (près des deux tiers des importations totales en 1987).

Le déficit commercial dépasse la valeur des exportations, bien que l'aide étrangère (Europe du Nord surtout) demeure considérable. Le déficit de la balance des paiements s'accroît, entraînant un gonflement de la dette extérieure : en 1987, son encours égale le PNB global. En 1986, le FMI pose de sévères conditions à l'octroi de nouveaux prêts (dévaluation, réduction du déficit budgétaire...). En effet, malgré ses progrès en matière de santé et d'éducation, la Tanzanie a souffert du rejet des principes de l'économie de marché. Désormais, le développement des exportations agricoles, lui-même lié à l'importance des crédits internationaux, apparaît comme la voie privilégiée du redémarrage économique.

TCHAD

Capitale : N'Djamena
Population : 5 140 000 hab.
Variation pop./an (1973-85) : 2,1 %
Superficie : 1 284 000 km²
PNB/habitant : n.d.
Taux de croissance/an (1973-85) : n.d.

Le 11 août 1960, le Tchad accède à l'indépendance. À partir de 1963, le Nord s'insurge contre le pouvoir central. Les désordres grandissent dès la fin des années 1970 avec l'occupation du Nord par les troupes libyennes, et la lutte armée entre Goukouni Weddeye et Hissène Habré, le premier étant soutenu par la Libye, le second par la France. Jusqu'en février 1986, les combats se cantonnent au Nord du territoire. Mais par la suite, les attaques libyennes ouvrent une brèche vers le Sud, où se concentrent la plus grande partie de la population et des activités économiques. Selon la Banque mondiale, le Tchad serait en 1987 l'un des pays les plus pauvres du monde. Cependant, il ne connaît pas la famine, à la différence d'autres pays objectivement plus riches.

L'agriculture assure largement la subsistance des populations. Elle occupe 85 % de la population active et fournit plus de la moitié du PNB. L'élevage nomade coexiste avec la culture du sorgho, du millet et de l'arachide. Exploité dans le Sud, le coton fournit 75 % des recettes d'exportation. Malgré les conflits, la balance commerciale de l'agriculture dégage un très large excédent.

Depuis 1979-1980, la production de pétrole est bloquée du fait de l'insécurité. De même, les ressources en bauxite, tungstène, uranium et or sont quasiment inexploitées. L'industrie est moins développée que dans la plupart des pays africains : elle ne représente que 4 % du PNB. Enfin, l'absence de voies ferrées constitue une sérieuse entrave au développement.

Les dépenses militaires absorbent environ 10 % du PNB. Le Tchad survit grâce à l'aide internationale, qui atteindrait le tiers du PNB dans les années 1980.

THAÏLANDE

Capitale : Bangkok
Population : 52 090 000 hab.
Variation pop./an (1973-85) : 2,2 %
Superficie : 514 000 km²
PNB/habitant : 830 $
Taux de croissance/an (1973-85) : 6,0 %

Monarchie constitutionnelle, la Thaïlande est gouvernée sous le large contrôle de l'armée. Depuis le 3 mars 1980, le général Prem exerce la fonction de Premier ministre, en associant les civils à l'exercice du pouvoir. À partir de 1970, la Thaïlande connaît une croissance économique importante et régulière. La prospérité du pays relève d'un secteur agricole rentable et d'une industrie en pleine expansion.

L'agriculture emploie les deux tiers de la population active, contribue pour 20 % à la formation du PNB, et fournit 44 % des recettes à l'exportation. Pourtant elle reste peu intensive, alors que les terres commencent à manquer. La Thaïlande est le premier exportateur mondial de riz (40 % des exportations mondiales). Elle exporte également du manioc, du tapioca, du sucre, du caoutchouc. Bien qu'elle soit très diversifiée, l'agriculture souffre de la baisse du prix de certains produits agricoles dans les années 1980 (sucre, caoutchouc, riz, ananas...). Enfin, la pêche dégage des surplus à l'exportation, tandis que le dynamisme de l'élevage permet un développement rapide de l'industrie du cuir.

L'importance économique du secteur minier est secondaire : l'étain constitue la principale richesse du sous-sol, et sa production régresse du fait de la baisse des cours mondiaux. Cependant, l'exploitation récente du pétrole et surtout du gaz naturel favorise le développement de l'industrie. Celle-ci représente déjà 11 % de la population active et 20 % du PNB. Elle est très diversifiée (textile, construction, automobile, agro-alimentaire...) et dominée par les entreprises de petite taille. La Thaïlande n'a pas bénéficié des investissements étrangers dans des proportions comparables à celles de ses voisins du Sud-Est asiatique.

Dans les années 1980, la dévaluation et les mesures de réduction des importations allègent le déficit de la balance commerciale. Mais, en dépit de l'appoint précieux des recettes touristiques, la balance des paiements est structurellement déséquilibrée. Aussi le pays doit-il recourir à l'endettement extérieur. En 1985, le service de la dette représente plus du quart des recettes d'exportation. Dès lors, le gouvernement opte pour une politique de rigueur modérée qui, selon les prévisions, ne devrait guère affecter le taux de croissance économique.

TOGO

Capitale : Lomé
Population : 3 050 000 hab.
Variation pop./an (1973-85) : 2,8 %
Superficie : 56 785 km²
PNB/habitant : 250 $
Taux de croissance/an (1973-85) : 1,7 %

Le 27 avril 1960, le Togo accède à l'indépendance. Mettant fin à l'instabilité gouvernementale, les militaires prennent le pouvoir en janvier 1967, interdisent les partis politiques et suspendent la Constitution. Désormais élu au suffrage universel direct, le chef de l'État s'appuie sur le parti unique créé en 1969, le Rassemblement du Peuple Togolais. Toujours sous la domination de l'armée, le régime se libéralise quelque peu avec l'adoption de la Constitution de 1979.

L'agriculture occupe les deux tiers de la population active et contribue pour un quart à la formation du PNB. Le café, le cacao et le coton assurent près de la moitié des recettes à l'exportation. Le pays est autosuffisant en produits alimentaires d'origine végétale, mais le cheptel reste peu développé.

Le Togo est le 5e producteur mondial de phosphates, dont les ventes fournissent 50 % des recettes d'exportation. L'industrie, quant à elle, ne fournit que 10 % du PNB. Elle se consacre encore largement au traitement des produits agricoles, en dépit de l'émergence d'une industrie lourde.

Le déficit commercial dépasse la valeur totale des exportations, et l'endettement extérieur atteint 150 % du PNB en 1986. Si l'aide étrangère demeure modérée, le FMI accorde périodiquement des rééchelonnements de dette. En échange, le gouvernement applique ses prescriptions. Dès 1984, l'inflation est vaincue ; cette même année, après une longue récession, le Togo renoue avec la croissance.

TUNISIE

Capitale : Tunis
Population : 7 230 000 hab.
Variation pop./an (1973-85) : 2,4 %
Superficie : 163 610 km²
PNB/habitant : 1 220 $
Taux de croissance/an (1973-85) : 5,6 %

Ancien protectorat français, la Tunisie devient indépendante le 20 mars 1956. Habib Bourguiba s'impose dès lors à la tête du parti Néo-Destour. Président de la République à vie, M. Bourguiba est cependant écarté du pouvoir à l'automne 1987, le Premier ministre et la classe politique le jugeant trop âgé pour gouverner. Dans les années 1980, le régime se démocratise quelque peu, notamment avec la légalisation des partis d'opposition. Depuis 1970, l'économie tunisienne connaît une croissance rapide.

Bien qu'elle emploie le tiers de la population active, l'agriculture ne contribue que pour 18 % à la formation du PNB. Les rendements céréaliers sont peu élevés, justifiant des importations de plus en plus lourdes, que les ventes d'olives ne parviennent pas à compenser : la balance commerciale agricole est systématiquement déficitaire.

En revanche, le secteur minier constitue un atout important pour la Tunisie. Celle-ci est le 4e producteur mondial de phosphates. De plus, sa production de pétrole (5,5 millions de tonnes) lui procure plus de la moitié de ses recettes d'exportation. Depuis 1970, l'industrie se développe rapidement. En 1987, elle emploie le quart de la population active et fournit 20 % du PNB. Fortement concentrée autour de Tunis, elle est assez diversifiée : construction, industries électriques et mécaniques, textile, agro-alimentaire... Hérité de la période coloniale, un réseau de transport de bonne qualité est entretenu et modernisé. Le tourisme constitue une importante source de revenus (2 millions de visiteurs en 1985).

Dans les années 1980, la réduction du déficit budgétaire doit s'effectuer avec une certaine prudence en raison du contexte social (cf. révolte du pain en janvier 1984). Le déséquilibre des échanges de biens et services n'est pas compensé par les revenus du tourisme et des Tunisiens de l'étranger : la balance des paiements accuse un déficit chronique. La dette extérieure atteint les trois quarts du PNB. Si les pays arabes sont les principaux investisseurs, les pays occidentaux demeurent les principaux prêteurs.

TURQUIE

Capitale : Ankara
Population : 50 300 000 hab.
Variation pop./an (1973-85) : 2,2 %
Superficie : 780 576 km²
PNB/habitant : 1 130 $
Taux de croissance/an (1973-85) : 3,6 %

Le fonctionnement des institutions apparaissant bloqué, notamment du fait de l'incapacité du Parlement à élire un nouveau président de la République, le général Kenan Evren prend le pouvoir le 12 septembre 1980. La Constitution de 1961 est abolie, et la répression vise à combattre le terrorisme et à rétablir la sécurité. Le 7 novembre 1982, une nouvelle Constitution est approuvée par référendum. Les élections législatives de novembre 1983 marquent le retour partiel des civils aux affaires. Élu président pour sept ans en 1982, le général Evren opère une certaine démocratisation du régime. Depuis 1970, la Turquie s'industrialise, et connaît une croissance moyenne similaire à celle de la France, quoique plus irrégulière.

L'agriculture emploie près de la moitié de la population active et ne contribue que pour 16 % à la formation du PNB. Le tiers de la superficie totale est cultivé, dans le cadre d'exploitations de petite taille (8 ha en moyenne). Les céréales et l'élevage constituent les activités principales. La production fruitière est en partie destinée à l'exportation (raisins secs, noix, amandes). L'agriculture fournit plus de 20 % des recettes d'exportation, et sa balance commerciale est régulièrement excédentaire.

La Turquie dispose de ressources minérales variées : bauxite, chrome, cuivre, fer, pétrole... Essentiellement exploité par les entreprises publiques, le secteur minier ne procure que 3 % des recettes d'exportation. L'industrie, en revanche, est en forte progression. Elle contribue pour plus du quart à la formation du PNB. Textile et habillement composent la branche dominante (20 % de la production et 33 % de la population active industrielles), devant la sidérurgie, le ciment, le raffinage pétrolier et l'agro-alimentaire. La croissance a été obtenue au prix de taux d'inflation et de chômage élevés, que le gouvernement s'attache désormais à réduire en combinant le libéralisme à des mesures de rigueur monétaire. La balance des paiements accuse un déficit chronique et l'endettement atteint la moitié du PNB. Certes, la Turquie a tendance à vivre au-dessus de ses moyens, mais on peut considérer que cette politique permet l'émergence d'une nation industrielle.

URUGUAY

Capitale : Montevideo
Population : 2 980 000 hab.
Variation pop./an (1973-85) : 0,6 %
Superficie : 176 215 km²
PNB/habitant : 1 660 $
Taux de croissance/an (1973-85) : 1,0 %

Le 27 juin 1973, un coup d'État militaire met fin à la démocratie libérale. La majorité de la population s'oppose vivement à la dictature, et les élections de novembre 1984 restituent le pouvoir aux civils. Après trois ans de sévère récession, l'économie de l'Uruguay commence à se redresser en 1985. Malgré la dureté de la crise, le niveau de vie reste parmi les plus élevés de l'Amérique latine, en partie grâce à la faiblesse de l'accroissement démographique.

L'agriculture est compétitive : elle emploie 15 % de la population active et fournit la quasi-totalité des recettes à l'exportation. Les cultures (céréales, riz) n'ont qu'une importance secondaire. En revanche, l'élevage permet à la balance commerciale agricole de dégager un très large excédent.

Totalement dépourvu de ressources minérales, l'Uruguay a développé sa production d'hydroélectricité. Une stratégie de substitution aux importations a guidé le développement de l'industrie. Très protégée, celle-ci est concentrée autour de Montevideo et diversifiée dans les produits d'alimentation, les textiles, la chimie et le raffinage. Elle fournit le quart du PNB mais demeure très tournée vers le marché intérieur. La viande et la laine constituent l'essentiel des exportations, et trouvent leurs débouchés dans les pays de la CEE et du Moyen-Orient.

La balance commerciale est excédentaire ; en revanche, bien que les recettes du tourisme constituent un appoint non négligeable, la balance des paiements est rarement équilibrée. L'endettement extérieur est presque égal au PNB, et des rééchelonnements ont dû être négociés avec le FMI. Le chômage touche 15 % de la population active ; de plus, l'économie est gênée par la lourdeur du déficit budgétaire, et par une inflation voisine de 70 % en 1985 et 1986. Le retour de la croissance économique en 1986 devrait aider le gouvernement à rétablir l'équilibre des comptes.

VIÊT-NAM

Capitale : Hanoï
Population : 60 920 000 hab.
Variation pop./an (1973-85) : 0,6 %
Superficie : 329 556 km²
PNB/habitant : n.d.
Taux de croissance/an (1973-85) : n.d.

Ancienne colonie française, le Viêt-nam accède à l'indépendance en 1950. Séparé en deux États indépendants lors des accords de Paris (1973), le Viêt-nam est réunifié en 1975 à la suite d'une offensive militaire menée par l'État du Nord. En 1978, la nouvelle République socialiste du Viêt-nam signe un traité d'amitié et de coopération avec l'URSS. La même année, elle renverse le régime de Pol Pot et occupe le territoire du Kampuchéa. Dans les années 1980, les nécessités de l'entretien des troupes obligent le Viêt-nam à consacrer l'équivalent de 35 % de son PNB aux dépenses militaires. Pour cette raison, le pays ne peut combattre efficacement la récession née à la fin des années 1970.

Bien que l'agriculture souffre de l'insuffisance des transports, des engrais et de l'irrigation, elle assure approximativement l'autosuffisance alimentaire. Collectivisées à 85 %, les surfaces cultivées sont largement consacrées au riz, à la canne à sucre et aux patates douces. L'hévéa reste la principale culture d'exportation.

Le sous-sol offre des ressources variées (étain, zinc, manganèse, et surtout charbon), mais qui ne sont extraites qu'en petites quantités. Depuis 1985, des gisements de pétrole sont exploités, mais le pays demeure étroitement dépendant de l'URSS pour son approvisionnement en énergie. La production industrielle stagne, en partie du fait de l'inefficience des grandes entreprises publiques. De surcroît, la capacité de production électrique est inférieure d'un tiers aux besoins et la médiocrité des réseaux de communication ralentit le transport des marchandises.

Le charbon et les produits de l'artisanat constituent l'essentiel des exportations. Le déficit commercial dépasse leur valeur totale. Plus de la moitié des échanges extérieurs s'effectue avec l'URSS, et la dette extérieure (=50 % du PNB) est contractée pour les deux tiers auprès de pays socialistes. Tandis que l'aide des pays occidentaux s'affaiblit, celle de l'URSS est estimée à plus de 30 % du PNB vietnamien.

YÉMEN REP. DU NORD

Capitale : Sanaa
Population : 7 050 000 hab.
Variation pop./an (1973-85) : 2,8 %
Superficie : 195 000 km²
PNB/habitant : 520 $
Taux de croissance/an (1973-85) : 7,2 %

La Révolution républicaine de 1962 marque le début d'une guerre civile qui, jusqu'en 1969, oppose royalistes et républicains. Après une succession de coups d'État, le pays est dirigé à partir de 1978 par les militaires, qui établissent un régime autoritaire. Cependant, la République arabe du Yémen demeure proche de l'Occident, ce qui incite la République démocratique populaire du Yémen à soutenir la rébellion dans le Sud du pays.

L'agriculture est peu productive. Si les fruits et légumes et le qat donnent d'assez bons résultats, les rendements du sorgho restent médiocres. De plus, le développement agricole se heurte aux difficultés de stockage et d'irrigation. Les importations de produits agricoles, et notamment de céréales, sont très élevées. La balance commerciale agricole accuse un énorme déficit.

L'industrie progresse. Sa part dans la formation du PNB passe de 12 % dans les années 1970 à plus de 16 % en 1985. Textile, ciment, cuir, bijouterie et vannerie en constituent les branches principales. Jusqu'à présent dépourvu de ressources minières, le pays commence à bénéficier de l'exploitation d'importants gisements de pétrole récemment découverts. À la fin des années 1980, les exportations de pétrole devraient atteindre 15 millions de tonnes. Cette richesse représente un atout considérable pour le développement économique. Les exportations étant quasiment inexistantes (elles ne couvrent que 3 % des importations en 1986), le pétrole viendra s'ajouter aux envois de fonds des Yéménites de l'étranger, sur lesquels reposait largement, jusqu'à présent, le rééquilibrage de la balance des paiements. Dans les années à venir, un effort particulier devra être consenti en faveur du réseau de transport (et du réseau routier en particulier), qui constitue encore un frein au développement. Le Yémen du Nord bénéficie de l'aide de nombreux pays occidentaux et des institutions internationales, mais aussi, dans les années 1980, d'une aide soviétique. Le pays se pacifie lentement, et dispose désormais de ressources susceptibles de financer sa croissance.

YÉMEN REP. DU SUD

Capitale : Aden
Population : 2 360 000 hab.
Variation pop./an (1973-85) : 2,3 %
Superficie : 332 968 km²
PNB/habitant : 540 $
Taux de croissance/an (1973-85) : 5,6 %

Ancienne colonie britannique, le Yémen du Sud devient indépendant en 1967, et s'érige en République démocratique populaire du Yémen (1970). Dès l'origine, le régime marxiste-léniniste s'isole au sein du monde arabe modéré. En 1979, un traité d'amitié et de coopération est signé avec l'URSS. La croissance économique des années 1970 se ralentit en 1980. Les violents troubles de 1986 provoquent la mort de 10 000 personnes et désorganisent l'économie, entraînant une grave récession.

Faiblement productive, l'agriculture emploie 45 % de la population active. Les terres cultivables sont très peu nombreuses (1 % de la superficie totale) et collectivisées à 70 %. Les cultures sont spécialisées dans les productions céréalières et le coton, mais les rendements sont très faibles. De même l'élevage est insuffisamment développé et une large part de la consommation de viande est importée. En revanche, la pêche est active et dégage d'importants surplus à l'exportation. Malgré tout, la balance commerciale agricole est très lourdement déficitaire.

L'industrie emploie 10,5 % de la population active. Largement concentrée dans le raffinage pétrolier, la production est assurée pour les deux tiers par le secteur public. Ciment, sel, boissons et textile constituent des activités plus secondaires. Auparavant dépourvu de ressources minières, le pays pourrait exploiter dans les années 1990 les gisements de pétrole récemment découverts à la frontière du Yémen du Nord. Toutefois, leur importance est encore mal connue. Le gouvernement cherche à développer le tourisme, mais les événements de 1986 l'en ont empêché. La balance commerciale accuse un très lourd déficit. Le pays survit en s'endettant à l'extérieur (la dette représente 150 % du PNB !). Il est également soutenu par l'aide soviétique et les envois de fonds des nationaux établis dans les riches pays de l'OPEP.

ZAÏRE

Capitale : Kinshasa
Population : 30 850 000 hab.
Variation pop./an (1973-85) : 3,0 %
Superficie : 2 345 409 km²
PNB/habitant : 170 $
Taux de croissance/an (1973-85) : – 0,9 %

Le Congo belge accède à l'indépendance le 30 juin 1960. Mais les clivages ethniques et régionaux aboutissent à des tentatives de sécession. En 1965, les militaires prennent le pouvoir. Le général Mobutu, commandant en chef des armées, devient président de la République. S'appuyant sur le Mouvement Populaire de la Révolution, le Président maintient l'intégrité du pays qui prend le nom de Zaïre en 1971. Depuis le milieu des années 1970, la croissance économique est inférieure à l'accroissement démographique : le PNB par habitant ne cesse de décroître.

La part de l'agriculture dans le PNB est en progression (36 % en 1986 contre 22 % en 1965). Cependant, les exportations agricoles diminuent : en 1987, elles ne représentent plus que 10 % des recettes totales d'exportation, le café en réalisant à lui seul les deux tiers. L'exploitation de la forêt (qui couvre la moitié du territoire) se développe, améliorant le solde commercial.

L'activité minière est importante : en 1987, elle contribue pour 20 % à la formation du PNB et pour 65 % aux recettes d'exportation, grâce aux ventes de cuivre, de cobalt, de diamants... Toutefois, en raison de l'insuffisance des infrastructures, les réserves inexploitées sont considérables. A l'inverse de l'agriculture et du secteur minier, l'industrie est en déclin. Elle ne représente plus que 8 % du PNB en 1986, contre 17 % en 1965. Son développement bute contre les problèmes énergétiques (malgré le potentiel hydro-électrique, l'énergie est surtout fournie par le bois et le charbon de bois) et l'étroitesse du marché intérieur.

En 1987, l'endettement extérieur atteint le double du PNB. À partir de 1983, ne pouvant plus faire face aux remboursements, le gouvernement accepte de coopérer avec le FMI. Cependant, il se heurte à la méfiance des investisseurs étrangers (cf. nationalisations opérées en 1974 sans indemnisation) et au développement d'une économie souterraine.

ZAMBIE

Capitale : Lusaka
Population : 6 900 000 hab.
Variation pop./an (1973-85) : 3,2 %
Superficie : 7 572 614 km²
PNB/habitant : 400 $
Taux de croissance/an (1973-85) : 0,5 %

Ancienne Rhodésie du Nord sous protectorat britannique, la Zambie accède à l'indépendance le 24 octobre 1964. Le régime s'inspire des institutions américaines et britanniques : un Président élu au suffrage universel direct nomme le gouvernement responsable devant l'Assemblée. Jusqu'en 1970, le pluralisme politique demeure la règle, mais en 1973 le United National Independance Party est proclamé parti unique. Cependant, le pouvoir central doit composer avec des syndicats très puissants et avec les églises protestante et catholique. Dans les années 1980, la Zambie connaît une grave récession. En 1985, le PNB par habitant se situe aux deux tiers de son niveau de 1974 : la dégradation du niveau de vie entraîne parfois une vive agitation sociale.

Employant près des trois quarts de la population active, l'agriculture ne contribue que pour 17 % à la formation du PNB. Alors qu'elles sont relativement peu nombreuses (10 % de la superficie totale), les terres cultivables sont au tiers inexploitées. Les prix agricoles demeurent très bas. Aussi le gouvernement tente-t-il de les relever afin de relancer l'activité.

Le cuivre constitue la richesse essentielle de la Zambie : il compte pour 18 % dans la formation du PNB et fournit 75 % des recettes d'exportation. Entre 1975 et 1985, le prix de vente du cuivre baisse de moitié : le pays doit s'endetter pour compenser cette perte de revenus. De plus, il doit compter avec l'épuisement de ses réserves (l'extraction cessera en 2010). Florissante dans les années 1960, l'industrie stagne depuis 1974. La production est contrôlée à 75 % par les entreprises publiques. En 1987, l'endettement extérieur dépasse le double du PNB. Les programmes mis en place sous l'égide du FMI poursuivent essentiellement deux objectifs : le désengagement de l'État et le développement de l'agriculture.

ZIMBABWE

Capitale : Harare
Population : 8 410 000 hab.
Variation pop./an (1973-85) : 3,2 %
Superficie : 390 580 km²
PNB/habitant : 650 $
Taux de croissance/an (1973-85) : 3,2 %

Le 11 novembre 1965, la minorité blanche déclare unilatéralement l'indépendance de la Rhodésie, jusqu'alors colonie britannique. Soutenu par l'Afrique du Sud, le pouvoir blanc est combattu par les oppositions nationales. Après une longue guerre civile, la Rhodésie prend le nom de Zimbabwe, se dote d'une nouvelle Constitution et procède à des élections. C'est la fin du pouvoir blanc, mais aussi le début des tensions avec l'Afrique du Sud.

L'agriculture du Zimbabwe est l'une des plus prospères de l'Afrique australe. Elle contribue pour 17 % au PNB. Le maïs et les céréales assurent l'alimentation de base, mais d'importants problèmes de stockage limitent leur développement à des fins exportatrices. Le tabac, le coton, le sucre et la viande assurent 40 % des recettes totales d'exportation. Mais elles sont essentiellement le fait des grandes exploitations dominées par la population blanche. En 1986, le vote du « Land Acquisition Act » accélère la redistribution des domaines sous-utilisés.

L'activité du secteur minier (35 à 45 % des recettes d'exportation) repose sur des ressources très variées : or, amiante, nickel, charbon, cuivre..., dont l'exploitation s'intensifie. De même, bien que son développement soit limité par la faiblesse des marchés voisins, la production industrielle s'accroît. En 1985, elle contribue pour plus d'un quart à la formation du PNB, et assure 12 % des recettes d'exportation. Les importations se limitent pratiquement aux carburants et à l'électricité. En 1985, la balance commerciale et la balance des paiements dégagent de confortables excédents. La diversification des exportations du Zimbabwe lui assure une indépendance commerciale rare parmi les pays en développement. Ainsi, dans les années 1980, il ne souffre guère des variations de cours de certaines matières premières. Certes liés à l'augmentation de la demande internationale et à l'abondance des récoltes, les résultats économiques de 1985 et 1986 sont largement imputables à l'efficacité de la politique gouvernementale. De 25 % en 1983, l'inflation est ramenée à 10 % en 1985. La dévaluation relance les exportations, tandis qu'un contrôle momentané des importations renforce l'industrie nationale. Mais ces succès risquent d'être remis en cause par les difficultés de l'Afrique du Sud, avec laquelle le Zimbabwe entretient d'étroites relations économiques.

MANUEL STATISTIQUE

J. Généreux

I. Mode d'emploi du tableau de bord de l'économie mondiale

1. Les sources

Fiche statistique accompagnant chaque pays :
Population : estimation de la population au milieu de l'année 1986. *Bulletin mensuel de Statistique de l'ONU,* novembre 1987.
Superficie : *Annuaire démographique de l'ONU,* 1984.
PNB par habitant : *World Bank Atlas,* 1987.
Taux de croissance : *Variation annuelle moyenne du PNB entre 1973 et 1985, World Bank Atlas,* 1987.
Tableau de bord de l'économie mondiale :
Source unique : Banque mondiale, *Rapport sur le développement dans le monde 1987.*

2. Les définitions

Les définitions ci-dessous se réfèrent aux indicateurs du « Tableau de bord de l'économie mondiale » et sont présentées par ordre d'apparition. Les chiffres entre parenthèses désignent le numéro du tableau dans lequel un indicateur apparaît.

PNB par habitant (1 et 10) : Pour mesurer le PNB (produit national brut), on part du PIB (voir ci-dessous), c'est-à-dire de la somme des valeurs ajoutées des agents économiques résidents. La valeur ajoutée correspond à la valeur de la production moins celle des consommations intermédiaires qui sont nécessaires à cette production. Faute d'une méthode suffisamment fiable pour la mesurer, on ne déduit pas la consommation intermédiaire du capital (les équipements). Pour cette raison, la valeur ajoutée est dite « brute », et, à sa suite, la plupart des agrégats de comptabilité nationale. Pour obtenir le PNB, on ajoute au PIB les revenus des facteurs de production reçus du reste du monde, et on retranche les revenus des facteurs versés au reste du monde. La Banque mondiale convertit le chiffre obtenu en dollars, en utilisant le taux de change moyen sur la période 1983-1985. En divisant par la population de 1985, on obtient l'indicateur de PNB par habitant.

Taux moyen d'inflation annuelle (1 et 10) : Taux de variation moyen du déflateur implicite du PIB. Le déflateur du PIB est un indicateur d'inflation tenant compte de tous les biens et services (ce qui n'est pas le cas des indices de prix à la consommation, le plus souvent retenus comme indicateur officiel). Ce déflateur est dit « implicite » parce qu'on ne l'observe pas directement. En effet on déduit le cœfficient de variation des prix du PIB en faisant le rapport entre le PIB évalué aux prix courants (de l'année en cours) et le PIB évalué à prix constants (calcul expliqué dans « Calculs usuels », paragraphe 6).

Espérance de vie à la naissance (1 et 10) : Nombre d'années restant à vivre pour un nouveau-né de l'année en cours, si les taux de mortalité observés pour l'ensemble des classes d'âges, au moment de sa naissance, restent identiques tout au long de son existence.

PIB (2 et 3) : Le PIB est la somme des valeurs ajoutées brutes des agents, nationaux ou non, exerçant une activité économique régulière (plus d'un an) sur le territoire économique national (voir PNB). On ne déduit pas la consommation intermédiaire du capital (l'amortissement) ; c'est pourquoi le produit est dit « brut ». Évalué aux prix de marché ou au prix à la production selon les pays. Le taux de croissance mesure la variation du PIB en volume.

Agriculture (2 et 3) : Ce secteur d'activité comprend l'agriculture, la sylviculture, la chasse et la pêche.

Industrie (2 et 3) : Ce secteur comprend les mines, les industries manufacturières, le bâtiment, les travaux publics, l'électricité, l'eau et le gaz.

Services (2 et 3) : Ils comprennent toutes les activités non incluses dans l'Agriculture et l'Industrie ci-dessus définies.

Taux net de reproduction (4) : Nombre de filles qu'une fille nouveau-née mettrait au monde durant sa vie entière, si les taux de fécondité par âge et les taux de mortalité restaient inchangés. Un taux égal à 1 signifie que les femmes en âge de procréer mettent au monde un nombre de filles juste suffisant pour les remplacer dans la population.

L'élan démographique (4) : Quand le taux net de reproduction est juste égal à 1, cela n'implique pas que la population cesse de croître. En effet, en raison de la forte progression de la population qui précède le déclin des taux de fécondité, la proportion des femmes en âge de procréer ou n'ayant pas encore atteint cet âge dans la population totale est assez élevée. De ce fait la natalité est encore supérieure à la mortalité et la population augmente. Le concept d'élan démographique mesure dans quelle proportion la population continuera à croître à partir du moment où la fécondité atteint le niveau de remplacement. Il est égal au rapport entre le niveau de population stationnaire final et son niveau actuel. Ainsi, un élan démographique égal à 1,5 aujourd'hui signifie ceci : si à compter de ce jour, le taux de reproduction restait au niveau du simple remplacement, la population, au moment de sa stabilisation, serait 1,5 fois supérieure à la population enregistrée aujourd'hui (pour une explication détaillée des méthodes d'évaluation de la population stationnaire, consulter : Banque Mondiale, *Rapport sur le développement dans le monde,* 1987).

Taux brut de natalité (5) : Nombre annuel de naissances vivantes pour mille habitants.

Taux brut de mortalité (5) **:** Nombre annuel de décès pour mille habitants.

Indice synthétique de fécondité (5) **:** Nombre d'enfants moyen que mettrait au monde une femme durant sa vie, si elle avait à chaque âge un nombre d'enfants correspondant au taux de fécondité pour cet âge. Le taux de fécondité mesure le rapport entre le nombre de naissance et le nombre de femmes en âge de procréer.

Population active (6) **:** Elle comprend les personnes en âge de travailler (15 à 64 ans) ayant une activité rémunérée, les chômeurs et les militaires du contingent. Les secteurs d'activité utilisés pour répartir cette population sont définis comme pour les tableaux 2 et 3.

Exportations (7) **:** Sorties de marchandises vers l'étranger, évaluées f.o.b. *(free on board)* ou encore f.a.b. (franco à bord) c'est-à-dire sans tenir compte des coûts associés au transport de ces marchandises vers leur destination.

Importations (7) **:** Entrées de marchandises en provenance de l'étranger, évaluées c.i.f. *(cost, insurance, fret)* ou encore c.a.f. (coût, assurance, fret), c'est-à-dire en incluant les coûts associés au transport des marchandises jusqu'à l'entrée sur le territoire national.

Termes de l'échange (7) **:** Indice du rapport entre les prix à l'exportation et les prix à l'importation (calcul des indices expliqué dans « Calculs usuels », paragraphe 7). L'indice est en base 100 en 1980. Il s'interprète comme une variation des prix à l'exportation en % des prix à l'importation, par rapport à 1980. Ainsi un indice 112 signifie que, depuis 1980, les prix à l'exportation ont augmenté de 12 % par rapport aux prix à l'importation. On parlera alors d'une amélioration des termes de l'échange. Inversement un indice 96 indique une baisse de 4 % du prix relatif des exportations, et donc, une détérioration des termes de l'échange, depuis 1980.

Nomenclature des produits du tableau 8 : Les catégories sont celles de la classification type pour le commerce international (CTCI).
– Combustibles, minéraux et métaux : combustibles minéraux, lubrifiants et produits connexes, engrais et minéraux bruts, minerais métalliques, métaux non ferreux.
– Autres produits primaires : produits alimentaires, animaux vivants, boissons et tabac, matières brutes non comestibles, huiles, graisses et cires.
– La catégorie « Textiles et habillement » est une sous-catégorie de « Autres biens manufacturés ».

Nomenclature des produits du tableau 9 :
– Produits alimentaires : Produits alimentaires, animaux vivants, boissons, huiles, graisses, graines oléagineuses et noix (tabac exclu).
– Combustibles : combustibles minéraux, lubrifiants et produits connexes.
– Autres produits primaires : matières brutes (métaux non ferreux et tabac compris ; combustibles, graines oléagineuses et noix non compris).

3. Les pondérations

Les tableaux 1 à 9 du « Tableau de bord de l'économie mondiale » présentent, outre les données par pays, des données récapitulatives par groupe de pays. Dans certains cas, il s'agit de moyennes pondérées (calcul expliqué dans « Calculs usuels », paragraphe 8). Nous indiquons ci-dessous la liste des variables utilisées pour pondérer les données par pays.

Tableau 1 : Pour le PNB/habitant et l'espérance de vie : population. Pour le taux d'inflation : part de chaque pays dans le PIB global du groupe.

Tableau 4 et 5 : Part de chaque pays dans la population totale du groupe.

Tableau 6 : Pour la répartition sectorielle : population active. Pour le taux annuel d'accroissement moyen : part de chaque pays dans la population active totale du groupe.

Tableau 8 : Valeur totale en dollars courants des exportations de chaque pays.

Tableau 9 : Valeur totale en dollars courants des importations de marchandises de chaque pays.

II. Calculs usuels

Dans les paragraphes qui suivent nous donnons des indications générales sur les méthodes de présentation et de transformation des données statistiques. Ces indications sont accompagnées d'exemples pratiques qui ont, pour point de départ, les chiffres du tableau 1 ci-dessous. Ces derniers sont bien entendu fictifs. Dans les tableaux suivants, certaines données sont remplacées par un ?, pour laisser au lecteur la possibilité de faire lui-même les calculs. Dans les équations qui suivent, la barre transversale (/) désigne une division.

Tableau 1 : PIB nominal et PIB réel aux prix de marché. 1982-1987
(millions de francs)

	1982	1983	1984	1985	1986	1987
PIB (prix courants)	1 000	1 300	1 500	1 600	1 700	1 750
PIB (prix 1982)	1 000	1 050	1 092	1 130	1 152	1 164
Consommation (prix 1982)	800	861	950	926	900	900

1. La méthode d'évaluation

1) « Nominale » ou en « valeur ».
Une série statistique nominale décrit la valeur monétaire de la variable étudiée, mesurée avec les prix courants, c'est-à-dire les prix en vigueur à la date d'observation. Les expressions « nominal », « en valeur », « à prix courants » ou « en francs courants » sont des expressions équivalentes. La première ligne du tableau correspond au PIB nominal. La valeur monétaire est le produit d'une quantité par un prix. Elle dépend donc à la fois des quantités et des prix.

2) « Réelle » ou en « volume ».
Une série réelle ne dépend que de l'évolution des quantités. Une variable mesurée en unités physiques (kilos, litres, m^3) est donc une variable réelle. Mais une statistique exprimée en unités monétaires peut aussi être une donnée réelle. Il suffit pour cela que son évolution soit indépendante des prix et ne reflète que des variations dans les quantités. Ce résultat est obtenu en multipliant les quantités à chaque période d'observation, non par les prix courants, mais par les prix d'une seule et même période quelconque, appelée « année de base ». Ainsi, en maintenant les prix constants, la série obtenue décrit uniquement l'évolution des quantités. Les expressions « réel », « en volume », « à prix constants », « au prix de 1982 » ou « en francs constants », sont des expressions équivalentes. Dans le tableau 1, la deuxième ligne correspond donc au PIB réel, et la consommation est aussi une série en données réelles.

2. Les pourcentages

1) Le calcul du pourcentage (%).
Il est souvent utile d'exprimer une variable, non pas en niveau absolu, mais en niveau relatif, c'est-à-dire comparée à une autre. Cela aide à estimer l'importance véritable d'un chiffre. Ainsi, un déficit budgétaire ne représentant qu'un millième du PIB est négligeable, quel que soit son niveau absolu. Cela permet aussi des comparaisons qui ne seraient pas significatives en niveau absolu. En reprenant l'exemple précédent, notons que le même déficit dans un pays au PIB 200 fois inférieur représente un cinquième du PIB !
Le pourcentage est une fraction multipliée par 100. Dans le tableau 1, cherchons quelle est la part du PIB en % qui est consacrée à la consommation finale. Soit P le % recherché ; C, la consommation finale. Nous calculons :

$$P = (C/PIB) \times 100 \quad [1]$$

ce qui donne :

Tableau 2 : Consommation finale en % du PIB. 1982-1987

	1982	1983	1984	1985	1986	1987
Consommation (prix 1982)	80	82	?	?	?	?

2) L'utilisation du pourcentage.

Le calcul du pourcentage exprime ce que représente une « partie » par rapport à un « tout ». Mais on peut connaître le pourcentage et ignorer le « tout » ou bien la « partie ». Comment les retrouver ? Reprenons notre relation [1] :

$$P = (C/PIB) \times 100 \quad [1]$$

on peut en déduire que :

$$C = PIB \times (P/100) \quad [2]$$

et que :

$$PIB = C/(P/100) \quad [3]$$

Ainsi, on connaît le PIB (1 500), on sait que la consommation représente 78 % du PIB mais on ignore son niveau. On calcule : C = 1 500 × (78/100) = 1 170. À présent, si l'on connaît la consommation (1 000) et sa part en % dans le PIB (80 %) on peut calculer : PIB = 1 000/(80/100) = 1 250.

3. Variations et taux de croissance

La variation absolue d'une variable mesure sa différence de niveau entre deux dates. Soit deux dates t1 et t2. La variation absolue de la consommation entre ces deux dates est : Valeur finale – valeur initiale = $C_{t2} - C_{t1}$.

Le taux de croissance entre deux dates est la variation exprimée en pourcentage de la valeur de départ. Ainsi, le taux de croissance de la consommation entre t1 et t2 est :

$$TC = [(\text{Valeur finale} - \text{valeur initiale})/\text{Valeur initiale}] \times 100 \quad [4]$$

$$TC = [(C_{t2} - C_{t1})/C_{t1}] \times 100 \quad [4']$$

Procédons à ces deux calculs pour la consommation entre 1983 et 1987. On obtient :

Tableau 3 : Variations annuelles de la consommation. 1983-1987

	1983	1984	1985	1986	1987
Variation absolue	61	89	?	?	?
Taux de croissance en %	7,63	10,34	?	?	?

4. Coefficient de variation

Il est aussi intéressant, et souvent utile, d'exprimer les variations d'une variable sous la forme d'un coefficient multiplicateur entre deux dates. Ce dernier est égal au rapport entre la valeur finale et la valeur initiale. Ainsi, le coefficient de variation (Cvar) de la consommation est :

$$Cvar = (\text{Valeur finale}/\text{Valeur initiale}) = C_{t2}/C_{t1} \quad [5]$$

Ce calcul sur la période 1983-1987 donne :

Tableau 4 : Coefficient de variation de la consommation. 1983-1987

	1983	1984	1985	1986	1987
Coefficient de variation	1,076	1,103	?	?	?

La consommation a été multipliée par 1,076 de 1982 à 1983 et par 1,103 de 1983 à 1984.

Il existe une relation simple entre le coefficient de variation et le taux de croissance. Le lecteur qui rapproche les tableaux 3 et 4 s'aperçoit vite que les chiffres du second tableau sont ceux du premier divisés par 100 et auxquels on ajoute 1.

En effet, repartons du taux de croissance défini par la relation [4']. On peut réécrire le taux de croissance ainsi :

$$TC = [(C_{t2}/C_{t1}) - (C_{t1}/C_{t1}] \times 100 = [(C_{t2}/C_{t1}) - 1] \times 100$$

et on a donc la relation :

$$TC = (Cvar - 1) \times 100 \qquad [6]$$

et la relation inverse :

$$Cvar = 1 + (TC/100) \qquad [7]$$

On retiendra les règles pratiques suivantes :

- une variation de y % est équivalente à une multiplication par 1 + (y/100)
- une multiplication par y est équivalente à une variation en % de y – 1 multiplié par 100.

Ainsi une augmentation de 15,75 % est équivalente à une multiplication par 1 + (15,75/100) = 1 + 0,1575 = 1,1575. Et une baisse de 7,25 % équivaut à une multiplication par 1 – (7,25/100) = 1 – 0,0725 = 0,9275. Une multiplication par 1,0375 est identique à une variation en % de (1,0375 – 1) × 100 = 0,0375 × 100 = 3,75 %. Et une multiplication par 0,876 est équivalente à une variation en % de (0,876 – 1) × 100 = – 0,124 × 100 = – 12,64 %.

5. Pourcentages et taux de croissance : erreurs à éviter

1) On ne peut additionner ou soustraire des pourcentages que s'ils sont calculés par rapport au même total.

2) Le PIB est égal à 1 000 ; il augmente de 10 % puis baisse de 10 % l'année suivante, il est donc revenu à son niveau initial ? Non ! Il a baissé, parce que la baisse est calculée par rapport à un PIB plus important : le PIB augmente de 100 la première année ; ensuite, il baisse de 1 100 × 10 % = 110 ; à la fin de la deuxième année il est donc de 990.

3) Le PIB augmente de 10 % en 1987 et de 15 % en 1988, au total il a augmenté de 25 % ? Non ! On ne peut cumuler des taux de croissance par addition, parce que le total par rapport auquel ils sont calculés est toujours différent. Si l'on veut mesurer la croissance sur l'ensemble de la période on doit cumuler les coefficients de variation. En effet si le PIB est multiplié par 1,10 en 1987 et par 1,15 en 1988, alors on peut dire qu'en tout il est multiplié par 1,1 × 1,15, ce qui fait 1,265. Il a donc varié de 26,5 %.

6. La relation valeur, quantité, prix

Les coefficients de variation ont une utilité particulière pour les statistiques économiques : ils permettent de passer aisément d'une série « nominale » à une série « réelle », si l'on connaît l'évolution des prix ; ou bien de calculer la variation des prix si l'on dispose des deux séries, nominale et réelle ; ou bien encore de retrouver l'évolution nominale à partir des variations de prix et des variations en « volume ».

En effet, l'identité Valeur = Quantité × Prix, ou V = Q × P, est également vérifiée entre les coefficients de variation :

$$Cvar(V) = Cvar(Q) \times Cvar(P) \qquad [8]$$

Rappelons ici que le terme « quantité » peut s'appliquer à une série exprimée en francs, mais à prix constants (une série « réelle », en « volume », etc.).

La relation [8] décrit le calcul le plus simple mais le moins utile. Le plus souvent on l'utilise sous deux formes, selon que l'inconnue à calculer est la variation des quantités ou celle des prix :

$$Cvar(Q) = Cvar(V)/Cvar(P) \qquad [8']$$

$$Cvar(P) = Cvar(V)/Cvar(Q) \qquad [8'']$$

La première relation permet de « déflater » une série, c'est-à-dire d'éliminer l'effet de l'inflation sur une série en valeur, pour obtenir une série en volume. Ainsi, pour mesurer l'évolution du pouvoir d'achat des salaires, on divise le coefficient de variation des salaires « nominaux » par celui des prix à la consommation.
La deuxième relation sert à mesurer l'inflation à partir de la production en valeur et en volume. C'est ainsi qu'on calcule le « déflateur implicite du PIB » : taux d'inflation déduit du rapport entre l'évolution du PIB en valeur et son évolution en volume.

Première application : En utilisant les données du tableau 1, calculons ce taux d'inflation implicite, et utilisons-le pour mesurer la consommation à prix courants de 1983 à 1987. On commence par calculer le coefficient de variation du PIB à prix courants puis à prix constants (1re et 2e ligne du tableau). On divise la 1re ligne par la 2e (relation [8″], pour calculer Cvar(P). Enfin, on multiplie la consommation de 1982 par le coefficient de variation des prix entre 1982 et 1983 pour obtenir la consommation à prix courants en 1983. On multiplie ce dernier résultat par Cvar(P) en 1984 pour trouver la consommation à prix courants de 1984, et ainsi de suite pour les années suivantes.

Tableau 5

	1983	1984	1985	1986	1987
Cvar. PIB nominal	1,3	1,15	?	?	?
Cvar. PIB réel	1,05	1,092	?	?	?
Cvar. des prix	1,238	1,053	?	?	?
Taux d'inflation (%)	23,8	5,3	?	?	?
Consommation à prix courants	990	1 043	?	?	?

Deuxième application : Au cours de trois années, le taux d'intérêt nominal prend les valeurs successives suivantes : 12,5 % ; 14 % ; 11 %. Durant la même période le taux d'inflation est respectivement de 11 % ; 16 % ; 12 %. On comprend que pour le prêteur, comme pour le débiteur, seule compte la valeur réelle de l'intérêt perçu ou versé, c'est-à-dire son pouvoir d'achat. Pour mesurer le taux d'intérêt réel, il faut donc « déflater » le taux d'intérêt nominal. Un calcul mental très fréquent consiste à faire simplement la différence entre le taux d'intérêt et le taux d'inflation. Cela donnerait ici : 1,5 % ; – 2 % ; – 1 % ; En toute rigueur, cependant, il s'agit là d'une approximation. Le calcul correct doit utiliser les coefficients de variation. On se pose la question suivante : comment évolue la valeur réelle d'un capital placé à 12,5 %, si dans le même temps les prix augmentent de 11 %. La valeur nominale est multipliée par Cvar(V) = 1 + (12,5/100) = 1,125. Mais les prix sont multipliés par Cvar(P) = 1,11. Par conséquent, en appliquant la relation [8′], la valeur réelle de notre capital est multiplié par Cvar(Q) = 1,125/1,11 = 1,0135. Le taux d'intérêt réel (voir relation [6]) est donc de 1,35 %, et non de 1,5 %. Le même calcul pour les deux années suivantes donne des taux réels de – 1,72 % et – 0,98 %. L'erreur du calcul approximatif proposé plus haut est d'autant plus grande que l'écart entre les deux taux est important. Une erreur de quelques dixièmes de points en pourcentage peut sembler tolérable en première approximation. Mais notons tout de même qu'un écart de 0,2 % sur un capital d'un milliard représente deux millions.

7. Indice élémentaire

Au lieu d'écrire que le PIB est passé de 4 575 627 millions à 9 151 254 millions on peut dire, puisqu'il a doublé, que l'indice du PIB est passé de 100 à 200. Un indice élémentaire est simplement le coefficient de variation d'une variable par rapport à une année de base, multiplié par 100.
Indice élémentaire = [(Valeur observée/Valeur de l'année base)] × 100 ou :

Indice élémentaire = Cvar × 100 [9]

L'indice de la consommation (IND), une année quelconque t, base 100 en t1 est donc : IND = $(C_t/C_{t1}) \times 100$. On peut ainsi reformuler le tableau 1 en transformant toutes les variables en indices, base 100 en 1982. On obtient :

Tableau 6 : Indices base 100 en 1982

	1982	1983	1984	1985	1986	187
PIB (prix courants)	100	130	150	160	?	?
PIB (prix 1982)	100	105	109,2	?	?	?
Consommation (prix 1982)	100	107,6	?	?	?	?

Comment opérer si on décide de changer de base ? Tout simplement en divisant chaque observation par la valeur correspondante durant la nouvelle année de base, et en multipliant chaque résultat par 100.

8. Moyenne arithmétique simple et pondérée

Tout le monde sait calculer une moyenne simple. Dix étudiants obtiennent les notes suivantes à une même épreuve : 12, 5, 18, 2, 19, 8, 9, 11, 7, 14. La moyenne de la classe est la somme des notes divisée par le nombre d'élèves, soit 105/10 = 10,5. Le calcul d'une moyenne pondérée est aussi bien connu. Un étudiant a obtenu les notes suivantes à trois épreuves dont les coefficients sont respectivement 3, 2 et 5 : 12, 18, 6. Pour calculer sa moyenne l'étudiant commence par multiplier chaque note par son coefficient, il fait la somme des points ainsi obtenus et la divise par le nombre des coefficients. La formule de la moyenne pondérée est donc, pour une variable y quelconque, (le symbole $\sum$ désigne une somme) :

$$\text{Moy (y)} = [\sum \text{(y} \times \text{coeff. de pondération)}]/\sum \text{coeff.} \qquad [10]$$

9. Le taux de croissance moyen

Supposons que le taux de croissance du PIB en France ait été de 3 %, 1,5 % et 2,5 % au cours des trois dernières années. Quel a été le taux de croissance moyen sur l'ensemble de la période ? On a déjà évoqué l'erreur à éviter : le taux de croissance moyen n'est pas la somme des taux annuels divisée par trois. On ne peut cumuler des % calculés par rapport à des totaux différents. Ainsi la moyenne arithmétique ne permet pas de calculer une croissance moyenne. Là encore, on doit passer par les coefficients de variation. En trois ans, le PIB a été multiplié par (1,03) × (1,015) × (1,025) = 1,076. On cherche par combien il a été multiplié en moyenne chaque année, autrement dit, on cherche un coefficient multiplicateur, Cvar.Moy., qui, multiplié trois fois par lui même (ou encore, élevé à la puissance 3) donne 1,076.

Si $(\text{Cvar.Moy.})^3 = 1{,}076$, alors : $\text{Cvar.Moy.} = \sqrt[3]{1{,}076} = 1{,}0247$.

Ce résultat est ce que l'on appelle une moyenne géométrique (la racine d'un produit). Le PIB a donc été multiplié par 1,0247 en moyenne chaque année. Le taux de croissance annuel moyen est donc (voir relation [6]) : 2,47 %. Pratiquement, le calcul est le plus souvent effectué en utilisant la relation inverse entre les puissances et les racines. En effet : $\sqrt[n]{y} = y^{1/n}$. Les calculatrices scientifiques ont rarement une touche $\sqrt[n]{y}$, mais elles ont toujours une touche y^x. On commence donc par calculer x = 1/n (1/3 dans notre exemple) et on élève y (1,076 dans notre exemple) à la puissance x.

Généralisons ce résultat. Si on appelle Cvar.Tot. le coefficient de variation total d'une grandeur pendant n périodes, le coefficient de variation moyen par période est :

$$\text{Cvar.Moy.} = (\text{Cvar.Tot.})^{1/n} \qquad [11]$$

et le taux de croissance moyen (TCM) est, en appliquant la relation [5] :

$$\text{TCM} = (\text{Cvar.Moy.} - 1) \times 100 = [(\text{Cvar.Tot.})^{1/n} - 1] \times 100 \qquad [12]$$

Appliquons ce résultat, avec les données du tableau 1, en calculant le taux de croissance moyen du PIB réel entre 1983 et 1987. On commence par compléter le tableau suivant :

Tableau 7 : Coefficient de variation du PIB réel. 1983-1987

	1983	1984	1985	1986	1987
Cvar. du PIB réel	1,05	1,04	1,035	1,019	1,01

On peut alors calculer Cvar.Tot. = (1,05 × 1,04 × 1,035 × 1,019 × 1,01) = 1,163. Le PIB a été multiplié par 1,163 en cinq ans. Le coefficient de variation moyen est donc = $(1{,}163^{1/5}$ = $(1{,}163)^{0{,}2}$ = 1,03066. On obtient alors le taux de croissance moyen = (1,03066 – 1) × 100 = 3,066 %.
Attention ! Si vous calculez un taux d'inflation moyen, n'oubliez pas que ce chiffre est un taux de croissance (des prix). La moyenne arithmétique est donc inadaptée à ce calcul et il faut utiliser, comme ci-dessus, la moyenne géométrique.

10. Un indice synthétique : Laspeyres

L'indice le plus connu du public est sans doute l'indice des prix à la consommation. Il ne s'agit pas d'un indice simple retraçant l'évolution du prix d'un seul bien, mais d'un indice « synthétique » qui décrit l'évolution du prix moyen d'un ensemble de produits (le panier de consommation du ménage type). Autrement dit, il s'agit d'une moyenne des indices élémentaires correspondant à chaque produit. Une moyenne simple serait inadaptée parce que tous les produits n'ont pas le même poids dans le « panier de la ménagère ». Pour calculer l'indice moyen d'une année donnée, on fait donc une moyenne des indices élémentaires pondérée par la dépense effectuée par le ménage type sur chacun de ces produits au cours d'une année de base.
Désignons par Pi, le prix, et par Qi la quantité consommée d'un bien i quelconque. 0 indique l'année de base et 1 l'année durant laquelle on calcule l'indice. Les indices élémentaires pour chaque bien i sont : (Pi1/Pi0) × 100 (voir équation [9]). Les dépenses durant l'année de base sont mesurées par : Pi0 × Qi0. L'indice de Laspeyres est une moyenne arithmétique des indices élémentaires pondérée par les valeurs de l'année de base. Par conséquent, l'indice de Laspeyres des prix est :

$$Lp = \frac{\sum [(Pi1/Pi0)\ (Pi0 \times Qi0)]}{\sum (Pi0 \times Qi0)} \times 100 \qquad [13]$$

Rappelons que le symbole $\sum$ signifie « somme pour tous les biens i ». Notons que le produit au numérateur peut se simplifier. En effet :
(Pi1/Pi0) (Qi0 × Pi0) = (Pi1 × Qi0 × Pi0)/Pi0 = Pi1 × Qi0
Pour le calcul on retiendra donc la formule simplifiée suivante :

$$Lp = \frac{\sum (Pi1 \times Qi0)}{\sum (Pi0 \times Qi0)} \times 100 \qquad [14]$$

Dans le tableau 8, ci-dessous, nous indiquons des données fictives sur les prix et quantités consommées de trois biens A, B, et C en 1988 et 1989. Calculons un indice de prix moyen de ces trois biens en 1989, base 100 en 1988.

Tableau 8

	1988		1989	
	Prix	Quantité	Prix	Quantité
Bien A	10	50	11	80
Bien B	30	100	32	150
Bien C	5	20	7	50

En appliquant la définition de l'équation [14], on calcule :
au numérateur : (11 × 50) + (32 × 100) + (7 × 20) = 3 890 ;
au dénominateur : (10 × 50) + (30 × 100) + (5 × 20) = 3 500.
L'indice de Laspeyres des prix est donc : Lp = (3 890/3 600) × 100 = 108,06

11. Mémento des formules de calcul

Pourcentage P :
P = (C/PIB) × 100 [1]
d'où : C = PIB × (P/100) [2]
et : PIB = C/(P/100) [3]

Taux de croissance (TC) :
TC = [(Valeur finale – valeur initiale)/Valeur initiale] × 100 [4]
$TC = [(C_{t2} - C_{t1})/C_{t1}] \times 100$ [4']
Coefficient de variation (Cvar) :
Cvar = (Valeur finale/Valeur initiale) = C_{t2}/C_{t1} [5]
d'où : TC = (Cvar – 1) × 100 [6]
et : Cvar = 1 + (TC/100) [7]
Relation valeur (V), quantité (Q), prix (P) :
Cvar(V) = Cvar(Q) × Cvar(P) [8]
Cvar(Q) = Cvar(V)/Cvar(P) [8']
Cvar(P) = Cvar(V)/Cvar(Q) [8"]
Indice élémentaire (IND) :
IND = [(Valeur observée/Valeur de l'année base)] × 100 = Cvar × 100 [9]
Moyenne pondérée (Moy (y)) :
Moy (y) = [$\sum$ (y × coeff. de pondération)]/$\sum$ coeff. [10]
Taux de croissance moyen (TCM) :
Cvar. Moy. = $(\text{Cvar.Tot.})^{1/n}$ [11]
et : TCM = (Cvar.Moy – 1) × 100 = $[(\text{Cvar.Tot.})^{1/n} - 1] \times 100$ [12]
Indice de Laspeyres des prix (Lp) :

$$Lp = \frac{\sum [(Pi1/Pi0)\ (Pi0 \times Qi0)]}{\sum (Pi0 \times Qi0)} \times 100 \quad [13]$$

$$Lp = \frac{\sum (Pi1 \times Qi0)}{\sum (Pi0 \times Qi0)} \times 100 \quad [14]$$

12. Corrigé des exercices

	1982	1983	1984	1985	1986	1987
Consommation : en % du PIB	80	82	87	81,9	78,1	77,3
Variation absolue	–	61	89	– 24	– 26	0
Taux de croissance en %	–	7,63	10,34	– 2,53	– 2,81	0
Coefficient de variation	–	1,076	1,103	0,975	0,972	1
Cvar. PIB nominal	–	1,3	1,15	1,067	1,062	1,029
Cvar. PIB réel	–	1,05	1,04	1,035	1,019	1,01
Cvar. Prix	–	1,238	1,106	1,031	1,042	1,019
Taux d'inflation	–	23,8	10,6	3,1	4,2	1,9
Consommation à prix courants	–	990	1 094,9	1 128,9	1 176,3	1 198,6
Indices base 100 en 1982 :						
PIB (prix courants)	100	130	150	160	170	175
PIB (prix 1982)	100	105	109,2	113	115,2	116,4
Consommation (prix 1982)	100	107,6	118,8	115,8	112,5	112,5

■ Pour en savoir plus

M.-L. Lévy, *Comprendre les statistiques*, Collection Points, Éditions du Seuil, Paris, 1979.

D. Schlacther, *De l'analyse à la prévision*, Ellipses, Paris, 1986.

LEXIQUE

C. Benoist-Lucy

ACP – Désigne les 66 pays d'Afrique, des Caraïbes et du Pacifique (ACP) liés aux pays de la CEE par la Convention de Lomé.

AELE (Association Européenne de Libre-Échange) – Issue du traité de Stockholm (19 novembre 1959), cette zone de libre-échange regroupait à sa création sept pays non signataires du Traité de Rome (Royaume-Uni, Danemark, Norvège, Suède, Portugal, Suisse, Autriche). Ces dernières années, l'AELE a perdu trois membres (Royaume-Uni, Danemark, Portugal) du fait de leur entrée dans la CEE.

AID (Association Internationale de Développement) – Filiale de la BIRD, créée en 1960 pour consentir des prêts à long terme aux pays en voie de développement.

AMF (Arrangements Multi-Fibres) – Les AMF ont été conclus en 1973 dans le cadre du GATT, entre les pays industrialisés et les pays en voie de développement (PVD). Ils instituent une réglementation du commerce mondial des textiles pour une période de quatre ans en moyenne, et sont renouvelables.

Amortissement – Dépréciation d'un capital provoquée par l'usure ou le vieillissement. L'amortissement comptable est la constatation financière de cette dépréciation, sous la forme d'une provision annuelle inscrite dans les charges de l'entreprise.

Anticipations rationnelles (théorie des) – Théorie selon laquelle les individus prennent en compte la totalité des informations disponibles au moment de leurs choix économiques. Une conséquence essentielle de ces anticipations serait d'enlever toute efficacité à une politique économique correctement anticipée par les agents concernés.

Antitrust (lois) – Lois américaines visant à interdire toute forme de trust ou d'entente (*Sherman Antitrust Act* en 1890, *Clayton Act* en 1914, etc.).

Appréciation – Se dit d'une monnaie nationale lorsque sa valeur d'échange par rapport à une devise étrangère s'accroît sur le marché des changes. Ne pas confondre avec une réévaluation qui désigne une modification du taux de change officiel.

ASEAN (Association of South East Asia Nations) – Regroupe l'Indonésie, Singapour, la Thaïlande, la Malaisie et les Philippines dans une zone de préférences douanières constituée en 1975. L'ASEAN a pour vocation de devenir un marché commun en 1995.

ASSEDIC (Association pour l'Emploi Dans l'Industrie et le Commerce) – Système d'assurance-chômage créé par la Convention du 31 décembre 1958 entre le CNPF et les syndicats. Les ASSEDIC sont regroupées au sein de l'UNEDIC (Union Nationale des ASSEDIC) qui assure la compensation entre les caisses d'assurance-chômage.

Autofinancement – Financement des investissements et de la trésorerie d'une entreprise par ses propres ressources, constituées par les amortissements, les provisions et les bénéfices non distribués.

Autogestion – Forme d'organisation d'une entreprise, dans laquelle le pouvoir de décision appartient au personnel qui assume la gestion de l'entreprise, soit directement, soit par l'intermédiaire de représentants élus.

Avantages comparatifs (lois des) – Théorie selon laquelle les différents pays ont intérêt à une division internationale du travail dans un cadre de libre-échange, chacun se spécialisant dans les productions pour lesquelles il obtient le coût relatif le plus faible.

Baby boom – Désigne la forte reprise de la natalité qu'a connue le monde entre 1944 et 1963.

Balance de base – Solde obtenu en additionnant la balance des paiements courants et celle des mouvements de capitaux à long terme (investissements directs ou de portefeuille, crédits à long terme, prêts publics).

Balance commerciale – Compte enregistrant les importations et les exportations d'un pays au cours d'une période donnée, et dont le solde exprime la différence exportations-importations.

Balance des invisibles – Compte enregistrant les échanges de services et de revenus entre un pays et l'extérieur durant une période donnée (par exemple : transport, frais d'assurance, intérêts et dividendes, revenus de la propriété intellectuelle, etc.).

Balance des opérations courantes – Solde cumulant les résultats de la balance commerciale et de la balance des invisibles.

Balance des paiements – Compte récapitulant l'ensemble des opérations d'un pays avec l'extérieur au cours d'une période donnée. La balance des paiements est la somme de balances partielles : 1/ balance commerciale, 2/ balance des services, 3/ balance des transferts, 4/ balance des opérations courantes (solde des balances 1, 2 et 3 cumulées), 5/ balance des capitaux à long terme, 6/ balance de base (solde des balances 4 et 5 cumulées), 7/ balance des capitaux à court terme non bancaires, 8/ balance des mouvements non monétaires ou balance générale (solde des balance 6 et 7 cumulées), 9/ balance des capitaux à court terme bancaires, 10/ balance des règlements officiels ou balance globale (solde des balances 8 et 9 cumulées), 11/ avoirs et engagements du secteur officiel. La balance des paiements est le solde des balances 1, 2, 3, 5, 7, 9 et 11 cumulées.

Balance Sterling – Avoirs liquides en livres sterling détenus par des non-résidents.

Bandung (Conférence de) – Conférence afro-asiatique réunie en Indonésie en 1955, qui donna naissance au groupe des pays non alignés, fort aujourd'hui d'une centaine de membres.

Banque mondiale – Expression désignant soit la BIRD seule, soit l'ensemble formé par la BIRD et sa filiale, l'AID (Association Internationale de Développement).

Barrière non tarifaire – Voir Protection non tarifaire.

Besoin de financement – Situation d'un agent économique dont les dépenses en capital sont supérieures à l'épargne. En Comptabilité nationale, le besoin de financement résulte d'un solde négatif du compte de capital.

Billet à ordre – Effet de commerce par lequel un agent s'engage à payer au bénéficiaire une somme déterminée, à une date convenue.

Billet de trésorerie – Billet à ordre émis par une entreprise et négociable sur le marché monétaire.

BIRD (Banque Internationale pour la Reconstruction et le Développement) – Issue des accords de Bretton Woods en juillet 1944, elle assure une aide au développement en accordant des prêts à moyen et long terme aux pays membres.

BIT (Bureau International du Travail) – Organisme de recherche sur les problèmes du travail, le BIT a été créé en 1919, et se trouve placé sous l'égide de l'ONU depuis 1948.

Branche – Ensemble d'établissements produisant un même bien ou service ou un même groupe homogène de biens ou services.

Bretton Woods (accords de) – Ces accords clôturent le 22 juillet 1944 la conférence de l'ONU sur les problèmes monétaires et financiers internationaux. Ils instituent un nouveau système monétaire international fondé sur l'étalon de change-or, un organe de surveillance (le FMI) et une institution chargée de consentir aux États des prêts à moyen et long terme (la BIRD).

BRI (Banque des Règlements Internationaux, ou BIS : Bank of International Settlements) – Créée en 1930, la BRI avait pour mission originale de gérer le paiement des réparations allemandes à la suite de la Première Guerre mondiale. Depuis la Seconde Guerre, elle assure la coordination des politiques monétaires des Banques centrales. À ce titre, elle reçoit des dépôts des Banques centrales et leur consent des prêts.

CAEM (Conseil d'Assistance Économique Mutuelle) – Créé en 1949 pour répondre au Plan Marshall, le CAEM vise à favoriser le développement d'une division internationale socialiste du travail. Il regroupe dans une zone de libre-échange la RDA, la Bulgarie, la Pologne, la Roumanie, la Tchécoslovaquie, l'URSS, la Mongolie, le Viêt-Nam et Cuba.

CAF (Coût Assurance Fret) – Système d'évaluation d'une marchandise importée, incluant dans le prix les charges d'assurance et de transport.

Capacité de financement – Situation d'un agent économique dont l'épargne est supérieure aux dépenses en capital. En Comptabilité nationale, la capacité de financement résulte d'un solde positif du compte de capital.

Capital fixe – Capital productif utilisé pendant plus d'un an.

Capitalisation – Système d'assurance dans lequel le montant du capital garanti à l'échéance du contrat est fonction des versements effectués par l'assuré pour son propre compte (à l'opposé d'un système de répartition qui finance les sommes versées aux titulaires des contrats échus par les cotisations de l'ensemble des contrats en cours).

Capitalisme d'État – Pour les marxistes, le capitalisme d'État est une phase transitoire entre le capitalisme et le socialisme, durant laquelle les principales activités économiques sont nationalisées.

Capitalistique – Voir Intensité capitalistique.

Capitaux flottants – Capitaux internationaux à court terme qui circulent d'une place financière à l'autre selon l'évolution des différentes opportunités de placement et de leur rendement comparé.

Cartel – Entente liant plusieurs entreprises en vue de limiter la concurrence par les prix et, éventuellement fixer des quotas de production.

Changes fixes – Régime monétaire international dans lequel les autorités monétaires des différents pays membres déclarent un taux de change officiel, et s'engagent à intervenir sur les marchés des changes pour maintenir les fluctuations autour de ce taux dans des limites convenues.

Changes flottants – Régime monétaire international dans lequel les taux de change se déterminent librement sur les marchés

des changes sans interventions correctrices des autorités monétaires.
Chômage classique – Chômage provoqué par une insuffisance des capacités de production et qui, conformément aux thèses des économistes classiques, ne pourrait être résorbé en raison d'un salaire réel trop élevé. S'oppose souvent au chômage keynésien dû à une insuffisance de la demande globale.
Chômage conjoncturel – Chômage directement causé par le ralentissement de l'activité économique. S'oppose souvent au chômage structurel indépendant du niveau de l'activité et reflétant une inadaptation durable des offres et des demandes d'emplois.
Chômage déguisé – Situation de travailleurs ayant un emploi mais dont la productivité effective est nulle, ou presque nulle.
Chômage technique – Suspension temporaire d'une activité, rendue nécessaire par une interruption technique de la production (pannes, grèves, etc.).
Club des 10 – Voir Groupe des 10.
CNUCED – Conférence des Nations Unies pour le Commerce et le Développement. Créée en 1964, elle se réunit tous les quatre ans pour promouvoir le développement par l'expansion du commerce international.
COB – Commission des opérations boursières.
COFACE – Compagnie Française d'Assurance pour le Commerce Extérieur.
COMECON (Council for Mutual Economic Assistance) – Voir CAEM.
Compétitivité (Compétitivité prix ou structurelle) – D'une façon générale la compétitivité désigne la capacité d'une entreprise ou d'une nation à affronter la concurrence. La mesure la plus fréquente est un indice de compétitivité prix : il mesure l'évolution des prix d'un pays rapportée à une moyenne pondérée des prix de ces principaux partenaires commerciaux (la variation des prix nationaux est corrigée des fluctuations de change). Mais la compétitivité peut être plus structurelle et tenir non seulement à la maîtrise des coûts de production et des prix, mais aussi à la bonne spécialisation industrielle d'une nation, à la qualité des produits, à la rapidité d'ajustement aux mutations de la demande mondiale.
Concentration économique – Regroupement de plusieurs entreprises en vue de diminuer les coûts de production par un effet de dimension.
Conglomérat – Concentration axée vers la diversification des activités, pour une meilleure rentabilité financière.
Convertibilité – Possibilité pour le détenteur d'une monnaie de l'échanger contre tout autre devise.
Courbe en J – Elle montre qu'une dévaluation de la monnaie nationale entraîne une détérioration provisoire de la balance commerciale (phase descendante de la courbe), en raison de l'inertie des flux du commerce extérieur : les importations sont plus chères, et le volume des exportations n'a pas encore eu le temps de bénéficier de la dévaluation. Il faut une période de six mois environ pour que les effets de la dévaluation se manifestent par une amélioration du solde commercial (phase croissante de la courbe).
Courbe de Laffer (1974) – Elle montre qu'au-delà d'un certain seuil, l'accroissement de la pression fiscale réduit l'activité économique, et donc les revenus sur lesquels sont assis les impôts, au point de réduire les recettes fiscales totales.
Courbe de Phillips – Relation inverse entre le taux de chômage et le taux de croissance des salaires nominaux mise en évidence par Phillips, en 1958. Compte tenu de l'effet des hausses de salaires sur les prix, on a pris l'habitude de désigner ainsi une relation inverse entre inflation et chômage.
Cruzeiro – Unité monétaire du Brésil.
Currency Principle – Principle d'organisation du système monétaire interne, selon lequel l'émission de monnaie papier doit être intégralement couverte par une encaisse métallique (or ou argent). S'oppose au *Banking principle* selon lequel une couverture partielle est suffisante.
Décollage – 3e étape de la croissance économique selon Rostow *(take-off)*, après la société traditionnelle et la phase de transition. Période relativement courte (20 à 30 ans) au cours de laquelle un pays amorce un processus d'industrialisation.
Déficit budgétaire – Différence négative entre les dépenses définitives et les recettes définitives.
Déficit commercial – Solde négatif de la balance commerciale.
Déflation – Baisse générale et durable des prix. S'applique également à la politique économique lorsqu'elle s'emploie à réduire la demande intérieure pour lutter contre l'inflation.
Demande globale – Au niveau d'un marché particulier, la demande globale est la somme des demandes individuelles pour un produit. Le terme est le plus souvent utilisé au plan macro-économique pour désigner l'ensemble : consommation + investissement + exportations
Démocratie populaire – Désigne le régime, inspiré du modèle soviétique, qui a été instauré dans les pays de l'Est au lendemain de la conférence de Yalta.
Densité (de la population) – Rapport entre le nombre d'habitants et la superficie d'un pays, généralement exprimé en habitants/km^2.
Déréglementation – Processus d'allégement

des réglementations qui contribue à un certain désengagement de l'État dans la vie économique.

Désinflation – Diminution de l'inflation obtenue à la suite d'une politique de déflation.

Dévaluation – Opération par laquelle, en système de changes fixes, un gouvernement décide d'abaisser le taux de change officiel de sa monnaie.

Développement extraverti – Développement économique fondé sur le dynamisme des exportations et accordant la priorité aux secteurs à forte demande mondiale.

Développement introverti – Développement économique donnant la priorité à la satisfaction des besoins internes et s'appuyant sur la croissance de la demande intérieure.

DTS (Droits de Tirage Spéciaux) – Nouvelle liquidité internationale créée en 1969 par le 1er amendement aux statuts du FMI (Fonds Monétaire International), les DTS sont la seule unité de compte employée par le FMI. Ils constituent une part des réserves des Banques centrales, qui peuvent les utiliser entre elles comme moyen de paiement. Leur valeur est déterminée à partir d'un panier de cinq monnaies (Dollar, DM, Yen, FF, Livre Sterling), et leur émission, placée sous contrôle international, dépend des besoins du commerce international.

Dualisme – Le dualisme économique est une caractéristique des pays sous-développés. Il signifie que dans l'économie coexistent deux secteurs autonomes : le secteur traditionnel rural (système pré-capitaliste), et le secteur évolué (système capitaliste ou post-capitaliste).

Dumping – Pratique protectionniste qui consiste à subventionner des entreprises pour leur permettre de pratiquer des prix à l'exportation inférieurs aux prix internes.

Échelle mobile – Indexation des rémunérations (le plus souvent salariales) sur une variable représentative du coût de la vie, en général l'indice des prix de détail.

Économie d'échelle – Il y a économie d'échelle (ou effet de taille) lorsqu'une entreprise, en développant ses capacités de production, abaisse ses coûts moyens à long terme.

Économie de l'offre – Doctrine libérale développée aux États-Unis depuis le début des années 1970 (Laffer, Gilder, etc.). À l'inverse des stratégies keynésiennes de relance par la demande, elle prône une politique de soutien de l'offre, et en particulier, une réduction des taux d'imposition qui stimule l'épargne, l'investissement et l'offre de travail.

ECU (European Currency Unit) – Créé en 1979 dans le cadre du SME (Système Monétaire Européen), l'ECU, unité de compte de la CEE et moyen de règlement entre Banques centrales, a pour vocation de devenir une véritable monnaie commune. Les ECU sont émis en contrepartie des réserves apportées au FECOM (Fonds Européen de Coopération Monétaire) par les pays européens. Leur valeur est fixée à partir d'un panier des monnaies européennes, pondérées en fonction de l'importance du PIB et du commerce international de chaque pays.

Effet de commerce – Titre de créance négociable, dont la cession se fait par voie d'endossement : cf. chèque, lettre de change (traite), billet à ordre, warrant, mandat.

Effet d'éviction – Phénomène mis en évidence par les monétaristes (en particulier M. Friedman) : un déficit public financé par l'emprunt absorbe une partie des ressources d'épargne destinées auparavant au financement des investissements privés, et fait monter les taux d'intérêt en exerçant une pression sur la demande de fonds prêtables. Certains emprunteurs privés devront ainsi renoncer à leur projet d'emprunt : il y a éviction de leur demande par celle de l'État (Voir Monétarisme).

Élasticité – Rapport entre la variation relative d'une variable expliquée (par exemple, la demande d'un bien) et la variation relative d'une variable explicative (par exemple le prix d'un bien).

Escompte (taux d') – Taux appliqué aux opérations de mobilisation des effets de commerce.

Espérance de vie à la naissance – Nombre moyen d'années que vivront les nouveau-nés d'une génération donnée.

EURATOM – Communauté Européenne de l'énergie atomique, créée par le Traité de Rome (15 mars 1957).

Euro-devises – Devises faisant l'objet de dépôts dans des banques situées hors du territoire du pays émetteur.

Euro-dollars – Avoirs bancaires libellés en dollars circulant à l'extérieur des États-Unis, et détenus par des agents non résidents aux États-Unis.

Euro-obligations – Obligations libellées en devises convertibles et émises sur le marché international.

Extraversion (économie extravertie) – S'emploie pour désigner un pays qui consacre une large part de sa production à l'exportation (Voir Développement extraverti).

FAB – Voir FOB.

FAO (Food and Agricultural Organization) – Organisation des Nations Unies pour l'alimentation et l'agriculture.

Favelas – Bidonvilles brésiliens.

FDES (Fonds de Développement Économique et Social) – Compte spécial du Trésor, qui enregistre des prêts consentis aux entreprises publiques, aux collectivités locales et à la recherche.

FECOM (Fonds Européen de Coopération Monétaire) – Créé en 1973, le FECOM assure la concertation des Banques centrales de la CEE et la gestion des crédits à court terme entre les pays membres. Depuis la création du SME en 1979, il reçoit 20 % des réserves en or et dollars des États membres, en contrepartie des ECU mis à leur disposition.

Fécondité (taux de) – Rapport entre le nombre de naissances vivantes et le nombre de femmes en âge de procréer (15-49 ans), pour une période donnée.

Fécondité (indice synthétique de) – Nombre moyen d'enfants mis au monde par les femmes en âge de procréer, pour une période donnée.

FED (Federal Reserve System) – Ensemble des douze banques centrales américaines, contrôlé par un Conseil d'administration de sept Gouverneurs siégeant en permanence à Washington.

FEOGA (Fonds Européen d'Orientation et de Garantie Agricole) – Créé en 1962, le FEOGA gère les fonds de la Politique Agricole Commune de la CEE.

Fiduciaire (monnaie) – Monnaie-papier émise par la Banque centrale, dont la valeur transactionnelle repose sur la confiance du public.

Filière – Ensemble des activités participant au processus de production d'un bien final donné.

FMI (Fonds Monétaire International) – Issu de la conférence de Bretton Woods en juillet 1944, le FMI est l'instrument de la coopération monétaire internationale, et surveille le respect de la discipline commune par les États membres du SMI (Système Monétaire International).

FOB (*Free On Board,* ou FAB : Franco A Bord) – Système d'évaluation des exportations, excluant du prix les charges d'assurance et de transport.

Fordisme – Régime caractérisé par la production de masse, combinant l'organisation scientifique du travail, la standardisation des produits et l'amélioration du pouvoir d'achat des salariés.

FBCF (Formation Brute de Capital Fixe) – Acquisition de biens de production utilisables pendant plus d'un an.

Franc CFA (Communauté Financière Africaine) – Franc utilisé depuis 1945 dans les anciennes colonies françaises d'Afrique occidentale et orientale.

Franc CFP (des Comptoirs Français du Pacifique) – Franc utilisé depuis 1945 dans les territoires d'outre-mer du Pacifique.

Franc vert – Désigne l'ancien taux de change du franc français (avant la dévaluation de 11 % intervenue en 1969), qui a été conservé pour le calcul du prix des denrées agricoles exportées au sein de la CEE, afin de ne pas favoriser les agriculteurs français par rapport à leurs concurrents européens.

GATT (General Agreement on Tariffs and Trade) – Accord signé en 1948 sur les tarifs douaniers et le commerce, qui a donné naissance à l'organisation du GATT (près de 100 pays membres), chargée d'encadrer les négociations internationales pour progresser vers le libre-échange, de codifier les aides nationales aux exportations, d'assurer la généralisation de la clause de la nation la plus favorisée (exception faite du régime spécial appliqué aux PVD).

Gosplan – Comité gouvernemental assurant la coordination centrale de la planification soviétique.

Goulet (goulot) d'étranglement – Élément du processus économique qui, par son impuissance à assurer convenablement la liaison entre l'amont et l'aval, bloque les flux économiques et provoque un ralentissement de la croissance.

Groupe des 10 (Club des 10) – Formé en 1961, il comprend en réalité 11 pays (Belgique, Canada, États-Unis, France, Grande-Bretagne, Italie, Japon, Pays-Bas, RFA, Suède, Suisse) réunis sur le thème des réformes à apporter au système monétaire international.

Groupe des 20 – Regroupe, entre autres pays de moindre importance, les pays du club des 10, qui proposèrent sans succès en 1973 une réforme du système monétaire international, axée sur le développement des DTS.

Holding – Société qui détient des participations dans plusieurs autres entreprises qu'elle contrôle, et qui n'a pas nécessairement d'activité d'exploitation propre (Holding pure).

Hypothécaire (marché) – Marché ouvert en 1966 pour permettre aux banques et aux établissements financiers de se refinancer en cédant leurs créances hypothécaires à long terme (de 10 à 20 ans).

Hypothèque (ou gage) – Droit réel dont est grevé un bien immeuble, afin de garantir le paiement d'une dette : en cas de non-paiement, le créancier peut procéder à la vente du bien de son débiteur, afin de se rembourser prioritairement.

Impasse budgétaire (ou découvert de la loi de Finances) – Il y a impasse budgétaire lorsque les recettes définitives inscrites au budget de l'État sont inférieures à l'ensemble des dépenses, définitives et temporaires.

Impôt négatif – Subvention directe visant à garantir un revenu minimal aux indigents. À mesure que le revenu s'élève, la dotation diminue. Elle disparaît au-delà d'un certain seuil de revenu pour laisser place à l'impôt positif.

Indexation – Système visant à préserver de l'érosion monétaire un bien ou une rémunération, en faisant varier sa valeur en fonction d'un critère représentatif de l'évolution

du coût de la vie : l'indice des prix de détail est le plus souvent retenu pour l'indexation des revenus.
Industrialisation par substitution aux importations – Stratégie de développement qui consiste à remplacer progressivement les produits importés par des productions locales.
Industries industrialisantes – Stratégie de développement qui accorde la priorité aux quelques industries lourdes qui devraient avoir le plus d'effet d'entraînement en amont et en aval du processus de production.
Industries légères – Industries de main-d'œuvre, à faible intensité capitalistique (par exemple : confection textile, activités de montage...).
Industries lourdes – Industries à capital fixe important, produisant des biens pondéreux (par exemple : sidérurgie).
Infrastructures – Ensemble des équipements techniques nécessaires à une collectivité (routes, voies ferrées, ports, aéroports, etc.).
Innovation (technologique) – Apparition d'une nouveauté dans le circuit de production : nouveau procédé, nouveau produit, nouvelle organisation sont autant d'innovations technologiques.
Intégration – Regroupement de plusieurs éléments auparavant distincts en vue de former un ensemble cohérent. L'intégration peut concerner des pays, des activités, des entreprises ou établissements.
Intensité capitalistique – Désigne soit la dépense en capital pour une unité de travail dans une période donnée, soit le rapport entre le capital constant (les machines) et le capital variable (le travail).
Intensité du travail – Désigne le rapport entre le travail et le capital dans la production. Elle peut aussi faire référence à la quantité de travail fournie dans une période donnée (rythme de travail).
Intouchables – Groupe social de l'Inde, dont les activités et le mode de vie étaient considérés comme polluants par les hindous orthodoxes et qui, de ce fait, étaient l'objet d'une sévère ségrégation. L'intouchabilité a été abolie par la constitution indienne, mais les discriminations n'ont pas encore disparu.
J – Voir Courbe en J.
Jae Bull – Conglomérats sud-coréens.
Joint venture – Terme anglo-saxon désignant la constitution d'une filiale commune par plusieurs entreprises indépendantes.
Junk Bond – Littéralement : titre de pacotille. Désigne les titres émis par une banque américaine en vue de réaliser une OPA, et dont la valeur est gagée sur la valeur des actions de la firme reprise après succès de l'OPA (Voir OPA).
Keynésienne (théorie) – Elle fut développée par l'anglais J.-M. Keynes dans les années 1930, et a largement inspiré la politique économique des pays occidentaux jusqu'aux années 70. Elle voit dans la crise et le sous-emploi l'effet d'une insuffisance de la demande globale. Il incombe alors à l'État de stimuler cette demande par les dépenses publiques.
Khozrastchiot – Système comptable, en URSS, qui laisse aux entreprises une certaine autonomie financière : possibilité d'un profit non planifié, dont une part importante reste à la disposition de l'entreprise.
Kolkhoze – Coopératives agricoles de l'URSS, nées en 1918-1920.
Konzern(e) – Cartels apparus en Allemagne après la Première Guerre mondiale.
Koulak – Paysan russe enrichi aux dépens de la majorité des paysans pauvres, à la fin du XIXe siècle et au début du XXe.
Krach – Désigne généralement un effondrement des cours des valeurs boursières, mais peut aussi s'appliquer à la faillite brutale d'une entreprise ou d'une banque.
Laffer – Voir Courbe de Laffer.
Laspeyres (indice de) – Moyenne arithmétique d'un ensemble d'indices élémentaires pondérés par les données de l'année de base.
Latifundium – Grand domaine agricole qui se caractérise par une exploitation archaïque et peu productive. (cf. latifundia du sud de l'Italie).
Libor (London Inter-Bank Offered Rate) – Taux auquel les banques s'échangent les euro-devises, à Londres. Le Libor sert de taux de base pour les euro-crédits consentis par les banques.
Lobby – (Terme anglo-saxon). Groupe de pression visant à influencer les pouvoirs publics.
Logrolling – « Marchandage parlementaire » aux États-Unis.
Lombard (taux) – Taux de base des avances sur titres de la banque centrale en RFA.
Lomé (Convention de) – Conclue en février 1975 entre les pays de la CEE et les pays ACP, la Convention de Lomé a été renouvelée en 1979 et 1983. Outre une aide financière de la CEE aux pays ACP, elle prévoit la stabilisation des recettes d'exportation de produits de base pour ces pays (STABEX et SYSMIN), dont les produits pourront par ailleurs entrer librement sur le marché de la CEE.
Macro-économie – Analyse économique fondée sur l'appréhension de quantités globales (ou agrégats).
Majors – Terme anglo-saxon désignant les plus importantes sociétés pétrolières des États-Unis.
Malthusianisme – Comportement ou politique issu de la théorie de Malthus (1798) selon laquelle il faut limiter l'accroissement de la population selon la progression des richesses.

Marché monétaire – Marché des capitaux à court terme entre intermédiaires financiers.
Marshall – V. Plan Marshall.
Masse monétaire – Agrégat monétaire dont la définition est variable selon les pays. En France il est généralement assimilé à M2, qui comprend les moyens de paiements (pièces, billets et dépôts à vue) et l'épargne liquide ou à court terme (comptes sur livrets, CODEVI et comptes d'épargne-logement).
MATIF – Marché à terme des instruments financiers, où se concluent des engagements bilatéraux de livraison future d'actifs financiers, à une date convenue, pour un prix fixé à l'avance.
Mercantilisme – Doctrine développée essentiellement aux XVIe et XVIIe siècles (en France : colbertisme), qui prône le protectionnisme et le développement des exportations afin d'augmenter l'excédent commercial. On ne retient souvent de cette école que l'assimilation erronée entre réserves monétaires métalliques et richesse d'une nation. Les mercantilistes constituent en fait les vrais pères fondateurs de l'analyse économique.
Monétarisme – Courant de pensée qui privilégie le rôle de la monnaie dans l'explication des fluctuations et condamne les politiques keynésiennes de relance par les dépenses publiques. (Voir Effet d'éviction).
Monopole – Situation d'un marché où un seul vendeur satisfait une demande dispersée entre plusieurs acheteurs.
Montants Compensatoires Monétaires (MCM) – Système de taxes et de subventions mis en place dans le cadre de la PAC (Politique Agricole Commune), qui compense les dévaluations et réévaluations des monnaies des pays membres de façon à respecter la règle des prix agricoles uniques. (cf. franc vert).
Moratoire – Décision d'un créancier accordant à son débiteur une suspension temporaire ou définitive du remboursement d'une dette.
Morbidité (taux de) – Rapport entre la population atteinte d'une maladie et une population donnée, pour une période donnée.
Mortalité (taux de) – Nombre des décès rapporté à la population totale, pour une période donnée (exprimé pour mille habitants).
Natalité (taux de) – Nombre des naissances vivantes rapporté à la population totale, pour une période donnée (exprimé pour mille habitants).
NEP (Nouvelle Politique Économique) – Politique menée par Lénine à partir de 1921, qui restaure partiellement un secteur privé afin de relancer l'économie. Staline y met fin en 1928-1929.
New Deal – Ensemble des mesures économiques et sociales prises par Franklin Roosevelt pour redresser l'économie américaine après la crise de 1929.
Nominale (valeur) – Valeur monétaire indiquée par le prix affiché.
Nuptialité (indicateur de) – Nombre des mariages rapporté à la population en âge de se marier, pour une période donnée.
Obligation – Titre représentatif d'une créance exigible à moyen ou long terme, négociable sur le marché financier, et ouvrant droit au versement d'un intérêt.
Obsolescence – Perte de valeur d'usage d'un bien, liée à l'évolution technologique.
OCDE – Organisation de Coopération et de Développement Économique, créée en 1948. Chargée à l'origine de distribuer les aides fournies aux pays européens dans le cadre du Plan Marshall, elle s'est élargie en 1961 à l'ensemble des pays occidentaux, et constitue désormais un organe de recherche et de concertation en matière économique.

Offre – Quantité de biens, services ou facteurs que les agents économiques sont disposés à vendre, en fonction croissante du prix.
Off-shore – Qualificatif attribué à certains placements américains ou à l'installation d'une banque dans les paradis fiscaux.
Okun (loi d') – Relation inverse entre le taux de chômage et le pourcentage d'utilisation des capacités de production.
Oligopole – Situation d'un marché où l'offre est contrôlée par un petit nombre de vendeurs.
ONUDI – Organisation des Nations Unies pour le Développement Industriel.
OPEC (Organization of Petroleum Exporting Countries) : Voir OPEP.
Open Market – Régulation de l'offre de monnaie sur le marché monétaire par les interventions de la Banque centrale.
OPEP (Organisation des Pays Exportateurs de Pétrole) – Cartel créé en 1960, qui regroupe treize pays producteurs et exportateurs de pétrole.
OUA – Organisation de l'Unité Africaine, créée en 1963 pour coordonner les politiques des États africains ayant accédé à l'indépendance.
OEA – Organisation des États américains, créée en 1890.
ONU (Organisation des Nations Unies) – Créée au lendemain de la Seconde Guerre mondiale pour remplacer la SDN (Société Des Nations), l'ONU a pour mission de veiller à la paix internationale et de promouvoir le développement dans le monde.
OIT – Organisation Internationale du Travail, dépendant de l'ONU et chargée de promouvoir l'amélioration des conditions de travail dans le monde.
OMS – Organisation Mondiale de la Santé, placée sous l'égide de l'ONU et ayant pour mission d'assurer une coopération interna-

tionale pour l'amélioration de la santé dans le monde.

OPA (Offre publique d'achat) – Procédure par laquelle une entreprise offre publiquement aux actionnaires d'une autre société de racheter leurs titres à un cours et pendant une période donnés.

Output – Production.

Paasche (indice de) – Moyenne harmonique d'un ensemble d'indices élémentaires pondérés par les données de l'année en cours. (*N.B. :* la moyenne harmonique est un nombre tel que son inverse est la moyenne arithmétique des inverses).

PAC (Politique Agricole Commune) – Ensemble des mesures prises en commun par les pays européens pour contrôler les prix, revenus, productions et commerce agricoles de la CEE. (Voir MCM, franc vert, FEOGA...).

Pair – Taux de change entre deux monnaies, tel qu'il résulte des parités officielles de ces deux monnaies. (Voir Parité).

Panier de devises – Moyenne pondérée de plusieurs monnaies nationales calculée en vue de définir une monnaie internationale relativement neutre et stable (cf. ECU, DTS).

Parité – Taux de change officiel d'une monnaie nationale par rapport à un étalon international.

Patrimoine – Stock des actifs corporels (matérialisés par un bien), incorporels (licences, brevets...) et financiers appartenant à une personne ou un groupe de personnes physiques ou morales.

Pétrodollars – Dollars accumulés par les pays de l'OPEP à partir de 1973 grâce aux excédents pétroliers, et replacés (ou recyclés) dans les circuits financiers mondiaux.

Phillips – Voir Courbe de Phillips.

PIB (Produit Intérieur Brut) – Agrégat de la Comptabilité nationale qui fait la somme des valeurs ajoutées des agents économiques résidents.

Plan Marshall – Plan américain d'aide à la reconstruction européenne institué en 1947 (pour la période 1948-1952), presque entièrement composé d'aides non remboursables.

PMA – Liste d'une trentaine de pays établie par l'ONU, se caractérisant notamment par la faiblesse du revenu/habitant, de l'investissement et des exportations, la prédominance du secteur agricole et la non-satisfaction de certains besoins vitaux.

PNB (Produit National Brut) – Agrégat de la Comptabilité nationale qui additionne au PIB le solde des revenus de facteurs de production reçus du reste du monde et versés au reste du monde.

Population active – Ensemble des personnes exerçant habituellement une activité professionnelle, y compris celles qui sont à la recherche d'un emploi.

Position de change – Détention des devises nécessaires à la réalisation d'une transaction à venir.

Position monétaire extérieure – Avoirs monétaires extérieurs d'un pays, détenus par les banques et libellés soit en devises soit en monnaie nationale.

Pression fiscale – Mesure de la contrainte exercée par les impôts au plan macro-économique. Elle correspond au rapport entre les recettes fiscales et le PIB (ou le revenu national).

Prime rate – Taux de base bancaire aux États-Unis.

Prix affiché – Prix officiel défini par les pays producteurs de pétrole.

Prix constants/prix courants – Une série statistique à prix courants est évaluée en prenant à chaque date les prix observés à cette date. Une série à prix constants utilise toujours les prix d'une même période de base ; elle décrit donc une évolution en volume qui élimine l'effet de l'inflation.

Prix relatif – Rapport entre le prix monétaire respectif de deux biens.

Prix spot – Prix du pétrole au comptant sur le marché libre.

Produit National – Voir PNB.

Production – Ensemble des biens et services marchands et des services non marchands produits à partir de facteurs de production marchands.

Productivité moyenne – Rapport entre la production et la quantité de travail ou de capital utilisé. La productivité moyenne d'un facteur de production est souvent qualifiée d'apparente parce qu'elle ne tient pas compte de la contribution des autres facteurs.

Profitabilité – Indicateur de gestion, obtenu en déduisant le taux d'intérêt réel de la rentabilité financière (ou profit net).

Programmes d'Action Prioritaire (PAP) – Définis dans le cadre de la planification française, les PAP complètent le Plan en déterminant des objectifs (assortis de crédits d'équipement et de fonctionnement) dans des domaines jugés prioritaires.

Prolétariat – Dans la théorie marxiste, classe sociale formée par les personnes qui ont pour seule richesse leur force de travail.

Protection effective – Mesure de la protection d'un pays à l'égard des importations qui tient compte des effets secondaires et éventuellement pervers des mesures de protection sur l'économie nationale. Elle peut conduire à abaisser les droits de douane sur les consommations intermédiaires indispensables à l'industrie nationale (les droits grevant les produits finis restant inchangés).

Protectionnisme – Théorie ou politique protégeant l'industrie nationale de la concurrence extérieure, par l'établissement de tarifs douaniers, de quotas ou d'autres

obstacles à l'entrée des produits étrangers sur le marché national.
Protection non tarifaire – Ensemble des mesures susceptibles de freiner les importations, autres que les tarifs douaniers (quotas, normes...).
Quota – Limite quantitative imposée à une donnée économique quelconque (production, importation, immigration, etc.).
R.-D. – Recherche et développement.
Résident – Un agent est considéré comme résident s'il a une activité économique sur le territoire national pendant au moins un an.
Revenu national – Agrégat de la Comptabilité nationale faisant apparaître la somme des rémunérations perçues par les agents économiques du fait de leur contribution à la production de biens et services pendant une année donnée.
Révolution industrielle – Expression forgée par les historiens pour décrire le décollage industriel de la Grande-Bretagne à la fin du XVIIIe siècle. Utilisée par extension pour désigner toute période de mutation rapide d'une société agraire traditionnelle en société industrielle.
Rouble – Unité monétaire de l'URSS.
Royalties – Redevance due au propriétaire d'un brevet, d'une marque, ou encore d'un sol sur lequel sont assurées certaines exploitations.
Saemaul Undong – Mouvement d'entraide et de coopération communautaire dans les campagnes, en Corée du Sud.
Scripturale (monnaie) – Ensemble des dépôts à vue dans les banques et les centres de Chèques postaux.
Service de la dette – Somme consacrée annuellement au remboursement d'un capital emprunté et au paiement des intérêts.
STABEX – Mécanisme de stabilisation des recettes d'exportation de produits de base des pays ACP, mis en place dans le cadre de la Convention de Lomé.
Stabilisateurs fiscaux automatiques – Désigne l'effet contracyclique exercé automatiquement par les impôts sur la conjoncture. En période d'expansion, l'augmentation des prélèvements fiscaux freine la demande globale. En période de récession, la réduction des recettes fiscales contribue cette fois à maintenir la demande et l'activité.
Stabilisation (politique de) – Politique de régulation de la conjoncture cherchant à limiter l'inflation en période de forte activité et à stimuler l'activité et l'emploi en période de récession.
Stagflation – Coexistence de l'inflation et d'un ralentissement de la croissance économique.
Substitution à l'importation – Voir Industrialisation par substitution aux importations.
Swap – Crédit « croisé » effectué entre banques commerciales ou banques centrales, qui échangent deux monnaies selon le taux en vigueur, pour une durée limitée.
SYSMIN – Mécanisme de soutien aux produits miniers, établi dans le cadre de la Convention de Lomé.
Take-off – Voir Décollage.
Taux de fécondité – Voir Fécondité.
Taux d'intérêt réel – Revenu effectivement perçu par le créancier après élimination de l'érosion monétaire due à l'inflation.
Taux de mortalité – Voir Mortalité.
Taux de natalité – Voir Natalité.
Taylorisme - Système d'organisation scientifique du travail établi par Taylor, reposant sur la division du travail et la séparation entre les tâches de conception et d'exécution.
Terme de l'échange – Indicateur qui permet d'apprécier l'avantage qu'un État retire ou non de ses échanges commerciaux : il s'agit d'un indice obtenu à partir du rapport entre l'indice des prix à l'exportation et l'indice des prix à l'importation.
Welfare State – Expression anglaise désignant l'État-providence.
Won – Unité monétaire de la Corée du Sud.

Pour en savoir plus :

Y. Bernard et J.-C. Colli, *Vocabulaire économique et financier*. Collection Points, Éditions du Seuil, Paris, 1976.

J.-M. Albertini et A. Silem, *Lexique d'économie*, Dalloz, Paris, 1987.

C. Alquier, *Dictionnaire encyclopédique économique et social*, Économica, Paris, 1985.

D. Greenwald (ed), *Encyclopédie économique*, Économica, Paris, 1984.

Imprimé en France
Par Mame Imprimeurs - Tours

N° 1119-11-1988
Collection n° 27
Édition n° 01
N° d'imprimeur : 21814
Imprimé en France
14/4557/6